中国社会科学院2000年度重大A类科研课题暨2001年度国家社科基金项目，得到中国社会科学院文库出版资助。

中国社会科学院文库
历史考古研究系列
The Selected Works of CASS
History and Archaeology

彩图1　四阿屋盖形方彝

彩图2　鸟兽纹觥

彩图3　三星堆铜面具

彩图4　祭祀母庚卜骨

彩图5　祭祀河、岳卜骨

彩图6　求年卜骨

彩图7　祭祀父丁卜骨

彩图8　祭祀父庚卜骨

中国社会科学院创新工程学术出版资助项目

中国社会科学院文库 · 历史考古研究系列
The Selected Works of CASS · History and Archaeology

商代史·卷八

商代宗教祭祀

OUTLINE OF HISTORY IN SHANG DYNASTY

宋镇豪 主编　常玉芝 著

中国社会科学出版社

图书在版编目（CIP）数据

商代宗教祭祀/常玉芝著．—北京：中国社会科学出版社，2010.10

（商代史·卷八）

ISBN 978-7-5004-8545-2

Ⅰ.①商… Ⅱ.①常… Ⅲ.①宗教—祭祀—研究—中国—商代 Ⅳ.①B929.2②B933

中国版本图书馆 CIP 数据核字（2010）第 027220 号

责任编辑	黄燕生
特邀编辑	邵 蓓
责任校对	石春梅
封面设计	孙元明
技术编辑	戴 宽

出版发行	中国社会科学出版社		
社 址	北京鼓楼西大街甲 158 号	邮 编	100720
电 话	010—84029450（邮购）		
网 址	http：//www.csspw.cn		
经 销	新华书店		
印 刷	北京君升印刷有限公司	装 订	广增装订厂
版 次	2010 年 10 月第 1 版	印 次	2010 年 10 月第 1 次印刷
开 本	710×1000 1/16		
印 张	36.5		
字 数	636 千字		
定 价	72.00 元		

凡购买中国社会科学出版社图书，如有质量问题请与本社发行部联系调换

版权所有 侵权必究

《中国社会科学院文库》出版说明

《中国社会科学院文库》（全称为《中国社会科学院重点研究课题成果文库》）是中国社会科学院组织出版的系列学术丛书。组织出版《中国社会科学院文库》，是我院进一步加强课题成果管理和学术成果出版的规范化、制度化建设的重要举措。

建院以来，我院广大科研人员坚持以马克思主义为指导，在中国特色社会主义理论和实践的双重探索中做出了重要贡献，在推进马克思主义理论创新、为建设中国特色社会主义提供智力支持和各学科基础建设方面，推出了大量的研究成果，其中每年完成的专著类成果就有三四百种之多。从现在起，我们经过一定的鉴定、结项、评审程序，逐年从中选出一批通过各类别课题研究工作而完成的具有较高学术水平和一定代表性的著作，编入《中国社会科学院文库》集中出版。我们希望这能够从一个侧面展示我院整体科研状况和学术成就，同时为优秀学术成果的面世创造更好的条件。

《中国社会科学院文库》分设马克思主义研究、文学语言研究、历史考古研究、哲学宗教研究、经济研究、法学社会学研究、国际问题研究七个系列，选收范围包括专著、研究报告集、学术资料、古籍整理、译著、工具书等。

中国社会科学院科研局
2006 年 11 月

目 录

绪 论 …………………………………………………………………（1）

第一章 宗教的起源与商人图腾崇拜的遗迹 ……………………（4）
 第一节 宗教的起源 ………………………………………………（4）
 第二节 商人宗教的起源——图腾崇拜的遗迹 …………………（6）

第二章 上帝及帝廷诸神的崇拜 …………………………………（26）
 第一节 上帝的权能 ………………………………………………（28）
  一 上帝主宰气象 ………………………………………………（28）
  二 上帝支配年成 ………………………………………………（38）
  三 上帝左右城邑安危 …………………………………………（44）
  四 上帝左右战事胜负 …………………………………………（50）
  五 上帝左右商王福祸 …………………………………………（57）
 第二节 帝廷的组织 ………………………………………………（61）

第三章 自然神崇拜 ………………………………………………（69）
 第一节 风神崇拜 …………………………………………………（69）
 第二节 云神崇拜 …………………………………………………（73）
 第三节 雨神崇拜 …………………………………………………（79）
 第四节 日神崇拜 …………………………………………………（92）
 第五节 四方神崇拜 ………………………………………………（100）
  一 四方神名及四方风神名 ……………………………………（100）

二　四方神崇拜 …………………………………………… (108)

　　三　单祭某方神 …………………………………………… (115)

　　四　合祭诸方神 …………………………………………… (123)

第六节　东母、西母的崇拜与祭祀 ………………………………… (127)

　　一　对东母的崇拜与祭祀 ………………………………… (127)

　　二　对西母的崇拜与祭祀 ………………………………… (128)

　　三　合祭东母、西母 ……………………………………… (129)

第七节　土地神崇拜与社祀 ………………………………………… (132)

第八节　其他自然神崇拜与祭祀 …………………………………… (150)

　　一　巫神崇拜与祭祀 ……………………………………… (150)

　　二　"四戈"崇拜与祭祀 ………………………………… (153)

　　三　鸟崇拜与祭祀 ………………………………………… (156)

　　四　山崇拜与祭祀 ………………………………………… (159)

　　五　川崇拜与祭祀 ………………………………………… (163)

　　六　其他自然物的崇拜 …………………………………… (166)

第九节　考古发现的商代自然神崇拜遗迹 ………………………… (168)

　　一　三星堆一号祭祀坑 …………………………………… (168)

　　二　三星堆二号祭祀坑 …………………………………… (169)

第四章　祖先神的崇拜与祭祀 ……………………………………………… (173)

第一节　高祖神的崇拜与祭祀 ……………………………………… (173)

　　一　河神、岳神的神性与祭祀 …………………………… (173)

　　二　其他高祖神的祭祀 …………………………………… (193)

第二节　先公、先王的崇拜与祭祀 ………………………………… (210)

　　一　对先公的崇拜与祭祀 ………………………………… (210)

　　二　对先王的崇拜与祭祀 ………………………………… (227)

第三节　先妣的崇拜与祭祀 ………………………………………… (345)

第五章　大示、小示、上示、下示、它示等的分指 …………………… (360)

第一节　大示、小示 ………………………………………………… (360)

第二节　上示、下示 ………………………………………………… (375)

第三节　它示、㞢示、黽示、元示、二示、次示 ………………… (378)

第四节　"若干示"的示例 ………………………………………… (385)

第六章　对异族神的祭祀 ……………………………………………… (399)
　　一　对伊尹的祭祀 ………………………………………………… (399)
　　二　对伊奭的祭祀 ………………………………………………… (408)
　　三　对黄尹的祭祀 ………………………………………………… (409)
　　四　对黄奭的祭祀 ………………………………………………… (413)
　　五　对咸戊的祭祀 ………………………………………………… (416)

第七章　商人宗教祭祀的种类 ………………………………………… (420)
　　第一节　祭名的统计与分类 ……………………………………… (420)
　　　　一　祭名的统计 ……………………………………………… (420)
　　　　二　祭名的分类 ……………………………………………… (423)
　　第二节　商人系统祭祀的个案研究 ……………………………… (427)
　　　　一　周祭制度及其规律的认识 ……………………………… (427)
　　　　二　祊祭卜辞的祭祀规则 …………………………………… (468)

第八章　祭地与祀所 …………………………………………………… (480)
　　第一节　内祭与外祀场所 ………………………………………… (480)
　　　　一　先公、先王、先妣的宗庙 ……………………………… (480)
　　　　二　集合的宗庙 ……………………………………………… (511)
　　第二节　考古发现的商邑祭祀遗迹 ……………………………… (518)
　　　　一　商代早期城邑——郑州商城、偃师商城的祭祀遗迹 … (519)
　　　　二　商代中期城邑——郑州小双桥的祭祀遗迹 …………… (525)
　　　　三　商代晚期城邑——殷墟的祭祀遗迹 …………………… (528)

第九章　商代宗教的性质和社会作用 ………………………………… (537)
　　第一节　商代宗教的性质 ………………………………………… (537)
　　第二节　商代宗教的社会作用 …………………………………… (553)

后　　记 ………………………………………………………………… (563)

彩图目录

彩图1　四阿屋盖形方彝(采自《中国美术全集·青铜器卷》上)
彩图2　鸟兽纹觥(采自《中国美术全集·青铜器卷》上)
彩图3　三星堆铜面具(采自《三星堆祭祀坑》)
彩图4　祭祀母庚卜骨(采自《中国国家博物馆馆藏文物研究丛书·甲骨卷》)
彩图5　祭祀河、岳卜骨(采自《中国国家博物馆馆藏文物研究丛书·甲骨卷》)
彩图6　求年卜骨(采自《中国国家博物馆馆藏文物研究丛书·甲骨卷》)
彩图7　祭祀父丁卜骨(采自《中国国家博物馆馆藏文物研究丛书·甲骨卷》)
彩图8　祭祀父庚卜骨(采自《中国国家博物馆馆藏文物研究丛书·甲骨卷》)

插图目录

图1—1 "玄鸟妇"壶铭(《三代》12·2·1) ……………………………… (10)
图1—2 祭祀王亥,亥字作鸟形(《合集》30447) …………………… (12)
图1—3 祭祀王亥,亥字作鸟形(《合集》24975) …………………… (12)
图1—4 祭祀王亥、河、上甲,亥字作鸟形(《屯南》1116) ………… (13)
图1—5 祭祀王亥,亥字作鸟形(《合集》34293) …………………… (13)
图1—6 祭祀王亥、河、上甲,亥字作鸟形(《合集》34294) ……… (13)
图1—7 祭祀王亥,亥字作鸟形(《合集》34295) …………………… (15)
图1—8 祭祀王亥,亥字作鸟形(《合集》30448) …………………… (15)
图1—9 祭祀王亥,亥字作鸟形(《合集》22152) …………………… (16)
图1—10 祭祀王亥(《合集》14724) ………………………………… (19)
图1—11 祭祀鸟(《合集》14360+《英藏》1225,即
　　　　《缀合集》168) ………………………………………………… (20)
图2—1 天神上帝(《合集》10166) …………………………………… (27)
图2—2 天神上帝(《合集》30388) …………………………………… (27)
图2—3 帝令雨(《合集》14134) ……………………………………… (29)
图2—4 帝令雨(《合集》14138) ……………………………………… (29)
图2—5 帝令雨(《合集》14149正) ………………………………… (30)
图2—6 帝令雷(《合集》14128正) ………………………………… (33)
图2—7 帝令雹(《合集》14156) ……………………………………… (35)
图2—8 帝令雹(《合集》12628) ……………………………………… (35)
图2—9 祭祀云(《合集》14227) ……………………………………… (37)
图2—10 帝令雨足年(《合集》10139) ……………………………… (39)
图2—11 黍年有足雨(《合集》10137正) …………………………… (39)
图2—12 帝旱我(《合集》10174正) ………………………………… (41)

图2—13	帝旱我(《合集》10172)	(41)
图2—14	帝降旱(《合集》10171 正)	(41)
图2—15	帝降旱(《合集》10168)	(41)
图2—16	帝不降大旱(《合集》10167)	(42)
图2—17	帝卷年(《合集》10124 正反)	(43)
图2—18	王乍邑,帝若(《合集》14201)	(45)
图2—19	王乍邑,帝若(《合集》14206 正)	(46)
图2—20	帝终兹邑(《合集》14210 正)	(47)
图2—21	伐舌方,帝受又(《合集》6270 正)	(50)
图2—22	伐舌方,帝受又(《合集》6272)	(51)
图2—23	祭祀帝五臣(《合集》30391)	(62)
图2—24	祭祀帝五丰臣(《屯南》930)	(63)
图2—25	祭祀帝五丰臣(《合集》34148)	(64)
图2—26	祭祀帝五丰(《合集》34149)	(64)
图2—27	帝臣(《合集》14223)	(66)
图2—28	帝工(《合集》34482)	(66)
图2—29	祭祀帝史风(《合集》14225)	(66)
图3—1	祭祀风(《合集》34137)	(72)
图3—2	祭祀三鬯云(《合集》13399 正反)	(74)
图3—3	祭祀四云(《补编》13267)	(75)
图3—4	祭祀五云(《屯南》651)	(76)
图3—5	祭祀六云(《合集》33273)	(77)
图3—6	祭祀雨(《合集》32297)	(82)
图3—7	祭祀雨(《合集》12831 正反)	(85)
图3—8	祭祀雨(《合集》12819)	(87)
图3—9	祭祀出日(《合集》33006)	(97)
图3—10	祭祀出入日(《合集》34163)	(98)
图3—11	祭祀出入日(《屯南》890)	(98)
图3—12	祭祀四方神与四方风神(《合集》14295)	(101)
图3—13	四方神名与四方风神名(《合集》14294)	(103)
图3—14	祭祀四方神(《合集》34144)	(108)
图3—15	祭祀四方神(《合集》30394)	(108)

图 3—16　祭祀方神(《合集》32022) ……………………………………… (111)
图 3—17　祭祀方神(《合集》12855) ……………………………………… (112)
图 3—18　祭祀东方神(《合集》14313 正) ……………………………… (116)
图 3—19　祭祀东方神(《合集》14314) …………………………………… (117)
图 3—20　祭祀东方神、南方神、山神(《合集》30173) ………………… (118)
图 3—21　祭祀西方神(《合集》14328 正) ……………………………… (119)
图 3—22　祭祀西方神(《英藏》1250 正) ………………………………… (120)
图 3—23　祭祀北方神(《合集》14332) …………………………………… (122)
图 3—24　祭祀北方神(《合集》14334) …………………………………… (122)
图 3—25　祭祀东、西、南方神(《合集》14315 正) ……………………… (123)
图 3—26　祭祀东母(《合集》14337 正) ………………………………… (127)
图 3—27　祭祀西母(《补编》4110) ……………………………………… (129)
图 3—28　祭祀东母、西母(《合集》14335) ……………………………… (129)
图 3—29　祭祀自上甲二十示、二示、土地神、四戈、四巫
　　　　　(《合集》34120) ……………………………………………… (134)
图 3—30　祭祀土地神(《合集》780) ……………………………………… (135)
图 3—31　东戈、南戈、西戈、北戈(《合集》33208) …………………… (154)
图 3—32　东土、南土、西土、北土受年(《合集》36975) ……………… (156)
图 3—33　祭祀洹泉(《合集》34165) ……………………………………… (163)
图 4—1　　祭祀高祖河(《合集》32028) …………………………………… (174)
图 4—2　　祭祀王亥、河、河女、子汏(《合集》1403) ………………… (184)
图 4—3　　岳、河、夒、伊爯雨(《缀合集》68) ………………………… (187)
图 4—4　　祭祀岳、自上甲六示、小示(《合集》33296) ……………… (190)
图 4—5　　祭祀河、夒(《合集》33277) ………………………………… (194)
图 4—6　　祭祀戠、河、岳(《合集》33274) …………………………… (196)
图 4—7　　祭祀岳、高祖亥(《屯南》2105) ……………………………… (198)
图 4—8　　祭祀王亥(《缀合集》230) …………………………………… (199)
图 4—9　　祭祀高祖上甲(《屯南》2384) ………………………………… (211)
图 4—10　　祭祀河、王亥、上甲(《合集》1182) ………………………… (211)
图 4—11　　合祭自上甲至于后(《合集》22647) ………………………… (212)
图 4—12　　合祭自上甲、大乙至祖丁十示(《合集》32385) …………… (213)
图 4—13　　合祭自上甲至多后(《合集》37844) ………………………… (213)

图 4—14　祭祀上甲(《合集》32083)……………………………………………(216)
图 4—15　祭祀上甲(《合集》32097)……………………………………………(217)
图 4—16　祭祀上甲、大乙、大甲(《合集》32113)……………………………(217)
图 4—17　祭祀上甲、三报、二示(《合集》32349)……………………………(224)
图 4—18　祭祀示壬(《合集》776 正)……………………………………………(225)
图 4—19　祭祀自大乙至丁祖九示(《合集》14881)……………………………(227)
图 4—20　祭祀唐、大甲、大丁、祖乙(《合集》300)…………………………(229)
图 4—21　祭祀大乙(《合集》26908)……………………………………………(232)
图 4—22　祭祀唐(《合集》313)…………………………………………………(232)
图 4—23　祭祀大乙(《屯南》739)………………………………………………(232)
图 4—24　祭祀大甲(《合集》32042)……………………………………………(244)
图 4—25　祭祀大甲(《合集》32486)……………………………………………(247)
图 4—26　祭祀自祖乙至于父丁(《合集》22899)………………………………(265)
图 4—27　祭祀祖乙(《合集》324)………………………………………………(267)
图 4—28　祭祀后祖乙(《英藏》2406)……………………………………………(319)
图 4—29　祭祀小乙(《合集》26922)……………………………………………(319)
图 4—30　祭祀内乙(《合集》22074)……………………………………………(325)
图 4—31　祭祀武丁(《合集》35822)……………………………………………(333)
图 4—32　祭祀祖甲(《合集》35370)……………………………………………(335)
图 4—33　祭祀自上甲至于武乙(《合集》35439)………………………………(338)
图 4—34　祭祀武乙(《合集》35383)……………………………………………(340)
图 4—35　祭祀武乙(《合集》36025)……………………………………………(340)
图 4—36　祭祀文武(《合集》36128)……………………………………………(342)
图 4—37　祭祀文武帝(《合集》36168)…………………………………………(343)
图 4—38　祭祀文武帝乙(《录遗》275)…………………………………………(344)
图 4—39　祭祀河妻(《合集》686)………………………………………………(346)
图 4—40　祭祀河母(《合集》683)………………………………………………(346)
图 4—41　祭祀王亥母(《合集》685 正)…………………………………………(347)
图 4—42　祭祀上甲妣甲(《合集》1249)…………………………………………(348)
图 4—43　祭祀三报母(《合集》32393)…………………………………………(348)
图 4—44　祭祀示壬母妣庚(《合集》19806)……………………………………(349)
图 4—45　祭祀大乙母妣丙(《合集》19817)……………………………………(350)

图4—46	祭祀外丙母妣甲(《合集》22775)	(351)
图4—47	祭祀妣己祖乙奭(《合集》32744)	(352)
图4—48	祭祀妣甲祖辛奭(《合集》27503)	(354)
图4—49	祭祀羌甲奭妣庚(《合集》23326)	(354)
图4—50	祭祀祖丁母妣己(《合集》34083)	(355)
图4—51	祭祀妣戊武乙奭(《三代》6·52·2)	(358)
图5—1	祭祀大示(《合集》14834)	(360)
图5—2	祭祀自上甲、六大示(《屯南》1138)	(368)
图5—3	祭祀自上甲六示、六示、小示(《合集》32099)	(372)
图5—4	祭祀自上示(《合集》102)	(376)
图5—5	祭祀自上甲、下示(《合集》32330)	(376)
图5—6	祭祀大示、下示、小示(《屯南》1115)	(377)
图5—7	祭祀大示、㣇、它示(《合集》14353)	(379)
图5—8	祭祀自上甲、至示癸,自大乙九示、柠示(《合集》22159)	(379)
图5—9	祭祀㣇示(《合集》14348)	(379)
图5—10	祭祀鼂示(《合集》32086)	(381)
图5—11	祭祀自上甲元示、二示(《合集》25025)	(382)
图5—12	祭祀元示、它示(《合集》14354)	(383)
图5—13	祭祀三示(《合集》21297)	(387)
图5—14	祭祀四示(《屯南》275)	(387)
图5—15	祭祀五示:丁、祖乙、祖丁、羌甲、祖辛(《合集》22911)	(388)
图5—16	七示(《屯南》2534)	(391)
图5—17	祭祀大乙、自上甲十示又一(《屯南》994)	(395)
图5—18	祭祀自上甲十示又二、小示(《合集》34115)	(395)
图5—19	祭祀自上甲十示又三、小示(《合集》34117)	(396)
图5—20	祭祀十示又四(《合集》34092)	(396)
图5—21	祭祀二十示、二示、四戈(《合集》34122)	(397)
图6—1	祭祀伊、大乙(《合集》32103)	(400)
图6—2	祭祀伊尹(《屯南》3612)	(401)
图6—3	祭祀伊、鼂示(《合集》33329)	(406)

图 6—4　祭祀伊示(《合集》32848) ………………………………………… (406)
图 6—5　祭祀伊奭(《合集》34214) ………………………………………… (408)
图 6—6　祭祀黄尹(《合集》563) …………………………………………… (409)
图 6—7　祭祀黄尹、蔑(《合集》970) ……………………………………… (410)
图 6—8　祭祀黄示(《合集》3505 反) ……………………………………… (414)
图 6—9　祭祀黄奭(《合集》9774 正) ……………………………………… (414)
图 6—10　祭祀黄奭(《合集》3506) ………………………………………… (414)
图 6—11　祭祀咸戊(《合集》3507) ………………………………………… (417)
图 7—1　周祭自上甲至于多后(《合集》37836) …………………………… (430)
图 7—2　周祭羌甲(《合集》37838) ………………………………………… (431)
图 7—3　周祭阳甲、祖甲、大甲(《合集》35745) ………………………… (442)
图 7—4　周祭祖甲、彡工典(《合集》35891) ……………………………… (442)
图 7—5　周祭祖甲、工典其幼、上甲(《合集》35756) …………………… (443)
图 7—6　翌祀、叠祀、彡祀(《合集》32714) ……………………………… (445)
图 7—7　翌祀、叠祀、彡祀(《合集》31092) ……………………………… (445)
图 7—8　工典其幼、周祭上甲、大甲、羌甲(《合集》37867) …………… (447)
图 7—9　工典其[妹]其肖、周祭上甲(《合集》35407) …………………… (448)
图 7—10　数字：一百卌八(《合集》37513) ……………………………… (459)
图 7—11　日、曰二字同辞(《合集》37868) ……………………………… (462)
图 7—12　祊祭武丁(《合集》35829) ……………………………………… (470)
图 7—13　武祖乙宓(《合集》36115) ……………………………………… (472)
图 7—14　文武宓(《合集》36164) ………………………………………… (472)
图 7—15　武祖乙宗(《合集》36089) ……………………………………… (474)
图 8—1　河宗(《合集》13532) ……………………………………………… (481)
图 8—2　夒宗、河宗(《合集》28207) ……………………………………… (482)
图 8—3　戠宗(《合集》30298) ……………………………………………… (482)
图 8—4　祭祀自上甲、下示、大乙宗(《屯南》2707) ……………………… (484)
图 8—5　大庚宗(《屯南》3763) …………………………………………… (486)
图 8—6　中丁宗(《合集》38223) …………………………………………… (486)
图 8—7　祖辛宗(《合集》38224) …………………………………………… (488)
图 8—8　四祖丁宗(《合集》38227) ………………………………………… (489)
图 8—9　小乙新宗(《屯南》287) …………………………………………… (489)

图 8—10	康祖丁宗(《合集》38229)	(490)
图 8—11	妣庚新宗(《合集》30324)	(493)
图 8—12	父甲宓(《合集》30359)	(495)
图 8—13	上甲家(《合集》13580)	(497)
图 8—14	祖丁旦、厅旦(《屯南》60)	(498)
图 8—15	祖乙寝(《屯南》1050)	(500)
图 8—16	父甲门(《合集》30283)	(501)
图 8—17	南门(《合集》32036)	(502)
图 8—18	庭(《合集》383)	(504)
图 8—19	西户(《合集》30294)	(506)
图 8—20	大室(《合集》23340)	(506)
图 8—21	公宫(《合集》36541)	(509)
图 8—22	大宗(《合集》34047)	(511)
图 8—23	大宗(《合集》34044 正)	(511)
图 8—24	亚宗(《合集》30295)	(516)
图 8—25	新宗(《合集》13547)	(516)
图 8—26	又宗(《合集》30319)	(517)
图 8—27	又宗(《合集》30318)	(517)
图 8—28	西宗(《合集》36482)	(518)
图 8—29	北宗(《合集》38231)	(518)
图 9—1	大甲、下乙、咸宾于帝否(《合集》1402 正)	(547)
图 9—2	彡上甲(《合集》1184)	(549)
图 9—3	酓大乙(《怀特》1605)	(550)
图 9—4	妣庚羌甲奭翌日(《合集》27507)	(550)
图 9—5	隹王三祀十月辛酉酓日(《怀特》1915)	(551)

绪　　论

什么是宗教

马克思主义的创始人之一恩格斯说：

"一切宗教都不过是支配着人们日常生活的外部力量在人们头脑中的幻想的反映，在这种反映中，人间的力量采取了超人间的力量的形式。"①

恩格斯的这句关于宗教的定义，长期以来被绝大多数学者所接受。近年，宗教学者吕大吉先生对恩格斯的这个宗教定义进行了评论，他说："恩格斯的上述论断虽有相当丰富的内容，但严格说来，它所论断的只涉及宗教观念（'神'观念）的本质特性。如果我们把这段话看成是恩格斯关于'神'观念的定义，那确是可以成立的；但如果视之为'宗教'的定义，仍有所不足。"② 吕先生在这里是说恩格斯的这段话不是关于宗教的完整定义。"这是因为宗教并不单纯是存在于个人头脑中的主观观念，它同时也是客观存在的社会事实；宗教也不单纯是个人对某种超人间、超自然力量的虚幻信仰，它同时还是某种与社会结构密切相关的现实的社会力量。"（第73页）

那么，到底什么是宗教？吕先生提出了关于构成宗教的一些基本要素。他把这些基本要素分成两类：一类是宗教的内在因素；一类是宗教的外在因素。而宗教的内在因素和宗教的外在因素又各可分成两部分。具体内容是：

宗教的内在因素的两部分是：1. 宗教的观念或思想；2. 宗教的感情或

---

① 恩格斯：《反杜林论》，人民出版社1972年版，第311页。

② 吕大吉：《宗教学通论新编》，中国社会科学出版社1998年版，第73页。下文所引吕先生之所论，如未注明出处，皆出自此书（只在引文后注明页数）。

体验。

宗教的外在因素的两部分是：1. 宗教的行为或活动；2. 宗教的组织和制度。

吕先生他说："一个比较完整的成型的宗教，便是上述内外四种因素的综合。"（第76页）

吕先生还对上述宗教的四要素做了逻辑上的分析。他说："从逻辑上看，四个要素在宗教体系中实际上有四个层次。处于基础层或核心层的是宗教观念（主要是神道观念）。只有在有了宗教神道观念的逻辑前提下，才有可能产生观念主体对它的心理感受或体验。因此，我们把宗教的感受或体验作为伴生于宗教神道观念的第二个层次。宗教崇拜的行为（巫术、祭祀、祈祷、禁忌等）显然是宗教观念和宗教体验之外在的表现，属于宗教体系的第三个层次。宗教的组织与制度则是宗教观念信条化、宗教信徒组织化、宗教行为仪式化、宗教生活规范化和制度化的结果，它处于宗教体系的最外层，对宗教信仰者及其宗教观念、宗教体验和宗教行为起着凝聚固结的作用，保证宗教这种社会现象作为社会结构的一部分而存在于社会之中。"（第77页）

据此，吕先生给"宗教"下的定义是：

"宗教是关于超人间、超自然力量的一种社会意识，以及因此而对之表示信仰和崇拜的行为，是综合这种意识和行为并使之规范化、体制化的社会文化体系。"（第79页）

吕大吉先生给宗教下的定义更全面、更系统，对宗教的本质阐述得更深刻。这个定义代表了当前宗教学研究的最新成果。

关于中国商王朝宗教的研究

商王朝距今已有三千多年的历史，年代颇为久远。整个商王朝自第一王成汤（大乙）至最后一王帝辛（纣），共经历了十七代二十八王[①]，四百九十

---

① 这个数字是根据商代后期甲骨卜辞中的周祭卜辞做的统计。对于古书中记载的大丁之弟中壬、大庚之弟沃丁、康丁之兄廪辛，因为他们或不见于周祭卜辞，或根本不见于卜辞，所以不记在内；又，大乙之子大丁、祖甲之兄祖己虽在周祭中被祭祀，但因他们都未及即位为王，所以也不记在内。

六年的时间①。而目前研究这近五百年、十七代二十八王的商代历史，主要还是靠出土于商代后期都城殷墟的甲骨文，少量的商代后期的青铜器铭文和商代的考古发掘资料，再加上参考后世的文献记载。但综观这些资料，它们所能提供给我们研究商代宗教的信息，如果用吕大吉先生的宗教内、外四要素来衡量，也就是商代宗教的外在的两个因素，即商人宗教的行为或活动，商人宗教的组织和制度（这方面的资料仍是很有限）。而商人宗教的内在因素，即商人宗教的观念或思想，宗教的感情或体验，则只能靠对商人宗教的外在因素，即商人的宗教行为或活动的研究，去分析、去揣测了。

通观甲骨文、金文和考古发掘资料，我们可以看到，商人最重要的宗教行为或活动，就是他们对其所信仰的各种神灵进行的名目繁多、颇为复杂的祭祀。因此，研究商代的祭祀，即是探讨商人宗教信仰的关键，也即是探讨商代宗教发展状况的途径。

关于商代的宗教祭祀，自殷墟甲骨文发现的一百多年来，国内外的学者进行了大量的、卓有成效的研究，使这一重要课题取得了丰硕的成果。但迄今的研究仍是存在着比较零散，不太系统，不够深入的问题。本书拟在前人研究的基础上，在宗教学新理论的指导下，再对这一课题做些探讨，以期进一步了解商代宗教的发展状况，进一步了解商人思想、文化、观念上的某些问题，以期有助于对商代历史、文化的研究。

---

① 据《史记·殷本纪》集解、《通鉴外纪》卷二引《汲冢纪年》。

第 一 章

宗教的起源与商人图腾崇拜的遗迹

第一节 宗教的起源

宗教是怎样产生的，也即宗教是如何起源的呢？

目前，在宗教起源这个重要问题上，国内外的宗教学者们并没有取得一致的意见。这是因为学者们的宗教观不同，所以导致他们的宗教起源论也就有所不同。据吕大吉先生统计，现在关于宗教起源的理论，其最有影响者大致有以下几种[①]：

1. "自然神话论"

"自然神话论"是近代宗教学关于宗教起源问题的第一种学说，发端于德国学者对于印度日耳曼系的语言学与民族学的比较研究。此派学说认为宗教的来源及其最早的形式为自然神话，尤其是星辰神话。

2. "实物崇拜说"

18世纪法国的布罗斯在《实物神崇拜》一书中把实物崇拜和自然崇拜作为一切民族宗教的原始状态（希伯来人除外）。这种理论把拜物教视为人类最早的宗教形式。

3. "万物有灵论"

"1872年，英国著名的人类学家和宗教学家泰勒在其《原始文化》一书中，创立了宗教起源于万物有灵论的学说。他认为在祖先崇拜、实物崇拜和

---

① 以下所述关于宗教起源的资料皆引自吕大吉：《宗教学通论新编》，第二编第一章第一节"各派宗教起源论"，中国社会科学出版社1998年版。

自然崇拜之前，已有万物有灵的崇拜。因此，万物有灵崇拜乃是一切宗教的源泉。"吕先生说泰勒的这个理论至今仍继续保持其强大的影响。他说："百余年宗教学、人类学、民族学的新发现对万物有灵信仰是否先于图腾崇拜，祖先崇拜和自然崇拜而可确定为人类宗教的最初形态，提出了值得注意的质疑，但却无可怀疑地证实了灵魂观念乃是人类最早的宗教观念。"

4."祖灵论或鬼魂论"

该理论由斯宾塞在1876年在其《社会学原理》第一卷中提出的，他认为整个人类几乎都有一种关于人死后另一个"我"（鬼魂）的信仰。这种理论认为"对于死去祖先的灵魂（祖灵、鬼灵）的崇拜乃是一切宗教的出发点，祖先崇拜乃是一切宗教的基础"。

5."图腾论"

1885年，罗伯特森·史密斯在其研究阿拉伯人和闪族人的宗教的著作中主张图腾崇拜是一切宗教的起点。吕先生认为图腾论有广泛的民族学资料作为论证的基础，在宗教学中有重要的影响。

6."前万物有灵论"

这种观点认为在原始人信仰万物有灵之前有某种更原始的宗教形式，马特雷把它称之为"前万物有灵论"。所谓"前万物有灵论"有两种理论形式：一为"巫术论"；一为"巫力论"。

7."原始启示说"

奥地利天主教神父、著名宗教人类学者威廉·施米特提出"原始一神论"或"原始启示说"。

以上关于宗教起源的理论至今没有任何一种学说能得到学术界的公认。但宗教是原始社会发展到一定阶段的产物，人类最早的宗教观念和宗教崇拜活动是在原始社会时产生的，这一事实却是得到中外宗教学者一致承认的。

笔者认为，在上述七种宗教起源论中，"万物有灵论"的灵魂观念应是人类最早的"宗教观念"，但"灵魂观念"的产生不能代表"宗教"的起源，因为只有在具备了吕大吉先生提出的宗教四要素时才能称之为"宗教"，即只有在具备了"宗教的观念或思想"、"宗教的感情或体验"、"宗教的行为或活动"、"宗教的组织和制度"时才能称其为"宗教"。以此来衡量，大量的民族学和宗教学材料，以及殷墟甲骨文材料都证明，"图腾崇拜"才是人类"宗教"的起源。

第二节　商人宗教的起源——图腾崇拜的遗迹

历史上的商王朝是由成汤灭掉夏桀后开始的。据史书记载和与殷墟甲骨文互证，目前已知商人在成汤以前还经历了契—昭明—相土—昌若—曹圉—冥—振（王亥）—上甲—报乙—报丙—报丁—示壬—示癸十三世祖先，这是以男性祖先的世次记录的商族人的世系。因此契是商族人记忆中的第一位男性祖先，是商族人进入原始社会中的父系氏族社会后的第一位首领，可以说契是商族人的始祖。据《史记·殷本纪》等古书记载，契是由其母简狄吞食玄鸟卵受孕而生的。（详下文）

迄今的科学研究告诉我们：宗教是原始社会发展到一定阶段的产物，它是随着原始氏族制度的产生而产生的，也即它在原始社会的第一阶段即母系氏族社会的初期就已经产生了。这就告诉我们，商族人的宗教在契以前的母系氏族社会时期就已经产生了。

在原始氏族社会中，"人类由于受到社会生产力水平和人类认识水平的限制，不仅不可能把与自己生存攸关的自然力量和社会力量作为支配的对象，而且反把它们当作支配自己生存和生活的神秘力量。这两种力量就在原始人的观念中表现为对超自然的自然力量和对超人间的氏族祖先的崇拜，这两种宗教观念是原始宗教的基本观念，由此观念而象征化为两种基本的崇拜对象。"① 换句话说，这两种基本的崇拜对象就是自然崇拜和祖先崇拜。而图腾崇拜正是自然崇拜与祖先崇拜相结合的一种最古老的宗教崇拜形式。因此我们认为"图腾论"应该是最接近人类宗教起源的理论。

什么是图腾？美国人类学家摩尔根叙述"图腾"二字的来历说，"图腾（totem）"一词是北美印第安人鄂吉布瓦氏族的方言，"意指一个氏族的标志或图徽。"② 在母系氏族社会时期，人们还处在蒙昧无知的阶段，人们对人与自然物的界限还是模糊和朦胧未分的，这使得他们相信自己的氏族与某一种动物、植物或某一种自然现象之间存在着血缘关系，认为这种动物、植物或自然现象就是自己氏族的祖先，他们把它称之为自己氏族的图腾，认为它是

---

① 吕大吉：《宗教学通论新编》，中国社会科学出版社1998年版，第475页。

② 摩尔根：《古代社会》，中译本，上册，商务印书馆1977年版，第162页。

自己氏族的保护神，从而对其崇拜，并用它作为自己氏族的标志。这就是图腾崇拜。有学者说："图腾崇拜本质上是氏族制度在宗教上的表现，它既是宗教体制，又是社会制度。"① 这是十分正确的。如果用吕大吉先生关于宗教的四要素和关于宗教的定义来考察，那么，图腾崇拜应该是人类最早的宗教形式，也即图腾崇拜应是人类宗教的起源。

中外民族学的大量材料既证明了图腾崇拜是随着原始氏族制的产生而产生的，又证明了在古代世界的各民族中几乎都发生过图腾崇拜。在美洲、澳洲、亚洲、非洲、欧洲各大洲都曾发生过图腾崇拜。摩尔根等学者曾举出过世界不少民族的图腾名称，如：北美洲的辛尼加部落的八个氏族分别以狼、熊、龟、海狸、鹿、鹬、鹭、鹰八种动物为图腾；澳大利亚的卡米拉罗依部落分为六个氏族，它们分别以鬣蜥、袋鼠、负鼠、鸸鹋、袋狸、黑蛇为图腾；南非洲的贝川那人分为鳄族、鱼族、猴族、水牛族、象族、豪猪、狮族、藤族等八个氏族②。在我国古籍中也有不少关于远古图腾的传说记录，如：《左传·昭公十七年》记有："秋，郯子来朝，公与之宴。昭子问焉，曰：'少皞氏鸟名官，何故也？'郯子曰：'吾祖也，我知之。昔者黄帝氏以云纪，故为云师而云名；炎帝氏以火纪，故为火师而火名；共工氏以水纪，故为水师而水名；大皞氏以龙纪，故为龙师而龙名。我高祖少皞挚之立也，凤鸟适至，故纪于鸟，为鸟师而鸟名：凤鸟氏，历正也；玄鸟氏，司分者也……'"。这里的"云"、"火"、"水"、"龙"、"凤鸟"、"玄鸟"等都是氏族的图腾标志。就是到了近代，在我国的一些少数民族中仍还保留有图腾的痕迹，如云南的傈僳族就存在着图腾制度的残余，"傈僳族在怒江地区内有十几个氏族，即：蜡饶息（虎）、阿吃息（羊）、吉饶息（蜂）、鹅饶息（鱼）、汗饶息（鼠）、明饶息（猴）、业饶息（雀）、乌饶息（熊）、麻打息（竹）、括饶息又称木必息（荞）。其中以木必息人数最多。这些姓氏可能是原始氏族的'图腾'"③。又如怒族，也有图腾制度的残余。这里就不列举了。

那么，远古时期的商氏族又是以什么为图腾的呢？

---

① 吕大吉：《宗教学通论新编》，中国社会科学出版社1998年版，第472页。
② 转引自于省吾：《略论图腾与宗教起源和夏商图腾》，《历史研究》1959年第11期。
③ 见《中国民族志参考资料汇编》，下编，第55页。这里转引自于省吾：《略论图腾与宗教起源和夏商图腾》，《历史研究》1959年第11期。

宗教学家吕大吉先生说："随着社会的发展，图腾崇拜逐渐淡薄，但其残余信仰仍然存在"①，事实确实如此。我们从后世的古文献中，从商代后期的甲骨文和金文中，都可以找到远古时期商氏族图腾崇拜的遗迹。前辈学者曾根据这些记载来论证过远古时期的商氏族是以玄鸟为图腾的。

胡厚宣先生曾经把文献中记载的商人以玄鸟为图腾的资料按时代先后做了分类②，这里我们对胡先生的分类稍作调整并做某些删节，对胡先生的某些引文做了变动，对其个别引误之处做了纠正，再录之于下：

1.《诗经·商颂·玄鸟》说："天命玄鸟，降而生商。"郑玄笺："天使鳦下而生商者，谓鳦遗卵，娀氏之女简狄吞之而生契。"

2.《诗经·商颂·长发》说："有娀方将，帝立子生商。"郑玄笺："禹敷下土之时，有娀氏之国，亦始广大，有女简狄，吞鳦卵而生契。"

这两条是说有娀氏女简狄吞玄鸟卵而生出商人的始祖契。这是时代最早的关于玄鸟生商的传说。

3.《吕氏春秋·季夏纪·音初篇》说："有娀氏有二佚女，为之九成之台，饮食必以鼓。帝令燕往视之，鸣若谧隘。二女爱而争搏之，覆以玉筐。少选，发而视之，燕遗二卵，北飞，遂不反。"高诱注曰："帝，天也，天令燕降卵于有娀氏女，吞之生契。"

这里是说有娀氏有两个女儿。

4.《楚辞·离骚》说："望瑶台之偃蹇兮，见有娀之佚女。"王逸注曰："谓帝喾之妃，契母简狄也。"

5.《离骚》又曰："凤皇既受诒兮，恐高辛之先我。"王逸注曰："高辛，帝喾有天下号也。"

6.《楚辞·天问》说："简狄在台喾何宜？玄鸟致贻女何嘉③。"王逸注曰："简狄，帝喾之妃也。玄鸟，燕也。贻，遗也。言简狄侍帝喾于台上，有飞燕堕遗其卵，喜而吞之，因生契也。"

---

① 吕大吉：《宗教学通论新编》，中国社会科学出版社1998年版，第167页。
② 见胡厚宣《甲骨文商族鸟图腾的遗迹》，《历史论丛》第1辑，中华书局1964年版。
③ 胡厚宣先生注曰："嘉原作喜。王逸兴祖朱熹注具云喜一作嘉。《汉书·礼乐志》《续汉书·礼仪志》引此具作嘉。按当以作嘉为是。顾炎武《唐韵正》说：'今本嘉作喜，是后人不通古音而妄改之也。'"（见胡厚宣《甲骨文商族鸟图腾的遗迹》，《历史论丛》第1辑，中华书局1964年版）

7.《九章·思美人》说:"高辛之灵盛兮,遭玄鸟而致诒。"王逸注曰:"訾妃吞燕卵以生契也。"

胡先生说:"《离骚》《天问》《思美人》,都是战国时屈原所作。这时的简狄,已经成了帝喾之妃,而商的始祖契,就有了父亲了。"①

这种传说到了秦汉时期,就成了简狄是在行浴时吞吃的鸟卵。如:

8.《史记·殷本纪》说:"殷契,母曰简狄,有娀氏之女,为帝喾次妃。三人行浴,见玄鸟堕其卵,简狄取吞之,因孕生契。"

9.《尚书·中侯》说:"玄鸟翔水,遗卵于流,娀简拾吞,生契封商。"(《太平御览》卷八三引《尚书·中侯》)

后来,这一传说又有了变化:

10.《吕氏春秋·仲春纪》说:"是月也,玄鸟至。至之日,以太牢祠于高禖。"高诱注曰:"王者后妃以玄鸟至日,祈继嗣于高禖。"

11.《礼记·月令》之说与《吕氏春秋·仲春纪》之说相同。郑玄注《月令》说:"高辛氏之出,玄鸟遗卵,娀简吞之而生契。后王以为媒官嘉祥而立其祠焉。"

12.《诗·商颂·玄鸟》说:"天命玄鸟,降而生商。"毛传说:"春分,玄鸟降,汤之先祖有娀氏女简狄,配高辛氏帝,帝率与之祈于郊禖而生契。"

对于古文献中玄鸟生商的记载,胡厚宣先生总结说,是由简单到复杂,不断地有所变化的。不过,"这些传说,虽然有详有略,逐渐演变,或有不同,但说商朝的始祖契,是由玄鸟而生,这一点,则无论如何,始终还是一致的。"② 这是十分正确的。在早期的作品《诗经》中契没有父,到了后期战国时代的屈原就在其作品中给契增加了个父,这以后的汉代作品也就跟其所言了。

对于古文献中玄鸟生商的传说,两千多年来的传统史学认为是"荒诞不经"的。今天,我们用科学的历史观和方法论来研究古代历史,就可以知道,玄鸟生商的传说,一是反映出远古时期的商氏族,曾经经历过只知其母不知其父的母系氏族社会;二是说明远古时期的商氏族是以玄鸟为图腾的氏族。这就是说,商人记忆中的第一位男性祖先契,是由有娀氏族的

---

① 胡厚宣:《甲骨文商族鸟图腾的遗迹》,《历史论丛》第1辑,中华书局1964年版。

② 同上。

女性简狄（知其母）与以玄鸟为图腾的氏族的男性（不知其父）交媾而生的。

商人以玄鸟为图腾的遗迹不仅存在于古文献的记载中，而且在商代的甲骨文和金文中也有遗迹可寻。

最早是于省吾先生从商代金文中找到了商人鸟图腾的证据。

1959年，于先生发表《略论图腾与宗教起源和夏商图腾》一文①。在该文中，于先生举出商代铜器"玄鸟妇壶"铭文来论证商人是以玄鸟为图腾的。

图1—1 "玄鸟妇"壶铭
（《三代》12·2·1）

"玄鸟妇壶"上有"玄鸟妇"三个字合书的铭文（《三代》12·2·1。图1—1）。于先生说："玄鸟妇三字系合书，玄字作'8'，金文习见，右侧鸟形象双翅展飞。""壶铭既为玄鸟妇三字合文，它的含义，是作壶者系以玄鸟为图腾的妇人。再就壶的形制环玮和纹饰精美考之，可以判定此妇既为简狄的后裔，又属商代的贵族，玄鸟妇壶系商代晚期铜器"，"玄鸟妇三字合文，宛然是一幅具体的图绘文字，它象征着作壶的贵族妇人系玄鸟图腾的后裔是很显明的。"于先生还论证了"玄鸟妇"不为妇名的理由。他说："有人认为商代金文每称某妇，妇上一字当为妇名，这是不对的。商器如比作'伯妇簋'，'中妇鼎'，伯、中系行次。又如'商妇甗'，'齐妇鬲'，'杞妇卣'，妇上一字为部落名或地名。又如'妇闟卣'，'妇己簋'，闟为妇名，己为庙号。又如周器'王妇曩孟姜匜'，'邛君妇龢壶'，妇上冠以王和邛君，在文法上都是领格，指某人而言，妇下一字为妇名。可证凡属妇名都在妇字之下。再以卜辞证之，早期卜辞称妇（婦字本作帚，稍晚则从女作婦）某者习见，妇下一字都是妇的名或姓，如妇好，妇妌，妇良等，名与姓无在妇上者。另外也有角妇（粹一二四四）、雷妇（后下四二·七）二例，何以不称为妇角与妇雷，这也是研契诸家所不解者。按角与雷均系商王同族的臣僚……可见角妇是角的妇（古人称妻为妇）而雷妇是雷的

---

① 刊《历史研究》1959年第11期。以下所引于先生之说皆出自此文，不再另作注明。

妇，与商王的多妇都称为妇某者迥然有别。以上所说，就足以证明玄鸟妇的玄鸟二字并非妇名，它系商人先世图腾的残余是没有疑问的。"除此之外，他还举出下版卜辞以证明古文献中的有娀氏：

  □辰王卜，在兮［贞］：娎毓妿。［王］占曰：吉。在三月。（《前》2·11·3，《合集》38244，五期）

这是一条第五期卜辞，卜问娎氏女生育之事。于先生引辞不太确切，今重引如上。于先生说："娎即娀，有娀氏即有戎氏，晚期商王娶戎女为妇，因而加女旁称之为娀，犹之乎商王娶羌女为妇，因而加女旁称之曰姜（姜妿见乙中五四〇五）。由此可见，商代从先世契母简狄一直到乙辛时期还与有娀氏保持着婚媾关系。"

于先生总结说："根据上面的论证，有娀氏之娀，既见于殷虚卜辞，而玄鸟为图腾又见于商代金文，这是文献记录已与地下史料得到了交验互证。足征《诗》篇所咏，《天问》所疑，其来有自。"

受于省吾先生《略论图腾与宗教起源和夏商图腾》一文的启发，胡厚宣先生在1964、1977年先后发表了《甲骨文商族鸟图腾的遗迹》、《甲骨文所见商族鸟图腾的新证据》两文①，从商代甲骨文中找到了远古商氏族鸟图腾的证据。这些证据共是十条卜辞，分刻在八版甲骨上。下面我们再征引这些卜辞并做进一步诠释。这些卜辞是：

  （1）其告于高祖王亥三牛。
    其五牛。（《合集》30447，《宁》1·141，《京津》3926，三期。图1—2）

这是一版牛胛骨刻辞，属于第三期。卜辞有两问，先问告祭于高祖王亥用三头牛好吗，再问还是用五头牛好呢。"告"祭即祷告之意。辞中王亥之"亥"字，从亥，从又持鸟，作"𠂤"形，即作用手捉鸟形。

---

① 胡厚宣：《甲骨文商族鸟图腾的遗迹》，《历史论丛》第1辑，中华书局1964年版。《甲骨文所见商族鸟图腾的新证据》，《文物》1977年第2期。

(2) □□卜，王［贞］：其燎［于］上甲父［王］亥。（《合集》
24975，《虚》738，二期。图1—3）

这是一版第二期龟腹甲刻辞。由商王亲自贞问，问燎祭上甲的父亲王亥一事。"燎"之义，《吕氏春秋·季冬纪》说："供寝庙及百祀之薪燎"，高诱注："燎者，积聚柴薪，置璧与牲于上而燎之，升其烟气。"即"燎"之意为烧，甲骨文的燎字正像积柴而燃之形。该辞中王亥之"亥"，从亥，从鸟，作"🐦"形。

图1—2　祭祀王亥，亥字作鸟形　　图1—3　祭祀王亥，亥字作鸟形
　　（《合集》30447）　　　　　　　　　　（《合集》24975）

(3) 辛巳卜，贞：来辛卯酒河十牛，卯十牢。王亥燎十牛，卯十牢。上甲燎十牛，卯十牢。
辛巳卜，贞：王亥、上甲即宗于河。（《屯南》1116，四期。图1—4）

(4) 辛巳卜，贞：来［辛卯］……王亥燎十……（《合集》34293，《安明》2309，四期。图1—5）

(5) 辛巳卜，贞：王亥、上甲即于河。
［辛］巳卜，［贞］：王［亥］……河。（《合集》34294，《佚》

888，四期。图1—6）

图1—4 祭祀王亥、河、上甲，亥字作鸟形
（《屯南》1116）

图1—5 祭祀王亥，亥字作鸟形
（《合集》34293）

图1—6 祭祀王亥、河、上甲，亥字作鸟形
（《合集》34294）

以上三版均是刻在牛胛骨上的第四期卜辞。三版上的五条辞皆是于辛巳日卜问的。第（3）版上有两辞，第一辞于辛巳日卜问在未来第十天的辛卯日，用十头牛、并"卯十牢"来祭祀先公河，用燎十头牛、并"卯十牢"来祭祀先公王亥，用燎十头牛、并"卯十牢"来祭祀先公上甲，先公河、王亥、上甲所受祭礼相同。其中的"酒"字，当是指祭祀之意[①]。"卯"在卜辞中除借为地支字外，多为用牲之法，郭沫若先生说："因卯之字形取义，盖言对剖也。"[②] 即卯为剖杀之意。卜辞中的"卯"字作为用牲之法时，多施用于牛、

---

① 笔者一直怀疑卜辞中有些"酒"字不是指通常的酒，而是指祭祀之意。详待另研。
② 郭沫若：《卜辞通纂》，第39片考释，见《郭沫若全集·考古编》，第二卷，科学出版社1982年版。

羊牲，有时也施用于人牲。"牢"之所指，学者有歧意。《诗经·瓠叶·序》郑笺："繫养者曰牢"。《周礼·牧人》："凡祭祀，共其牺牲，以授充人繫之。"郑注："授充人者，当殊养之。"贾疏："牧人养牲，临祭前三月，授与充人繫养之。"姚孝遂先生说：牛"经过特殊饲养的就称之为'牢'，未经过特殊饲养的仍称之为'牛'。"① 陈梦家先生说："甲骨文字中有牢、宰、寓，前两者是牲品，乃指一种豢养的牛羊。"② 即"牢"是指专门圈养以供祭祀用的牲品牛。据此可知，"宰"就应该是指专门圈养以供祭祀用的牲品羊。关于"寓"字，陈梦家先生说："卜辞寓疑是廎字，《广雅·释宫》'廎，庵也'，'庵，廎，舍也'。"即陈先生说卜辞中的寓应是指廎舍，即养马之廎舍。目前，有四条卜辞中有"寓"字，学者都认为其中没有一条是指祭祀之牲品的，都是指养马之廎舍。笔者认为其中一条第三期卜辞："王畜马，在兹寓，母戊……王受又。"（《合集》29415）有可能是指用经过特殊饲养的马来作牲品。卜辞中有用马作牲品的记录（数量很少），但在殷墟却发现有用大量的马作牲品的遗迹③。准此，则第（3）版上的第一辞是于辛巳日卜问，问在未来第十天的辛卯日，用十头牛，并剖杀十头经过特殊饲养的牲品牛来祭祀先公河；用烧十头牛、并剖杀十头经过特殊饲养的牲品牛来祭祀先公王亥；用烧十头牛、并剖杀十头经过特殊饲养的牲品牛来祭祀先公上甲。第二条辞也是于辛巳日卜问的，问就在先公河的宗庙里同时祭祀先公王亥、上甲可以吗，"即"之意为就。则该版中的第一辞是卜问祭祀的内容，第二辞是卜问祭祀的场所。第（4）版的一条辞也是于辛巳日卜问的，辞残多字，但仍可看出是卜问在未来第十天的辛卯日燎祭先公王亥等的，辞意当与第（3）版的第一辞一致。第（5）版上有两条辞，两辞都是于辛巳日卜问的，第一辞问就在先公河的宗庙里同时祭祀先公王亥、上甲可以吗，辞意与第（3）版中的第二辞一致，只不过这里省略了"宗"字；第二辞残字较多，大概也是卜问就在先公河的宗庙里同时祭祀先公王亥的。以上（3）、（4）、（5）三版卜辞的内容基本相同，三版中的四条辞中都有王亥一称，四条辞中王亥的亥字都是从亥从隹，隹即鸟，即亥字作"𤔅"、"𤔅"、"𤔅"形的鸟形状，可隶定作"𤔅"。

---

① 见《牢、宰考辨》，《古文字研究》第九辑，中华书局1984年版。
② 陈梦家：《殷虚卜辞综述》，中华书局1988年版，第556页。
③ 见杨宝成《殷墟文化研究》，武汉大学出版社2002年版，第100—101页。

(6) □□〔卜〕，贞：羌……〔王〕亥。(《合集》34295，《粹》51，三期。图 1—7)

这是一版第三期龟腹甲刻辞。残字较多，仅存三个字，但大致可以知道是某日卜问以羌人祭祀先公王亥的。王亥之亥字，从亥从雈，作"𦤶"形，雈亦即隹，亦即鸟，字象有冠的鸟形，仍可隶定作"𦤶"。

(7) 四羊、四豕、五羌〔于王〕亥。(《合集》30448，《库》1064，三期。图 1—8)

图 1—7 祭祀王亥，亥字作鸟形
(《合集》34295)

图 1—8 祭祀王亥，亥字作鸟形
(《合集》30448)

这是一版第三期的牛胛骨刻辞，可能有残字。卜辞卜问用四只羊、四头豕、五个羌人来祭祀先公王亥。王亥之亥字，从亥从雈，雈亦即隹，亦即鸟，字作"𦤶"形，象有冠的鸟形，可隶定作"𦤶"。

(8) 又伐五羌〔于〕王亥。(《合集》22152，《京人》3047，三期。图 1—9)

图1—9 祭祀王亥，亥字作鸟形
（《合集》22152）

这是一版第三期龟腹甲刻辞。卜问"又伐"五个羌人来祭祀先公王亥。"又"读为侑，"伐"之义为砍头以杀，即杀伐之意，在甲骨文中多用作人祭的专名，即该辞是卜问杀伐五个羌人来祭祀王亥。王亥之亥字，从亥从隹，作"𢆉"形，象有冠的鸟形（该字下端残掉偏旁"亥"），其字可隶定作"隺"。

以上是迄今所见到的在王亥的"亥"字上加鸟形的全部卜辞，共是九条。其中第（1）版第一辞的亥字不但加鸟形，还在鸟形上加手形，会意为以手捉鸟。这与《山海经·大荒东经》所说"有人曰王亥，两手操鸟"的传说是相一致的。胡厚宣先生说："王亥之亥而从鸟，乃商族以鸟为图腾之确证。"① 这是十分正确的。

商人为什么要把鸟图腾的符号加在王亥的亥字上，而不是加在其他祖先的庙号上呢？胡厚宣先生说，这主要是因为王亥是上甲的父亲的缘故。我们认为，除此之外，还应该从王亥在商族的历史上所起到的重要作用上去寻找答案。

王亥是商族历史上的一个重要人物。

首先，典籍中王亥的名字多有所见就是证明。如：

《山海经·大荒东经》说："有人曰王亥，两手操鸟。"

《楚辞·天问》说："该秉季德，厥父是臧。胡终弊于有扈，牧夫牛羊。"清代学者徐文靖、刘梦鹏等都考定这句话中的"该"为人名，它与《史记·殷本纪》中的冥之子"振"、《世本》中的"核"、《汉书·古今人表》中的"垓"是同一个人。② 近代，王国维先生又根据商代甲骨文考证出古书中的"该"、"核"、"垓"、"振"就是卜辞中的王亥，也就是《山海经》中的王亥、《竹书纪年》中的"子亥"，这是一个重要发现。但王氏又认为《史记》中的"振"，因与"核"、"垓"二字形近而讹③，他的这一说法为后来的多数甲骨

---

① 胡厚宣：《甲骨文所见商族鸟图腾的新证据》，《文物》1977年第2期。
② 李平心：《王亥即伐鬼方之震》，见《李平心史论集》，人民出版社1983年版。
③ 王国维：《殷卜辞中所见先公先王考》，《观堂集林》卷九，中华书局1984年版。

学者所信从。近年，李平心先生撰文不同意王国维的这个说法，他说："振与核、垓二字并不相似，无由致误"，认为"振"在典籍中是有影踪可寻的。他考证《易·未济》的"震用伐鬼方"的"震"，就是《史记·殷本纪》中的"振"，证据是："按着文法，这句爻辞与《既济》'高宗伐鬼方'辞例相同，震用显然为人名。以史文比证，震当即《殷本纪》之振，也就是王亥；用即上甲微。"① 对李平心先生的"震"是"振"是王亥的考证，笔者认为可以接受，这个考证使历来不得其解的"震用伐鬼方"的"震"字的意义，有了较为合理的解释，过去将"震"训为威、训为惧是不可通的。但对他的"用"是指上甲微的说法，觉得还需要有更多的材料来给予证明才行。

其次，典籍中对王亥的事绩也略有记载，如：

《山海经·大荒东经》说："王亥托于有易、河伯仆牛。有易杀王亥，取仆牛。"郭璞注："《竹书》曰：殷王子亥宾于有易而淫焉，有易之君緜臣杀而放之。是故殷主甲微假师于河伯以伐有易，灭之，遂杀其君緜臣也。"

《楚辞·天问》曰："该秉季德，厥父是臧，胡终弊于有扈，牧夫牛羊？干协时舞，何以怀之？平胁曼肤，何以肥之？有扈牧竖，云何而逢？击床先出，其命何从？恒秉季德，焉得夫朴牛？何往营班禄，不但还来？昏微遵迹，有狄不宁，何繁鸟萃棘，负子肆情？眩弟并淫，危害厥兄，何变化以作诈，后嗣而逢长？"王国维先生解释说："此十二韵，以《大荒东经》及郭注所引《竹书》参证之，实纪王亥王恒及上甲微三世之事。"又说："有易之人，乃杀王亥，取服牛，所谓胡终弊于有扈，牧夫牛羊者也。其云有扈牧竖，云何而逢？击床先出，其命何从者，似记王亥被杀之事。其云恒秉季德，焉得夫朴牛者，恒盖该弟，与该同秉季德，复得该所失服牛也。所云昏微遵迹，有狄不宁者，谓上甲微能率循其先人之迹，有易与之有杀父之仇，故为之不宁也。"《山海经》、《竹书纪年》之"有易"，《天问》作"有扈"、"有狄"。王国维认为"扈，当为易字之误"，而"有狄，亦即有易也。古狄易二字同音，故互相通假。"②

《世本·作篇》说"胲作服牛"，"胲"是"亥"的通假字。

《吕氏春秋·勿躬篇》说"王冰作服牛"，王国维说："案篆文冰作仌，与亥字相似，王仌亦王亥之伪。"

---

① 李平心：《王亥即伐鬼方之震》，见《李平心史论集》，人民出版社1983年版。
② 王国维：《殷卜辞中所见先公先王考》，《观堂集林》卷九，中华书局1984年版。

对于以上典籍中的"仆牛"、"朴牛"、"服牛"的意义，王国维先生说："服牛者，即《大荒东经》之仆牛，古服仆同音。""朴牛亦即服牛。是《山海经》《天问》《吕览》《世本》，皆以王亥为始作服牛之人。盖夏初奚仲作车，或尚以人挽之。至相土作乘马，王亥作服牛，而车之用益广。《管子·轻重戊》云：殷人之王，立皂牢服牛马，以为民利，而天下化之。"① 这里，王国维是说王亥是发明驯服牛驾车的人。而胡厚宣先生则说："服牛即仆牛朴牛，亦即牧牛"，"所谓'牧夫牛羊'，即是放牧牛羊之意"，是说"王亥是发明牧牛的人"，"王亥是一个畜牧业的创始人。"② 笔者认为，将王亥说成是商人畜牧业的创始人，这与历史发展的进程不符。考古学的材料证明，人类社会在母系氏族社会的发展与繁荣时期，即考古学上的中石器时代和新石器时代，就已经发明了畜牧业；到了父系氏族社会时期，畜牧业就有了进一步的发展，这时，在我国的黄河流域和长江流域的农业氏族部落里，人们在经营农业的同时，饲养的家畜的种类和数量都在不断地增多，其中牛、羊、鸡、犬、豕等的饲养都得到了很大的发展③。商人社会最迟在其始祖契时就已经进入到了父系氏族社会阶段，因此，商人的畜牧业应该在契以前很久就已经产生了，说商人在契的六世孙王亥时才发明畜牧业是不符合历史发展的实际的。从"王亥托于有易、河伯仆牛"，"牧夫牛羊"等的记载来看，应该说王亥是进一步促进了商人畜牧业的发展，而"胲作服牛"，又说明他发明了用牛驾车的技术。相土是契之孙，《世本·作篇》说："相土作乘马"，是说相土时驯服马发明了用马驾车的技术。曹圉是契的四世孙（曾孙），有学者曾考释说："曹即槽。《左传·昭公七年》'马有圉'，杜预注云：'养马曰圉'。《说文》圉字下云：'一曰圉人，掌马者'。养马之人称圉，当是以牢圈养马而得名。则曹圉之名当与以槽牢从事牲畜的饲养有关。曹圉所处的时代为夏朝，说明商人在此时在畜牧业方面已有一定的基础。"④ 这个说法是有道理的。王亥是契的六世孙，相土的四世孙，曹圉之孙，他促进了商人畜牧业的进一步发展，并驯服牛发明了用牛驾车的技术，这是继其祖先相土发明用马驾车的技术之后的又一重要发明，有学者还分析说，王亥是中国商业第一

---

① 王国维：《殷卜辞中所见先公先王考》，《观堂集林》卷九，中华书局1984年版。
② 胡厚宣：《甲骨文商族鸟图腾的遗迹》，《历史论丛》第1辑，中华书局1964年版。
③ 见林耀华主编《原始社会史》，第三章、第四章，中华书局1984年版。
④ 见周自强主编《中国经济通史·先秦经济卷（上）》，经济日报出版社2000年版，第280页。

人，是中国商业的鼻祖，因为王亥时期商氏族的畜牧业有了进一步的发展，王亥就从事氏族间的商业贸易活动，他最后一次贸易活动就是与有易氏的交易，由于引起有易氏的不满，被有易之君緜臣所杀，王亥的商业贸易活动使商氏族得到了进一步的发展壮大①。因此，在商人的眼里，王亥是个有大功德的祖先，再加上他是"能帅契者"的上甲微的父亲②，所以受到后世子孙的尊重，称其为高祖［如前举的第（1）版卜辞］，受到隆重的祭祀。并且在祭祀时，在其名字"亥"字上加上远古商氏族的鸟图腾的符号，这说明在商人的眼里，王亥是商部族的伟人和英雄。商人给予王亥隆重的祭祀，由下面几条祭祀卜辞即可见一斑③：

(9) 四羊、四豕、五羌［于王］亥。（《合集》30448，《库》1064，三期）

(10) 又伐五羌［于］王亥。（《合集》22152，《京人》3047，三期）

这两版卜辞前文已例举过［见第（7）、第（8）辞］，前已指出该两辞中王亥的"亥"字上都加鸟形。这两辞都是卜问用五个羌人来祭祀王亥的，即对王亥进行人祭。这说明商人对王亥给予厚重的祭祀。

(11) 贞：酒王亥。
二羊、二豕、五十牛于王亥。
来辛亥燎于王亥三十牛。
屮于王亥。
翌辛亥屮于王亥四十牛。（《补编》100正，一期）

该版卜辞卜问用二羊、二豕和五十牛、或用四十牛、或用三十牛来祭祀王亥，用牲数量之多说明对王亥给予厚重的祭祀。

图1—10　祭祀王亥
（《合集》14724）

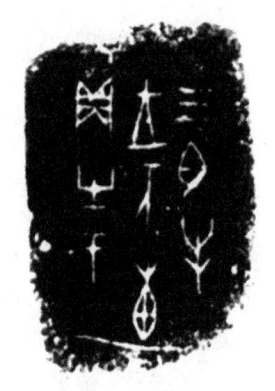

---

① 王瑞平：《王亥与中国商业贸易的肇端》，《光明日报》2004年6月1日《理论周刊》版。
② 《国语·鲁语上》："上甲微，能帅契者也，商人报焉。"
③ 商人对王亥祭祀的详细情况，请见第四章第一节。

(12) 贞：㞢于王亥，宙三白牛。(《合集》14724，一期。图1—10)

该辞卜问用三头白牛祭祀王亥。《礼记·檀弓上》说："殷人尚白，大事敛用日中，戎事乘翰，牲用白。"该辞卜问特用白牛祭祀王亥，说明商人对王亥是非常重视和非常尊崇的。所以，后世商人要将鸟图腾的符号加在高祖王亥的亥字上。

远古时期的商氏族以玄鸟为图腾，人们崇拜鸟，对鸟怀有敬畏之情。吕大吉先生说："一种动物、植物或自然物既被氏族社会奉为图腾，就会自然而然地在心中产生某种敬畏之情。"① 事实确实如此。商人社会由始祖契发展到武丁时期，已经经历了漫长的二十四代，但即使这样，我们仍然能够在武丁时期的甲骨卜辞中，找到后世商人对鸟怀有崇拜和敬畏的材料。下面两版卜辞就证明武丁时期的商人仍然崇敬着鸟，他们对鸟进行祭祀：

图1—11 祭祀鸟
(《合集》14360＋
《英藏》1225，
即《缀合集》168)

(13) 贞：方帝。七月。
贞：帝鸟一羊、一豕、一犬。
贞：帝鸟三羊、三豕、三犬。
丁巳卜，贞：帝鸟。(《合集》14360＋《英藏》1225②，一期。图1—11)

该版卜辞中的"帝"是祭名，是为"禘"祭。何为禘祭？自汉代以来有三种说法：一曰是时祭，即四时之祭；二曰殷祭，即大祭；三曰郊天之祭，即郊祭昊天。近见严一萍、王辉二先生的论证，与商代的事实比较接近。严先生说："按帝 采 与燎 米 柴 擧 为一系，柴为束薪焚于示前，燎为交互植薪而焚，帝者以架插薪而祭天也。三者不同处，仅在积薪之方式与范围。故辞言'帝一

---

① 吕大吉：《宗教学通论新编》，中国社会科学出版社1998年版，第489页。
② 该版卜辞为蔡哲茂先生缀合。见《甲骨缀合集》，中央研究院历史语言研究所1999年版，第168片。

犬'，犹他辞之言'燎一牛'也。"① 王辉先生在全面归纳、研究了卜辞中的帝字的字形以后，认为："我们可以把帝字看作是由头上的一和下部的米（或朿）二部分所组成……米祭是柴祭，朿乃是束祭，也是柴祭的一种，所以从字形上看，禘必然是火祭的一种。问题是帝字上部的一究竟代表什么？一在甲文中可以代表各种意义，但在帝字顶部，我们认为它是一种指示符号，代表天空……帝字从一从米（或朿），米或朿表示柴祭，一指明祭祀的对象为居于天空的自然神。"② 二位先生所论有得有失。笔者接受他们关于禘祭是火烧柴薪之祭的考证，但不接受他们关于禘祭是祭天和只是祭居于天空的自然神的说法。因为殷墟甲骨卜辞表明，商人是不祭祀天的；而且，禘祭也不只是祭祀居于天空的自然神，而是还用来祭祀其他自然神。上举第（13）版卜辞就是卜问禘祭鸟的，该辞的鸟字作形，对该字，王襄先生释为雉③，胡厚宣先生说："鸟和隹为一字，从一者象矢形"，并引《说文》等古书证明"雉为一种美丽的鸟名。"④ 准此，则第（13）版卜辞是卜问用一羊、一豕、一犬还是用三羊、三豕、三犬来禘祭鸟。由禘祭是用火烧柴薪进行祭祀来看，鸟在天上飞，用火焚烧祭品使烟雾升天，才能使鸟享受到祭品。

（14）庚申卜，扶：令小臣取祊羊鸟。（《合集》20354，一期）

这是一版𠂤组卜辞。由贞人扶在庚申日卜问，问命令名叫取的小臣去祊祭"羊鸟"可以吗。祊，有人释为丁，祊在该辞中是祭名。对"羊鸟"之义，胡厚宣先生说："羊或读作祥。祥鸟犹《史记·殷本纪》'祖己嘉武丁之以祥雉为德'之祥雉。"⑤ 其说有理。该辞的鸟字作""形。以上两版卜辞证明在殷商时期，人们仍然像远古时期一样对鸟怀有崇拜的心理⑥。这种残余信

---

① 严一萍：《美国纳尔森艺术馆藏甲骨卜辞考释》，艺文印书馆1973年版，第8页。
② 王辉：《殷人火祭说》，《古文字研究论文集》（《四川大学学报丛刊》第十辑），1982年版。
③ 王襄：《簠室殷契类纂》，卷四，1920年版，第18页。
④ 胡厚宣：《甲骨文商族鸟图腾的遗迹》，《历史论丛》第1辑，中华书局1964年版。
⑤ 同上。
⑥ 胡厚宣先生曾引《乙编》的三版卜辞，即今《合集》11497正反、《合集》11498正反、《合集》11500正，来证明商人还祭祀鸟星。实误。今已证明卜辞中的"鸟星"不是指星，见常玉芝：《殷商历法研究》，吉林文史出版社1998年版，第14—16页。

仰的存在，也证明了远古时期的商氏族是以鸟为图腾的。

殷商时期的人们对鸟还有畏惧心理，下面三版卜辞可以证明：

(15) 庚申卜，殻贞：王勿……。之日夕㞢鸣鸟。(《合集》17366 正反，一期)

(16) 丁巳［卜］，贞：……鸣……祸。(《合集》17367，一期)

(17) □□［卜］，贞：……鸣……祟。十一月。(《合集》17368，一期)

第(15)辞由贞人殻在庚申日卜问，问商王在当天不要去做什么事情，因为会不吉利，验辞记录在"之日夕"即庚申日当天夜间有鸟鸣发生。该辞的鸟字亦作"🐦"形。由此可以看出在商人的心里，认为鸟鸣是不吉利的，做什么事情是不会有好结果的。第(16)辞于丁巳日卜问，辞虽残，但由保留的"鸣"、"祸"二字来看，应该是说鸟鸣会带来祸患。第(17)辞残掉多字，但由残存的"鸣"、"祟"二字来看，应该也是说鸟鸣会带来祸祟的。商人这种惧怕鸟的心理，在古文献中也能找到其痕迹，如《史记·殷本纪》记载说："帝武丁祭成汤，明日，有飞雉登鼎耳而响，武丁惧。"这是记录商王武丁在祭祀成汤的时候，大白天的，突然有飞鸟落在鼎耳上鸣叫，武丁很害怕。以上卜辞和古书的记载说明，即使到了殷商时期，人们还保留着对鸟的崇敬和畏惧的心理。这种对鸟的残余信仰的存在，说明在远古的时期，商人确实是以鸟为图腾的氏族。

那么，商人崇拜的是什么鸟呢？也即商人是以什么鸟为图腾的呢？前文列出的古文献材料记录说远古时期的商始祖是由简狄吞玄鸟卵所生，也即商人是以玄鸟为图腾的氏族。那么"玄鸟"又是指的什么鸟呢？自古以来，人们对"玄鸟"的所指有几种说法：

1. 对《诗经·商颂·玄鸟》中的"玄鸟"，战国时期的屈原在《天问》中说："简狄在台訾何宜？玄鸟致贻女何嘉"[①]；在《九章·思美人》中说："高辛之灵盛兮，遭玄鸟而致诒。"在《离骚》中又说："凤皇既受诒兮，恐

---

① 嘉原作喜。喜是嘉之误。见前第5页注③。

高辛之先我。"这里说的玄鸟是指凤凰①。现从此说者有胡厚宣先生②。

2.《吕氏春秋·季夏纪·音初篇》说:"有娀氏有二佚女,为之九成之台,饮食必以鼓。帝令燕往视之,鸣若谥隘。二女爱而争搏之,覆以玉筐。少选,发而视之,燕遗二卵,北飞,遂不反。"高诱注:"帝,天也。天令燕降卵于有娀氏女,吞之生契。"王逸注《天问》"简狄在台誉何宜?玄鸟致贻女何嘉"说:"简狄,帝誉之妃也。玄鸟,燕也,贻,遗也。言简狄侍帝誉于台上,有飞燕坠遗其卵,喜而吞之,因生契也。"王逸注《九章·思美人》之"高辛之灵盛兮,遭玄鸟而致诒"说:"誉妃吞燕卵以生契也。"又郑玄笺《诗经·商颂·玄鸟》"天命玄鸟,降而生商"说:"玄鸟,鳦也。"又说:"玄鸟,燕也。一名鳦。"又在前引第二条材料中郑玄注《诗·商颂·长发》也说玄鸟是指鳦,也即燕子。许慎《说文解字》"燕"字条说:"燕,玄鸟也。"以上是说《吕氏春秋》和汉代人的笺注中都说玄鸟是指燕子。目前学者多从此说。

3. 近年又有人提出"玄鸟"是指鸱鸮,即猫头鹰,说商人是以鸱鸮即猫头鹰为图腾的③。

总之,迄今对"玄鸟"的所指有凤凰、燕子、鸱鸮(猫头鹰)三种说法。那么,"玄鸟"到底指的是哪一种鸟呢?"玄鸟"之"玄",《说文》谓是"黑而有赤色者为玄"。燕子的颜色与"黑而有赤色"不太相近;并且燕子的"燕"字,甲骨文作"㚔"、"㚔"、"㚔"等形,其特征是"翅膀尖而长,尾巴

---

① 郭沫若说:"'凤凰既受诒',以上下文案之,实即玄鸟传说。《天问》篇,'简狄在台誉何宜?玄鸟致贻女何嘉?'《九章·思美人》,'高辛之灵盛兮,遭玄鸟而致诒。'玄鸟致诒即凤凰受诒,受授省,诒贻通,知古代传说中之玄鸟实是凤凰也。《商颂》,'天命玄鸟,降而生商',注家以玄鸟为燕,乃后来之转变。"见《屈原赋今译》,人民文学出版社 1953 年版,第 112 页。此处转引自胡厚宣《甲骨文商族鸟图腾的遗迹》(《历史论丛》,第 1 辑,中华书局 1964 年版)。王泗原亦说:"凤凰受诒与《天问·思美人》的玄鸟致诒是一回事……这玄鸟即凤凰。"见《楚辞校释》,人民教育出版社 1995 年版,第 49 页。

② 胡厚宣先生在 1964 年发表的《甲骨文商族鸟图腾的遗迹》(《历史论丛》,第 1 辑,中华书局 1964 年版)一文中从屈原之说,认为"玄鸟"是指凤凰,并用甲骨文中祭祀"帝史凤"的卜辞来做证明。但在 1977 年发表的《甲骨文所见商族鸟图腾的新证据》(《文物》1977 年第 2 期)一文中就只说屈原"把玄鸟说成凤凰",而没有发表个人的意见。

③ 孙新周:《鸱鸮崇拜与华夏历史文化之谜(中)》,《北京晚报》2002 年 11 月 9 日第 34 版"五色土副刊"。

分开象剪刀"①，它们与前举的加在商人高祖王亥的"亥"字上的鸟形大不相同，并且王亥的"亥"字上的鸟形有的带有凤冠（带凤冠者应是雄性，不带凤冠者应是雌性），而燕子是没有凤冠的，所以玄鸟不是指燕子；如果远古时期的商氏族是以燕子为图腾的，那么甲骨文中加在王亥的"亥"字上的图形应该是上举的燕子形而不应是现在的鸟形。甲骨卜辞中的凤字多借为风，其写法作"𩂉"、"𩂊"等形，这种写法与加在王亥的"亥"字上的鸟形也不相类，凤字虽然有凤冠，但与加在王亥的"亥"字上的鸟形凤冠相比，却另有特色，并且凤冠也要高得多，而且其尾部是长大而飘逸的；同时凤凰又不是"黑而有赤色"的，所以玄鸟也不应是指凤凰；又在前引的《左传·昭公十七年》郯子的一段话中，凤鸟与玄鸟是并列的，这也反映出玄鸟不是指凤鸟也即不是指凤凰。至于猫头鹰，则是"身体淡褐色，多黑斑"②的，它的颜色与"玄"所指的颜色不同；它的长相与甲骨文中加在王亥的"亥"字上的鸟形也相去甚远，因此，玄鸟更不是指猫头鹰。甲骨学者刘源先生曾就孙新周所说甲骨文中的"雈"、"藋"是猫头鹰的象形，商人的祖先图腾是猫头鹰一说，从古文字学的角度给予了否定③。总之，玄鸟不是指猫头鹰是无可质疑的。

笔者根据《说文》对"玄"字的解释和甲骨文中加在王亥的"亥"字上的鸟形推断，认为"玄鸟"应是指"黑而有赤色"的、短尾的、雄性头上有凤冠的鸟类（屈原和《吕氏春秋》及汉代人都各说出了它的部分特征）。至于这种特征的鸟到底是什么鸟，则还有待于将来请教于鸟类学家了。

前已说明，在原始氏族社会中，"人类由于受到社会生产力水平和人类认识水平的限制，不仅不可能把与自己生存攸关的自然力量和社会力量作为支配的对象，而且反把它们当作支配自己生存和生活的神秘力量。这两种力量就在原始人的观念中表现为对超自然的自然力量和对超人间的氏族祖先的崇拜，这两种宗教观念是原始宗教的基本观念，由此观念而象征化为两种基

---

① 《现代汉语词典》，商务印书馆1996年版，第1453页。
② 同上书，第854页。
③ 刘源：《也谈甲骨文中的"雈"、"藋"》，《北京晚报》2002年12月2日第36版"五色土副刊"。

本的崇拜对象。"① 换句话说，这两种基本的崇拜对象就是自然崇拜和祖先崇拜。而图腾崇拜正是自然崇拜与祖先崇拜相结合的一种最古老的宗教崇拜形式。远古时期的商氏族就是把对自然物玄鸟的崇拜与对其祖先的崇拜两者结合起来，构成了他们的图腾崇拜。商氏族的玄鸟图腾崇拜符合吕大吉先生提出的关于宗教的四要素：即宗教的观念或思想、宗教的感情或体验；宗教的行为或活动、宗教的组织和制度。因此，图腾崇拜是商人宗教的起源。我们由距商始祖契二十三代的武丁时期的甲骨卜辞推测，远古时期的商氏族所崇拜的自然物应该也是比较多的。（详见后文）

殷墟甲骨卜辞和商代金文透露出远古时期的商氏族是以玄鸟为图腾的。此外，有学者还提出探寻古人图腾崇拜的另一条途径，即："古人姓名和古代族名，也是可供考察我国古代图腾崇拜的一种依据。"并指出在"殷墟卜辞里，把殷人周围的民族称为'马方'、'羊方'、'虎方'、'林方'等。这种族名，可能来源于他们所崇拜的图腾对象——马、羊、虎、林等动植物的名称。"② 这种说法是有一定的道理的。殷商时期这些部族的名称也或许就透露出了这些部族在远古时期的图腾崇拜情况。另外，在我国的古籍中，还记录有大量的图腾氏族的名称，这里就不烦一一备举了。

殷墟甲骨卜辞和商代金文表明，即使到了商始祖契的二十三世孙武丁时，商人宗教所崇拜的对象仍然是诸多自然神和各世祖先神。其中对自然神的信仰随着时间的推移而逐渐减弱，但对祖先神的崇拜却是贯穿于整个商王朝的。

---

① 吕大吉：《宗教学通论新编》，（引文的着重号为引者所加），中国社会科学出版社1998年版，第475页。

② 朱天顺：《中国古代宗教初探》，上海人民出版社1982年版，第116页。

第二章

上帝及帝廷诸神的崇拜

商族由始祖契到武丁时已经经过了二十三世；即使由商朝第一王成汤（即大乙）算起，到武丁时也已是第十一世的第二十一位商王了①。在殷墟发现的商后期甲骨卜辞中，以武丁时期的卜辞保留下来的数量最多。武丁在位的时间很长，据《尚书·无逸》、今本《竹书纪年》、《太平御览》卷八十三、《皇极经世》四书的记载是59年，结合武丁时期的卜辞数量最多来看，这个在位年数应该是可信的，他是整个商王朝十七世二十八王中，在位时间最长的一位商王。在武丁时期的卜辞中，保留下来很多商人自然崇拜和祖先崇拜的材料，我们透过这些材料可以窥见当时商人的宗教信仰的发展状况。

从早期殷墟甲骨卜辞和稍晚的商代金文里，我们可以看到商人有天神崇拜的心理。他们把天神称作"上帝"或"帝"。陈梦家先生曾总结出卜辞中的"帝"字有三种用法："一为上帝或帝，是名词；二为禘祭之禘，是动词；三为庙号的区别字，如帝甲、文武帝，名词。"② 卜辞和金文中，殷人把天神称作"上帝"或"帝"，而绝不称作"天"，卜辞中的"天"字都不是神称，而是表示大的意思，如"大邑商"，又称"天邑商"，"大乙"，又称"天乙"等。将天神称作"上帝"或"帝"的卜辞如：

□□卜，争［贞］：……上帝□降堇。（《合集》10166，一期。图2—1）

---

① 这里所说的即位先王数是根据商代甲骨文做的统计，《史记·殷本纪》所记录的"仲壬"、"沃丁"并未见于卜辞，故未计算在内。

② 陈梦家：《殷虚卜辞综述》，中华书局1988年版，第562页。

图 2—1　天神上帝
（《合集》10166）

图 2—2　天神上帝
（《合集》30388）

叀五鼓……上帝若，王［受］又=。（《合集》30388，三期。图 2—2）
□□［卜］，出［贞］……上帝……祝……（《合集》24979，二期）

这三条是殷墟甲骨卜辞中所仅见的有"上帝"一称的卜辞。第一辞是第一期的武丁卜辞①，第二辞是第三期的康丁卜辞，第三辞是第二期的祖甲卜辞。三条卜辞中都有残掉的字。第一辞卜问上帝是否"降莫"，"莫"即"旱"②，即该辞是卜问上帝是否降下旱灾的。第二辞卜问"上帝若"、"王受又="，"若"，饶宗颐先生说："按《尔雅·释言》：'若，顺也。'又《释诂》：'若，善也。'《汉书·礼乐志》：'神若宥之。'注：'若，善也。'殷时习语'若'与'不若'习见。"③ 因此，该辞是卜问上帝是否会行善，商王是否会受到（上帝）护佑。第三辞残缺过甚，辞意不明。由这些有"上帝"一称的卜辞较少来看，殷人绝大多数时候是将上帝简称作"帝"的。将天神称作"上帝"或"帝"，在古文献中也有记载，如：《诗经·荡》传疏曰："上帝者，天之别名。"《礼记·曲礼》曰："天神曰帝。"《易·益》："王用享于

---

① 本书甲骨分期采用董作宾的卜辞分期法，但根据学者近年对甲骨分期的研究，各期卜辞所属的王世并不全是如董氏所认定的那样是整齐划一的只属于某一位先王，而多是跨王世的，如第一期卜辞就不是如董氏早期所认定的那样全是武丁卜辞，它实际上还包含有不少的祖庚卜辞。

② 陈梦家说："'莫'有两种用法：一为动词'降'后的宾词，是名词；一介于主词'帝'与代词'我'之间，是动词。名词之莫可有附加词'大'，动词之莫可有附加词'隹''其'。罗振玉释为艰（《考释》65）；郭沫若则以为是堇，唐兰《殷虚文字记》读莫为嘆，即今旱字。"见《殷虚卜辞综述》，中华书局1988年版，第564页。

③ 饶宗颐：《殷代贞卜人物通考》（上册），香港大学出版社1959年版，第220页。

帝吉。"孔颖达疏曰:"帝,天也。"《字汇·巾部》说:"帝、上帝,天之神也。"① 由第一辞以及下文所列举的有关卜辞可以看到,殷人说上帝或帝时,往往都是卜问它是否会"降"下什么灾祸,由此可见,在殷人的心目中,上帝是高高地居于天上的天神。由下文所列举的卜辞可以看到,天神上帝是超自然的神。那么,在殷人的意识中,天神上帝(或简称帝),都有哪些权能呢?

第一节 上帝的权能

一 上帝主宰气象

早期的殷墟甲骨卜辞表明,在殷人的心目中,天神上帝(或简称帝)是统领雨、雷、雹、风等自然神(诸自然神见第三章)的主神,它拥有主宰这些气象神灵的权能。下面的辞例就可以说明这一点:

(一) 帝令雨

卜辞中有不少"帝令雨"的卜问,即卜问上帝(或帝)是否会命令雨神下雨。卜辞中卜问帝是否令雨的辞例最多,下面选录几条以见一斑:

(1) 辛亥,内贞:今一月帝令雨。四日甲寅夕[允雨]。
辛亥卜,内贞:今一月[帝]不其令雨。(《合集》14295,一期)
(2) 贞:今一月帝令雨。(《合集》14132正,一期)
(3) 今二月帝不令雨。(《合集》14134,一期。图2—3)
(4) 贞:今二月帝不其令雨。(《合集》14135正,一期)
(5) □□[卜],㱿贞:今三月帝令多雨。(《合集》14136,一期)
(6) 戊子卜,㱿贞:帝及四月令雨。
贞:帝弗其及今四月令雨。
王占曰:丁雨,不啻辛。
旬丁酉,允雨。(《合集》14138,一期。图2—4)
(7) 辛未卜,争贞:生八月帝令[多]雨。
贞:生八月帝不其令多雨。
丁酉雨至于甲寅,旬有八日。九月。(《合集》10976正,一期)

---

① 转引自《汉语大字典》,"帝"字解,四川辞书出版社、湖北辞书出版社1995年版。

图 2—3　帝令雨
（《合集》14134）

图 2—4　帝令雨
（《合集》14138）

(8) 丙寅卜，争贞：今十一月帝令雨。
    贞：今十一月帝不其令雨。（《合集》5658 正，一期）
(9) □□［卜］，□［贞］：［今］十一月帝令多雨。（《合集》14140 正，一期）
(10) 来乙未帝其令雨。
    来乙未帝不令雨。
    王占曰：帝其令［雨］。（《合集》14147 正反，一期）
(11) 自今至于庚寅帝不其令雨。
    □□卜，争贞：自今至于庚寅帝令雨。（《合集》14148，一期）
(12) 自今庚子［至］于甲辰帝令雨。
    至甲辰帝不其令雨。（《合集》900 正，一期）
(13) 丙寅卜，［㱿］：［翌丁］卯帝其令雨。
    丙寅卜，［㱿］：［翌丁］卯帝不［其令］雨。允。（正甲）
    丁卯卜，㱿：翌戊辰帝其令［雨］。戊［辰］……
    丁卯卜，㱿：翌戊辰帝不令雨。戊辰允雾。
    戊［辰］卜，㱿：［翌］己巳帝令雨。

戊辰卜，㱿：翌己巳帝不令雨。

己巳［卜］……

己［巳卜］……

己巳帝允令雨至于庚。（反乙）

辛未卜，［㱿］：翌壬［申］帝其［令］雨。

［辛］未卜，㱿：［翌］壬［申］帝［不令］雨。壬㲋。

壬申卜，［㱿］：翌癸酉帝其令雨。

壬申卜，㱿：翌癸酉帝不令雨。

甲戌卜，㱿：翌乙亥帝其令雨。

甲戌卜，㱿：翌乙亥帝不令雨。

乙亥卜，㱿：翌丙子帝其令雨。

乙亥卜，㱿：翌丙子帝不令雨。

丙子卜，㱿：翌丁丑帝其令雨。（《合集》14153 正乙，一期）

(14) 癸［丑卜］，㱿贞：翌甲寅帝其令雨。

癸丑卜，㱿贞：翌甲寅帝［不］令雨。（《合集》14149 正，一期。图 2—5）

图 2—5 帝令雨

（《合集》14149 正）

(15) 己巳［卜］，㱿［贞］：帝令雨。(《合集》14142，一期)

(16) 乙卯卜：帝隹其雨。(《合集》40393，《英藏》1138，一期)

(17) ……帝隹癸其雨。(《合集》14154，一期)

以上十七版均是早期的第一期卜辞，为武丁或祖庚卜辞。这些卜辞都是卜问帝即上帝是否"令雨"的，"令"即命令之意，即都是卜问上帝是否命令雨神下雨（或多下雨）的，这些卜辞中的"雨"都是做动词用的。其中前面九版是卜问帝是否在某个月命令下雨，或命令多下雨[①]，其中第（6）版于戊子日卜问上帝是否命令在现今的四月份下雨，商王的占辞说，丁日会有雨，不唯独在辛日，后面的验辞记录在十天后的丁酉日（上帝）果然命令下雨了。第（10）版是卜问未来的乙未日上帝是否命令下雨，商王视兆后的占辞说，（未来的乙未日）上帝是会命令下雨的。第（11）版的两辞从正反两面卜问"自今至于庚寅"连续几天（卜日残掉）上帝是否命令下雨。第（12）版的两辞从正反两面卜问"自今庚子至于甲辰"帝是否命令下雨。第（13）版是龟腹甲刻辞，上面有十八条辞，卜辞的契刻顺序是先刻边缘，再在中间由下往上刻，十八条辞从正反两面卜问从丙寅日至丙子日的连续十天中上帝是否命令下雨（只有癸酉日未卜问；庚午日的卜问因刻在甲尾处残掉），其中辛未日卜问的一辞问帝是否在第二天壬申日命令下雨，验辞说"壬䷀"，"䷀"字，叶玉森说是"乃晕之古文"，于省吾释为"䍃"[②]，是指阳光从云隙中漏出，如是，则验辞是说第二天壬日上帝没命令下雨，但是有云，太阳光从云层中漏出来了。第（14）版的两辞是于癸丑日从正反两面卜问第二天甲寅日帝是否命令下雨。第（15）版是于己巳日卜问帝会命令下雨吧。第（16）版于乙卯日卜问"帝隹其雨"，第（17）版卜问"帝隹癸其雨"，"帝隹雨，犹

---

① 其中第（7）版卜辞（即《合集》10976正）过去笔者曾做过分析，认为其中的八月有可能是个只有二十五日的小月（见《殷商历法研究》，吉林文史出版社1998年版，第290—292页）。最近有学者指出，其中的丁酉日并不一定是在九月（见王晖：《上世纪末殷历研究的总结及其新成果——常玉芝〈殷商历法研究〉读后》，《碑林集刊》，陕西人民美术出版社2002年版；裘锡圭：《从一组卜辞看殷历月的长度和大小月的配置》，《揖芬集》，社会科学文献出版社2002年版）。因此，八月也就并不一定是个只有二十五日的小月。其说有理，今采纳他们的意见给予改正。

② 见于省吾《双剑誃殷契骈枝续编·释䍃》，1941年版。

言帝唯令雨"①，因此，这两版卜辞也都是卜问帝会命令下雨吧。以上卜辞表明，在商人的心目中，天神上帝操纵着下雨与不下雨的大权；同时又表明商人不能祈求上帝下雨或不下雨，他们只能去揣测上帝是否命令下雨。卜辞中卜问下雨的辞例最多，因为下雨的多少，在什么时候下，在什么时候不下，都关系到殷人的生产和生活，因此，他们总是在战战兢兢地卜问，揣测着上帝的意志。由上面带有月份的卜问帝是否令雨的卜辞可以看到，商人最关心下雨与否的月份是一月〔第（1）、（2）辞〕、二月〔第（3）、（4）辞〕、三月〔第（5）辞〕、四月〔第（6）辞〕、八月〔第（7）辞〕、十一月〔第（8）、（9）辞〕，其中岁初的一月、二月和岁末的十一月卜问的较多（各两条），其他月份则是偶见卜问，但不见五月、六月、七月有卜问上帝是否令雨的卜辞。笔者曾经统计过殷墟甲骨卜辞中的卜雨辞，发现殷商时期殷人虽然每月都有卜雨，但"殷代卜雨最多的月份是在殷历的前五个月，其中尤以二月最多，在总共 344 条卜雨辞中，前五个月有 201 条，占了全部卜雨辞的百分之五十八多，即占了一多半。这一点提示我们，殷历的岁首即一月绝不是在冬季，而应是在夏季。"② 笔者还对卜辞中卜问年成的卜年辞做了统计，发现"商代卜年多集中在岁初的一月、二月、三月，岁末的十一月、十二月，特别是一月、二月卜问的次数格外多；十三月是闰月，闰月的月名比常年的月名出现的要少，但卜年的次数却高于六月、七月、八月；特别是六月一次卜年也未见"，这"说明殷历的六月、七月、八月不是农作物播种、生长、收获的季节。"③ 由上面列举的殷人卜问上帝是否命令下雨的卜辞也可以看到，商人最关心上帝是否命令下雨的月份也是在岁初的一月、二月（各两条），岁末的十一月（两条），这与卜年的农事卜辞多集中在岁初和岁末是一致的。与卜年辞一样，卜问上帝是否命令下雨的卜辞，也没有是在六月份的。商人关心上帝是否在岁初、岁末命令下雨是因为这段时间是农作物的播种、生长的季节④，下雨与否是关系到年成的好坏的，所以殷人要多次卜问。

---

① 胡厚宣：《殷卜辞中的上帝和王帝（上）》，《历史研究》1959 年第 9 期。
② 见常玉芝《殷商历法研究》，吉林文史出版社 1998 年版，第 386 页。
③ 同上书，第 414 页。
④ 关于商人农作物的播种、生长的时间，见常玉芝《殷商历法研究》，吉林文史出版社 1998 年版，第 409—419 页。

(二) 帝令雷

(18) 癸未卜，争贞：生一月帝其弘令雷。
　　贞：生一月帝不其弘令雷。
　　贞：不其雨。(《合集》14128 正，一期。图 2—6)

(19) 壬申卜，㱿贞：帝令雨。
　　贞：及今二月雷。(《合集》14129 正，一期)

(20) 贞：帝其及今十三月令雷。
　　帝其于生一月令雷。(《合集》14127 正，一期)

(21) ……帝其令雷。(《合集》14130 正，一期)

图 2—6　帝令雷
(《合集》14128 正)

这四版也都是第一期卜辞，即是武丁或祖庚时卜辞。第 (18) 版上的三条辞卜问的是一件事，前两辞是于癸未日从正反两面卜问"生一月"帝是否"弘令雷","生一月"即下个月一月,"生月"指下一个月,由陈梦家先生最先考证[①];"弘"字作"㶟",于省吾先生释,他解释该辞说:"按弘训大,此言帝其大令雷也。"[②] 因此这两条辞是卜问上帝是否在下个月一月份大令雷神打雷呢;雷和雨往往是相连的,有雷才会下雨,故第三条辞卜问"不其雨",即问不会下雨吧。这版卜辞是卜问在岁首的一月份打雷下雨,也证明殷历的岁首不是在冬季。第(19)版上有两条辞,第一条辞于壬申日卜问上帝会命令下雨吧;第二条辞卜问在现今的二月份会打雷吧,由此知第一辞的壬申日也应是在二月。总之,该版卜辞是卜问上帝是否在二月份命令雷神打雷,雨神下雨,则该版卜辞也证明了殷历的岁首二月是个打雷下雨的月份,即也证明了殷历的岁首不是在冬季。第(20)版上有两辞,第一辞贞问上帝会在现今的十三月命令打雷吗,第二辞卜问上帝会在"生一月"即下个月一月份命令打雷吗。武丁、祖庚时期多将闰月加在岁末称"十三月","十三月"的下一个月就是下一年的岁首一月。则该版卜辞也证明了殷历的岁末和岁首是在打雷的季节,不是处在冬季。第(21)辞残掉多字,但知也是贞问上帝是否命令打雷的。以上四版卜辞表明,在商人的心目中,上帝是主宰着打雷、下雨的权力的,天空是否雷雨交加,由上帝说了算;这些卜辞也反映出殷人是不能祈求上帝打雷、下雨与否的,他们只能是通过占卜贞问上帝是否命令打雷下雨。第(18)版卜辞卜问上帝是否在一月份大令打雷下雨;第(19)版卜辞卜问上帝是否在二月份命令下雨打雷;第(20)版卜辞卜问上帝是否在十三月和一月份命令打雷,即商人卜问上帝是否打雷的月份是在岁首的一月、二月和岁末的十三月。关于一年中响雷的季节,《礼记·月令》说:"仲春之月……雷乃发声","仲秋之月……雷始收声",《淮南子·时则训》说:"仲春之月……雷始发声","仲秋之月……雷乃始收",即《礼记》、《淮南子》等书记录一年中响雷的时间是从仲春之月到仲秋之月,即是在"春分"到"秋分"这段时间内,也即是在夏历的二月份到八月份的半年多的时间内,由殷人在其岁首和岁末卜问上帝是否命令打雷来看,可以得知殷历的岁首不是在历来所说的冬季。打雷往往伴有雨水,只有有了充足的雨水农作物才会获得好收成,所以殷人卜问上帝是否命令打雷也是为了有个好年成,这也说明殷历的岁首、岁末是处在农作物的播种、生长的季节。

---

① 陈梦家:《殷虚卜辞综述》,中华书局1988年版,第117—118页。
② 于省吾:《甲骨文字释林·释霝》,中华书局1979年版,第11页。

(三) 帝令霽

(22) 丁丑卜，争贞：不霽，帝佳其。
　　丁丑卜，争贞：不霽，帝不佳。（《合集》14156，一期。
　　图 2—7）
(23) 丙午卜，韦贞：生十月雨，其佳霽。
　　丙午卜，韦贞：生十月不其佳霽雨。（《合集》12628，一期。
　　图 2—8）
(24) 癸未卜，宾贞：兹霽不佳降祸。十一月。
　　癸未卜，宾贞：兹霽佳降祸。（正）
　　王占曰：吉。勿降祸。（反）（《合集》11423 正反，一期）

图 2—7　帝令霽　　　　　　　图 2—8　帝令霽
（《合集》14156）　　　　　　（《合集》12628）

这三版卜辞也是早期的第一期卜辞，属武丁或祖庚时期。"霽"字卜辞作"㠱"，旧释为"霁"，义为"雨止"[①]，但对照卜辞，释"霁"于义不通；后

---

① 陈梦家：《殷虚卜辞综述》，中华书局 1988 年版，第 245 页。于省吾：《甲骨文字释林·释霁》，中华书局 1979 年版，第 116 页。

胡厚宣、沈建华先后将其释为"雹"①，于形于义即皆通，今从。第（22）版上的两辞是于丁丑日卜问的，先问"不雹，帝佳其"，再问"不雹，帝不佳"，是正反两面的卜问，"不雹，帝佳其"是问上帝不会命令下雹子吧，"不雹，帝不佳"是说上帝不会不命令下雹子吧。下雹子会损害农作物，会给人们的生产和生活带来灾害，殷人担心降雹会造成灾害，所以有此卜问。第（23）版上的两辞是于丙午日卜问的，先问"生十月雨，其佳雹"，再问"生十月不其佳雹雨"，是正反两方面的卜问，"生十月雨，其佳雹"，是问在下个月十月（上帝）命令下的雨会有雹子吗，"生十月不其佳雹雨"，是问在下个月十月（上帝）不会命令下雹雨吧，这两辞均省略了"帝"字；"生十月"说明卜问之日丙午日是在九月，殷人在九月份就提前卜问下个月十月上帝是否命令降下雹雨。第（24）版上的两辞是于十一月的癸未日卜问的，从正反两面卜问"兹雹"即这次雹雨会否降下祸患，商王视兆后说：吉利，不会降下祸患。第（23）版和第（24）版卜辞是目前所见到的仅有的记有月名的卜问降雹子的卜辞，一问在殷历的十月是否降下雹雨，一问十一月降下的雹雨会否降下祸患，《说文》："雹，雨冰也"，降雹主要是夏季的大气现象，因此，第（23）版、（24）版卜辞证明殷历的十月、十一月是在夏季，即殷代的历法岁首不是历来所认为的建丑②。以上卜问降雹的卜辞也说明，在殷人的意识中，上帝掌握着降雹与否的大权，人们不能祈求上帝不降雹，只能战战兢兢地卜问上帝是否降雹，降下的雹雨是否带来祸患。

（四）帝令风

(25) 贞：翌癸卯帝其令风。
翌癸卯帝不令风。夕雾。（《合集》672 正，一期）

该版卜辞为第一期卜辞。其上的两辞从正反两面卜问在第二天癸卯日（"翌"指未来日，多指第二天③）上帝是否命令风神刮风，验辞说"夕雾"，即癸卯

---

① 胡厚宣：《殷代的冰雹》，《史学月刊》1980 年第 3 期。沈建华：《甲骨文释文二则》，《古文字研究》第 6 辑，中华书局 1981 年版。

② 详细论证见常玉芝《殷商历法研究》，第五章第三节，吉林文史出版社 1998 年版。

③ 同上书，第 239—247 页。

日夜间下雾了（当是没有刮风）。"雾"字，卜辞作"𩁹"，于省吾先生释①。大风会给农作物和人们的生产、生活带来灾害，所以殷人要卜问。该辞不但表明殷人不能向上帝祈求不要刮风，而且表明下雾也是由上帝控制的。

（五）帝云

(26) 贞：燎于帝云。（《合集》14227，一期。图 2—9）

这是第一期卜辞。卜问要用燎祭即火烧的方法来祭祀上帝的史臣云可以吗②。该辞说明了三个问题：一是有云与无云是由上帝说了算的；二是殷人可以对上帝的使臣云进行祭祀。殷人为什么要祭祀上帝的使臣云呢？这是因为云多才会有雨水，有足够的雨水才能保证农作物有好收成，所以殷人祭祀云是与祈求雨水有关

图 2—9　祭祀云
（《合集》14227）

的。三是说明对于上帝所控制的气象神人们是可以进行祭祀的，人们对某一种神灵有所祈求，才会对其进行祭祀，后文的论证可以更进一步说明这一点。

由以上卜问上帝是否令雨、令雷、令雹、令风，（下雾），燎帝云来看，在殷人的心目中，天神上帝是个凌驾于诸气象神之上的主神，它主宰着自然界的气象变化，它有权命令诸气象神是否下雨、打雷、下雹、刮风、下雾、出云等。它高高地居于天上，人世间的人们对其是既不可望也不可及的，人们不能向它祈求满足自己的某些愿望，如不能祈求它给予充足的雨水，不能祈求它不要使雨水过多而造成涝灾，或不要使雨水过少而造成旱灾；不能祈求它不要降下雹灾、风灾，等等，对于这个威力无边的天神，人们是既看不见又够不着的，所以人们只能是通过占卜，战战兢兢地去揣摸它的意志，揣测它是否命令下雨、打雷、下雹、刮风、下雾、出

---

① 于省吾：《甲骨文字释林·释𩁹》，中华书局 1979 年版。

② 云为自然神，是上帝的史臣，详见第三章第二节。

云……，是否给人间带来灾祸，人们所能做的也就仅此而已。但是人们对于上帝的使臣雨、风、雷、雹、云、雾等却是看得见摸得着的，我们从后文列举的卜辞可以看到，人们将其所祈求的愿望寄希望在这些上帝的使臣即诸气象神身上，他们对这些气象神进行各种各样的祭祀，以祈求它们满足自己的愿望。

二　上帝支配年成

上文例举了二十六版卜问上帝令雨、令雷、令雹、令风以及祭祀帝云的卜辞，在殷墟甲骨卜辞中，卜雨的辞例最多，过去我们曾经统计过单是记有月名的卜雨辞就有344条之多[1]。那么，商人为什么要常常卜问这些气象现象，特别是卜问上帝是否令雨呢（风、雷、雹、云都与雨有关）？这是因为这些自然现象与他们的生产和生活息息相关，特别是雨量的多少，对农业生产尤为重要：雨少，会造成旱灾，雨多，又会造成涝灾，这些灾害都直接影响到农作物的收成，所以殷人要常常卜问。下面的辞例就反映出在殷人的心目中，上帝对农业生产的丰歉起着重要的支配作用：

（一）帝令雨足年、帝令足雨

(27) 贞：帝令雨弗其足年。
　　　帝令雨足年。（《合集》10139，一期。图2—10）

(28) 帝令雨足。（《合集》14141，一期）

(29) □□卜，黍年有足雨。（《英藏》818，一期）

(30) 辛未卜，㞢贞：黍年有足雨。
　　　贞：黍年有足雨。（《合集》10137正，一期。图2—11）

(31) 𠂤黍［年］有足雨。（《英藏》820，一期）

(32) 己亥卜，争贞：在㚔田有足雨。（《合集》10136正，一期）

(33) 庚辰卜，大贞：雨不足，辰不佳年。
　　　贞：雨不足，辰亡句。（《合集》24933，二期）

(34) □□［卜］，殷［贞］：……上甲□，勿燎，不雨，帝受我年。二月。（《合集》9731正，一期）

---

[1]　常玉芝：《殷商历法研究》，吉林文史出版社1998年版，第386页。

图 2—10　帝令雨足年
（《合集》10139）

图 2—11　黍年有足雨
（《合集》10137 正）

以上八版卜辞中，除了第（33）版属于第二期外，其他七版都是第一期卜辞。前七版都是卜问"足雨"对年成的影响的。第（27）版的两条辞从正反两方面卜问"帝令雨弗其足年"、"帝令雨足年"，"足"是丰足之意，"年"是年成的意思，甲骨文中的"年"字从禾从人，《说文》："年，谷熟也"，是"年"的本义指收成，"足年"就是指丰足的年成；"弗"之意为不会；"其"在该辞中应是指"雨"；因此，第（27）版的第一辞是从反面卜问上帝命令下雨，这个雨不会带来丰足的年成吧，第二辞是从正面问上帝命令下雨，这个雨会带来丰足的年成吧？可见，商人年成的好坏全在于上帝是否合理地给予足够的雨水。第（28）版卜辞卜问"帝令雨足"，"雨足"即充足的雨水，是卜问上帝是否命令给予充足的雨水。由"帝令雨"的语句我们可以看到，雨不是由上帝自己直接下的，而是他命令有此功能的诸使臣（当是云、雷、风等诸神）去行使的。第（29）、（30）、（31）版卜辞都是卜问"黍年有足雨"的，"黍年有足雨"是问有足够的雨水保证黍获得好收成吗？陈梦家先生说："黍即黍子，因其色黄，故又叫做黄米、大黄米。《说文》'黍，禾属而粘者是也,以大暑而种……黍可为酒……'。"① 据笔者研究,殷代种黍的时间是在夏历的五月②。在商代黍是王室贵族才能享用的高级谷物,所以商王特别要关注是否有充足的雨水以保证使黍获得丰收。第(32)版是卜问在姐的田地中是否有足够的雨水。第(33)版上有两辞,第一辞卜问"雨不足,辰不佳年","辰"在此当为地名,卜辞是问如果雨水不足的话,辰地是否不会获得好年成;第二辞卜问"雨不足,辰亡勾","勾",郭沫若读为"害","亡勾",即"亡害"③,即卜辞是问如果雨水不足的话,辰地不会有灾害吧。第(34)版卜辞残掉多字,但可知是卜问(上帝)不命令下雨,上帝还会授我丰年吗,"我"是指商王朝。又上举八版卜辞中只有第(27)、(28)两版中有"帝令雨"的字样,即言是上帝命令下雨,而第(29)、(30)、(31)、(32)、(33)五版卜辞则只有"足雨"或"雨不足",(34)版只有"不雨",这六版卜辞都未明言是"帝"令雨,但是,我们根据第(27)、(28)两版卜辞和在本节开头论述"帝令雨"时所列举出的第(1)版至第(17)版卜辞可知,下雨与否是由上帝命令的,这是殷人的信仰。因此,卜辞中凡未明言"帝令"下雨与否的,都应该是上帝所令的雨,殷人只是为了简洁起见而省略了"帝"字而已。

(二)帝降旱

(35)□□卜,争[贞]:……上帝□降旱。(《合集》10166,一期)

(36)□丑卜,贞:不雨,帝佳旱我。(《合集》10164,一期)

(37)己酉卜,亘贞:帝不我旱。

贞:帝其旱我。(《合集》10174正,一期。图2—12)

(38)贞:帝不我旱。(《合集》10175正,一期)

(39)辛卯卜,殷贞:帝其旱我。三月。(《合集》10172,一期。图2—13)

(40)贞:帝不我旱。(《合集》10173正,一期)

---

① 陈梦家:《殷虚卜辞综述》,中华书局1988年版,第526页。

② 见常玉芝《殷商历法研究》,吉林文史出版社1998年版,第403—406页。

③ 郭沫若:《殷契粹编·考释》,第63页下,此处转引自于省吾主编《甲骨文字诂林》,第三册,中华书局1996年版,第2453页。

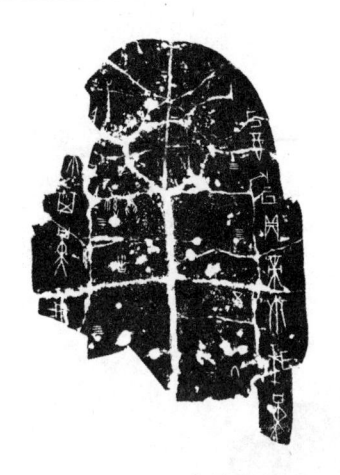

图 2—12　帝旱我

（《合集》10174 正）

图 2—13　帝旱我

（《合集》10172）

(41) 戊申卜，争贞：帝其降我旱。一月。

戊申卜，争贞：帝不我降旱。（《合集》10171 正，一期。图 2—14）

(42) ……[王占]曰：帝旱我。（《合集》10169，一期）

(43) 庚戌卜，贞：帝其降旱。（《合集》10168，一期。图 2—15）

图 2—14　帝降旱

（《合集》10171 正）

图 2—15　帝降旱

（《合集》10168）

(44) 贞：帝不降大旱。九月。(《合集》10167，一期。图2—16)
(45) 庚戌，争贞：雨，帝不我［旱］。(正)
王占曰：㞢不旱。(反)(《合集》10165正反，一期)

图2—16　帝不降大旱
(《合集》10167)

以上十一版全为第一期卜辞，都是卜问上帝是否降下旱灾的。"旱"字，唐兰先生释①。第(35)辞卜问"上帝□降旱"。第(36)辞卜问"不雨，帝隹旱我"，即上帝不命令下雨，是要给我(指商王朝)降下旱灾吧。第(37)版上有两辞，从正反两面卜问"帝不我旱"、"帝其旱我"，"我旱"是"旱我"的倒装句。第(38)、(39)、(40)辞也分别是卜问"帝不我旱"或"帝其旱我"的。第(41)版上的两辞从正反两面卜问"帝其降我旱"和"帝不我降旱"，"我降旱"是"降我旱"的倒装句，即问上帝是否降旱灾于我商王朝。该辞标明卜问的月份是"一月"，一月份商人担心上帝会降下旱灾，这说明殷历的岁首"一月"是农作物播种、生长的时期，而不是在历来所认为的"殷正建丑"的冬季，禾苗生长需要雨水的滋润，商人担心上帝在这时(不下雨)是否要降下旱灾，所以有此卜问。第(42)辞是占辞，商王视卜兆以后说"帝旱我"，即上帝要给我商王朝降下旱灾。第(43)辞卜问"帝

---

① 唐兰：《殷虚文字记》，讲义本，1934年版，中华书局影印本1981年版。

其降旱"。第（44）辞卜问"帝不降大旱"，即上帝不会降下大旱灾吧。该辞卜问的月份是"九月"，殷历的九月相当于夏历的正月[①]，如果有失闰就相当于夏历的二、三月，此时正是春天农作物的播种时期，所以商人卜问上帝不会降下大旱灾吧。第（45）辞商王视兆后的占辞说"亞不旱"，"亞"，当是地名。殷墟甲骨卜辞中，这种卜问降旱与否的卜辞数量不少，说明商人担心旱灾的心情是经常的。

（三）帝ॾ年

(46) 贞：隹帝ॾ我年。二月。
　　　贞：不隹帝ॾ我年。（正）
　　　王占曰：不隹帝ॾ，隹♀。（反）（《合集》10124 正反，一期。图 2—17）

图 2—17　帝ॾ年

（《合集》10124 正）　　　　　　　　　（《合集》10124 反）

(47) □寅［卜］……帝弗ॾ年。（《补编》4065，一期）

[①] 见常玉芝《殷商历法研究》，吉林文史出版社 1998 年版，第 422 页。

这两版都是第一期卜辞。第（46）版上的两条辞从正反两面贞问上帝是否"㞢我年"，"㞢"为伤害之意①，即卜问上帝是否伤害我（商王国）的年成；商王视兆后的占辞说："不隹帝㞢，隹𠱼"，是说上帝不会损害我们的年成，而是会有别的灾害。"𠱼"，郭沫若释为"古"，读为"故"②；杨树达认为"古与蛊二字古音同"，"古亦当读为蛊也"③，蛊为表示灾害不祥之意的字。第（47）版卜辞贞问"帝弗㞢年"，"弗"为不会之意④。即上帝不会伤害年成吧。这两版卜辞贞问上帝是否"㞢年"，但没有说上帝所要降下的灾害是什么，估计也就是水、旱、风、雹等灾害。

以上二十版卜辞［第（27）版至第（47）版］反映出在殷人的心目中，上帝是支配农业生产的最高神。上帝是否命令给予充足的雨水来保证有丰收的年成，是否降下旱灾、大旱灾，以及降下其他灾害（如水灾、雷灾、雹灾、风灾等等）来伤害商人的年成，都是商人经常担心和忧虑的。

三　上帝左右城邑安危

商人以为上帝高居于天上，可以随时降落人间，左右着人间的城邑建设。如卜辞：

(48) 庚午卜，内贞：王乍邑，帝若。八月。
　　　庚午卜，内贞：王勿乍邑，㞢兹，帝若。
　　　贞：王乍邑，帝若。八月。
　　　贞：［王］勿乍邑，帝若。（《合集》14201，一期。图2—18）
(49) □戌卜，㲋贞：我乍邑，帝［若］。（《合集》14202，一期）
(50) □□［卜］，□贞：王乍邑，帝若。（《合集》14203，一期）
(51) ……王乍邑，帝若。（《合集》14204，一期）
(52) □□［卜］，争贞：王乍邑，帝［若］。（《合集》14205，一期）

---

① 裘锡圭：《释㞢》，《古文字论集》，中华书局1992年版。
② 郭沫若：《卜辞通纂·考释》，科学出版社1982年版，第570页。
③ 杨树达：《积微居甲文说》，上海古籍出版社1986年版，第87页。
④ 裘锡圭：《说弜》，《古文字研究》，第1辑，中华书局1979年版；又收入《古文字论集》，中华书局1992年版。

图 2—18 王乍邑，帝若

（《合集》14201）

以上五版都是第一期卜辞。是卜问商王"乍邑"或"勿乍邑"，是否"帝若"的。"乍"即"作"，《尔雅·释言》曰："作，造、为也"，《诗经·大雅·文王有声》："文王受命，有此武功，既伐于崇，作邑于丰。"即"乍邑"是建造城邑之意，"勿乍邑"是不要建造城邑；"若"，《尔雅·释言》："若、惠，顺也"，《左传·宣公三年》："不逢不若"，杜预注曰："若，顺也"，若即顺利之意。因此，以上五版卜辞是卜问商王要建造城邑，上帝会保佑顺利吗？其中第（48）版卜辞是两次从正反两面卜问"王乍邑，帝若"，"王勿乍邑，帝若"的。

(53) 壬子卜，争贞：我其乍邑，帝弗左若。三月。
　　　癸丑卜，争贞：勿乍邑，帝若。

癸丑卜，争贞：我宅兹邑大宾，帝若。三月。

癸丑卜，争贞：帝弗若。(《合集》14206 正，一期。图 2—19)

(54) 癸丑卜，□贞：我乍邑，帝弗左若。

癸丑卜，□贞：勿乍邑，[帝]若。(《合集》14207 正，一期)

图 2—19　王乍邑，帝若

(《合集》14206 正)

这两版也都是第一期卜辞。第 (53) 版上有四条辞：第一辞于壬子日卜问"我其乍邑，帝弗左若"，"我"指商王，即商王要建造城邑，上帝不会保佑顺利吧？"左"即"佑"之意；第二辞于第二天癸丑日卜问，说商王"勿作邑，帝若"，即商王不建造城邑，上帝会保佑顺利吗？正反两问在前后两天内卜问；第三辞也是于癸丑日卜问，说商王要"宅兹邑大宾"，即要在这个城邑举行大宾之祭，上帝会保佑顺利吗；第四辞于同一天卜问，是上一辞的反问，问"帝弗若"，即上帝不会保佑顺利吧。第 (54) 版上有两条辞，是从正反两面卜问商王建造城邑上帝不会保佑吧？商王不建造城邑，上帝会保佑吗？

(55) 丙辰卜，殸贞：帝隹其终兹邑。二
　　　贞：帝弗终兹邑。二
　　　贞：帝隹其终兹邑。二
　　　贞：帝弗终兹邑。二（《合集》14209 正，一期）
(56) 丙辰卜，殸贞：帝隹其终兹邑。四
　　　贞：帝弗终兹邑。四
　　　贞：帝隹其终兹邑。四
　　　贞：帝弗终兹邑。四（《合集》14210 正，一期。图 2—20）

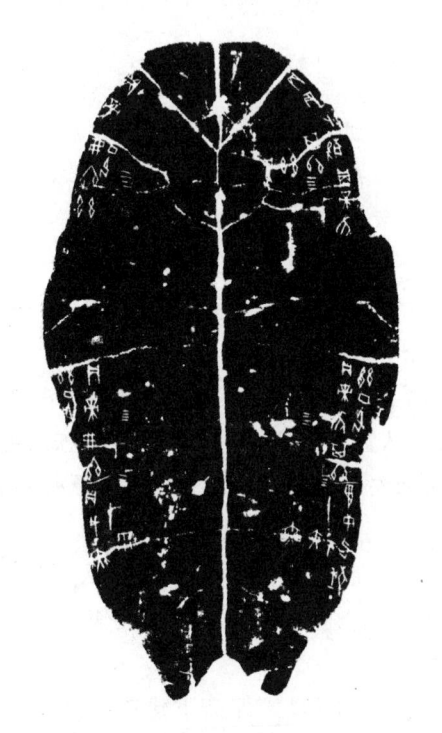

图 2—20　帝终兹邑

(《合集》14210 正)

这两版也都是第一期卜辞，贞问的内容完全相同，都是于丙辰日从正反两面两次卜问"帝隹其终兹邑"、"帝弗终兹邑"。"终"字，卜辞作"冬"，"冬"即"终"，"终"字在卜辞中有多种意义。对于"终兹邑"的意义，饶宗颐先生说："按《书·多士》'殷命终于帝'，冬读为终。终，成也。《左》昭十三

年《传》:'求终事也。'杜注:'终,毕也。'《诗·文王有声》:'考卜维王,宅是镐京。维龟正之,武王成之。'《燕大》一九二:'贞:维龟令,其乍兹邑。'此作邑卜龟之证。'终兹邑',犹言成兹邑,求帝之佑也。"① 于省吾先生说:"终字应训为终止或终绝……帝隹其终兹邑和帝弗终兹邑,是就上帝是否终绝兹邑言之。"② 我们根据卜辞中建造城邑时都是贞问上帝是否保佑"乍(作)兹邑"而不是保佑"终兹邑"来看,"终兹邑"不应是"成兹邑",而应如于先生所说是"终绝兹邑"之意,"终绝兹邑"即灭绝兹邑之意。这两版卜辞都留有兆序,第(55)版的兆序是二,第(56)版的兆序是四,可见在同一天中已就此事至少卜问了八次(每次卜问两回),也可见商王对此城邑的担忧程度。

(57) 戊戌卜,争贞:帝祑兹邑。
贞:帝弗祑兹邑。(《合集》14211 正,一期)
(58) 辛卯卜,敫[贞]:帝祑兹邑。(《合集》14212,一期)
(59) 戊寅卜,宾贞:帝[祑兹邑]。
贞:帝弗祑兹[邑]。(《合集》14216,一期)

以上三版也都是第一期卜辞,都是卜问"帝祑兹邑","帝弗祑兹邑"。"祑"字,从矢从子,学者多认为是灾害字,因此,"帝祑兹邑"当是问上帝要降灾害于此城邑吧,"帝弗祑兹邑"当是问上帝不会降灾害于此城邑吧。

(60) 己卯卜,争贞:王乍邑,帝若。我从之唐。
……[王乍]邑,帝弗若。(《合集》14200 正,一期)

这是第一期卜辞,卜问"王乍邑",即商王建造城邑,"帝若",即上帝是否保佑顺利,验辞说"我从之唐",即我(商王)从之,作邑于唐。他辞又言:

(61) 贞:拤大邑于唐土。(《英藏》1105 正,一期)

---

① 饶宗颐:《殷代贞卜人物通考》,香港大学出版社 1959 年版,第 117 页。
② 于省吾:《甲骨文字释林·释"帝隹其冬兹邑"》,中华书局 1979 年版,第 188—189 页。

"柞",郭沫若释"封"①,实则该字在卜辞中的用法与"乍"(即作)相同,仍应是作字。这条辞是贞问要在唐地建造大邑,与上辞作邑于唐相一致。而下版卜辞则问:

(62) 贞:帝孜唐邑。
　　　贞:帝弗孜唐邑。(《合集》14208 正,一期)

"帝孜唐邑"、"帝弗孜唐邑"即卜问上帝是否降灾害于唐邑。

以上三版都是第一期卜辞,这些卜辞表明商王在唐地建造城邑之前,先要卜问上帝是否保佑顺利,而在唐地建造城邑之后,又要卜问上帝是否降灾害于唐邑。可见商人每走一步都要贞问上帝的意志,以免上帝降下灾祸。"唐"在何地? 陈梦家说:"唐在安邑一带"②;郑杰祥说:"安邑即今山西省夏县以北安邑镇"③;胡厚宣说:"唐地名,约在今山西南部的翼城"④;《史记·晋世家·正义》引《括地志》云:"唐城在绛州翼城县西二十里"。

(63) 癸巳卜,宾:帝毋其既入邑摧。(《合集》9733 正,一期)
(64) 癸亥卜:翌日辛帝降,其入于大寔。在𡨦。(《合集》30386,三期)

第(63)版是第一期卜辞,于癸巳日卜问"帝毋其既入邑摧","摧"卜辞作"敱",于省吾先生释作"推",读作"摧","指摧毁性灾害而言"⑤,证之卜辞,此说至确,则该辞是卜问上帝不会在它降入城邑以后,给该城邑以摧毁性的灾害吧。第(64)版是第三期卜辞,当为康丁时卜辞,该辞于癸亥日卜问"翌日辛",即在未来的辛日(应该是癸亥日后的第一个辛日辛未日)上帝降临人间,要入于在𡨦地的"大寔"的宫室里吧,"大寔",胡厚宣先生言:

---

① 郭沫若:《卜辞通纂》,第 374 片考释,科学出版社 1982 年版。
② 陈梦家:《殷虚卜辞综述》,中华书局 1988 年版,第 274 页。
③ 郑杰祥:《商代地理概论》,中州古籍出版社 1994 年版,第 293 页。
④ 胡厚宣:《殷卜辞中的上帝和王帝(上)》,《历史研究》1959 年第 9 期。
⑤ 于省吾:《甲骨文字释林·释敱》,中华书局 1979 年版。

"疑为宫室之名"①。

总之，商人在建造城邑时要贞问上帝是否保佑其顺利，建成后又要担心上帝是否会伤害、灭绝、摧毁其城邑。因此，在商人的心目中，上帝是左右其城邑的建设和安危的。值得注意的是，殷人也只是揣摩上帝是否保佑、伤害其城邑，而不能祈求上帝保佑或不伤害其城邑。

四　上帝左右战事胜负

商王在征伐方国之前，往往都要卜问上帝是否保佑战争取得胜利，以此决定是否出战。如卜辞：

(65) 辛亥卜，㱿贞：伐舌方，帝受［又］。一
　　　贞：帝不其［受又］。(《合集》6270 正，一期。图 2—21)

图 2—21　伐舌方，帝受又
(《合集》6270 正)

(66) 辛亥卜，㱿贞：伐舌方，帝受［又］。四

---

① 胡厚宣：《殷卜辞中的上帝和王帝（上）》，《历史研究》1959 年第 9 期。

贞：帝不其受[又]。(《合集》6271，一期)
(67) ……伐舌方，帝受[我]又。(《合集》6273，一期)
(68) 贞：勿伐舌，帝不我其受又。(《合集》6272，一期。图2—22)
(69) □□[卜]，㚔贞：舌方出，帝[隹]……
□□[卜]，[㚔]贞：舌方出，帝不隹……(《合集》6093正，一期)

以上五版都是第一期卜辞，都是卜问有关与舌方的战事的。其中第(65)版、(66)版都是贞人殻于辛亥日卜问的，是从正反两面卜问如果去征伐舌方，上帝是否"受又"，即是否保佑战事能取得胜利。第(65)版是一卜，第(66)版是四卜，因此，两版卜辞应是为同一事卜问的，商王至少为此事卜问了四次，可见商王在决定征伐舌方前，反复地在揣测着上帝的意志，这样做的目的是为了能使战事取得胜利。这两版卜辞反映出在商人的眼里，上帝是左右着战事的胜负。第(67)辞有残掉的字，但也知是为了征伐舌方，卜问上帝是否"受我又"的，"我"指商王，即上帝是否保佑我商王。第(68)版卜辞贞问"勿伐舌"，即如果不去征伐舌方（此处省掉"方"字），"帝不我其受又"，即上帝不会保佑我商王吧。第(69)版是从正反两面卜问"舌方出"，即舌方出来讨战，上帝是否会干什么的，辞残，当是卜问上帝是否"受又"之类的。

图2—22 伐舌方，帝受又
(《合集》6272)

(70) 贞：王宙沚馘比，伐巴方，帝受我又。
王勿隹沚馘比，伐巴方，帝不我其受又。(《合集》6473正，一期)
(71) 贞：王比馘伐巴，帝受又。
贞：王勿比馘伐巴。(《合集》6474，一期)

以上两版都是第一期卜辞，都是卜问有关征伐巴方的事情。第(70)版的两辞是正反两面卜问的，第一辞正面卜问："王叀沚䖒比，伐巴方，帝受我又"，"王"指商王（武丁）；"叀"为语气词，意同"惟"；"沚䖒"的"沚"是方国名，"䖒"是人名，"沚䖒"是指沚国之伯，他辞有称其为沚伯的，他是武丁时期的重要将领，曾多次率兵攻打各方国；"比"，过去学者多信从《说文》所说的"二人为从，反从为比"的说法，到20世纪80年代初，林沄先生全面梳理了甲骨文中的"从"和"比"字，发现卜辞中的"从"和"比"两字的写法是判然有别的，他考定在"'王唯侯告比征尸'这类卜辞中的'比'字是确定无疑的。"① 关于征伐卜辞中"比"字的意义，学者多有所说，笔者认为杨升南先生的说法最为近是，杨先生说："在古文献中，'比'字是一个多义性的字，除有密、亲等意外，还有辅佐义。《尔雅·释诂》'比，俌也'。'俌'即辅之本字，《说文》'俌，辅也。'《易·比》卦象曰：'比，辅也。'孔颖达《正义》'比者，人来相辅助也。'《诗·唐风·杕杜》'胡不比焉'，郑玄笺云：'比，辅也。'证以卜辞，在所有关于这方面的刻辞中，都是商王或受商王令的王臣'比'诸侯，而无相反的例证。"② 准此，则该辞是卜问商王用沚䖒为辅佐去征伐巴方，上帝会授给我（商王）保佑吗；第二辞从反面卜问"王勿隹沚䖒比，伐巴方，帝不我其受又"，"隹"同"叀"，"王勿隹沚䖒比"，即商王不用沚䖒为辅佐去征伐巴方，上帝不会授给我保佑吧。该版卜辞卜问的侧重点是问商王要不要用沚䖒辅佐，用会得到上帝的保佑吗？不用不会得到上帝的保佑吧？由卜辞的反问可以看出商王是很想用沚䖒为辅佐去征伐巴方的心理的。第（71）版上也有两辞，也是正反两面的卜问。第一辞问"王比䖒伐巴，帝受又"，"䖒"是"沚䖒"的省称，卜辞是问商王用沚䖒辅助去征伐巴方，上帝会授给保佑吧；第二辞从反面卜问"王勿比䖒伐巴"，即商王不用沚䖒辅助去征伐巴方，后面应该是问"帝不其受又"，即上帝不会授给保佑吧？卜辞省略该句未记。这两版卜辞反映出商王在准备去征伐某一方国之前，对自己选择某位将领为辅佐去征伐，是要进行卜问的，问这样做上帝是否给予保佑使战争取得胜利。这反映出在商人的心目中，上帝不但有着左右战争胜负的大权，而且对参战人员的安排都有着决定权。

---

① 林沄：《甲骨文中的商代方国联盟》，《古文字研究》第六辑，中华书局1981年版。
② 杨升南：《卜辞中所见诸侯对商王室的臣属关系》，《甲骨文与殷商史》，上海古籍出版社1983年版。

(72) □□卜，殷贞：王比望乘伐下危，受又。
　　　□□卜，殷贞：我其巳宾乍，帝降若。
　　　□□［卜］，殷贞：我勿巳宾乍，帝降不若。
　　　□□［卜］，［殷］贞：王勿比望乘伐下危，不受又。（《合集》6498，一期）
(73) □□［卜］，□［贞］：王比望乘伐下危，受屮又。
　　　□□［卜］，□［贞］：我其巳宾乍，帝降若。
　　　□□［卜］，□［贞］：我勿巳宾乍，帝降不若。
　　　□□［卜］，□［贞］：［王］勿比望乘伐下危，弗［其受屮又］。（《合集》6497，一期）

这两版都是刻在牛胛骨上的第一期卜辞，每版上各有两组卜问，两版的两组卜问两两相同，应为一事两卜。第一组卜辞先是卜问商王以望乘为辅佐去征伐下危，（上帝）是会授给保佑的吧？［(72)辞省"屮"字］，再问商王不以望乘为辅佐去征伐下危，（上帝）是不会授给保佑的吧？两辞均省略了"帝"字。由这两辞可知"受又"与"受屮又"的意义是相同的，"不受又"与"弗其受屮又"的意义是相同的，证明了"不"与"弗"的用法是相近的[①]。总之，这组卜辞也反映出商王在去征伐方国之前，要卜问是否要某位将领辅助同去征伐才能得到上帝的保佑使战争取得胜利。第二组卜辞先问"我其巳宾乍"，上帝会降下顺利吗，再问"我勿巳宾乍"，上帝会降下不顺利吗。"巳宾乍"意义不明。

(74) 甲辰卜，争贞：我伐马方，帝受我又。一月。（《合集》6664正，一期）
(75) ……伐䒷方，帝受我［又］。（《合集》6542，一期）
(76) ……王伐䒷，帝［受我又］。（《合集》6549，一期）
(77) 壬寅卜，争贞：今春王伐䒷方，受屮又。十三月。
　　　□午卜，殷贞：王伐䒷，帝受我又。□月。（《合集》6543，一期）

---

① 裘锡圭已先证明了此点。见《说弜》，《古文字研究》，第1辑，中华书局1979年版；又收入《古文字论集》，中华书局1992年版。

以上四版卜辞都是第一期卜辞，都是卜问伐某一方国时上帝是否授予我商王保佑的。第（74）辞卜问的是伐马方，第（75）、（76）辞卜问的是伐旁方，第（77）版上有两条辞，第一辞卜问伐𢀛方，后面只记"受屮又"，省略了"帝"字；第二辞也是卜问伐旁方的。

> （78）□午卜，𣪊贞：今春王循方，帝受我［又］。（《合集》6737，一期）
>
> （79）□□［卜］，□［贞］：今春王循方，帝［受］我又。（《合集》6736，一期）

这两版都是第一期卜辞，都是卜问"今春王循方"，上帝是否授予我保佑的。"循"字作"𢖍"，罗振玉等释为"德"，李孝定说："金文德字均从心作，契文𢖍字无虑数十百见，无一从心者，可证二者实非一字，且释德于卜辞辞例亦不可通。"① 叶玉森释其字为"循"，说"循即巡，《左》庄二十一年传'巡者循也'，循巡古通。"② 按此，则"王循方"应是商王巡视方国，但卜辞中与方国联系的"循"字往往有称"循伐"的，如：

> 庚申卜，𣪊贞：今春王循伐土方。（《合集》6399，一期）
> 贞：多……不其循伐舌方。（《合集》6280，一期）
> □亥卜，争贞：王循伐方……
> □□［卜］，□贞：王循伐方，受屮［又］。（《合集》6733正反，一期）

这三条卜辞"循"与"伐"连称，卜问商王"循伐土方"、"循伐舌方"、"循伐方"，因此，"循"就不是单纯地讲巡视之意，而是有征伐的意思。这样，第（78）、（79）两辞的"王循方"应是说商王去征伐"方"，卜问上帝是否授予保佑。

> （80）王循方，帝召王。

---

① 李孝定：《甲骨文字集释》，"中研院史语所"1970年版，第567页。

② 叶玉森：《殷契钩沈》，这里转引自于省吾主编：《甲骨文字诂林》，第三册，"循"字条，中华书局1996年版，第2251页。

贞：帝弗其［召王］。（《合集》6734，一期）

（81）贞：帝弗其召王。

［王］循方，帝召［王］。（《缀合集》259，《合集》6735＋《合集》14187①，一期）

这两版卜辞内容相同，都是卜问"王循方"上帝是否"召王"的。"召"，卜辞作"**"形，郭沫若释其为"召"②，王襄、徐中舒、饶宗颐等也如此释③。对于"召"字的意义，徐中舒先生说："召当读如绍或诏，《尔雅·释诂》：'诏，相、亮、左右，相导也'。《史记·鲁仲连传·集解》引郭璞云：'绍介，相佑助者也'，诏，绍并有辅导佑助之意。"④ 由此看来，上举两版卜辞的"帝召王"应该是说上帝佑助商王的意思。两版卜辞都是卜问如果商王去循伐方国，上帝是会给予佑助即保佑的吧。其次，如果将这两版卜辞与第（78）、（79）两辞相对照，也可以看出"帝召王"与"帝受我又"的意义是相近的：第（78）、（79）两辞卜问"王循方，帝受我又"，第（80）、（81）两辞卜问"王循方，帝召王"，都是"王循方"，前两辞说"帝受我又"，后两辞说"帝召王"，可见"帝召王"的意义应该与"帝受我又"的意义是相近的。总之，以上各辞也表明了上帝是左右着战事的胜负的。

（82）丙辰卜，争贞：沚馘营，王比，帝若，受我又。

贞：沚馘营，王勿比，帝弗若，不我其受又。（《合集》7440正，一期）

（83）贞：王薛馘，帝若。（正甲）

贞：馘禹册，王薛，帝若。（正乙）

［贞］：王比［馘］，［帝若］。（正甲）

贞：王勿比馘，帝若。（正乙）（《合集》7407正甲乙，一期）

这两版卜辞都是第一期卜辞。第（82）版上的两辞是正反的卜问，由贞人争

---

① 该版卜辞为蔡哲茂缀合。见《甲骨缀合集》，"中研院史语所"1999年版，第259片。
② 郭沫若：《卜辞通纂》，科学出版社1982年版，第372片考释。
③ 见于省吾主编《甲骨文字诂林》，中华书局1996年版，第2471、2473页。
④ 徐中舒：《禹鼎的年代及其相关问题》，《考古学报》1959年第3期。

在丙辰日卜问，先问"沚䖒启，王比"，"启"在卜辞中除了作人名、地名之外，还有两种用法：一是在气象卜辞中作开启讲，即雨止云开天晴；另一种是在征伐卜辞中有在前的意义。于省吾先生曾就第二种用法做过详细论述，他说："启有在前之义，典籍多训启为开为发，在前之义乃由开发所引伸。"还说："古代出征往往称前军为启。《诗·六月》叙征伐玁狁：'元戎十乘，以先启行。'这是以元戎军车十乘为前导。《左传》襄二十三年：'启牢成御襄罢师，狼蘧疏为右。'杜注：'左翼曰启。'《左传会笺》：'凡言左右，以左为先，知是启左也。'……《周礼·乡师》贾疏：'军在前曰启，在后曰殿。'……甲骨文的征伐方国，往往用联盟方国的将领率军在前，而商王或妇好则比次在后以督阵，因而称前军为启。"①准此，则第（82）版第一辞的"沚䖒启，王比"，是说由沚䖒打前军，商王（武丁）在后督阵，"帝若，受我又"，"帝若"即"帝降若"，此处省"降"字，即上帝是会保我顺利，授予我保佑吧？第二辞说"沚䖒启，王勿比"，是说由沚打前军，商王（武丁）不在后督阵，"帝弗若，不我其受又"，即上帝不会保我顺利，不会授予我保佑吧？这两条辞从正反两面卜问的是，以沚䖒为前军时，商王要不要在后督阵？卜问的重点是商王要不要在后督阵，商王去督阵，上帝会保我顺利，给我保佑吗？商王不去督阵，上帝不会给我顺利，不会给我保佑吧？第（83）版上有两组辞，是正反的卜问。第一组第一辞卜问"王薛䖒，帝若"，"薛"，研究甲骨文的学者多认为卜辞中皆用作"孽"，是表示灾咎之义的。而王国维先生说该字又或作薛，他说："余谓此经典中乂艾之本字也。《释诂》：'乂，治也，艾，相也，养也'。"②饶宗颐先生也说：孽字应"读为相乂之'乂'"，"薛字并读作'乂'。《书·君奭》：'巫咸乂王家'，又云：'用乂厥辟'。《多方》：'尔曷不夹介，乂我周王'。乂即辅相之意。《尔雅》：'艾，相也'。"③准此，则"王薛䖒"即是说沚䖒辅助商王（去征伐某方国），"帝若"即上帝会保佑顺利吧？第二辞卜问"䖒冓册，王薛，帝若"，"冓册"之意，于省吾先生说："武丁时卜辞，于征伐方国，每先叙'沚䖒冓册'……冓称古今字。册经典通用策。冓册之义旧无释。按称谓述说也，册谓册命也……沚䖒为武

---

① 于省吾：《甲骨文字释林·释启》，中华书局1979年版。
② 王国维：《释薛上》，《观堂集林》，卷六，中华书局1984年版，第9页。
③ 饶宗颐：《殷代贞卜人物通考》，香港大学出版社1959年版，第461—462页。

丁时主册命之臣，故征伐方国，沚馘必先称述册命也。"① 是"再册"为"称述册命"之意。则该辞是卜问沚馘称述册命，辅助商王也，上帝是会保佑顺利吧？第二组第一辞残掉多字，只保留有"王比"二字，但由第二辞的"王勿比馘，帝若"，知第一辞是"王比馘，帝若"，则这两辞是卜问沚馘辅助商王，或不辅助商王，上帝会保佑顺利吗？由第二组卜辞可知第一组卜辞的"王薛馘"也是沚馘辅助商王的意思，王国维、饶宗颐先生对"薛"字的字意考证是正确的。

(84) □□〔卜〕，韦贞：翌庚午其宜易日。
方戋征，隹帝令乍我祸。三月。（《英藏》1133 正，一期）

这是第一期卜辞，共有两辞，其中第二辞卜问"方戋征，隹帝令乍我祸"，"方"指方国，"戋"，《说文》谓："伤也"，即戋是伤害之意。则该辞是卜问方国要来征伐伤害我，是上帝命令它（方）对我作祸的吧？揣测上帝的意志。

由以上的战争卜辞可以看出，在商人的心目中，天神上帝首先是有着左右战争胜负的大权，这主要表现在三个方面：一是商王在征伐某方国之前，每每要卜问上帝是否保佑战争能取得胜利，以此决定是否出战；二是在征伐某方国之前，商王要卜问以某位将领为辅佐，是否会得到上帝的保佑使战争取得胜利；三是决定以某位将领为前阵时，卜问商王自己是否要在其后督战，这样做是否会得到上帝的保佑使战争取得胜利。其次，商人认为方国来犯是由于得到了上帝的指令，给商王国带来祸患。总之，在商人的心目中，上帝不但左右着战争的胜负，而且对参战人员的安排也有着决定权；并且认为上帝可以命令方国来征伐、伤害商王国，给商王国带来祸患。商王无论是征伐方国，或是对方国来犯，都有去揣摩上帝的意志。同样，这些卜辞也表明，商人也是不能祈求上帝给予保佑以使战争取得胜利的，他们也只能是通过占卜去揣测上帝的意志而已。

五 上帝左右商王福祸

卜辞记录上帝能够控制商王疾病的好坏，如：

---

① 于省吾：《双剑誃殷契骈枝续编·释再册》，1941 年版。

(85) 贞：隹帝肇王疾。
　　　［贞］：隹帝肇王疾。（《合集》14222 正乙、正丙，一期）

该辞为第一期卜辞，两辞卜问同一件事，都是卜问"隹帝肇王疾"，"肇"字卜辞作"🈳"，诸家释作"肇"，训作"启"，训作"开"①，"'帝肇王疾'，即'帝启王疾'，谓疏导王疾。"② 则该版卜辞是卜问上帝是会疏导商王的疾病，使之慢慢地好起来吧。

(86) 壬寅卜，㱿贞：帝弗左王。
　　　壬寅卜，［㱿］贞：［帝］其［左］王。（《英藏》1136，一期）

这是第一期卜辞，两辞从正反两面卜问上帝是否"左王"。陈梦家先生说"左"即"佐"，"义为佐助"③；胡厚宣先生说："甲骨文乄字，因对称关系，常左右不分。"④ 准此，则该版卜辞是从正反两面卜问上帝是否佐助商王。

(87) 辛丑卜，㱿贞：帝若王。
　　　贞：帝弗若王。（《合集》14198 正，一期）

这是第一期卜辞，从正反两方面卜问上帝是否保佑商王顺利。

(88) 帝弗若。七月。（《合集》14195，一期）

这是第一期卜辞，卜问"帝弗若"。"帝弗若"是"帝弗若王"的省语，省略了"王"字，卜辞卜问上帝是不会使商王顺利的吧。同样的卜辞还有《合集》14196、《合集》14197 正，均为一期卜辞。

---

① 刘钊：《卜辞所见殷代军事活动》，《古文字研究》第 16 辑，中华书局 1989 年版。
② 见于省吾主编《甲骨文字诂林》，第三册，中华书局 1996 年版，第 2314 页按语。
③ 陈梦家：《殷虚卜辞综述》，中华书局 1988 年版，第 569 页。
④ 胡厚宣：《殷卜辞中的上帝和王帝（上）》，《历史研究》1959 年第 9 期。

(89) 帝弗缶于王。(《合集》14188，一期)

这是第一期卜辞，卜问"帝弗缶于王"，陈梦家先生说："缶即保，《韩非子·难势篇》'而势位足以缶贤者也'。"[①] 准此，则该版卜辞是卜问上帝不保佑于商王吧？

(90) 帝弗保□王。(《合集》14189，一期)

这是第一期卜辞，卜问上帝不保佑商王吧？

(91) 甲辰卜，宾贞：隹帝令壱。(《合集》14159，一期)

这是第一期卜辞，卜问"隹帝令壱"，即上帝会命令伤害于商王吗，辞中省"王"字。

(92) 贞：不隹帝咎王。(《合集》902反，一期)

这是第一期卜辞，卜问"不隹帝咎王"，"咎"之意，《说文》谓"灾也"，故该辞是卜问上帝不会降灾害于商王吧？

(93) 贞：帝其乍我孽。(《合集》14184，一期)

这是第一期卜辞，卜问"帝其乍我孽"，即上帝要降灾咎于我吧，"我"指商王。

(94) 贞：帝不隹降𢦏。
　　　贞：帝隹降𢦏。(《合集》14171，一期)
(95) 贞：帝不降𢦏。(《合集》14172，一期)
(96) 帝其降𢦏。在沘。(《合集》14173正，一期)

---

① 陈梦家：《殷虚卜辞综述》，中华书局1988年版，第569页。

以上三版均是第一期卜辞,均是卜问上帝是否"降歓"的,"歓"字,于省吾先生读作摧,指摧毁性灾害言之①。则三版卜辞都是卜问上帝是否降下摧毁性灾害于商王,卜辞均省"王"字未书。

  (97) 贞:卯帝弗其降祸。十月。(《合集》14176,一期)
  (98) 帝其乍王祸。(《合集》14182,一期)
  (99) 贞:不隹帝令乍我祸。
    隹帝令。《缀合集》184,一期)②

三版均是第一期卜辞,前两版卜问上帝是否降祸于商王,第(97)辞的"卯"字当是以地支纪日。第(99)版卜辞是卜问上帝不会命令给我祸患吧?"我"指商王。

  (100) 贞:帝不我其受又。(《合集》14190,一期)
  (101) 贞:帝不我其受又。(《合集》14191,一期)

这两版均是第一期卜辞,是卜问上帝不会授予我保佑吧?"我"指商王。

  (102) ……帝不降永。
    ……来岁(戌)帝其降永。在祖乙宗。十月卜。(《屯南》723,四期)

这是第四期卜辞,从正反两面卜问"帝不降永"、"帝其降永","永",典籍中训为长、训为久,即长久之意,因此该版卜辞是卜问上帝是否降下长久的福祉。

  另有辞曰:

  (103) 贞:帝官。
    帝不官。(《合集》14228 正,一期)

---

① 于省吾:《甲骨文字释林·释歓》,中华书局 1979 年版。
② 该版卜辞为蔡哲茂缀合。见《甲骨缀合集》,"中研院史语所"1999 年版。

这是第一期卜辞，从正反两面卜问"帝官"、"帝不官"，对该辞中"官"字的解释，陈梦家先生说："官是动词，疑假作悁，《说文》和《广雅·释诂》训忧。"① 于省吾先生则说："训为帝忧、帝不忧，殊不可通。"他认为"官字应读作宽"，他举出金文和文献中从官之字和宽字通用的例证，提出"甲骨文无宽字，以官为宽。帝宽、帝不宽，系占卜上帝对商王能否宽待优容之义。"② 此说可从。

由以上卜辞可以看出，在殷人的心目中，天神上帝能够左右商王的福祸。《尚书·伊训》说："惟上帝不常，作善降之百祥，作不善降之百殃。"证之卜辞，确实如此。

综上所述，殷墟甲骨卜辞表明，在殷人的心目中，天神上帝（或简称帝）是主宰着天上、人间一切事物的至上神，他有着至高无上的权能：上帝主宰着自然界的气象状况，他呼风唤雨，决定着雨、雷、雹、风、云等的发生和发生次数的多少与程度；上帝支配着商人的农业生产，商人年成的好坏要由上帝来决定；上帝左右着商人城邑的建设和安危；上帝左右着商人战争的胜负；上帝左右着商王的福祸。总之，商人的生产和生活以及安危都要由上帝来决定。而殷人也只能是战战兢兢地揣测着上帝的意志。仅此而已。

第二节 帝廷的组织

上一节讨论了殷人心目中的天神上帝的权能，这一节我们再利用殷墟甲骨卜辞进一步证明，在商人的心目中，天神上帝与人间的王一样，也有自己的朝廷，即有帝廷的组织；也有使臣供他指挥，以实行他的命令。下列卜辞反映天神上帝有自己的臣、工、史等官员：

(1) ……✶又于帝五臣，又大雨。
　　　王又岁于帝五臣，正，隹亡雨。
　　　辛亥卜……[帝] 五臣……（《合集》30391，三期。图 2—23）

---

① 陈梦家：《殷虚卜辞综述》，中华书局 1988 年版，第 571 页。
② 于省吾：《甲骨文字释林·释"帝官"》，中华书局 1979 年版。

图 2—23　祭祀帝五臣
（《合集》30391）

这是一版第三期卜辞，当为康丁卜辞。共有三条辞，其中第一辞与第二辞是正反两面的卜问，第一辞有残掉的字，但知是卜问"又于帝五臣，又大雨"，是说商王要"又"祭于"帝五臣"，会有大雨吗？"又大雨"即"有大雨"，较晚期的卜辞中的"有"字通常写作"又"。第二辞卜问"王又岁于帝五臣，正，隹亡雨"，"正"字，胡厚宣先生说是祭名，不是官名①，则该辞是卜问商王要对"帝五臣"举行"又"、"岁"、"正"之祭，会无雨吗？则该两辞是商王向"帝五臣"卜问雨水之事的，先问对帝五臣只举行"又"祭，会有大雨吗？再问同时举行又、岁、正三种祭祀会没有雨吗？第三辞命辞残缺过甚，只有"〔帝〕五臣"几字，大概也是卜问为了什么事（当也是为雨水之事）要对帝五臣举行什么祭祀的。该版卜辞反映商王对上帝的臣僚举行的是"又"、"岁"、"正"之祭。"又"祭即"侑"祭，董作宾先生说："侑盖祭祀时劝食之乐。《诗·楚茨》'以妥以侑'，《传》'侑，劝也'"②；"岁"即刿，"《广韵》释刿为割。在卜辞为杀牲之法，其所'岁'者多为牛或牢，其次为羊或宰。亦有以人为牲者"，该辞的岁是祭名，"在卜辞中，用牲之法与祭名每每无别"③；"正"祭，于省吾先生说："甲骨文祭名之正应读作禜，正禜叠韵，故通用。……禜则是禳除殃患之祭"，又引《说文》说："禜，设绵蕝为营（按《礼记·祭法》郑注：'禜之言营也'），以禳风雨雪霜水旱疠疫于日月星辰山川也，从示从营省声。一曰禜卫，使灾不生"，"又《左传》哀六年的'若禜之，可移于令尹司马'，杜注：'禜，禳祭。'这和许说以禳风雨云云，都是以禜为禳祭之一种。"④ 准此，则该版卜辞反映的是商王为了雨水之事向"帝五臣"

---

① 胡厚宣：《殷卜辞中的上帝和王帝（上）》，《历史研究》1959 年第 9 期。
② 引自李孝定：《甲骨文字集释》，第二、三卷，"中研院史语所" 1970 年版，第 891 页。
③ 见于省吾主编《甲骨文字诂林》，第三册，中华书局 1996 年版，第 2406 页 "按语"。
④ 于省吾：《甲骨文字释林·释生、正》，中华书局 1979 年版。

举行劝食之乐（又祭）、杀牲以祭（岁祭）和攘除水患（正祭）等的祭祀。该版卜辞对上帝的使臣称为"帝五臣"。

该版卜辞反映，商人可以向上帝的使臣进行祭祀，以祈求其满足自己的某种要求。而我们在上一节讨论上帝的权能时，卜辞则反映商人是不能向上帝进行祭祀的，是不能向上帝祈求满足自己的要求的，他们只能通过占卜揣测上帝的意志。

（2）贞：其宁秋于帝五丰臣，于日告。（《屯南》930，四期。图2—24）

图 2—24　祭祀帝五丰臣

（《屯南》930）

（3）庚午贞：秋于帝五丰臣。在祖乙宗卜。（《合集》34148，四期。图2—25）

（4）癸酉贞：帝五丰，其三［小］宰。
　　癸酉贞：其三小宰。（《合集》34149，四期。图2—26）

图 2—25　祭祀帝五丰臣

（《合集》34148）

图 2—26　祭祀帝五丰

（《合集》34149）

这三版均是第四期卜辞，当是武乙或文丁卜辞。第（2）辞贞问"其宁秋于帝五丰臣，于日告"，陈梦家先生将"帝五丰臣"的"丰"读作"工"，他举"章盨"铭文"玉五工"说"玉、工均作丰。丰乃工字，工为玉之单位词，《淮南子·道应篇》'玄玉百工'，注云'三玉为一工也'，丰象三玉成串之形。"① 准此，则"帝五丰臣"就是"帝五工臣"；"宁秋"之"宁"，诸家皆引《说文》曰："宁，定息也，读若亭"，故卜辞的宁当是指安宁、停息之意；"秋"字，唐兰先生谓即龝字，借为春秋之秋②，学者"或以'龝'乃象蝗虫之形。卜辞'告秋'、'宁秋'之祭，均与灾异有关。解为蝗祸皆可通"③；"于日告"，是说于贞问之日的白天举行告祭，"告"，饶宗颐先生说："按'告'即'祰'。《说文》：'祰，告祭也。'《周礼》六祈二曰造。杜子春云：'造祭于祖也。'《玉篇》：'祰，祷也。'告即祷告。"④ 准此，则该版卜辞是就蝗灾之事于贞卜的当日白天向上帝的五位工臣举行祷告之祭，祈求帝五

---

① 陈梦家：《殷虚卜辞综述》，中华书局1988年版，第572页。
② 唐兰：《殷虚文字记》，第5页上—7页下，1978年翻印本。
③ 见于省吾主编《甲骨文字诂林》，第二册，中华书局1996年版，第1835页。
④ 饶宗颐：《殷代贞卜人物通考》，上册，香港大学出版社1959年版，第157—158页。

工臣给予宁息蝗虫之灾。第（3）版卜辞于庚午日贞问"秋于帝五丰臣。在祖乙宗卜。""秋于帝五丰臣"是"宁秋于帝五丰臣"的省写，辞中省略"宁"字未刻；该辞是在祖乙的宗庙中卜问的，第四期卜辞中的"祖乙"当是指小乙。则该版卜辞卜问的内容是与第（2）版卜辞相同的，即也是向上帝的五位工臣祈求给予宁息蝗灾的。第（4）版卜辞有两问，都是于癸酉日卜问的，先问"帝五丰，其三［小］宰"，再问"其三小宰"，"帝五丰"就是"帝五工"；"其"在此作动词，意为"用"；"三小宰"，即指经过特殊饲养的三只小羊（第一辞的"小"据第二辞补）①。则该版卜辞是两次卜问是否用三只经过特殊饲养的小羊来祭祀上帝的五位工臣。这三版卜辞对上帝的使臣称为"帝五丰臣"、"帝五丰"。

（5）隹帝臣令出。（《合集》14223，一期。图 2—27）

（6）帝臣宰。（《合集》14255，一期）

这两版是第一期卜辞。其中第（5）辞卜问"隹帝臣令出"，"隹"为语气词；"帝臣"，即上帝的工臣；"令"即命令；"出"，大概是指出征，即该辞是卜问上帝的使臣命令出征吗，该辞省略了前辞。第（6）辞卜问"帝臣宰"，即是卜问是否用"宰"来祭祀上帝的工臣，该辞也是省略前辞未记。这两辞对上帝的使臣称为"帝臣"。

（7）辛亥卜：帝工壱。（《合集》34482，四期。图 2—28）

这是第四期卜辞。该辞于辛亥日卜问"帝工壱"，"帝工"即上帝的工臣；"壱"之意为伤害②。则该辞是卜问上帝的工臣要作害吗？该辞称上帝的使臣为"帝工"。

（8）于帝史风二犬。（《合集》14225，一期。图 2—29）

---

① 姚孝遂：《牢、宰考辨》，《古文字研究》，第 9 辑，中华书局 1984 年版。
② 裘锡圭：《释蛊》，《古文字论集》，中华书局 1992 年版。

图 2—27　帝臣

（《合集》14223）

图 2—28　帝工

（《合集》34482）

图 2—29　祭祀帝史风

（《合集》14225）

(9) 燎帝史风牛。(《合集》14226，一期)

(10) 乙巳卜：王宾帝史，亡尤。(《合集》35931，五期)

这三版卜辞中都有"帝史"一称，"帝史"即上帝的史臣。第(8)、第(9)辞为第一期卜辞。第(8)辞卜问"于帝史风二犬"，即卜问用两条犬来祭祀上帝的史臣风。第(9)辞卜问"燎帝史风牛"，"燎"即烧，是卜问用烧牛的方法来祭祀上帝的史臣风。这两辞明确告诉我们风是上帝的史臣，也就是说，在殷人的心目中风是神灵。这两版卜辞称上帝的使臣为"帝史"，也即"帝使"。第(10)辞是第五期卜辞，当为帝乙或帝辛卜辞[①]，于乙巳日卜问，"王宾帝史，亡尤"，"宾"，郭沫若先生谓是傧，王宾者，王傧也，是王傧祀鬼神[②]；"亡尤"即无忧患之意。通常学者都认为该辞是卜问商王要傧祭上帝的史臣，不会有忧患吧？

总之，以上十版卜辞中，第(1)版中有"帝五臣"；第(2)版中有"帝五丰臣"；第(3)、(4)版中有"帝五丰"；第(5)、(6)版中有"帝臣"；第(7)版中有"帝工"；第(8)、(9)、(10)版中有"帝史"。"帝五臣"、"帝五丰臣"、"帝五丰"、"帝臣"、"帝工"、"帝史"，皆是指天神上帝的臣、使。殷人可以向这些上帝的臣、使进行祭祀，可以向它们祈求满足自己的某些要求。这一观点已为绝大多数甲骨学者所认同[③]。现在的问题是"帝五臣"、"帝五丰臣"、"帝五丰"的"五"究竟是指哪五个神灵，目前还没有一个肯定的说法。陈梦家先生说：卜辞中的"帝五工臣当指帝庭的诸执司，其成员当近于九歌的东皇太一、东君、云中君、大司命、小司命，或《周礼·大宗伯》的司中、司命、飘师、雨师，或郑玄注《小宗伯》五帝之日、月、风师、雨师和司中、司命。《淮南子·天文篇》'四时者天之吏也，

[①] 第五期卜辞也包含有文丁卜辞，见常玉芝《祊祭卜辞时代的再辨析》，《甲骨文与殷商史》，第2辑，上海古籍出版社1986年版。常玉芝：《商代周祭制度》，第五章第五节，中国社会科学出版社1987年版。

[②] 郭沫若：《卜辞通纂》，第367片考释，科学出版社1982年版。

[③] 连劭名则认为卜辞中的"'帝五臣'或'帝五丰臣'是五行之神"。见《甲骨刻辞所见的商代阴阳数术思想》，载艾兰、汪涛、范毓周主编：《中国古代思维模式与阴阳五行说探源》，江苏古籍出版社1998年版。

日月者天之使也',《史记·封禅书》记秦雍祀日月风雨九臣十四臣之庙：凡此以日月风雨为吏、使、臣，都和卜辞的帝五臣正相应。"① 胡厚宣先生说："帝五臣或帝五工臣者，或即指日月星辰和风云雷雨一类的神灵而言，惟不悉究竟是那五神而已"；"帝五臣和帝五工臣者，也或即指五方之神而言，亦未可知"；又说："还有一种解释是：殷人占卜风云雷雨，特别注意它们是来自那一方。日月也是出于东而落于西。方向很重要。殷人既以日月星辰风云雷雨，都是一种神灵，在帝左右受其驱使。因而也就把其所从来的五方，认为也都有一种神灵而加以崇拜。日月星辰风云雷雨等叫帝使，其所从来的五方神叫帝五臣和帝五工臣。"② 这种说法是把帝使和帝五臣、帝五工臣分开来解释，即认为"帝五臣"、"帝五工臣"只是指东、西、南、北、中的五方神，而不是指日月星辰风云雷雨等诸神，这些神只是"帝使"。

  笔者认为，要解决殷人"帝五臣"、"帝五丰臣"、"帝五丰"的所指，还必须从殷墟甲骨卜辞中去寻找。殷墟甲骨卜辞表明，殷人祭祀的自然神中的风神、云神、雨神、日神和四方神，这五种神灵应是殷人心目中天神上帝的五个臣、使。对这个问题我们放在下一章即第三章"自然神崇拜"中再做讨论。

---

① 见陈梦家《殷虚卜辞综述》，中华书局1988年版，第572页。
② 见胡厚宣《殷卜辞中的上帝和王帝（上）》，《历史研究》1959年第9期。

第三章

自然神崇拜

殷墟甲骨卜辞表明,殷人以为诸多自然现象的发生及其程度都是由上帝操纵着的,而上帝的意志又是通过帝廷的五个重要臣史和其他一些神灵去具体实行的。在殷人的心目中,上帝的五个重要臣史是风神、云神、雨神、日神和四方神,这五个神灵和其他一些神灵受上帝的驱使去具体地发生各种自然现象。而殷人为了自己的生产和生活,为了自己的生存,就必然要去频繁地祭祀这些神灵,以祈求它们保佑自己,满足自己的某些要求,这就是殷人对自然神的崇拜。上一章分析了殷人对至上神上帝的崇拜,本章则分析殷人对上帝的五个重要臣史和其他一些神灵的崇拜。

第一节 风神崇拜

在殷人的心目中,风是上帝的臣使。卜辞曰:

(1) 于帝史风二犬。(《合集》14225,一期)
(2) 燎帝史风一牛。(《合集》14226,一期)

这两版都是第一期卜辞,都有"帝史风"一词,"帝史风"即上帝的使臣风。第(1)辞卜问用两条犬祭祀上帝的使臣风。第(2)辞卜问用烧一头牛祭祀上帝的使臣风。这两版卜辞一是表明风是上帝的使臣;二是表明风是神灵,殷人可以祭祀上帝的使臣风神。祭上帝的使臣风用犬和牛。

下面的卜辞表明风神是受上帝驱使的:

(3) 贞：翌癸卯帝其令风。

翌癸卯帝不令风。夕雾。(《合集》672 正，一期。)

这是第一期卜辞，两条辞是正反两面的卜问，第一辞卜问"翌癸卯帝其令风"，"翌"作时间指示词时是指未来日，一般多指次日[1]，这条辞是卜问在未来的癸卯日上帝会命令刮风吗？第二辞从反面卜问在未来的癸卯日上帝不会命令刮风吧？验辞说"夕雾"，即卜问的当天夜间（卜问之日省略未记）下雾了（没有刮风）。该版卜辞表明刮不刮风是由上帝来决定的，使臣风神的行动是由上帝来指挥的。

(4) 辛未卜：帝风。不用。雨。(《合集》34150，四期)

(5) 辛未卜：帝风。不用。雨。(《屯南》2161，四期)

这两版都是第四期卜辞，是同文卜辞，两辞都是于辛未日卜问的，命辞都是只记"帝风"二字，"帝风"应是"帝令风"的省写，即两辞都是卜问上帝是否命令刮风。验辞都是记录"不用。雨。"即这两次的卜问不采用，还下雨了。"帝风"的卜问也说明刮不刮风是由上帝来决定的，使臣风神的行动是由上帝来指挥的[2]。

以上三版卜辞也都表明了风是上帝的使臣，上帝的使臣风神受上帝的驱使司职刮风。

殷墟甲骨卜辞还表明，殷人非常注重风刮来的方向，他们认为东、西、南、北四方的风各由不同的风神掌管着，他们将四方的风神都付与了名称。关于这一点我们将在后文再作论述。

刮风是最常见的自然现象，但风或大风有时会给人类造成灾祸，殷人就常常担心这一点。如卜辞：

(6) 辛未卜，王贞：今辛未大风，不隹祸。(《合集》21019，一期)

---

[1] 见常玉芝《殷商历法研究》，吉林文史出版社 1998 年版，第 240—242 页。

[2] 该两辞的"帝风"不会是指禘祭风神。原因：一是如读为"禘风"于辞不通；二是该两辞的"帝"字都作"祩"不作"祲"，卜辞中作名词用的"帝"字一般写作"祩"，作祭祀动词用的"帝"字一般写作"祲"。

(7) 丙寅卜：日风不祸。(《合集》34036，四期)

(8) 丙午卜，亘贞：今日风祸。(《合集》13369，一期)

(9) ……风不佳祸。(《合集》13370，一期)

(10) 贞：兹风不佳孽。(《合集》10131，一期)

这五版卜辞中，除第(7)辞为第四期卜辞外，其他四辞都为第一期卜辞。第(6)辞于辛未日由商王亲自贞问，问"今辛未大风，不佳祸"，是说今天辛未日的大风不会造成灾祸吧。第(7)辞于丙寅日卜问"日风不祸"，是说今日白天的风不会造成灾祸吧，该辞"日"字之前省略了"今"字，"日"应是指丙寅日的白天。第(8)辞于丙午日卜问"今日风祸"，即今天的风会造成灾祸吗。第(9)辞残，但知也是卜问风不会造成灾祸吧。第(10)辞贞问"兹风不佳孽"，即这次刮的风不会造成灾孽吧，"孽"为灾咎之意。由于风会造成灾害，所以商人在行事之前往往会卜问是否遇到风或大风。如卜辞：

(11) 今日辛王其田，不遘大风。(《合集》28556，三期)

(12) 翌日壬王其田，不风。(《合集》28553，三期)

(13) 壬王弜田，[其]风。(《合集》28677，三期)

这三条都是第三期卜辞，都是卜问有关田猎之事的。第(11)辞卜问"今日辛王其田，不遘大风"，即今日辛日商王要去田猎，不会遇到大风吧？"遘"之意，《说文》谓是"遇也"。第(12)辞卜问"翌日壬王其田，不风"，即未来的壬日商王要去田猎，不会刮风吧？第(13)辞卜问"壬王弜田，[其]风"，即壬日商王不要去田猎，会刮风吧？"弜"之意为不要①。这三条辞都没有前辞，第三期卜辞往往省略前辞。

由于刮风有时会造成灾害，所以商人有时惧怕刮风，特别惧怕刮大风。为此他们往往要祈求风神，对风神进行祭祀，以祈求风神手下留情。如在上举的第(1)版卜辞中就卜问要用两条犬来祭祀上帝的使臣风；第(2)辞卜问要用烧一头牛来祭祀上帝的使臣风。其他祭祀风神的方法还有"禘"祭，如：

---

① 裘锡圭：《说"弜"》，《古文字研究》，第1辑，中华书局1979年版。又收入《古文字论集》，中华书局1992年版。

(14) 帝风九犬。(《合集》21080,一期)

这是一条自组卜辞,卜问用九条犬来"帝"祭风神。这里的"帝"字与"上帝"之"帝"字写法不同,作"☒"形,即在通常的"帝"字上加一小圆圈,这是一种较为特殊的写法,实属罕见。一般作祭祀动词用的"帝"字都是写作"☒"形,这里作"☒"形大概是将"☒"形中部的方框变成圆圈并将其置于上部。这种类型的"帝"都是指"禘"祭①。何谓禘祭?严一萍先生说帝、燎、柴都是指焚烧之祭②,则该辞是卜问用焚烧九条犬来祭祀风神。

还有"宁风"之祭,如:

(15) 甲戌贞:其宁风,三羊、三犬、三豕。(《合集》34137,四期。图3—1)

(16) 癸亥卜:于南宁风,豕一。(《合集》34139,四期)

(17) 辛酉卜:宁风,巫、九豕。(《合集》34138,四期)

(18) 戊子卜:宁风北,巫、二[豕]。(《合集》34140,四期)

(19) 乙丑贞:宁风于伊奭。(《合集》34151,四期)

(20) 其宁风雨。
庚辰卜:辛至于壬雨。
辛巳卜:今日宁风。(《屯南》2772,四期)

(21) 癸卯卜,宾贞:宁风。(《合集》13372,一期)

(22) 弜宁风。(《合集》34152,四期)

图3—1 祭祀风
(《合集》34137)

---

① 卜辞中"禘"祭之"禘"有极少数作上帝之帝字的,如《合集》14363、《合集》14748、《合集》10976 正等。

② 严一萍:《美国纳尔森艺术馆藏甲骨卜辞考释》,台北艺文印书馆1973年版,第8页。

以上八版卜辞中，除了第（21）版属于第一期卜辞外，其他七条均属于第四期卜辞。第（15）辞于甲戌日卜问用三只羊、三条犬、三头豕来举行"宁风"之祭。"宁风"就是求风神宁息，不要刮风。第（16）辞于癸亥日卜问"于南宁风，豕一"，即用一头猪来祭祀风神，希望其宁息，不要刮南风；也可以理解成是用一头猪祭祀南方的风神，祈求其宁息，不要刮南风；如果将其理解成是在南边用一头猪来祭祀风神，希望其宁息，不要刮风。这于辞意是不好理解的。总之，该辞说明殷人是很注意刮风的方向的。第（17）版卜辞于辛酉日卜问"宁风，巫、九豕"，"巫"，在该辞中作动词用，《说文》："巫，祝也，女能事无形以舞降神者也。象人两褎舞形"；"九豕"即用九头猪来祭祀。该辞是说用舞祭和用九头猪来祭祀风神，希望其宁息，不要刮风。第（18）辞于戊子日卜问"宁风北，巫、二［豕］"，"宁风北"与第（16）辞的"于南宁风"意义相同，即是说希望不要刮某一方向的风，这里是祈求不要刮北风，该辞的祭祀动词也是"巫"，所用牲名残掉，当也应是豕即猪。第（19）辞于乙丑日卜问"宁风于伊奭"，这是祈求伊奭去转告风神不要刮风，"伊奭"当是指商朝重臣伊尹的配偶。由此辞的"宁风于伊奭"可知第（16）辞的"于南宁风"的"南"应是指南方的风神。第（20）版上的三条辞分别卜问"其宁风雨"、"辛至于壬雨"、"今日宁风"，看来商人祈求宁风也是为了宁息雨水，因为风雨相伴是常见的自然现象。第（21）版卜辞由贞人宾于癸卯日卜问"宁风"。第（22）版卜辞卜问"弜宁风"，即卜问不要举行宁风的祭祀吧。以上（15）、（16）、（17）、（18）卜问用牲宁风的卜辞在牲名前都没有注明用牲之法。

综合以上卜辞可知，殷人祭祀风神时用牲的种类主要是犬、豕、羊小牲畜，偶尔也用大牲畜牛；一次最多时用三羊、三犬、三豕［第（15）辞］，共九只牲品；单一牲品一次最多时用"九犬"［第（14）辞］、"九豕"［第（17）辞］；其祭祀方法比较单调，也就是用燎、禘的焚烧的方法，燎与禘只是在烧时插薪的方法不同①。

第二节　云神崇拜

殷墟甲骨卜辞反映，云在殷人的心目中也是上帝的使臣。卜辞曰：

---

① 严一萍：《美国纳尔森艺术馆藏甲骨卜辞考释》，台北艺文印书馆1973年版，第8页。

(1) 贞：燎于帝云。(《合集》14227，一期)

这是第一期卜辞，卜问"燎于帝云"，"帝云"应是"帝史云"的省写，卜辞贞问用燎祭即焚烧的方法祭祀上帝的史臣云，烧什么没有说。

前文曾谈到商人将风按方向分成东、西、南、北四方风，而卜辞记录殷人将云也进行了分类，他们分云为二云、三云、四云、五云、六云。如卜辞：

(2) 贞：燎于二云。(《合集》13401，一期)

这是第一期卜辞，卜问"燎于二云"，即用燎祭的方法祭祀"二云"。

(3) 己亥卜，永贞：翌庚子酒……王占曰：兹隹庚雨。卜之……雨。
庚子酒三鬯云羲，其……既祝。启。(正)
王占曰：兹隹庚雨。卜。(反)(《合集》13399正反，一期。图3—2)

图3—2 祭祀三鬯云

(《合集》13399 正)　　　　　　　(《合集》13399 反)

这是第一期卜辞，有残字，但由占辞可以看出是卜问有雨与否的，其中有"庚子酒三鬈云䰫"的记录，这是祭祀"三鬈云"。云与雨有关，所以该辞在卜雨时也同时祭祀带雨的云。

（4）戊寅卜：巫又伐。今夕雨。
　　　己卯卜：燎豕四云。
　　　于己卯雨。（《补编》13267，一期。图3—3）

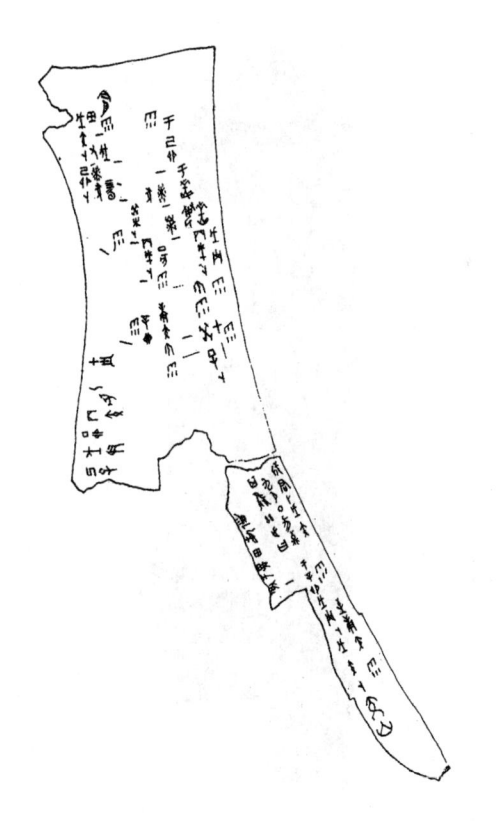

图3—3　祭祀四云
（《补编》13267）

这是第一期卜辞，是连续两天的卜问，先于戊寅日卜问"巫又伐"，"巫"为祭名，是舞祭；"又"即侑，为劝食之乐；"伐"，卜辞象以戈斩人首，意为砍杀人头以祭，但卜辞中"伐"也用于其他牲畜，不知该辞的伐是指伐人牲还是伐其他牲畜；"巫又伐"之后的"今夕雨"应是验辞，是说经过用"巫又伐"之祭后，在今天即卜日戊寅日的夜间下雨了。之后，在第二天的己卯日卜问"燎豕四云"，即用焚烧猪的方法祭祀"四云"；验辞说"于己卯雨"，即经过烧猪祭祀后，在卜问的当日己卯日下雨了。

(5) 叀岳先酒。迺酒五云，又雨。大吉。

……五云……酒……（《屯南》651，三期。图3—4）

图 3—4　祭祀五云

（《屯南》651）

这是第三期卜辞，卜问祭祀"五云"会有雨吧？"又雨"即"有雨"。

(6) 癸酉卜：又燎于于六云五豕、卯五羊。

癸酉卜：又燎于六云六豕、卯羊六。（《合集》33273，四期。图 3—5）

（7）癸酉卜：又燎于六云五豕、卯五羊。（《屯南》1062，三期）

图 3—5　祭祀六云
（《合集》33273）

这两版中的三条辞都是于癸酉日卜问祭祀"六云"的。第（6）版是第四期卜辞，其上的两辞分别卜问"又燎于六云五豕、卯五羊"、"又燎于六云六豕、卯羊六"，"卯"为用牲之法，是将牲体对剖[①]，即这两辞分别是卜问用烧五头猪和对剖五只羊，还是用烧六头猪和对剖六只羊来祭祀"六云"。该

---

① 郭沫若：《卜辞通纂》，第 39 片考释，科学出版社 1982 年版。

版其他卜辞多为卜雨的（省略不引），所以卜问祭祀"六云"当也是与雨水有关的。第（7）版是第三期卜辞，卜问"又燎于六云五豕、卯五羊"，卜问的内容与第（6）版的第一辞全同，即也是卜问用烧五头猪和对剖五只羊来祭祀"六云"的。以上六版卜辞中，第（2）版卜辞卜问祭祀"二云"；第（3）版卜辞卜问祭祀"三鼞云"；第（4）版卜辞卜问祭祀"四云"；第（5）版卜辞卜问祭祀"五云"；第（6）版、第（7）版卜辞卜问祭祀"六云"。何为"二云"、"三鼞云"、"四云"、"五云"、"六云"？于省吾先生说是"谓云之色也"，"三鼞云"的"鼞即啬，应读为色"，"'三啬云'谓三色之云也"，"云之见也，或只一色，其数色并见者，所谓彩云也。"① 即"二云"、"三鼞云"、"四云"、"五云"、"六云"都是指彩云，云色最多是六色。由第（3）、（4）、（5）版卜辞可知，商人祭祀云的目的是为了求雨。

下面几条卜辞也是卜问祭祀云的：

(8) 己丑卜，争贞：亦乎雀燎于云，犬。

贞：勿乎雀燎于云，犬。（《合集》1051正，一期）

(9) ……燎［于］云，一羊。（《合集》13402，一期）

(10) 乙卯卜，㱿：燎于云□。（《合集》13400，一期）

(11) 燎云，不雨。

不雨。（《合集》21038，一期）

(12) ……燎于云。雨。

不雨。（《屯南》770，三期）

以上五版卜辞中，前四版为第一期卜辞，最后一版为第三期卜辞，都是卜问燎祭云的。第（8）版卜辞从正反两面卜问是否命令雀用烧犬的方法祭祀云，该辞"犬"字上有装饰划，估计是指用带花纹的犬进行祭祀。第（9）版卜辞有残字，但知是卜问用烧一只羊的方法祭祀云。第（10）、（11）、（12）版都只记燎于云，没有记是用什么方法进行祭祀。第（11）、（12）版都卜问燎祭云会不会有雨，也证明商人祭祀云是为了祈求雨水。综观以上十二版祭祀云的卜辞，可知商人祭祀云所采用的最主要的方法是燎祭，"燎"之意为烧，用火烧的方法进行祭祀是为了使烟雾升腾，将祭品送达在天上的云神。其次

---

① 以上均引自于省吾：《甲骨文字释林·释云》，中华书局1979年版。

还采用酒、又、巫、伐、卯等方法。所使用的祭牲是小牲畜豕、羊、犬；一次用牲最多时是六豕加六羊［第（6）辞］。

商人为什么要将云当成是上帝的使臣而加以祭祀呢？由下面两版卜辞可以看出其原因：

　　（13）辛丑卜，即贞：兹云㞢雨。（《合集》24872，二期）
　　（14）贞：兹朱云其雨。
　　　　　贞：兹朱云不其雨。（《合集》13390正，一期）

第（13）版是第二期卜辞，卜辞于辛丑日卜问"兹云㞢雨"，即这块云会下雨吧？第（14）版是第一期卜辞，两辞从正反两面卜问"兹朱云"是否下雨，"朱"为何字？叶玉森、郭沫若等释为"困"，于省吾先生则认为它是古文"根"字，他说："《说文》古文以朱为困，乃借根之初文以为困也。"① 那么，第（14）版卜辞中的"困云"又为何意呢？沈建华先生认为该版卜辞中的"朱（困）云"的"困"字似借为混，她说因"困"与"混"二字上古通假，所以"卜辞所谓'困云'，就是昏暗混浊的云色，即俗所谓阴云密布。这种混混沌沌的天象，所以要卜问'其雨'，'不其雨'。"② 此说有理。因此，"困云"就与前举的"二云"、"三鬯云"、"四云"、"五云"、"六云"等都应是指多色彩的云。第（14）版卜辞卜问此"困云"是否会下雨，正说明"困云"是浓云，是阴云密布的积雨云。这两版卜辞反映，商人之所以要频繁地祭祀上帝的使臣云，是为了祈求云神能给他们带来雨水，以保证他们的农业生产有个好收成。

第三节　雨神崇拜

前文在论述上帝的权能时曾指出上帝命令下雨、命令下足雨，因此雨神应是受上帝驱使专职下雨的使臣，是上帝的五工臣之一。

综观殷墟甲骨卜辞，其中卜问下雨的辞例极多，这是因为有了足够的雨水才能够保证农业生产的收成。殷人常常担心雨水不足而影响农作物的收

---

① 见于省吾主编《甲骨文字诂林》，第一册，中华书局1996年版，第838页。
② 沈建华：《甲骨文释文二则》，《古文字研究》，第六辑，中华书局1981年版。

成,如:

(1) 庚辰卜,大贞:雨不足,辰不隹年。
贞:雨不足,辰亡勾。(《合集》24933,二期)

这是第二期卜辞,有两问,第一辞贞问"雨不足,辰不隹年",即雨水不足,辰地不会有好收成吧?"年"字,甲骨文作从禾从人,《说文》曰:"年,谷熟也",是"年"的本义指收成;第二辞贞问"雨不足,辰亡勾",郭沫若曰:"'亡勾'者无害也。与'亡尤''亡巛'等同例"①,因此,该辞是卜问雨水不足,辰地无害吧,即对辰地的年成不会有害吧?

(2) ……卜:穧年有足雨。(《英藏》818,一期)

这是第一期卜辞,前辞残掉,命辞问"穧年有足雨","穧年"是指农作物穧的年成,即是卜问有足够的雨水穧会有好收成吗?

殷墟甲骨卜辞中,殷人卜问希望下雨的辞例很多,但卜问不希望下雨的辞例却很少,主要局限在出行、田猎和祭祀时不希望下雨、下大雨。因为雨水有时会造成灾祸;有时会妨碍某些活动的举行;也有怕发生水灾的担心。不过,这种辞例很少。如卜辞说:"辛酉卜,𣪊贞:乙丑其雨,不隹我祸。贞:乙丑其雨,隹我祸。"(《合集》6943)所以他们有时举行希望雨停的宁雨之祭,如:

(3) 其宁风、雨。(《屯南》2772,四期)
(4) 宁雨于𦥑。(《屯南》744,四期)
(5) 癸酉卜,贞:宁雨[于]岳。古……(《合集》14482,一期)

第(3)辞、第(4)辞为第四期卜辞。第(3)辞卜问宁息风和雨。第(4)辞卜问向高祖神𦥑求助于宁雨②。第(5)辞是第一期卜辞,卜问向高祖神岳

---

① 郭沫若:《卜辞通纂·别一》,第4辞考释,科学出版社1982年版。
② 𦥑为高祖神。详见第四章第一节。

求助于宁雨①。宁雨之祭的卜辞只有很少的几例，更多的则是为了使农业生产能够获得好收成而举行的祈求下雨的祭祀，如卜辞：

(6) 其求年于岳，兹又大雨。（《合集》28255，三期）
(7) 其求年于河，此又雨。
　　于岳求年，此雨。（《合集》28258，三期）
(8) 求于河年，又雨。（《合集》28259，三期）
(9) 其祝，求年，又大雨。（《合集》28296，三期）

这四版均是第三期卜辞。第(6)辞卜问"其求年于岳，兹又大雨"，即卜问向祖先神岳祈求好年成，"兹又大雨"的"兹"是指示代词，指此地之意，"又"即"有"，"兹又大雨"是说此地有大雨。即该版卜辞是卜问向祖先神岳祈求好年成，希望在此地有大雨的。第(7)版上有两辞，分别卜问向祖先神河、岳祈求好年成，辞末的"此又雨"、"此雨"的"此"当为地名，即该版卜辞是卜问向祖先神河、岳求年，希望其在"此"地下雨。第(8)辞是卜问向河求年，希望下雨的。第(9)辞卜问举行祭祀以求年，希望有大雨。"祝"，也释作"祀"，祭祀之意。

商人为了求得有足够的雨水以保证农业的收成，常常举行求雨之祭，卜辞中有大量的求雨卜辞。其中求祭雨神最主要的祭祀方法是：烄祭、舞祭、求祭，以及其他的用牲之法，等等。下面举一些辞例以见一斑：

1. 烄祭

(10) 贞：烄，㞢雨。
　　勿烄，亡其雨。（《合集》12842正，一期）
(11) 勿隹烄，亡其雨。（《合集》12851，一期）
(12) 于夫烄，雨。
　　于㴶烄，雨。（《合集》30167，三期）
(13) 壬辰，烄。
　　烄，雨。（《合集》34488，四期）
(14) 其烄，此又雨。（《合集》32300，四期）

---

① 岳为高祖神。详见第四章第一节。

(15) 壬辰卜：炆小女，雨①。

其羊，不雨。

壬辰卜：炆微，雨。（《合集》32290，四期）

(16) 贞：勿炆，亡其从雨。

贞：炆妠，虫从雨。

贞：炆闻，虫从雨。（《补编》3799，《合集》1137＋《合集》15674，一期）

(17) 于甲炆凡。

弜炆凡，不雨。（《合集》32296，四期）

(18) 戊申卜：其炆泳女，雨。（《合集》32297，四期。图3—6）

(19) 戊申卜：其炆泳女。

弜炆，雨。（《合集》32298，四期）

(20) 甲申贞：炆嫱，雨。（《合集》32299，四期）

(21) □□卜：其炆𤐳，又大雨。（《合集》30172，三期）

图 3—6 祭祀雨

（《合集》32297）

(22) 其炆𤐳，又雨。

弜炆，亡雨。（《合集》30169，三期）

以上十三版分别是一期、三期、四期卜辞，都是卜问举行炆祭以祈求雨水的。何为炆祭？罗振玉说："《说文解字》：'炆，交木然也。'《玉篇》：'交木然之，以燎柴天也。'此字从交下火，当即许书之炆字。"陈梦家说此字象人立于火上之形。姚孝遂说此字象以火焚人之形②。上举第（10）版是正反两面的卜问，先问"炆，虫雨"，再问"勿炆，亡其雨"，即是贞问举行炆祭，

---

① "小女"，有人释为"母"，"小"字不释；有人释为"小母"；笔者根据《合集》32297、《合集》32298 的"泳女"，认为应以释"小女"为妥。

② 各家所说见于省吾主编《甲骨文诂林》，第二册，炆字条，中华书局 1996 年版。

会有雨吧？不举行烄祭，不会下雨吧？"㞢"即"有"。第（11）辞卜问"勿隹烄，亡其雨"，"勿隹烄"即"勿烄"，"隹"为语气词，即该辞也是卜问不举行烄祭，不会下雨吧？第（12）版卜辞卜问"于夫烄，雨"，"于湮烄，雨"，"夫"、"湮"为地名，即卜问在这两地举行烄祭，会有雨吧？第（13）版卜辞卜问"壬辰，烄"，"烄，雨"，即卜问壬辰日举行烄祭，举行烄祭，会有雨吧？第（14）版卜问"其烄，此又雨"，即举行烄祭，此地会有雨吧？"此"为地名。第（15）版卜辞都是于壬辰日卜问的，有三问，先问"烄小女，雨"，"小"或为地名、国名，或即大、小之小，据下面第（18）、（19）版卜辞的"泳女"，可推测"小女"应是指小地或小国之女，则该辞是卜问焚烧小地之女子会有雨吧？再问"其羊，不雨"，"其羊"，当是烄羊即焚烧羊，"其"在此为代替烄字的代词，这是卜问焚烧羊不会有雨吧？接下来再问"烄微，雨"，即焚烧微会有雨吧？"微"应是人名。第（16）版上也有三条卜辞，分别卜问"勿烄，亡其从雨"、"烄妇，㞢从雨"、"烄闻，㞢从雨"。"妇"、"闻"当是人名；"从雨"，郭沫若先生说："从当读为纵。'㞢从雨'谓有急雨有骤雨也。"① 对此，于省吾先生说："卜辞每言㞢从雨，或言从雨，郭沫若云，从当读为纵，㞢从雨谓有急雨有骤雨也。（粹考释五七片）。按郭说非是。从從古今字。《礼记·乐记》：'率神而從天。'注：'從顺也。'《孔子闲居》：'气志既從。'注：'從顺也。'《书·洪范》：'曰肃，时雨若。'伪传：'君行敬则时雨顺之。'卜辞言从雨即顺雨。谓非暴雨霪雨，犹今俗所谓风调雨顺之雨顺也……均先举行祭典而后言从雨。故知其所乞求者，即顺雨也。"② 于先生所说极是。因为郭说与卜辞所卜相矛盾，殷人祭祀求雨怎么可能是为了求有骤雨、有暴雨呢？骤雨或暴雨是会造成水灾和其他灾害的，殷人怎么能去祈求水灾等灾害呢？因此，第（16）版卜辞的三问是先卜问不举行烄祭，不会有顺雨吧？再问烄妇，即焚烧妇，会有顺雨吧？再问烄闻，即焚烧闻，会有顺雨吧？这样解释卜辞，文意才顺。第（17）版卜辞是正反两面的卜问，先卜问"于甲烄凡"，"甲"为日期；"凡"是人名，即卜问于甲日焚烧凡；再卜问"弜烄凡，不雨"，即如果不焚烧凡，是不会有雨吧？第（18）版卜辞于戊申日卜问"其烄泳女，雨"，"泳女"当是指泳地或泳国之女，卜辞是问焚烧泳国之女会有雨吧？第（19）版卜辞是正反两面的卜问，

---

① 郭沫若：《殷契粹编》，第57片考释，科学出版社1965年版。
② 于省吾：《双剑誃殷契骈枝续编·释从雨》，1941年版。

也是于戊申日卜问"其烄泳女",再卜问"弜烄,雨",这是卜问如果不焚烧泳国之女也会下雨吧?第(20)版卜辞于甲申日卜问"烄嫸,雨","嫸"为人名,即卜问焚烧嫸会有雨吧?第(21)版卜辞卜问"其烄嫅,又大雨","嫅"为人名,即卜问焚烧嫅会有大雨吧?第(22)版卜辞是正反两面的卜问,先卜问"其烄嫅,又雨",即卜问焚烧嫅会有雨吧?再卜问"弜烄,亡雨",即卜问不焚烧嫅不会有雨吧?

以上所举的十三版卜辞都是卜问烄即焚烧祭品来祭祀雨神以求雨的。特别是第(15)版至第(22)版的八版卜辞中还列出了被烄的牲品名,除了第(15)版有一辞是卜问焚烧羊外,其他都是卜问焚烧人来祭祀雨神的,即举行的是人祭。又特别值得注意的是,在人牲中多有女性,如第(15)版的"小女",第(16)版的"妫",第(18)版、第(19)版的"泳女",第(20)版的"嫸",第(21)版、第(22)版的"嫅";其他人名还有"微"[第(15)版]、"闻"[第(16)版]、"凡"[第(17)版],其性别不知。商代这种焚烧活人以祈雨的祭祀在古文献中也可以找到踪迹,如《淮南子》说:"汤时,大旱七年,卜用人祀天。汤曰:'我本卜祭为民,岂乎自当之。'乃使人积薪,剪发及爪,自洁,居柴上,将自焚以祭天,火将然,即降大雨。"① 其他在《淮南子·主术》、《修务》、《墨子·兼爱》、《吕氏春秋·顺民》中都可见因大旱,汤以身祷于桑林的记载。这种焚人以求雨的风俗在后世中仍有所见,如《左传·僖公二十一年》曰:"夏,大旱,公欲焚巫、尪。"再如《太平御览》卷十引《庄子》曰:"宋景公时,大旱三年,卜云:'以人祀,乃雨。'公下堂,顿首曰:'吾所求雨者,为人,今杀人,不可。'将自当之,言未卒,天大雨,方千里。"宋景公求雨的情况与商汤求雨的情况有些相似。

2. 舞祭

(23) 辛巳卜,宾贞:乎舞,有从雨。
　　　　贞:乎舞,有从雨。(正)
　　　　之夕雨。(反)(《合集》12831正反,一期。图3—7)
(24) 叀🉁乎舞,又大雨。
　　　　叀伐乎舞,又大雨。(《合集》30028,三期)

---

① 见《文选》,卷十五《思玄赋》李善注所引佚文,中华书局1995年影印本。

图 3—7　祭祀雨

（《合集》12831 正）　　　　　（《合集》12831 反）

(25) 乎舞，亡雨。
　　 乎舞，有雨。
　　 乎舞，亡雨。
　　 乎舞，有雨。（《英藏》996，一期）

(26) 贞：勿舞河，亡其雨。（《合集》14197 正，一期）

(27) 贞：舞岳，有雨。
　　 贞：［舞］岳，亡其雨。（《合集》14207 正，一期）

(28) 贞：我舞，雨。（《合集》14209 正，一期）

(29) 贞：舞。允从雨。（《合集》12980，一期）

(30) 舞，有雨。
　　 其雨。（《合集》12837，一期）

(31) 贞：勿舞，亡其从雨。
　　 舞，有从雨。（《合集》12841 正甲乙，一期）

(32) 兹舞有从雨。（《合集》12833，一期）

(33) 癸亥卜：舞，雨。

不雨。（《合集》33955，四期）

以上十一版卜辞中，除了第（24）辞属第三期、第（33）辞属第四期卜辞外，余皆为第一期卜辞。都是卜问举行舞祭是否有雨、有大雨、有从雨即顺雨的。其中第（26）、（27）版卜辞分别卜问舞祭河、岳是否有雨，第（27）版的第二辞省"舞"字。殷人有时将舞雨之祭的"舞"字加上雨字头，作"霖"形，如卜辞：

(34) 今日乙霖，亡雨。（《合集》30031，三期）
(35) 弜乎霖，亡大雨。（《合集》30029，三期）
(36) 于翌日丙霖，又大雨。（《合集》30041，三期）
(37) 其霖于㐬，又雨。

其霖于䇂，又雨。（《屯南》108，三期）

这些都是第三期卜辞。"霖"字，郭沫若先生谓是"雩"的异构①。笔者认为其仍是祈雨的舞祭。第（35）辞卜问不命令举行舞祭不会有大雨吧。第（37）辞的㐬、䇂是地名，是卜问在这两个地方举行舞祭会有雨吧。殷人有时又"奏舞"求雨，即边奏乐边舞蹈祈求雨水，如卜辞：

(38) 壬戌卜：癸亥奏舞雨。（《合集》33954，四期）
(39) 甲辰卜：翌乙巳我奏舞。至于丙午雨。（《英藏》1282，一期）
(40) 庚寅卜：辛卯奏舞雨。

壬辰奏［舞］雨。

庚寅卜：癸巳奏舞雨。

庚寅卜：甲午奏舞雨。（《合集》12819，一期。图3—8）

以上三版卜辞中，第（38）辞为第四期卜辞，其余两版为第一期卜辞。第（38）、（39）辞都是于头一天卜问在第二天举行奏舞之祭是否下雨，第（39）辞后记有验辞说"至于丙午雨"，即在乙巳日举行奏舞之祭后，到第二天丙

---

① 见郭沫若《殷契粹编》，第848片考释，科学出版社1965年版。

图 3—8　祭祀雨
（《合集》12819）

午日下雨了。第（40）版的四条辞都是于庚寅日卜问的（第二辞省"庚寅卜"三字），问在其后的四天内举行奏舞之祭是否下雨。

(41) 丙辰卜，贞：今日奏舞，有从雨。雨。（《合集》12818，一期）
(42) 戊申卜：今日奏舞，有从雨。（《合集》12828，一期）
(43) 丙辰卜：今日奏舞，有从［雨］。不舞。（《合集》12827，一期）

以上三版均是第一期卜辞，是卜问当天白天举行奏舞之祭是否有从雨[①]，即是否有顺雨。其中第（41）辞有验辞说下雨了；第（43）辞的验辞说不举行舞祭了，由此辞可知前面所举行的舞祭不只是单纯的跳舞，还有奏乐，只是省略了"奏"字而已。但该辞也可以理解为只举行奏乐之祭，而不同时举行跳舞之祭了。

(44) 乙未卜：今夕奏舞，有从雨。（《合集》12820，一期）

[①] 卜辞中的"今日"有时专指当日的白天，见常玉芝《殷商历法研究》，第三章第二节，吉林文史出版社 1998 年版。

（45）乙未卜：［奏］舞，今夕有从雨。不□。（《合集》12830 反，一期）

这两条辞都是第一期卜辞，都是于乙未日卜问当天夜间（今夕）举行奏舞之祭是否有从雨即有顺雨。殷人有时对舞雨之祭单称"奏"而省略"舞"字，如：

（46）戊寅卜：于癸舞，雨不。三月。
　　　辛巳卜：取岳从不。从。
　　　乙酉卜：于丙奏岳，从。用。不雨。
　　　乙未卜：其雨丁。不。四月。
　　　乙未卜：翌丁不其雨。允不。
　　　乙未卜：丙［出］舞。
　　　乙未卜：于丁出舞。（《屯南》4513＋《屯南》4518，一期，注：《合集》20398 与之是重片）

这是一版𠂤组卜辞。第一辞于戊寅日卜问在其后的第五日癸日（癸未日）举行舞祭不会下雨吗，第三辞于乙酉日卜问在第二天的丙日"奏岳"，即对岳举行奏舞之祭有从雨吗（这里省略了"雨"字），验辞说没有下雨。下面的四条辞都是于乙未日卜问的，前两条卜问在丁日是否下雨；后两条卜问在丙日或丁日是否举行舞祭；结果在前两条的验辞中都记着丁日没有下雨。由这些辞可看到单纯只书"奏"字的也可能是指奏舞之祭。

（47）叀庚申奏、又、正，又大雨。
　　　叀各奏、又、正，又大雨。大吉。
　　　叀嘉奏、又、大雨。吉。
　　　叀商奏、又、正，又大雨。（《合集》30032，三期）

这是第三期卜辞，四条辞都是卜问举行"奏"、"又"、"正"之祭来祈求有大雨的，"奏"是奏乐，"又"是侑，"正"是"攘除殃患之祭"①。

---

① 于省吾：《甲骨文字释林·释生》，中华书局 1979 年版。

3. 求祭

(48) 戊午贞：求雨［于］高，叀甲酒。(《合集》33946，四期)
(49) 求雨于上甲，宰。(《合集》672正，一期)
(50) 丙申卜：燎于🅧羊，雨。(《合集》32294，四期)
(51) 壬午卜：于河求雨，燎。(《合集》12853，一期)
(52) 庚戌［卜］：……三示求雨。(《合集》21082，一期)
(53) 戊午贞：求雨。
　　　戊午贞：求雨。(《屯南》932，四期)
(54) 壬寅卜，贞：……求雨。(《合集》12858正，一期)

以上求雨的卜辞为第一期或第四期卜辞。第(48)辞是向"高"求雨，"高"即"高祖"的简称；第(49)辞是向"上甲"求雨；第(50)辞是向远祖"🅧"求雨；第(51)辞是向"河"求雨；第(52)辞是向"三示"求雨。这些卜辞表明商人求雨的对象多是祖先神（高祖神），即祈求祖先神向上帝或雨神转达下界之人的请求，请求上帝令雨，雨神下雨。其所使用的祭祀的方法有酒祭、燎祭，其所使用的牲品有宰即经过特殊饲养的羊和普通的羊。

4. 用牲之祭

(55) 求雨，叀黄羊用，又大雨。
　　　叀白羊，又大雨。(《合集》30022，三期)
(56) 弜用黄羊，亡雨。
　　　叀白羊用，于止，又大雨。(《合集》30552，三期)
(57) 弜用黄羊，亡雨。
　　　叀白羊用，于止，又大雨。(《屯南》2623，三期)
(58) 叀羊，又大雨。(《合集》30020，三期)
(59) 叀羊，又大雨。
　　　叀小宰，又大雨。
　　　［叀］牛，［又］大雨。(《合集》30024，三期)
(60) 叀牛，又大雨。(《合集》30023，三期)

以上六版卜辞都是第三期卜辞。第(55)版卜问求雨是用黄羊祭祀才会有大雨，还是用白羊祭祀才会有大雨呢。第（56）、（57）版的两辞是同文卜辞，都是卜问不用黄羊进行祭祀不会下雨吧，用白羊进行祭祀止地才会有大雨吧。其中第（56）版即《合集》30552 的第二辞中的"用"字只刻了三个竖划，今用第（57）版卜辞即《屯南》2623 补足。第（58）辞卜问用羊进行祭祀会有大雨吧。第（59）版上有三条辞，分别卜问用羊进行祭祀会有大雨吧，用小宰即经过特殊饲养的小羊进行祭祀会有大雨吧，用牛进行祭祀会有大雨吧。第（60）版卜辞卜问用牛进行祭祀会有大雨吧。以上卜辞反映商人在祈求有大的雨水时，在祭祀时对用牲的选择还是颇为讲究的：在决定用羊作牲品后，还要卜问是用黄羊还是用白羊进行祭祀才会有大雨呢；抑或是用普通的羊，还是用经过特殊饲养的小羊，还是用牛进行祭祀才会有大雨呢。

5. 其他祭祀

商人祈求雨水还选用其他祭祀方法，下面举几例较全的辞例以见一斑：

（61）丁未卜：王燎于🦴。

戊申卜，殻贞：方帝，燎于土、🦴雨，卯上甲。

贞：旨河，燎于蚰，屮雨。

贞：乎舞于蚰。（《合集》1140 正，一期）

（62）甲申卜：先酒岳燎，雨。兹用。（《合集》34221，四期）

（63）己卯卜：取岳，雨。（《合集》32833，四期）

（64）己卯卜：🦴岳，雨。

🦴十山，雨。（《合集》34205，四期）

（65）壬午卜：求雨，燎田。（《合集》30457，三期）

（66）求方，重癸酒，又雨。（《合集》30397，三期）

（67）己亥卜：我燎，有雨。

己亥卜：我燎，亡其雨。（《合集》12843 反，一期）

以上七版分别为一期、三期、四期卜辞。第（61）版上共有四条辞，第一条是卜问商王亲自举行燎祭祭祀祖先神"🦴"；第二条是卜问"方帝，燎于土、🦴雨，卯上甲"，"方帝"即是禘祭四方神[①]，"燎于土、🦴"的"土"与"🦴"均是指祖先神，"卯上甲"是说对剖某种牺牲祭祀上甲，则该辞是卜问祭祀

[①] "方帝"类卜辞中的"方"指四方神，详见本章第五节。

四方神和土、🙼、上甲三位祖先神以祈求雨水，其所使用的祭祀方法是禘祭、燎祭、卯祭，禘与燎都是烧，只是插薪的方法不同，卯是剖杀。该辞反映殷人祈求雨水求助于四方神和祖先神，他们希望四方神和祖先神向上帝和雨神转达下界需求雨水的愿望。第三辞是卜问"旨河，燎于蚰，虫雨"，"旨"为祭名，意义不明，"河"与"蚰"是祖先神，该辞卜问求助于祖先神，希望他们向上帝和雨神转达下界要求下雨的愿望。第四辞卜问"乎舞于蚰"，即卜问是否命令舞祭祖先神蚰，当也是为求雨之事而进行祭祀。第（62）版卜问"先酒岳燎，雨"，即卜问先举行祭祀岳的燎祭，是会下雨吧？"岳"是祖先名，"先"是动词，"酒"可作祭名，也可作祭祀解。第（63）版卜问"取岳，雨"，"取"为祭名，郭沫若说："按：'癸酉卜其取岳雨。'取殆樐省。'樐，木薪也。'《说文》音义俱与樐近。"① 陈梦家说："凡此'取河''取岳'之下常系有'虫雨'，乃是求雨之祭。'取'是樐的假借，《风俗通·祀典篇》'樐者积薪燔柴也'……积薪燔柴谓之樐者，《说文》'樐，木薪也'。"② 于省吾说："甲骨文的取字用为祭名时，应读作聚而通作樐，樐为燔柴之祭……取祭不言用牲，而燎祭则多言用牲，是其大别。"③ 总之，取祭是一般不用牲的燔柴之祭。则第（63）版卜辞是卜问烧柴祭祀祖先神岳以求雨。第（64）版上有两辞，第一辞是"己卯卜：🙼岳，雨"，是卜问🙼祭岳求雨的，第二辞是"🙼十山，雨"，是卜问🙼祭十山求雨的。学者说"🙼"字不识，其意也不可知，笔者从字形上推测此字之意大概是以火烧木进行祭祀，当与上面所说的取祭、燎祭的方法相当；"十山"是山的名称还是指十座山不得而知。则该版卜辞是卜问烧木祭祀祖先神岳和十山来祈求雨水。第（65）版卜问"求雨，燎🙼"，即燎祭🙼求雨，🙼是指祖先神还是指自然神不能定夺，姚孝遂认为它"可能为山名。"④ 第（66）版卜问"求方，叀癸酒，又雨"，是卜问于癸日举行祭祀"方"神以祈求雨水。这里的"方"应是指四方神，是四方神的简称。第（67）版的两辞是于己亥日做正反两面的卜问，先问"我燎，有雨"，再问"我燎，亡其雨"，"我"是指商王，卜辞问商王亲自举行燎祭会有雨吧？商王亲自举行燎祭不会有雨吧？

---

① 郭沫若：《殷契粹编》，第 28 片考释，科学出版社 1965 年版。
② 陈梦家：《殷虚卜辞综述》，中华书局 1988 年版，第 355 页。
③ 于省吾：《甲骨文字释林·释取》，中华书局 1979 年版。
④ 见于省吾主编《甲骨文字诂林》，第二册，中华书局 1996 年版，第 1227 页。

由本节论述的商人祈求下雨的卜辞可以看到，商人求雨不是直接向上帝祈求，而是向雨神进行祭拜，并且多数时候是通过向某些祖先神，主要是高祖神和少数自然神进行祭拜，以祈求这些神灵代替他们向上帝或雨神转达其求雨的愿望。商人所以要通过祖先神和山神等自然神来代替他们向上帝或雨神转达其愿望，很可能是因为祖先神和山神等自然神对他们来说一个是亲切，一个是看得见摸得着的神灵，祈求它们转达自己的愿望是比较可靠的。商人祈求雨水的祭祀方法并不多，主要是炊祭、舞祭、求祭、奏祭、燎祭，其他还有卯祭、取祭、酒祭、燅祭等，而炊祭、燎祭、取祭、燅祭又都是以烧的方法进行的祭祀，所以商人求雨是以烧为最基本的祭祀方法的。祭祀时所使用的牺牲最值得注意的是用人牲，并且是以用女人牲为主；其他牲品主要是用羊，有时还特别选用经过特殊饲养的羊和黄羊；偶尔用牛做牲品。商人求雨的目的当然是为了雨水充足，以使农业生产有个好年成。

第四节　日神崇拜

殷墟甲骨卜辞中的"日"字作"⊙"、"▫"，象日之形，它在卜辞中基本上有两种用法：一是指白天，也指一个白天加一个黑夜的"一日"[①]；一是指日即太阳。殷墟甲骨卜辞表明，商人以为太阳具有神性，太阳是神灵，因而他们对太阳进行崇拜。如卜辞：

(1) 丙子卜，即贞：王宾日叔，亡尤。(《合集》25247，二期)

这是一条第二期卜辞。该辞的命辞中有"王宾"字样，我们一般称此类卜辞为"王宾卜辞"，这种形式的卜辞主要见于第二期和第五期，它的文例一般都呈"干支卜，(某)贞：王宾某祭名，亡尤"的形式[②]。上举第(1)辞中的"王"是指商王；"宾"在卜辞中的用法较多，对"王宾卜辞"中的

[①] 见常玉芝《殷商历法研究》，第三章第二节，吉林文史出版社1998年版。

[②] 第二期卜辞中的"王宾卜辞"有的文例不太规范，主要是在祭名之后不记"亡尤"，而是记录上诸如是否有雨之类的词语，有的还在"亡尤"之后记上月名等等，但"王宾某祭名"的形式都是一致的。

"宾"，郭沫若先生谓是傧，王宾者，王傧也，是王傧祀鬼神①；屈万里先生说："傧迎接也，《尚书·洛诰》：'王宾，杀，禋，咸格'之宾字，当与此同义。"② 即宾是傧祀、迎接之意；"日"是名词，是被祭祀的对象，这由下列"王宾卜辞"可以得到证明：

(2) 庚辰卜，尹贞：王宾大庚㲂，亡尤。(《合集》22763，二期)

(3) 己丑卜，行贞：王宾雍己彡，亡尤。在十二月。(《合集》22816，二期)

这也是两条第二期卜辞。第(2)辞是贞人"尹"于庚辰日卜问，问商王要对大庚举行㲂祭，不会有忧患吧？第(3)辞是贞人"行"于己丑日卜问，问商王要对雍己进行彡祭，不会有忧患吧？两辞在"王宾"之后都是接的名词（祖先名），是被祭祀的对象，接在被祭对象之后的都是祭名。因此，在同是"王宾卜辞"的第(1)辞中，"王宾"之后的"日"应是名词，是被祭祀的对象；对"王宾日"之"宾日"的意义，屈万里先生说："宾日，义盖类似《尧典》之'寅宾出日'，此盖谓迎出日之祭也"③；"日"字之后的"叙"是祭名，学者普遍认为它是燎字的另一种写法，燎祭是用火烧的方法进行的祭祀。因此，第(1)版卜辞的辞意是：贞人"即"于丙子日卜问，问商王要用火烧的方法举行迎接太阳的祭祀，不会有忧患吧？该条卜辞反映商人对日神即太阳神进行崇拜。

下面几条卜辞也是卜问对太阳神的祭祀的：

(4) 壬子卜，旅贞：王宾日，不雨。(《合集》22539，二期)

这也是一条第二期王宾卜辞，是贞人"旅"于壬子日卜问商王祭祀"日"即太阳的时候，不会下雨吧？该辞行文不太规范，"日"字之后无祭名，而且用"不雨"代替了"亡尤"。"亡尤"所指的范围应该非常广泛，包括人为的因素和自然界的因素是否会干扰祭祀的顺利举行等等，当然会不会下雨也包

---

① 郭沫若：《卜辞通纂》，第367片考释，科学出版社1982年版。
② 屈万里：《殷虚文字甲编考释》，台北"中研院史语所"1961年版，第5页。
③ 同上书，第410页。

括在内。

  （5）乙巳卜：王宾日。
    弗宾日。（《合集》32181，三期？）

这可能是一版第三期卜辞，两条辞是正反两面的卜问，于乙巳日卜问商王是要宾祭日神，还是不要宾祭日神。

  （6）癸酉卜：其又升，叀王宾日歆……。（《合集》30467，三期）

这是一版第三期卜辞，辞中也有"王宾"字样，卜辞于癸酉日卜问"其又升，叀王宾日歆"，后有残字，但不影响卜问的内容。"又"、"升"为祭名，"又"即侑；"升"字作彡形，学者所释不尽相同，多数学者释为"升"，饶宗颐先生说"彡与陟同义"①；葛英会先生新近释为"付"，认为是付予之义②。"歆"也是祭名，陈梦家先生说："卜辞歆的用法有三：（1）日歆；（2）'王宾歆'，是祭名；（3）《佚》518 '隻商歆兕'，假作槷牺，是歆色牛的专名。"③ 于省吾先生说："甲骨文于祭祀言歆，乃臘字的初文"，"臘即脯脡，指曝晒的干肉言之。"④ 因此该辞是卜问商王迎接日神要对其举行侑（又）、陟（升）、臘（歆）之祭的。

  （7）其歆日。
    弜巳歆日。（《合集》38115，五期）

这是一版第五期卜辞，是正反对贞的两辞，正面问"其歆日"，反面问"弜巳歆日"。"其歆日"是问用歆的方法即用经过曝晒的干肉祭祀"日"神，"弜巳歆日"的"巳"，学者们多读为"祀"，裘锡圭则认为卜辞里见于反问

---

① 饶宗颐：《殷代贞卜人物通考》，上册，香港大学出版社1959年版，第377页。
② 葛英会：《论卜辞衪祭》，《殷都学刊》1999年第1期；又载《三代文明研究（一）》，科学出版社1999年版。
③ 陈梦家：《殷虚卜辞综述》，中华书局1988年版，第240页。
④ 于省吾：《甲骨文字释林·释歆》，中华书局1979年版。

辞里的否定词"弜"字之后的"巳"字不应该读作"祀",说"弜巳"的"巳"在这里只是个没有实际意义的虚词①。准此,则"弜巳戠日"的本意就是"弜戠日",就是不要用戠的方法祭祀日神。

  (8) 辛未卜:中己岁,其戠日。
    弜戠日,其又岁〔于〕中己。(《合集》27388,三期)
  (9) 弜戠日,其又岁于中己。兹用。(《合集》27387反,三期)

这两版都是第三期卜辞。第(8)版中有两辞,是正反两面的卜问,第一辞于辛未日卜问"中己岁,其戠日",即问岁祭中己时要不要举行"戠日"的祭祀,即要不要举行对日神的"戠"祭②;第二辞(可能也是于辛未日卜问的)卜问说"弜戠日,其又岁〔于〕中己",即卜问说不要举行"戠"祭日神的祭祀,只举行又(侑)祭、岁祭中己的祭祀可以吧。第(9)版卜辞与第(8)版的第二辞同文,此条卜辞文字刻写拙劣,"兹"字还有缺刻笔画,应是习刻之辞。

  (10) 叀己又日。兹用。(《合集》29700,三期)

该辞是第三期卜辞,卜问"叀己又日",即问在己日举行"又(侑)"祭日神的祭祀。

  (11) 丙戌卜,宾贞:告日,㞢设于上甲三牛。(《合集》13329,一
    期)

---

① 裘锡圭:《卜辞"異"字和诗、书里的"式"字》,收入《古文字论集》,中华书局1992年版。

② 裘锡圭认为这种辞例中的"戠"字应该读为"待",即等待在祖先的日干名之日再对该祖先进行祭祀(见《说甲骨卜辞中"戠"字的一种用法》,收入《古文字论文集》,中华书局1992年版)。但上举辞例中卜问祭祀中己是在辛日,辛日已过了中己的日干名己日两天了,再来卜问等待己日进行祭祀似乎不合情理。又如果将该版卜辞与后文例举的祭祀出、入日的卜辞相对照,就可以知道这种"戠日"、"弜戠日"的句子仍应是卜问祭祀日神的。再者,裘先生在上文中例举的不少所谓应当读为"待"字的卜辞,如果不将其读为"待"也照样可以读得通。

这是第一期卜辞,于丙戌日卜问"告日,㞢设于上甲三牛","告"即祷告,是告祭日神的祭祀;同时"㞢设于上甲三牛","㞢设"即"有设","设"字为于省吾先生所释,其本义训施、训陈,它在甲骨文中有两种含义:"一种指自然界的设施兆象言之……另一种指祭祀时的陈设祭物言之"①,准此,则"㞢设于上甲三牛"是说陈设三头牛祭祀上甲。

以上例举了九版卜问祭祀日神即太阳神的卜辞。卜辞还反映,商人不但笼统地祭祀"日"神,而且还特别注重对日神的出和入,即对太阳的出和入进行祭祀,即祭出、入日。如卜辞说:

(12) 王其蔉日出,其戠于日,刚。
　　　弜刚。
　　　刚其五牢。
　　　其十牢。吉。(《屯南》2232,三期)

该版是第三期卜辞。卜辞的四问问的是一件事。先问"王其蔉日出,其戠于日,刚",辞中的"蔉",假为观;"戠"字从戈从雀,《说文》:"戠,断也,从戈,雀声",今字作"截",在该辞里是作祭仪讲;"刚"即杀牲之法,郭沫若谓:"疑是宰之异文"②,饶宗颐谓:"与刉义同,则有断割之义。"③ 因此该条卜辞问的是:商王观看日出,决定要举行"戠"即截的仪式来祭祀日神,用"刚"的方法,即用杀牲的方法来进行祭祀可以吗? 第二问说"弜刚",即不要用杀牲的方法可以吗? 可能商人视兆后认为用杀牲的方法可以,故第三问就问"刚其五牢",即用杀五头经过特殊饲养的牛进行祭祀可以吗?第四问再问"其十牢"(省"刚"字),即用杀十头经过特殊饲养的牛进行祭祀可以吗?在该辞之后有个"吉"字,即表示视兆后认为用杀十头经过特殊饲养的牛来进行祭祀吉利。宋镇豪先生说:该辞的"'日出'指的就是太阳初出的自然现象。可见殷人言日出并不用'出日'之辞。另外言日落则称有'日西',而不是'入日'",他举下版第三期卜辞说明:

---

① 于省吾:《甲骨文字释林·释设》,中华书局1979年版。
② 郭沫若:《殷契粹编·考释》,科学出版社1965年版,第158页上。
③ 饶宗颐:《殷代贞卜人物通考》,上册,香港大学出版社1959年版,第297—298页。

寅日㱃。

于入自日西㱃。(《合集》29713,三期)

宋先生说:"两辞同卜,辞中的'入'是指㱃祭时的行为。'日'与'日西'对文,日是白天,日西是以方位记时,指太阳西入时,这当然是以太阳西落的周日视运动为依据。"① 由下面的祭出入日的卜辞可知宋先生的观点是可以接受的。如:

(13) 辛未卜:又于出日。
　　　辛未:又于出日。兹不用。(《合集》33006,四期。图3—9)

图3—9　祭祀出日

(《合集》33006)

(14) 丁巳卜:又出日。
　　　丁巳卜:又入日。(《合集》34163,四期。图3—10)

---

① 宋镇豪:《甲骨文"出日"、"入日"考》,《出土文献研究》,文物出版社1985年版。以下所引宋先生所说皆引自该文。

(15) 乙酉卜：又出日、入日。(《补编》10644，四期)
(16) 戊戌卜，内：乎雀㞢于出日、于入日，宰。
　　 戊戌卜，内：㞢三牛。
　　 戊戌卜，内：乎雀㞢一牛。(《合集》6572，一期)
(17) 甲午卜，贞：又出入日。
　　 弜又出入日。(《屯南》1116，四期)
(18) 癸未贞：甲申酒出入日，岁三牛。兹用。
　　 癸未贞：其卯出入日，岁三牛。兹用。
　　 出入日，岁卯……。不用。(《屯南》890，四期。图3—11)

图3—10　祭祀出入日
（《合集》34163）

图3—11　祭祀出入日
（《屯南》890）

(19) 癸……其卯入日，岁□上甲二牛。
　　 出入日，岁卯四牛。不用。(《屯南》2615，四期)
(20) ……出入日，岁三牛。(《合集》32119，四期)
(21) ……其入日……。(《合集》13328，一期)
(22) 癸酉［贞］：……入日……其……(《合集》34164，四期)

以上十版卜辞分属于第四期和第一期。第（13）版的两辞是于辛未日卜问又（侑）祭出日的。第（14）、（15）版是卜问又（侑）祭出日、入日的。第（16）版的三条辞是于同一日（戊戌日）卜问的同一件事的，先卜问"乎雀戠于出日、于入日，宰"，"乎雀"即（商王）命令雀，"戠"为祭名，郭沫若说："字不识，寻绎其意，当是动词，且与柴燎诸字为近。"① 准此，则该辞是卜问命令雀用焚烧经过特殊饲养的羊去祭祀出日和入日可以吗？第二问是"戠三牛"，即问用焚烧三头牛可以吗？第三问是"乎雀戠一牛"，即命令雀焚烧一头牛可以吗？以上几版卜辞中的出日和入日是分开说的，特别是第（13）版卜辞只卜问祭祀出日。第（17）版卜辞从正反两面卜问是否又（侑）祭"出入日"。第（18）版的三条辞是于癸未日卜问的，先贞问"甲申酒出入日，岁三牛"，"岁"是祭名，也是用牲之法，"岁"为刿，义为割；该辞的"酒"字应当作祭祀讲。则该辞是卜问在癸未日的第二天甲申日用割三头牛来祭祀出入日可以吗？第二问是"其卯出入日，岁三牛"，即问用对剖和割三头牛来祭祀出入日可以吗？第三问是"出入日，岁卯……"，有残字，但知也是卜问用割和对剖牲品来祭祀出入日的。第（19）版有两问，先问"其卯入日，岁囗上甲二牛"，即卜问用剖杀（牲品）来祭祀入日，再割二头牛来祭祀上甲。再问"出入日，岁卯四牛"，即是卜问用割和剖杀四头牛来祭祀出入日。该版卜辞不但祭祀出入日，还单独祭祀入日，并同时还祭祀祖先上甲，宋镇豪先生指出这种在祭祀入日的同时，又祭祀先祖的现象，是后世"尊始祖以配天神"（《孝经·圣治》邢昺疏）的溯源。第（20）版卜问用割三头牛来祭祀"出入日"。第（21）、（22）版均是残辞，但可知都是卜问祭祀入日的。宋镇豪先生指出卜辞中的"出入日"的意义不是单纯地指太阳的升起和日落，而是一个抽象的受祭格。

与世界上其他许多古老的民族一样，商族人也尊崇太阳为神，并对其进行频繁的祭祀。这无疑是因为太阳的光芒普照着大地，哺育着万物的生长。商人希望太阳神即日神福佑他们，给予他们充足的阳光，以保证他们的生产和生活，如果阳光不充分，是要影响到农作物的收成的，如卜辞说：

---

① 郭沫若：《卜辞通纂》，第333片考释，科学出版社1982年版。

(23) 癸巳卜，争贞：日若兹敏，佳年祸。三月。（《合集》10145，一期）

这是第一期卜辞，由贞人争在癸巳日卜问，命辞说"日若兹敏，佳年祸"，郭沫若解释该辞说："敏当读为晦，言日如此晦，年其有忧也"[①]，即这是卜问阳光若如此晦暗，即日照不充分，是会使年成受损吧？商人有此担心，所以要卜问。这也是商人尊太阳为神，对其进行祭祀的重要原因。

第五节 四方神崇拜

一 四方神名及四方风神名

殷墟甲骨卜辞表明，商人以为东、南、西、北四方都有神灵，这些神灵受上帝的驱使，操纵着各方的风神、云神、雨神，从而左右着商人农业生产的丰歉，因此商朝人对四方神进行崇拜，给予祭祀。

四方神各有神名，下面两版卜辞就有系统的记录：

(1) 辛亥，内贞：今一月帝令雨。四日甲寅夕〔允雨〕。
辛亥卜，内贞：今一月〔帝〕不其令雨。
辛亥卜，内贞：禘于北方曰勹，风曰殳。求〔年〕。
辛亥卜，内贞：禘于南方曰兑，风夷。求年。一月。
贞：禘于东方曰析，风曰劦。求年。
贞：禘于西方曰彝，风曰夷。求年。（《合集》14295，一期。图3—12）

这是殷墟第十三次发掘时出土于YH127坑的一版属于第一期的大龟腹甲，是由十块碎片拼合成的。上面有六条相关的卜辞。第一辞和第二辞是正反两面的卜问，是由贞人内在辛亥日贞问（第一辞"辛亥"后省"卜"字），问在现今的一月份上帝是否命令下雨？附记在正问辞之后的验辞说：在四日之后（由卜日辛亥日起算）的甲寅日夜间果然下雨了。下面的四条辞是依次卜问禘祭北、南、东、西四方神和四方风神的。北方神曰"勹"，"勹"字作

---

① 郭沫若：《卜辞通纂》，第448片考释，科学出版社1982年版。

图 3—12 祭祀四方神与四方风神
(《合集》14295)

"ᓯ"形,北方风神曰殳。南方神曰"岂","岂"字作"ᔓ"形,南方风神曰"夷"。东方神曰"析",东方风神曰"协","协"字作"劦"。西方神曰"彝",西方风神曰"夷","夷"字作"ᔓ"形。这四条卜问禘祭北、南、东、西四方神和四方风神的目的,都是为了"求年",即祈求四方神和四方风神保佑给予好年成。其中卜问北方神和风神、南方神和风神的两辞都记有卜日"辛亥"日和贞人"内",又在卜问南方神和风神一辞的后面记有月份"一月"(该辞"风"字后漏刻"曰"字),这说明卜问祭四方神和四方风神的卜辞与前面卜问上帝是否命令下雨的两辞在卜日、贞人名、月名上都是一致的,也就是说卜问上帝是否命令下雨与卜问向四方神和四方风神求年的卜辞是同时卜问的。该版卜辞充分体现了商人是不能对上帝直接进行祈求和祭祀的,他们只能是通过占卜去揣摩上帝的意志,然后去祈求祭祀四方神和四方风神,希望它们这些上帝的臣使给予恩赐,保证风调雨顺使农作物有好收成。好的年成是与雨水是否充足有关的,下面几条卜辞就可以说明这一点:

(2) 其求年于岳,兹有大雨。吉。(《合集》28255,三期)
(3) 其求年于河,此有雨。(《合集》28258,三期)
(4) 其求年祖丁先酒,有雨。吉。(《合集》28275,三期)

这三条都是第三期卜辞,都是卜问求年的,其目的都是祈求雨水,即问是否有雨、有大雨。因此,第(1)版中后四条卜辞卜问祭祀四方神和四方风神以求年的目的,仍是与前两辞一样是祈求上帝下雨的。由此我们可以知道,四方神和四方风神都是受上帝驱使的,方神与风神一样也是上帝的使臣,并且方神似乎又是统领风神的(详见后文)。又在上述第(1)版的六条卜辞中,卜问上帝是否命令下雨的卜辞的"帝"字作"采"形,卜问祭四方神和四方风神四辞的"禘"字作"采"形,前者的"帝"字是名词,后者的"禘"字是祭祀动词。"禘"祭与燎祭是为一系,是用"架插薪"的方法进行祭祀[①]。

另一版记有系统四方神和四方风神名的刻辞是:

(5) 东方曰析,风曰劦。
    南方曰夷,风曰兕。
    西方曰韋,风曰彝。
    〔北方〕曰勹,风曰殳。(《合集》14294,一期。图3—13)

这是一版属于第一期的大牛胛骨刻辞,上面没有卜兆,也没有贞卜的字样,胡厚宣先生说它应和《殷契卜辞》165片的干支表,《殷契粹编》113片的翌祭表一样,是作为备查用的一种记事刻辞[②]。该版刻辞记录东方神曰"析",东方风神曰"协","协"字作"劦"形,方神名、风神名与第(1)版大龟卜辞相同。记录南方神名为"夷",对于"夷"字,各家所释不尽相同。胡厚

[①] 严一萍:《美国纳尔森艺术馆藏甲骨卜辞考释》,台北艺文印书馆1973年版,第8页。
[②] 胡厚宣:《释殷代求年于四方和四方风的祭祀》,《复旦学报(人文科学)》1956年第1期。

图3—13 四方神名与四方风神名

（《合集》14294）

宣先生释"夹"，说："大龟作☒者，疑夹之省。"① 杨树达先生说该字"从儿，从夹，疑即荚之初字也，《说文》云：'荚，艸实也，从艸，夹声。'甲文字从儿者，象荚之形，夹其声也。"② 严一萍先生释其为"夷"，说："夷，据腹甲西方风曰'夷'，知胛骨之☒，实为夷之反写，盖一象人之侧面，一象人之正面。"③ 裘锡圭先生释其为"因"④，说由于古籍中的南方名曰"因"，如《尚书·尧典》中"申命羲叔，宅南交……厥民因……"，《山海经·大荒南经》"有神名曰因因乎（胡先生谓'因乎'字为衍文），南方曰因乎（胡先生谓'乎'字为衍文⑤）……"，所以他将"☒"字释作"因"；他还用所谓甲骨文和西周金文中的"因"字与"☒"字从字形上进行比较，说"☒"字就是"因"字的不完整的写法。我们检查了被裘先生释作"因"字的甲骨文

---

① 胡厚宣：《释殷代求年于四方和四方风的祭祀》，《复旦学报（人文科学）》1956年第1期。
② 杨树达：《甲骨文中之四方风名与神名》，《积微居甲文说》，上海古籍出版社1986年版。
③ 严一萍：《卜辞四方风新义》，《大陆杂志》第15卷第1期，1957年。
④ 裘锡圭：《释南方名》，收入《古文字论集》，中华书局1992年版。
⑤ 胡厚宣：《释殷代求年于四方和四方风的祭祀》，《复旦学报（人文科学）》1956年第1期。

(《余》15·3，即《续》5·26·11，即《合集》5651)和西周金文(见《文物》1979年第9期)的字形，发现这两个字的字形写法与"𠵾"字的写法实际上相差较远，一作"𩁹"形(金文)，一作"𠳄"形(甲骨文)，裘先生把它们都释作"因"，并说"𠵾"字与上述两个字相同，只是它的写法不完整而已。我们认为从字形上将"𠵾"字释成"因"字实属牵强。从上述第(1)版大龟腹甲中记南方神名和南方风神名是"南方曰岂，凤夷"("风"后漏"曰"字。方名与风名互相颠倒)来看，该辞的"夷"字作"𠂊"，释为"夷"是没有问题的，也就是说南方神名仍应该是"夷"而不是"因"。裘先生还说："《丙》216 [即第(1)版《合集》14295——引者按，下同] 号卜甲也记有四方和四方风名，但南方名与南方风名互倒，跟《掇》二·158 [即第(5)版《合集》14294] 南方名'因'相当的字是'𠂊'，疑当释为'尸(夷)'。'因'是影母真部字，'夷'是以母脂部字。声母虽不同，韵母则有阴阳对转的密切关系。《丙》216 的'尸(夷)'疑是'因'的音近讹字"。这种说法有点本末倒置。如果借用裘先生的话，可以反过来说，后世古籍《尧典》中的"厥民因"、《大荒南经》中的"南方曰因"的"因"字，应该是甲骨文"夷"字的音近讹字才对，而不是相反。这种任意用后世古籍来否定前世真迹甲骨文字的做法，实是本末倒置，是绝对不可取的。也许发现上述说法有点不妥当，1992 年裘先生在将《释南方名》一文收入《古文字论集》时，在文尾的括号内做了一个"编按"，该"编按"说："又疑𠂊即《说文》以为'从反身'的'月'字。'月'为影母微部字，与'衣'、'依'同音。……'因'跟与'月'同音的'依'又是同源词，所以南方名既可作'因'也可作'月'。"① 这实际上是已经同意南方神名作"夷"了，只不过是没有明说而已。又该版记录南方风神名曰"岂"，"岂"字作"𠂊"形，与第(1)版大龟腹甲卜辞的"岂"字写法相比，一向左，一向右，字同。但与第(1)版大龟腹甲卜辞相比，该版中的南方神名和南方风神名是互倒的。该版记录西方神名为"𠂊"，字作"𣎵"形；记录西方风神名为"彝"。而第(1)版大龟腹甲记作"西方曰彝，风曰𠂊"，"𠂊"字作"𠤎"形，胡先生说"𣎵"即"𠤎"字②。与大龟腹甲的记录相比，该版的西方神名与风神名也互倒。该版记录北方神名为"𠂊"，北方风神名为"殳"，与第(1)版大龟腹甲的记

---

① 裘锡圭：《释南方名》，收入《古文字论集》，中华书局 1992 年版。
② 见胡厚宣《释殷代求年于四方和四方风的祭祀》，《复旦学报(人文科学)》1956 年第 1 期。

录完全相同。那么，与第（1）版大龟腹甲的记录相比，第（5）版大牛胛骨的南方神名与南方风神名，西方神名与西方风神名互倒，哪一个记录是正确的呢？试看下面几版卜辞：

(6) ……三羊、南四。卯于东方析，三牛、三羊、南三。(《英藏》1288，一期)

这也是一条第一期卜辞，辞中前半部分残掉，后半部分卜问"卯于东方析，三牛、三羊、南三"，"卯"即对剖，也即剖杀；"南"，在卜辞中除做方位词外，还做祭牲名，其做祭牲名当是指豰，《说文》训豰为"小豚也"，小豚即小猪。则该辞的后半部分是卜问用剖杀三头牛、三只羊和三头小猪来祭祀东方神析。这里是说东方神名曰"析"，这与第（1）版大龟腹甲和第（5）版大牛胛骨的记录是相同的。

(7) 癸未贞：辛卯其求禾于示。
乙酉贞：又岁于伊，西彝。(《合集》33329，四期)

该版是第四期卜辞，有两条辞，第一辞于癸未日卜问于未来第八日的辛卯日举行"求禾于示"的祭祀。殷墟卜辞中的"禾"多指年成，"求禾"即求年；"示"在这里不知是指哪一位祖先，或指哪一些祖先。第二辞于乙酉日卜问"又岁于伊，西彝"，"伊"指伊尹，即该辞卜问侑祭、岁祭伊尹和西方神"彝"，这也应是求年之祭。称西方之神为"彝"，与大龟腹甲求年于四方神时，对西方之神说"西方曰彝"是相同的。

(8) 其宁，叀日豚韣。用。(《合集》30392，三期)

这是第三期卜辞。胡厚宣先生说该片是宁风雨之祭，他将辞中的"豚"字误释为"彝"，说"此卜问宁日祭于彝韣。彝韣犹西方曰彝风曰韣之彝韣，与大龟腹甲卜辞说'西方曰彝，凤曰彡'相合。韣即彡"[①]。卜辞中宁的祭祀多是"宁风"之祭，因此该版的"宁"可能也是指的宁风之祭，那么"韣"就是

---

① 胡厚宣：《释殷代求年于四方和四方风的祭祀》，《复旦学报（人文科学）》1956年第1期。

指的风名。正如胡先生所说"䮦即𠘑",大龟腹甲说"西方曰彝,凤曰𠘑",则第(8)版卜辞是说在白天(日)用小猪(豚)来进行祭祀,以宁䮦风(西方之风)。

(9)䮦风,叀豚,又大雨。(《合集》30393,三期)

这也是第三期卜辞。胡先生说:"此卜问用豚祭䮦风,以侑大雨。称䮦风者,也和大龟腹甲卜辞说'西方凤曰𠘑'相合。䮦即𠘑的繁文而从韦声者。"① 不过笔者认为"又大雨"不应解作"侑大雨",而应是"有大雨",即该辞是卜问用豚祭祀䮦风,以求有大雨。

对于上述六版卜辞表明的四方神和四方风神之名,胡厚宣先生曾做过如下总结(引文为节录):

其称东方名,大骨和大龟都说"东方曰析",金(即《金璋》472,也即《英藏》1288——引者按,下同)说"东方析",无异辞。其称东方风名,大骨说"凤曰劦",大龟说"凤曰劦"。凤即风。劦即劦,甲骨文字从口与否得相通。是关于东方和东方风名,各片是相同的。

其称北方和北方风名,大骨和大龟都说,"北方曰勹,凤曰殳。"是关于北方和北方风名,各片亦相一致。

其称西方和西方风名。大骨说,"西方曰𢆉,凤曰彝"。大龟说,"西方曰彝,凤曰𠘑。"𢆉即𠘑字。二者方名与风名互倒。但由粹195(即《合集》33329)言"西彝"而不言"西𠘑",前4,42,6(即《合集》30393)言"䮦凤"而不言"彝凤",京4316(即《合集》30392)言"彝䮦"而不言"䮦彝",似当以大龟言"西方曰彝,凤曰𠘑"者为是。又说以《山海经·大荒西经》和《尚书·尧典》证之,《大荒西经》于西方说"西方曰夷,来风曰韦",《尧典》于西方说,"厥民夷",夷即彝,夷彝音近;韦即𠘑,𠘑亦作䮦,俱从韦声。也和大龟所说的相合。

其称南方和南方风名。大骨说,"南方曰𠬝,凤曰凯。"大龟说,"南方曰凯,凤𠬝"。大龟凤后夺或省一"曰"字。凯字大骨作𠬝,大龟作𠬝,一向左,一向右,字同。大骨之𠬝,即夹字,甲骨文夹字亦作𠬝,大龟作𠬝者,疑夹之省。大骨与大龟夹凯字同,而方名与风名互相颠倒。凯,古读作豈,《诗·

---

① 胡厚宣:《释殷代求年于四方和四方风的祭祀》,《复旦学报(人文科学)》1956年第1期。

邶风·凯风》,"凯风自南"。《尔雅·释天》,"南风谓之凯风"。《淮南子·地形训》,"南方曰巨风",高注"一曰恺风"。俞樾以为"巨疑豈之坏字"。凯恺豈,都和兇声相近,可以相通。而称南风为凯恺豈风,实与大骨说南方"凤曰兇"者相合。大骨与大龟,方名与风名相互颠倒,说有不同,似当以大骨为是。

总而言之,经过上述研究,目前可以确定卜辞中的四方神名和四方风神名是:

东方曰析,风曰劦。
南方曰夷,风曰兇。
西方曰彝,风曰𢍏。
北方曰勹,风曰殳。

前面我们曾用第(1)版卜辞推测方神和风神都是上帝的使臣,并且方神似乎又是统领风神的,这一点还可由下面两版卜辞做进一步的证明:

(10) 癸未卜:其宁风于方,又雨。
    叀甲其宁风。
    叀乙宁雨。(《合集》30260,三期)
(11) □□卜:其宁风方,叀□。(《合集》30258,三期)

这两版都是第三期卜辞。第(10)版卜辞于癸未日卜问"其宁风于方,又雨",下面两问是"叀甲其宁风"、"叀乙宁雨"。第一辞是卜问向方神祈求宁风,又问是否有雨;其他两辞是卜问在甲日宁风,在乙日宁雨。第(11)版卜辞也是卜问"其宁风方"的。由此看来,方神不但统领风神,而且统领雨神。下面的卜辞可以进一步证明这一点:

(12) □五贞:其宁雨于方。(《合集》32992正,四期)

这是第四期卜辞,于某丑日(天干日残)卜问向方神祈求宁雨的。由以上的卜辞我们又可以知道,某些卜问宁风、宁雨的卜辞,如果不注明是卜问上帝是否宁风、宁雨,当有一些是祈求方神宁风、宁雨的。

二 四方神崇拜

由上文的论述已知商人崇拜的四方神都各有神名,即东方神曰"析",南方神曰"夷",西方神曰"彝",北方神曰"勹"。不过,在殷墟甲骨卜辞中,商人可能为了简便起见,在祭祀四方神时,往往都不具体列出四方神的神名,而只是简单地称为"四方",如卜辞:

(13) 庚戌卜:宁于四方,其五犬。(《合集》34144,四期。图 3—14)

(14) 壬辰卜:其宁疾于四方,三羌又九犬。(《屯南》1059,四期)

(15) 宁疾于四方。(《屯南》493,四期)

(16) □辰卜:燎土三宰,四方宰。(《合集》21103,一期)

(17) 辛卯卜:卯彡酒,其又于四方。(《合集》30394,三期。图 3—15)

(18) □酉贞:辛□酒四方。(《合集》41604,四期)

图 3—14 祭祀四方神
(《合集》34144)

图 3—15 祭祀四方神
(《合集》30394)

(19)……酒四方。(《合集》34143，四期)
(20) 自四方……(《合集》8721，一期)

以上八版卜辞分属一期、三期、四期，各辞中均有"四方"一词。第(13)版是于庚戌日卜问"宁于四方，其五犬"，这是卜问用五条犬祭祀四方，祈求四方给予安宁，推测当是宁风、宁雨之类。第(14)版于壬辰日卜问"其宁疾于四方，三羌又九犬"，是卜问用三个羌人再加上九条犬来祭祀四方，祈求四方宁息疾病。第(15)版也是宁疾于四方的祭祀，具体用什么来进行祭祀省略未记。第(16)版于某辰日（天干日残掉）卜问"燎土三宰，四方宰"，即卜问焚烧三只经过特殊饲养的羊来祭祀"土"，再焚烧一只经过特殊饲养的羊来祭祀"四方"。"土"即"社"，即社神，也即土地神。《公羊传·僖公三十一年》："诸侯祭土"，何休注曰："土谓社也"，《汉书·郊祀志》："社者，土也。"《诗·长发》："宅殷土茫茫"，《史记·三代世表》作"殷社茫茫"。《淮南子·缪称训》："其社用土"，注曰："封土为社。"《周礼·地官》："序官封人"，注曰："聚土曰封。"可见"土"即"社"。那么，商人为什么要尊土地为社神对其进行祭祀呢？《说文》曰："社，地主也。"又曰："土，地之吐生物者也。"《艺文类聚》引《孝经·纬》云："社，土地之主也，土地阔不可尽祭，故封土为社以报功也。"《风俗通义·祀典》："社者土地之主。土地广博，不可遍敬，故封土以为社而祀之，报功也。"可见，商人是为了报答土地所给予的赖以生存的万物而对其进行祭祀的，同时也是为了祈求土地给予更多的生活之物而对其进行祭祀的。又在该版卜辞中，祭祀社神的同时还祭祀四方神，即方与社同祭。于省吾先生曾论述这种社与方同时并祭的现象，他引《诗经·小雅·甫田》："以我齐明，与我牺羊，以社以方。"《毛传》："器实曰齐，在器曰盛。社，后土也。方，迎四方气于郊也。"郑笺："以絜齐丰盛，与我纯色之羊，秋祭社与四方。"于先生说"甲骨文以社与方并祭，可以和《诗·甫田》相印证。"[①] 那么，商人又为什么将方神与社神同时并祭呢？前面我们已经指出，方神受上帝的指使，统领着风神、雨神等神灵，而这些神灵又直接关系到农业生产的丰歉；而社神即土地神又是主宰万物生长的神灵，也是直接关系到农业生产的丰歉的。所以，从性质上看，"方"

---

① 于省吾：《甲骨文字释林·释方、土》，中华书局1979年版。

神与"社"神是同一种神灵，它们都是主宰着农业生产的神灵，因此，商人将它们同时并祭，以祈求它们保佑农业生产获得丰收。关于方神直接关系到农业生产丰歉的证据，除了前举的第（1）版卜辞卜问向四方神和四方风神求年的卜辞以外，还可见下版卜辞：

(21) 其求年于方，受年。
于方雨，兮寻，求年。（《合集》28244，三期）

这是第三期卜辞，共有两辞，第一辞问"其求年于方，受年"，即祈求四方神授与好年成。第二辞卜问"于方雨，兮寻，求年"，"兮寻[①]"之意较为费解，是否可以理解为"兮"是时间词，表示午后的黄昏之时[②]；而"寻"是祭名，"有用义，在卜辞中可能与杀之以祭的'用'用法相近"[③]，则寻为用牲之法。准此，则该条卜辞是卜问在黄昏之时举行寻祭即杀牲之祭，以祈求四方神给予充足的雨水，以保证有好年成。第（17）版是于辛卯日卜问"卬彡酒，其又于四方"，"卬"应为人名，该辞是卜问让卬用彡祭、又祭祭祀四方。第（18）、（19）版都是卜问酒祭四方的（笔者还认为这两辞的"酒"字都应当作祭祀讲）。第（20）版是残辞，只保留有"自四方"几字。

殷墟卜辞表明，商人在多数时候是对四方神简称为"方"的，胡厚宣先生曾说："方即四方。"[④] 简称四方为"方"的，除了前举的第（10）、（11）、（12）、（21）四版卜辞外，还可举出下面几版卜辞：

(22) 乙未卜：其宁方，羌一、牛一。 （《合集》32022，四期。图3—16）

[①] "寻"字从唐兰释，见《天壤阁甲骨文存考释》，北京辅仁大学1939年版，第42—43页。

[②] 见常玉芝《殷商历法研究》，第三章第三节，吉林文史出版社1998年版。常氏认为董作宾、郭沫若、陈梦家等学者举出的三条称"兮"的卜辞有误。她只举出"郭兮"的时称，没有举出"兮"的时称。如果该辞的"兮"是时称的话，它所指的时间应该与"郭兮"的时间相同。

[③] 见中国社会科学院考古研究所编《小屯南地甲骨》，下册第一分册，第60片考释，中华书局1983年版。

[④] 胡厚宣：《释殷代求年于四方和四方风的祭祀》，《复旦学报（人文科学）》1956年第1期。

(23) □□卜，争贞：翌辛
巳乎皋，酒燎于方□。
（《合集》4058，一
期）

(24) 贞：求方于丁。（《合
集》1962，一期）

(25) 甲寅卜：其帝方，一
羌、一牛、九犬。
（《合集》32112，四
期）

(26) 帝于方。
帝［于］土。（《合集》
14306，一期）

图3—16 祭祀方神
（《合集》32022）

(27) ……帝方十犬。（《合集》14298，一期）

(28) ……又于方，又大雨。（《合集》30395，三期）

以上七版卜辞分属一期、三期、四期，各辞都是卜问祭祀"方"的，"方"即"四方"①。第(22)辞于乙未日卜问"其宁方，羌一、牛一"，即卜问用一个羌人和一头牛祭祀四方，希望其宁息（风雨等灾祸）。第(23)辞由贞人争卜问（卜日残掉）"翌辛巳乎皋，酒燎于方□"，是卜问在未来的辛巳日命令皋去举行酒燎之祭祭祀四方神。第(24)辞贞问"求方于丁"，即拜托先人"丁"祈求四方神（免除各种灾祸）。第(25)辞于甲寅日卜问"其帝方，一羌、一牛、九犬"，"帝"即禘祭，即卜问用焚烧一个羌人、一头牛和九条犬去祭祀方神②，即四方神。第(26)版卜辞有两问，先问"帝于方"，再问"帝［于］土"，即卜问禘祭方神，禘祭社神。第(27)辞有残字，但知是卜问用十条犬禘祭（四）方神的。第(28)辞也有残字，但知是卜问"又"祭（即侑祭）（四）方神的，侑祭（四）方神的目的是为了祈求有大雨。

又卜辞中，商人还往往将禘祭方神的"帝方"一词倒写作"方帝"，如

---

① 有些"方"不知是否指"四方"，如："壬辰，于大示告方"（《屯南》63）。

② 该辞作为禘祭的禘字，不是写作通常的"禾"形，而是作"禾"，比较少见。下文凡是"禘"祭之"禘"均写作"帝"，不再另作说明。

下列卜辞：

> (29) 庚午卜：求雨于岳。雨。
> ［庚］午卜：方帝，三豕业犬，卯于土宰，求雨。（《合集》12855，一期。图3—17）

图3—17　祭祀方神
（《合集》12855）

(30) 燎于土宰，方帝。（《合集》11018正，一期）

(31) 贞：方帝，羌、二犬、卯一牛。
贞：勿方帝。（《合集》418正，一期）

(32) ……方帝，三羌。（《合集》405，一期）

(33) 戊申卜，殻贞：方帝，燎于土，👁冊，卯上甲。（《合集》1140正，一期）

(34) 己亥卜，贞：方帝一豕、一犬、二羊。二月。（《合集》14301，一期）

(35) 贞：方帝，卯一牛业一南。（《合集》14300，一期）

(36) 今日酉夕□犬方帝。（《合集》14299，一期）

(37) 方帝一牛。（《补编》13230正，一期）

(38) 贞：方帝，廼酒岳。
勿方帝。（《合集》14470正，一期）

(39)□申卜，贞：方帝宁敛。九月。(《合集》14370丙，一期)

以上十一版都是第一期卜辞，卜辞禘祭四方神时都作"方帝"。对于"方帝"之意，胡厚宣先生说："方帝犹言帝方，帝即禘，帝方即禘祭四方。"① 日本学者池田末利先生也说"方帝"是"帝祭四方"之意②。但陈梦家先生却说："由于'方帝'与'勿方帝'的对贞，故知'方'是动词，即'方告于东西'之'方'。它和后世的'方祀''望祀'相当，即各以其方向祭祀四方之帝。"③ 陈先生的说法似属牵强，这是因为：一、卜辞中的"帝"字有两种写法，一作"㊗"形，一作"㊗"形，前者在卜辞中主要作名词，如"上帝"之"帝"和称祖先为"帝某"之"帝"；后者则主要是作祭名，隶定作"禘"，是作动词用的。卜辞中"方帝"的"帝"字绝大多数都写作"㊗"，显然它应该是动词，而不是名词。由此可知，"勿方帝"只不过是"勿帝方"的倒书而已。二、陈先生将"方帝""勿方帝"的"方"当作动词，说其义是"各以其方向祭祀四方之帝"，但是，这里"方向"的"方"却仍然是名词，不是动词；而且我们至今在卜辞中也未见到有将四方神称作"帝"的例子，因此陈先生的说法不能成立。这里我们仍从胡厚宣先生、池田末利先生之说，将"方帝"之"帝(㊗)"看作是动词"禘"，"方"指四方之神，"方帝"是"禘祭四方"之意。第(29)版卜辞有两问，都是于庚午日卜问的，第一问说"求雨于岳"(辞后记有验辞"雨")，即向高祖神岳求雨；第二问说"方帝，三豕屮犬，卯于土宰，求雨"，该辞为求雨用焚烧三头猪和一条犬祭祀方神即四方神，再剖杀一只经过特殊饲养的羊祭祀土即社神，即也是方神与社神同祭，祭祀方神用三头猪一条犬，祭祀社神只用一只羊(我们将卜辞中牲名前未记数目者均看作是一个的省写)，因此，在殷人的心目中，方神比社神的地位要高。该版卜辞也表明商人为了求雨将方神与社神同时并祭，商人"求雨"的目的是为了有好年成，则该版卜辞也表明了四方神和社神都是与农业生产有关的神灵。第(30)版卜辞卜问"燎于土宰，方帝"，即卜问焚烧一只经过特殊饲养的

---

① 胡厚宣：《释殷代求年于四方和四方风的祭祀》，《复旦学报(人文科学)》1956年第1期。

② 池田末利：《四方百物考》，刊《大东文化大学汉学会志》，第3号；又收入《中国古代宗教史研究——制度与思想》，东京东海大学出版会1989年版。

③ 陈梦家：《殷虚卜辞综述》，中华书局1988年版，第578页。

羊祭祀社神，再禘祭（四）方神。与上版卜辞一样，也是社神与四方神同时并祭。第（31）版的两辞是正反两面的卜问，先问"方帝，羌、二犬、卯一牛"，即卜问要用焚烧一个羌人两条犬和剖杀一头牛来祭祀（四）方神，第二问说"勿方帝"，即不要禘祭（四）方神。第（32）版卜辞残掉数字，其保留的辞是"方帝，三羌"，即用焚烧三个羌人来祭祀（四）方神。第（33）版卜辞是于戊申日由贞人殼贞问"方帝，燎于土，㞢🝷，卯上甲"，即用焚烧的方法祭祀（四）方神、社神、高祖神㞢〔都是焚烧，但"帝"（禘）与"燎"的插薪方法不同〕，再用剖杀的方法祭祀高祖神上甲，其目的是为求"🝷"，"🝷"当是雨字的异写。该辞是就祭祀这些神灵所用祭祀方法进行卜问，而没有涉及用何牲及用牲数。该版卜辞表明商人为了求雨而对四方神、社神、高祖神㞢、先公上甲进行祭祀，是将祖先神与自然神同时并祭。第（34）版于二月己亥日卜问"方帝一豕、一犬、二羊"，即用焚烧一头猪、一条犬和两只羊祭祀（四）方神。第（35）版贞问"方帝，卯一牛㞢一南"，"㞢"即"又"，"南"郭沫若读为豰①，《说文》："豰，小豚也"，段注："豚者，小豕也。"即卜问是用焚烧还是用剖杀一头牛再加一只小猪来祭祀（四）方神。第（36）版卜问"今日酉夕□犬方帝"，是卜问在今天酉日（单用地支纪日）的夜间（夕指黑夜）焚烧几条犬（数字残）来祭祀（四）方神。第（37）版说用焚烧一头牛来祭祀（四）方神。第（38）版为正反两面的卜问，先问"方帝，酒酒岳"，即卜问用焚烧的方法祭祀（四）方神，并同时祭祀岳，反问说"勿方帝"，即不要禘祭（四）方神。第（39）版于九月的某申日卜问"方帝宁敊"，即卜问用焚烧的方法来祭祀（四）方神，希望其"宁敊"，"敊"字，于省吾先生释作"摧"，读作"摧"，说卜辞的"敊"字"除有时用作人名外，都指摧毁的灾害言之"②，准此，则该版卜辞是卜问禘祭（四）方神，以祈求四方神宁息摧毁性的灾害。

商人在祭祀四方神时还往往只简单地说"方帝"、"勿方帝"，而将禘祭的具体内容全部省略，这类卜辞不在少数，如：《合集》2334（一期）、《合集》14307（一期）、《合集》14308（一期）等。还有单说"方帝"的，如：《合集》14302（一期）、《合集》14303（一期）、《合集》14304（一

---

① 郭沫若：《殷契粹编·考释》，科学出版社1965年版，第165页。
② 于省吾：《甲骨文字释林·释敊》，中华书局1979年版。

期)、《合集》14360＋《英藏》1225（即《缀合集》168①）（一期）、《英藏》1226（一期）等。还有单说"勿方帝"的，如：《合集》264正（一期）、《合集》456反（一期）、《合集》505正，（一期）、《合集》14309（一期）、《合集》14370甲（一期）等。上述卜辞中所有的"帝"字均作"采"形，应是作祭祀讲的"禘"字，是祭祀动词。由上举卜辞可以看到，将禘祭四方神的"帝方"一词倒写作"方帝"的，主要是出现在第一期卜辞中，可以说这是第一期卜辞的惯用写法。

由祭祀四方神的卜辞可以看到，商人对四方神要比对风神、云神、雨神重视。由前面的论述可以看到，商人祭祀风神时所使用的牺牲主要是犬、豕、羊小牲畜，偶尔才用大牲畜牛（一牛），最多时一次用三羊、三犬、三豕，共九只牲品，用单一的牲品时一次最多用九犬、九豕。祭祀云神时所使用的也是小牲畜豕、羊、犬，一次用牲最多时是六豕加六羊。商人祭祀雨神就要比对风神、云神重视多了，不少时候是用人牲，但多用的是女牲，其他牲品还有羊，有时还特别选用经过特殊饲养的羊，还特别选用白羊、黄羊，偶尔也用牛作牲品。但商人对祭祀四方神就显得更为重视了，他们祭祀四方神时多用人牲，并且是用羌人作牺牲，其他牲品也多用大牲畜牛，用小牲畜时数量也比较大，如：上举祭祀四方神时，第（14）版卜问用三羌、九犬，第（32）版卜问用三羌，第（31）版卜问用一羌、二犬、一牛，第（22）版卜问用一羌、一牛，第（25）版卜问用一羌、一牛、九犬，最多一次用十犬［第（27）版］，还用五犬［第（13）版］，第（35）、（37）版卜问用牛进行祭祀等。这种情况说明在商人的心目中，四方神的地位要比风神、云神、雨神要高，（雨神的地位又比风神、云神要高；风神的地位又比云神要高），这也可以间接说明四方神是操纵着风神、云神、雨神的。也就是说，在商人的心目中，天上的神灵组合是：上帝指挥四方神，四方神再指挥风神、云神、雨神等神灵，四方神、风神、雨神、云神都是上帝的使臣。

三 单祭某方神

商人不但综合祭祀四方诸神，而且有时还只单独祭祀某一方之神。下面分别论述：

---

① 蔡哲茂：《甲骨缀合集》，"中研院史语所" 1999年版。

（一）东方神

由前文的论述知东方神名曰"析"，单独祭祀东方神的卜辞有：

(40) 贞：帝于东，埋囗犬、燎三宰、卯黄牛。(《合集》14313 正，一期。图 3—18)

图 3—18 祭祀东方神

(《合集》14313 正)

(41) □□〔卜〕，王：帝东，羊一、嚏一犬。三月。（《合集》21087，一期）

(42) 帝东，犬。（《合集》21088，一期）

(43) 甲辰卜，自：帝于东。九月。（《合集》21084，一期）

以上四条都是第一期卜辞，都是卜问禘祭东方神"析"的，不过均省略了神名未记。第（40）辞贞问用"埋囗犬、燎三宰、卯黄牛"的方法禘祭东方神。"禘"字作"界"形，是为祭祀动词；"囗"字，各家所释不一，在卜辞中的意义也有多种①，这里的"埋囗犬"当是掩埋一种经过处理的犬，即此辞的"囗"当是指一种用牲之法。全辞的内容是贞问用埋葬一条经过处理的犬、焚

---

① 见于省吾主编《甲骨文字诂林》，第三册，中华书局 1996 年版，第 2152—2158 页。

烧三只经过特殊饲养的羊、再剖杀一头黄牛来禘祭东方神。第（41）辞"帝东"的"帝"字作倒写的"朿"形，该辞卜问用一只羊和"嚨一犬"的方法禘祭东方神，"嚨"在这里应是用牲之法，具体做法不明。第（42）辞卜问用焚烧一条犬禘祭东方神，"帝"字也作"朿"形。第（43）辞于九月甲辰日由贞人自卜问禘祭东方神，"帝"字作"朿"形，没有列出具体牲名。与该版卜辞一样，只单纯地说"帝于东"的卜辞还有《英藏》1227，其"帝"字也作"朿"形。

(44) 甲申卜，宾贞：燎于东，三豕、三羊、囲犬、卯黄牛。（《合集》14314，一期。图3—19）

图3—19 祭祀东方神
（《合集》14314）

(45) □□〔卜〕，㱿贞：燎于东，五犬、五羊、五□。（《合集》14316，一期）
(46) 辛巳卜，宾贞：燎于东。（《合集》14319正，一期）
(47) 己巳卜，王：燎于东。（《合集》21085，一期）
(48) 贞：燎于东。（《合集》14317，一期）

(49) 贞：燎于东。

[贞]：燎于东。(《合集》14318，一期)

(50) 贞：勿燎于东。(《合集》14320，一期)

以上七版卜辞也都是第一期卜辞，都是卜问用燎祭的方法祭祀东方神"析"的，各辞也都省略了神名未记。第(44)版卜辞由贞人宾在甲申日卜问，卜问用焚烧三头猪、三只羊、一条经过处理的犬和剖杀一头黄牛来燎祭东方神。第(45)版卜辞由贞人㱿于某日（干支日残）卜问用焚烧五条犬、五只羊和另外五个什么动物（动物名残）来燎祭东方神。第(46)、(47)、(48)、(49)辞全是卜问燎祭东方神的，其具体用作祭祀的牲名省略未记。第(50)辞是卜问不要燎祭东方神。

(51) 甲子卜：其求雨于东方。

丙寅卜：其求雨于山。

于丁卯酒南方。(《合集》30173，三期。图3—20)

(52) 丁巳卜，宾贞：奏系于东。

贞：勿奏系于东。(《合集》14311，一期)

图3—20 祭祀东方神、南方神、山神

（《合集》30173）

第(51)版是第三期卜辞，其上有三条辞，第一条辞于甲子日卜问"其求雨于东方"，即向东方神求雨；第二条辞于丙寅日卜问"其求雨于山"，即向山神求雨；第三条辞卜问于丁卯日酒祭南方神，祭南方神为了什么事没有说，推测当也是向南方神求雨的。由山神的名字知"东方"、"南方"不应是指方向的方位词，而应是名词，即东方神、南方神。第(52)版上的两辞是正反两面的卜问，由贞人宾在丁巳日卜问是否"奏系于东"，"奏"、"系"均为祭名，"奏"是奏乐；"系"之祭法，学者多不明，于省吾先生说："兹谓欲交接于鬼神而以品物为系属也,只言兹者,简语耳"①;饶宗颐先生说:"'兹'即'系',谓系玉帛为祭"②,准此,则该版卜辞是卜问是否用奏乐和系物品的方法来祭祀东方神。

(二)西方神

由前文的论述知西方神名曰"彝",单独祭祀西方神的卜辞有:

(53)戊寅卜:九犬帝于西。二月。(《合集》21089,一期)

这是一版𠂤组卜辞,于二月戊寅日卜问用焚烧九条犬禘祭西方神,"帝"字作"棌"形,是为动词,西方神名省略未记。

(54)己巳卜,宾贞:帝于西。
贞:勿帝于西。(《合集》14328正,一期。图3—21)

(55)帝西。
勿帝。(《合集》14326,一期)

(56)帝于西。(《合集》14325,一期)

(57)乙亥卜,争:帝于西。(《英藏》1228,一期)

(58)帝于西。
㞢于西,十牛。(《英藏》86反,一期)

(59)勿乎雀帝于西。(《合集》10976正,一期)

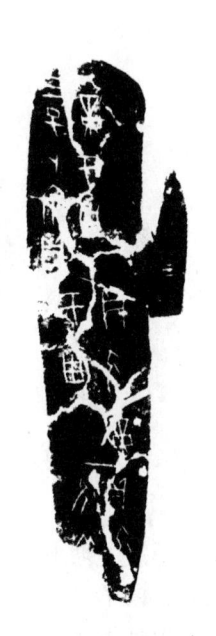

以上六版卜辞都是第一期卜辞,都是卜问禘祭西方神的,"帝"字均作"棌"形,是为动词,西方神名均省略未记。其中第(58)版还有"㞢于西,十牛"的卜问,即用十头牛侑祭于西方神。

图3—21 祭祀西方神
(《合集》14328正)

(60)庚戌卜,争贞:燎于西,囗一犬、一南,燎四豕、四羊、南

---

① 于省吾:《甲骨文字释林·释兹》,中华书局1979年版。
② 饶宗颐:《殷代贞卜人物通考》,上册,香港大学出版社1959年版,第287页。

一,卯十牛、南一。(《英藏》1250正,一期。图3—22)

图3—22 祭祀西方神
(《英藏》1250正)

这是一条第一期卜辞,由贞人争于庚戌日卜问,问"燎于西,▨一犬、一南,燎四豕、四羊、南一,卯十牛、南一",该辞卜问燎祭西方神(神名省略未记)的用牲之法有三:一是焚烧经过处理的一条犬和一头小猪;二是焚烧四头猪、四只羊和一头小猪;三是剖杀十头牛和一头小猪。其祭礼可谓隆重。

(61)……东,▨……
……西,▨犬、燎白……(《合集》14331,一期)

该版卜辞是第一期卜辞,辞残过甚,但可知是卜问祭祀东方神和西方神的,其中祭祀西方神是用"▨犬",即经过处理的一条犬和焚烧白色的牺牲(牲名残掉)。

(62) 燎于西，一牛。(《合集》14329 正，一期)
(63) 贞：燎于西。(《合集》14330，一期)
(64) 贞：燎于西。(《合集》1581 正，一期)
(65) 贞：燎于西，弗保。(《英藏》339，一期)

以上四条辞都是第一期卜辞，都应是卜问燎祭西方神的，除了第（62）辞卜问用焚烧一头牛进行祭祀外，其他三辞均省略牲名未记。

(三) 南方神

由前文的论述知南方神名曰"夷"，单独祭祀南方神的卜辞有：

(66) 于丁卯酒南方。(《合集》30173，三期)

这是一条第三期卜辞，卜问于丁卯日酒祭南方神，南方神名省略未记。

(67) 帝于南，犬。(《合集》14323，一期)

这是第一期卜辞，卜问用焚烧一条犬禘祭南方神的，"帝"字作"**架**"形，是为动词。南方神名省略未记。

(68) 贞：钔于南。(《合集》14321，一期)
(69) 钔南。(《合集》14322，一期)

这两条辞都是第一期卜辞，都是卜问御祭南方神的，"御"为御除之义。南方神名均省略未记。

(四) 北方神

由前文的论述知北方神名曰"勹"，单独祭祀北方神的卜辞有：

(70) 帝于北，二犬卯。(《合集》14332，一期。图 3—23)

这是第一期卜辞，是卜问用剖杀两条犬来禘祭北方神的，"帝"字作"**架**"形，是为动词。"二犬卯"是"卯二犬"的倒书。北方神名省略未记。

(71) 贞：燎于北。(《合集》14334，一期。图 3—24)

图 3—23　祭祀北方神　　　　　图 3—24　祭祀北方神
（《合集》14332）　　　　　　　　（《合集》14334）

这是第一期卜辞，贞问燎祭北方神，北方神名省略未记。

(72) ……系于北。(《合集》14333，一期)

这是第一期卜辞，辞残过甚，但可知是用"系"的方法祭祀北方神。北方神名省略未记。

上举的卜辞表明，商人注重祭祀的方神是东方神（十三版）、西方神〔十二版，第(61)版不计在内〕，不太注重祭祀的是南方神（四版）、北方神（三版）。注重祭祀东方神和西方神，很可能是因为日出东方而落于西方，这由后文所讨论的"东母"、"西母"二神也可得到证明。单独祭祀某方神的卜辞多出现在第一期卜辞中。

四 合祭诸方神

商人除了单独祭祀东方神、西方神、南方神、北方神外,有时还将几个方神进行合祭,如卜辞:

(73) 帝东、西。(《合集》14312,一期)
(74) 贞:燎东、西、南,卯黄牛。
　　燎于东、西,屮伐□、卯南、黄牛。(《合集》14315正,一期。图3—25)

图 3—25 祭祀东、西、南方神

(《合集》14315 正)

这两版都是第一期卜辞。第(73)版卜辞卜问禘祭东方神与西方神,"帝"字作"🈷"形,是为动词,神名均省略未记。第(74)版上有两辞,第一辞贞问用焚烧经过剖杀的黄牛来祭祀东方神、西方神和南方神;第二辞卜问用焚烧经过砍杀的某牲品(牲品名残掉),再剖杀一头小猪和一头黄牛来祭祀东方神和西方神。辞中的神名均省略未记。这两辞合祭的方神中,均将东方神与西方神合祭。

  （75）戠于东。
    勿戠于东。
    贞：戠于南。
    勿戠于南。
    贞：戠于西、北。
    勿戠于西、北。（《合集》14395 正，一期）
  （76）戠于西、南。帝介卯。
    勿戠西、南。（《合集》721 正，一期）

这两版卜辞都是第一期卜辞，均是卜问"戠"祭诸方神的，"戠"在卜辞中作祭名，张秉权先生说它可能是"与柴燎等字的性质相近。"① 第（75）版是从正反两面卜问是否"戠"祭东、南、西、北诸方神，其中东方神和南方神单祭，西方神和北方神合祭。第（76）版是从正反两面卜问是否"戠"祭西方神和南方神；在正面卜问的辞后有"帝介卯"三个字，其中的"帝"字和"卯"字应当是祭名，但其"帝"字不作"㯫"形，而是作通常的"㮕"形，这是少见的，"介"字当是作"和"字讲，即在举行"戠"祭时，再用"禘"祭和"卯"祭的方法进行祭祀。

  （77）癸［亥卜］：帝［东］。
    癸亥卜：帝西。
    癸亥［卜］：帝南。
    癸亥卜：帝北。（《合集》34154，四期）
  （78）癸［亥卜］：帝南。
    癸亥卜：帝北。
    庚辰卜：弜帝。
    庚辰卜：弜帝。（《合集》34153，四期）
  （79）癸丑卜：帝南。
    癸丑卜：帝东。（《合集》34145，四期）

---

① 见《殷虚文字丙编·考释》，"中研院史语所"1959 年版，第 255—256 页。

以上三版卜辞每版都是于同一天卜问祭祀诸方神的，所以我们把它们称之为合祭。三版祭祀诸方神都是用的"帝"祭，三版的"帝"字也都均作"㝿"形，而不作"㝿"形，三版都是第四期卜辞，可能第四期卜辞的"㝿"与"㝿"两种字形是通用的。下面一版卜辞也可能是卜问祭祀方神的：

(80) 贞：方告于东、西。
贞：方告于东、西。（《合集》8724，一期）

这是第一期卜辞，可能是卜问"告"祭于东方神与西方神的。

由本节对四方神的讨论，可以得知，在商人的观念中，已经有了四方的空间概念，并且认为四方都各有神灵，商人对各方神灵都付与了专门的名称。由卜辞还得知，在商人的心目中，四方神的权力是很大的，由商人向四方神求雨、宁雨、宁风可知，四方神是受上帝的驱使掌管着风神、雨神的，风、雨的多少又是与云有关的，所以四方神也是掌管着云神的，而其它诸多自然现象，如雷、虹等的出现也是和风、雨相关的，所以，四方神也是掌管着这些神灵的。这由卜辞反映的殷人非常重视风、云、雷、雨、虹等自然现象出现的方向就可以明了。如卜辞：

(81) 癸亥卜，贞：旬。一月。昃雨自东。九日辛未大采各云自北，雷延，大风自西，刜云率雨。毋䍙日。（《合集》21021，一期）

(82) 戊……又。王占［曰］：……隹丁吉。其……未允……允有设。明有［各］云……昃亦有设，有出虹自北［饮］于河。十二月。（《合集》13442正，一期）

这两版都是第一期卜辞。第 (81) 辞是于一月的癸亥日卜问的，卜问下一旬有无灾祸（只书一"旬"字，省略"亡祸"二字）。验辞记录癸亥日当天下午的昃时从东面来雨了；到第九日的辛未日上午大采时有"各云自北，雷延，大风自西，刜云率雨"的气象情况，"各"，典籍作"格"，多训"至"，即来意，"大采各云自北"是说上午大采时从北面来云彩了；"延"训长，引申为连绵、继续之义①，"雷延"是说雷声连绵不断；"刜"，《说文》谓"击也"，"率"即率带之意，"大风自西，刜云率雨"是说从西面来的大风吹击积雨云降下大雨。总之，该条卜辞记录的气象情况发生的方向是：从东面来雨；从北面来云和响雷；从西面来风，是风、云、雷、雨交加。第（82）辞残掉数字，但可知雨后的虹是从北面出来的。以上两条卜辞反映出商人是非常重视气象现象所出现的方向的，这说明在商人的观念中，东、西、南、北四方神是掌管着各种自然神灵的行动的。胡厚宣先生也曾说过这样的话："风云雷虹雨水，殷人皆以为上帝所命，帝在天上，而风云雷虹雨水之来，则恒自四方"②，即也认为四方神是掌管着风、云、雷、雨、虹等自然神的行动的。由此我们可以知道，在商人的心目中，上帝不是直接进行下雨、刮风、打雷等的，它是通过操纵四方神来完成这些工作的。也即上帝是意志的决定者，而不是具体的实行者，四方神才是上帝意志的具体实行者。四方神是上帝诸史臣中地位最高者。

四方神受上帝的驱使掌管着风、云、雷、雨等诸气象神灵，因为只有风调雨顺才能够保证农业生产的丰收，所以卜辞中有商人向四方神"求年"的记录，即祈求四方神给予充足的雨水（求雨），又不要使雨水过多而造成灾害（宁雨），不要有风灾（宁风），这样以保证商人有好的年成。由此我们可以知道，四方神是商人观念中的农业神。古人祭祀四方之神，四方之神（包括土地神，即社神）是古代农业之神，这在商以后的典籍中多有记载，如《诗·大雅·云汉》曰："祈年孔夙，方社不莫"，郑笺："我祈丰年甚早，祭四方与社又不晚"。胡厚宣先生引何楷《世本古义》说："方社指雩祭四方之神及后土言。前此春冬既行祈年之礼，及巳月万物始盛，得雨而大，复行雩祭之礼。"③殷墟甲骨文记录的商人向四方神求年祈雨与后世古籍的记载是一致的。

同时卜辞记录商人还向四方神祈求"宁疾"，即祈求四方神保佑商人不受疾病的侵袭，以使他们安康，在这一点上四方神与上帝的权能也是一致的，它也反映出四方神是受上帝的驱使的。

由于四方神的上述权能对商人的生存关系极大，所以商人对四方神给予

---

① 见于省吾主编《甲骨文字诂林》，第三册，第2231页所录叶玉森、郭沫若之说，第2234页所录赵诚之说。中华书局1996年版。

② 胡厚宣：《释殷代求年于四方和四方风的祭祀》，《复旦学报（人文科学）》1956年第1期。

③ 同上。

第三章 自然神崇拜 127

隆重的、频繁的祭祀，卜辞反映，商人祭祀四方神使用着多种祭祀方法，由前举的卜辞可知主要有"禘"祭、"卯"祭、"燎"祭，其他祭祀方法还有：又（侑）、㞢（侑）、岁、酒、求、埋、曬、囧、告、奏、系、卯、戠、伐等，并且祭品都是很重要的牺牲，有牛［最多用十牛，如第（58）辞］、羊（宰）、猪（豚）、犬［最多用十犬，如第（27）辞］等，有时对羊还特别讲究用经过特殊饲养的羊（宰），对猪还特别讲究用小猪，更需要特别指出的是，商人在祭祀四方神时还用羌人作牺牲，即用人牲，最多时用"三羌"［第（14）辞、第（32）辞］，这反映出商人对四方神是极端重视的，也即四方神在商人的观念中是极端重要的。还值得注意的是，商人对东方神、西方神比对南方神、北方神更为重视。

第六节 东母、西母的崇拜与祭祀

在殷墟甲骨卜辞的第一期卜辞中，有"东母"、"西母"的称谓。卜辞表明，殷人对东母、西母进行崇拜，并给予她们比较隆重的祭祀。

一 对东母的崇拜与祭祀

(1) 己酉卜，殻贞：燎于东母九牛。（《合集》14337正，一期。图3—26）

(2) 贞：燎于东母三牛。（《合集》14338，一期）

(3) 贞：燎于东母三牛。（《补编》4112①，一期）

(4) 贞：燎东母黄［牛］。（《合集》14342，一期）

图 3—26 祭祀东母
（《合集》14337 正）

---

① 该片是蔡哲茂先生用《合集》2194 与《合集》14339 缀合成的。见蔡哲茂《甲骨缀合集》，"中研院史语所" 1999 年版，第 136 片。

(5) 燎于东母豕三、犬三。(《合集》14341，一期)

(6) 贞：燎于东母三豕。(《合集》14340，一期)

(7) 贞：于东母㞢、报。(《合集》14336，一期)

以上七条卜辞都是卜问祭祀"东母"的。前六条是卜问用"燎"祭即焚烧的方法进行祭祀，由这六条卜辞可以看到，商人祭祀东母多用大牲畜牛牲，最多一次是焚烧九头牛［第（1）辞］进行祭祀，有时还特别选择焚烧黄牛［第（4）辞］进行祭祀，其他还焚烧猪、犬［第（5）、（6）辞］小牲畜进行祭祀。最后一条第七条辞是卜问用"㞢、报"之祭祭祀东母，"㞢"即侑，"报"即报德之祭，《国语·鲁语上》："上甲微，能率契者也，商人报焉。"韦昭注曰："报，报德之祭也。"这说明东母对殷人有功德，所以殷人要报焉。

二 对西母的崇拜与祭祀

(8) 贞：㞢于西母，囚犬、燎三羊、三豕、卯三牛。……于东母。(《补编》4110①，一期。图3—27)

(9) 贞：于西母酒帝。(《合集》14345，一期)

(10) 丁巳［卜］：告秋［于］西母。七月。(《合集》9631，一期)

以上三版卜辞都是卜问祭祀"西母"的。第（8）版卜辞卜问用一条经过处理的犬，焚烧三只羊、三头猪，再对剖三头牛来侑祭西母；该版还有祭祀东母的残辞。第（9）条卜辞卜问禘祭西母，禘祭也是焚烧之祭。第（10）辞是卜问"告秋"于西母的，即是向西母祷告祈求有好年成。这三版卜辞反映商人祭祀西母用㞢（侑）祭［第（8）辞］、燎祭、卯祭［第（8）辞］、禘祭［第（9）辞］、告祭［第（10）辞］；用的牺牲是牛、羊、猪、犬。与祭祀东母相比，商人对西母的祭祀显然不如对东母的祭祀重视，其在祭祀的次数和祭祀的用牲量上都不如对东母的祭祀多。

---

① 该片是蔡哲茂先生用《合集》14343与《合集》14344缀合成的。

图 3—27　祭祀西母

（《补编》4110）

三　合祭东母、西母

(11) 壬申卜，贞：㞢于东母、西母，若。（《合集》14335，一期。图 3—28）

该条卜辞于壬申日卜问㞢（侑）祭东母、西母是否顺利。

上述卜辞表明商人崇拜东母、西母，那么，在商人心目中，"东母"、"西母"属于什么样的神灵呢？陈梦家先生说大约是指日、月之神。理由是《礼记·祭义》说："祭日于东，祭月于西。"又引《史记·封禅书》汉宽舒议

图 3—28　祭祀东母、西母

（《合集》14335）

说："祭日以牛，祭月以羊彘特"，指出"卜辞祭东母，多用牛牲。"还引

《史记·赵世家·索隐》引谯周云："余尝闻之代俗，以东西阴所出入，宗其神，谓之王父母。"此外他还引用了其他一些类似的古文献资料进行说明①。日本学者赤塚忠认为"东母"、"西母"可能是司太阳出入的女性神②。宋镇豪先生不同意陈先生和赤塚忠的意见，他说："甲骨文反映的日神神性，人化成分很难看到，说东母、西母为日月之神或司太阳出入之神，未必可以成立。"他据卜辞："己巳卜，王贞：呼弜共生于东。"（《京人》3155，即《合集》20637）说："'共生于东'，犹言拜求生命于东方。据此，不如视东母、西母为商人心目中的司生死之神，分居东、西方而掌管人间的生死。甲骨文祭东母多于祭西母，商代葬俗鬼魂'之幽'意识以头朝东最多，向西较少，似东方主生，象征生命和再生，西方主死，象征死亡，大概东母为生命之神，西母为死亡之神。燎祭东母、西母，大概是求其保佑商族子孙的繁衍兴旺。"③ 就以上意见，笔者认为：陈先生所引的古文献资料，与卜辞的记录不能相符，一是卜辞中从未有祭月的材料；二是卜辞中的"东母"、"西母"是女性神，而不是称"父"的男性神，这一点，陈先生自己也说："所不同者代俗以日月为父母而卜辞东西均称母。"④因此陈先生之说不能令人信服。宋先生所说的东母为生命之神，西母为死亡之神，有一定的道理，但还应进一步追究其来源。赤塚忠的"东母"、"西母"可能是司太阳出入的女性神也只是提出了一种说法。

笔者通过分析商人对四方神和日神的崇拜情况，认为"东母"、"西母"应该分别是指东方神和西方神，这两个方神的职能中有一项应是司太阳的出入的。这样推测是有根据的，试看下版卜辞：

(12) 燎于土宰，方帝。
　　己巳卜，争贞：方母于亳。
　　贞：方母勿于亳。（《合集》11018正，一期）

---

① 陈梦家：《殷虚卜辞综述》，中华书局1988年版，第574页。
② 赤塚忠：《中国古代的宗教和文化——殷王朝的祭祀》，日本东京角川书店1977年版。这里转引自宋镇豪：《中国风俗通史——夏商卷》，上海文艺出版社2001年版，第641页。
③ 宋镇豪：《中国风俗通史——夏商卷》，上海文艺出版社2001年版，第641—642页。
④ 陈梦家：《殷虚卜辞综述》，中华书局1988年版，第574页。

这是第一期卜辞，卜问了两件事：一是卜问燎祭社神和禘祭四方神；一是由贞人争在己巳日从正反两面卜问"方母"是否到亳地。"方母"之"母"字在这里不能释成"毋"字，因为由反问的"方母勿于亳"知在否定词"勿"之前的字不能再释成否定词"毋"了，只能释成"母"或"女"字，无论释成"母"还是释成"女"，都表明四方神中有女性神，因此"东母"、"西母"应当是指东方女神和西方女神。我们在第五节讨论四方神崇拜时，曾对卜辞中单独祭祀某方神的情况进行了探寻，发现商人特别重视对东方神和西方神的祭祀。我们在尽量将材料收集齐全的情况下，统计得出：卜问单独祭祀东方神的卜辞有十三版，卜问单独祭祀西方神的卜辞有十二版，而卜问单独祭祀南方神的卜辞只有四版，卜问单独祭祀北方神的卜辞只有三版。再从祭祀的隆重程度上看，祭祀东方神的祀典最多，有燎、卯、埋、奏、系、屮、伐、囚、禘、戠等，祭祀西方神的祀典也较多，有燎、禘、囚、卯、系、屮、伐、戠等，而祭祀南方神的祀典只有卯、钔、禘、戠等几种，祭祀北方神的祀典只有禘、燎等几种。再从用牲的数量和品种上也可以看出商人对东方神和西方神比对南方神、北方神更为重视：祭祀东方神一次用五只犬和五只羊等（《合集》14316），又有一次用三头猪、三只羊、一条犬、一头黄牛（《合集》14314），还有一次用一条犬、三只羊、一头黄牛（《合集》14313正）；祭祀西方神一次用一条犬、七头猪、四只羊、十头牛（《英藏》1250正），还有一次用九条犬（《合集》21089）；而祭祀南方神一次只用一条犬（《合集》14323）；祭祀北方神一次只用二条犬（《合集》14332）。还有一版卜辞两次卜问："方告于东、西"（《合集》8724）。由以上这些材料可以看出，商人对东方神和西方神是格外给予重视的。这一定预示着东方神和西方神有着不同寻常的功能。由此我们可以联想到太阳是从东方升起来的，又是从西方落下去的，太阳对人们是太重要了，它是万物生长的依赖，因此，东方神、西方神司职着太阳的出入，商人把东方神、西方神想象为是司职太阳生死的女神，而加以格外崇拜，给予超出南方神、北方神的隆重祭祀。由此又可以明白宋镇豪先生所举的《京人》3155（即《合集》20637）版卜辞说"共生于东"，是可以理解为东方神是司职生命的女神，西方神是司职死亡的女神的。太阳从东方升起谓之生，太阳从西方落下谓之死，引申为东方是生命之神，西方是死亡之神是有一定的道理的。我们在前面第四节讨论日神崇拜时，曾列举卜辞证明商人重视对出入日的祭祀，特别是对出日格外给予重视，有一条卜辞有"王其堇日出"而行祭日（太阳）的记录（《屯南》2232）。太阳既然是从东方升出的，那么太阳应该是东方女神——"东母"之子，下版卜辞或许能说明这一点：

(13) □辰卜，□贞：王［宾］东子燎，亡尤。（《合集》25362，二期）

这是一条第二期卜辞，卜辞文例为"干支卜，贞：王宾名词祭名，亡尤"的形式，我们把这种文例的卜辞称作"王宾卜辞"。这类卜辞在"王宾"和祭名之间的名词一般都是受祭的祖先名，那么，第(13)版卜辞在"王宾"与祭名"燎"之间的"东子"也应该是名词，其"东子"应该理解为是东方神之子，这东方神之子应是指太阳。

通过本节的讨论，我们可以得出"东母"、"西母"是指司职太阳出入的东方女神和西方女神，又可以引申为是司职人类生死的生命之神。商人对"东母"、"西母"给予隆重的祭祀，实在是因为她们是非常重要的神灵。

第七节　土地神崇拜与社祀

殷墟甲骨卜辞中有字作◌、◊、△等形，学者们释其为"土"字。综观卜辞中的"土"字有下面几种用法：一是指方国名，如"土方"；二是指东、西、南、北之地，如"东土"、"西土"等；三是指土地神，即社神。另有王国维等学者认为卜辞中单称"土"的都是指殷先公"相土"（《史记·殷本纪》："契卒，子昭明立，昭明卒，子相土立"）[①]，对此说学者间尚有不同意见，有待于今后作进一步研究。

古文献中的"土"与"社"是相通的。如《诗·长发》说："宅殷土茫茫"，《史记·三代世表》则作"殷社茫茫"；《公羊传·僖公三十一年》说："诸侯祭土"，注曰："土谓社也"；《汉书·郊祀志》说："社者，土也"。这些都是"土"与"社"相通的例子。王国维先生早先也曾说过卜辞中的

[①] 王国维：《殷卜辞中所见先公先王考》，《观堂集林》卷九，中华书局1984年版。

"土"字假为"社"字，孙海波先生则说"土"为"社之初文"①，这是十分正确的。

"土"是什么？《说文·土部》云："土，地之吐生万物者也。""社"是什么？《说文》云："社，地主也。"《礼运》说："命降于社，谓之殽也。"注云："社，土地之主也。"《孝经·纬》云："社，土地之主也，土地阔不可尽祭，故封土为社以报功也。"

古人为什么要尊土地为神并立其社而给予祭祀呢？《风俗通义·祀典》说："社者，土地之主。土地广博，不可遍敬，故封土以为社而祀之，报功也。"《白虎通义》说："地载万物者，释地所以得神之由也。"又说："社者，土地之神也，土生万物，天下之所主也，尊重之，故自祭也。"由此就可知，古人所以立社以祭土地神，是因为土地是他们生存的来源，正如孙海波先生所说："水土百谷，土神主之；封土以祀，故土曰社神。"②

殷墟甲骨卜辞记录商人尊土地为神，对其进行祭祀。商人祭祀土地神时使用"燎"祭的方法最多，如：

(1) 燎于土宰，方帝。(《合集》11018 正，一期)
(2) 戊申卜，㱿贞：方帝，燎于土，🉐雨，卯上甲。(《合集》1140 正，一期)
(3) 贞：燎土，方帝。(《合集》14305，一期)
(4) □辰卜：燎土三宰，四方宰。
    甲戌：土燎。(《合集》21103，一期)

这四版都是第一期卜辞，都是记录在燎祭土地神的同时还要举行对四方神的祭祀。前三版中"方帝"的"帝"字均作"祡"形，是"禘"祭之"禘"。第(1)版卜问用焚烧经过特殊饲养的羊来祭祀土地神和四方神（简称"方"，下同），"燎"与"禘"均是指焚烧，只是二者的插薪方法不同③。第

---

① 王国维：《殷礼徵文》，《王静安先生遗书》，上海古籍出版社 1983 年版。孙海波：《甲骨文编》，中华书局 1996 年版，第 518 页。
② 孙海波：《读王静安先生古史新证书后》，《考古学社社刊》第 2 期。此处转引自于省吾主编：《甲骨文字诂林》，第二册，中华书局 1996 年版，第 1183 页。
③ 见严一萍《美国纳尔森艺术馆藏甲骨卜辞考释》，台北艺文印书馆 1973 年版。

(2) 版由贞人殼在戊申日卜问"方帝,燎于土,🅧雨,卯上甲",即禘祭四方神和燎祭土地神、🅧神(神性见后文)、以及卯祭即对剖牺牲祭祀上甲,其目的是为了求雨。第(3)版也是卜问燎祭土地神和禘祭四方神的,具体用牲情况没有说。第(4)版有两辞,第一辞于某辰日卜问"燎土三宰,四方宰",即卜问用焚烧三只经过特殊饲养的羊来祭祀土地神,用焚烧一只经过特殊饲养的羊来祭祀四方神;第二辞于甲戌日卜问燎祭土地神。这四版卜辞都是卜问土地神即社神与四方神同时并祭的。《诗·小雅·甫田》说:"以我齐明,与我牺羊,以社以方。"毛传曰:"器实曰齐,在器曰盛。社,后土也。方,迎四方气于郊也。"郑笺曰:"以絜齐丰盛,与我纯色之羊,秋祭社与四方。"甲骨文以社与方同时并祭与古文献的记载得到了交互印证。关于这一点,我们已在第五节"四方神崇拜"中作了叙述,这里就不再赘述了。

(5) 癸卯卜,贞:酒求。乙巳自上甲二十示一牛,二示羊,土燎牢,四戈彘,四巫豕。(《合集》34120,四期。图3—29)

图3—29　祭祀自上甲二十示、二示、土地神、四戈、四巫

(《合集》34120)

这是一条第四期卜辞,于癸卯日卜问于第三天乙巳日用一头牛祭祀自上甲起的二十示祖先;用一只羊祭祀二示祖先;用焚烧一头经过特殊饲养的牛祭祀土地神即社神;用一头豙祭祀四戈,"豙",罗振玉说是指野猪①,张亚初说是射豕之祭②;用一头猪祭祀四巫③。则该辞是卜问对社神与四戈、四巫、祖先神同时举行的祭祀。

(6)贞:燎于土,三小宰,卯一牛,沈十牛。
(《合集》779正,一期)

(7)贞:燎于土,三小宰,卯二牛,沈十牛。
(《合集》780,一期。图3—30)

这两版是第一期卜辞,都是贞问燎祭土地神的。第(6)版卜问用焚烧三只经过特殊饲养的小羊、剖杀一头牛和沉十头牛来祭祀土地神。第(7)版卜问用焚烧三只经过特殊饲养的小羊、剖杀两头牛和沉十头牛来祭祀土地神。"沈",即沉祭牲于水的用牲方法。过去认为"沈"的用牲之法均用于祭"河",今由上述两版卜辞知这种说法不确,"沈"的用牲之法还用于祭祀土地神。由这两版卜辞可以看到,商人祭祀土地神时的用牲数还是比较多的,也就是说商人对土地神的祭祀是比较隆重的。

图3—30 祭祀土地神
(《合集》780)

(8)壬寅贞:月又戠,其又土,燎大牢。兹用。
壬寅贞:月又戠,王不于一人祸。
又祸。
癸卯贞:甲辰燎于土,大牢。(《屯南》726,四期)

---

① 罗振玉释,见《殷虚书契考释》中,此处转引自于省吾主编《甲骨文字诂林》,第二册,中华书局1996年版,第1575页。
② 张亚初:《甲骨金文零释》,《古文字研究》,第6辑,中华书局1981年版。
③ "四戈"与"四巫"之所指见后文。

这是一版第四期卜辞，其上的三条辞（如将"又祸"也看作一条辞，则应是四条辞）有两条是于壬寅日卜问的，第一问说"月又戠，其又土，燎大牢"，"戠"在卜辞中有几种用法，有一种用法如郭沫若先生所说："戠与食同音，盖言日蚀之事"①，准此，则该版的"月又戠"应是指"月有食"，即发生了月食。卜辞说发生了月食，"又"即侑祭土地神，方法是"燎大牢"，即焚烧一头经过特殊饲养的大牛来祭祀土地神即社神；第二问说"月又戠，王不于一人祸"，即发生了月食，不会给商王一个人带来祸患吧？又问"又祸"，即有祸患吧？第三条辞是于第二天癸卯日卜问的，问在未来第二天甲辰日用焚烧"大牢"来祭祀土地神即社神。古文献中记录有发生日食时祭祀社神的例子，如《左传·庄公二十五年》说："六月辛未朔，日有食之，鼓用牲于社。"即古人在发生日食时要祭祀社神，以求免除灾祸。该版卜辞就是卜问在发生月食后，用焚烧牛牲的方法祭祀土地神即社神，以祈求社神保佑不要给商王一个人带来祸患。

(9) 乙丑卜：又燎于土，羌、宜小牢。（《合集》32118，四期）
(10) 癸亥卜：又土燎，羌一、小牢宜。（《合集》32120，四期）
(11) 庚申卜：又土燎，羌、宜小牢。
　　　癸亥卜：又［土］燎，羌、宜一小牢。（《屯南》961，四期）

这三版卜辞都是第四期卜辞，都是卜问"又"祭土地神的，其所用的祭祀方法也相同，即都是"燎羌"和"宜小牢"，即焚烧一个羌人和宜一只经过特殊饲养的小羊来进行祭祀。学者认为"宜"是用牲之法，是陈列祭牲之义②。陈梦家先生曾举下列古文献材料说明"后世祭社曰宜"③：

《礼记·王制》："天子将出，类乎上帝，宜于社，造乎祢。"
《周礼·大祝》："大师宜于社，造于祖，设军社，类上帝。""大会同，造于庙，宜于社。"
《尔雅·释天》："起大事动大众，必先有事乎社而后出，谓之宜。"

---

① 郭沫若：《殷契粹编》，第55片考释，科学出版社1965年版。
② 见于省吾主编《甲骨文字诂林》，第四册，中华书局1996年版，第3325—3337页。
③ 陈梦家：《殷虚卜辞综述》，中华书局1988年版，第267页。

由上举卜辞知，早在殷商时期就已经祭社曰"宜"了。尤可注意的是，上举卜辞证明商人祭社还用焚烧羌人的办法，即用人牲进行祭祀。又，第（10）版卜辞的"羌一"，第（11）版卜辞的"一小宰"，都证明了其他两版卜辞单称"羌"和单称"小宰"时，都是指的一个羌人和一只小羊。这也就是说，卜辞中在对祭牲不记数量时，都应是指的一个，是一个的省写。下版卜辞可以进一步证明商人祭社用人牲：

　　（12）□申贞：又伐于土，羌一……（《合集》32119，四期）

这是一条第四期卜辞，贞问用伐即砍头杀一个羌人来祭祀社神。商人用人牲祭祀社神，说明他们对土地神是相当重视的。

　　（13）己亥卜：田率燎土豕、𤉗豕、河豕、岳豕。（《合集》34185，四期）

这是一条第四期卜辞，卜问用焚烧一头豕（猪）来祭祀社神，同时也各焚烧一头豕来祭祀𤉗神、河神、岳神（关于后三个神的神性见第四章），即社神与𤉗神、河神、岳神同祭。

　　（14）翌辛亥燎。（正）
　　　　　燎土，不延雨。（反）（《合集》14393正反，一期）

这是刻在龟腹甲正反两面的两条第一期卜辞，正面卜问在未来的辛亥日举行燎祭，反面卜问燎祭社神，雨不会延续下吧？

　　（15）癸丑卜：甲寅又宅土燎牢，雨。（《屯南》4400，四期）

这是一条第四期卜辞，于癸丑日卜问在第二天甲寅日于"又宅"用焚烧一头经过特殊饲养的牛来祭祀社神，会下雨吧？"又宅"即"右宅"，即右边的房宅。古代宗庙设置为"左祖右社"，看来该辞的"右宅"即是祭祀社神的宗庙"右社"。

(16) 今日不雨。

燎于土。(《英藏》1170 正，一期)

这是第一期卜辞，卜问今日不下雨，举行燎祭社神的祭祀以求雨，即祭祀土地神也是与祈求雨水有关。

以上第(14)、(15)、(16)三版卜辞和前面例举的第(2)版卜辞都反映出商人在希望下雨和不希望多下雨的时候都要向社神举行祭祀，以祈求社神帮助满足自己的要求。后世文献对这种情况也有所记载，如《春秋繁露·求雨》说："春旱求雨，令县邑以水日令民祷社。"这是希望下雨时向社神祈求下雨。又《止雨》说："雨太多……令县、乡、里皆扫社。"这是雨水太多，不希望多下雨时向社神祈求止雨。

前举的卜辞反映出商人祭祀社神多用牛、羊、猪，下面的卜辞仍可证明这一点：

(17) 甲辰卜，争：翌乙巳燎于土牛。

燎于土，宙羊出豕。(《合集》14395 正，一期)

这是一版第一期卜辞，有两辞，第一辞于甲辰日卜问在第二天乙巳日用焚烧牛来祭祀社神；第二辞卜问用焚烧羊又加豕来祭祀社神。即该版卜辞反映商人祭社神用牛、羊、猪。

(18) 壬戌卜，争贞：既出狋，燎于土宰。

贞：燎于土，一牛、宜宰。(《合集》14396，一期)

这是一版第一期卜辞，有两辞，第一辞于壬戌日卜问"既出狋，燎于土宰"，即卜问用焚烧一只经过特殊饲养的羊来祭祀社神，辞中的"既出狋"为何意？《说文·犬部》："狋，犬吠声。"《说文》段注："《九辨》：'猛犬狺狺而迎吠。'王注：'逸佞谨呼而在侧也。'狺即狋字。"《玉篇·犬部》："狋，犬声。狺，同狋。"即狋为犬叫声。至于该辞为什么说在犬叫以后要举行燎祭社的祭祀，则不得而知；是否因为犬叫预示着要有什么灾祸发生？这也只是一种猜测。第二辞卜问用焚烧一头牛和陈列（既供设）一只经过特殊饲养的羊来祭祀社神。即祭社神用牛、羊。

(19) 戊辰卜，贞：燎土牛。(《合集》14394，一期)
(20) 癸卯卜：旬……其燎于土牢。(《合集》30406，三期)

第(19)辞是第一期卜辞，卜问用焚烧一头牛祭祀社神。第(20)辞是第三期卜辞，卜问用焚烧一头经过特殊饲养的牛祭祀社神。两辞均是卜问用牛祭祀社神的。

(21) 燎于土宰。(《合集》7359，一期)

该辞为第一期卜辞，卜问用焚烧一只经过特殊饲养的羊来祭祀社神。其他用羊祭祀社神的残辞还有《合集》21105（自组）等。另外还见一条残辞是卜问用犬祭祀社神的：

(22) ……燎土……二犬。(《合集》21104，一期)

这是第一期卜辞，卜问用焚烧两条犬祭祀社神。还见一些卜辞只卜问燎祭社神，但未记是用何牲的，如：

(23) 甲寅卜，𣪊贞：燎于出土。(《合集》10344正，一期)
(24) 贞：燎于土。(《合集》456正，一期)
(25) 戊申卜：又燎于土。(《屯南》2247，四期)
(26) 甲子卜：……乙丑焚燎土。(《屯南》2287，四期)

这四条辞分属第一期和第四期卜辞，都是卜问燎祭土地神的，但都没有说明用牲的情况。其他还有一些类似的卜辞就不一一备举了。以上除第(12)版卜辞外，其他二十五版卜辞皆是卜问用燎祭的方法祭祀社神的。又有两版卜辞记录燎祭社神与"巫帝"之祭同时举行：

(27) 壬午卜：燎土，□巫帝乎。(《合集》21075，一期)
(28) 壬午卜：巫帝。

巫帝一犬一豕。

壬午卜：燎土。

燎土。（《合集》21078，一期）

这两版都是𠂤组卜辞，都是于壬午日卜问燎祭社神和举行"巫帝"之祭的，"巫帝"是"帝巫"的倒置。前面曾列出的第（5）版卜辞是记录燎祭社神与祭祀"四巫"同时举行的。看来第（27）、（28）版卜辞与第（5）版卜辞都是"土"与"巫"同时并祭的。又前面曾列出第（1）、（2）、（3）、（4）四版卜辞说明燎祭社神与"方帝"（或"四方"）之祭同时举行，下面这版卜辞也是祭祀社神与"方帝"之祭同时举行的：

(29) 庚午卜：求雨于岳。雨。

［庚］午卜：方帝三豕㞢犬，卯于土宰，求雨。（《合集》12855，一期）

这是一版第一期卜辞，上面的两辞都是于庚午日卜问的，第一辞是问向岳求雨；第二辞是卜问用焚烧三头猪和一条犬祭祀四方神，再剖杀一只经过特殊饲养的羊祭祀社神，目的都是为了求雨。第一辞的验辞说"雨"，即下雨了。这也是为了求雨而祭祀社神和四方神的。卜辞记录商人也对社神举行禘祭：

(30) 帝于方。

帝［于］土。（《合集》14306，一期）

这是一条第一期卜辞，卜问"帝［于］土"，即禘祭社神。商人祭祀社神的目的还见于下面几版卜辞：

(31) 己未卜：宁雨于土。（《合集》34088，四期）

(32) 乙卯卜：王祟雨于土。（《合集》34493，四期）

(33) 辛酉［卜］，□贞：……钔……水于……土宰。（《合集》14407，一期）

(34) 辛未卜：□于土，雨。（《合集》33959，四期）

(35) 丙辰卜：于土宁风。

……土宁风。

王求雨于土。(《合集》32301，四期)

(36) 癸巳：巫宁土、河、岳。(《合集》21115，一期)

(37) 贞：帝秋于❦、于土。(《合集》14773，一期)

以上七版卜辞分属第一期和第四期。前五版都是为了雨水的事向社神进行祈求。第(31)版说"宁雨于土"，第(32)版说"崇雨于土"，就是祈求社神止住雨水，保佑不要使雨水为害。第(33)版辞残多字，但可以知道是为了水的事情卜问用一只经过特殊饲养的羊祭祀社神。第(34)版残掉祭名，但可知是为了雨水的事情向社神祈求。第(35)版是向社神祈求止风和祈求雨水。第(36)版辞意比较费解，"巫宁土、河、岳"是否是祈求巫、社神、河神、岳神止风雨一类的事情，"巫"与"宁"字位序互倒。第(37)版卜问"帝秋于❦、于土"，"帝"字作"❦"形，是为禘祭之"禘"，"秋"为收获之意，该辞是卜问向❦神和社神祈求农作物有好的收获。"❦"的神性有待于研究。

商人祭祀社神还使用下面一些祭法：

(38) 壬辰卜：钔于土。

癸巳卜：其帝于巫。

癸巳卜：钔于土。(《合集》32012，四期)

(39) ……其钔于土，大牢。(《屯南》1448，四期)

这两版都是第四期卜辞，卜问钔祭社神。第(38)版巫与社神在同一天(癸巳日)被祭祀。"钔"即御，为御除之意，是卜问向社神祈求御除某种灾祸。

(40) 贞：于土求。

贞：于河求。

癸丑卜：宾贞：求于岳。(《缀合集》27①，一期)

(41) 贞：于土求。(《合集》14392，一期)

---

① 该片是《合集》1506 正反＋《合集》14431 正反，由蔡哲茂先生缀合。见《甲骨缀合集》，"中研院史语所" 1999 年版。

这两版是第一期卜辞，卜问求祭社神，所祈求的内容省略未记。

  （42）贞：王告土……（《合集》34184，四期）
  （43）□□贞：……其告……于土。（《屯南》2563，四期）

这两版是第四期卜辞，均有残字，但可知是卜问告祭社神的。

  （44）甲申卜：又土。
     不易日。（《合集》34031，四期）
  （45）其又土。吉。（《合集》30407，三期）

这两版一为第四期卜辞，一为第三期卜辞，都是卜问"又"（侑）祭社神的。有一版第四期卜辞说：

  （46）辛巳：兹用于土。
     兹用于土。（《合集》32183，四期）

该辞卜问以"用"，即杀牲的方法祭祀社神。
还有一版卜辞的辞意不太明确：

  （47）庚辰卜：于卜乃土。
     庚辰卜：于入乃土。（《合集》34189，四期）

这是一版第四期卜辞，于庚辰日两次卜问，一次卜问"于卜乃土"，一次卜问"于入乃土"，"于"字后的"卜"、"入"当是地名，"乃土"为何意？是否说乃祭祀社神？备此一说。

  （48）己亥卜，争贞：㞢羽土……（《合集》13420，一期）
  （49）㞢羽土，于止。（《合集》13421，一期）

这两版都是第一期卜辞，卜问"㞢羽土"，"羽"字唐兰先生释作"习"，杨树达先生谓是"除"义①，但以"除"字解上述卜辞不通。查第一期卜辞中，《合集》13422、13423、13424、13425、13426均见"㞢羽"一词；另有"亡其羽"（《合集》13438）、"勿羽"（《合集》13439）、"毋羽"（《合集》13440），"羽"字接在副词性否定词"亡"、"勿"、"毋"之后，当是动词。因此，上述两辞中的"㞢羽土"当是"㞢"祭、"羽"祭社神之意。第（49）辞的"止"当是地名，即在"止"地举行"㞢羽"祭社神，也可以理解为止地的社。卜辞中多有"某土（社）"的记载，如：

（50）辛巳贞：雨不既，其燎于亳土。（《屯南》1105，四期）

（51）辛巳贞：雨不既，其燎于亳土。（《屯南》665，四期）

（52）其又燎亳土，又雨。（《合集》28108，三期）

（53）其求于亳土。（《屯南》59，三期）

（54）于小丁钾。

于𠃍钾。

于亳土钾。（《合集》32675，四期）

（55）戊子卜：其又岁于亳土，三小［宰］。（《合集》28109，三期）

（56）癸丑卜：其又亳土，叀𠱠。（《合集》28106，三期）

（57）其又亳土。（《合集》28110，三期）

（58）……亳土，叀小宰。（《合集》28113，三期）

（59）贞：勿求年于邦土。（《合集》846，一期）

（60）于屯土燎。（《合集》21090，一期）

以上十一版多为三、四期卜辞，最后两辞为第一期卜辞。都是卜问祭祀"某土"的，其中前九版是卜问祭祀"亳土"的。陈梦家先生说："卜辞所祭某土即某地之社。如亳土即亳地之社"，并引《春秋·哀公四年》"亳社灾"，杜注云："亳社，殷社"给予证明②，其说可从。上举前两辞即第（50）、（51）辞是一事同卜，都是于辛巳日贞问"雨不既，其燎于亳土"，"既"为

---

① 见于省吾主编《甲骨文字诂林》，第三册，中华书局1996年版，第1850页。
② 陈梦家：《殷虚卜辞综述》，中华书局1988年版，第584页。

"已"、为"毕"、为"尽"之意,因此"雨不既即雨连绵不止"①,这两辞是因为雨水连绵不断而举行燎祭亳社的,即祈求社神止雨。第(59)辞贞问"勿求年于邦土",陈梦家先生说"邦土"为邦地之社②。准此,则第(60)辞的"屯土"是为屯地之社。

由上举的祭祀社的卜辞可知,商人祭祀社的方法主要是用燎祭、伐祭、禘祭。所用的祭品都是牺牲,用羌人作人牲;其他牺牲主要有宰、羊、牢、牛、豕、犬等,其中以用宰、牛、牢为最多。商人祭祀社神用人牲,用大牲畜牛作牺牲也不在少数,这反映出商人对社神是比较重视的。

上引的十五版卜辞〔(2)、(14)、(15)、(16)、(29)、(31)、(32)、(33)、(34)、(35)、(37)、(50)、(51)、(52)、(59)〕证明,商人为了能使风调雨顺,为了能使农业生产获得好收成,而对社神进行祭祀,祈求社神给予保佑,因此社神是商人的农业神。商人为了农业生产而祈求社神的情况在古文献中也有记载,如《吕氏春秋·顺民篇》说:"天大旱,五年不收,汤乃以身祷于桑林。"《左传·襄公十年》正义引《尚书大传》作"汤祷于桑林之社。"即祈祷雨水于桑林之地的社神。后世也将社神看作是农业神,如《左传·庄公二十五年》说:"秋,大水,鼓用牲于社、于门。"《周礼·春官·肆师》:"社之日,莅卜来岁之稼。"《吕氏春秋·仲春纪》:"命人社。"高诱注:"社祭后土,所以为民祈谷也。"《史记·封禅书》曰:"巡祭后土,祈为百姓育谷。"《礼记·月令》:"择元日,命民社。"郑注:"社,后土也,使民祀焉,神其农业也。"

需要指出的是,卜辞中有的"土"字并不是指社神,而是指的四方的土地。如下列卜辞:

(61) 壬申卜:奏四土于㚔〔宗〕。(《合集》21091,一期)
(62) □申卜:……四土……宗。(《合集》33272,四期)

这两条辞一为第一期卜辞,一为第四期卜辞,两辞中都有"四土"一词,陈

---

① 中国社会科学院考古研究所:《小屯南地甲骨》,下册第一分册,第665片释文,中华书局1983年版。

② 陈梦家:《殷虚卜辞综述》,中华书局1988年版,第584页。

梦家先生说："四土指东西南北四个方面的土地。"①

(63) 东土受年。
南土受年。吉。
西土受年。吉。
北土受年。吉。(《合集》36975,五期)

该版是第五期卜辞,卜问"东土"、"南土"、"西土"、"北土""受年",即有好年成。杨树达先生说:"东土南土义与通言东方南方等同。《书·大诰》云:'有大艰于西土,西土人亦不靖',知东土、西土等词为殷周间恒语"②。以上陈先生、杨先生所言是十分正确的。

(64) 贞：乍大邑于唐土。(《英藏》1105正,一期)

这是第一期卜辞,辞中的"乍"即"作","唐土"是指的唐地的土地,而不是指的唐地的社神。卜辞是卜问在"唐土""作大邑",即在唐这个地方筑造大邑。如将其解作唐社辞意就不通。

古人祭土是以什么立社的呢？《淮南子·齐俗篇》说:"社祀,有虞氏用土,夏后氏用松,殷人用石,周人用栗。"又说:"殷人之礼,其社用石。"《诗·大雅·緜》将象征土地神（社神）的土堆称之为"冢土",毛传说:"冢土,大社也"。看来,古人立社是土、木、石并用的。

考古发现已发掘出了商代的社祀遗址,其中最典型的当属在江苏铜山县丘湾发现的商代社祀遗址③。该遗址位于徐州市北17公里处。1965年冬,南京市博物院的考古工作者在该遗址发掘出一处商代末年杀人和狗的祭祀遗迹④。发掘报告说:"丘湾遗址处在山峦间的开阔地带,为近山傍水的台地。整个地势由西北向东南倾斜,略成扇形斜坡。""遗址范围东西长60、南北宽50米,面积约3000平方米。"已发掘733平方米,为该遗址的中心地区。在

---

① 陈梦家:《殷虚卜辞综述》,中华书局1988年版,第319页。
② 杨树达:《卜辞琐记·东土南土》,上海古籍出版社1986年版。
③ 南京博物院:《江苏铜山丘湾古遗址的发掘》,《考古》1973年第2期。
④ 同上文。下文引录该遗址的情况皆出自此文,不再另做注明。

遗址发掘中，发现一处有特殊意义的葬地。葬地位于遗址的偏南部分，从整个土丘的地形看，这一带已是从高向低逐渐下降的坡地。在该遗址发现的遗物都是商代晚期的。在该遗址的"中部偏西处，发现有四块大石紧靠在一起，这四块大石都是未经人工制作的自然石块，形状不规则，竖立在土中，中心点一块，南北西又各一块。中间的一块最大，略像方柱体，体积为 0.22×0.23×1 米，下端如楔形，插进土内较深。在葬地内共清理出人骨 20 具，人头骨两个，狗骨 12 具。根据人骨、狗骨的分布以及人骨头部的方向观察，当时的埋葬都是以四块大石为中心，人骨和狗骨从四面围绕着它。所以这四块大石是有意识放置的，而不是一种自然的现象。""所有人骨的葬式都是俯身屈膝，而且多是双手被反绑在背后，明显地表现出被迫死亡的状态。狗骨一般是侧身。混杂在人骨之间。"发掘者根据人骨和狗骨的埋葬深度不同，而且有叠压关系，故将人骨架和狗骨架分为两层：

第一层：坑深为 0.45—0.85 米。埋有 17 具人骨、1 个人头骨、2 具狗骨。人骨、狗骨的头向都是向西南，对准大石堆积的地点。

第二层：坑深 0.85—1.45 米。埋有 3 具人骨、1 个人头骨、10 具狗骨。人骨、狗骨的头向也都对着大石堆积所在的地方。

发掘者根据叠压关系和埋葬深度的不同，认为"这些人骨和狗骨可能是分几次、几批或者至少是分两次、两批埋葬下去的。"所埋的人骨均为男、女青壮年。

对该杀人与狗的祭祀遗迹的性质，发掘者认为大石是祭坛，人和狗则是祭祀时的牺牲。也有其他学者对该祭祀遗迹的性质做过研究，其中以考古学家俞伟超先生的研究最引人注意。俞先生通过研究，认为该祭祀遗迹是商代末年淮夷方国的社祀遗迹[①]。

俞先生根据在"全部人骨架中，一半左右头骨破碎，有的在头骨旁或腕骨旁出石块一，似表明主要是被砸死的。""部分人架和狗架，有的同层叠压，有的上下层叠压。而全部人架和狗架的头向又都对着中心大石。"俞先生指出，这些现象至少可以表明以下两点：

1. 人、狗被杀是以中心大石为神祇进行祭祀；
2. 同样的祭祀方式至少曾进行二次，很可能有多次，所以这不是偶一实

---

① 俞伟超：《铜山丘湾商代社祀遗迹的推定》，《考古》1973 年第 5 期。下文引录俞先生所说皆出自此文，不再另做注明。

行的临时活动,而是一种固定的习俗。

俞先生将该祭祀遗迹定为商代末期的社祀遗迹,其主要有两方面的根据:

第一,中心大石当是社主。俞先生说,据古文献记载,商周时期主要是以树为社神,但又有立石主为社神事。这在先秦两汉古籍中凡四见。其一是《周礼·春官·小宗伯》郑玄注:"(军社)社主盖用石为之。"其二是《吕氏春秋·贵直论》:"(晋文公)城濮之战,五败荆人,围卫取曹,拔石社,定天子之位,成尊名于天下。"其三是《淮南子·齐俗训》:"殷人之礼,其社用石(高诱注:以石为社主也)。"其四是《周礼·春官·小宗伯》贾公彦疏和《御览》卷531所引许慎《五经异义》:"今山阳民[①]俗祀有石主。"以后,东魏天平四年时和唐神龙时的太社,亦曾用石主(《唐会要·社稷》)。俞先生说:"其实,先秦两汉时期是只有一个社神的,即多数是树,少数或为石。""那时,既然有些社主是'用石为之',就有理由推测丘湾遗迹的中心大石,是为社主。"俞先生又说:"古代的某些习俗,尤其是像用树还是用石来作社神的这种信仰,一般说是会相当牢固、流传久长的,这特别是在当地。许慎既说'今山阳民俗祀有石主',在那个地区,这种习俗不会凭空产生,而必定是早已有之。东汉的山阳郡是今鲁西南及其与江苏交界处的微山湖周围地区,丘湾遗址与此地区距离很近。这一带用石主为社神的风俗既然应当起源很早,这就更有理由把丘湾遗迹的中心大石,断为石主。"

第二,杀人祭社正是该地区尤为盛行的习俗。俞先生说:"祭社之法,在《周礼·春官·大宗伯》中叫做'血祭'。后来的注释家都认为'血祭'是用牲血为祭。"不过,俞先生同意丁山先生提出的"血祭即人牺"之说。丁山先生说甲骨文的"土(社)"字"象血滴于社主之上","春秋时代用俘虏于社,正是殷商野蛮风俗的遗存。"[②] 俞先生认为丁山之说是可从的。他说:"当然,东周时代的'血祭',大概确已变为用牲血为祀。丘湾遗迹中的人祭,最可能就是商代的'血祭'。"他又进一步用古文献记载说明在丘湾遗址或附近地区,直到春秋以后,乃至汉、魏时期,依然存在着杀人祭社的野蛮习俗。从而也就说明丘湾的商代杀人祭祀遗迹乃是社祀之迹。

笔者认为俞先生论证丘湾商代祭祀遗迹是杀人祭社的社祀遗迹是正确

---

① 俞先生注曰:贾疏所引无"民"字。按有此"民"字文义才齐,故从《御览》所引。

② 丁山:《中国古代宗教与神话考》,龙门联合书局1961年版,第501—502页。

的。前文我们曾列举出卜辞证明商人祭祀社神用羌人，即卜辞：

乙丑卜：又燎于土，羌、宜小宰。（《合集》32118，四期）
癸亥卜：又土燎，羌一、小宰宜。（《合集》32120，四期）
庚申卜：又土燎，羌、宜小宰。
癸亥卜：又〔土〕燎，羌、宜一小宰。（《屯南》961，四期）
□申贞：又伐于土，羌一……（《合集》32119，四期）

这四版都是第四期卜辞，都是卜问"又"祭土地神即社神的，其所使用的祭祀方法，前三版都是"燎羌"和"宜小宰"（或倒书为"小宰宜"）后一版是"伐羌"，"伐"是砍头以祭，甲骨文记录的杀人砍头以祭社神与丘湾杀人砍头的祭祀遗迹正相对应。这就为俞先生的商代"杀人祭社"之说提供了甲骨文方面的证据。

丘湾祭祀遗迹表明祭祀社神不但用人牲，还用狗牲。而甲骨文记录商人祭祀社神所用的动物牺牲中也有狗（犬）牲，如卜辞：

……燎土……二犬。（《合集》21104，一期）

这是第一期卜辞，卜问焚烧两条犬祭祀社神。除此之外，上举卜辞还反映商人祭祀社神还用宰、羊、牛、牢、豕（猪）等牺牲。

还需要提及的是，丘湾社祀祭祀遗迹中竖立在土中的石社主，与甲骨文中土字作◊形非常相似，这是"土"即"社"的强有力的证据，丘湾祭祀遗迹中的大石是社主是可以肯定的。丘湾社祀祭祀遗迹是甲骨文的社祀记录的形象写照，此乃商人以石为社主进行祭祀之物证。这就是说，考古发现证实了商人确实是尊崇土地神的，他们立社以祭祀土地神；同时也证明了商人是立石为社的。考古发掘与古文献记载交相互证。

对于铜山丘湾商代社祀遗迹的所属，俞伟超先生推测其很可能是商代末年淮夷的遗存。他引《后汉书·东夷传》："武乙衰蔽，东夷寖盛，遂分迁淮岱，渐居中土。"说："东夷在商末已经向西扩展到鲁西南，力量日益强大，所以'纣克东夷而殒身'（《左传·昭公十一年》）。""在商末到周初，与丘湾遗址很近的曲阜、泗水一带是淮夷之地。丘湾遗址所出商代陶器，下层属安阳早期，上层属安阳晚期，社祀遗迹属上层，即相当于安阳晚期。据1962

年安阳大司空村的发掘,丘湾上层相当于大司空村第四期①。对照安阳小屯的发掘,在相当于大司空村第三期的小屯西地 H1 中曾有武乙、文丁时期的甲骨伴出②,这就可以推知丘湾遗迹应当在武乙以后,即属于'东夷寖盛,遂分迁淮岱'的时代。在那个时代,丘湾的居民肯定是和淮夷的中心地区相距甚近。即使由于目前对商、周之际东夷文化的认识还很不清楚,无法确切判断丘湾商末遗存是淮夷的一部分还是属于其它方国,但至少可以知道这里是和淮夷相邻而存,接触频繁,而且互为影响较深的地方。"笔者同意俞先生的分析,将江苏铜山丘湾祭祀遗迹定为属于商代晚期淮夷方国的祭祀遗迹。

其次,考古工作者在郑州商城也发现了商代早期的社祀遗迹。在郑州商城内东北部的商代北城墙东段内侧的一片平坦的高地处,此处西南距商代宫殿区东北边沿处约 50 米,在约 100 余平方米的范围内,发掘出排列有序埋在地下的石头 6 块(发掘者称为"埋石"),其中较大的一块埋在中间,四周又放五块;以埋石为中心,围绕着中心石的北侧、东侧和南侧有排列有序的烧土坑 2 个,殉狗坑 8 个,殉狗 100 余只,还有无任何随葬器物和有很少随葬器物且仅能容下人身的单人坑 14 座,有的殉狗坑内还埋有人骨架,有的死者的双手和双脚是被捆绑着埋入的。发掘者认为这些人与狗埋葬于此,显然是与祭祀时的杀殉有关③。郝本性、宋镇豪先生认为该处祭祀遗迹是商人的社祀遗址④。将郑州商城内的社祀遗迹与江苏铜山丘湾的社祀遗迹进行对比,可知其是何等的相似:两处都埋有几块大石,都是以最高的大石为中心,四周都是以埋石为中心,都是人骨和狗骨从四面围绕着它,死者的双手或双手、双脚被捆绑着。所以郑州商城内的埋石、埋人与狗的祭祀遗迹是社

---

① 中国科学院考古研究所安阳发掘队:《1962 年安阳大司空村发掘简报》,《考古》1964 年第 8 期,第 380—382 页。

② 河南省文化局文物工作队第一队:《一九五五年秋安阳小屯殷墟的发掘》,《考古学报》1958 年第 3 期,第 65—71 页。

③ 河南省文物考古研究所:《郑州商城(1953 年—1985 年考古发掘报告)》上册,文物出版社 2001 年版,第 493—505 页。

④ 郝本性:《试论郑州出土商代人头骨饮器》,《华夏考古》1992 年第 2 期。又收入河南省文物研究所编:《郑州商城考古新发现与研究(1985—1992)》,中州古籍出版社 1993 年版。宋镇豪:《夏商城邑的建制要素》,《商承祚教授百年诞辰纪念文集》,文物出版社 2003 年版。

祀遗迹是至为明显的。

江苏铜山丘湾的商代社祀遗迹和郑州商城内的社祀遗迹证明，夏商周三代并不一定如《墨子·明鬼篇》所说都是立木为社的，《淮南子·齐俗训》就说："有虞氏社用土，夏后氏社用松，殷人社用石，周人社用栗。"看来，古人立社是土、木、石并用的。商人立社用石，由江苏铜山丘湾的社祀遗迹和郑州商城内的社祀遗迹得到了证明。

《墨子·明鬼篇》说："昔者虞夏商周三代之圣王，其始建国营都日，必择国之正坛，置以为宗庙；必择木之修茂者，立以为菆位（社）。"这是说，夏商周三代各王在建国营都后，都要建宗庙、立社坛。俞伟超先生将江苏铜山丘湾社祀祭祀遗迹定为商代晚期淮夷方国的祭祀遗迹，邹衡先生将郑州商城定为商汤所都之亳①，都是与《墨子·明鬼篇》所说建国营都后立社坛相符的。

第八节 其他自然神崇拜与祭祀

一 巫神崇拜与祭祀

甲骨文有字作"王"形，唐兰先生释作"巫"②，已为学界所公认。关于"巫"字在卜辞中的用法，陈梦家先生已做了很好的分析，他说："以'巫帝一犬'为例，巫可能是动词，则帝与一犬是宾词；巫可能是主词，则帝为禘（动词）而一犬是宾词；巫也可能是先置的间接宾词，因为卜辞有'帝东巫''帝北巫'者。若以巫为动词，则是祭帝以犬；若以巫为主词，则他是一种人；若以巫为间接宾词，则他是一种神。"他通过对带有"巫"字的卜辞分析，认为除极少数巫是地名或国名外，卜辞中的巫都是神名③。这是十分正确的。

卜辞中有"四巫"的记录：

(1) 癸卯卜，贞：酒求。乙巳自上甲二十示一牛，二示羊，土燎

---

① 邹衡：《郑州商城即汤都亳说》，《文物》1978年第2期。

② 唐兰：《古文字学导论》，下编，第17—18页。这里转引自于省吾主编：《甲骨文诂林》，第四册，中华书局1996年版，第2921页。

③ 陈梦家：《殷虚卜辞综述》，中华书局1988年版，第577—578页。

牢，四戈麂，四巫豕。(《合集》34120，四期)

这是一条第四期卜辞，于癸卯日卜问，问在未来第三天乙巳日用一头牛祭祀自先公上甲始的二十位祖先，用一只羊祭祀二示祖先①，再用经过特殊饲养的一头牛祭祀社神，用一头麂（以矢射之猪②）祭祀四戈，用一头豕（猪）祭祀四巫。陈梦家先生说："四戈与四巫，都是神名。所谓四巫当指四方之巫如东巫北巫等。"③ 笔者同意陈先生的这个观点，"巫"应是四方神的一个称呼。

(2) 癸巳：巫宁土、河、岳。(《合集》21115，一期)

这是一条第一期卜辞，于癸巳日卜问，问巫是否会宁息土、河、岳，使其不制造祸患？土、河、岳是指祖先神，那么该条卜辞说明四巫即四方神也是掌管着人间祖先神的神灵的，如同它掌管着风神、雨神等神灵一样。该辞的"巫"是"四巫"的省写。

(3) 乙丑卜：酒伐，辛未于巫。(《合集》32234，四期)

这是第四期卜辞，于乙丑日卜问在未来辛未日用伐祭的方法祭祀巫神。

(4) 贞：弗祟王，宙巫。(《英藏》1957，一期)

这是第一期卜辞，卜问巫神不会作祟于商王吧。

(5) 癸酉卜：巫宁风。(《合集》33077，四期)
(6) 辛酉卜：宁风巫九犬。(《合集》34138，四期)
(7) 戊子卜：宁风北巫一豕。(《合集》34140，四期)
(8) 戊寅卜：巫又伐，今夕雨，于己卯雨。(《合集》40866，一期)

---

① 关于上甲二十示及二示的所指见后面第五章。
② 张亚初：《甲骨文金文零释》，《古文字研究》，第6辑，中华书局1981年版。
③ 陈梦家：《殷虚卜辞综述》，中华书局1988年版，第578页。

以上四条卜辞中，前三条是第四期卜辞，卜问巫宁风的。其中第（6）辞卜问用九条犬祭祀巫使其宁风；第（7）辞卜问用一头猪祭祀北巫即北方神使其宁风。第（8）辞是第一期卜辞，于戊寅日卜问对巫行侑伐之祭，以求其在今天夜间下雨，或在第二天己卯日下雨。以上单称"巫"的都应是"四巫"的省称。

卜辞中有"巫帝"和"帝于巫"的卜问：

(9) 癸巳卜：钊于土。
　　癸巳卜：其帝于巫。（《合集》32012，四期）

这是第四期卜辞，有两问，都是于癸巳日卜问的，一是卜问御祭社神；一是卜问禘祭巫神，帝即禘，是卜问以焚烧的方法祭祀巫神。该辞也是社神与四方神合祭。

(10) 癸亥贞：今日帝于巫，豭一、犬一。（《合集》34155，四期）
(11) 辛亥卜：帝北巫。（《合集》34157，四期）

这两版都是第四期卜辞。第（10）版于癸亥日贞问当天焚烧一头母猪和一条犬祭祀巫神。第（11）辞于辛亥日卜问禘祭北巫即北方神。这两条辞的"帝"字都在通常的写法上部加三个小点，有学者将其释作"小帝"，释"小帝"于卜辞不能读通，应从陈梦家先生之意见仍释作"帝（禘）"才通，在"帝"字上部加三个小点应是加的羡划。

(12) 帝东巫。（《合集》5662，一期）

该辞是第一期卜辞，卜问禘祭东巫，即东方神的。

(13) 乙酉卜：巫帝一犬。（《合集》34160，一期）
(14) 巫帝一犬。（《合集》21074，一期）
(15) 庚……巫帝二犬。（《合集》21076，一期）
(16) 壬午卜：巫帝。

巫帝一犬、一豕。(《合集》21078，一期)

(17) 庚戌卜：巫帝一羊、一犬。(《合集》33291，四期)

(18) 甲子卜：巫帝。(《合集》34158，四期)

(19) 丁酉卜：巫帝。(《合集》34074，四期)

(20) 壬午卜：燎土，延巫帝乎。(《合集》21075，一期)

(21) 癸酉：巫帝，在㠯。(《屯南》4566，四期)

以上九版卜辞分属第一期和第四期，每条辞中都有"巫帝"一语，"巫帝"即禘祭巫神。"巫帝"的构词与"方帝"一样，都是前置宾语，都是卜问禘祭四方神的。上述卜辞表明商人禘祭巫神用犬、猪、羊，而且一般数目不多。第 (20) 版与第 (1) 版、第 (9) 版一样，都是祭祀巫神与祭祀社神同时举行，也即他辞的祭祀方神与祭祀社神同时举行。第 (21) 版卜问在㠯地举行禘祭巫神的祭祀。

由以上对巫神的崇拜与祭祀可以得知，在商人的心目中有"四巫"的观念，再由"东巫"、"北巫"知，所谓"四巫"就是指东巫、西巫、南巫、北巫，这与四方是相对应的。由第 (1) 版、第 (9) 版、第 (20) 版卜辞知"四巫"与"土"即社神同时并祭，前面在讨论四方神和社神时已指出四方神与社神同时并祭，因此，"四巫"应是指四方神是至为明显的。"巫"应是四方神的神名。关于巫神之权能，第 (5)、第 (6)、第 (7) 版卜辞表明它能宁风；第 (8) 版卜辞表明它能唤雨；第 (2) 版卜辞表明它还掌管着人间祖先神的神灵；第 (4) 版卜辞表明它能作祟于商王。巫神的这些功能也是与四方神一致的。

二 "四戈"崇拜与祭祀

卜辞中有"四戈"的记录。如：

(22) 甲子卜：王从东戈乎侯戋。
乙丑卜：王从南戈乎侯戋。
丙寅卜：王从西戈乎侯戋。
丁卯卜：王从北戈乎侯戋。(《合集》33208，四期。图3—31)

这是一版第四期卜辞，共有四条辞，是由甲子日始的连续四日的卜问，依次卜问商王从东、南、西、北四戈"乎侯戈"。"戈"之意，《说文》曰："伤也"，即"戈"是伤害之意；四戈是指什么？陈梦家先生说："卜辞的四戈疑是四或四国，但因为于四戈乎诸侯出伐，则'戈'当指边境之地。"① 笔者认为四戈不一定专指边境之地，它应与"四方"一样，指的是方域，即东方、南方、西方、北方。准此，则该版卜辞是卜问商王于东、南、西、北四方命令诸侯出伐的。

称"四戈"的神名见于下面四版卜辞：

图3—31 东戈、南戈、西戈、北戈
（《合集》33208）

(23) 癸卯卜，贞：酒求。乙巳自上甲二十示一牛，二示羊，土燎牢，四戈彘，四巫豕。（《合集》34120，四期）

(24) 壬寅卜：求其伐归。叀北㊀用。二十示一牛、二示羊、氏四戈彘。（《合集》34122，四期）

(25) 壬寅卜：求其伐归。叀北㊀用。二十示一牛、二示羊、氏四戈彘。（《合集》34121，四期）

(26) 丙寅卜：求于四戈。（《合集》8396，一期）

以上四版卜辞中，前三版为第四期卜辞，每条辞中都有"四戈彘"一词，即用射杀的猪祭祀四戈，也即祭祀四方。三辞都表明四戈是与自上甲起的二十示〔第（24）辞、第（25）辞省"自上甲"三字〕、二示同时并祭的〔第（23）辞四戈还与"土"、"四巫"同时并祭〕；第（24）辞、第（25）辞是一事两卜。第（26）辞是第一期卜辞，于丙寅日卜问"求于四戈"，即向四戈举行祈求之祭。

"四戈"是什么神灵？胡厚宣先生引上举第（25）版卜辞后说："四戈即四国，四国即四方。《诗·大雅·嵩高》南国南邦南土并称，《常武》徐方、

---

① 陈梦家：《殷虚卜辞综述》，中华书局1988年版，第321页。

徐国、徐土并称，以邦国方土同用。《书》《诗》屡言四国，犹言四方。《诗》毛传'四国四方也'，此亦统祭四方之辞。"① 胡先生这里说的四戈即四方，指的是地域的四方，因此，"四戈"指的应是四方地域之神。这样，第（23）版卜辞除了卜问上甲二十示、二示的祭祀外，还同时卜问社神，即整个土地的祭祀，"四戈"即四方地域的祭祀，"四巫"即四方神的祭祀。这表明"四戈"与"四巫"的所指是不一样的："四戈"指的是四个方向的地域之神；"四巫"指的是四个方向的空间之神。

四方的地域也称作"四土"，见于两版卜辞：

（27）壬申卜：奏四土于 𝄞［宗］。（《合集》21091，一期）
（28）□申卜：……四土……宗。（《合集》33272，四期）

第（27）辞是第一期卜辞，第（28）辞是第四期卜辞，两辞都是卜问祭祀"四土"的。第（28）辞残缺过甚；第（27）辞于壬申日卜问奏祭"四土"，"四土"应是指四方的土地之神。因为商人卜问祭祀代表广博土地的社神的祭祀较多，所以卜问祭祀某一方的土地神的情况就较少。这两条辞虽然时代不同，但似是卜问的同一件事，即都是在壬申日卜问在"𝄞"宗庙里举行奏祭四土的祭祀，所以我们根据第（28）辞的"宗"字补足第（27）辞的"宗"字。如果确实如此，则商代的祭祀一般都是有一定的规定的，并且这些规定是代代相传的。

商人卜问东、西、南、北受年（或受禾）时，有时称作"某土"，有时称作"某方"，如：

（29）东土受年。
南土受年。吉。
西土受年。吉。
北土受年。吉。（《合集》36975，五期。图3—32）
（30）南方受年。
西方受年。（《屯南》2377，三期）
（31）叀东方受禾。（《屯南》423，四期）

---

① 胡厚宣：《释殷代求年于四方和四方风的祭祀》，《复旦学报（人文科学）》1956年第1期。

(32) 癸卯贞：东受禾。

北方受禾。

西方受禾。

[南] 方 [受] 禾。(《合集》33244，四期)

第（29）版是第五期卜辞，分别卜问"东土"、"南土"、"西土"、"北土""受年"，"受年"即授予好年成；第（30）版是第三期卜辞，分别卜问"南方"、"西方""受年"。这两版卜辞说明"南土"、"西土"与"南方"、"西方"的所指是相同的，也即商人在指某个地域时既可称"某土"也可称"某方"。第（31）版是第四期卜辞，卜问"东方受禾"，"受禾"与"受年"的意义一样，都是指授予好年成；第（32）版也是第四期卜辞，分别卜问"东"、"北方"、"西方"、"南方"（"南"字残掉）"受禾"（"受"字残掉）。这两版卜辞说明"东"与"东方"的所指是相同的，也即商人在指某个地域时既可称"某方"也可单称"某"。综合上述四版卜辞就可以看到，商人在指某个方向的地域时，既称"某土"，又称"某方"，也单称"某"，即"某土"、"某方"、"某"的意义所指是一致的。

图3—32 东土、南土、西土、北土受年

（《合集》36975）

通过以上的讨论可知：四方神、四巫的所指是一样的，即是指的四方的空间之神；而四戈、四方、四土的所指是一样的，即是指的四方的地域。这是应该注意区别的。

三 鸟崇拜与祭祀

在第一章中我们曾论述了商人的祖先是以鸟为图腾的。后世商人对鸟的崇拜在卜辞中也见有记录。如下面两版卜辞：

(33) 贞：方帝。七月。

贞：帝鸟一羊、一豕、一犬。

贞：帝鸟三羊、三豕、三犬。

丁巳卜，贞：帝鸟。（《缀合集》168①，一期）

(34) 丁巳［卜］，贞：□福□鸟。（《英藏》1273，一期）

这两版都是第一期卜辞。第（33）版上共有四条辞，第一辞卜问"方帝"，即禘祭四方神；第二辞卜问用一只羊、一头猪、一条犬禘祭鸟；第三辞卜问用三只羊、三头猪、三条犬禘祭鸟；第四辞于丁巳日卜问禘祭鸟。三条辞的"帝"字都作"采"形，是为当祭祀讲的"禘"字。"禘"祭即焚烧之祭。第（34）版卜辞于丁巳日卜问，命辞有残字，但由所存的"福"字、"鸟"字知当也是祭祀鸟的。这两版卜辞都卜问祭祀鸟，说明商人是崇拜鸟的，并将其当作神给予祭祀。联想到远古时期的商族曾以鸟为图腾，所以他们尊崇鸟是理所当然的。

上述两版卜辞中的鸟字颈部都有一横画，李学勤将这种颈部有一横画的鸟字不释作鸟而释作"雉"，将卜辞的"鸣鸟"释作"鸣雉"，并以此证明《夏小正》以雉鸣判断物候的现象在商代就已经存在了②。对此，笔者不敢苟同。这是因为：一是卜辞中鸟字颈上加的是一横画，而不是箭头，因此不能释作加箭头的"雉"字；二是在殷墟甲骨卜辞中，有些字在通常的写法上加上一些其他的笔画，却并不能改变对该字原来的释义，这样的例子很不少见，如卜辞中有的"羌"字在其颈部加上链条，加链条只是表明羌人是被锁链锁着的，而不能改变其字仍是"羌"的释义；又如有的"豕"字在通常的写法上加上一划或一箭头，这只表明是一种什么样的豕，而不能改变其仍是指豕的原意；再如"于"字，有时在其字的外缘加上边框，但这并不能改变其字仍是"于"字的释义；等等。三是从卜辞中记录"鸣鸟"的辞例看，鸣鸟并不是卜问物候现象的，而是卜问是否有灾祸的。下面先看李先生所举的两条卜辞：

(35) 庚申卜，㱿贞：王勿……之日夕㞢鸣鸟。（《合集》17366正反，一期）

---

① 该版卜辞由蔡哲茂先生用《合集》14360与《英藏》1225缀合而成。见《甲骨缀合集》，第168片，"中研院史语所"1999年版。

② 李学勤：《〈夏小正〉新证》，《古文献丛论》，上海远东出版社1996年版，第213—214页。

(36)［癸丑卜］，永［贞］：旬亡［祸］。……乙卯㞢设……鼠，庚申亦㞢设，㞢鸣鸟，疫围羌戎。(《合集》522反，一期)

这两条也都是第一期卜辞。前一条卜辞由贞人殻在庚申日卜问，问商王不要做某件事吧，验辞说在当天夜间有鸟鸣发生了。这说明商人笃信鸟鸣是不吉利的，有鸟鸣发生就会有灾祸。后一辞是卜旬卜辞，由贞人永于癸丑日卜问下一旬是否有灾祸，商王视兆后的占辞说在第三天的乙卯日会有不吉利的事情发生，验辞说在第八天的庚申日也有不好的事情发生了，是有鸟鸣了，原因是被囚禁的羌人发生暴乱了[①]。由这两版卜辞可以看到，商人视鸟鸣并不是判断物候的标准，而是认为鸟鸣是一种不祥的征兆。这一点在下面两版卜辞中也可以看到：

(37) 丁巳［卜］，贞：……鸣……祸。(《合集》17367，一期)

(38) □□［卜］，贞：……鸣……祟……十一月。(《合集》17368，一期)

这两版也是第一期卜辞，两辞都残掉数字，但其义仍可明了，即也是卜问因为有鸟鸣叫而有祸祟发生。

商人这种视鸟鸣为不祥的心理，在古文献中也有记载。如：《史记·殷本纪》记载商王武丁祭祀成汤时说："明日，有飞雉登鼎耳而响，武丁惧。祖己曰：王勿忧，先修政事。"然后祖己就给武丁讲解修政行德的事，后"武丁修政行德，天下咸欢，殷道复兴。"这里是说武丁怕鸟鸣（雉属鸟的范畴）是因为他担心自己的德行不正会受到惩罚，而不是什么判定物候。又《尚书·高宗肜日》说："高宗祭成汤，有飞雉升鼎耳而雊。"孔疏曰："高宗祭其太祖成汤于肜祭之日，有飞雉来升祭之鼎耳而雊鸣，其臣祖己以为王有失德而致此祥，遂以道义训王，劝王改修德政。"由这些所引古文献也可以看到，商人视雉鸣并不是如李先生所说是为判断物候的标准，而只是以为鸟（或雉）鸣叫是个不祥的征兆而已。

---

① 齐文心：《殷代的奴隶监狱和奴隶暴动》，《中国史研究》1979年第1期。

四　山崇拜与祭祀

卜辞反映商人对山、川进行祭祀。陈梦家先生曾做过讨论，他曾对卜辞中山、川的祭祀说过这样的话："但关于此，有三种情形是困难的：（1）山川之神与先公的混淆；（2）山川之神与地名之混淆；（3）卜辞"山""火"字形的混淆。这些混淆，一时不易于辨别清楚。"① 事实确是如此。检视陈先生所列举的有关山祭祀的材料可发现，其或不全、或不正确。下面是笔者根据自己的理解列出的有关对山的崇拜与祭祀的材料：

（39）辛□贞：[其] 燎于十山。（《合集》34166，四期）
（40）癸巳贞：其燎十山，雨。（《合集》33233 正，四期）
（41）己卯卜：槱岳，雨。
　　　槱十山，雨。（《合集》34205，四期）
（42）甲申卜：岙山。
　　　甲申卜：岙十山。
　　　甲申卜：岙十山。（《合集》33747 正，四期）

以上四版都是第四期卜辞，都有卜问祭祀"十山"的记录。前两版卜辞卜问用燎祭，即焚烧之祭祭祀"十山"；第（41）版卜问用槱祭祭祀"十山"，第（42）版卜问用岙祭祭祀"十山"，槱、岙疑是燎字的异写，则第（41）版、第（42）版也是卜问用焚烧之祭祭祀"十山"的。其中第（40）版、第（41）版明记祭祀十山的目的是为了求雨；第（42）版上正面除了上举的三条祭祀十山、山的卜辞外，还有二十五条辞全是卜雨辞（不烦赘录），反面也有三条卜雨辞（不烦赘录），因此，同版卜问祭祀十山的目的也应该是为了求雨的。由第（41）版的岳与山并祭，知岳不是指山。"十山"究竟是指哪些山则不得而知。

（43）于九 [山燎]。
　　　勿于九山燎。（《合集》96，一期）

---

① 陈梦家：《殷虚卜辞综述》，中华书局1988年版，第594页。

这是第一期卜辞,卜问要不要对九山举行燎祭。"于九山燎"是"燎于九山"的倒写。"九山"是指哪些山也不得而知。

(44) 丁丑卜:又于五山。在隉。二月卜。(《合集》34168 正,四期)

(45) □□卜:又于五山。在采。□月卜。(《合集》34167,四期)

(46) ……五山。(《合集》33374 反,四期)

以上三条辞都是第四期卜辞,是卜问"又"(侑)祭"五山"的［第(46)辞祭名残掉］。郭沫若先生曾提出"五山"是否指五岳①。

卜辞中还有三山的记录:

(47) 癸卯:往三山。(《合集》19293,一期)

该辞是第一期卜辞,卜问"往三山",或许不是卜问祭祀"三山",而是卜问去往"三山"。"三山"或指山名,或指地名,不得而知。今暂附于此。"三山"如指山名,是指哪些山也不得而知。

(48) 其虡取二山,又大雨。(《合集》30453,三期)

(49) ……其燎二山,又大雨。(《合集》30454,三期)

这两条都是第三期卜辞,都是卜问祭祀"二山"的。第(49)辞的"二山"是合文,由第(48)辞的"二山"分书可知第(49)辞的合文"二山"应是"二山"两个字。第(48)辞卜问虡取祭二山,第(49)辞卜问燎祭二山,其目的都是为了求大雨。"二山"指哪两座山不得而知。

(50) 其求年二山、峃于小山,兀豚。

二山及峃,叀小宰,又大雨。(《合集》30393,三期)

(51) ……其兹,又于小山,又大雨。(《合集》30456,三期)

---

① 郭沫若:《殷契粹编》,第 72 片考释,科学出版社 1965 年版。

这两版也都是第三期卜辞。第（50）版上有两辞，第一辞卜问为了求得好年成而用"冗豚"祭祀二山、峀与小山，"于"在此作"与"用；"峀"字不识，其下部可能是"山"，也可能是"火"，今暂定为山，它在卜辞中为祈年、求雨的祭祀对象，从它在该辞中与"二山"、"小山"在一起合祭来看，它应是指山的名字；"冗"字，在卜辞中为用牲之法，于省吾谓即《说文》"衁"字的初文，他引《说文》曰："衁，以血有所刉涂祭也。"说："甲骨文言冗，皆谓刉物牲或人牲，献血以祭也"①；"豚"指小猪（或小肥猪）。准此，则该条卜辞是卜问杀小猪取其血祭祀二山、峀山与小山，求其保佑有好年成。第二辞卜问用一只经过特殊饲养的羊祭祀二山和峀山，以祈求有大雨。其求雨的目的应当与第一辞一样，也是为了求得有好年成。第（51）版卜辞卜问侑祭小山以祈求有大雨。

商人向山神祈求雨水还见于下面几版卜辞：

（52）乙丑卜：丙寅奏山，㷊，雨。（《合集》21078，一期）

（53）丙寅卜：其求雨于山。（《合集》30173，三期）

（54）丙寅卜：其燎于岳，雨。

……山，雨。（《合集》34199，四期）

（55）壬午卜：求雨，燎罒。（《合集》30457，三期）

（56）癸巳卜：燎罒。（《合集》21100，一期）

（57）山㞢从雨。（《合集》40306，一期）

以上卜辞分属第一期、第三期、第四期。第（52）版卜辞卜问奏祭、㷊祭山以求雨。第（54）版卜辞岳与山同祭以求雨，可证岳不是指山。第（55）版卜问燎祭罒求雨，罒可能是山名。第（56）版只说"燎罒"，对照第（55）版卜辞知也应是求雨的。第（57）版卜辞可能是卜问山是否有顺雨，山是地名？这些卜辞反映商人祭祀山神的目的是为了祈求雨水，与农业生产有关。

与第（56）版卜辞一样，商人有时只卜问祭祀某山，而省略了祈雨求年的内容。如：

（58）燎岳。

---

① 于省吾：《甲骨文字释林·释冗》，中华书局1979年版。

　　　　燎岳。(《合集》30413，三期)
　(59) 于㞢求。
　　　　于岊求。(《合集》30463，三期)

这两版都是第三期卜辞。第(58)版卜辞卜问燎祭岳和岳，岳为山名。第(59)版卜辞卜问求于㞢和岊，二者皆应为山名。两版卜辞都没有记录祈求的具体内容，想来应该与上述卜辞一样是求雨祈年的。

　　商人有时还卜问祭祀"丘"，如：

　(60) 丁酉卜，扶：燎丘，羊、㝬豕，雨。(《合集》20980 正，一期)
　(61) 壬午卜，扶：奏丘，㝬南，雨。
　　　　己丑卜：舞羊，今夕从雨。于庚雨。
　　　　己丑卜：舞[羊]，庚从雨。允雨。(《合集》20975，一期)

这两版都是第一期卜辞。第(60)版卜问用焚烧羊和"㝬豕"的方法祭祀丘，目的是求雨。第(61)版有三条辞，第一条卜问用奏祭和"㝬南"的方法祭祀丘，目的也是求雨，"南"指小猪；其他两辞于己丑日卜问用舞羊的办法求雨，是一事两卜，一卜问"今夕"即己丑日夜间是否有"从雨"，即顺雨，一卜问第二天庚日是否有顺雨，验辞记录于第二天庚日（庚寅日）果然下雨了。㝬的意义不详。"丘"为小山之通名①。

　　综观以上卜辞可知殷人祭祀山神的方法有燎（炏、岑当是燎字的异写）、又、取、求、奏、㝬等，一般卜辞都不记所用之牺牲，现仅见的祭牲有羊、猪小牲畜。商人祭祀山神的目的是为了求雨、求年。陈梦家先生引古书记载后说："古人因见山兴云雨，相信山与雨有一定的关系，故祭山所以祷雨"②，祷雨的目的是为了求年，也即是为了有好的年成。

―――――――――
① 见徐灏《说文解字注笺》。这里转引自于省吾主编：《甲骨文字诂林》，第二册，第1210页中姚孝遂的"按语"，中华书局1996年版。
② 陈梦家：《殷虚卜辞综述》，中华书局1988年版，第596页。

五 川崇拜与祭祀

卜辞反映，商人对一些河水也给予崇拜，对其进行祭祀，如：

（一）洹水

（62）戊子贞：其燎于洹泉，大三牢、宜牢。

戊子贞：其燎于洹泉，三小牢，宜牢。（《合集》34165，四期。图3—33）

（63）□□卜，出贞：……屮于洹，九犬、九豕。（《合集》24413，二期）

（64）庚午卜：其又于洹，又雨。

弜［又］洹。（《合集》28182，三期）

（65）燎［于］洹。（《合集》9648，一期）

图 3—33 祭祀洹泉
（《合集》34165）

"洹水"又称"洹泉"，是殷都的重要水流，殷人对其极为重视，给予崇拜与祭祀。上述四版卜辞都是卜问祭祀洹水的，这些卜辞分属于殷墟甲骨文的第一、二、三、四期，说明殷人对洹水的崇拜是世代延续的。第（62）版上有两辞，都是于戊子日卜问的，第一辞卜问"其燎于洹泉，大三牢、宜牢"，即是卜问焚烧三头经过特殊饲养的大牛和摆供一头经过特殊饲养的牛来祭祀洹泉，洹泉即洹水；第二辞卜问"其燎于洹泉，三小牢，宜牢"，即是卜问焚烧三只经过特殊饲养的小羊和摆供一只经过特殊饲养的羊来祭祀洹泉。第（63）版卜辞卜问用九条犬和九头豕侑祭洹水。第（64）版卜辞是正反两面的卜问，于庚午日卜问是否侑祭洹水，以求有雨。这表明了商人祭祀洹水的目的是为了祈求雨水。第（65）版卜辞是卜问用燎祭的方法祭祀洹水。由第（62）版、第（63）版卜辞看，商人祭祀洹水要选用经过特殊饲养的牛或羊，一次要用九条犬和九头豕来祭祀，这表明商人对洹水的祭祀是比较重视的，也是比较隆重的。

下面两版卜辞则表明洹水能够为害城邑：

(66) 辛卯卜，大贞：洹弘弗靠邑。七月。（《合集》23717，二期）
(67) □□[卜]，㱿贞：洹其乍兹邑祸。
　　　□□[卜]，[㱿]贞：洹弗乍兹邑[祸]。（《合集》7854正，一期）

第（66）版是第二期卜辞，由贞人大在辛卯日卜问，贞问"洹弘弗靠邑"，"弘"为宏大之意；"靠"，诸家从王国维先生释敦，训迫、训伐①。因此该辞是卜问洹水不会大迫近城邑吧？第（67）版的两条辞是贞人㱿从正反两面卜问洹水会不会作祸于"兹邑"，"兹邑"当是指商人的都城"大邑商"。这两版卜辞是说洹水如发大水能够淹及城池，给人们带来祸患，这也是商人要祭祀洹水的目的之一，即祈求它不要溢出水殃及城池。

（二）渇水（灉水）

(68) 辛丑卜：燎渇，戋三牢。（《合集》21099，一期）
(69) 戊午卜：王燎于渇三宰、埋三宰，屮一珏。（《合集》14362，一期）
(70) 燎渇，二牛。（《合集》20612，一期）
(71) 弜又渇。（《合集》30449，三期）
(72) [庚]戌卜：虎勿帝于渇，雨。（《合集》14363，一期）

以上五版卜辞是记录祭祀渇水的。渇水或作灉水，陈梦家先生说："渇或隶作灉，古文字龟、禺、禹是一字，所以我们暂定为渇，《说文》'渇水出赵国襄国之西山，东北入寖'，今邢台县至旧大陆泽之间。"② 今从陈先生说释作"渇"。第（68）版卜问"燎渇，戋三牢"，即卜问用焚烧杀死的三头经过特殊饲养的牛来祭祀渇水。第（69）版卜问"王燎于渇三宰、埋三宰，屮一珏"，即卜问焚烧三只经过特殊饲养的羊，埋三只经过特殊饲养的羊，还有合在一

---

① 见于省吾主编《甲骨文字诂林》，第三册，中华书局1996年版，第1937—1941页。
② 陈梦家：《殷虚卜辞综述》，中华书局1988年版，第597页。

起的两块玉——珏来祭祀渪水。第（70）版卜辞卜问焚烧二头牛来祭祀渪水。第（71）版卜问不要侑祭渪水吧？第（72）版卜问虎（人名）不禘祭渪水会下雨吗？由以上卜辞可知，商人祭祀渪水所用的牺牲有经过特殊饲养的牛、羊，有普通的牛、还用玉。第（72）版卜辞反映商人祭祀渪水也是与雨水有关的。

（三）滴水

(73) 王其又于滴，在又石，燎，又雨。（《合集》28180，三期）

(74) ……求年于滴，又大［雨］。（《合集》28243，三期）

(75) 求年于滴。（《英藏》2287，一期）

前两版是第三期卜辞，后一版是第一期卜辞。都是卜问祭祀滴水的。第（73）版卜问"王其又于滴，在又石，燎，又雨"，"又石"疑为地名，即该辞是卜问商王在又石这个地方举行燎祭来侑祭滴水，以祈求有雨。第（74）版卜问求年于滴水，祈求有大雨。第（75）版也是卜问求年于滴水的。以上卜辞反映，商人祭祀滴水的目的是为了祈求有雨、有大雨，祈求有好年成。陈梦家先生说："滴是滴水，或以为是漳水，仅仅从声类推求之，未必可信。"①

（四）潢水

(76) 甲□［卜］：燎于潢。田麗虎。（《合集》20710，一期）

该辞卜问燎祭潢水。潢水指什么河水，不得而知。

（五）屮水

(77) 燎于屮水，宙犬。（《合集》10151 正，一期）

该辞卜问焚烧犬来祭祀"屮水"。陈梦家先生说："屮水可能是洧水。"②

---

① 陈梦家：《殷虚卜辞综述》，中华书局 1988 年版，第 597 页。

② 同上。

(六) 水

> (78) 辛巳卜：其告水，入于上甲，祝大乙一牛，王受又。(《合集》33347，三期)
>
> (79) 辛酉卜：钔水于……(《合集》10152，一期)
>
> (80) 既川（水）燎，又雨。(《合集》28180，三期)

这三条辞是单纯卜问祭祀水的，没有具体指哪条水，可能是泛指所有的水。第（78）版卜问告祭水。第（79）版卜问御祭水。第（80）版卜问燎祭"川"，"川"也可释成"水"，[同版有卜问祭祀滴水的，见第（73）辞]，其祭祀的目的是祈求有雨水。

商人怀疑水会致病，如卜辞：

> (81) 丁亥卜，贞：汝㞢疾，其川（水）。
>
> 丁亥卜：汝㞢疾，于今二月，弗川（水）。(《合集》22098，一期)

该版中的两条辞是正反两面的卜问，是于丁亥日卜问说汝有疾病，是否是川即水造成的。辞中的"川"字也可释成"水"字。担心水会引来疾病，这也可能是商人祭祀水的原因之一。

总之，商人祭祀各种水神的目的有：祈年、求雨，祈求不要发大水殃及城池，不要带来疾病等各种祸患。

六 其他自然物的崇拜

商人除了对上述自然物进行崇拜与祭祀外，还对其他某些自然物进行祭祀和膜拜。

(一) 虎

> (82) 丁丑卜：王宙犬、羊用，帝虎。
>
> 丁丑卜：王勿帝虎。(《合集》21388，一期)

该版中的两条辞都是于丁丑日卜问的，是正反两面的卜问，第一问是"王宙犬、羊用，帝虎"，即是卜问商王要焚烧一条犬和一只羊来祭祀老虎可以吗？第二问说商王不禘祭老虎可以吗？该版的两个"帝"字都作"眔"形，是为祭祀动词禘，"禘"是焚烧之意。老虎为害人民、牲畜，商王祈求其不要为害于民，所以要对它进行祭祀，也含有对老虎的崇拜之意。

(二) 虹

商人认为出虹不是好兆头，如卜辞说：

(83) 戊……又。王占［曰］：……隹丁吉。其……未允……允有设。明有［各］云……昃亦有设，有出虹自北……［饮］于河。在十二月。(《合集》13442 正，一期)

(84)［癸卯卜］，［殻贞］：旬亡［祸］。……八日［允有］来艰。王占曰：有祟。八日庚戌有各云自东，宦毋。昃［亦］有出虹自北，饮于河。［十二］月。(《合集》10405 正反，一期)

(85) ……王占曰：有祟。八日庚戌有各云自东，宦毋。昃亦有出虹自北，饮于［河］。(《合集》10406 反，一期)

(86) ……吉。其……有设。虹于西……(《合集》13444，一期)

这四版都是第一期卜辞，都有"出虹"的记录。(83)、(84)、(85) 版说"有出虹自北"，(86) 版说"虹于西"。对于出虹的现象，(83) 版、(86) 版说是"有设"，(84) 版、(85) 版说是"有祟"［(84) 版、(85) 版是一事两卜］。这里的"设"字为崇咎、灾咎之义①。虹出有设、有祟，是说虹的出现会带来灾祸，这由下面两版卜辞可以得到印证：

(87) 贞：虹于年祸。(《合集》13441，一期)

(88) 庚寅卜，㱿贞：虹佳年。
    庚寅卜，㱿贞：虹不佳年。(《合集》13443 正，一期)

这两版也是第一期卜辞，是卜问虹是否对年成有所损害。那么，商人为什么会认为虹会损害年成呢？胡厚宣先生对此做了考证，他说："是虹者亦

---

① 孙诒让、李旦丘、于省吾释为"设"。郭沫若释为"毁"，认为该字"当含恶意，与祟咎等同"，见《卜辞通纂》，第 427 片考释，科学出版社 1982 年版。

关系年收的休咎。为什么虹的出现，会是不祥之兆，它会关系于年收的休咎呢？《诗·鄘风·蝃蝀》，'朝隮于西，崇朝其雨。'朱熹《诗集传》'言方雨而虹见，则其雨终朝而止矣。今俗谓虹能截雨，信然。'因古人以为虹能截雨，虹见则雨止，雨量不足，所以才会影响到丰收。"[1] 胡先生所论极是。

第九节　考古发现的商代自然神崇拜遗迹

目前学术界比较有共识，认为是商代自然神崇拜的考古祭祀遗迹，一个是在本章第七节介绍的江苏铜山丘湾商代社祀遗迹和郑州商城商代早期社祀遗迹，另一个就是发现于四川广汉三星堆的古蜀族人的两个"祭祀坑"。

"三星堆，是三个各长数十米至百米、宽20至30米、高约5至8米，连结成一线的土堆。"[2] 1984年至1985年曾对土堆进行了解剖，发现土堆是人工堆积起来的，非为自然土堆，学者认为这三个土堆或为祭坛或为祭社[3]。

关于三星堆遗址的时代，发掘者初步将三星堆遗址的文化堆积分为四大期。第一期的年代在新石器时代晚期的年代范围内；第二期的年代大致在夏至商代早期；第三期的年代相当于商代中期或略晚；第四期的年代约在商代晚期至西周早期。

1986年7月至9月，考古工作者在三星堆遗址发现了两座大型的"祭祀坑"。这两座祭祀坑的大概情况是：

一　三星堆一号祭祀坑

关于三星堆一号祭祀坑的时代，发掘者根据地层和出土器物推测，应属于商代中、晚期至西周早期。

一号祭祀坑为长方形，口大底小。坑口长4.5—4.64米、宽3.3—3.48

---

[1] 胡厚宣：《释殷代求年于四方和四方风的祭祀》，《复旦学报（人文科学）》1956年第1期。

[2] 四川省文物管理委员会、四川省文物考古研究所、四川省广汉县文化局：《广汉三星堆遗址一号祭祀坑发掘简报》，《文物》1987年第10期。下文所述有关一号祭祀坑的情况，凡未注明出处者皆引自此文，不再另做注明。

[3] 屈小强、李殿元、段渝主编：《三星堆文化》，四川人民出版社1993年版，第226页。

米，坑底较平，长 4.1 米、宽 2.8 米、深 1.46—1.64 米；坑的四角基本为正东、西、南、北方向；在东南壁正中及东北、西南两壁东南侧，各有一条坑道向外延伸。祭祀坑和坑道为同一时期一次建成。

坑内出土有：金、铜、玉、石、骨、陶、象牙等质料的文物 300 余件，以及海贝和约 3 立方米左右的烧骨碎渣。出土的遗物主要有：金器：杖、面罩、虎形饰。青铜器：跪坐人像、头像（分三种类型）、人面像、爬龙柱形器、虎形器、罍、尊、盘、器盖等。玉器：璋（分四种类型）、戈（分三种类型）、凿（分六种类型）、锛、瑗、锄（？）、斤、匕（剑？）、斧、佩。石器：琮、斧（分两种类型）、铲、矛、凿。陶器：尖底盏、器座。十余根象牙。贝。等等。发掘者根据器物的叠压情况，推测这些器物是按一定次序先后放置的。

对于一号祭祀坑的性质，发掘者说："坑内出土的铜人头像，颈部作成倒三角形，出土时有的内装海贝，有的内插象牙，均被火烧过。这种情况，不像是作为祭祀对象——'神祇'，而像是作为祭品——'人祭'的代用品。颈部做成倒三角形，很可能用它们象征被杀的'人牲'。""坑内瘗埋了约 3 立方米经火燔燎敲碎的骨渣，出土的金器、青铜器、玉石器、陶器、象牙、贝等均用火烧过。"根据这些情况，发掘者认为"这些遗物是在举行一次规模浩大、祭典隆重的'燎祭'活动后瘗埋下的。"他们根据殷墟甲骨文中的祭祀卜辞推测，一号祭祀坑既使用燎祭，再将燔燎后的祭品瘗埋，其"祭祀的对象是天、地、山、川诸自然神祇之一，而祭祀先公先王等人鬼的可能性很小。"

二 三星堆二号祭祀坑

三星堆二号祭祀坑位于一号坑东南约 30 米处①。坑为长方形，长 5.3 米、宽 2.2—2.3 米。坑口至坑底深 1.4—1.68 米，坑底西南高、东北低。坑内填黄色五花土，填土都经夯打。

该坑出土文物约 600 余件（包括象牙在内）。二号坑的遗物，根据出土时的堆积叠压情况可分为上、中、下三层。

下层堆积主要为大量草木灰烬、炭屑、小型青铜器件、青铜兽面、青铜树枝、玉石器及大量的海贝等。

---

① 四川省文物管理委员会、四川省文物考古研究所、广汉市文化局、文管所：《广汉三星堆遗址二号祭祀坑发掘简报》，《文物》1989 年第 5 期。下文所述有关二号祭祀坑的情况，凡未注明出处者皆引自此文，不再另做注明。

中层堆积主要为大件的青铜器件，如大型立人像、车形器、大型人面像、人头像、树干、树座、尊、罍等。

上层堆积主要为60余枚（节）大象门齿纵横交错地叠压在一起。

出土的遗物主要有：青铜器：约400余件，器种有立人像、人头像（可分4型）、人面像（可分3型）、尊、罍、彝、车形器、神树、鸡、鸟、铃、兽面、瑗、云形饰片、蛇及其他异形器等。玉石器：有戈（可分3型）、璋、凿（可分4型）、瑗、环、刀、舌形器、珠、管穿等。

坑内遗物的投放也有一定的先后次序。首先投放的是海贝、玉石礼器、青铜兽面、凤鸟、小型青铜杂件和青铜树枝、树干等，这些遗物大部分都杂在灰烬的炭屑里，并留下了明显的烟熏火烧痕迹。其后再投入大型的青铜容器和青铜立人像、头像、人面、树座等。最后投放象牙。尊、罍、彝等大部分青铜容器的外表都涂有朱色，器内都装有海贝、玉石器等；青铜头像和面像部分损毁并经过火烧；象牙及骨器之类也明显地有被烧焦的痕迹；有的玉石器被烧裂。坑内大部分遗物遭到了损坏或已残缺，发掘者推测大多数遗物是在入坑前人们举行某种仪式时有意损坏的，小部分是夯土时打碎的。

对于二号祭祀坑的性质，发掘者认为是"祭祀坑"，而不是有人所说的"墓葬陪葬坑"或"异族入侵"后宗庙遭到"扫庭"的结果。理由是：

1. 半个多世纪的调查发掘，附近没有发现墓葬区。因此，是墓葬陪葬坑的可能性很小。

2. 二号坑中出土遗物的投放都有一定顺序，同类遗物的分布也较为集中，这反映出投放这些遗物是有目的而不是盲目的。

3. 出土的青铜人头像、人面像、神树以及玉璧、瑗、璋、戈等，都应是祭祀用品。特别是边璋上遍刻的图案，应是蜀人祭祀礼仪的反映，其中一组图案是插璋祭山。《周礼·春官·典瑞》载："璋邸射以祀山川，以造赠宾客。"边璋的图案印证了古书的记载，也为判断二号坑的祭祀性质提供了证据。

发掘者根据二号坑出土的遗物均有火烧过的痕迹，结合文献记载推测，当时的祭祀应有"燔燎"祭天、"瘗埋"祭地、"悬庋"祭山等形式，因此，二号坑应是一次重大综合祭祀活动的遗存。

笔者认为，发掘者对三星堆两座祭祀坑的性质的分析是有道理的。该坑出土了大量的经过火烧过的各种质料的遗物，有草木灰烬、炭屑，这显然是举行燎祭的遗迹；坑内虽未见人和动物牺牲的躯体，但有大量的经过燔燎、敲碎的骨渣，这是人或动物曾作为牺牲的证据。因此，发掘者判断三星堆的两座坑内的遗迹，是当时举行重大祭祀活动后留下的遗存，是正确的，定这两座坑为祭祀坑是合理的，令人信服的。

三星堆遗址两座祭祀坑的发掘有着重大的学术意义。著名考古学家邹衡先生在给《三星堆祭祀坑》[①]一书写的"序"中说：

> 祭祀坑内出土器物非常丰富，品种繁多，几乎包括了一个考古学文化的各个方面的内涵。如果对这些出土器物进行全面地分析研究，完全可以勾画出这个文化的面貌，从而最后确定其文化性质。初步看来，这些文化遗物大体包括了两个方面的因素：
>
> 一部分明显地属于商文化因素。例如铜尊、铜罍、铜瓿、铜盆，无论形制、花纹都同商器无别。又如玉石戈、玉剑、玉刀、玉琮、玉石璧、玉石瑗，其形制也基本上同于商器。
>
> 另一部分应属于本地因素。又可分为两类。
>
> 一类为本地所固有。例如绝大部分陶器均与商器迥异。又如大小立人铜像、跪坐铜人、兽首冠铜人、铜人头像、铜人面具、金面罩、铜眼泡、铜虎形器、铜水牛、铜怪兽、铜兽面具、铜蛇、铜龙形饰、铜鲇鱼、鱼形铜箔、鱼形金箔、铜神树、铜神坛、铜神殿顶盖、铜龙柱形器、铜挂饰、异形铜铃、铜瑗、璋形金箔、铜太阳形器、铜戚形方孔璧、金杖、石矛等，均不见于商器。
>
> 一类来源于商文化而经过本地改造而成者。例如铜圆罍、铜方罍、铜铃、齿状援铜戈、璋形铜箔、铜兽面、兽面铜箔、铜鸟、鸟形铜箔、叶脉铜箔、齿状援玉戈、曲援玉戈、长条形玉戈、偏刃石戈、玉璋、玉斤、玉锛、玉凿等，均见于商器而形制有别。

邹衡先生说："从总体来看，本地因素远远超过了商文化因素，因此，这种文化当然不可能叫作商文化，只能叫作本地文化，按报告作者的意图，或可直接叫做蜀文化了。这里的商文化因素，只能理解为蜀文化受到商文化强烈的影响。"

---

① 四川省文物考古研究所编：《三星堆祭祀坑》，文物出版社1999年版。

笔者还认为，我们在中原地区的商文化中，并没有见到这种蜀文化因素的影响，因此，受到商文化强烈影响的三星堆文化，应该是属于商王朝时期的蜀方国的文化。三星堆的两座祭祀坑，或许可以有助于我们了解商时代的人们祭祀自然神祇的情况。

第四章

祖先神的崇拜与祭祀

殷墟甲骨卜辞表明，商人对祖先神是非常尊崇的，他们对各类祖先神进行着频繁的、有的还是很隆重的祭祀。我们从这些祭祀卜辞中可以看到，商人对各类祖先神的尊崇程度是不一样的，是有亲疏之别的，这反映出商代已经有了一定程度的宗法制度。下面我们分别探讨商人对各类祖先神的崇拜与祭祀情况。

第一节 高祖神的崇拜与祭祀

商人对某些远古祖先称作"高祖"或简称作"高"。现今学者们对某些高祖神的所指，对某些高祖神的神性都还存在着不同意见，特别是对卜辞中频繁出现的"河"和"岳"的所指及神性，分歧就更大。下面我们先分析河神、岳神的神性及其受祭情况，然后再分析其他高祖神的受祭情况。

一 河神、岳神的神性与祭祀

卜辞中有大量卜问祭祀河神、岳神的辞例，并且卜问祭祀河神、岳神往往是出现在同一条或同一版卜辞中，所以学者们一般都将河神与岳神合并讨论。那么河神和岳神是什么样的神灵，也即它们的神性是怎样的呢？对于这个问题，目前存在着两种意见：一种意见认为河神、岳神都是自然神；另一种意见则认为它们都是祖先神。下面我们分别分析这两种神的神性和商人对它们的祭祀情况，并且分析这两种神灵在商人心目中的功能。

（一）河神的神性与祭祀

关于河神（包括岳神）的神性，持河神（包括岳神）为自然神的学者至今没有拿出什么证据来证明他们的直觉判断是正确的。而持河神（包括岳神）为祖先神的学者则有其证，如郭沫若在释《通》259片卜辞（即《合集》33273）时说："此言'求年于河'与'求年于夒'为对贞，知河亦必殷之先世。"这是利用同版卜辞卜问同类事例的方法来证明"河"是殷人的祖先神的，这种求证方法是正确的。下面我们再利用四种方法来进一步论证卜辞中有的"河"确实是指殷人的祖先。

第一种方法：卜辞中有"高祖河"的称谓：

(1) 辛未贞：于河求禾。
辛未贞：求禾高祖河，于辛巳酒燎。
辛未贞：求禾于河，燎三牢、沉三牛、宜牢。
辛未贞：求禾于高祖，燎五十牛。
辛未贞：其求禾于高祖。
辛未贞：求禾于岳。
(《合集》32028，四期。图4—1)

图4—1 祭祀高祖河
(《合集》32028)

这是一版刻在牛胛骨上的第四期卜辞，共有六条辞，六条辞卜问的是同一事项。都是于辛未日卜问的，除了第六辞是卜问求禾于岳的外，其他五条辞都是卜问求禾于河的（第一辞的"于河求禾"是"求禾于河"的倒装句，并不是在"河"地求禾的意思），从卜辞的刻写部位看，一二辞应是对贞辞，三四辞应是对贞辞，五六辞似是见空隙后刻上去的。第一辞卜问要不要向河求禾，第二辞卜问求禾于河在下一个辛日辛巳日举行酒燎之祭可以吗，该辞对河加称"高祖"，称"高祖河"；第三、四辞是卜问求禾于河的具体祭祀方法，其中第三辞卜问用燎祭即焚烧三头经过特殊饲养的牛、再沉三头牛和摆放一头经过宰杀的特殊饲养的牛可以吗？第四辞卜问用焚烧五十头牛求禾于高祖可以吗，该辞对河只称"高祖"，省掉"河"字。第五辞只卜问"求禾于高祖"，对河也简称"高祖"。第六辞则是卜问求禾于岳的。综观该版卜辞对河的称呼是：第一辞称"河"，与之对贞的第二辞称"高祖河"；第三辞称"河"，与之对贞的第四辞简称"高祖"。显然，称"高祖"的"河"是指人而不是指自然的河流。持卜辞中的"河"均是指自然神的学者反对河是祖先神的方法是在"高祖"与"河"之间断句，他们认为"高祖"与"河"不能连读，即不能读成"高祖河"，而应读作"高祖、河"，从而说"高祖"是指殷之先人（指何祖先不明），而"河"是指大河、黄河等自然河之神，以此来否定这种卜辞里的河是指祖先神。这样断读卜辞是否定辈分称呼"高祖"与后面的名词"河"连读，这样断读卜辞是不正确的。除了该版卜辞的两对对贞辞可以证明"高祖"与"河"是只能连读而不能分开断读外，我们还可以利用卜辞中其他有"高祖某"称谓的卜辞的读法来证明。下面我们采用第二种方法，即利用其他有"高祖某"称谓的卜辞来作旁证。

第二种方法：利用其他"高祖某"作旁证。如卜辞：

（2）乙亥卜：高祖夔燎二十牛。（《屯南》4528，四期）
（3）叀高祖夔祝用，王受又。（《合集》30398，三期）

这两条辞都有"高祖夔"的称谓，学者释"夔"为殷人的远世先祖（详见后文）。因为殷人认为"夔"是其远世先祖，所以才有"高祖夔"的称呼。如果对这两辞在"高祖"与"夔"之间断句，将其读成"高祖、夔"，那么其中的"高祖"是指谁呢？显然，将辈分称谓"高祖"与名词"夔"断读是不合理的，只有将其读成"高祖夔"才合情合理，而且这一点学人都不予否认。那么，同样的道理，我们就不能把"高祖河"断读成"高祖、河"，而且，断读后的"高祖"是指人神，"河"是指自然神，将人神与自然神放在一起进行祭祀，也不太合情理，因此"高祖夔"的称呼可以证明"高祖河"应连读。殷人有时还把"高祖"与"夔"的词序倒置，写成"夔高祖"，如卜辞：

（4）于夔高祖求。（《合集》30399，三期）

"夔高祖"是"高祖夔"的倒置，同样的道理，我们也不能将该辞断读成"夔、高祖"，如果断读，夔本已是高祖，那"高祖"一称又是指哪一位高祖呢？显然，这样读是不通的。不能将辈分称谓"高祖"与后面的名词断读在下面的一些卜辞中表现得更为明显，如：

(5) 其告于高祖王夒三牛。
其五牛。(《合集》30447，三期)
(6) 癸卯贞：弜叀高祖王亥歹，叀□。(《合集》32083，四期)
(7) 乙巳贞：大钾其陟于高祖王亥。(《合集》32916，四期)
(8) 贞：陟大钾于高祖王[亥]……(《合集》34286，四期)

这四版卜辞都有"高祖王亥"的称谓，"高祖王亥"表明王亥是殷人的高祖，"高祖"是辈分，"王亥"是人名，后世殷人称其为高祖。现在还没有发现有学者将"高祖王亥"断读成"高祖、王亥"的。"高祖王亥"的连读说明"高祖河"的连读是正确的。殷人有时还将"王亥"的"王"字省略掉，将"高祖王亥"略写成"高祖亥"，如卜辞：

(9) 丁丑贞：又报于高祖亥。
丁未贞：酒高祖报，其牛高妣。(《屯南》608，四期)
(10) 于高祖亥求禾。
佳高祖亥[耏]云。(《屯南》2105，四期)
(11) 甲午贞：乙未酒高祖亥……大乙羌五牛三、祖乙羌……小乙羌三牛二、父丁羌五牛三，亡耏。兹用。(《合集》32087，四期)

这三版卜辞都将"高祖王亥"简称为"高祖亥"①，"高祖亥"的称谓更能说明"高祖王亥"是不能断读成"高祖、王亥"的。值得注意的是，第(9)版的第一辞记录报祭"高祖亥"，第二辞则简称报祭"高祖"，将"亥"字也省略掉，这与第(1)版卜辞简称"河"为"高祖"是相同的。第(10)版的第一辞是卜问向高祖亥求禾，第二辞则卜问高祖亥是否会"耏云"。"求禾"即祈求年成的丰收，而年成的丰收又有赖于雨水的充足，而雨水又是由云造成的，所以商人在向高祖亥祈求年成时再卜问高祖亥是否会对云不利，

---

① 其他记有"高祖亥"的卜辞还有：《合集》34288、《屯南》665、《合集》34289、《合集》34290、《合集》34285等。

即不利于雨水的形成。这表明在殷人的心目中祖先神是可以作用于自然神的。总之，以上"高祖王亥"、"高祖亥"的称谓都不能断读成"高祖、王亥"、"高祖、亥"，"高祖"与后面的名词"王亥"、"亥"都应该连读。这也证明"高祖河"是不能断读成"高祖、河"的。还有一版卜辞有"上甲父王亥"的称呼：

(12) □□卜：王［贞］：其燎［于］上甲父［王］亥。（《合集》24975，二期）

这是一版第二期卜辞，卜问用燎的方法祭祀上甲的父亲王亥可以吗。"父"是辈分称谓，"王亥"是人名，我们不能将"上甲父王亥"断读成"上甲父、王亥"，将"上甲父"与"王亥"分成两个人，也即不能将辈分"父"与"王亥"分成两个人。同样的道理，我们也不能将"高祖王亥"、"高祖亥"断读成"高祖、王亥"，"高祖、亥"，将"高祖"与"王亥、亥"分成两个人。也是同样的道理，我们也不能将"高祖河"断读成"高祖、河"，将"高祖"与"河"分成两个人。殷人对上甲也称高祖，如卜辞：

(13) 庚辰贞：其陟［于］高祖上甲。兹用。王占：兹□。（《屯南》2384，四期）

不能将该辞中的"高祖上甲"断读成"高祖、上甲"，将"高祖"与"上甲"分成两个人是不合理的。同样的道理，也不能将"高祖河"断读成"高祖、河"。卜辞中还有不少"高祖乙"的称谓，如：

(14) 甲子卜：其又岁于高祖乙三牢。（《合集》32447，四期）
(15) 甲寅卜：其又岁于高祖乙一牢。（《合集》32448，四期）

这两辞中都有"高祖乙"的称谓，据笔者不完全统计，祭祀"高祖乙"的卜辞有二十六条之多。学者都认为"高祖乙"是指一个人，而不断读成"高祖、乙"，将"高祖乙"分成"高祖"与"乙"两个人。"高祖乙"应是"高祖祖乙"的省称。"高祖乙"的读法证明"高祖河"的读法是正确的。

以上我们列举了卜辞中的"高祖夔"、"高祖王亥"、"高祖亥"、(上甲父王亥）、"高祖上甲"、"高祖乙"等称呼，至今还没有学者将这些"高祖某"的称谓断读成"高祖、某"。因此，有的学者将同样是"高祖某"的组词的"高祖河"断读成"高祖、河"就是没有道理的。至今我们在卜辞中尚未见到"高祖岳"的称谓，但因为"河"与"岳"在卜辞中往往是同见于一辞或同见于一版，并且所卜事类又往往相同，所以学者们都将这两种神看成是一类神。这样，卜辞中有的"岳"就应与有的"河"一样，也应是指祖先神。

卜辞中作神名解的"河"与"岳"往往与殷人的祖先同辞或同版卜问，而且所卜事类往往相同，这也是论证"河"与"岳"是殷人的祖先神的重要方法。

第三种方法："河"与祖先神同辞或同版卜问。

1. 同辞卜问

(16) 戊午卜，宾贞：酒。求年于岳、河、夒。(《合集》10076，一期)

该条卜辞于戊午日卜问酒祭岳、河、夒以求年。夒为殷之高祖，岳和河也当为殷人的祖先。

(17) 辛巳卜，贞：来辛卯酒河十牛、卯十牢。王叀燎十牛、卯十牢。上甲燎十牛、卯十牢。

辛巳卜，贞：王叀、上甲即宗于河。(《屯南》1116，四期)

该版上有两条辞，都是于辛巳日贞问的。第一辞贞问在未来的第十天辛卯日祭祀河、王亥、上甲，祭祀王亥、上甲的祭仪是"燎十牛、卯十牢"，祭祀河的祭仪是"酒河十牛、卯十牢"，在"河"字之后当脱一"燎"字。河、王亥、上甲三者在同一条辞中被卜问，并且三者的祭仪相同，说明河与王亥、上甲的地位是相同的，王亥、上甲是殷人的祖先，所以河也应该与他们一样，是殷人的祖先。第二条辞卜问祭祀王亥、上甲就在河的宗庙里可以吧？即是卜问在河的宗庙里同时祭祀河、王亥、上甲可以吧，说明河与王亥、上甲的地位是相同的，是殷人的祖先。又该版第一条辞可能表明河的世次是在王亥之前，是否是指王亥的父亲"冥"有待于今后的考证。

(18) 辛巳卜，贞：王夒、上甲即于河。(《合集》34294，四期)

该条辞与上版的第二辞相同，也是于辛巳日卜问在河的宗庙中同时祭祀河、王亥、上甲可以吧？与上版的第二辞相比，该辞在"即"字之后省掉了"宗"字。河与王亥、上甲并祭，河当也是殷人的祖先。

(19) 贞：宙上甲日祈。

燎于河、王亥、上甲十牛，卯十宰。五月。

丁丑卜，宾贞：宙河日祈。(《合集》1182，一期)

该版卜辞的第二辞卜问用燎即焚烧十头牛、卯即剖杀十只经过特殊饲养的羊的方法祭祀河、王亥、上甲可以吧？第一辞问"宙上甲日祈"，第三辞问"宙河日祈"，"祈"为祭名，"上甲日"、"河日"即祭祀上甲的日子、祭祀河的日子[①]，这两条辞的卜问应是为第二辞的祭祀选择日期。该版卜辞中河也与王亥、上甲同辞卜问，并且河与王亥、上甲享受同样的祭祀，说明河与王亥、上甲一样也是殷人的祖先，该辞也表明河的世次是在王亥之前。

(20) 贞：于河、王亥求年。(《合集》10105，一期)

该辞卜问求年于河和王亥，河与殷人的祖先王亥同辞卜问，当也是殷人的祖先。该辞也表明河的世次是在王亥之前。

(21) 五牢于岳。

九牢于河。

辛未贞：宙上甲即宗于河。(《屯南》2272，四期)

该版第三辞于辛未日卜问祭祀河和上甲就在河的宗庙中举行可以吧？河与殷人的祖先上甲同辞卜问，河当也是殷人的祖先。该版的第一辞、第二辞分别卜问用牢祭祀岳和河，与第(1)版、第(16)版卜辞一样，岳也是与河同

---

① 笔者曾论证过商人用王、妣的日干名纪日。见常玉芝《殷商历法研究》，吉林文史出版社1998年版，第95—103页。

版卜问的，故岳当与河一样也是殷人的祖先。

  （22）戊辰卜：□上甲及河……羊延……。（《合集》1202，一期）
  （23）□戌卜，彭贞：其又求于河及上甲。在十月又二。（《合集》32663，三期）

这两条辞都是同辞卜问祭祀河和上甲的，河当与上甲一样也是殷人的祖先。

  （24）庚子卜，争贞：其祝于河氏大示至于多后。（《合集》14851，一期）

该条卜辞由贞人争于庚子日卜问祭祀河至大示至于多后，河与大示祖先及其后的多位祖先同时受祭，确凿无疑地证明了河当是殷人的祖先。

  （25）辛未贞：求禾于高及河。（《屯南》916，四期）

该条卜辞卜问求禾于某一高祖和河。河与高祖同时受祭，说明河是指祖先。殷人有时对高祖只简称"高"，如《合集》2612说："贞：钔妇好于高"，《合集》33305说："乙卯卜，贞：求禾于高，燎九牛。"

  以上我们例举了河与殷人的祖先夒、王亥、上甲、某高祖及诸大示和诸多后合祭的卜辞，由这些例证可以推知，与殷人祖先合祭的河当也是殷人的祖先，没有理由认为与这些殷人祖先合祭的河不是祖先神而是自然神。由河的世次是在王亥之前来看，河很可能是指王亥之父冥。同时由岳与河和殷人的祖先同版同事类进行卜问来看，岳当与河一样也是殷人的祖先。

  2. 同版卜问

  （26）辛酉卜，宾贞：求年于河。
    贞：求年于夒九牛。（《合集》10085正，一期）
  （27）壬申贞：求禾于夒。
    壬申贞：求禾于河。（《合集》33273，四期）
  （28）壬申贞：求禾于河，燎三牛、沉三牛。
    壬申贞：求禾于夒燎三牛、卯三牛。（《合集》33277，四期）

(29) 庚寅卜：隹河𡧊禾。
　　 庚寅卜：隹夒𡧊禾。(《合集》33337，四期)

以上四版都是河与夒同版卜问同一事类的辞例（《合集》33273 与《合集》33277 是一事多卜），夒为殷人的祖先，河当也为殷人的祖先。

(30) 辛未卜：燎于河，受禾。
　　 壬申卜：燎于夔，雨。(《合集》33272，四期)
(31) 癸未贞：求禾于夔。
　　 癸未贞：求禾于河。(《合集》33275，四期)

第(30)版的两辞分别于前后两天的辛未日和壬申日卜问燎祭河和夔的，祭祀的目的是向河祈求好年成，向夔祈求雨水，雨水充足才能保证有好年成，所以两辞卜问的是同一事类。第(31)版的两辞都是于癸未日卜问的，是卜问向夔和河求禾，即祈求好年成的。夔当是夒的异写，二者当是指同一个人。夔是殷人的祖先，所以河也应是殷人的祖先。

(32) 燎于𦏆宜。
　　 勿燎于𦏆。
　　 贞：燎于河。(《英藏》1180，一期)

𦏆字不识，学者公认其是殷人的先公。该版卜辞卜问燎祭𦏆和河，河当也是殷人的先祖。

(33) 癸巳卜：又于𦏆。不用。
　　 癸巳卜：又于河。
　　 癸巳卜：又于王亥。兹用。(《合集》34240，四期)

该版中的三条辞都是于癸巳日卜问的，辞中河与𦏆、王亥同时受侑祭，河当与𦏆、王亥一样为殷人的先祖。

(34) 庚午贞：河𡧊云。

佳岳耑云。

佳高祖亥〔耑〕云。(《屯南》2105,四期)

该版卜辞卜问河、岳与高祖亥即王亥是否会对云不利,则河与岳当与王亥一样都是殷人的先祖。

(35) 庚戌贞:求禾于示壬。

癸丑贞:寻求禾于河。

〔癸〕丑〔贞〕:寻〔求〕禾〔于〕高祖。(《合集》33286,四期)

该版卜辞中的三条辞分别卜问求禾于示壬、河、某高祖,河与殷先公示壬和某高祖同是求禾的对象,所以河也应是殷人的祖先。

(36) 先高祖燎酒。

叀河燎先酒。(《合集》32308,四期)

该版中的两条辞分别卜问向某高祖和河举行先酒燎之祭,河与某高祖同时受同样的祭祀,则河当为殷人的祖先。

(37) 贞:于大甲告。

贞:于唐告。

贞:告舌方于上甲。

贞:于河告。(《缀合集》8,一期)

(38) 贞:于河告舌方。

告于上甲。(《合集》6133,一期)

这两版卜辞都是就与舌方的战事告祭于祖先的,所告的祖先有大甲、唐(即大乙)、上甲,还有河,河与这些殷人的祖先同是被告祭的对象,所以河当也是殷人的祖先。

(39) 虫升于祖辛。

贞:勿虫升于祖辛。

屮于河。(《合集》1713，一期)

该版卜辞卜问侑、升祭祖辛和侑祭河，河当与祖辛一样也是殷人的祖先。

(40) 乙巳贞：其求禾于伊宜。
　　　壬子贞：其求禾于河，燎三小宰、沉三。(《屯南》93，四期)

该版中有两条辞，第一辞卜问向伊即殷之重臣伊尹举行求禾之祭，第二辞卜问向河举行求禾之祭。伊尹是人物，所以河当也是指人神。

(41) 庚辰贞：日又戠，斐祸。隹若。
　　　庚辰贞：日戠，其告于河。
　　　庚辰贞：日又戠，其告于父丁，用牛九。在𡭴。(《合集》33698，四期)

该版中有三条辞，都是于庚辰日就日戠即日食的问题进行卜问的①，其中第二辞、第三辞卜问说发生了日食要告祭于河和父丁。父丁是殷人的先人，所以河也当是指殷人的先人。

以上我们利用河与殷人的祖先同辞或同版卜问同一类事例的诸多例子，证明了卜辞中有不少"河"应是指殷人的祖先，卜辞中不少"河"应是祖先神是不容置疑的。

第四种方法："河"有配偶。如卜辞：

(42) 钔方于河妻。(《合集》686，一期)

该辞是就抵御方国的事向河的妻子进行祭祀。河有配偶，说明河应是人神。商人往往在与方国作战时，向河及其他祖先举行祭祀，以保佑战事取得胜利，如前举的第(37)辞、(38)辞就是为与舌方作战的事向河及上甲、唐(大乙)、大甲等祖先举行告祭的。现在该辞则是为与方国作战的事向河的配

---

① "日又戠"的"戠"读作"食"，从郭沫若先生说。见郭沫若《殷契粹编》，第55片考释，科学出版社1965年版。

偶进行祭祀。

（43）来辛亥燎于王亥三十牛。
酒五十牛于河。
屮于河女。
贞：翌乙卯酒子汰。（《合集》1403，一期。图4—2）

该版共有四条辞，第一条辞卜问用焚烧三十头牛祭祀王亥，第二条辞卜问用五十头牛酒祭河，第三条辞卜问侑祭河女，第四条辞卜问酒祭子汰。"王亥"、"子汰"是人神，"河女"当也是人神即是指祖先河的配偶。这里的"河女"不能释成用女子祭祀河，因为一是该版中第二辞已有祭祀河的卜问，二是该版中另有一辞卜问屮祭成（即大乙）、大丁、大甲、大庚、大戊、中丁、祖乙，也均是未见牲品，所以不能将"河女"释成用女子祭祀河。

图4—2　祭祀王亥、河、河女、子汰
（《合集》1403）

（44）丁酉卜，贞：于河女。
叀四牛。（《合集》683，一期）

该辞是卜问用四头牛祭祀"河女"即河的配偶的。

（45）屮于我河女。（《补编》100正，一期）

该辞卜问侑祭"河女"即河的配偶。

我们说以上三辞的"河女"是指河的配偶，还可用有"王亥女"的卜辞来证明：

（46）贞：燎于王亥女豕。
勿燎于王亥女。

贞：勿燎于王亥女。

母癸壱王。

母癸弗壱王。

贞：多妣崇王。

贞：多妣弗崇王。（《合集》685 正，一期）

该版卜辞多为卜问女性之辞，所引上述七辞中的后四辞是两组对贞辞，分别从正反两面卜问母癸和多妣是否有害于商王；前三辞是从正反两面卜问是否用焚烧猪祭祀"王亥女"，其中第一辞不能断读成"燎于王亥，女豕"，一是因为卜辞中将母猪写成"豝"，而不是写作"女豕"，二是对照本版其他辞多卜问女性来看，"王亥女"应是指王亥的配偶。由此可证"河女"应是指河的配偶。

以上我们利用四种方法证明了卜辞中有大量的"河"应是指祖先神而不是指自然神。上述卜辞反映，商人对祖先神"河"行用多种祭祀，祭祀的方法有酒、燎、沉、宜、祈、祝、又、㞢（同又，即侑）、求、告等，其他祭祀河的方法还有：

(47) 燎于河一宰、埋二宰。（《合集》14559，一期）

(48) □未卜，争贞：毋㞢酋河三牛，往□。（《合集》14521，一期）

(49) □丑卜，宾贞：㞢报于河。（《合集》14522，一期）

(50) 甲午卜，殼贞：乎䍨往钔于河。（《合集》14526 正，一期）

(51) 贞：勿舞河。（《合集》14604，一期）

(52) 帝于河。（《合集》14530，一期）

这些卜辞反映商人祭祀河的方法还有埋、酋、报、钔、舞、帝（禘），由此可看出，商人对河进行着名目繁多的祭祀。

祭祀河的卜辞反映商人祭祀河所用的牺牲有牛、羊，其中牛有牢、牛之分，羊有宰、羊之分。商人祭祀河的目的是"求禾"、"求年"，"受禾"，希望河不要"壱禾"，不要"壱云"，还有"告秋"（"甲申卜，贞：告秋于河。"《合集》9627），其他还偶尔在发生日食时贞问吉凶或在与舌方作战时向河举行告祭的。由此看来，在殷人的心目中，祖先神河神主要是掌管农业生产的神灵。

需要指出的是，卜辞中也确实有极少量的"河"有可能是指自然的河，也有可能是指地名，如：

(53) 乙卯卜，㱿贞：䎅年娥于河。(《合集》10129，一期)

(54) 往于河，亡从雨。(《补编》152，一期)

(55) 贞：翌丁卯乎往于河，㞢来。(《合集》8332，一期)

(56) 乎目于河，㞢来。(《合集》14787 正，一期)

(57) 庚子卜，㱿贞：令子商先涉羌于河。

庚子卜，㱿贞：勿令子商先涉羌于河。(《合集》536，一期)

(58) 贞：王其往观河，不若。(《合集》5158 乙，一期)

以上六版卜辞中，第(53)、(57)、(58)辞的"河"可能是指自然的河；第(54)、(55)、(56)辞的"河"可能是指地名，也有可能是指自然的河。为什么卜辞中的"河"指自然河的很少呢？究其原因，有可能是因为殷人在祭祀河神时多是指出其名称，而不是笼统地只称"河"，我们在前面第三章第八节"川崇拜与祭祀"中曾列出了一些河神的名称。请参看。

(二) 岳神的神性与祭祀

关于岳神的神性，我们在上面讨论河神的神性时曾用《合集》32028〔第(1)版〕、《合集》10076〔第(16)版〕、《屯南》2272〔第(21)版〕、《屯南》2105〔第(34)版〕为证据，指出与祖先神同辞卜问，或与祖先神同版卜问同一事类的岳，应该与河神一样是指祖先神。下面再强调一下与祖先神同辞卜问的岳神的情况：

(59) 戊午卜，宾贞：酒。求年于岳、河、夒。(《合集》10076，一期)

该条卜辞于戊午日卜问酒祭岳、河、夒以求年。夒为殷之高祖，河也被证明是殷之高祖，因此，与河、夒同版受祭的岳也当为殷人的祖先。下面我们用岳与殷人的祖先同版受祭的材料再进一步证明岳当为殷人的祖先神：

(60) 丙午卜：隹岳耂雨。

隹河耂。

隹夒耂。

丁未卜：隹伊耂雨。（《缀合集》
68，一期。图4—3）

该版卜辞于丙午日卜问岳、河、夒是否"耂雨"
（"河"、"夒"的"耂"字之后省"雨"字），再于
第二天丁未日卜问"伊"即伊尹是否"耂雨"。
河、夒是殷人的高祖，伊尹是商代的重臣，这些
都是人神，因此与殷人的祖先和商代的重臣同时
卜问同一事类的岳也只能是人神，如果将该辞的
岳看作是自然神则是有违常理的。岳与祖先神同
日卜问，不与异姓神伊尹同日卜问，说明岳当为
殷人的祖先神。

（61）丙午卜：隹岳耂雨。
　　　隹河耂雨。
　　　隹夒耂雨。（《屯南》2438，四期）

图4—3　岳、河、夒、伊耂雨
（《缀合集》68）

该版卜辞与上版卜辞同文，也是于丙午日卜问岳、
河、夒是否"耂雨"的（只是没有卜问伊尹是否"耂雨"）；该版卜辞证明上
版卜辞在"河"、"夒"的"耂"字之后省掉的确实是"雨"字。与殷人的祖
先神"河"、"夒"同时卜问同一事类的岳也当是殷人的祖先神。

（62）□□贞：其求禾于示壬，羊，雨。
　　　贞：其求禾于夒……
　　　壬寅贞：其求禾于岳，燎三小宰，卯……
　　　壬寅贞：其取岳，雨。（《屯南》3083，四期）

该版卜辞卜问求禾于示壬、夒、岳，示壬是商汤（大乙）的祖父，夒即是殷
人的高祖夒，因此与殷人的祖先神同时卜问同一事项的岳当也是殷人的祖
先神。

（63）戊戌贞：其求禾于示壬。

戊戌贞：其求禾于示壬。
贞：其求禾于夒。
壬寅贞：其求禾于岳，燎……
壬寅贞：其求禾于岳，燎三小［牢］。
……其求禾于⚇，燎小牢，卯牛……（《合集》33293，四期）

该版卜辞卜问求禾于示壬、夒、⚇、岳，前三者都是殷人的祖先，所以岳也当是殷人的祖先。

（64）癸未贞：求禾于夒。
癸未贞：求禾于河。
癸未贞：求禾于岳。
不雨。
癸未卜：甲雨。
不雨。
乙酉卜：丁雨。（《合集》33274，四期）

该版卜辞的前三辞都是于癸未日卜问的，分别卜问求禾于夒、河、岳。夒、河是殷人的祖先，所以岳也当是殷人的祖先。"求禾"即祈求好年成，好年成是要有充足的雨水保证的，所以后四辞反复卜问是否有雨，即于癸未日卜问第二天甲日（甲申日）是否有雨，乙酉日卜问两天后的丁日（丁亥日）是否有雨。

（65）即岳于上甲。
癸酉贞：其求禾于岳，得。
癸酉贞：［弱］得岳，其取即于上甲。
癸酉贞：其求禾于⚇，燎十小牢，卯十［牛］。（《屯南》2322，四期）

该版卜辞卜问求禾于岳和⚇，⚇为祖先神，所以岳也当为祖先神。

（66）辛亥卜：又燎于⚇。

辛亥卜：又燎于岳。
辛亥卜：又燎于河。
辛亥卜：又于🦴。
甲子卜：又于🦴。（《合集》34268，四期）
(67) 辛亥卜：又燎于🦴。
辛亥卜：又燎于岳。
［辛］亥卜：［又］燎［于］河。（《合集》34267，四期）

这两版中的卜辞除了第（66）版的第四条、第五条辞外，其余六条辞都是于辛亥日卜问燎祭🦴、岳、河的，🦴、河为殷人的祖先，所以岳也当为殷人的祖先。

(68) 于岳求禾。
于高祖亥求禾。
庚午贞：河壱云。
隹岳壱云。
隹高祖亥［壱］云。（《屯南》2105，四期）

该版卜辞有两组卜问，一组是前两辞卜问求禾于岳和高祖亥；一组是后三辞卜问河、岳、高祖亥是否"壱云"，"壱云"即不利于云的生成，也与求禾有关。高祖亥、河是殷人的祖先神，所以岳也当是殷人的祖先神。

(69) 壬戌卜：叀岳先又。
叀河先又。
叀王亥先又。（《屯南》342，三期）
(70) 壬戌卜：叀岳先［又］。
叀王亥先又。
［叀］河［先又］。（《合集》34291，四期）

这两版卜辞为同文卜辞，都是卜问先、又（即侑）祭岳、河、王亥的，王亥、河为殷人的祖先，所以岳也当为殷人的祖先。

(71) 乙巳贞：求禾于高祖。

乙巳贞：求禾于岳。（《合集》33298，四期）

该版上的两条辞都是于乙巳日卜问的，分别卜问求禾于高祖和岳，岳与高祖同时卜问同一件事，所以岳也当是祖先神。

（72）丁未贞：求禾于岳，燎三小宰，卯三牛。

丁未贞：求禾自上甲六示牛，小示兀羊。（《合集》33296，四期。图4—4）

该版上的两条辞都是于丁未日卜问的，分别卜问求禾于岳和"自上甲六示"、"小示"，显然，与祖先神同时卜问同一件事的岳也应是祖先神。

（73）屮于岳。
贞：燎于岳。
屮于岳。
贞：屮犬三父，卯羊。（《合集》14412，一期）

图4—4 祭祀岳、自上甲六示、小示
（《合集》33296）

该版卜辞屮（即侑）祭岳和三父，岳当是祖先神。

（74）壬子卜：又于岳。
壬子卜：又于伊尹。（《合集》34192，四期）

该版上的两条辞都是于壬子日卜问的，分别卜问又（侑）祭岳和伊尹，伊尹是殷之重臣，是人神，所以岳也当是人神。

（75）壬申贞：其求雨一羊。
癸酉卜：其取岳雨。

　　　　甲戌卜：其求雨于伊奭。(《合集》34214，四期)

该版卜辞连续三天卜问求雨之事，向岳"取雨"和向"伊奭"求雨，"取雨"之"取"是祭名，为燔柴之祭①，"求雨"之"求"即祈求之义。"伊奭"是人物，所以岳也当是指人物。

　　(76) 乙巳贞：其求禾于伊。
　　　　壬子贞：其求禾于河，燎三宰、沉三、宜牢。
　　　　壬子贞：其求禾于河，燎三宰、沉五。
　　　　壬子贞：其求禾[于]岳。(《合集》33282，四期)

该版卜辞卜问向伊（即伊尹）、河、岳求禾，伊为人物，所以河、岳当也是人物。

　　(77) 辛酉卜：隹姬匄雨。
　　　　辛酉卜：取岳雨。(《合集》34217，四期)

该版上的两辞都是于辛酉日卜问的，分别卜问姬是否"匄雨"，即对下雨不利，和向岳取雨，即以燔柴之祭向岳求雨。姬是人物，所以岳也当是人物。
　　以上我们利用岳与其他祖先神同辞或同版卜问同一事类的卜辞，证明了岳神当是祖先神而不是自然神，其他还有一些岳与祖先神同版卜问的辞例，因所使用的祭名不同，在这里就不一一罗列了。另外，下版卜辞也可证明岳不为自然神：

　　(78) 己卯卜：㷠岳雨。
　　　　㷠十山雨。(《合集》34205，四期)

该版卜辞于己卯日卜问为求雨而㷠祭岳和"十山"，㷠祭似也是燎祭。岳与十山同版受祭，说明岳不是指自然的山脉，也即岳不是指自然神。
　　其他还有一些单独卜问岳的卜辞，如：

---

① 于省吾：《甲骨文字释林·释取》，中华书局1979年版。

(79) 甲子卜：隹岳耆禾。（《屯南》2106，四期）

(80) 壬申卜，贞：岳耆年。（《合集》10126，一期）

这两条卜辞反映岳会"耆禾"、"耆年"。

除前举的祭祀岳的方法以外，还有下面一些祭祀方法：

(81) 戊午贞：酉求禾于岳，燎三豕，卯……（《屯南》2626，四期）

(82) 岳燎，叀旧褂，用三牢，王受又。（《合集》30414，三期）

(83) ……燎于岳……豕、二羊、卯九牛。（《英藏》1146 正，一期）

(84) 燎于岳夕羊，翌辛亥酒宰。（《英藏》1147，一期）

(85) 甲子卜，争贞：我舞岳。（《合集》14472，一期）

(86) 贞：勿奏岳。（《英藏》1153 正，一期）

(87) 丙辰卜，凶贞：帝于岳。（《补编》4098，一期）

(88) □酉卜：王其酚岳燎，叀豕十及豚十，又大雨。（《合集》30411，三期）

(89) 贞：岳宾。

弗其宾。

岳其从雨。（《补编》4103，一期）

(90) 丁亥卜：弜宁岳。

丁亥卜：宁岳。（《合集》34229，四期）

总而言之，上述祭祀岳的卜辞反映，商人对祖先神"岳"举行多种祭祀，祭祀的方法有酒、燎、卯、求、又、㞢（同又，即侑）、先、取、褂、用、舞、奏、帝、酚、宾、宁等；祭祀岳所用的牺牲为牛、羊、豕[①]，其中牛有牢、牛之分，羊有宰、羊之分，豕有豕、豚之分。商人祭祀岳神的目的

[①] 有一版卜辞曰："贞：使人于岳。贞：勿使人于岳。贞：告吾方于上甲。贞：王勿入。"（《合集》5521），该版卜辞的岳应理解为是人名（神名），因为卜辞中的"使人于某"的"某"都是人名，如"使人于画"（《合集》5532 正）、"使人于望"（《合集》5535）、"使人于葳"（《合集》5531 正甲）、"使人于宰"（《合集》5533）、"使人于甾"（《合集》5536）、"使人于唐"（《合集》5544）、"使人于河"（《合集》5522 正，辞为"乙酉卜，宾贞：使人于河，沉三羊，酚三牛。三月。"）如此则"使人于岳"就应是用人祭祀岳。

是"求禾"、"求年","求雨",希望岳不要"眚禾","眚年","眚雨","眚云",其他偶尔还在与舌方作战时向岳举行求祭的（如《合集》39859有"贞：乎伐舌方。贞：求舌方于岳一牛。"的贞问，这同河神的功能是一样的）。由此看来，在商人的心目中，祖先神岳与祖先神河一样也主要是掌管农业生产的神，他们都是殷人的高祖神。

二　其他高祖神的祭祀

自王国维以来，学者们对商人上甲以前的远世高祖进行了卓有成效的研究。据陈梦家先生在1956年的统计，商人崇拜的上甲以前的远世高祖神主要有夔、王亥、土、季、王恒、岳、河、兕、王吴、戠十位，这十位"是卜辞中所常见而重要的，其它还有不少。"① 现在，随着甲骨文材料的日益丰富和甲骨学研究的深入，我们所认识的殷远世高祖又有所增加。下面我们列举有关卜辞材料，逐一分析商人对上甲以前的远世高祖的崇拜与祭祀情况。

（一）夔

商人称夔为"高祖"，如卜辞：

(1) 乙亥卜：高祖夔燎二十牛。(《屯南》4528，四期)

这是卜问用烧二十头牛的方法祭祀"高祖夔"。

(2) 叀高祖夔祝用，王受又。(《合集》30398，三期)

这条卜辞大概是卜问对高祖夔行祝用之祭，以使商王得到保佑。"祝"为祭祷之义；"用"为杀牲之祭。

(3) 于夔高祖求。(《合集》30399，三期)

该辞的"夔高祖"是"高祖夔"倒置，这是卜问求祭高祖夔。
商人大多时候对"高祖夔"只简称"夔"，省掉"高祖"二字：

---

① 陈梦家：《殷虚卜辞综述》，中华书局1988年版，第345页，具体论证见第338—345页。

　　　　(4) 壬申贞：求禾于河，燎三牛、沉三牛。
　　　　　　壬申贞：求禾于夒，燎三牛、卯三牛。
　　　　　　（《合集》33277，四期。图4—5）
　　　　(5) 壬申贞：求禾于河，燎三牛、沉三牛。
　　　　　　壬申贞：求禾于夒，燎三牛、卯三牛。
　　　　　　[壬]申贞：……[于]🮲……求禾。（《合集》33278，四期）
　　　　(6) 壬申贞：求禾于夒。
　　　　　　壬申贞：求禾于河。（《合集》33273，四期）

图4—5　祭祀河、夒
（《合集》33277）

第（4）版、第（5）版都是于壬申日卜问的，所卜事类相同，都是卜问用烧三头牛和沉三头牛的方法祭祀河，用烧三头牛和剖杀三头牛的方法祭祀夒，祭祀的目的都是为了"求禾"。第（5）版上还有残辞，记录向🮲求禾。第（6）版也是于壬申日卜问的，贞问"求禾"于夒和河。本版还记有祭祀伊尹和🮲的卜问，待后文再做论述。

　　　　(7) 戊午卜，宾贞：酒。求年于岳、河、夒。（《合集》10076，一期）
　　　　(8) 辛酉卜，宾贞：求年于河。
　　　　　　贞：求年于夒，九牛。（《合集》10085正，一期）

这两版卜辞都是卜问向夒求年的。第（7）版上与夒同时被卜问的还有岳、河。第（8）版上河与夒同时被卜问。以上（4）、（5）、（6）、（7）、（8）五版卜辞记录夒是求禾、求年的对象；这些卜辞反映与夒同辞或同版卜问同一事类的祖先有河、岳、🮲，还有殷之重臣伊尹。

　　　　(9) 求其[至]夒，[王]受[又]。
　　　　　　求其至河，王受又。
　　　　　　弜。（《屯南》244，四期）

该版卜辞卜问向夒和河举行求祭，以保佑商王，估计也是求禾或求年之类的卜问。

  (10) 庚寅卜：佳河害禾。
    庚寅卜：佳夒害禾。（《合集》33337，四期）

该版的两辞都是于庚寅日卜问的，分别卜问河和夒是否"害禾"，即是否有害于禾苗的生长，从而影响年成。

  (11) 丙午卜：佳岳害雨。
    佳河害。
    佳夒害。
    丁未卜：佳伊害雨。（《缀合集》68，一期）
  (12) 丙午卜：佳岳害雨。
    佳河害雨。
    佳夒害雨。（《屯南》2438，四期）

这两版卜辞都是于丙午日卜问岳、河、夒［第（11）版还有伊尹］是否"害雨"，即是否对雨水的生成不利的。

  由以上祭祀夒的卜辞可以看到，殷人向夒"求禾"、"求年"，"求禾"与"求年"都是祈求夒保佑禾苗生长茁壮，保佑有好年成，即祈求农作物获得丰收；商人还卜问夒是否"害禾"、"害雨"，即对禾苗和雨水不利，这也是有关农业生产的卜问。由此看来，在商人的心目中，高祖夒是个主管农业生产的神灵。

  由于夒左右着农业生产的丰歉，所以商人对夒的祭祀十分重视，卜辞记录夒单独有宗庙就是一项证明：

  (13) 既又宗夒，又雨。
    ……此，又大雨。（《合集》30318，三期）
  (14) 贞：王其酒于又宗夒，又大雨。
    其求山门，又大雨。（《合集》30319，三期）
  (15) 其告秋上甲。
    弜。

夔既宗。

河〔既〕宗。(《合集》28207，三期)

以上三版都为第三期卜辞。其中第(13)版、(14)版卜辞中的"又宗"之"又"字都应当读作"右"，"又宗"即"右宗"。第(13)版卜问在右宗即夔的宗庙里举行祭祀，会有雨吧？第(14)版卜问商王亲自在右宗即夔的宗庙里举行酒祭，会有大雨吧？又问在宗庙的山门处举行求雨之祭，会有大雨吧？第(15)版卜问在夔和河的宗庙里举行祭祀，何事没有记录，由该版第一辞的"告秋上甲"来看，可能是在夔和河的宗庙里举行告秋之祭，即举行祈求丰收的祭祀。

《史记·殷本纪》记载商人上甲以前的祖先世系是：契—昭明—相土—昌若—曹圉—冥—振(王亥)—上甲。那么，夔是指商人的哪一位祖先呢？王国维先生说："夔必为殷先祖之最显赫者。以声类求之，盖即帝喾也……喾为契父，为商人所自出之帝故商人禘之。卜辞称高祖夔。"① 郭沫若先生从王国维之说。但饶宗颐先生则认为夔应该是"殷祖之契"②。今暂从饶先生之说认夔为殷高祖契。

(二) 戠

(16) 癸未贞：求禾于戠。

癸未贞：求禾于河。

癸未贞：求禾于岳。(《合集》33274，四期。图4—6)

(17) 癸未贞：求禾于戠。

癸未贞：求禾于河。(《合集》33275，四期)

(18) 戊戌贞：其求禾于示壬。

图4—6 祭祀戠、河、岳
(《合集》33274)

---

① 王国维：《殷卜辞中所见先公先王考》，《观堂集林》卷九，中华书局1984年版。
② 饶宗颐：《殷代贞卜人物通考》，香港大学出版社1959年版，第272—273页。

　　　　　戊戌贞：其求禾于示壬。
　　　　　贞：其求禾于夒。
　　　　　壬寅贞：其求禾于岳。燎……
　　　　　壬寅贞：其求禾于岳，燎三小［宰］。
　　　　　其求禾于⚹，燎小宰，卯牛……（《合集》33293，四期）
　（19）□□贞：其求禾于示壬，羊，雨。
　　　　　贞：其求禾于夒……
　　　　　壬寅贞：其求禾于岳，燎三小宰，卯……
　　　　　壬寅贞：其取岳，雨。（《屯南》3083，四期）
　（20）乙巳贞：求禾于夒，三玄牛。（《合集》33276，四期）

以上五版卜辞皆为第四期卜辞。各版中都有求禾于夒的卜问，夒与河、岳、⚹、示壬同版卜问。由此看来，在殷人的心目中，夒也是一个主管农业生产的神灵。

　（21）□寅卜，□贞：取岳。
　　　　　己亥卜，宾贞：王至壬㐬，燎于河三小宰，沉三牛。
　　　　　辛酉卜，宾贞：燎于夒白牛。二月。（《合集》14380，一期）
　（22）辛未卜：燎于河，受禾。
　　　　　壬申卜：燎于夒，雨。（《合集》33272，四期）

这两版卜辞中都有卜问"燎于夒"，第（21）版卜问焚烧白牛来祭祀夒，殷人尚白，可见他们对夒是很重视的。

　　夒和河、夔一样也有自己的宗庙，如卜辞：

　（23）乙卯卜：不雨。夒宗求率。（《合集》30299，三期）

此辞是卜问因不下雨而在夒的宗庙里进行求雨之祭。

　　夒是指殷人的哪一位祖先呢？胡厚宣先生认为"夒"是"夔"之异文①，即夒与夔是一个人。笔者认为从夒与夔都是殷人求禾、求雨的对象，都是主

---

① 胡厚宣：《卜辞中所见之殷代农业》，载《甲骨学商史论丛初集》，河北教育出版社2002年版。

管农业的神灵,并且又都是与河、岳、🈳、示壬在同一版受祭及这两个称谓字不在同一条卜辞中出现的情况来看,说夔与嚳是一个人是很有道理的。即夔是殷人的始祖契。

(三) 王亥

王亥是殷人祭祀的高祖神中受祭最多的一位。下面选一些比较典型的卜辞叙述之。

(24) 其告于高祖王夔三牛。
其五牛。(《合集》30447,三期)

(25) 癸卯贞:弜叀高祖王亥𢀇,叀□。(《合集》32083,四期)

(26) 乙巳贞:大钔其陟于高祖王亥。(《合集》32916,四期)

(27) 贞:陟大钔于高祖王[亥]……(《合集》34286,四期)

这四版卜辞都有"高祖王亥"的称谓。殷人很多时候将"高祖王亥"简称作"高祖亥"①:

(28) 于岳求禾。
于高祖亥求禾。
庚午贞:河𡧊云。
隹岳𡧊云。
隹高祖亥[𡧊]云。(《屯南》2105,四期。图4—7)

(29) 癸巳贞:于乙未酒高祖亥,报卯于上甲。(《南·明》478,四期)

(30) 丁丑贞:又报于高祖亥。
丁未贞:酒高祖报,其牛高妣。(《屯南》608,四期)

(31) 甲午贞:乙未酒高祖亥……大乙羌

图4—7 祭祀岳、高祖亥
(《屯南》2105)

---

① 除以下五版卜辞外,有关"高祖亥"的残辞还有:《合集》34285、《合集》34288、《合集》34289、《合集》34290等。

五、牛三，祖乙羌……小乙羌三、牛二、父丁羌五、牛三，亡𡆥。兹用。(《合集》32087，四期)

(32)……高祖亥，卯于上甲羌……祖乙羌五……牛，亡𡆥。(《屯南》665，四期)

殷人更多的时候是简单地称其为"王亥"，现拣出一些字数较全的辞例录之于下，以便了解一下王亥的受祭情况和王亥在殷人心目中的地位。

商人用羌人祭祀王亥：

(33) 贞：告于王亥。
    贞：燎九牛。
    贞：登王亥羌。
    贞：九羌、卯九牛。
    贞：十羌、卯十牛。
    (《缀合集》230，《合集》349＋《合集》358，一期。图 4—8)

(34) 贞：燎于王亥五牛、新南。
    贞：燎于王亥。
    贞：燎九牛。
    贞：九羌、卯九牛、新南。(《缀合集》72，一期)

(35) 翌辛亥酒……王亥九羌。(《合集》357，一期)

(36) 四羊、四豕、五羌〔于王〕亥。(《合集》30448，三期)

(37) 又伐五羌〔于〕王亥……(《合集》22152，三期)

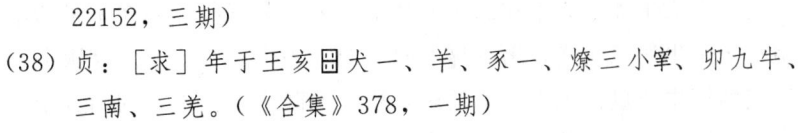

(38) 贞：〔求〕年于王亥𡆥犬一、羊、豕一、燎三小宰、卯九牛、三南、三羌。(《合集》378，一期)

图 4—8 祭祀王亥
(《缀合集》230)

第(33)版卜问祭祀王亥用"九羌"、"十羌"，第(34)、(35)版卜问祭祀王亥用"九羌"，第(36)、(37)版卜问祭祀王亥用"五羌"，第(38)版卜问祭祀王亥用"三羌"。用十羌、九羌、五羌、三羌祭祀王亥,用人数量是较多的;其用人牲祭祀之法,第(33)版记录是用"登"祭,第(37)版记录是用"伐"祭,第(38)版记录是用"卯"祭,"登"是进献之祭,"伐"是砍头以祭,"卯"是对剖以祭,这种将人牲对剖的方法是极为残忍的。同时,上述卜辞还记录商人在用羌人做牺牲时,还伴用其他牲品,如:第(33)版卜问还用"燎九牛"、"九羌、卯九牛"、"十羌、卯十牛",第(34)版卜问还用"五牛、新南"、"燎九牛"、"九羌、卯九牛、新南",第(36)版卜问还用"四羊、四豕、五羌",第(38)版卜问还用"⊡犬一、羊、豕一、燎三小宰、卯九牛、三南、三羌"。一次祭祀用十个羌人加剖杀十头牛,或用九个羌人加剖杀九头牛祭祀王亥〔第(33)版〕,用九个羌人加剖杀九头牛和一头小猪〔第(34)版〕,用剖杀三个羌人加一条经过处理的犬、一只羊、一头猪、再加焚烧三只经过特殊饲养的小羊、剖杀九头牛和三头小猪〔第(38)版〕祭祀王亥,其祀典是非常隆重的。这种隆重的祭祀说明王亥在商人的心目中地位是很高的,特别是第(36)、(37)辞〔还有第(24)辞〕在"王亥"的"亥"字上加鸟形,即将商族的鸟图腾符号加在王亥的名字上,说明高祖王亥在商人的心目中是个民族英雄(关于王亥的功绩见第一章)。

除此以外,王亥还受到其他隆重的祭祀:

(39) 贞:酒王亥。
二羊、二豕、五十牛于王亥。
来辛亥燎于王亥三十牛。
屮于王亥。
翌辛亥屮于王亥四十牛。(《补编》100正,一期)

该版卜辞十分重要,它记录了王亥受到的隆重祭祀。该版共五辞,第二辞卜问用五十头牛加二只羊和二头豕祭祀王亥,第三辞卜问在未来的辛亥日用焚烧三十头牛祭祀王亥,第五辞卜问用四十头牛祭祀王亥。该版卜辞卜问祭祀王亥的用牛数量都很大,可见对其祭祀的隆重。其他卜问用五十头牛、四十头牛祭祀王亥的卜辞还有《合集》672正(五十牛、四十牛)、《合集》14725(五十牛)、《合集》14726(四十牛)、《合集》14727(四十牛)等。

(40) 来辛亥燎于王亥三十牛。(《合集》1403，一期)

这是卜问在未来的辛亥日焚烧三十头牛祭祀王亥。其他卜问用三十头牛祭祀王亥的卜辞还见于《合集》14733。

(41) 辛巳卜，贞：来辛卯酒河十牛、卯十牢。王夒燎十牛、卯十牢。上甲燎十牛、卯十牢。
辛巳卜，贞：王夒、上甲即宗于河。(《屯南》1116，四期)

该辞卜问祭祀河、王亥、上甲三人，都分别是用焚烧十头牛，剖杀十头经过特殊饲养的牛的方法，河、王亥、上甲三人皆是商人的高祖，该辞中王亥的"亥"字上还加鸟形。其他卜问用十头牛祭祀王亥的卜辞还有《合集》14736、《合集》14734 反、《合集》14735 正、《合集》6527、《缀合集》230 等。

(42) 贞：燎于王亥九牛。(《英藏》1173 正，一期)

该辞卜问焚烧九头牛祭祀王亥。其他卜问用九头牛祭祀王亥的卜辞还有《缀合集》72、《合集》14737、《合集》14738 等。

(43) 壬戌卜：六牛于王亥。(《合集》33323，四期)

该条卜辞卜问用六头牛祭祀王亥。

(44) 贞：燎王亥五牛。(《合集》14739，一期)

该辞卜问用焚烧五头牛祭祀王亥。其他卜问用五头牛祭祀王亥的卜辞还有《合集》14740、《合集》14741、《合集》14742、《合集》40430 等。

(45) 甲申卜，宾贞：翌辛卯燎于王亥三牛。(《合集》14743，一期)

这是卜问用焚烧三头牛祭祀王亥。有一条卜辞记录用白牛祭祀王亥：

(46) 贞：㞢于王亥，宜三白牛。(《合集》14724，一期)

史书记载"殷人尚白"，果真如此，则特用白牛祭祀王亥是很讲究的。

(47) [贞]：燎于王亥四宰。(《合集》14744，一期)

这是卜问用焚烧四只经过特殊饲养的羊祭祀王亥。

由以上祭祀王亥的卜辞可以看到，商人祭祀王亥多用牛这样的大牲畜，用羌人也不在少数，但少用小牲畜羊、豕、犬。

还有一版卜辞卜问用珏祭祀王亥：

(48) 甲申卜，争贞：燎于王亥，其珏。
    甲申卜，争贞：勿珏。(《合集》14735正，一期)

该版的两辞是正反两面的卜问，卜问是否用焚烧珏（合在一起的两块玉）的方法祭祀王亥。

其他祭祀王亥的卜辞还有：

(49) 辛未卜，**殼**：王宜㞢报酒于王亥。(《合集》14732，一期)
(50) 叀河先又。
    叀王亥先又。(《屯南》342，三期)

上述所举卜辞反映了商人祭祀王亥的方法有：告、钔、求、酒、报、登、燎、卯、㞢、伐、先、又等，种类繁多。

卜辞又反映王亥这个高祖神在商人的心目中主要是个主宰农业生产的神，如前举的第(28)版卜辞卜问向王亥"求禾"，问王亥是否"巷云"，还有卜辞曰：

(51) 贞：于河、王亥求年。(《合集》10105，一期)
(52) 贞：于王亥求年。(《合集》10106，一期)
(53) 贞：于王亥告秋。(《合集》9630，一期)

(54) 隹王亥耆雨。(《合集》32064，四期)

这几条卜辞反映商人向王亥"求年"、"告秋"，问王亥是否"耆雨"，这都是有关农业生产的事项。

(55) 贞：燎于王亥，告其从望乘。(《合集》7537，一期)
(56) ……于王亥勹舌。(《合集》6157，一期)

这两版卜辞反映王亥还是主管战事的祖先神。

(57) 己未卜，争贞：王亥祟我。
　　贞：王亥不我祟。(《合集》7352正，一期)

该版卜辞反映王亥还会作祟于商王。

此外，商人还对王亥的配偶进行祭祀，见前论述河神、岳神的神性与祭祀时所举的第(46)版(《合集》685正)卜辞。

(四) 𡕥

𡕥在卜辞中未见有加"高祖"的称谓，但他往往都是与其他高祖神在同辞或同版受祭的，如：

(58) 丙寅贞：又升岁于伊尹二牢。
　　丙寅贞：叀丁卯酒于𡕥。
　　丙寅贞：于庚午酒于𡕥。
　　丁卯贞：于庚午酒㭞于𡕥。
　　己巳贞：庚午酒㭞于𡕥。
　　庚午：㭞于岳，又从在雨。
　　㭞于岳，亡从在雨。
　　壬申贞：求禾于夒。
　　壬申贞：求禾于河。
　　壬申：刚于伊奭。(《合集》33273，四期)

该版的十条辞是连续数日的卜问，所祭祀的对象有：伊尹、𡕥、岳、夒、伊奭（"米"当是指燎祭），祭祀的目的是"求禾"和求雨，其中岳、夔是殷人的高祖，伊尹是商之重臣，伊奭是伊尹之配，都是人物，所以㞢也应是殷人的祖先。

(59) 戊戌贞：其求禾于示壬。
戊戌贞：其求禾于示壬。
贞：其求禾于夒。
壬寅贞：其求禾于岳，燎……
壬寅贞：其求禾于岳，燎三小［牢］。
□□［贞］：其求禾于㞢，燎小牢，卯牛……（《合集》33293，四期）

该版卜辞卜问"求禾"于示壬、夒、岳、㞢，其中夒、岳是殷之高祖。由"求禾于㞢"的卜问知㞢也是主管农业的神灵。

(60) 癸巳卜：㞢于伊尹牛五。兹用。
癸巳卜：又于㞢。不用。
癸巳卜：又于河。
癸巳卜：又于王亥。兹用。
乙未卜：又升岁于父乙三牛。
癸巳卜：又于河。（《合集》34240，四期）

该版卜辞卜问祭祀伊尹、㞢、河、王亥、父乙，其中河、王亥是殷之高祖，伊尹、父乙是人物，所以㞢应是殷人的祖先。

(61) 燎于河。
求年于㞢。（《英藏》793，一期）
(62) 燎于㞢宜。
勿燎于㞢。
贞：燎于河。（《英藏》1180，一期）
(63) 丁巳卜：求㞢、河。（《合集》34269，四期）
(64) ……燎㞢、河。（《合集》34273，四期）

以上是⚋与河同辞或同版卜问的辞例，河为殷之高祖，所以⚋也应是殷人的祖先。

(65) 辛亥卜：又燎于⚋。
辛亥卜：又燎于岳。
[辛]亥卜：[又]燎[于]河。(《合集》34267，四期)
(66) 辛亥卜：又燎于⚋。
辛亥卜：又燎于岳。
辛亥卜：又燎于河。
辛亥卜：又于⚋。
辛亥卜：其🕊。
甲子卜：又于⚋。(《合集》34268，四期)

该版卜辞卜问祭祀⚋、岳、河、🕊，其中岳、河为殷之高祖，⚋是殷人的祖先，所以🕊也当为祖先神名，这由下面第（78）版卜辞可作证明。

(67) 即岳于上甲。
癸酉贞：其求禾于岳。得。
癸酉贞：[弜]得岳，其取即于上甲。
癸酉贞：其求禾于⚋，燎十小宰，卯十[牛]。(《屯南》2322，四期)

该版卜辞卜问祭祀上甲、岳、⚋，其中上甲、岳为殷之高祖，所以⚋也应是殷人的祖先。

(68) 乙卯贞：求禾于岳，受□。
庚辰卜：其燎于⚋，宰，辛巳酒。(《屯南》3571，四期)
(69) 贞：屮于岳。
贞：燎于⚋。(《合集》14658，一期)

这两版卜辞卜问祭祀岳和⚋，其中岳为殷之高祖，所以⚋也应是殷人的祖先。

以上所列卜辞表明❉与殷之高祖夒、戚（当是夒的异写）、河、岳、王亥、上甲同辞或同版卜问，因此，❉很可能也是殷之高祖，只是他是哪一位祖先则较难确定。不过，由下面第（70）版卜辞来看，他很有可能是相土之子昌若。上述卜辞表明，商人向❉"求雨"、"求禾"、"求年"，因此，❉也是一个主管农业生产的神灵。商人对❉行用的祭祀方法有酒、燎、卯、又、求、卭（见《合集》32675）等，其所用之牺牲有牛、小宰等。

（五）土

我们在第三章第七节曾讨论了卜辞中指土地神和社神的"土"，但卜辞中还有极少量的"土"是指殷人的祖先神。如卜辞：

(70) 己亥卜：田率，燎土豕、❉豕、河豕、岳［豕］。（《合集》34185，四期）

该条卜辞卜问分别用焚烧一头豕祭祀土、❉、河、岳，❉、河、岳都是殷人的高祖神，因此该辞的"土"就不应该是指自然神社神，而应是指的高祖神。同时该辞也证明了"❉"应是殷人的高祖神。

(71) 癸巳：巫宁土、河、岳。（《合集》21115，一期）

该条卜辞卜问巫宁祭土、河、岳，河、岳是殷人的高祖神，因此该辞的"土"也应是指殷人的高祖神。

（六）⊙

(72) 贞：帝秋于⊙、于土。（《合集》14773，一期）

该条卜辞卜问禘祭⊙和土，学者认为⊙是殷人的祖先神，所以该辞的土也当是指祖先神。

上述三条卜辞都记录"土"是殷人的祖先神。那么该"土"是指殷人的哪一位祖先呢？查《殷本纪》中殷人有称"相土"的祖先，因此卜辞中指祖先神的"土"很可能是指相土。上述卜辞反映殷人祭祀相土的方法有燎祭、宁祭、禘祭，所用的牺牲是豕。由"帝秋于⊙、于土"的卜问来看，称"土"，包括称"⊙"的高祖神都是掌管农业生产的神灵。不过"⊙"是指殷人的哪一位祖先则不得而知。

除"⊖"外，卜辞中还见几例卜问祭祀其他祖先的：

(七) 光

(73) 贞：乎**刚**光、河、夒。(《合集》40440，一期)

这条卜辞贞问命令刚祭光、河、夒，其中河、夒是高祖神，所以与他们同辞卜问的光应该与他们的地位相同，也应是高祖神。"刚"即"刚"之古文，"刚"在该辞中是作祭名，《说文》："刚，强断也"，是刚为断割之义。则该辞是卜问命令用断割某种牺牲来祭祀光、河、夒诸位祖先。

(八) 企

(74) 贞：佳岳㞢。
贞：佳夒㞢。
贞：佳企㞢。(《合集》24960，二期)

该版卜辞卜问岳、夒、企是否会作害（作害什么省略未记）。岳、夒是高祖神，所以"企"也应是高祖神。

(九) 蚰

(75) 丁未卜：王燎于𝕏。
戊申卜，㱿贞：方帝，燎于土，𝕏雨，卯上甲。
壬子卜，宾：㞢于示壬，正。
贞：勿乎雀酒于河五十牛。
贞：旨河、燎于蚰，㞢雨。
贞：乎舞于蚰。
贞：来甲寅㞢上甲于十牛。
甲□卜，□[贞]：燎[于]𝕏。(《合集》1140正，一期)

该版上有八条辞，分别卜问"燎于𝕏"、"方帝"、"燎于土"、"卯上甲"、"㞢于示壬"、"酒于河"、"旨河"、"燎于蚰"、"舞于蚰"、"㞢上甲"。"方帝"是禘祭四方神，"燎于土"是用焚烧的方法祭祀社神，第二辞的"方帝，燎于土，𝕏

雨、卯上甲"是自然神与祖先神同时并祭的辞例，这种情况并不多见。商人祭祀这些神灵的目的是为了求雨。夒、河、上甲都是殷人的高祖，所以与之同版卜问的蚰也当是殷人的高祖。

（十）昌

(76) 贞：燎于王亥。
　　贞：燎于昌。（《合集》14749正，一期）

该版卜辞卜问燎祭王亥、燎祭昌。王亥是殷之高祖，所以与之同版卜问同一事类的昌也当是殷人的高祖。

（十一）炘

(77) 燎岳。
　　燎炘。（《合集》30413，三期）

该版卜辞卜问燎祭岳、燎祭炘。岳是殷之祖先，所以与之同版卜问同一事类的炘也当是殷人的祖先。

（十二）𢀖

(78) 甲戌卜，宾贞：求年。燎于𢀖十牛、宜……
　　丙子卜，争贞：燎于河……沉五牛。（《英藏》1160正，一期）

该版的第一辞卜问为了"求年"用十头牛燎祭𢀖，还宜即摆放什么牲品；第二辞卜问大概也是用牛燎祭河并沉五头牛。河为殷之高祖，所以𢀖也当为殷之高祖。又疑前面例举的第（66）版卜辞中的"𢀖"，可能是该版卜辞中的"𢀖"的反写。

殷人上甲以后的祖先都以十天干为日名，上甲以前的祖先则没有天干日名，因此没有天干日名的祖先可能是上甲以前的先公高祖。上文我们利用有"高祖"称谓或有与高祖神同辞或同版卜问的情况，举出了可定为高祖的十二个祖先神的名称，他们是：夒、夔、王亥、夒、土、𡿧、光、企、蚰、昌、炘、𢀖，由于笔者同意胡厚宣先生的意见，认为"夔"字是"夒"字的异写，所以实际上是有十一位高祖神，再加上前文讨论的河和岳，则卜辞中出现了十三位上甲以前的高祖神名。另外，卜辞中还有"王恒"、"王矢"等祖先名，因为他们不被称为"高祖"，又不见他们有与其他高祖神同辞或同版卜问的情况，所以他们很可能是因为功绩不够卓著而不被殷人加称之为"高祖"的。自王国维以来，学者们多以卜辞中的这种人名与《史记·殷本纪》、《世本》所载的上甲以前的先公高祖名进行比附，各自得出了不同的结论。《史记·殷本纪》所载的上甲以前的世次是：契—昭明—相土—昌若—曹圉—冥—振—微，笔者利用卜辞中出现的高祖神世次先后也来比附这个世系，其意见是：

王亥：即为振，已为王国维所证明①；卜辞中的"上甲父王亥"(《合集》24975)证明王亥的世次在上甲之前，也即《殷本纪》中的"振"。

河：应为王亥之父。卜辞中的："河、王亥、上甲"(《合集》1182、《屯南》1116)，"河、王亥"(《合集》10105)的世次可证明。《殷本记》中的"振"（即王亥）之父是"冥"，因此卜辞中在"王亥"之前的祖先神"河"应是指"冥"。

岳：应为"河"即"冥"之父"曹圉"。卜辞中"岳、河"(《屯南》2272)的顺世次，"河、岳"的逆世次（《合集》21115、《合集》34185）可以证明。

（注：由于卜辞中的"河"与"岳"有顺祀和逆祀的情况，所以也有可能"岳"是指王亥之父"冥"，"河"是指"冥"之父曹圉。）

土：当是指"相土"，王国维已指出②。卜辞中"土"的世次在"河"、"岳"之前（《合集》21115、《合集》34185）也可间接证明。

𛀁：由"土、𛀁、河、岳"(《合集》34185)的世次，知"𛀁"的世次在"土"之后，"河"、"岳"之前，则"𛀁"当是指《殷本纪》中的"昌若"。

𛀂：由"𛀂、土"(《合集》14773)的世次推测"𛀂"当是指"相土"之父"昭明"。

夒、戛：王国维认为"夒"是"契"之父"喾"。笔者从卜辞中卜问"夒(戛)"的次数较多，祀典比较隆重来推测，他应当是指殷人的始祖"契"。

当然，关于各高祖神的确切所指，还有待于今后做进一步的研究。

---

① 王国维：《殷卜辞中所见先公先王考》，《观堂集林》卷九，中华书局1984年版。

② 同上。

第二节 先公、先王的崇拜与祭祀

本书将商人上甲以前的祖先称作高祖；将上甲和商朝第一王大乙（即成汤）之前的报乙、报丙、报丁、示壬、示癸六位祖先称作先公；将大乙至商朝最后一王帝辛的各位祖先称作先王。商人对上甲以来的先公、先王是极其尊崇的，给予他们频繁和隆重的祭祀。本节以在商代晚期的"周祭"中出现的先公、先王为准①，按他们即位的先后次序逐一探讨商人对他们的崇拜与祭祀情况②。

一 对先公的崇拜与祭祀

（一）上甲

上甲，古书中称其为"上甲微"（见《国语·鲁语》、《楚辞·天问》等），《史记·殷本纪》说："振卒，子微立"，"振"即王亥③，即上甲是王亥之子，这一说法已为卜辞的"上甲父王亥"所证明（《合集》24975）。新近发现的卜辞又证明商人把上甲也称作"高祖"（见《屯南》2384）。因为上甲是商代周祭制度中第一个被祭祀的祖先，这里为了讨论与行文的方便，暂仍按学术界多年来的习惯，将上甲还称作先公，将其放在先公类中进行讨论。

上甲是商人第一个以天干为庙号的祖先。于省吾先生说上甲、报乙、报丙、报丁的庙号是由后世追定的，而二示即示壬、示癸及其配偶的庙号则是有典可稽的④。卜辞证明，上甲在商人的心目中有着很高的地位，商人对他进行着频繁的和隆重的祭祀。这从以下几个方面可以看出：

1. 殷人称上甲为"高祖"

　　（1）庚辰贞：其陟……高祖上甲。兹用。王占：兹［用］。（《屯南》
　　　　2384，四期。图4—9）

---

① 关于商代的周祭制度，留待第七章再做详细论述。
② 本章所讨论的商代先公、先王的祭祀不包括他们在周祭中的祭祀。
③ 王国维：《殷卜辞中所见先公先王考》，《观堂集林》卷九，中华书局1984年版。
④ 于省吾：《甲骨文字释林·释自上甲六示的庙号以及我国成文历史的开始》，中华书局1979年版。

该条卜辞表明殷人称上甲为"高祖上甲"。

2. 上甲与其他高祖合祭

(2) 贞：告既㞢于夒于上甲。(《合集》1205，一期)

(3) ……夒及上甲，其即。(《合集》34169，四期)

这两辞都是卜问同时祭祀高祖夒和上甲的。第(2)辞"夒于上甲"的"于"作"与"用，即"夒与上甲"之意。我们在上一节讨论"高祖神的崇拜与祭祀"时，曾举出一些上甲与高祖河、高祖王亥合祭的卜辞，下面的两条卜辞也反映了这种情况：

(4) 燎于河、王亥、上甲十牛，卯十宰·五月。(《合集》1182，一期。图4—10)

(5) 贞：燎于上甲于河十牛。(《合集》1186，一期)

图4—9 祭祀高祖上甲

（《屯南》2384）

图4—10 祭祀河、王亥、上甲

（《合集》1182）

第（4）辞卜问用焚烧十头牛和剖杀十只经过特殊饲养的羊来祭祀河、王亥和上甲。第（5）辞卜问用焚烧十头牛祭祀上甲与河。上甲与殷高祖合祭说明殷人对上甲是很尊崇的。

3. 商人合祭先公先王时，往往都是由上甲开始的

殷墟甲骨卜辞表明，从早期到晚期的卜辞中都有由上甲起始的合祭卜辞，今从各期中拣出数条合祭卜辞以见一斑：

(6) 癸巳卜，争贞：翌甲午酒彡自上甲至于多后，衣。（《怀特》32，一期）

(7) 贞：翌甲辰酒御自上甲。（《合集》1195，一期）

(8) 庚辰卜，尹贞：翌辛巳乞酒彡劦自上甲衣至于后，亡𡆥。在□〔月〕。（《合集》22647，二期。图4—11）

图4—11 合祭自上甲至于后
（《合集》22647）

(9) □□〔卜〕，□贞：……祖祝……上甲、大乙、祖乙……丁，之乙酉求……乙，十示又一。（《合集》27080，三期）

(10) 癸丑贞：甲寅酒，大御自上甲，燎六小宰，卯……（《合集》32329正，四期）

(11) □未卜：求自上甲、大乙、大丁、大甲、大庚、大戊、中丁、

祖乙、祖辛、祖丁十示，率牡。(《合集》32385，四期。图4—12)

(12) 癸卯王卜，贞：酒翌日自上甲至多后，衣，亡㞢自畎。在九月，佳王五[祀]。(《合集》37844，五期。图4—13)

图4—12 合祭自上甲、大乙至祖丁十示
(《合集》32385)

图4—13 合祭自上甲至多后
(《合集》37844)

第(6)辞于癸巳日卜问于第二天甲午日"酒彡自上甲至于多后"，即以彡祀祭祀自上甲始的多位祖先，祭到哪一位祖先没有明说，但因该版是第一期卜辞，所以可知"至于多后"最多可至武丁之父辈即阳甲、盘庚、小辛、小乙。第(7)辞也为第一期卜辞，卜问"酒御自上甲"，御祭即御除之祭。第(8)辞于庚辰日卜问于第二天辛巳日"乞酒彡劦自上甲衣至于后"，该辞是第二期卜辞，"至于后"最多可到武丁。第(9)版是第三期卜辞，有多个残字，但知该辞是卜问先于乙酉日之前的某日祭祀上甲、大乙、祖乙到某丁名王，再在乙酉日求祭到某乙名王，共是祭祀"十示又一"即十一位祖先，这十一位祖先应是上甲、大乙、祖乙、祖辛、羌甲、祖丁（这六位祖先于乙酉日之前某日祭祀）、南庚、阳甲、盘庚、小辛、小乙（这五位祖先于乙酉日

祭祀），共是十一位祖先，正合"十示又一"的记录①。第（10）版是第四期卜辞，辞的后半部分有残字，是于癸丑日卜问在第二天甲寅日举行大御祭祭祀自上甲始的祖先，具体是用焚烧六只经过特殊饲养的小羊和剖杀什么牺牲进行祭祀。该辞没有明指是祭到哪一位祖先，不过，第四期卜辞最多可祭到康丁之世。第（11）版也是第四期卜辞，卜问求祭自上甲始的十示，即上甲、大乙、大丁、大甲、大庚、大戊、中丁、祖乙、祖辛、祖丁十示。属于第三期的第（9）版卜辞和属于第四期的第（11）版卜辞都表明殷人在合祭自上甲始的诸位祖先时，往往不合祭报乙、报丙、报丁、示壬、示癸五示，而是上甲之后就是大乙，显示报乙、报丙、报丁、示壬、示癸这五位祖先是不受重视的。第（12）版卜辞是第五期卜辞，卜问翌祭自上甲始的诸位祖先，该辞的"翌日"不是指未来第二天，而是祭名。第五期卜辞最多可祭到文丁之世②。

合祭自上甲始的诸位祖先时往往用人牲。

用羌人作人牲的辞例：

（13）壬寅卜，㱿贞：兴方以羌用自上甲至下乙。（《合集》270正，一期）

（14）癸酉卜，贞：羌蠚用自上甲。（《屯南》2253，四期）

第（13）版卜问用羌人祭祀自上甲至下乙（即祖乙）的诸位祖先。"用"为杀意。第（14）版卜问用蠚羌人祭祀自上甲始的诸位祖先，祭到哪位祖先没有明说，该版为第四期卜辞，故最多可祭到康丁之世。"蠚"字作"冘"形，于省吾先生考证"冘"即《说文》"蠚"字之初文，其义为杀牲取血以祭③。下面两版卜辞记录有用羌的数目：

---

① 该辞的示数应为"十示又一"，有人读作"十示又二"，仔细审视图版，觉得读"二"是将龟版上的划痕当成了契刻之画；又如果读作"十示又二"，到乙名王小乙只有十一示，不够十二世，不合。

② 据笔者研究，第五期卜辞还包含有文丁卜辞。见常玉芝《祊祭卜辞时代的再辨析》，《甲骨文与殷商史》第2辑，上海古籍出版社1986年版。常玉芝《商代周祭制度》，第五章，中国社会科学出版社1987年版。

③ 于省吾：《甲骨文字释林·释冘》，中华书局1979年版。

(15) 甲辰贞：射⻊以羌其用自上甲𧖅至于父丁，叀乙巳用伐四十。（《屯南》636，四期）

(16) □亥卜：在大宗。又升伐三羌十小宰自上甲。（《合集》34047，四期）

这两条都是第四期卜辞。第（15）辞于甲辰日卜问射⻊用羌人之血祭祀自上甲起至于父丁的诸位祖先，具体是在甲辰日的下一天乙巳日砍杀四十个羌人取血进行祭祀。第四期卜辞中的"父丁"是指康丁；"伐"即砍头杀人，甲骨文的"伐"字象以戈砍人头之形。第（16）辞卜问在"大宗"用砍杀三个羌人和十只经过特殊饲养的小羊来祭祀自上甲始的各位祖先，因其合祭的祖先是在"大宗"进行祭祀的，所以合祭的应该是直系先王。

(17) 丁酉卜：自上甲𧖅，用人。（《合集》32374，四期）

该辞于丁酉日卜问"用人"即杀人，𧖅祭即取血以祭，祭祀自上甲始的诸位祖先。这是第四期卜辞，最多可祭到康丁或武乙之世。

(18) 癸亥卜：自上甲𧖅，又伐。（《合集》32214，四期）

(19) ……自上甲血，用白豭九……。在大甲宗卜。

□卯贞：其大御王自上甲血，用白豭九，下示𧖅牛。在祖乙宗卜。

丙辰贞：其酒大御自上甲，其告于父丁。

□□贞：……其大御王自上甲血，用白豭九，下示𧖅牛。在大乙宗卜。

……大御自上甲，其告于祖乙。在父丁宗卜。

……大御自上甲，其告于大乙。在父丁宗卜。（《屯南》2707，四期）

这两版都是第四期卜辞。第（18）版卜辞是于癸亥日卜问砍杀人牲取其血以祭自上甲始的诸位祖先。第（19）版上有六条卜辞，均是卜问祭自上甲始的诸位祖先的，其中第一、二、四三条辞都是卜问用九头白豭的血祭祀自上甲始的诸位祖先，《说文》："豭，牡豕也"，"白豭"即白色的公猪，殷人尚白，又重雄性，所以特选用白色的公猪祭祀说明对男性祖先的尊崇；又这三条卜辞记录其祭祀分别是在大甲、祖乙、大乙的宗庙里举行的，由下文的论述可以知道大甲、祖乙、大乙三王是商人很尊崇的三位祖先；该版第五、第六辞卜问祭祀是在父丁的宗庙里举行的，第四期卜辞里的"父丁"是武乙对其父康丁的称呼，所以该版卜辞是武乙卜辞。

商人合祭自上甲始的诸位祖先的卜辞，一般不书合祭的目的。但我们从前述卜辞中也可以看到，其目的无非是为了祈求诸祖先保佑有好的年成和被除灾祸、降临福佑，等等。

检视各期卜辞可知，合祭自上甲始的诸位祖先的卜辞在第四期出现的最多，在第三期出现的最少，而在第五期和第二期则多是出现在周祭卜辞中。

4. 单独祭祀上甲

A. 用人牲祭祀上甲

用羌人作人牲的辞例：

(20) 甲辰贞：又伐于上甲九羌、卯牛□。
    甲辰贞：来甲寅又伐上甲羌五、卯牛一。
    （《合集》32083，四期。图4—14）

(21) ……酒，报于上甲九羌、卯一牛。（《合集》356，一期）

(22) 癸亥卜，旅贞：翌甲子又升岁上甲，其又羌九……（《合集》22558，二期）

(23) 庚辰卜：又升伐于上甲三羌、九小牢。（《合集》32097，四期。图4—15）

(24) ……升上甲用羌三人，王……（《合集》26923，三期）

(25) 甲子贞：又伐上甲羌一。（《屯南》4460，四期）

(26) 甲子贞：又伐于上甲羌一、大乙羌一、大甲羌〔一〕。兹用。（《合集》32113，四期。图4—16）

图4—14 祭祀上甲
（《合集》32083）

图 4—15　祭祀上甲
(《合集》32097)

图 4—16　祭祀上甲、大乙、大甲
(《合集》32113)

第(20)版的两条辞都是于甲辰日卜问的，先卜问用砍杀九个羌人和剖杀数头牛（牛数残掉）祭祀上甲，再卜问于未来十天后的甲寅日用砍杀五个羌人和剖杀一头牛来祭祀上甲。第(21)版是卜问用九个羌人和剖杀一头牛来报祭上甲。第(22)版也是卜问用九个羌人祭祀上甲的。第(23)版是卜问用砍杀三个羌人和九头经过特殊饲养的小牛来祭祀上甲。第(24)版卜问用三个羌人祭祀上甲。第(25)版卜问砍杀一个羌人祭祀上甲。第(26)版卜问各用一个羌人祭祀上甲、大乙、大甲。上述卜辞反映商人最多时是用九个羌人来祭祀上甲的。

用人牲祭祀上甲的其他辞例：

(27) ……上甲伐三人，王受又=。(《合集》26997，三期)

该条卜辞卜问用砍杀三个人来祭祀上甲，以使商王得到保佑。

卜辞中用伐祭时，多数时候只是说多少伐，而不说伐几人，即省略了"人"字，如下列卜辞就是如此：

(28) □未卜，殷贞：㞢于上甲三伐。（《英藏》3，一期）

这条卜辞卜问侑祭上甲使用三伐，即砍杀三个人进行祭祀。同样是砍杀三个人，第（27）辞说"伐三人"，而该辞则说"三伐"，省略了"人"字，因此，"三伐"即是伐三人。以此类推，则卜辞凡是说"伐多少"或"多少伐"都是说伐多少人。如卜辞：

(29) 贞：二十伐上甲，卯十小宰。
上甲十伐㞢五，卯十小宰。（《合集》893 正，一期）

该版卜辞有两问，第一问说用"二十伐"和"卯十小宰"祭祀上甲，即用砍杀二十个人和剖杀十只经过特殊饲养的小羊来祭祀上甲；第二问说用"十伐㞢五"（即"十伐又五"，"㞢"作"又"解）和"卯十小宰"来祭祀上甲，即用砍杀十五个人和剖杀十只经过特殊饲养的小羊来祭祀上甲。

(30) 壬午卜，殷贞：㞢伐上甲十㞢五，卯十小宰。
㞢伐于上甲十㞢五，卯十小宰㞢五。（《合集》901，一期）

该版有两条辞。第一辞在壬午日由贞人殷贞问说"㞢伐上甲十㞢五，卯十小宰"，第一个"㞢伐"之"㞢"是作祭名"侑"解，第二个"十㞢五"之"㞢"作"又"解；第二辞卜问"㞢伐于上甲十㞢五，卯十小宰㞢五"，也是卜问用砍杀十五个人祭祀上甲，但剖杀的却是十五只经过特殊饲养的小羊。

(31) 贞：㞢伐于上甲十㞢五，卯十小宰、豭。（《合集》900 正，一期）
(32) 又升伐十五，岁十宰上甲。（《合集》32200，四期）

第（31）辞卜问用砍杀十五个人和剖杀十只经过特殊饲养的小羊和一头公猪来祭祀上甲。第（32）辞是卜问用砍杀十五个人和割杀十只经过特殊饲养的羊来祭祀上甲，"岁"在该辞中为用牲之法，岁"当读为劌，割也，谓割牲以祭也"①。

  （33）㞢于上甲十伐、卯十宰。（《合集》893 正，一期）
  （34）㞢于上甲十伐、卯十豕。（《合集》906 正，一期）

这两辞都是卜问用砍杀十个人来祭祀上甲。第（33）辞并同时"卯十宰"，第（34）辞并同时"卯十豕"。

  （35）来甲午㞢伐上甲八。
    来甲午㞢伐上甲十。（《合集》904 正，一期）

该版上有两辞，第一辞卜问在未来的甲午日砍杀八个人来祭祀上甲；第二辞卜问在未来的甲午日砍杀十个人来祭祀上甲，即是卜问祭祀上甲是砍杀八个人好呢，还是砍杀十个人好呢。

  （36）贞：上甲宙王报，用五伐、十小宰。用。（《合集》924 正，一期）

这是卜问用砍杀五个人和"十小宰"来祭祀上甲。
以上是用"伐"祭，即砍头杀人牲来祭祀上甲的辞例。
  B. 又、升、岁祭祀上甲
  "又"作祭名为"侑"；"升"也为祭名，饶宗颐先生说"升"即"烝"意②；"岁"作祭祀用时为祭名，即"刿"，意为割，即割杀牲以祭。殷人往往在祭祀时是又、升、岁三种祭法同时并用。辞例如：

  （37）□巳贞：甲午又升岁于上甲五牢。（《合集》32322，四期）
  （38）辛亥卜：甲子又升岁于上甲三牛。（《合集》32324，四期）

---

  ① 唐兰：《天壤阁甲骨文存·考释》，北京辅仁大学 1939 年版，第 30—31 页。此处转引自于省吾主编：《甲骨文字诂林》，第三册，中华书局 1996 年版。
  ② 饶宗颐：《殷代贞卜人物通考》，香港大学出版社 1959 年版，上册第 377 页、下册第 1005 页。

但有时不用"岁"祭，只用又、升之祭。如：

(39) 癸未卜：其又升上甲三牢。(《合集》27043，三期)

有时又不用"又"祭，只用升、岁之祭，如：

(40) 癸亥贞：甲子酒，升岁于上甲五牛。(《合集》32360，四期)

有时又单用"岁"祭：

(41) 辛酉卜：上甲岁叀猕。(《合集》32353，四期)

C. 其他祭祀

除了上文所举的以外，殷人还用一些其他的祭法来祭祀上甲，如：

(42) □□卜：其燎于上甲三羊、卯牛三。雨。(《合集》32358，四期)

(43) 丙子贞：其祝于上甲。乙……(《合集》32346，四期)

(44) 辛亥卜：毛上甲牛、三报羊、二示牛。
辛亥贞：毛自上甲、三报羊、二示牛。(《合集》32349，四期)

以上三版卜辞显示殷人对上甲还举行燎、祝、毛祭等。"毛"字，甲骨文作"丂"，于省吾先生释其为毛，认为其孳乳字是舌、括。毛、舌、括，均应读为磔，为用牲之法，是祭祀时肢解牲体①。第(44)版的两辞都是于辛亥日卜问的，第一辞卜问用肢解牛牲来祭祀上甲，并且肢解羊来祭祀"三报"，即报乙、报丙、报丁，肢解牛来祭祀"二示"，即示壬、示癸。第二辞卜问的内容与第一辞相同，只不过是省略了"上甲"之后的"牛"字，并且在"上甲"之前加了一个"自"字，即祭祀自上甲始的六位祖先，也即上甲、报

---

① 见于省吾《甲骨文字释林·释毛、舌、括》，中华书局1979年版。

乙、报丙、报丁、示壬、示癸。

5. 先公上甲的功能

由以上所举卜辞可以看出，商人对先公上甲是很尊崇的，对其举行包括用人牲的高规格的祭祀，祭祀的方法又很繁多。那么商人对上甲举行频繁、高规格的祭祀的目的是什么呢？也即在商人的眼里先公上甲都有哪些功能呢？这由下面一些卜辞可以找到答案。

上甲与年成好坏有关：

(45) 丁丑卜，宾贞：求年于上甲燎三小宰、卯三牛。（《合集》10109，一期）

(46) 辛卯卜：甲午求禾上甲，三牛。用。（《合集》33309，四期）

(47) 其告秋上甲二牛。大吉。（《合集》28206，三期）

(48) 求雨于上甲，宰。（《合集》672 正，一期）

(49) 甲申：又升岁上甲，又雨。（《合集》32322，四期）

(50) 其悔，求年上甲，亡雨。（《合集》28267，三期）

(51) 隹上甲耆雨。（《合集》12648，一期）

第(45)辞卜问用焚烧"三小宰"和"卯三牛"向上甲求年，即祈求好年成。第(46)辞卜问用三头牛向上甲求禾，求禾即祈求禾苗茁壮成长，也即祈求有好年成。第(47)辞卜问用两头牛告秋于上甲，"卜辞'告秋'、'宁秋'之祭，均与灾异有关。解为蝗祸皆可通。"① 即该辞是卜问用两头牛告祭上甲祈求为其解除蝗祸。蝗祸会影响年成，故有此卜问。第(48)辞卜问用"宰"向上甲求雨。第(49)辞卜问又升岁祭上甲，祈求"又雨"即有雨。第(50)辞卜问"其悔，求年上甲，亡雨"，结合辞后的"亡雨"知"其悔"之意是指天空晦阴昏暗，该辞是卜问向上甲求年，阴暗的天空，不会没有雨吧，即希望上甲促成昏暗的天空能够有雨。第(48)、(49)、(50)三辞求雨的目的也是为了有好年成。第(51)辞卜问"上甲耆雨"，即卜问上甲是否有害于雨水的形成。雨水不足会影响年成。以上这些卜辞反映，在商人的心目中，先公上甲是能够影响其年成的好坏的。所以商人对上甲给予频繁、隆重的祭祀，祈求其给予好年成。

---

① 见于省吾主编《甲骨文字诂林》，第二册，中华书局1996年版，第1835页。

上甲关乎战事

(52) 壬午卜，亘贞：告舌方于上甲。(《合集》6131 正，一期)

(53) 癸巳卜，争贞：告土方于上甲。四月。(《合集》6385 正，一期)

(54) 贞：勾舌方于上甲。(《英藏》558，一期)

第 (52)、(53) 版卜辞是分别就与舌方与土方的事情告祭于上甲。第 (54) 版卜辞卜问"勾舌方于上甲"，"勾"之意，郭沫若先生谓是"有害"之义①，则该辞可以理解为是就与舌方的战事问题祈求上甲保佑其取得胜利；也可以理解为祈求上甲保佑舌方不要加害于商人。

上甲左右祸福

(55) 辛巳卜：其告水入于上甲，祝大乙牛。(《合集》33347，四期)

该辞卜问因水入而告于上甲，"水入"当是指发生了水患，祈求上甲给予护佑。

(56) 乙巳贞：酒其舌小乙。兹用。日又戠，夕告于上甲九牛。(《合集》33696，四期)

该辞的后半部分说："日又戠，夕告于上甲九牛"，郭沫若读"日又戠"为"日有食"，即发生了日食。如果确实如此，则该句是说白天发生了日食，夜间用九头牛告祭于上甲（祈求上甲保佑不要发生灾祸）。

(57) 丙戌卜，宾贞：告日㞢设于上甲三牛。(《合集》13329，一期)

该辞于丙戌日卜问"告日㞢设于上甲三牛"，"日㞢设"即"日有设"，可以理解为白天有设，"设"，于省吾先生说"训施训陈典籍习见。甲骨文的设字有

---

① 郭沫若：《殷契粹编》，第 401 片考释，科学出版社 1965 年版。

两种含义：一种指自然界的设施兆象言之。当时人们认为，自然界的兆象，甚至鸟鸣，都有吉凶的徵验……另一种指祭祀时的陈设祭物言之。"① 准此，则该辞是卜问丙戌日的白天有不好的兆象，用三头牛告祭于上甲（祈求上甲保佑）。

(58) 上甲㞢王。(《合集》939 反，一期)
(59) 上甲祟王。
上甲弗祟。(《合集》811 反，一期)

第 (58) 辞卜问上甲是否加害于商王。第 (59) 版上的两辞是正反两面的卜问，问上甲是否作祟于商王。这两版卜辞表明上甲是可以降祸于商王的。

以上我们分析了先公上甲的受祭情况，由卜辞可以看到商人对上甲是极其尊崇的。他们尊称上甲为"高祖"，并将他与其他高祖神合祭；他们合祭诸先公、先王时往往都是从上甲开始的；而且在单祭上甲时其祭仪往往都很隆重，如用砍头杀人牲，取其血进行祭祀；所用动物牺牲也很多；所用的祭祀方法也很复杂。前举的卜辞又证明，商人祭祀上甲的目的是为了求雨、求年、求禾、告秋、告水，即大凡农业收成和水旱灾害等都要向上甲进行祈求；他们还为征战之事以及日食的发生和自身的平安方面向上甲进行祈求。

商人所以对上甲进行隆重的祭祀，应该是因为他在商族历史上占有重要的地位。首先上甲是商族重要首领王亥的儿子，前面第一章所举的卜辞："□□卜：王[贞]：其燎[于]上甲父[王]亥。"(《合集》24975) 说明了这一点，王亥在商族的历史上所起的重要作用是促进了商人畜牧业的进一步发展，并驯服了牛，发明了用牛驾车的技术，王亥在商人的眼里是个有大功德的祖先，并在其"亥"字上加鸟图腾。而王亥的儿子上甲微也是有大功德的，《山海经·大荒东经》说："王亥托于有易、河伯仆牛。有易杀王亥，取仆牛。"郭璞注曰："《竹书》曰：殷王子亥宾于有易而淫焉，有易之君緜臣杀而放之。是故殷主甲微假师于河伯以伐有易，灭之，遂杀其君緜臣也。"《国语·鲁语上》言："上甲微，能帅契者也，商人报焉。"所以商人对上甲要进行隆重的祭祀。

---

① 于省吾：《甲骨文字释林·释设》，中华书局 1979 年版。

（二）报乙、报丙、报丁、示壬、示癸

《史记·殷本纪》记载："微卒，子报丁立。报丁卒，子报乙立。报乙卒，子报丙立。报丙卒，子主壬立。主壬卒，子主癸立。"（主壬、主癸即卜辞中的示壬、示癸）。但据商代甲骨文的周祭卜辞知，在上甲之后依次继位的是报乙、报丙、报丁、示壬、示癸，《殷本纪》错误地将报丁的世次前移到了上甲之后。卜辞中有时将报乙、报丙、报丁合称为"三报"，将示壬、示癸合称为"二示"，见有合祭"三报"、"二示"的卜辞，如：

合祭三报二示：

(60) 辛亥卜：毛上甲牛、三报羊、二示牛。

辛亥贞：毛自上甲、三报羊、二示牛。（《合集》32349，四期。图4—17）

这是一版第四期卜辞，于辛亥日两次卜问毛祭上甲和三报二示，祭祀上甲和二示用大牲畜牛，祭祀三报用小牲畜羊，可见商人对上甲和"二示"的重视程度要高于对"三报"的重视。

合祭示壬示癸：

(61) □□卜，□贞：示壬牡于示癸牡。六月。（《合集》22713，二期）

图4—17 祭祀上甲、三报、二示

（《合集》32349）

这是卜问用牡祭祀示壬和示癸的。诸家指"牡"为羊父，即意指公羊①。

卜辞中除周祭外，对三报的祭祀很少。下面是一条就与舌方的事情告祭于报乙的卜辞：

---

① 见于省吾主编《甲骨文字诂林》，第二册，第1517—1522页，"牡"字条，第1543页"牝"字条，中华书局1996年版。

（62）贞：于报乙告舌方。（《合集》6132，一期）

卜辞中对"二示"即示壬、示癸的祭祀要比对三报的祭祀多得多，如：祭祀示壬的卜辞：

（63）壬辰卜，㱿：㞢于
示壬宰。
㞢于示壬二牛。
（《合集》776正，
一期。图4—18）

（64）庚寅卜，扶：示
壬岁三牛。（《合
集》19812反，
一期）

（65）癸亥贞：其又升于
示壬，燎三小宰。
（《合集》32397，
四期）

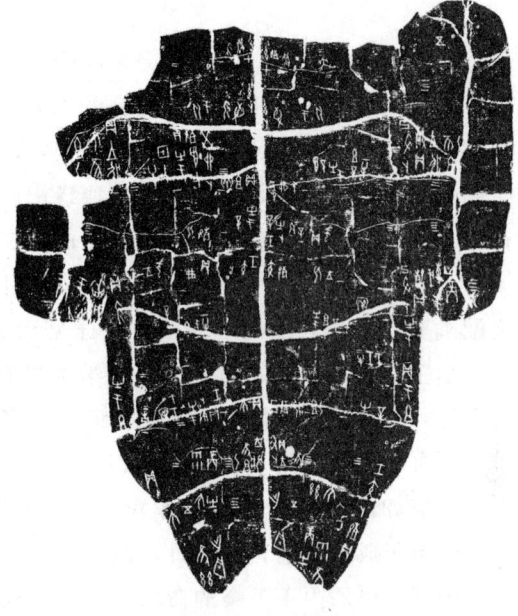

图4—18 祭祀示壬

（《合集》776正）

这三版卜辞反映殷人祭祀示壬多用牛和宰，下面一版卜辞反映还用牢。商人祭祀示壬的目的由下面几版卜辞可以得到说明：

（66）贞：求年于示壬。（《合集》10112正，一期）
（67）己卯贞：求禾于示壬，三牢。（《合集》28271，三期）
（68）……［告］舌方于示壬。（《合集》6131正，一期）

第（66）辞卜问"求年于示壬"。第（67）辞卜问"求禾于示壬，三牢"，求年与求禾都是祈求有好年成。第（68）辞卜问"［告］舌方于示壬"，即示壬可以左右战事。这些卜辞反映，示壬在商人的眼里是主管农业和战争的神灵。示壬是商朝第一王大乙的祖父，商人对其重视是理所当然的。

祭祀示癸的卜辞：

(69) 虫于示癸。(《合集》1257，一期)

(70) □卯卜，大［贞］：示癸岁，叀鬯酒。(《合集》22718，二期)

(71) 辛丑：又示癸。(《合集》32402，四期)

商人对示癸也很重视，因为示癸是商朝第一王大乙的父亲。

由以上对上甲以来的六位先公的祭祀来看，商人最重视的先公是上甲，其次是二示，即示壬、示癸，而对三报，即报乙、报丙、报丁，则除了在合祭和周祭中被祭祀外，对他们的单独祭祀就比较少。对上甲重视是因为上甲在商人的历史发展中有着重要的贡献；对二示的比较重视是因为示壬是商朝第一王大乙的祖父，示癸则是其生父，而且商人在周祭中祭祀先妣是从示壬之配妣庚、示癸之配妣甲开始的（详见后文）。关于上甲、报乙、报丙、报丁、示壬、示癸六世的庙号来源，学术界有几说。王国维说："疑商人以日为名号，乃成汤以后之事，其先世诸公生卒之日，至汤有天下后定祀典名号时已不可知，乃即用十日之次序以追名之，故先公之次乃适与十日之次同，否则不应如此巧合也。"① 董作宾说："我疑心这是武丁时代重修祀典时所定……至于成汤以前先世忌日，似已不甚可考，武丁乃以十干之首尾名此六世……观于甲乙丙丁壬癸的命名次第，并列十干首尾，可知如此命名，实有整齐划一之意，不然，无论此六世先公生日死日，皆不能够如此巧合"②。即王国维、董作宾先生都认为上甲至示癸六示的庙号都是为后世所追定的，王国维认为是"成汤以后"，董作宾认为是"武丁时代"。但于省吾对这种说法存有疑意，他说："六世中上甲和三报的庙号，乃后人所追定。至于六示中示壬示癸的庙号，并非如此。"他提出五点理由来论说这种看法，其中最能说明问题的是第三点，即："甲骨文周祭中的直系先妣，自示壬的配偶妣庚和示癸的配偶妣甲开始。但是，妣庚和妣甲的日干并不相次，很明显，她们的庙号是根据典册的记载，决非后人所追拟。因此可知，示壬示癸的庙号也有典可稽，是可以断定的。"③ 这是很有道理的。

---

① 王国维：《殷卜辞中所见先公先王续考》，《观堂集林》卷九，中华书局1984年版。

② 董作宾：《甲骨文断代研究例》，《中央研究院历史语言研究所集刊》外编，第1种，《庆祝蔡元培先生六十五岁论文集》上册，1933年版。

③ 于省吾：《甲骨文字释林·释自上甲六示的庙号以及我国成文历史的开始》，中华书局1979年版。

二 对先王的崇拜与祭祀

（一）大乙

据史书记载，汤灭夏桀，推翻了夏王朝，建立了商王朝，"汤"是商朝立国后的第一王。由于汤对建立商王朝立下了汗马功劳，所以后世商人对他极为尊崇，这表现在付与他多种称呼和对他举行频繁而又隆重的祭祀。《太平御览》卷八十三说："汤有七命而九征"，即汤有七个名字，不过古文献中多称其为"汤"或"成汤"；殷墟甲骨卜辞中不称其为汤，多称其庙号"大乙"，还称其为"成"、"唐"。下面例举卜辞论述商人对商汤即大乙的崇拜与祭祀[①]：

1. 商人合祭先王时，往往是由大乙开始的

（1）己亥卜：又自大乙至中丁示，牛。（《合集》14872，一期）

这是卜问用牛合祭自大乙至中丁的诸位先王。由于卜辞中除周祭外，商人合祭多个祖先时，往往只合祭直系先王，不合祭旁系先王，所以该辞合祭的先王应该是大乙、大丁、大甲、大庚、大戊、中丁六位直系先王。

（2）乙丑［卜］：求自大乙至丁祖九示。（《合集》14881，一期。图4—19）

图4—19 祭祀自大乙至丁祖九示
（《合集》14881）

这是卜问向大乙至祖丁的九示祖先举行求祭，"丁祖"是"祖丁"的倒置。由大乙至祖丁的九示祖先应是指大乙、大丁、大甲、大庚、大戊、中丁、祖乙、祖辛、祖丁九世直系先王。

---

① 因为商代先王的数目较多，所以所举卜辞的数量也会较多，下面为了使读者阅读时省力，在卜辞编号上，不再连续编号，而是将每位先王的材料都独立编号。

(3) 庚午贞：其升人，自大乙。
壬申贞：人自大乙酒。（《屯南》4360，四期）

该版卜辞卜问用人牲祭祀自大乙始的诸位祖先，到哪一位祖先没有明说。

(4) 癸亥卜，行贞：王宾……自大乙至于后，亡尤。（《合集》22722，二期）

该辞卜问祭祀"自大乙至于后"的诸位祖先。"后"指哪一位先王没有明说，该辞是第二期卜辞，所祭直系先王最近可到祖甲之父武丁。

(5) 自大乙至于父丁。（《屯南》3890，四期）

该辞是卜问祭祀自大乙至父丁的诸位先王。这条卜辞是第四期卜辞，第四期卜辞的"父丁"应是指武乙之父康丁。

(6) 乙巳禳孚、羊自大乙。（《屯南》4178，四期）

该辞卜问于乙巳日用"禳孚、羊"祭祀自大乙始的诸位祖先。"孚"，姚孝遂认为像以手持子，引申为俘获之敌人亦谓之俘①。那么，该辞应是卜问用俘获的敌人和羊来祭祀自大乙始的诸位祖先的。

《史记·殷本纪》称大乙为"天乙"、"成汤"、"汤"，在卜辞中大乙也被单称作"成"，下面是卜问祭祀自"成"始的诸位祖先的卜辞：

(7) 贞：疋来羌用自成、大丁、[大]甲、大庚、下乙。（《合集》231，一期）

该辞卜问用疋（人名）贡献来的羌人祭祀自成始的下列祖先：成、大丁、大

---

① 姚孝遂：《商代的俘虏》，《古文字研究》，第1辑，中华书局1979年版。

甲、大庚、下乙（即祖乙①）。其中大丁、大甲、大庚是位次相接的直系先王，成的位序在大丁之前，显然是指大乙无疑。

（8）翌乙酉㞢伐自成。若。（《合集》248正，一期）
（9）贞：㞢升自成，三宰。（《合集》1380，一期）
（10）自成告至于丁。
　　　勿自成告。（《合集》6583，一期）

以上三版都是第一期卜辞，都是卜问祭祀自成始的诸位祖先的。第（8）辞卜问砍杀人牲祭祀自成始的诸位祖先，第（9）版卜问用三宰祭祀自成始的诸位祖先，两版卜辞都没有说明是祭到哪一位祖先为止。第（10）版的两辞是从正反两面卜问是否告祭自成至于丁的诸位祖先，第一期卜辞中的"丁"或是指小乙之父祖丁，或是指武丁，如是指武丁，则该版卜辞应是祖庚卜辞。则董作宾甲骨分期中的第一期卜辞中应包含有祖庚卜辞。

对大乙称作"唐"的卜辞不多，而卜问祭祀祖先自唐始的就更少。下面是两条辞例：

（11）贞：御自唐、大甲、大丁、
　　　祖乙百羌百宰。（《合集》
　　　300，一期。图4—20）

该辞卜问御祭自唐始的四位祖先，即唐、大甲、大丁、祖乙。该辞大甲与大丁的世次颠倒，大丁未立而卒，大甲继唐即大乙之后为王。"唐"的位序在大丁、大

图4—20　祭祀唐、大甲、大丁、祖乙
（《合集》300）

---

① 下乙为祖乙，由胡厚宣先生考证。见胡厚宣：《卜辞下乙说》，《甲骨学商史论丛》初集，成都齐鲁大学国学研究所1944年版。

甲之前，当是指大乙无疑。该辞卜问御祭唐、大甲、大丁、祖乙要用"百羌百宰"，即用一百个羌人和一百只经过特殊饲养的羊，其祀典可谓隆重。

(12) 王其又大乙、大丁、大甲，叀升岁公。(《合集》27149，三期)

这是卜问又、升、岁祭大乙、大丁、大甲三王的。

以上十二版卜辞都是卜问祭祀自大乙始的诸位祖先的合祭卜辞。对大乙除称大乙外，还称其为"成"、"唐"。其所选用的祭祀方法有：出、又、升、岁、御、告、伐、用等。特别值得注意的是，商人祭祀自大乙始的诸位祖先时所选用的物品全为牲品，并且用人牲，其中第(11)辞卜问祭祀自唐(即大乙)、大甲、大丁、祖乙四位先王所用的牺牲最多，为"百羌百宰"。

2. 大乙与先公上甲合祭

前文已指出，上甲是商人历史上重要的先公高祖，殷墟甲骨卜辞反映，商人还往往将商朝第一王大乙与先公高祖上甲合祭或与上甲的祭祀同时卜问。下面就是大乙与上甲合祭或同时祭祀的辞例：

(13) 甲辰卜：大乙及上甲酒，王受又=。(《屯南》2265，四期)

(14) 甲子贞：又伐于上甲羌一、大乙羌一、大甲羌。自。(《合集》32114，四期)

(15) 庚申贞：其御于上甲、大乙、大丁、大……祖乙。(《屯南》290，四期)

(16) 翌乙酉出伐于五示：上甲、成、大丁、大甲、祖乙。(《合集》248正，一期)

(17) 告于上甲及成。(《合集》6583，一期)

(18) 求于上甲、成、大丁、大甲、下乙。(《合集》6947正，一期)

(19) 即燎上甲于唐。(《合集》1200，一期)

(20) 贞：上甲龢及唐。(《合集》1240，一期)

以上大乙与上甲合祭或同时祭祀的辞例说明，在商人的眼里，大乙在商族历史上所建立的功勋与先公上甲所建立的功勋是同等重要的，同样伟大的。也即开国元勋大乙在商族历史上的地位与先公高祖上甲在商族历史上的地位是同等重要的。

3. 单祭大乙的祀典繁多而隆重
A. 用人牲祭祀大乙

(21) 辛丑卜：王其又升伐大乙，叀旧鬯用十人五。（《合集》26994，三期）
(22) 其又升大乙羌五十人。（《合集》26908，三期。图4—21）
(23) 大乙伐十羌。
    大乙伐十羌又五。
    大乙伐三十羌。（《屯南》2293，四期）

第（21）版卜辞卜问用砍杀十五个人来祭祀大乙。第（22）版卜问用五十个羌人来祭祀大乙。第（23）版三次卜问祭祀大乙所要砍杀的羌人数，先问砍杀十羌，又问砍杀十五羌，再问砍杀三十羌。这三版卜辞反映商人祭祀大乙所用的人牲数量是很大的，可多到五十个羌人。

(24) 癸亥卜：宗成又羌三十，岁十牢。（《合集》32052，四期）
(25) 贞：翌乙亥屮升岁于唐三十羌，卯三十牛。六月。（《合集》313，一期。图4—22）
(26) □□〔卜〕，出贞：屮于唐三十羌，卯三十牛。（《合集》22546，二期）

以上三版卜辞是卜问单独祭祀"成"或"唐"即大乙的。其中第（24）辞卜问用三十个羌人，再割杀十头经过特殊饲养的牛来祭祀成。第（25）、（26）两辞都是卜问用三十个羌人，再剖杀三十头牛来祭祀唐。用羌人数和用牲数都很大。

(27) 癸酉贞：又岁于大乙羌二十。（《屯南》51，四期）
(28) 大乙伐十羌又五。
    大乙伐十羌。（《怀特》1558，四期）

以上两辞分别卜问用杀二十个羌人，十五个羌人或十个羌人来祭祀大乙。

图 4—21　祭祀大乙

（《合集》26908）

图 4—22　祭祀唐

（《合集》313）

图 4—23　祭祀大乙

（《屯南》739）

(29) 丁巳卜：三羌三牢于大乙。
丁巳卜：五羌五牢于大乙。（《屯南》313，四期）

(30) 甲午贞：酒升伐乙未于大乙羌五、岁五牢。（《屯南》739，四期。图4—23）

(31) 庚申卜：五羌五牢于大乙。（《屯南》3782，四期）

以上三版卜辞都有卜问用五个羌人祭祀大乙的辞例［第（29）版的第一辞还卜问用三个羌人和三头经过特殊饲养的牛祭祀大乙］，而且三版都表明用五个羌人祭祀时往往还同时用五个经过特殊饲养的牛进行祭祀。

(32) 丁巳卜：三羌三牢于大乙。(《合集》32101，四期)
(33) 甲午贞：垂侯……兹用。大乙羌三、祖乙羌三、卯三牛，乙未酒。(《屯南》586，四期)

以上两辞是卜问用三个羌人来祭祀大乙的。其中第（32）辞卜问用三个羌人还同时用"三牢"来祭祀大乙。

(34) 甲子贞：又伐于上甲羌一、大乙羌一、大甲羌。兹用。(《合集》32113，四期)

这是卜问各用一个羌人祭祀上甲、大乙、大甲的。下面是卜问用羌人祭祀大乙，但没有记具体人数的辞例：

(35) ……王其用羌于大乙，卯 牛，王受又。(《合集》26955，三期)
(36) 乙未卜：勿用羌于成。(《合集》423，一期)

卜辞中还有一些卜问伐祭大乙的辞例。"伐"祭为砍头之祭，卜辞中的"伐"可以是指砍人的头，也可以是指砍牲畜的头，但一般多指为砍杀人的头以祭。这里我们将没有特别指明是砍杀牲畜之头的"伐"祭，都看作是指砍杀人头的"伐"祭，下面是对大乙举行伐祭的辞例：

(37) 㞢于成三十伐。(《合集》891正，一期)
(38) □未卜：……升岁大乙伐二十、十牢。(《屯南》2200，四期)
(39) 己亥卜：又伐五大乙。
　　己亥卜：先又大乙二十牢。
　　戊戌卜：又十牢伐五大乙。(《屯南》751，四期)
(40) 贞：翌乙亥㞢于唐三伐、窜。(《合集》938正，一期)

第（37）辞卜问用砍杀三十个人牲来祭祀成即大乙。第（38）辞卜问用砍杀二十个人牲和十牢来祭祀大乙，该辞"伐二十"与"十牢"相对，说明"伐二十"是指砍杀二十个人。第（39）版上有三条辞，其中的第一辞和第三辞卜问用伐五个人牲来祭祀大乙。第二、三辞还同时卜问用二十牢或十牢祭祀大乙。第（40）辞卜问用伐三个人牲和一只经过特殊饲养的羊来祭祀唐即大乙。

  （41）辛亥贞：于大乙又伐。（《合集》32218，四期）
  （42）癸亥卜：遘酒宜伐于大乙。（《合集》32216，四期）
  （43）贞：㞢唐伐。（《合集》951，一期）
  （44）壬戌卜，争贞：翌乙丑㞢伐于唐。用。
    贞：翌乙丑勿祥㞢伐于唐。
    贞：翌乙丑亦禘于唐。（《合集》952正，一期）
  （45）贞：㞢伐于成。（《合集》900，一期）

以上五版卜辞卜问伐祭大乙、唐、成（唐、成也即大乙），但都没有注明所伐人牲的数目。下版卜辞虽然没有"伐"字，但也知是卜问用人牲祭祀大乙的：

  （46）庚戌卜：㞢奚大乙三十。（《合集》19773，一期）

该辞卜问用三十个奚，即三十个女奴仆来祭祀大乙。

  以上二十六版卜辞反映商人频繁地用人牲祭祀大乙，其中羌人是他们经常使用的人牲，并且所用数量巨大，如第（22）版卜辞卜问用五十个羌人祭祀大乙，第（23）、（24）、（25）、（26）几版卜辞卜问用三十个羌人祭祀大乙，第（27）辞卜问用二十个羌人祭祀大乙，第（21）、（23）、（28）辞卜问用十五个羌人［第（21）辞无"羌"字］祭祀大乙，第（23）、（28）辞卜问用十个羌人祭祀大乙，数量都很巨大。并且，商人在用羌人祭祀大乙时，还要加上其他牲品同祭，如第（24）辞卜问用三十个羌人祭祀的同时还要加上十牢，第（25）、（26）两版卜辞卜问用三十个羌人祭祀的同时还要加上三十头牛来进行祭祀，所使用的牲品都为大牲畜牛牲，而且使用的数量也都很巨大。其他如第（29）、（30）、（31）（32）版卜辞在卜问使用五个羌人或三个羌人祭祀的同时，也都要加上五牢或三牢来进行祭祀。还特别需要指出的是，商人不但用羌人作人牲来祭祀大乙，而且还使用其他人来作人牲，那些没有注明是羌人的人牲大概有些就是商王朝的人。而第（46）版卜辞还卜问用三十个女奴仆来祭祀大乙，所用女仆数量也很巨大。商人在使用人牲祭祀大乙时很少加用羊牲，见有第（40）版卜辞卜问用宰来祭祀大乙。商人用人牲祭祀大乙所使用的祭祀方法有屮、又、升、岁、伐、卯、用、禦、宜、酒等。大量地用人牲和加用大量的大牲畜牛来祭祀大乙，以及赋予大乙多种称呼，都说明商人对商王朝的开国元勋大乙是极为尊崇的。

B. 其他祭祀

> （47）……酒，大御自上甲，其告于大乙。在父丁宗卜。（《屯南》2707，四期）
>
> （48）癸丑卜，史贞：其障鼓告于唐一牛。（《合集》1291，一期）
>
> （49）乙亥卜，争贞：求于成十牛。（《合集》1345，一期）
>
> （50）辛酉贞：大乙㲋一牢。（《合集》32425，四期）
>
> （51）乙亥卜，王贞：我取唐禦。（《合集》1294，一期）
>
> （52）贞：王隹报于唐。（《合集》1286，一期）
>
> （53）甲子卜：先又大乙。（《合集》32216，四期）
>
> （54）甲戌贞：乙亥酒多宁于大乙鬯五、卯牛，祖乙鬯五，小乙鬯三……（《英藏》2400，四期）
>
> （55）壬申贞：登多宁以鬯于大乙。（《屯南》2567，四期）
>
> （56）甲寅卜，争贞：勿御妇婡于唐。（《合集》2774正，一期）
>
> （57）贞：御唐于母己。（《合集》4517，一期）
>
> （58）今日屮于成三豰。（《合集》1375，一期）
>
> （59）丙午卜，贞：奏成。七月。（《合集》1352，一期）
>
> （60）庚戌卜：燎于大乙三豕、大……（《合集》15646，一期）
>
> （61）燎于成。（《合集》1349反，一期）
>
> （62）戊午卜，狄贞：隹兕于大乙隹示。大吉。（《合集》27146，三期）

以上卜辞反映商人还对大乙举行告、求、㲋、取、禦、报、先、又、卯、御、屮、奏、燎、酒、登、宁等祭祀，所用的牺牲除了牢、牛外，还有豰、豕、兕（即犀牛）等，还用鬯（一种酒）进行祭祀。

史书记载"殷人尚白"，卜辞也反映殷人在重视某位祖先时，往往是选用白色的牺牲对其进行祭祀的，如：

(63)……登洋牛，大乙白牛，叀元……（《合集》27122，三期）

该版卜辞记录殷人选用大牲畜白牛对大乙进行祭祀。

商人所以对大乙进行频繁而隆重的祭祀，除了因为大乙是商王朝的开国元勋外，还有以下原因：

(64) 求禾大乙。（《合集》33319，四期）
(65) 乙丑卜：于大乙求雨。十二月。（《英藏》17579，一期）

第(64)辞卜问"求禾大乙"，"求"即祈求，"禾"指农作物，"求禾"即祈求农作物生长茁壮，即该辞是卜问向大乙祈求农作物获得好收成的，则大乙是掌管农业生产的神灵。第(65)辞是于十二月乙丑日卜问"于大乙求雨"，即向大乙祈求雨水的，殷历的十二月相当于夏历的四月[1]，是播种的时节，所以殷人要向大乙祈求雨水，因为只有雨水充足，才能保证农作物有好收成，即该辞也反映了大乙是掌管农业生产的神灵。

(66) 贞：告舌方于唐。（《合集》6138，一期）
(67) 壬申卜，㱿贞：于唐告舌方。（《合集》6301，一期）
(68) 贞：告土方于唐。（《合集》6387，一期）
(69) 求方于大乙。（《合集》1264，一期）

第(66)、(67)辞都是就与舌方之事告祭于唐即大乙的。第(68)辞是就与土方之事告祭于唐即大乙的。第(69)辞是就与方（"方"或指方国，或指以"方"为名的方国）之事求祭于大乙的。这些卜辞反映在商人的心目中大乙能够左右战事。

(70) 癸巳卜：成祟我。（《合集》32444，四期）

第(70)辞卜问"成祟我"，即卜问大乙是否作祟与我商王。该辞反映大乙

---

[1] 常玉芝：《殷商历法研究》，第五章第三节，吉林文史出版社1998年版。

可以左右商王的祸福。

由以上例举的卜辞可知，大乙在商人心目中的地位是崇高的，商人对大乙是极其尊崇的：他们在合祭多个祖先时，往往是从大乙开始的；他们将大乙与重要的先公上甲合祭；他们给予大乙频繁的隆重的祭祀，用大量的人牲再加上大量的大牲畜牛进行祭祀；祭祀大乙的祀典也很繁多。商人向大乙祈求农业生产能够获得丰收，向大乙祈求与方国的战争能够获得胜利，即在商人的心目中，大乙是商人农业生产和战争的重要保护神。

(二) 大丁

《史记·殷本纪》记载："汤崩，太子太丁未立而卒"，这是说太丁未曾即位为王。但是，殷墟甲骨卜辞反映，商人对太丁的祭祀还是相当重视的，太丁在周祭中也被祭祀。究其原因，应该是因为太丁是商朝第一王成汤之长子，又曾被立为太子，是王位法定继承人的缘故。

太丁，卜辞中称作大丁，有一条三、四期卜辞称其为"二祖丁"。其所受的祭祀情况是：

1. 大丁与先公上甲合祭

(1) 翌乙酉㞢伐于五示：上甲、成、大丁、大甲、祖乙。(《合集》248正，一期)

(2) 庚申贞：其御于上甲、大乙、大丁、大〔甲〕、祖乙。(《屯南》290，四期)

(3) 求于上甲、成、大丁、大甲、下乙。(《合集》6947正，一期)

(4) 乙酉贞：又燎于上甲、大乙、大丁、大甲、〔祖乙〕。(《合集》32387，四期)

(5) 己卯卜，宾贞：于上甲、成、大丁。(《合集》1242正，一期)

以上五版卜辞是大丁与先公上甲及其他先王合祭的辞例。除此之外，还有前举的论述祭上甲祭祀的第(11)版卜辞，该辞记录大丁与上甲、大乙、大甲、大庚、大戊、中丁、祖乙、祖辛、祖丁共十世先公先王合祭。由上举的前三版卜辞〔即第(1)辞、(2)辞、(3)辞〕我们可以看到一个重要的现象，即上甲、大乙〔第(1)版、(3)版称为"成"〕、大丁、大甲、祖乙〔第(3)版称为"下乙"〕五位祖先往往是在一起合祭的，由此我们可以推测第(4)版卜辞中"大甲"后面残掉的王名也应是"祖乙"。第(5)版卜辞是大丁与上甲、大乙（称为"成"）合祭的辞例。

2. 大丁与其他先王合祭

（6）贞：止来羌用自成、大丁、［大］甲、大庚、下乙。（《合集》231，一期）

（7）贞：御自唐、大甲、大丁、祖乙百羌百宰。（《合集》300，一期）

（8）㞢于成、大丁、大甲、大庚、大戊、中丁、祖乙……（《合集》1403，一期）

（9）王其又大乙、大丁、大甲，叀升岁公。（《合集》27149，三期）

（10）甲子贞：升岁一牢。兹用。又升大乙一牢、大丁一牢、大甲一牢……一牢。（《屯南》2420，四期）

（11）己卯卜：又大丁二牛、大甲□牛。（《合集》19825，一期）

（12）□亥贞：延求于大丁、大甲。兹用。丁丑……（《合集》32468，四期）

以上七版卜辞是大丁与其他先王合祭的辞例。由这些辞例可以看到，与大丁合祭的都是直系先王；而且与大乙相比，大丁受祭的次数显然要少得多。其中第（7）版卜辞卜问用一百个羌人和一百只经过特殊饲养的羊来合祭唐（大乙）、大甲、大丁和祖乙，辞中大丁与大甲的世次互倒。

3. 单独祭祀大丁

A. 用人牲祭祀大丁

（13）丙申贞：酒升伐大丁羌五、岁五……（《屯南》739，四期）

（14）丙子卜：酒升岁伐十五、十牢，勿大丁。（《屯南》4318，四期）

（15）甲戌卜，王：大丁伐。（《合集》953，一期）

这三条卜辞都是卜问砍杀人牲来祭祀大丁的。第（13）辞卜问砍杀五个羌人祭祀大丁；第（14）辞卜问"伐十五"即砍杀十五个人，同时再杀伐"十牢"来祭祀大丁。第（15）辞卜问用砍杀人牲祭祀大丁。

B. 其他祭祀

(16) 丙辰卜：丁巳又岁于大丁，不雨。(《合集》33308，四期)

(17) 丙申卜：又岁于大丁，不遘［雨］。(《合集》32462，四期)

这两辞是卜问又、岁祭大丁的。第(16)辞的"不雨"，第(17)辞的"不遘［雨］"应该是卜问举行大丁的祭祀时不会遇到雨吧。

(18) 丙午卜，扶：㞢大丁牂。用。(《合集》19817，一期)

该辞是卜问以牂即公羊㞢祭即侑祭大丁的。

(19) 戊午卜，狄贞：佳兕大丁佳示。(《合集》27146，三期)

这是卜问用兕（即犀牛）祭祀大丁。

(20) 辛酉卜：求于大丁。三月。(《合集》1416，一期)

(21) 丙子卜：求又大丁。(《合集》19946正，一期)

这两辞是卜问"求"祭大丁；第(21)辞还有"又"祭。

(22) 丙子卜：延又三牢大丁。(《合集》32403，四期)

这是卜问用"三牢"祭祀大丁。

(23) □巳卜，行贞：王宾大丁㭛福，亡祸。(《合集》22761，二期)

该辞中的"㭛福"为祭名，诸多学者解释"㭛"字字义都是火烧[①]，因此它作祭名用时应是与卜辞中的"燎"祭相同的。

(24) 勿酒大丁。(《合集》190反)

---

① 见于省吾主编《甲骨文字诂林》，第一册，中华书局1996年版，第427—435页。

这是卜问不要酒祭大丁吧。此"酒"字也可作祭祀解。

(25) 庚申卜，争贞：乍大丁。(《合集》1404，一期)

该辞中的"乍"即作是祭名，彭邦炯先生曾就该辞说："作字是祭名，大致和后世文献上讲的'酢祭'的酢，如《尚书·顾命》的'秉璋以酢'差不多。这里的'作大丁'，是酢祭殷先王名大丁者"①。

(26) 丙戌卜：二祖丁岁一牢。(《屯南》2364，三、四期)

《小屯南地甲骨》的作者说此辞是康丁卜辞。陈梦家先生认为"三祖丁"是指中丁，"四祖丁"是指小乙之父祖丁②，所以《屯南》的作者认为"二祖丁"应是指大丁③。正确。

以上单祭大丁的卜辞反映，商人对直系先王（虽未及即位，但曾立为太子）大丁还是比较重视的。从卜辞看，祭祀他所使用的方法有：酒、升、伐、又、㞢、岁、告、求、柵、福、乍等；其所使用的祭品有人牲，如第(13)辞卜问砍杀五个羌人来祭祀大丁，第(14)辞卜问砍杀十五个人再加砍杀"十牢"来祭祀大丁，第(18)辞还特意选择公羊来祭祀大丁。这些都反映出商人对大丁是比较重视的。

由上举的卜辞可以看到，殷人祭祀大丁一般都不书为了什么目的和有什么要求去祭祀大丁，似乎祭祀大丁大多是为了履行祭祀直系先王的公事。我们只在很少几版卜辞中见到殷人有目的的对大丁的祭祀，如：

(27) □申卜，㱿贞：大丁乎王羣衔。(《合集》6887，一期)

---

① 彭邦炯：《卜辞"作邑"蠡测》，《甲骨探史录》，生活·读书·新知三联书店1982年版，第265—302页。
② 陈梦家：《殷虚卜辞综述》，中华书局1988年版，第423、425—426页。
③ 中国社会科学院考古研究所：《小屯南地甲骨》，下册第一分册，第2364片考释，中华书局1983年版。

该辞卜问大丁是否命令商王去"辜衔","辜"之意,王国维谓是训迫,训伐①,"衔"是方国名,即该辞是卜问大丁是否命令即是否同意商王去讨伐衔国。

(28) 贞：于大丁告舌。(《合集》6139,一期)

该辞是卜问就与舌方的战事问题告祭于大丁。

(29) 大丁壱我。
　　　大丁不我壱。(《合集》14003 正,一期)

该版中的两条卜辞是从正反两面卜问大丁是否加害于我即商王。

(30) 大丁延致。(《合集》33986,四期)

该辞卜问大丁是否要延续他的伤害。

以上四版卜辞反映在商人的心目中,祖先神大丁可以左右战事,可以左右商王的祸福,但似乎没有见到大丁有关于农业生产与年成好坏的卜问,可见其功能是很少的。与先公上甲和先王大乙的多功能是无法相比的。

(三) 大甲

《史记·殷本纪》记载："汤崩,太子太丁未立而卒,于是乃立太丁之弟外丙,是为帝外丙。帝外丙即位三年,崩,立外丙之弟中壬,是为帝中壬。帝中壬即位四年,崩,伊尹乃立太丁之子太甲。太甲,成汤适长孙也,是为帝太甲。"即《史记·殷本纪》记载的即位次序是：汤—太丁(未立)—外丙—中壬—太甲。但根据殷墟甲骨卜辞中的周祭的祭祀次序是以即位次序为准制定的,知大乙(即汤)之后的即位次序是：大乙(汤)—大丁(未及即位)—大甲—外丙,即大甲是在外丙之前,而不是在其后即位的,又"中壬"的称谓在卜辞中并未出现②。下面论述商人祭祀大甲的情况。

---

① 见于省吾主编《甲骨文字诂林》,第三册,中华书局1996年版,第1937页。
② 见常玉芝《商代周祭制度》,中国社会科学出版社1987年版,第49—51页。

1. 大甲与先公上甲合祭

(1) 翌乙酉业伐于五示：上甲、成、大丁、大甲、祖乙。(《合集》248正，一期)

(2) 求于上甲、成、大丁、大甲、下乙。(《合集》6947正，一期)

(3) 乙酉贞：又燎于上甲、大乙、大丁、大甲、[祖乙]。(《合集》32387，四期)

(4) 甲子贞：又伐于上甲羌一、大乙羌一、大甲羌一。兹用。(《合集》32113，四期)

(5) 庚寅贞：甲□自上甲其及大甲酒。(《合集》32388，四期)

以上五版是大甲与有先公上甲合祭的辞例，合祭的先王多是大乙、大丁、祖乙。除此之外，在论述上甲的祭祀的第（11）版卜辞记录大甲与上甲、大乙、大丁、大庚、大戊、中丁、祖乙、祖辛、祖丁共十世先公先王合祭。

2. 大甲与其他先王合祭

(6) 甲子贞：升岁一宰。兹用。又升大乙一牢、大丁一牢、大甲一牢……一牢。(《屯南》2420，四期)

(7) 贞：止来羌用自成、大丁、[大]甲、大庚、下乙。(《合集》231，一期)

(8) 贞：御自唐、大甲、大丁、祖乙百羌、百宰。(《合集》300，一期)

(9) 乙巳卜，贞：叀于大甲亦于丁，羌三十，卯十宰。用。(《合集》295，一期)

(10) 戊午贞：贞：求于大甲、父丁。(《屯南》1111，四期)

(11) 丁亥卜，㱿贞：昔日乙酉箙旋御……[大]丁、大甲、祖乙百鬯、百羌、卯三百……(《合集》301，一期)

(12) 辛巳卜，㱿贞：酒我报大甲、祖乙十伐十宰。(《合集》904正，一期)

(13) 辛卯贞：又升伐于大甲、祖乙。(《合集》32219，四期)

(14) □亥卜，贞：二示御大乙、大甲、祖乙五宰。(《合集》14867，一期)

(15) 癸丑卜，㱿贞：求年于大甲十宰，祖乙十小宰。（《合集》10115，一期）

(16) 贞：求年于大甲十宰，祖乙十宰。（《合集》672正，一期）

(17) 王其又大乙、大丁、大甲，叀升岁公。（《合集》27149，三期）

(18) 癸丑卜，宾贞：酒大甲告于祖乙一牛。八月。用。（《合集》10611，一期）

(19) 告于大甲、祖乙。（《合集》183，一期）

(20) 其又于大乙至于大甲。（《合集》32437，四期）

(21) 其又大丁、大甲先酒䙴……（《合集》27106，三期）

(22) □□〔卜〕，㱿〔贞〕：□子刿㞢自大甲白牛。（《合集》1423，一期）

以上十七版是卜问大甲与其他先王合祭的卜辞，与大甲合祭的先王有大乙、大丁、大庚、祖乙，还有"父丁"[（10）辞]和"丁"[（9）辞]。有"父丁"称谓的第（10）辞属于第四期卜辞，第四期卜辞中的"父丁"应当是指武乙之父康丁，所以第（10）版卜辞应是武乙卜辞；有"丁"称谓的第（9）辞属于第一期卜辞，第一期卜辞中的"丁"应当是指祖庚之父武丁，所以第（9）版卜辞应是祖庚卜辞。祭祀上述先王所使用的祭祀方法有：又、升、岁、伐、求、御、叀、酒、报、告、用等；所使用的牺牲有人牲，有经过特殊饲养的牛和羊，普通的牛，还有经过特殊酿造的酒——鬯等。商人对这几位先王的祭祀有时是很隆重的，如第（8）辞卜问祭祀唐（大乙）、大甲、大丁、祖乙用一百个羌人再加上一百只经过特殊饲养的羊；第（9）辞即祖庚卜辞，卜问祭祀大甲和丁即武丁，用三十个羌人再加上"卯十宰"；第（11）辞卜问祭祀大丁、大甲、祖乙用"百鬯、百羌，卯三百……"，即用一百桶（单位应该是桶）鬯酒加一百个羌人，再剖杀三百个什么牺牲，辞残，但由前面的卜辞推测，可能是三百只经过特殊饲养的羊来进行祭祀；第（12）辞卜问祭祀大甲和祖乙用砍杀十个人和十只经过特殊饲养的羊来进行祭祀；第（15）、（16）两辞卜问的内容相同，都是卜问为了求年于大甲和祖乙，各用"十宰"对他们进行祭祀，其中第（15）辞祭祀祖乙的"十宰"写作"十小宰"，"宰"与"小宰"是有区别的，"小宰"是指经过特殊饲养的相对小的羊，那么卜辞中的"小牢"相对于"牢"来说，应该是指经过特殊饲养的小的牛而言①。第（22）辞卜问用白牛业祭自大甲始的祖先，自大甲至哪一王没说。由上述合祭卜辞看，大甲所享受的合祭要较其父大丁多而隆重。

3. 单独祭祀大甲

A. 用人牲祭祀大甲

(23) 丙卜：翌甲寅酒于大甲羌，百羌。（《合集》32042，四期。图4—24）

(24) 大甲九羌。（《英藏》23反，一期）

(25) 辛亥卜：犬延以羌一用于大甲。（《合集》32030，四期）

(26) 贞：业于大甲伐十业五。

翌甲寅业伐于大甲。（《合集》902正，一期）

(27) 丁未卜，宾［贞］：［翌］甲寅酒大甲十伐业五，卯十宰。八日甲寅不酒。雨。（《合集》896正，一期）

(28) 癸丑［卜］，□［贞］：翌甲［寅］业于大甲，䍃二牛，酒三十宰，伐十。（《合集》908，一期）

(29) 乙亥卜：来甲申又大甲十牢、十伐。（《屯南》940，四期）

(30) 乙亥卜：又十宰、十伐，大甲甲申。（《合集》32201，四期）

图4—24　祭祀大甲
（《合集》32042）

(31) □□［卜］，□贞：……大甲五伐、三十……（《合集》919，一期）

(32) □□［卜］，宾贞：业升伐于大甲。（《合集》955，一期）

(33) 贞：隹大甲取妇。（《合集》2636正，一期）

以上十一版卜辞是卜问用人牲祭祀大甲的。商人祭祀先王大甲是比较隆重的：如第（23）辞卜问用一百个羌人祭祀大甲。第（24）辞卜问用九个羌人

---

① 姚孝遂也有此说。见其《牢宰考辨》一文，刊《古文字研究》，第9辑，中华书局1984年版。

祭祀大甲。第（26）辞卜问"伐十㞢五"，即砍杀十五个人祭祀大甲。第（27）辞卜问"十伐㞢五，卯十宰"，即除了砍杀十五个人外，还要剖杀十只经过特殊饲养的羊来祭祀大甲。第（28）辞卜问用"㦰二牛，酚三十宰，伐十"来㞢祭大甲。"伐十"，即砍头杀死十个人；"㦰二牛"的"㦰"字，各家所释不尽相同①，它在卜辞中的用法有三种：一种是加在两个相接的干支日之间，表示的时间是前一个干支日即将结束，后一个干支日即将开始之时②；第二种是加在牛、羊牲之前，作为用牲之法；第三种是作为地名。作为用牲之法的意义不大明确，大约也是一种杀牲之法，那么，"㦰二牛"应是杀两头牛的意思。"酚三十宰"的"酚"字，在这里的意义也是作为用牲之法，于省吾先生读"酚"为"删"，犹今言"砍"③，所以"酚三十宰"就是砍三十宰。"酚"与"伐"的区别大概是，"伐"专指砍头，"酚"就不是单指砍头了。总之，第（28）辞是卜问用杀两头牛，再砍杀三十只经过特殊饲养的羊，再砍头杀十个人来㞢祭大甲。第（29）辞于乙亥日卜问在未来的甲申日用"十牢十伐"，即十头经过特殊饲养的牛和砍杀十个人来"又"祭大甲。第（30）辞与第（29）辞一样，也是于乙亥日卜问在未来的甲申日"又"祭大甲的，不过不是用"十牢十伐"，而是用"十宰十伐"，即十头经过特殊饲养的羊和砍杀十个人来"又"祭大甲。第（33）辞卜问"大甲取妇"，即用妇人来祭祀大甲，"取"为祭名，是燔柴之祭④；有学者言"取"祭与"燎"祭的不同是，"燎"祭多言用牲，"取"祭不言用牲，但该辞的"取妇"却是用人牲（女牲）的。由以上卜问用人牲祭祀大甲的辞例可以看到，商人对大甲的祭祀是比较重视的，一次居然要杀一百个羌人来进行祭祀，同时用人牲时还要加用牛、羊等牺牲，有时用的数量还很大。从用人牲进行祭祀来看，商人对大甲的重视程度比不上大乙（大乙受祭的次数要多），但要比对大丁重视得多。

---

① 见李孝定《甲骨文字集释》，"㦰"字，1970年。又葛英会、曹定云所释见下面注②其文。
② 见常玉芝《殷商历法研究》，第二章第二节，吉林文史出版社1998年版。葛英会：《论甲骨文中的毁字》，《古代文明研究通讯》，第15期，北京大学古代文明研究中心编，2002年12月。曹定云：《殷墟卜辞"㦰"乃"敦"之初文考》，《纪念殷墟甲骨文发现一百周年国际学术研讨会论文集》，社会科学文献出版社2003年版。
③ 于省吾：《甲骨文字释林·释酚》，中华书局1979年版。
④ 于省吾：《甲骨文字释林·释取》，中华书局1979年版。

B. 其他祭祀

(34) 贞：求于大甲，燎一宰、二豕、卯……（《合集》801，一期）
(35) 贞：屮于大甲，求年。（《合集》10114，一期）
(36) 于大甲求，王受年。（《合集》28274，三期）

在前举的大甲与其他先王合祭的卜辞中，已举出了一些求祭大甲的辞例，上面三版卜辞是单祭大甲时举行的求祭，其求于大甲的目的是为了"求年"、"王受年"，即为了有好的年成。求祭大甲的卜辞还有不少，如：《合集》1027正、《合集》1416、《合集》1439、《合集》32473、《合集》34117 等。

(37) 庚申贞：今来甲子酒，王大御于大甲，燎六小宰、卯九牛，不遘雨。
   □□贞：甲子酒，王大御于大甲，燎六小宰、卯九牛。（《合集》32329 正，四期）

该版的两辞都是卜问商王在未来的甲子日大御祭大甲的（第一辞有卜日庚申，第二辞卜日残，当与第一辞一样，也是在庚申日卜问的），其祭祀的礼仪和牲品，第一辞是"燎六小宰、卯九牛"，第二辞是"燎六小宰、卯九牛"，即都是剖杀九头牛，但燎即焚烧的六个牺牲不一样，第一辞是"小宰"，第二辞是"小牢"，"小宰"是经过特殊饲养的小羊，"小牢"是经过特殊饲养的小牛。

(38) 壬申卜：屮大甲三十牢，甲戌。（《合集》19828，一期）
(39) 癸酉：屮大甲十牢。
   大甲九牢。（《怀特》1486，四期）
(40) 癸酉贞：大甲十牢。（《合集》32479，四期）
(41) 己亥卜：先又大甲十牢。（《屯南》751，四期）
(42) 癸卯贞：酒升岁于大甲，［甲］辰五牢。兹用。（《屯南》2953，四期）
(43) 又大甲四牢。
   又大甲三牢。（《合集》32471，四期）

(44) 己酉卜：来甲寅又大牢大甲。(《合集》22164，一期)

以上七版卜辞都是卜问以"牢"来祭祀大甲的。其所用"牢"的最高数是"三十牢"[第(38)辞]，第(44)辞还特别指明是用"大牢"即经过特殊饲养的大牛来进行祭祀。其用牲的方法有燎、卯、升、岁等。又第(42)辞"大甲"和"甲辰"两词共用一个"甲"字。

(45) 登大甲牛三百。(《怀特》904，一期)

(46) 丁丑卜：大甲岁十牛。(《合集》32475，四期)

(47) 戊辰贞：䝨于大甲，㶊珏、三牛。[戊辰贞]：䝨于大甲，㶊珏、一牛。(《合集》32486，四期。图4—25)

(48) 戊辰贞：䝨于大甲，㶊珏、二牛。(《屯南》280，四期)

(49) 戊辰贞：䝨一牛于大甲，㶊珏。(《屯南》1074，四期)

(50) 其𢆶大甲三牛。(《屯南》3009，三期)

(51) 壬子卜：甲寅燎大甲牪、卯牛三……(《合集》22421正，一期)

图 4—25　祭祀大甲
(《合集》32486)

以上七版卜辞是卜问用牛祭祀大甲的。第(45)辞卜问用三百头牛登祭大甲，用牛的数量可观。第(46)辞是卜问岁即割杀十头牛祭祀大甲。第(47)、(48)、(49)三版卜辞卜问的内容相同，即都是于戊辰日卜问䝨祭大甲的，由第(49)版卜辞的"䝨一牛于大甲，㶊珏"，知第(47)、(48)版的

"贼于大甲，倵珏、三牛"、"贼于大甲，倵珏、一牛"、"贼于大甲，倵珏、二牛"的意义一致。"倵珏：当为玉祭，但祭法不明"[①]；"珏"为合在一起的两块玉；"贼"字可释为"刚"，为祭名或用牲之法，是断割之义。第（50）辞卜问"祒大甲三牛"，即肢解三头牛牲来祭祀大甲。第（51）辞卜问用焚烧一只公羊，再剖杀三头牛来祭祀大甲。以上卜辞都是卜问用牛来祭祀大甲的，第（47）、（48）、（49）三版卜辞不但卜问用牛，还卜问用玉来祭祀大甲。第（51）辞不但卜问用牛，还卜问用公羊来祭祀大甲。其用牛来祭祀大甲的祭法有：登、岁、贼、祒、燎、卯等。

（52）丙辰卜：贼于珏，大甲𠂤。（《合集》32487，四期）

该辞卜问用断割两块合在一起的玉来祭祀大甲，"𠂤"字应是（47）、（48）、（49）辞中的"倵"字的省写，并且后置。

（53）……大甲三十宰。（《合集》1454，一期）
（54）贞：㞢于大甲五宰。（《合集》1421，一期）
（55）辛丑卜：于来甲寅㞢于大甲四宰。（《合集》1422，一期）

以上三条辞是卜问用"宰"来祭祀大甲。

（56）……大甲三豕。七月。（《合集》1456，一期）
（57）燎于大甲三豰、三……（《合集》14755正，一期）

以上两条辞是分别卜问用三头豕、三头豰来祭祀大甲，"豰"是指经射杀的猪。

（58）戊午卜，狄贞：隹兕于大甲隹示。（《合集》27146，三期）

这是卜问用兕（即犀牛）祭祀大甲。

[①] 中国社会科学院考古研究所：《小屯南地甲骨》，下册，第一分册，第280片考释，中华书局1983年版。

(59) 于大甲襫。(《屯南》1054，四期)

这是卜问襫祭大甲的。"卜辞'禜'祭多于田猎之前后进行，田猎之前进行'禜'祭，乃'为田祷多获禽牲'；在既获禽牲之后，则以所获得之禽牲进献于先祖以祈福佑。亦或以牛、马为祭牲。"①

(60) 癸卯卜，㱿：翌甲辰酒大甲。
　　 贞：甲辰勿酒大甲。(《合集》672 正，一期)

该版的两辞是从正反两面卜问是否酒祭大甲的。也可将"酒"字理解为祭祀之意，即卜问是否在甲辰日祭祀大甲。

(61) 贞：㞢报于大甲。(《合集》1432，一期)

这是卜问㞢、报祭大甲的。

(62) 贞：于大甲告舌方。(《合集》6141，一期)
(63) 贞：于大甲告舌方出。(《合集》6142，一期)
(64) ……與其途虎方，告于大甲。十一月。(《合集》6667，一期)
(65) 于大甲告望乘。(《屯南》135，四期)
(66) 贞：沚馘再册，告于大甲。(《合集》6134，一期)
(67) 辛未贞：于大甲告牧。(《屯南》1024，四期)
(68) 贞：于大甲告。(《合集》1472，一期)
(69) ……王省，从西告于大甲。(《合集》1434，一期)

以上八版卜辞是卜问告祭大甲的，告，有报告、祷告之意。其中第(62)、(63)、(64) 三版卜辞是就与舌方、虎方的战事问题告祭于大甲，向大甲祷告，祈求胜利；第(64)辞的"途"为"屠戮伐灭"之意，"途虎方即屠虎方，谓屠戮虎方也。"② 第(65)版卜辞是就望乘的出征问题向大甲祷告祈求

---

① 见于省吾主编《甲骨文字诂林》，第二册，中华书局1996年版，第1721页。
② 于省吾：《双剑誃殷契骈枝三编·释途》，1943年版。

胜利，"望乘"是武丁时期有名的将领；辞中"望乘"二字后置，征战问题省略未记。第（66）版卜辞贞问"沚䇂再册，告于大甲"，"沚䇂"，人名，为武丁时期的有名将领；"再册"之意，学者有分歧：于省吾先生说："再稱古今字。册经典通用策……按稱谓述说也，册为册命也"，他举《国语·晋语》："其知不足称也"，注："称，述也"，《礼记·射义》："庚期称道不乱者"，注："称，犹言也"来说明"稱"为"述说"之意；他还指出："振旅出征，必有册命。沚䇂为武丁时主册命之臣，故征伐方国，沚䇂必先再述册命也"，即于先生认为"再册"是"再述册命"的意思①。李孝定、屈万里、林政华则认为"再"是"举"意，林政华解释"再册"说："再册为举册或捧册之意。"② 总之，学者对"再"字的意义有"称述"和"举"两种解释。笔者认为，根据古文献的记载，说"再"有"称述"之意是对的，而根据《说文》："再，并举也"，段注："一手举二，故曰并举"来看，说"再"为"举"义也是对的，即"再"有"称述"和"举"二意，单取其一意则是失之偏颇。古文献中的"稱"既有"称述"和"举"二意，那么殷墟甲骨卜辞中的"再"字的用法又是怎样的呢？检查卜辞可知，卜辞中的"再"字也是兼有"称述"和"举"两种意义。如卜辞"……王再珏于祖乙，燎三宰，卯三大［牢］……兹用"（《合集》32535，四期），该辞的"再"字就只能释成"举"，"再珏"就是双手举起合在一起的两块玉的意思，该辞是卜问商王双手举起双玉祭祀祖乙，并且还要焚烧三只经过特殊饲养的羊，并剖杀三头经过特殊饲养的大牛来进行祭祀。而上举的第（66）版卜辞的"沚䇂再册，告于大甲"的"再"字，就不能释成"举"了，因为如果将该辞的"再"字释成"举"，则该辞就成了卜问沚䇂是否要举着简册向祖先大甲祷告，即卜问的就是举起简册这样一个动作，这是令人费解的；如果按着于省吾先生的意见，将"再"字解作"称述"，"再册"是"再述册命"的意思，那么，该辞卜问的就是在征战之前，沚䇂是否要向祖先大甲述说册命之事，则该辞卜问的就是一件事情，这样于情合，于理也合。所以，上述卜辞证明，卜辞中的"再"字也和古文献一样，有"称述"和"举"两种意思。而具体到在一条卜辞中，"再"字应该解作"述说"，还是应该解作"举"，则只有根据卜辞的具体内容来做决定了。因此，诸家将"再"或单一释作"述说"，或单一

---

① 于省吾：《双剑誃殷契骈枝续编·释再册》，1941年版。

② 见于省吾主编《甲骨文字诂林》，第四册，中华书局1996年版，第3138—3139页。

释作"举",都是不全面的。这就像古文献中的"稱"兼有"述说"和"举"两种意思一样,不能单一的取其一说。第(67)辞的"牧"是"放牧牲畜"之意①,该辞是就放牧牲畜的事情告祭于大甲的。第(69)辞卜问是否从西边举行告祭大甲的祭祀。

下版卜辞反映,在商人的眼里,大甲是可以宾于帝的:

(70) 贞:大甲不宾于帝。
贞:大甲宾于咸。
贞:大甲不宾于咸。(《合集》1402正,一期)

这是卜问大甲是否宾于帝和咸的。宾即宾迎之意,"帝"指上帝,"咸"是殷之旧臣,亦称"咸戊",当是典籍中的"巫咸。"②

由以上单祭大甲的卜辞可以看到,商人对大甲是比较重视的,对大甲举行人祭,祭祀隆重而频繁;不过,由上述卜辞又可以看到,商人祭祀大甲时多数时候是不记对其祈求的事情的,一般只是记对其举行的祀典。商人所以对大甲举行隆重的祭祀,不单是因为大甲可以宾于上帝;而且还由于大甲是主管农、牧业生产的神灵,如第(27)辞的"雨",第(35)辞的"求年",第(36)辞的"王受年",反映了大甲可以左右年成的好坏,第(67)辞的"于大甲告牧",说明大甲还主管牧业生产;而第(62)辞的"告舌方",第(63)辞的"告舌方出",第(64)辞的"途虎方",第(65)辞的"告望乘",第(66)辞的"沚𢦏禹册",都反映了大甲还左右着战事。而下面几版卜辞还反映大甲能左右商王的祸福:

(71) 乙酉卜,宾贞:大甲若王。(《合集》3216正,一期)
(72) 于大甲,王受又。(《合集》33347,四期)
(73) 大甲其壱我。(《合集》1473,一期)
(74) 庚戌卜:王祟直大甲。(《合集》32301,四期)

第(71)辞卜问大甲是否保佑商王顺利。第(72)辞卜问大甲是否保佑商

---

① 于省吾:《甲骨文字释林·释牧》,中华书局1979年版。
② 见陈梦家《殷虚卜辞综述》,中华书局1988年版,第365页。

王。第（73）辞卜问大甲是否加害于我商王。第（74）辞卜问大甲是否作祟于商王，该辞的主格后置，宾格前置。由于大甲在商人的心目中有上述诸多功能，所以商人要对大甲进行频繁而隆重的祭祀，祈求大甲在各方面给予福佑。

（四）外丙

外丙，卜辞作"卜丙"，他是大丁之弟，大甲之叔。据笔者研究，商代王位实行的是嫡长子继承制[①]，按此制度，汤崩后，太子太丁未立而卒，由太丁之嫡长子、成汤之嫡长孙太甲继位为王。太甲之后，王位应由其子太庚继承，但周祭卜辞却反映，在太甲之后受祭的是其叔外丙，然后才是其子太庚[②]。外丙为何能在太甲之后即位，据笔者研究，这纯粹是由"伊尹放太甲"的特殊历史事件造成的。据史书记载，太甲即位后，"不明、暴虐、不遵汤法、乱德"（《史记·殷本纪》），"颠覆汤之典刑"（《孟子·万章上》），故为辅佐成汤打天下的重臣伊尹放之桐宫，学"汤之法度"，"听伊尹之训"，进行"悔过自责"，而这其间的王位空缺，则是由太甲之叔外丙填补的[③]，因此才造成了商朝第一位旁系祖先即位为王的现象。

检查卜辞可知，除周祭外，商人对旁系先王外丙很少进行祭祀，并且外丙也不参加合祭。下面是单祭外丙的一些卜辞：

（1）贞：屮于外丙一伐。（《合集》940正，一期）

（2）丙戌：屮升岁外丙。（《英藏》1196，一期）

（3）甲子卜，扶：酒外丙御。（《屯南》4517，一期）

（4）乙未卜：御外丙牛一。（《合集》22066，一期）

（5）乙亥卜：又外丙。（《屯南》4305，一期）

（6）乙巳卜，扶：屮外丙……。（《合集》19817，一期）

第（1）辞卜问用砍杀一个人来侑祭外丙。第（2）辞也是卜问用杀某种牺牲来祭祀外丙的，但是何牺牲没有言明。第（3）辞、第（4）辞都是卜问御祭外丙的，第（4）辞标明是用一头普通的牛来祭祀外丙。第（5）辞、第（6）

[①] 常玉芝：《论商代王位继承制》，《中国史研究》1992年第4期。

[②] 常玉芝：《商代周祭制度》，中国社会科学出版社1987年版，第49—51页。

[③] 详细论证见常玉芝《论商代王位继承制》，《中国史研究》1992年第4期。

辞都只卜问侑祭外丙（又、㞢），没有记具体祭品。由上述祭祀外丙的卜辞可以看到，商人对外丙的祭祀次数很少，而且祀典也很单调，只有㞢（又）、升、岁、酒、御等几种，并且牲品也是只有"一伐"、"牛一"，数量少得不能再少。上述卜辞又表明，单祭外丙的卜辞也仅限于早期的第一期卜辞。又在第二期卜辞中，发现有一条卜问祭祀外丙的配偶的卜辞：

（7）癸酉卜，行贞：翌甲戌外丙母妣甲岁，叀牛。（《合集》22775，二期）

这条卜辞于癸酉日卜问在第二天甲戌日割杀一头牛来祭祀外丙的配偶妣甲。

还见一版卜问外丙是否有害于商王的卜辞：

（8）外丙壱王。
贞：外丙弗壱王。（《合集》8969 正，一期）

这也是一版第一期卜辞。其上的两条辞从正反两面卜问外丙是否加害于商王。

由商人对外丙的祭祀次数少，祀典简单来看，商人是不重视旁系先王的。这也反映出商代的王位继承制的本质不是兄终弟即制，而是父子相继制[①]。

（五）大庚

大庚是大甲之子，但在周祭中他的祭祀次序却是在外丙之后[②]。这是因为在大甲继位为王的第三年，发生了"伊尹放大甲"的历史事件。史书记载，大甲被伊尹放之于桐宫的三年，是由大甲之叔外丙即位为王的。大甲自桐宫放出之后，仍复为王。而大庚则是在其父大甲崩后继位为王的[③]。

1. 大庚与先公上甲合祭

[①] 常玉芝：《太甲、外丙的即位纠纷与商代王位继承制》，《殷墟博物苑苑刊》创刊号，中国社会科学出版社 1989 年版。《论商代王位继承制》，《中国史研究》1992 年第 4 期。

[②] 常玉芝：《商代周祭制度》，中国社会科学出版社 1987 年版，第 49—51 页。

[③] 常玉芝：《太甲、外丙的即位纠纷与商代王位继承制》，《殷墟博物苑苑刊》创刊号，中国社会科学出版社 1989 年版。《论商代王位继承制》，《中国史研究》1992 年第 4 期。

关于大庚与先公上甲合祭的卜辞，目前只见到在论述上甲的祭祀时所举的第（11）版卜辞，即属于第四期卜辞的《合集》32385，即下版卜辞：

(1) □未卜：求自上甲、大乙、大丁、大甲、大庚、大戊、中丁、祖乙、祖辛、祖丁十示，率牡。（《合集》32385，四期）

2. 大庚与其他先王合祭

(2) 贞：止来羌用自成、大丁、[大]甲、大庚、下乙。（《合集》231，一期）

(3) 屮于成、大丁、大甲、大庚、大戊、中丁、祖乙……（《合集》1403，一期）

(4) ……大甲、大庚、[大戊]、[中]丁、祖乙、祖[辛]……一羊、一南……（《合集》1474，一期）

(5) 叀今日酒大庚、大戊、中丁，其告祭。（《合集》27168，三期）

(6) 己卯卜：翌庚辰屮于大庚至于中丁宰。（《合集》14868，一期）

(7) 己亥卜，王：大庚升彡、大乙宰牝⺊终夕。（《怀特》1481，四期）

(8) 丙寅卜：大庚岁刅于后祖乙……（《屯南》3629，三、四期）

以上七条卜辞是大庚与其他先王合祭的卜辞。与大庚合祭的先王主要是大乙（成）、大丁、大甲、大戊、中丁、祖乙。与大乙、大丁、大甲相比，大庚与其他先王合祭的机会是不多的。

3. 单独祭祀大庚

(9) 乙卯卜，内：酉大庚……
　　乙卯卜，[内]：[酉]大庚勿七十宰、二十伐。
　　乙卯卜，内：酉大庚七十宰、伐二十。（《合集》895乙、丙，一期）

(10) 乙亥卜，王：大庚伐。（《合集》953，一期）

以上两版卜辞是卜问伐祭，即用砍头杀人牲祭祀大庚的。第（9）版的三条辞都是由贞人内于乙卯日卜问的（第二辞"内"字残掉），第一辞的命辞残掉数字，只存"眢大庚"三字，第二辞残掉"眢"字，存"大庚勿七十宰、二十伐"，第三辞辞全，命辞是"眢大庚七十宰、伐二十"，由此可知，第二辞与第三辞是正反两面的卜问（第一辞当也是相同的卜问），即卜问是否砍杀七十只经过特殊饲养的羊，再砍杀二十个人来祭祀大庚，"眢"为用牲之法，于省吾先生读"眢"为"删"，犹今言"砍"①。

  （11）庚申卜，行贞：王宾大庚岁二牛，亡尤。在……（《合集》22793，二期）
  （12）辛丑卜：乙巳岁于大庚。（《合集》22094，一期）

这两版卜辞是卜问岁祭大庚的，"岁"在这两辞中是作用牲之法，作用牲之法时岁为刿，割杀之义。第（11）辞卜问割杀两头牛祭祀大庚，第（12）辞没有记是割杀何牲；该辞的"大庚"之"大"作"天"，卜辞大、天通用。

  （13）丁亥卜，㱿贞：翌庚寅㞢于大庚。（《合集》11497正，一期）
  （14）辛未卜：又大庚三牢，庚辰。（《合集》19831，一期）
  （15）其又大庚，叀翌日酒。（《合集》27167，三期）

以上三条辞是卜问㞢、又即侑祭大庚的。第（14）辞于辛未日卜问在庚辰日用"三牢"侑祭大庚，祭日"庚辰"二字后置。

  （16）己未卜：求大庚。（《合集》1483，一期）
  （17）翌庚寅酒大庚。（《合集》10936正，一期）

第（16）辞卜问求祭大庚。第（17）辞卜问酒祭大庚。
  卜辞中单独祭祀大庚的辞例不多，祀典也不多，也不太隆重；而且祭祀时都不书祈求的目的。看来商人对大庚的祭祀也有例行祭祀直系先王的成分；对他的重视程度远远比不上大乙、大甲，但是要比对旁系先王外丙受重视。

---

① 于省吾：《甲骨文字释林·释眢》，中华书局1979年版。

(六) 小甲

小甲为大庚之子，属旁系先王。小甲除了在周祭中被祭祀外，不见有与其他先王合祭的辞例，而且单祭小甲的辞例也很少，只见有下面几条：

(1) ……小甲一牛。(《合集》18407，一期)
(2) □酉卜，王：求小甲。(《合集》1489，一期)
(3) ……勿㞢于小甲。(《怀特》38，一期)

第(1)辞是卜问用一头普通的牛祭祀小甲。第(2)辞是卜问求祭小甲。第(3)辞是卜问不要对小甲举行"㞢"祭吧。商人对旁系先王的不重视由对小甲的祭祀可见一斑。

(七) 大戊

《史记·殷本纪》记载："帝太庚崩，子帝小甲立。帝小甲崩，弟雍己立，是为帝雍己。""帝雍己崩，弟太戊立，是为帝太戊。"即《殷本纪》所载的世次是：太庚—小甲—雍己—太戊。但商代周祭制度反映的这段即位次序是：大庚—小甲—大戊—雍己，即大戊是在雍己之前即位为王的①。

1. 大戊与先公上甲合祭

关于大戊与先公上甲合祭的卜辞，目前只见到在论述上甲的祭祀时所举的第(11)版卜辞，即属于第四期卜辞的《合集》32385，即下版卜辞：

(1) □未卜：求自上甲、大乙、大丁、大甲、大庚、大戊、中丁、祖乙、祖辛、祖丁十示，率牡。(《合集》32385，四期)

2. 大戊与其他先王合祭

(2) 㞢于成、大丁、大甲、大庚、大戊、中丁、祖乙……(《合集》1403，一期)
(3) 叀今日酒大庚、大戊、中丁，其告祭。(《合集》27168，三期)

大戊与其他先王合祭的卜辞不多，这是所见到的两版。

---

① 见常玉芝《商代周祭制度》，中国社会科学出版社1987年版，第58—59页。

3. 单独祭祀大戊

(4) 丁酉卜：戊戌又岁大戊二十牢。易日。……易日。兹〔用〕。
（《合集》32494，四期）
(5) 大戊五牢。（《合集》22054，一期）
(6) 丁丑贞：其又升岁于大戊三牢。兹用。（《合集》34165，四期）
(7) 丁巳卜：其又岁于大戊二牢。（《合集》32455，四期）
(8) 丁卯卜，行贞：王宾大戊岁二牛，亡尤。在二月。（《合集》24305，二期）

以上五条卜辞是卜问用牛祭祀大戊的，其中前四条是卜问用"牢"祭祀大戊，最多是二十牢〔第（4）辞〕，后一条是卜问用牛来祭祀大戊。

(9) 屮于大戊三宰。（《合集》1491，一期）
(10) 戊子卜，旅贞：王宾大戊岁三宰，亡尤。（《合集》22833，二期）
(11) 戊午卜，鬯贞：王宾大戊升岁三宰，亡尤。（《合集》22847，二期）
(12) 甲戌卜，出贞：其屮于大戊宰。（《合集》22824，二期）

以上四条卜辞是卜问用"宰"祭祀大戊的，前三辞表明祭大戊最多用三宰。

(13) 丙午卜，王：屮大戊豚用。（《合集》19832，一期）

该辞卜问用豚即小肥猪来祭祀大戊。

(14) 丁卯卜：延𢧢俷大戊，戊辰。（《合集》19834，一期）

该辞于丁卯日卜问"延𢧢俷"大戊，"𢧢"为砍意①，"俷"为方国名。辞意可有两种解释，一种解释是说在第二天戊辰日祭祀大戊，告其要延迟去杀伐"俷"国可以吗；另一种解释是说于第二天戊辰日延用砍杀俷国的人来祭祀大

---

① 于省吾：《甲骨文字释林·释𢧢》，中华书局 1979 年版。

戊，这样，该辞就是卜问用人进行祭祀的卜辞。又该辞"大戊"和"戊辰"两词共用一个"戊"字。

  （15）甲戌卜，出贞：王㞢出于大戊。二月。（《合集》22823，二期）

  （16）丁丑卜，喜贞：翌戊寅其又于大戊。五月。（《合集》22826，二期）

这两条辞是卜问㞢、又，即侑祭大戊的。

  （17）戊寅卜，冎贞：王宾大戊哉，亡祸。（《合集》22835，二期）

  （18）戊申卜，宁贞：王宾大戊哉，亡尤。（《合集》27042反，三期）

这两条卜辞是卜问哉祭大戊的。"哉"为祭名，于省吾先生谓："哉字应读作臘，均就祭祀时所用的干肉为言。""甲骨文言臘，指大牲的牛或牢言之。"①

  （19）甲子卜：酒大戊御。（《屯南》4517，一期）

  （20）甲子酒大戊御。（《合集》19838，一期）

这两条辞都是卜问于甲子日御祭大戊的。

  （21）勿于大戊告。（《合集》13646正，一期）

这是卜问不要举行告祭大戊的祭祀吧。

  （22）贞：其延于大戊饗。（《合集》27174，三期）

这是卜问延缓饗祭大戊可以吗？
  由以上祭祀大戊的卜辞可以看到，商人对直系先王大戊并不太重视，其

---

① 于省吾：《甲骨文字释林·释哉》，中华书局1979年版。

与其他先王合祭的机会不多,单独被祭祀的次数也不太多,其用牲数量也不太多,最多二十牢,其所用的祭祀方法有:屮、又、升、岁、酓、敳、御、告、饗等。所用的牲类有牢、牛、宰、豚。商人对直系先王大戊的祭祀不太重视的原因见下文。

(八) 雍己

旁系先王雍己不被商人重视,雍己除在周祭中被祭祀外,其他可断定为是祭祀雍己的卜辞仅见于下面几条:

(1) 己未卜:其又岁于雍己。兹用。(《合集》27172,三期)
(2) 己酉卜:雍己岁一牢。(《屯南》2165,3—4 期)
(3) 己未卜:其又岁于雍己。兹用。十宰。
　　[己] 未卜:雍己……叀牡。兹用。(《屯南》3794,3—4 期)

以上三版四条卜辞卜问祭祀雍己,只用又、岁之祭。所用牺牲有牢、宰、牡(即公牛)。数量很少,最多是用"十宰"。

(九) 中丁

中丁在第三期卜辞中还被称作"三祖丁"。

1. 中丁与先公上甲合祭

关于中丁与先公上甲合祭的卜辞,目前只见到在论述上甲的祭祀时所举的第(11)版卜辞,即属于第四期卜辞的《合集》32385,即下版卜辞:

(1) □未卜:求自上甲、大乙、大丁、大甲、大庚、大戊、中丁、祖乙、祖辛、祖丁十示,率䇲。(《合集》32385,四期)

2. 中丁与其他先王合祭

(2) 屮于成、大丁、大甲、大庚、大戊、中丁、祖乙……(《合集》1403,一期)
(3) 叀今日酒大庚、大戊、中丁,其告祭。(《合集》27168,三期)
(4) 己卯卜:翌庚辰屮于大庚至于中丁宰。(《合集》14868,一期)
(5) 己亥卜:又自大乙至中丁示牛。(《合集》14872,一期)
(6) 丙午贞:酒升岁于中丁三牢、祖丁三牢。(《合集》32816,

四期)

3. 单独祭祀中丁

(7) 癸巳卜：又中丁三牢。(《合集》32496，四期)
(8) 丙子卜：又中丁二牢、一牛。(《合集》34121，四期)
(9) 又中丁二牢。(《屯南》2173，三期)

以上三辞是卜问用牢、牛祭祀中丁的。

(10) 丙午卜：中丁岁并酒。(《合集》32498，四期)
(11) 丙寅贞：又升岁于中丁。兹用。(《屯南》856，四期)
(12) 丁未贞：又中丁岁。(《合集》32497，四期)
(13) □寅卜，即贞：岁，宙今中丁酒。(《合集》22857，二期)
(14) 丙申卜，即贞：翌丁酉宙中丁岁先。(《合集》22860，二期)
(15) 丁巳卜：……中丁岁，重牡。(《合集》32495，四期)
(16) 贞：中丁岁，宙䁅。(《合集》22859，二期)

以上七条卜辞是卜问岁祭中丁的。第(15)辞卜问用"牡"即公牛祭祀中丁。第(16)辞卜问岁祭中丁在"䁅"时，即晨时，为日出之前时①。

(17) 甲子卜：酒丁中御。(《屯南》4517，一期)

该辞卜问御祭中丁，辞中中丁的称谓作"丁中"，"中"与"丁"字倒置。

(18) 勿告于中丁。(《合集》13646 正，一期)

这是卜问是否告祭于中丁。

(19) ……贞：翌丁未酒中丁。易日。(《合集》6173，一期)

---

① 见常玉芝《殷商历法研究》，吉林文史出版社 1998 年版，第 168—169 页。

(20) 丙申卜，□贞：翌丁酉其又于中丁……（《合集》22861，二期）

以上两辞卜问酒祭、又祭中丁。

(21) 戊戌卜，口贞：王宾中丁彡龠，亡祸。十月。（《合集》27178，三期）

(22) [戊] 戌卜，王贞：王其宾中丁彡龠，亡尤。（《合集》22855，二期）

这两辞是卜问"彡龠"之祭中丁。"彡龠"之祭都是选在先王的日干名的后一日举行祭祀的①，所以这两条辞卜问"彡龠"祭中丁选在中丁的日干名丁日之后的戊日举行。"彡龠"之祭不是周祭中的祀典。

(23) 乙亥卜：橙鬯三祖丁牢，王受又。吉。（《合集》27180，三期）

(24) 丙午卜，贞：三祖丁及后祖丁酒，王受又。（《合集》27181，三期）

第 (23) 辞卜问用"鬯"即酒和牢祭祀三祖丁。第 (24) 辞卜问用酒祭祀三祖丁和后祖丁。"三祖丁"指中丁，"后祖丁"指小乙之父祖丁②。

由祭祀中丁的卜辞可以看到，商人对中丁是不太重视的，其祭祀所用的牺牲只见有牢、牛、牡，而且数量也很少；其所用的祭祀方法有：又、升、岁、酒、御、告、彡龠等；一般也不书祭祀的目的。祭祀中丁同样显示出商人是对直系先王的例行祭祀。

商人为什么对直系先王大戊、中丁的祭祀不太重视呢？据《史记·殷本纪》记载："自中丁以来，废适（即嫡——引者按）而更立诸弟子，弟子或争相代立，比九世乱，于是诸侯莫朝。"笔者曾分析说："据卜辞，太甲之子太庚崩后，由其长子小甲继位，小甲崩后，其弟太戊、雍己先后篡位，这是

---

① 见常玉芝《殷商历法研究》，吉林文史出版社 1998 年版，第 260—265 页。

② 见陈梦家《殷虚卜辞综述》，中华书局 1988 年版，第 423 页、第 424—425 页。第五期卜辞中有一些祭祀"三祖丁"的残辞，如《合集》35627、35634、35635 等。

商王朝首次出现的一代两王不合法的即位（外丙情况特殊不算在内）……太戊、雍己的不合法即位拉开了'九世之乱'的序幕。雍己死后，太戊之长子中丁夺得了王位。中丁崩，按王位继承法，应由其长子祖乙继位，但中丁之弟外壬、河亶甲却效法其父太戊、叔父雍己先后篡位。"① 这就是说，大戊、中丁违反了商代的王位继承法，篡夺王位，他们后来虽然成了直系先王，但商人对他们的违法行为是不能原谅的，所以虽为直系先王，但祀典既贫乏又不隆重。

（十）外壬

商人对中丁之弟，旁系先王外壬极不重视。外壬除了在周祭中被祭祀外，其他祭祀仅见于下面一条卜辞：

（1）壬申［卜］，□贞：王宾外壬戠，亡□。（《合集》22878，二期）

这是卜问对外壬举行戠祭，即以某牺牲的干肉祭祀外壬②。

（十一）戔甲

戔甲，古文献中称其作"河亶甲"，卜辞称之为"戔甲"，他是中丁之弟。商人对旁系先王戔甲也极不重视，戔甲除了在周祭中被祭祀外，其他祭祀仅见于下面三条卜辞：

1. 戔甲与其他先王合祭

戔甲与其他先王合祭的卜辞仅见于下面一条：

（1）甲寅：又岁戔甲三牢、羌甲二十牢又七，易日。兹用。（《合集》32501，四期）

这是卜问同时祭祀戔甲、羌甲两个旁系先王的，其祭祀的目的是为了祈求这两王保佑能够"易日"，即使天晴日出③。由卜辞可看到，祭祀羌甲用二十七牢，而祭祀戔甲则只用三牢，同是旁系先王，但羌甲的地位要比戔甲高

---

① 常玉芝：《论商代王位继承制》，《中国史研究》1992年第4期。
② 于省吾：《甲骨文字释林·释戠》，中华书局1979年版。
③ 吴其昌：《殷虚书契解诂》，此处转引自于省吾：《甲骨文字释林·释瞿》，中华书局1979年版。

得多。

2. 单独祭祀戋甲

(2) 乙巳卜，旅贞：王宾戋甲彡禽，叙，[亡]□。（《合集》22882，二期）

(3) 甲子卜，行贞：王宾戋甲彡福，亡祸。（《合集》22883，二期）

这两条卜辞全属第二期，分别卜问"彡禽"和"彡福"祭戋甲。

由于中丁之弟外壬、戋甲两个旁系先王的即位是由篡位而得，所以商人对他们的祭祀是极其贫乏的。祭祀卜辞反映，他们的地位在旁系先王中也是最低的。

（十二）祖乙

《史记·殷本纪》说："帝祖乙立，殷复兴。"殷墟甲骨卜辞记录，殷人对中丁之子祖乙给予隆重的祭祀，并且付与他多种称呼，他在卜辞中的称呼有：祖乙、下乙[①]、高祖乙、中宗祖乙。

1. 祖乙与高祖王亥合祭

(1) ……高祖亥、卯于上甲羌……祖乙羌五……牛，亡尤。（《屯南》665，四期）

(2) 甲午贞：乙未酒高祖亥……大乙羌五、牛三，祖乙羌……小乙羌三、牛二、父丁羌五、牛三，亡尤。兹用。（《合集》32087，四期）

2. 祖乙与先公上甲合祭

(3) □□[卜]，□贞：……祖祝……上甲、大乙、祖乙……丁，之乙酉求……乙，十示又二。（《合集》27080，三期）

(4) □未卜：求自上甲、大乙、大丁、大甲、大庚、大戊、中丁、祖乙、祖辛、祖丁十示，率牡。（《合集》32385，四期）

---

① "下乙"指祖乙，最早由胡厚宣先生论证。见《卜辞下乙说》，《甲骨学商史论丛》初集，第3册，成都齐鲁大学国学研究所专刊1944年版。

(5) 壬寅卜，𣪉贞：兴方以羌用自上甲至下乙。(《合集》270 正，一期)

(6) 庚申贞：其御于上甲、大乙、大丁、大……祖乙。(《屯南》290，四期)

(7) 翌乙酉屮伐于五示：上甲、成、大丁、大甲、祖乙。(《合集》248 正，一期)

(8) 求于上甲、成、大丁、大甲、下乙。(《合集》6947 正，一期)

(9) ……大御自上甲，其告于祖乙。在父丁宗卜。(《屯南》2707，四期)

(10) 贞：勿祥自上甲至下乙。(《合集》419 正，一期)

以上八版是祖乙与先公上甲合祭的辞例，其中第(5)、第(8)、第(10) 辞称祖乙为下乙，将第(7)辞、第(8)辞相比，其第(7)辞的先王序列是：上甲、成、大丁、大甲、祖乙，第(8)辞的先王序列是：上甲、成、大丁、大甲、下乙，两相比较，就可知道下乙是指祖乙。

3. 祖乙与其他先王合祭

(11) 贞：止来羌用自成、大丁、[大]甲、大庚、下乙。(《合集》231，一期)

(12) 贞：御自唐、大甲、大丁、祖乙百羌百宰。(《合集》300，一期)

(13) 乙丑，在八月。酒大乙牛三、祖乙牛三、小乙牛三、父丁牛三。(《屯南》777，四期)

(14) 癸丑卜，宾贞：酒大甲，告于祖乙一牛。八月。用。(《合集》10611，一期)

(15) □亥卜，贞：二示御大乙、大甲、祖乙五宰。(《合集》14867，一期)

(16) 屮于成、大丁、大甲、大庚、大戊、中丁、祖乙……(《合集》1403，一期)

(17) 辛巳卜，𣪉贞：酒我报大甲、祖乙十伐十宰。(《合集》904 正，一期)

(18) 贞：求年于大甲十宰、祖乙十宰。(《合集》672 正，一期)

(19) 丁亥卜，㱿贞：昔日乙酉籫旋御……[大]丁、大甲、祖乙百
    鬯、百羌、卯三百……（《合集》301，一期）
(20) 来辛亥，叀萑报酒祖辛、ㄓ一牛祖乙。（《合集》190正，一期）
(21) 翌日大乙，王其舌祖乙又羌。（《合集》26935，三期）
(22) 癸亥卜，彭贞：大乙、祖乙、祖丁及饗。
    癸亥卜，贞：隹大乙及祖乙饗。（《合集》27147，三期）
(23) 甲午贞：舞侯……兹用。大乙羌三，祖乙羌三、卯三牛。乙
    未酒。（《屯南》586，四期）
(24) 辛卯贞：又升伐于大甲、祖乙。（《合集》32219，四期）

以上十四版是卜问祖乙与其他先王合祭的卜辞①，与祖乙合祭的先王有：大乙、大丁、大甲、大庚、大戊、中丁、祖辛、祖丁、父丁，全为直系先王。有"父丁"称谓的第（13）版卜辞是第四期卜辞，第四期卜辞中的"父丁"应是武乙对康丁的称呼。

4. 从祖乙开始的先王合祭

(25) 乙亥其涑自祖乙至多后。（《合集》
    32548，四期）
(26) 求其上自祖乙。（《合集》32616，四期）
(27) 壬辰卜：求自祖乙至父丁。（《合集》
    32031，四期）
(28) 乙酉卜，行贞：王宾岁自祖乙至于父丁，
    亡尤。（《合集》22899，二期。图4—26）
(29) 自祖乙告祖丁、小乙、父丁。（《屯南》
    4015，四期）
(30) 甲申贞：王其米以祖乙及父丁。（《屯
    南》936，四期）
(31) 甲寅卜：其登鬯于祖乙、小乙及。大
    吉。（《屯南》6579，三期）

图4—26 祭祀自祖乙
至于父丁
（《合集》22899）

---

① 《合集》31993有辞曰："御祖癸豕、祖乙豕、祖戊豕。豕。"其祖乙是否是指中丁之子祖乙，不敢确定。该辞为第四期卜辞。

(32) □□［卜］，旅［贞］：［翌］□丑其告于祖乙，其以后祖乙。（《合集》22939，二期）

(33) 翌日于祖乙，其酯于武乙宗，王受又=。引吉。（《屯南》3564，五期）

以上九版卜辞是合祭从祖乙始的诸位祖先的。从祖乙始祭祀的先王有：第四期卜辞说"自祖乙至多后"［第(25)辞］，"求其上自祖乙"［第(26)辞］，"求自祖乙至父丁"［第(27)辞］，应该是指由祖乙至康丁的直系先王，即祖乙、祖辛、祖丁、小乙、武丁、祖甲、康丁，则这三版卜辞应是武乙卜辞。而第二期的"自祖乙至于父丁"［第(28)辞］，则应是指祖乙至武丁的直系先王，即祖乙、祖辛、祖丁、小乙、武丁，则该版卜辞应是祖庚或祖甲卜辞。属于第四期卜辞的第(29)辞、第(30)辞中的父丁应该是指康丁，则该两版卜辞应是武乙卜辞。第(32)版卜辞说"其告于祖乙，其以后祖乙"，"后祖乙"是指小乙①。商人合祭自祖乙始的诸位先王所使用的祭祀方法有：涑、求、岁、告、米、登、告、酯等。"涑"，姚孝遂说："莱谓之涑，以莱实之祭亦谓之涑。"② "米"即以米祭。"登"是祭名，多指进献谷类作物。告、酯，于省吾先生指出应读为磔③，是用牲之法，为祭祀时肢解牲体。

5. 单独祭祀祖乙

因为甲骨文中单独祭祀祖乙的卜辞很多，而且多集中在第一期和第四期，所以，这里论述单独祭祀祖乙时，以甲骨分期为准来列举材料。

甲、第一期

第一期卜辞中，对祖乙的称呼有两个：祖乙、下乙。下面按称呼为标准来列举卜辞材料。先列称"祖乙"的材料：

A. 用人牲祭祀祖乙

(34) 丁……乙……祖乙三十羌，卯……宰。（《合集》314，一期）

(35) 甲午卜，贞：翌乙未屮于祖乙羌十屮五、卯宰屮一牛。五月。

---

① "后祖乙"为小乙，最早由郭沫若先生指出。见《卜辞通纂》，第40片、41片考释，科学出版社1982年版。

② 见于省吾主编《甲骨文字诂林》，第四册，中华书局1996年版，第3229页按语。

③ 见于省吾《甲骨文字释林·释毛、告、酯》，中华书局1979年版。

（《合集》324，一期。图4—27）

(36) 甲午卜，贞：翌乙未㞢于祖乙羌十人、卯……牛。（《怀特》50，一期）

(37) 丁卯卜，争贞：㞢升于祖乙宰、羌三人。（《合集》380，一期）

(38) 丁卯卜，贞：㞢于祖乙宰、羌三人。（《合集》501，一期）

(39) 乙巳卜，宾贞：三羌用于祖乙。（《合集》379，一期）

(40) 癸丑卜：王升二羌祖乙。（《合集》19761，一期）

(41) 甲辰卜，争贞：翌乙巳㞢……祖乙二羌……（《合集》408，一期）

(42) 贞：用羌于祖乙正。（《合集》424正，一期）

图4—27 祭祀祖乙
（《合集》324）

以上九版卜辞是第一期卜问用羌人祭祀称谓为"祖乙"的卜辞，最多时用三十个羌人［第(34)辞］进行祭祀，有时在用羌人祭祀时，还要加上"宰"［第(34)辞、(35)辞、(37)辞、(38)辞］和牛［第(35)辞、(36)辞］同时祭祀。用羌人进行祭祀时的祭名和祭祀方法有：㞢、卯、升、用、正等。值得注意的是，商人只用"宰"不用"牢"来祭祀祖乙。还有一个值得注意的现象是，在对祖乙称"下乙"的单独祭祀的卜辞中，未见有用羌人进行祭祀的辞例。

(43) 贞：酓祖乙十伐㞢五、卯十宰㞢五。（《合集》898，一期）

(44) 乙酉……祖乙乙未又伐十五、十宰。（《合集》899，一期）

(45) 贞：来乙亥酒祖乙十伐㞢五、卯十宰。（《合集》892正，一期）

(46) 贞：㞢祖乙十伐、卯三牛。（《合集》10408正，一期）

(47) 癸亥卜，宾贞：㞢升伐于祖乙用……。九月。（《合集》326，一期）

以上五版是卜问用多少伐即砍杀多少人来祭祀称谓为"祖乙"的卜辞，由第(43)辞可看到，商人祭祀祖乙时最多用"酓十伐㞢五"再加上"卯十宰㞢五"，

"聉"为用牲之法，于省吾先生读"聉"为"刪"，犹今言"砍"①，则是卜问用砍杀十五个人，再剖杀十五只经过特殊饲养的羊来祭祀祖乙。值得注意的是，这里也是只用"宰"不用"牢"来祭祀祖乙。上述五版卜辞表明，商人在举行伐祭时，还同时使用的祭名和祭祀方法有：聉、卯、又、㞢、升、用等。

(48) 癸丑卜，㱿贞：来乙亥酒下乙十伐㞢五、卯十宰。乙亥不酒……（《合集》897，一期）

(49) 乙卯卜，㱿贞：来乙亥酒下乙十伐㞢五、卯十宰。二旬㞢一日乙亥不酒。雨。五月。
勿祥隹乙亥酒下乙十伐㞢五、卯十宰。四……（《合集》903正，一期）

(50) 勿三十下乙。
贞：三十伐下乙。（《合集》892正，一期）

(51) 贞：于下乙㞢伐。（《合集》902正，一期）

(52) 丙申卜，㱿贞：来乙巳酒下乙。王占曰：酒。隹㞢祟，其㞢设。乙巳酒，明雨，伐既雨，咸伐亦雨，施、卯，鸟星。（《合集》11497正，一期）

以上五版是卜问用杀伐人牲来单独祭祀称谓为"下乙"的卜辞。第(48)、(49)版卜辞记录祭祀下乙用"十伐㞢五、卯十宰"。第(50)版卜辞卜问是否砍杀三十个人来祭祀下乙。第(52)版卜辞是记录伐祭下乙的情况的，卜辞是贞人㱿于丙申日卜问，问于未来乙巳日举行下乙的祭祀是否顺利，商王视兆后的占辞说，乙巳日举行祭祀会有祸祟，将会"㞢设"，即有设。"设"字为于省吾先生所释，其本义训施、训陈，它在甲骨文中有两种含义："一种指自然界的设施兆象言之。当时人们认为，自然界的兆象，甚至鸟鸣，都有吉凶的征验，而此类兆象是上帝有意为之，故以设施而言。另一种指祭祀时的陈设祭物言之"，于先生认为上举第(52)版卜辞中的"有设"是指自然界的设施兆象②。接下来的验辞说：乙巳日举行酒祭，即举行祭祀，天明

---

① 于省吾：《甲骨文字释林·释聉》，中华书局1979年版。

② 于省吾：《甲骨文字释林·释设》，中华书局1979年版。

时下雨，举行伐祭时"既雨"，"既"之意为尽、为已，引申为雨止、雨停，"咸伐亦雨"，即伐祭结束时又下雨，后"施、卯，鸟星"，施、卯都为祭名，"鸟星"为何意？笔者认为，这里的"鸟"字有可能会意为较长时间的意思，"星"字，杨树达先生读为"晴"①，则"施、卯，鸟星"是说在举行施、卯之祭时，天才长时间放晴了②。《合集》11498 正与此辞内容相同，只少一"卯"字，即做"施，鸟星"。由上述用人牲单独祭祀祖乙的卜辞中可以发现一个现象：即在称祖乙为"下乙"的单祭卜辞中未见有用羌人来祭祀的，而在与先公上甲和其他先王合祭时，即使称为下乙也可以用羌人来进行祭祀[如上举第（5）版、第（11）版卜辞]；又在以祖乙为始的合祭卜辞中，对祖乙都称"祖乙"而不称"下乙"，称作"下乙"时都是在与先公上甲合祭和与其他先王合祭时处于最后一王的位置时，如第（5）辞、第（8）辞、第（10）辞在自上甲始的合祭卜辞中处于最后一位，第（11）辞在自成（大乙）为始的合祭卜辞中也处于最后一位，这既说明"下乙"之"下"有起着区别其他庙号也为乙的祖先的作用，又说明，"祖乙"的称谓较之于"下乙"的称谓要来得更庄重些。

B. 用牢、牛祭祀祖乙

（53）宙之日兄用咸㦻，岁祖乙二牢、勿牛、白豕㭉，㟋、三小宰。（《合集》19849，一期）

（54）甲申卜，贞：翌乙酉虫于祖乙牢虫一牛、虫南。（《合集》25，一期）

（55）贞：其虫于祖乙牢。（《合集》557，一期）

以上三条辞是卜问用牢祭祀祖乙的卜辞。其中第（53）辞卜问用二牢，再加"勿牛"即杂色牛一头，白色的猪一头，酒和三只经过特殊饲养的小羊来祭祀祖乙。第（54）辞卜问虫（即侑）祭祖乙用"牢虫一牛、虫南"，即一头经过特殊饲养的牛，再加上一头普通的牛和一头小猪来祭祀祖乙。"牢虫一牛、虫南"的"虫"是"又"之意。由这些卜辞可以看到，商人对祖乙很少用牢来进行祭祀，这一点就不如先王大乙，更不如先公上甲。

---

① 杨树达：《积微居甲文说·释星》，上海古籍出版社1986年版。
② 常玉芝：《殷商历法研究》，吉林文史出版社1998年版，第14—16页。

(56) 甲申卜：乙酉㞢祖乙三宰，酯三十牛。（《合集》1513，一期）

(57) ……酒祖乙御十牛。五月。（《合集》19844，一期）

(58) 贞：求于祖乙五牛。（《合集》14315正，一期）

(59) 乙亥卜，宾贞：御于祖乙三牛。

丙子卜，宾贞：舌于祖乙四牛。（《合集》1076甲正）

(60) □亥㞢于祖乙三牛。一月。（《合集》356，一期）

(61) 甲戌卜，贞：翌乙亥㞢于祖乙三牛，卓见夷牛。十三月。（《合集》1520，一期）

(62) 癸卯卜：王㞢于祖乙二牛。用。（《合集》1027正，一期）

(63) 甲戌卜：用大牛于祖乙。

甲戌卜：用大牛于祖乙。（《合集》1615，一期）

(64) ……用白牛祖乙。（《合集》1619，一期）

以上九版卜辞是卜问用普通的牛来祭祀祖乙的。最多时用"酯三十牛"，再加上"三宰"［第（56）辞］。第（64）版卜辞卜问用白牛来祭祀祖乙，"殷人尚白"，用白牛祭祀祖乙说明对祖乙的尊崇。用牛祭祀祖乙有侑、御、求等目的，其用牲之法有酯、舌等。用宰、牛单独祭祀祖乙时，对祖乙不称"下乙"。

C. 用宰、羊祭祀祖乙

(65) 辛酉卜：又祖乙二十宰。

辛酉卜：又祖乙三十宰。（《合集》19838，一期）

(66) 辛酉卜：又祖乙三十宰。

辛酉卜：又祖乙二十宰。（《屯南》4517，一期）

(67) 乙巳卜：㞢于祖乙五宰。（《合集》1509，一期）

(68) 㞢于祖乙五宰。（《合集》190正，一期）

(69) 贞：㞢二宰于祖乙。

……祖乙……十宰……（《合集》1076甲反，一期）

(70) 甲子卜：㞢祖乙二羊。（《合集》19848，一期）

以上六版卜辞中的前五版是卜问用宰来祭祀祖乙的，最多时用三十宰［第

(65)版、(66)版，两版卜辞同文］。第（69）版卜辞的第二辞残掉多字，似乎是卜问用"十宰"祭祀祖乙的，今暂附于此。第（70）版卜辞是卜问用两只普通的羊来祭祀祖乙的，该辞是目前很少见的用普通的羊来祭祀祖乙的卜问。用宰、羊祭祀祖乙时几乎都是屮、又即侑祭。用宰、羊祭祀祖乙时对祖乙也不称"下乙"。

  D. 用豕祭祀祖乙

   （71）屮祖乙五豕。
    ……酒六豕于祖乙。
    丁亥卜：于翌戊子酒三豭祖乙。庚寅用。四月。（《合集》1526，一期）
   （72）祖乙屮二㝅六豕。（《合集》1525，一期）
   （73）丙午卜，宾贞：屮于祖乙十白豭。（《合集》1524，一期）
   （74）贞：屮于祖乙十白豭。（《合集》1506 正，一期）
   （75）乙巳卜，宾贞：屮于祖乙二㝅。（《合集》1528 正，一期）

以上五版卜辞都是卜问用豕即猪祭祀祖乙的，几乎都是在行屮（即侑）祭时献豕。第（71）版有三问，分别卜问用五豕、六豕和"三豭"祭祀祖乙，"豭"即牡猪，也即公猪，"三豭"即三头牡猪。第（72）辞卜问用"二㝅六豕"屮祭祖乙，"㝅"，在作祭牲名时是指㝅，《说文》训"㝅"为"小豚"，引申为是指一切幼小的牲畜，在该辞中当是指两头幼小的猪。第（73）辞、（74）辞都是卜问用"十白豭"，即十头白色的牡猪屮（即侑）祭祖乙的。第（75）辞也是卜问用"二㝅"，即两头幼小的猪屮（即侑）祭祖乙。

  E. 升、岁祭祖乙

   （76）乙未屮升岁祖乙。（《合集》1574 反，一期）

这是卜问升岁祭祖乙，当是用宰割牲畜进行祭祀。

  F. 黍祭祖乙

   （77）［己］丑卜，宾贞：翌乙［未酒］黍登于祖乙。［王］占曰：屮祟。不其雨。六日［甲］午夕月屮食。乙未酒，多工率条遣。

(《合集》11484 正，一期)

(78) □□〔卜〕，争贞：乙亥登囧黍祖乙。(《合集》1599，一期)

这两版卜辞卜问以黍登祭于祖乙。第(77)辞的验辞还有发生月食的记录。"登"为进献之意，"黍登于祖乙"、"登囧黍祖乙"，都是向祖乙献黍以祭的意思；"囧"为地名，"囧黍"即囧地产的黍。

G. 告祭祖乙

(79) 告舌方于祖乙。(《合集》6145，一期)

(80) 乙巳卜，争贞：告方出于祖乙于大……(《合集》651，一期)

(81) 贞：令窜伐东土，告于祖乙于祊。八月。(《合集》7084，一期)

(82) 贞：屮于祖乙告戉。

贞：求戉于祖乙。(《英藏》594 正，一期)

(83) 屮祖乙告王囧。(《合集》10613 正，一期)

(84) 贞：告疾于祖乙。(《合集》13849，一期)

(85) 贞：小疾勿告于祖乙。(《合集》6120 正，一期)

以上七版卜辞是卜问告祭祖乙的。第(79)辞卜问就与舌方的战事问题告祭于祖乙。第(80)辞就方国的进犯问题告祭于祖乙。第(81)辞卜问商王命令将领窜去征伐东土，在宗庙中告祭于祖乙。该辞在"祖乙"之后有"于□"二字，可理解为告祭于祖乙与丁名王武丁(第二期卜辞称武丁为"丁"，如是，则该版卜辞应是第二期卜辞)，也可以理解为在祊，即将"□"释为"祊"，也即在宗庙中对祖乙举行告祭[①]，我们取后者。第(82)版有两辞，辞中的"戉"为方国名，第一辞是就戉方的事告祭于祖乙；第二辞是就戉方的事求祭于祖乙。第(83)辞是就有祸于商王的事告祭于祖乙，"囧"为灾害字。第(84)辞是就疾病的事告祭于祖乙。第(85)辞是卜问有小的疾病不要告祭于祖乙吧。

H. 其他祭祀

---

① 杨树达先生指出："祊即是庙，其训庙门，又或训庙门内，或训庙门外，皆庙义之引申也。"见《积微居甲文说》，上海古籍出版社 1986 年版，第 43 页。

(86) 贞：剨鬯于祖乙。(《合集》5808，一期)

(87) 贞：隹祖乙取妇。(《合集》2636 正，一期)

(88) 祖乙禘，王其取。(《合集》267 正，一期)

(89) 贞：勿取祖乙禘。(《合集》296，一期)

(90) 贞：……酎祖乙……(《合集》140 反，一期)

(91) 乙亥卜，宾贞：合鬯大御于祖乙。(《合集》1076 甲正)

(92) 辛卯，宾贞：求于祖乙。(《合集》1588，一期)

(93) 勿值（德?）屮于祖乙。

贞：值（德?）屮于祖乙。(《合集》272 反)

第（86）辞卜问"剨鬯于祖乙"，"剨"，《广韵·屋韵》："剨，刀锄。"①，在该辞中作动词用，意当是用刀锄割某种牺牲，"鬯"是酒，则该辞是卜问以牲品和酒祭祀祖乙。上述六版卜辞单祭祖乙所举行的祭祀有：剨、鬯、取、禘、酎、御、求等，卜辞中卜问屮、告、御祖乙的辞例很多，在此不烦辑录。

以上所录是称"祖乙"的材料，下面列出单独祭祀称"下乙"的材料：

A. 用人牲祭祀下乙

(94) 贞：王戠多屯，若于下乙。(《合集》808 正，一期)

该条卜辞中的"戠"字，多家未释，《甲骨文字典》释为"伐"字②，可从；"多屯"为何意？"屯"，有释为"一对甲骨"③ 者，以此说解释该辞，则卜辞是说商王要杀伐（龟、牛）用多对甲、骨求顺利于下乙。张秉权则提出另一种解释，他说："卜辞又称'多屯'者（乙编八四六〇），与多马，多射，多尹，多工，多亚，多箙，多犬，多卜，多奠，多后，多妇，多父，多子等的辞例相同，那么戠字可能是一个名词，它不像是称谓之词，所以很可能是一

---

① 转引自《汉语大字典》上，"剨"字条，四川辞书出版社、湖北辞书出版社 1995 年版，第 343 页。

② 徐中舒主编：《甲骨文字典》，四川辞书出版社 1990 年版，第 893 页。

③ 肖良琼：《卜辞文例与卜辞的整理和研究》，《甲骨文与殷商史》，第 2 辑，上海古籍出版社 1986 年版。

个方国或氏族之名。"① 笔者认为张秉权先生的解释更顺遂，准此，则该条卜辞是卜问砍杀多屯的人作人牲祭祀下乙，以求商王诸事顺利。

B. 用牢、牛祭祀下乙

(95) 乙酉卜：御家旱于下乙五牢。鼎用。(《合集》22091甲，一期)

(96) 翌乙未㞢于下乙一牛。(《合集》11500正，一期)

(97) 癸未卜：㞢岁牛于下乙。(《合集》22088，一期)

(98) 㞢下乙一牛。

辛酉卜，争贞：今日㞢于下乙一牛酚十勹宰。(《合集》6947正，一期)

以上四版卜辞是卜问用牢或牛祭祀下乙的。其中第(95)版卜辞似是卜问为了防止旱灾而用"五牢"来祭祀下乙。第(96)、(97)版是卜问用牛㞢祭下乙。第(98)版有两辞，第一辞卜问用一头牛㞢祭下乙，第二辞由贞人争在辛酉日卜问，问于当天用一头牛和"酚十勹宰"来㞢祭下乙，"酚"为用牲之法，于省吾先生读"酚"为"删"，犹今言"砍"②，"勹"为杂色，"勹宰"即经过特殊饲养的杂色羊，即该辞是卜问用一头牛和砍杀十只经过特殊饲养的杂色羊来㞢祭下乙。

C. 用宰、羊祭祀下乙

(99) 贞：㞢于下乙宰，酚十勹宰。(《合集》6947正，一期)

(100) 贞：㞢于下乙一宰。(《合集》1664，一期)

(101) 癸未卜：宙羊于下乙。(《合集》22088，一期)

第(99)辞卜问用"酚十勹宰"来㞢祭下乙。第(100)辞是卜问用一宰来㞢祭下乙。第(101)辞是卜问用羊来祭祀下乙。

D. 其他祭祀

---

① 张秉权：《殷虚文字丙编·考释》，"中研院史语所"1972年版，第126页。
② 于省吾：《甲骨文字释林·释酚》，中华书局1979年版。

(102) 贞：屮于下乙。
勿屮于下乙。(《合集》811反，一期)
(103) 癸未卜：禘下乙。
乙酉卜：屮岁于下乙。(《合集》22088，一期)
(104) 庚戌卜：屮岁于下乙。
辛亥卜：翌用于下乙。(《合集》22044，一期)
(105) 贞：王其入，勿祝于下乙。(《合集》1666，一期)
(106) ……勿祥涉用于下乙。丁未允用。一月。(《合集》1667，一期)
(107) 丁酉卜，争贞：来乙巳酒下乙。(《合集》1668，一期)

以上六版卜辞反映商人在单独祭祀祖乙的另一个称谓"下乙"时，所用的祀典很少，只有屮、禘、岁、用、祝、涉、酒等几种。

总之，由上述祭祀下乙的卜辞可以看到，商人用"下乙"称谓的时候比较少，一般都是在卜问简单的祭祀时才对祖乙称下乙，在大多数情况下，都是用"祖乙"一称。

乙、第四期

除了第一期外，就数第四期卜辞中祭祀祖乙的辞例最多了。在第四期卜辞中，对祖乙除称"祖乙"外，还称"高祖乙"[①]，如卜辞（因为卜问祖乙的辞例太多，为了行文和阅读的方便，下面对每期卜辞都单独另行编制辞序号）：

A. 祭高祖乙

(1) 甲戌卜：其又于高祖乙。(《合集》32445，四期)
(2) 甲□[卜]：其又岁于高祖乙。(《合集》32446，四期)
(3) 甲子卜：其又岁于高祖乙三牢。(《合集》32447，四期)

以上三条辞都是卜问又（侑）或又、岁祭高祖乙的，其他《合集》32448、32449、32450、32451、32452、32453、33425等也都是卜问"又岁于高祖乙"的。

---

① 陈梦家：《殷虚卜辞综述》，中华书局1988年版，第416页。

(4) 于高祖乙又升岁。（《合集》32454，四期）

该辞卜问"又升岁"祭高祖乙，另外《合集》32455与该辞同文。

(5) 甲子卜：其又岁于后祖乙。
　　甲子［卜］：其又岁于高祖乙。（《屯南》2951，四期）

以上卜问祭高祖乙均在甲日，而且是又、岁之祭。第（5）版卜辞中与高祖乙同时卜问的还有"后祖乙"，"后祖乙"指小乙①。

B. 用人牲祭祀祖乙

(6) ……于祖乙……羌三十、岁五牢。（《屯南》2142，四期）
(7) 己巳贞：王来乙亥又升伐于祖乙，其十羌又五。
　　其三十羌。
　　弜又羌，隹岁于祖乙。
　　己巳贞：王又升伐于祖乙，其十羌又五。（《屯南》611，四期）
(8) 己巳贞：王又升伐于祖乙，其十羌又五。
　　庚午贞：叀岁于祖乙。（《合集》32064，四期）
(9) 甲辰贞：……又祖乙伐羌十。（《合集》32068，四期）
(10) 癸酉贞：乙亥王又升于□祖乙十羌、卯三牛。（《屯南》343，四期）
(11) 庚午贞：王又升伐于祖乙，其五羌。（《合集》32089，四期）
(12) 甲午贞：又升伐自祖乙，羌五、岁三牢。
　　甲午贞：又升伐自祖乙，三羌、□牢、□牛。兹用。（《屯南》1091，四期）
(13) 壬辰贞：甲午又伐于祖乙羌三。（《屯南》4538，四期）
(14) 甲子夕卜：又祖乙一羌、岁三牢。（《合集》32171，四期）
(15) 于祖乙用羌。（《合集》32122，四期）

---

① 见郭沫若《卜辞通纂》，第40、41片考释，科学出版社1982年版。陈梦家：《殷虚卜辞综述》，中华书局1988年版，第418—419页。

(16) 于祖乙用羌。(《屯南》887，四期)

(17) 己巳卜：又伐羌于祖乙。(《合集》32072，四期)

(18) 于祖乙升徵来羌。(《合集》32014，四期)

以上十三版卜辞是卜问用羌人作人牲祭祀祖乙的。其用羌的最高数目是三十羌［第（6）版卜辞］，其所用祭名有：又、升、伐、岁、用等。

(19) 己巳卜：又伐祖乙、乙亥。(《屯南》2104，四期)

(20) 癸酉贞：甲戌又伐于祖乙……(《合集》33321，四期)

(21) ……升四……岁十牢，祖乙十五伐。(《合集》32199，四期)

这三条辞都是卜问伐祭祖乙的，暂将其列为是人祭，即砍人头以祭。其中第（21）辞卜问用十五伐，即十五个人，再加"十牢"来祭祀祖乙。第（19）辞"祖乙"与"乙亥"两词共用一个"乙"字。

C. 用牢、牛祭祀祖乙

除了在用人牲祭祀祖乙的卜辞中列出的用牢、牛祭祀祖乙外，尚有下面单用牢、牛祭祀祖乙的卜辞：

(22) 甲辰贞：祭于祖乙又升岁。兹用二牢。(《屯南》1131，四期)

(23) 丙寅贞：王又升岁于祖乙，牢又一牛。(《合集》32113，四期)

(24) 甲寅贞：乙卯又祖乙岁大牢。不……(《屯南》441，四期)

(25) ……岁于祖乙大牢。(《合集》32530，四期)

以上是卜问以牢祭祀祖乙的卜辞。其中第（24）、（25）辞记用"大牢"即经过特殊饲养的大牛来祭祀祖乙。其祭名是又、升、岁。卜辞中记录"又、升、岁于祖乙几牢"的辞例较多，此处不烦列。

(26) □丑贞：毛于祖乙二十牛。(《屯南》4295，四期)

(27) 丙午卜：告于祖乙三牛。其往爱。不。(《屯南》783，四期)

(28) 祖乙岁三勺牛。(《屯南》631，四期)

(29) □□贞：王其令望乘妇，其告于祖乙一牛。(《合集》32896，

四期)

(30) 庚申卜：毛于祖乙一牛。(《屯南》3961，四期)

以上是卜问用牛祭祀祖乙的，最多用二十牛［第（26）辞］，第（28）辞还特别注明是用"三勿牛"，即三头杂色牛祭祀祖乙。用牛祭祀祖乙的祭名有：毛、告、岁等，毛，于省吾先生指出应读为磔[①]，是用牲之法，为祭祀时肢解牲体。

值得注意的是，第四期卜辞中不见有用宰、羊祭祀祖乙的辞例。

D. 其他祭祀

(31) □□贞：又升岁于祖乙。兹用。乙酉。(《屯南》1131，四期)
(32) 乙酉卜：又岁于祖乙，不雨。(《屯南》4286，四期)

这两版卜辞卜问又、升、岁祭祖乙。第（31）辞的祭日"乙酉"附于辞后，是验辞，记录是在乙酉日对祖乙进行的祭祀。

(33) 丁酉贞：其刚祖乙䙴。(《合集》32547，四期)
(34) 辛巳贞：其刚于祖乙帚。(《屯南》1050，四期)
(35) □亥贞：其刚□祖乙帚……(《屯南》2865，四期)

这三版卜辞是卜问"刚"祭祖乙的，"刚"是祭名或用牲之法，为断割之意。第（33）辞的"䙴"是指奉献禽牲以祭祖乙。第（34）辞、（35）辞的"帚"是"寝"，"寝"在该两版卜辞中是指庙室，即卜问在祖乙的庙室里对其进行祭祀。

(36) 乙酉卜，贞：王又曹于祖乙。(《合集》33066，四期)

该辞是卜问"又曹"祭祖乙，"又"即侑，"曹"即砍，即该辞是卜问砍杀牺牲以侑祭祖乙。是何牲没有言明。

[①] 见于省吾《甲骨文字释林·释毛、舌、䛆》，中华书局1979年版。

（37）壬申贞：王又御于祖乙，叀先。（《屯南》4583，四期）

该辞卜问御祭祖乙。

（38）辛亥贞：其登米于祖乙。（《屯南》189，四期）
（39）己巳贞：王米▨其登于祖乙。（《合集》34165，四期）

这两辞是卜问"登米"祭祖乙，"登"即登尝之礼，即这两辞是卜问向祖乙举行献米的登尝之祭的。

（40）辛未贞：其告商于祖乙槔。
　　　辛未贞：夕告商于祖乙。（《屯南》4049，四期）
（41）于祖乙告望乘。（《屯南》135，四期）

这两版卜辞卜问"告"祭祖乙。第（40）版的两辞是卜问"告商于祖乙"的，由第二辞的"夕告商于祖乙"即卜问在夜间举行告商于祖乙的祭祀，知第一辞的"告商于祖乙槔"的"槔"字也应是时称，"槔"是指天黑上灯之时，是夜间开始时的时称①。

（42）癸（甲）午贞：告画其步祖乙。（《屯南》866，四期）

该辞卜问"告画其步祖乙"，"步"字当是祭名。又该辞的卜日记的是"癸午"日，因干支表中无"癸午"，所以"癸"字很可能是"甲"字的误刻，即该辞的卜日应是"甲午"日。

丙、第三期

在第三期卜辞中，祖乙除被称作"祖乙"外，还被称作"中宗祖乙"②。

---

① 唐兰：《天壤阁甲骨文存·考释》，北京辅仁大学1939年版，第46页。李孝定：《甲骨文字集释》，"中研院史语所"1965年版，第873页。

② 《太平御览》卷八十三引《竹书纪年》"祖乙滕即位，是为中宗，居庇"，王国维据此认为卜辞中的"中宗祖乙"就是祖乙滕。见《殷卜辞中所见先公先王续考》，《观堂集林》卷九，中华书局1984年版。

A. 祭中宗祖乙

(1) 其又中宗祖乙，又羌。(《合集》26933，三期)
(2) 执其用自中宗祖乙，王受又=。(《合集》26991，三期)
(3) 其至中宗祖乙祝。(《合集》27239，三期)
(4) □酉卜：中宗祖乙岁。(《合集》27240，三期)
(5) ……中宗祖乙告。(《合集》27242，三期)
(6) ……中宗祖乙，王受［又］。(《合集》27241，三期)

以上六条卜辞是卜问祭祀中宗祖乙的。第（1）条卜问用羌人进行祭祀。第（2）条卜问"执其用自中宗祖乙"，是祭祀自祖乙始的多位祖先的，到何祖先辞中未说明，从"执"即抓获来看，应该是举行的人祭，卜辞中一般对抓获动物说"获"而不说"执"。第（3）辞应是卜问由某王始至祖乙的"祝"祭。第（4）辞是卜问岁祭祖乙。第（5）辞是卜问告祭祖乙。第（6）辞祭名残。

B. 用牢、牛祭祀祖乙

(7) 祖乙岁五牢。用。(《合集》27188，三期)
(8) 贞：舌祖乙五牢。(《合集》27194，三期)
(9) 甲子……升岁于祖乙三牢。(《合集》27186，三期)
(10) 其舌祖乙二牢，王受又=。(《合集》27195，三期)
(11) 其又升祖乙牢又一牛，王受又。(《合集》27184，三期)
(12) 甲寅卜：延燎祖乙……卯三牛……五。用。(《合集》27187，三期)
(13) 乙巳卜，［贞］：王宾祖乙戠一牛，［亡］尤。(《合集》27210，三期)

以上七版卜辞中的前四辞是卜问用牢来祭祀祖乙的，第（7）、（8）辞是用五牢，第（9）辞是用三牢，第（10）辞是用二牢。第（11）辞是卜问用一牢再加上一头普通的牛来祭祀祖乙。第（12）辞残掉数字，可能是卜问用烧经过对剖的三头牛（卯三牛）来祭祀祖乙。第（13）辞是卜问用"戠一牛"即用牛的干肉来祭祀祖乙①。上述卜辞反映在用牢和牛祭祀祖乙时所使用的祭祀方法有：岁、舌、升、燎、卯、歆等。

(14) 辛酉卜：其舌薪祖乙，王受又。（《合集》27217，三期）
(15) 甲辰卜：酒来登祖乙，乙巳。（《合集》27219，三期）
(16) 弜先酒及祖乙。（《合集》27204，三期）

以上三辞是卜问舌、薪、酒、登、先祭祖乙。"薪"在此为祭名，郭沫若言应读为薪，他引《诗·棫朴》"薪之槱之"言薪是槱意②，那么，第（14）辞就是卜问在"舌"即肢解了牲体之后再进行焚烧来祭祀祖乙。第（16）辞的"先"接在否定词"弜"之后，应是动词③，因此在该辞中应是祭名，作祭名的"先"似为进献祭品之意④。

在第三期卜辞中未见有用牢、羊来祭祀祖乙的辞例。

丁、第二期

A. 用人牲祭祀祖乙

(1) 乙卯卜，行贞；王宾祖乙升伐羌十又五、卯牢，亡尤。在十二月。（《合集》22551，二期）

这是卜问用砍杀十五个羌人再剖杀一只经过特殊饲养的羊来祭祀祖乙。

在第二期卜辞中，除了单纯地用周祭中的五种祀典祭祀祖乙外，还见有与周祭祀典同时并用的用人牲和牢进行祭祀的辞例，如：

(2) □□卜，旅［贞］：翌乙魯祖乙，其遘升岁一牢、羌十人。（《合集》22556，二期）
(3) □丑卜，即贞：翌乙□魯于祖乙，其遘又……羌十、卯五牢。（《合集》22554，二期）

---

① 于省吾：《甲骨文字释林·释歆》，中华书局1979年版。
② 郭沫若：《殷契粹编》，第145片考释，科学出版社1965年版。
③ 见常玉芝《殷商历法研究》，吉林文史出版社1998年版，第86页。
④ 徐中舒主编：《甲骨文字典》，四川辞书出版社1990年版，第976页。

这两条卜辞都卜问在用周祭中的五祀典肜祭祖乙的同时，还举行人祭和宰祭，第（2）辞是用十羌一宰，第（3）辞是用十羌五宰。

    （4）□未卜，旅贞：祖乙岁其又羌。在六月。（《合集》22573，二期）

该条卜辞卜问岁，即割杀羌人祭祀祖乙。
 B. 用牛祭祀祖乙

    （5）乙卯卜，行贞：王宾祖乙歆一牛。（《合集》22550，二期）
    （6）□□［卜］，王［贞］：［翌］乙丑其又升岁于祖乙白牡三。王在‖卜。（《合集》22904，二期）

第（5）辞于乙卯日卜问用"歆一牛"，即用一头牛的干肉来祭祀祖乙。第（6）辞卜问用杀三头白色的公牛来祭祀祖乙，"殷人尚白"，用白牲进行祭祀表明对该祖先的重视。用牛进行祭祀的方法有歆、又、升、岁等。第二期卜辞不见用"牢"祭祀祖乙的辞例。
 C. 用宰祭祀祖乙

    （7）乙未又岁于祖乙牡三十宰。隹旧岁。（《合集》22884，二期）
    （8）□□卜，尹贞：王宾祖乙岁二宰。（《合集》22902，二期）
    （9）甲寅卜，旅贞：翌乙卯其又于祖乙宰。（《合集》22886，二期）

第（7）辞卜问用三十只经过特殊饲养的公羊祭祀祖乙。第（8）辞卜问用割杀二宰祭祀祖乙。第（9）辞卜问用一宰祭祀祖乙。第二期卜辞中不见用普通的羊祭祀祖乙的辞例。

  综观以上第二期祭祀祖乙的辞例，可见其最大的特点是只用普通的牛，而不用"牢"来进行祭祀；又只用"宰"，而不用普通的羊来进行祭祀。与第一期、第四期、第三期卜辞相比，第二期卜辞祭祀祖乙的辞例较少，这是因为第二期主要是用周祭祀典进行祭祀的缘故，这一点在第五期卜辞中表现得尤为明显。

戊、第五期

我们迄今在第五期卜辞中见到的用非周祭祀典祭祀祖乙的辞例只有下面两条：

(1) 癸丑卜，䊝贞：王[旬]亡祸。在四月，甲寅彡日戔甲，曰則祖乙褅。(《合集》35657，五期)

(2) 甲戌卜，贞：王宾祖乙彡夕，亡尤。(《合集》35677，五期)

第(1)辞是在卜问以五种祀典之一的彡祀祭祀戔甲的同时，再对祖乙行則褅之祭，"則"之意为在案板上割肉，"褅"是禽肉之祭，因此，"則祖乙褅"之祭，是说用在案板上所割的禽肉祭祀祖乙。第(2)辞是卜问以"彡夕"之祭祭祀祖乙的，"彡夕"之祭都是在祖先的日干名的前一日举行祭祀的，该辞彡夕祭祖乙在祖乙的日干名乙的前一日甲日（甲戌日）举行。

己、小结

至此，我们将一、二、三、四、五期卜辞中祭祀祖乙的卜辞做了梳理，由祭祀祖乙的卜辞可以看到，第一期、第四期祭祀祖乙的卜辞最多，第二期、第五期最少，这可能是因为第二期、第五期注重以周祭中的五种祀典进行祭祀的缘故（周祭卜辞省略未列，详见后文）。由祭祀祖乙的卜辞可以看到，殷人对祖乙非常尊崇，称他为"中宗祖乙"。他们对祖乙的祭祀祀典繁多、祀礼隆重，祭祀时使用大量的人牲和牛、羊牲，有时还特别选择那些经过特殊饲养的牛、羊来作祭品，又因为"殷人尚白"，所以有时还着意选择白色的牺牲来作祭品。祭祀卜辞还反映，在殷人的眼里，祖乙与重要的先公上甲，与开国元勋、商朝第一王大乙，与大乙之孙大甲的地位是相当的。

除了祭祀卜辞，下面的卜辞也可反映出殷人对祖乙的尊崇：

(1) 贞：下乙不宾于帝。(《合集》1402正，一期)

这是第一期卜辞，卜问下乙即祖乙是否宾于上帝。这反映出在商人的眼里，祖乙是可以宾于上帝的，其地位是很高的。

(2) 来岁帝其降永。在祖乙宗，十月卜。(《屯南》723，四期)

这是第四期卜辞，卜问"来岁"即来年或未来一个收获季节，上帝是否"降永"，何为"降永"，姚孝遂、肖丁说："'帝降永'前所未见，当与'帝受又'、'帝降若'同为福佑之义"①，至确。该辞卜问上帝是否降下福佑，辞后记录是在祖乙的宗庙中卜问的。

  （3）庚午贞：秋于帝五丰臣。在祖乙宗卜。兹用。（《合集》34148，四期）

这是第四期卜辞，是卜问上帝五臣之事的，这条辞也是在祖乙的宗庙中卜问的。

  上述两条卜辞卜问上帝和上帝五臣的事都是在祖乙的宗庙中卜问的，由此可以看到，祖乙在商人心目中地位是很高的，卜问上帝和其五臣的事都要在祖乙的宗庙中进行。同时由这两版卜辞又可以得知：商人没有为上帝专门设立宗庙，他们对上帝是不直接进行祭祀的。

  （4）丁卯贞：王从沚[㦰]伐召方，受[又]。在祖乙宗卜。五月。兹见。（《屯南》81，四期）

这是第四期卜辞，卜问商王要率领大将沚㦰去征伐召方，（上帝）是会保佑的吧。该辞是在祖乙的宗庙中卜问的。

  （5）乙亥贞：王其夕令㠱侯商，于祖乙门。（《屯南》1059，四期）

这是第四期卜辞，卜问商王在夜间命令㠱侯去做某事。是在"祖乙门"卜问的。何为"祖乙门"，陈梦家先生说卜辞中的"南门、宗门、宗户、和门，当指宗室祖庙的门"②，因此该辞也应是在祖乙的宗庙中卜问的。

  （6）□卯贞：其大御王，自上甲血用白豭九，下示𠂤牛。在祖乙宗卜。（《屯南》2707，四期）

---

① 姚孝遂、肖丁：《小屯南地甲骨考释》，中华书局1985年版，第75页。
② 陈梦家：《殷虚卜辞综述》，中华书局1988年版，第478页。

这是第四期卜辞。卜问用九头白豭（白公猪）的血祭祀自上甲始的诸位祖先（当为直系祖先），对"下示"祖先用"衁牛"进行祭祀，"衁"，于省吾考证其即《说文》"衋"字之初文，其义为杀牲取血以祭①，即杀牛取其血祭祀下示的祖先。这条辞也是在祖乙的宗庙中卜问的。

  （7）戊辰贞：其求生于妣庚、妣丙。在祖乙宗卜。（《合集》34082，四期）

这是第四期卜辞，是卜问向妣庚、妣丙祈求生育的，也是在祖乙的宗庙中卜问的。

  以上四条卜辞都是在祖乙的宗庙中卜问的，其涉及的事情都与祖乙无关，但却都在祖乙的宗庙中进行卜问，其所涉及的事情有关于战事的〔第（4）辞，第（5）辞也应是关于战事的〕，祭祀的〔第（6）辞〕，生育的〔第（7）辞〕，"国之大事，在祀与戎"（《左传·成公十三年》），生育之事又关系到后代的繁衍，商人卜问这些国家大事都在祖乙的宗庙中进行，可见祖乙在商人的心目中是极为重要的祖先。

  除此之外，商人还向祖乙祈求丰年：

  （8）于祖乙求，王受年。（《合集》28274，三期）

这是第三期卜辞，向祖乙祈求给予商王好年成。年成的好坏也是国之大事，由此可知祖乙在商人的心目中也是主管农业的神灵。

  以上卜辞记录，商人举凡在战事、祭祀、农业、生育等重要的问题上都要向祖乙祈求福佑。

  下面的卜辞反映，商人对先王祖乙有着敬畏的心理：

  （9）戊子卜，宾贞：王听，隹祖乙孽我。（《合集》1632正，一期）
  （10）乙未卜：王听，不隹祖乙。（《合集》1633，一期）

---

① 于省吾：《甲骨文字释林·释衁》，中华书局1979年版。

这两条都是第一期卜辞，都是卜问商王的听力出现了问题，问是否由于祖乙作孽造成的。

  （11）贞：其大事于西，于下乙匄。（《合集》1672，一期）

这是第一期卜辞，卜问在西边发生的大事是否下乙即祖乙降下的灾害，"匄"为灾害意。

  （12）辛卯卜，争贞：我狩，下乙弗若。（《合集》10608正，一期）

这是第一期卜辞，卜问我（即商王）去狩猎，下乙即祖乙不会保佑顺利吧。

  （13）贞：祖乙孽王。
    贞：祖乙弗其孽王。
    贞：祖乙孽王。
    贞：祖乙弗其孽［王］。（《合集》248正，一期）

这是第一期卜辞，四条辞从正反两面两次卜问祖乙是否作孽于商王。同样的卜问还见于同属第一期的《合集》880正。

  （14）贞：祖乙弗壱王。
    祖乙壱王。（《合集》1623正，一期）

这是第一期卜辞，两条辞从正反两面卜问祖乙是否加害于商王。"壱"为害意[①]。

  （15）庚戌卜：王祟直祖乙。（《合集》32301，四期）

这是第四期卜辞，卜问祖乙是否作祟于商王。

---

① 裘锡圭：《释"虫"》，收入《古文字论集》，中华书局1992年版。

(16) □未卜，彀贞：祖乙弗左王。(《合集》1624，一期)

这是第一期卜辞，卜问祖乙不会佐助于商王吧。

以上八版卜辞都反映了商王对祖乙的畏惧心理，身有疾病担心是祖乙作孽［第（9）、（10）辞］；发生了不好的大事担心是祖乙降下的灾害［第（11）辞］；去狩猎担心祖乙不保佑顺利［第（12）辞］；总是担心祖乙作孽、有害、作祟于商王［第（13）、（14）、（15）辞］；担心祖乙不佐助商王［第（16）辞］。即商王对祖乙总是存有畏惧心理。为此，商王还总是做梦担心祖乙会有害于自己：

(17) 己丑卜，彀贞：王梦佳祖乙。
　　　贞：王梦不佳祖乙。
　　　㞢于祖乙。(《合集》776正，一期)
(18) 癸丑卜，彀贞：王梦佳祖乙。(《合集》17373，一期)
(19) 王梦不佳祖乙。(《合集》17374正，一期)

这三版都是第一期卜辞，都是卜问商王做梦怀疑是祖乙加害于自己。特别是第（17）版卜辞，王做梦怀疑是祖乙加害于自己，就赶紧对祖乙举行㞢（侑）祭，以使祖乙免于加害自己。

(十三) 祖辛

1. 祖辛与高祖合祭

(1) 丙申贞：其告高祖，求以祖辛。(《合集》32314，四期)

这是第四期卜辞，卜问告祭高祖求祭祖辛，但是哪一位高祖没有明说。

2. 祖辛与先公上甲合祭

(2) □未卜：求自上甲、大乙、大丁、大甲、大庚、大戊、中丁、祖乙、祖辛、祖丁十示，率牡。(《合集》32385，四期)

这是第四期卜辞，卜问用公羊求祭自上甲始包括祖辛在内的十位直系先王。

(3) 庚子卜，争贞：㚘其酒于祖辛、雍己，屮升岁上甲。（《合集》1654，一期）

这是第一期卜辞，卜问㚘祭祖辛、雍己，屮升岁祭上甲。雍己为旁系先王，他参与直系祖先的合祭实属罕见。

3. 祖辛与其他先王合祭

(4) 己丑卜，大贞：于五示告：丁、祖乙、祖丁、羌甲、祖辛。（《合集》22911，二期）

这是第二期卜辞，卜问告祭丁、祖乙、祖丁、羌甲、祖辛五位先王，除羌甲外，其他四王为直系先王，世系是由近到远排列的，其中的"丁"是指祖庚、祖甲之父武丁，"祖乙"是指武丁之父小乙。

(5) □丑贞：王令㽙尹□取祖乙，鱼伐，告于父丁、小乙、祖丁、羌甲、祖辛。（《屯南》2342，四期？）

这是小屯南地出土的卜辞，《屯南》的作者认为它是第四期卜辞。该辞卜问王命令㽙尹取祭祖乙，并命令鱼伐、告祭父丁、小乙、祖丁、羌甲、祖辛五王。第四期卜辞中的"父丁"应是指康丁，但该辞后五王的顺序与属第二期的第（4）辞全同，故该辞小乙之前的"父丁"似也应与第（4）辞一样是指武丁才讲得顺。如果确实如此，则该版卜辞应该是祖庚卜辞。辞中的"㽙"字不识，当为国族名，㽙尹为㽙族之尹。"①

(6) 来辛亥宜崔报酒祖辛，屮一牛祖乙。（《合集》190正，一期）

这是第一期卜辞，卜问崔、报、酒祭祖辛，再用一牛祭祖乙。

(7) 贞：翌□□屮于□甲一牛，……祖乙……祖辛。（《合集》1505，

---

① 中国社会科学院考古研究所：《小屯南地甲骨》，下册第一分册，第2342片考释，中华书局1983年版。

一期）

这是第一期卜辞，残字较多，可知是祭祀祖乙、祖辛等先王的。

(8) 己酉卜：丁巳酒祖丁……祖辛二牛、父己二牛。
癸丑卜：求祖丁、祖辛、父己。（《合集》22184，一期）

这是第一期卜辞。第一辞卜问用二牛分别祭祀祖丁、祖辛、父己，"祖丁"后残掉"二牛"二字。第二辞卜问求祭祖丁、祖辛、父己。

(9) 丁卯贞：己巳登濩于祖辛及父丁。兹用。（《屯南》51，四期）

这是第四期卜辞，卜问"登濩"祭祖辛及父丁。"登"之意为进献；"濩"为乐名，即大濩之乐。① 准此，则该辞是卜问向祖辛和父丁（即康丁）举行进献和奏乐之祭。

下面附带一条祖辛与母辛合祭的卜辞：

(10) 庚申卜，王贞：毋又于祖辛于母辛。（《合集》22971，二期）

这是第二期卜辞，卜问是否不"又"即侑祭祖辛与母辛，第二期卜辞中的"母辛"当是指武丁之配，后期卜辞称作"妣辛"者。"祖辛"与"母辛"之间的"于"字当读作"与"。先王与女性祖先合祭也很罕见。

4. 单独祭祀祖辛

A. 用人牲祭祀祖辛

(11) □□[卜]，王[贞]：[翌]□未其又升伐于祖辛羌三人，卯……十一月。（《合集》22567，二期）

这是第二期卜辞，卜问砍杀三个羌人祭祀祖辛，辞后还记要"卯"即对剖某

---

① 罗振玉释。转引自于省吾主编：《甲骨文字诂林》，第二册，中华书局 1996 年版，第 1676 页。

种牺牲来祭祀，因辞残不知是何牺牲。

(12) 贞：御于祖辛曹十伐……（《合集》910，一期）

(13) ……祖辛㱿十宰、伐十。（《合集》958，一期）

(14) 贞：屮于祖辛五伐、卯三宰。（《合集》6475反，一期）

(15) ……伐祖辛三人、卯牝。（《合集》32205，四期）

(16) 壬寅卜：寻又祖辛伐一、卯一牢。（《合集》32221，四期）

(17) 屮祖辛伐。（《合集》905反，一期）

(18) □申卜：于来辛卯酒伐祖辛。（《合集》957，一期）

(19) 辛丑卜，……曹祖辛……伐，卯十牛……（《合集》959，一期）

以上八条卜辞是卜问伐祭祖辛的，是砍杀人头以祭。最多是十伐〔第(12)、(13)辞〕，举行伐祭时还往往宰杀其他牺牲，如第(13)辞在砍杀十个人的同时还要"㱿十宰"，"㱿"字，葛英会先生释为"毁"，"毁"作用牲之法时，意为"毁折牲物"，"是割裂砍杀之义"①。第(15)辞卜问在砍杀三个人牲时还要剖杀一头母牛。第(16)辞卜问在砍杀一个人时还要剖杀一头经过特殊饲养的牛进行祭祀。

(20) 贞：四艮于祖辛。

勿四艮于祖辛。

贞：十〔艮〕于祖辛。

勿十艮于祖辛。（《合集》709正，一期）

这是第一期卜辞，四条辞是两组正反两面的卜问，分别卜问是否用四艮或十艮祭祀祖辛。甲骨文的"艮"字像以手扑人之形，专指用俘获敌方的人作祭祀时的牺牲。

B. 用牢、牛祭祀祖辛

---

① 葛英会：《论甲骨文中的毁字》，《古代文明研究通讯》，第15期，北京大学古代文明研究中心编，2002年版。

(21) 己未贞：又祖辛牢又一牛。(《屯南》228，四期)

(22) 乙丑卜：今乙丑……宰，祖辛䐴五牛。(《合集》1732，一期)

(23) 翌癸丑㞢祖辛四牛。

翌癸丑㞢祖辛四牡。(《合集》1780 正，一期)

(24) 贞：翌辛亥于祖辛一牛。(《合集》768 正，一期)

(25) 翌辛㞢于祖辛一牛。(《合集》776 正，一期)

(26) 其又于祖辛一牛。(《合集》22961，二期)

(27) 辛丑卜，旅贞：祖辛岁宙勿牛。……(《合集》22985，二期)

(28) 贞：祖辛宰、牡。(《合集》22996，二期)

(29) □辰卜：王……翌辛巳……戠于祖辛牝一。(《合集》23006，二期)

(30) ……祖辛祭戠牛，亡尤。(《合集》23000，二期)

(31) □申卜：祖辛祭又戠……牛。兹用。祭戠。(《屯南》174，三—四期)

(32) 今……攼牛于祖辛。

于翌辛攼牛于祖辛。(《合集》6949 正，一期)

以上十二版卜辞都是卜问用牛祭祀祖辛的。其中第（21）辞卜问"又（侑）"祭祖辛用"牢又一牛"，目前只见到这一条卜问用牢祭祀祖辛的卜辞。第（22）辞卜问"䐴五牛"和用宰祭祀祖辛，宰的数目残掉。第（23）版的两辞分别卜问是用四头牛还是用四头公牛㞢（侑）祭祖辛。第（27）辞是卜问用"勿牛"即杂色牛祭祀祖辛。第（28）辞卜问用"宰、牡"祭祀祖辛。第（29）辞卜问用一头母牛的肉干祭祀祖辛。第（30）、（31）辞都是卜问用牛的干肉祭祀祖辛的。第（32）辞是卜问用"攼牛"的方法祭祀祖辛，"攼"之意为击打[①]。以上卜问用牢和牛祭祀祖辛的祭祀方法有：䐴、岁、戠、攼等。由这些卜辞可以看到，商人对祖辛很少用牢进行祭祀。

C. 用宰祭祀祖辛

(33) □丑卜，……䐴祖辛十五宰。(《英藏》36，一期)

(34) 丁丑卜，争贞：御于祖辛十宰。(《合集》2774 正，一期)

---

① 于省吾：《甲骨文字释林·释攼》，中华书局 1979 年版。

(35) □巳卜，争贞：业于祖辛于𤉲，酒十宰。(《合集》1653，一期)

(36) 贞：业于祖辛十宰。(《合集》1678，一期)

(37) 辛酉卜，□贞：王宾祖辛岁三宰。(《合集》22974，二期)

(38) 贞：业于祖辛三宰。(《合集》776正，一期)

(39) 辛亥卜，王贞：其又于祖辛二宰。(《合集》22966，二期)

(40) 辛巳卜，行贞：王宾祖辛岁宰。(《合集》22973，二期)

(41) 业于祖辛宰。(《合集》776正，一期)

以上九版卜辞是卜问用"宰"来祭祀祖辛的。其最高数是用十五宰［第(33)辞］。用宰祭祀祖辛的方法有：酉、岁等，其祭祀多为业、又即侑祭，其次为御祭。由上述卜辞可以看到，商人一般不用普通的羊来祭祀祖辛。

    D. 用豕祭祀祖辛

(42) □辰二豕祖辛。(《合集》1761，一期)

(43) 庚申卜，殸贞：辛业豕祖辛。(《合集》1677正，一期)

(44) 九㲋于祖辛。

    业于祖辛八㲋。(《合集》1685，一期)

(45) 其刚祖辛隹宜豚，又雨。(《合集》27254，三期)

以上四版卜辞卜问用豕即猪祭祀祖辛。其中第(44)版的两辞分别卜问是用"九㲋"还是用"八㲋"侑祭祖辛，"㲋"指小猪。第(45)版卜辞卜问断割"豚"祭祀祖辛，"豚"指小猪，也是指小肥猪。

    E. 其他祭祀

(46) □□［卜］，韦贞：酒于祖辛。(《英藏》37，一期)

该版卜辞卜问酒祭祖辛。

(47) 㞢王，酉祖辛。(《合集》2953正，一期)

该辞卜问酉祭祖辛，即砍杀牺牲祭祀祖辛，以避免祖辛"㞢王"，即加害于商王。

(48) 辛巳卜，即贞：王宾祖辛岁，亡尤。(《合集》22972，二期)

(49) □戌贞：又岁于祖辛。(《合集》32131，四期)

(50) 庚寅贞：又升岁于祖辛。(《屯南》996，四期)

(51) ……祭戠，又岁于祖辛。兹用。(《屯南》34，四期)

(52) □子卜，即［贞］：祖辛岁，叀多生射。(《合集》24141，二期)

(53) 贞：先祖辛岁，钦。(《合集》22992，二期)

以上六版卜辞都是卜问岁祭祖辛的。第(50)版还加"升"祭，第(51)版还加"祭、戠"之祭，这两种祭祀都是指用肉进行祭祀，只不过"戠"是指肉干。

(54) 丙寅卜，宾贞：于祖辛御。

贞：于祖辛御。(《合集》272 正，一期)

这是卜问御祭祖辛的。

(55) 贞：求于祖辛。

勿求于祖辛。(《合集》6949 正，一期)

该版卜辞从正反两方面卜问要不要求祭于祖辛。

(56) 贞：乍告疾于祖辛正。(《合集》13852，一期)

(57) 贞：告于祖辛。(《合集》1726，一期)

(58) 贞：勿祥告于祖辛。

贞：勿告于祖辛。(《合集》947 正，一期)

以上三版卜辞卜问告祭于祖辛。第(56)辞因患疾病告祭于祖辛。

(59) 贞：祝于祖辛。(《合集》787，一期)

该辞卜问祝祭于祖辛。

  (60) 乙未卜，争贞：来辛亥酒雈报于祖辛。七月。(《合集》190正，一期)

该辞卜问酒、雈、报祭于祖辛。"雈"，陈梦家先生谓是穮之初文①，则该辞是卜问用酒和收获的谷物来举行报答祖辛的祭祀。

  (61) 贞：勿屮升于祖辛。
    屮升于祖辛。(《合集》1713，一期)

该版的两辞从正反两面卜问是否屮、升祭祖辛。

  (62) 禚于祖辛。(《合集》1729，一期)

该辞卜问禚祭祖辛，"禚"指奉献禽牲进行祭祀。

  (63) 勿舌祖辛。(《合集》1730正，一期)

该辞卜问舌祭祖辛。"舌"在该辞中为祭名，与"告"同义，即《说文》之祰祭②。

  (64) 丁未登来祖辛。(《合集》32572反，四期)

该辞卜问"登来"祭祖辛，"来"在此辞中指麦子，"登来"即献麦以祭祖辛。

  (65) 庚子王饗于祖辛。(《合集》23003，二期)

---

① 陈梦家：《殷虚卜辞综述》，中华书局1988年版，第535页。
② 徐中舒主编：《甲骨文字典》，四川辞书出版社1990年版，第209页。

该辞卜问"饗"祭祖辛，即以食祭祖辛。

(66) □戌卜，出贞：祥虫于祖辛。二月。（《合集》22962，二期）
(67) 翌辛丑虫祖辛。（《合集》505正，一期）

以上两版卜辞都是卜问虫即侑祭祖辛的。

总之，以上二十二版卜辞反映祭祀祖辛的祭名有：酒、晋、岁、祭、哉、升、御、求、告、祝、雈、报、禳、舌、登、饗、虫、又等。综观商人对祖辛的崇拜，不及上甲、大乙、祖乙；但要高于大丁、大庚、大戊、中丁；与大甲的地位相当。

在商人的眼里，祖辛也会给商王带来祸患，如：

(68) 佳祖辛壱王。（《合集》1736，一期）
(69) ……祖辛壱余。（《合集》1740，一期）
(70) 贞：祖辛不我壱。
　　 贞：祖辛壱我。（《合集》95，一期）
(71) □□［卜］，亘贞：祖辛祟王。（《合集》1734，一期）
(72) 贞：祖辛孽王。（《合集》1655正，一期）
(73) 我家祖辛弗左王。（《合集》13584甲正，一期）
(74) 祖辛佳之不若王，多报于唐。
　　 祖辛不佳之不若王，多报于唐。（《合集》1285反，一期）

以上七版卜辞分别卜问祖辛是否壱王、壱余、壱我，祟王，孽王，弗左王，不若王。"余"、"我"都是商王的自称。

（十四）羌甲

羌甲是祖辛之弟，为旁系先王，但他可以与直系先王合祭。

1. 羌甲与其他先王合祭

(1) 己丑卜，大贞：于五示告：丁、祖乙、祖丁、羌甲、祖辛。
　　（《合集》22911，二期）

这是第二期卜辞，卜问告祭丁、祖乙、祖丁、羌甲、祖辛五位先王，除羌甲外，其他四王均为直系先王，世系是由近到远排列的，其中的"丁"是指祖庚、祖甲之父武丁，"祖乙"是指武丁之父小乙。

(2) □丑贞：王令◻尹□取祖乙，鱼伐，告于父丁、小乙、祖丁、羌甲、祖辛。(《屯南》2342，四期?)

这是小屯南地出土的卜辞，《屯南》的作者认为它属于第四期卜辞。该辞卜问王命令◻尹取祭祖乙，并命令鱼伐、告祭父丁、小乙、祖丁、羌甲、祖辛五王。第四期卜辞中的"父丁"应是指康丁，但该辞后五王的顺序与属第二期的第(1)辞全同，故该辞小乙之前的"父丁"似也应与第(1)辞一样是指武丁才讲得顺。如果确实如此，则该版卜辞应该是祖庚卜辞。辞中的"◻"字不识，当为国族名，◻尹为◻族之尹。"[①]

(3) ……而于祖丁……羌甲一羌……祖……(《合集》412正，一期)

该辞残缺过甚，但可看出羌甲与祖丁等先王合祭，祭羌甲用一个羌人。

(4) 甲寅又岁戋甲三牢，羌甲二十牢又七，易日。兹用。(《合集》32501，四期)

该辞卜问在甲寅日用三牢祭祀戋甲，用二十七牢祭祀羌甲，目的是祈求"易日"即云开日出。戋甲与羌甲均为旁系先王，卜辞中旁系先王合祭的不多见。

2. 单独祭祀羌甲

A. 用人牲祭祀羌甲

(5) ……屮羌甲……伐三，卯□宰。(《合集》928，一期)

---

① 中国社会科学院考古研究所：《小屯南地甲骨》，下册第一分册，第2342片考释，中华书局1983年版。

该辞有残字,大概是卜问用砍杀三个人牲再剖杀多少只经过特殊饲养的羊来祭祀羌甲的。

  B. 用牛祭祀羌甲

  (6) 甲申卜,即贞:羌甲岁二牛。(《合集》23021,二期)
  (7) 癸卯卜:羌甲岁一牛。(《合集》32454,四期)

以上两辞卜问用牛祭祀羌甲。第(6)辞卜问割杀二牛,第(7)辞卜问割杀一牛。《英藏》2463也为第四期卜辞,与第(7)辞文字全同,也是于癸卯日卜问"羌甲岁一牛"。两辞的用牲法均为"岁",即割杀。

  C. 用宰、羊祭祀羌甲

  (8) 甲辰卜,旅贞:王宾羌甲岁宰,亡尤。(《合集》23020,二期)
  (9) 甲寅卜,□贞:其又于羌甲牡。(《合集》23018,二期)

第(8)辞卜问割杀"宰"祭祀羌甲。第(9)辞卜问用"牡",即公羊祭祀羌甲,为"又"即侑祭。

  D. 其他祭祀

  (10) 甲辰卜:其又岁于羌甲。(《合集》32587,四期)
  (11) □寅卜:其又岁于羌甲。(《屯南》1226,三期)

以上两辞是卜问"又岁"祭羌甲的。

  (12) 贞:于羌甲御克往疾。(《合集》641正,一期)
  (13) ……贞:御王㟴于羌甲。(《合集》1795正,一期)
  (14) 贞:于羌甲御福,曹……十。(《合集》1793正,一期)
  (15) 贞:御于羌甲龙,曹。(《怀特》43,一期)
  (16) 于羌甲御㟴。
    勿于羌甲御。(《合集》721正,一期)
  (17) 贞:于羌甲御。
    勿于羌甲御。(《合集》709正,一期)

以上六版卜辞是卜问"御"祭羌甲的，主要是御疾、御祸。

(18) 贞：㞢疾告羌甲。(《合集》869，一期)
(19) 贞：于羌甲告。(《合集》1799，一期)

这两条辞是告祭羌甲的。第(18)辞说明是因为有疾病而举行告祭羌甲的祭祀。

(20) 癸亥卜：其延羌甲戠。(《屯南》1094，三—四期)

该辞卜问戠祭羌甲，即用肉干祭祀羌甲。

(21) □□卜：求于羌甲。(《合集》1801，一期)

该辞卜问"求"祭羌甲。

(22) 酚其延羌甲，王受[又]。(《合集》27259，三期)
(23) 酚延羌甲。(《合集》27261，三期)

这两条辞是卜问用酚酒祭祀羌甲。

(24) 癸未卜：其延登粱于羌甲。(《合集》32592，四期)
(25) □□卜：其延登粱于羌甲。(《合集》32593，四期)

这两辞都是卜问向羌甲举行登尝之礼的，"登尝就是以新获的谷物先荐于寝庙让祖先尝新"，该两辞向祖先所荐的谷物是"粱"，"粱"字作"乘"，从陈梦家先生释[①]。这两辞反映羌甲也是掌管农业生产的神灵。

(26) 贞：翌庚辰衣亦㞢羌甲。(《合集》1773正，一期)

---

① 陈梦家：《殷虚卜辞综述》，中华书局1988年版，第528、529页。

（27）夕㞢羌甲。
　　勿夕㞢羌甲。（《合集》940 正，一期）

这两版卜辞是卜问㞢即侑祭羌甲的。第（27）版的两辞从正反两面卜问是否在夜间侑祭羌甲。

（28）贞：王宾羌甲福，亡尤。（《合集》35708，五期）

这是第五期卜辞，卜问“福”祭羌甲。

商人对羌甲的祭祀，在旁系先王中是比较隆重的，羌甲的配偶在第二期卜辞中甚至享受周祭中五种祀典之一的“𩛥”祀的祭祀[①]，这可能是因为羌甲有子南庚即位为王的缘故吧。

卜辞反映羌甲同样可以给商王带来祸患：

（29）羌甲壱王。（《合集》1823 正，一期）
（30）贞：羌甲壱我。（《合集》1807，一期）
（31）羌甲祟王。（《合集》5658 正，一期）
（32）羌甲祟余。（《合集》1803，一期）

上述四版卜辞分别卜问羌甲是否“壱王”、“壱我”、“祟王”、“祟余”，“我”、“余”都是商王的自称。因为羌甲会作祟于商王，所以商王才会对其进行祭祀，以求免灾祈福。

（十五）祖丁

祖丁为祖辛之子，他也是商人直系祖先中的一个重要的先王，在卜辞中祖丁除被称作“祖丁”外，还被称作“四祖丁”、“后祖丁”[②]、“小丁”、“中宗祖丁”，共五个称呼。

1. 祖丁与先公上甲合祭

---

① 详见下一节“先妣的崇拜与祭祀”。

② “后祖丁”为小乙之父祖丁，从陈梦家先生说，见《殷虚卜辞综述》，中华书局 1988 年版，第 424—425 页。

(1) □未卜：求自上甲、大乙、大丁、大甲、大庚、大戊、中丁、祖乙、祖辛、祖丁十示，率牂。(《合集》32385，四期)

该辞卜问用公羊祭祀自上甲至祖丁的十示直系祖先。

2. 祖丁与其他先王合祭

(2) 乙丑［卜］：求自大乙至丁祖九示。(《合集》14881，一期)

这是卜问向大乙至祖丁的九示祖先举行求祭，"丁祖"是"祖丁"的倒置，由大乙至祖丁的九示祖先应是指大乙、大丁、大甲、大庚、大戊、中丁、祖乙、祖辛、祖丁九世直系先王。同样的卜问还见于下条卜辞：

(3) □酉［卜］：九示自大乙至丁祖。(《合集》20065，一期)

该辞也是卜问祭祀大乙至祖丁的九世先王的，"祖丁"也被倒置为"丁祖"，同时与上条卜辞相比，"九示"二字前置。

(4) 酨大乙酒后祖丁。吉。(《合集》27145，三期)

该辞卜问酨祭大乙和后祖丁。

(5) 丙午卜，贞：三祖丁及后祖丁酒，王受又。(《合集》27181，三期)

该辞是第三期卜辞，卜问祭祀三祖丁和后祖丁。"三祖丁"当是指中丁。

(6) 己丑卜，大贞：于五示告：丁、祖乙、祖丁、羌甲、祖辛。(《合集》22911，二期)

(7) □丑贞：王令南尹□取祖乙，鱼伐，告于父丁、小乙、祖丁、羌甲、祖辛。(《屯南》2342，四期?)

这两条辞前文已做过分析，此处从略。

(8) 自祖乙告祖丁、小乙、父丁。(《屯南》4015，四期)

《屯南》的作者指出该版卜辞是第四期卜辞，说："祖乙是中丁子，祖丁是小乙父，父丁是武乙父康丁"[①]。

(9) 丙午贞：酒升岁于中丁三牢、祖丁三牢。(《合集》32816正，四期)

该辞卜问各用三牢祭祀中丁和祖丁。

(10) ……而于祖丁……羌甲一羌……祖……(《合集》412正，一期)

该辞残缺过甚，但可看出是祖丁与羌甲等先王合祭，祭羌甲用一个羌人。

3. 从祖丁开始的先王合祭

(11) □辰卜：翌日其酒其祝自中宗祖丁、祖甲……于父辛。(《屯南》2281，四期)

该辞为第四期卜辞，称祖丁为"中宗祖丁"，并合祭祖甲、父辛等先祖，第四期的"父辛"当是指武乙之父廪辛，则该版卜辞是武乙卜辞。

(12) □□卜：其告火自后祖丁。吉。(《合集》27317，三期)

该辞"其告火"之"火"应是"祸"字的代用字，其辞是卜问就祸患之事告祭于自后祖丁始的诸位祖先。

(13) 自后祖丁，王受又=。(《英藏》2261，三期)

---

① 中国社会科学院考古研究所：《小屯南地甲骨》，下册第一分册，第4015片考释，中华书局1983年版。

(14) 其自祖丁。(《合集》38244，五期)

第 (14) 辞为第五期卜辞，可能是卜问祭祀自祖丁始的诸位祖先的。

(15) 丙申卜：登并酒祖丁及父丁。(《屯南》68，四期)

这是第四期卜辞，卜问登祭祖丁及父丁，第四期卜辞中的父丁应是指康丁。则该辞是武乙卜辞。

(16) 丁卯卜，行贞：王宾祖丁岁及父丁岁二宰，亡尤。在二月。(《合集》24305，二期)

(17) 丁卯卜，行贞：王宾父丁岁宰及祖丁岁宰，亡尤。(《合集》23030，二期)

以上两条辞全为第二期卜辞，均是卜问用宰同时祭祀祖丁和父丁的，第 (16) 辞卜问用二宰进行祭祀。第二期卜辞中的"父丁"应是指祖庚、祖甲之父武丁。

(18) 丁卯卜，旅贞：王宾小丁岁及父丁升伐羌五。(《合集》22560，二期)

这也是第二期卜辞，与第 (16)、(17) 辞一样也是在丁卯日卜问的，问对小丁举行岁祭和对父丁举行杀伐五个羌人的祭祀。第 (16)、(17) 辞卜问"祖丁"和"父丁"的祭祀，第 (18) 辞卜问"小丁"和"父丁"的祭祀，因为同是第二期卜辞，"父丁"应是指"武丁"，那么，"小丁"就不会是指武丁了，而应是指"祖丁"。二期卜辞有时对"祖丁"称作"小丁"，大概是相对于大丁和中丁而言，祖丁应是小丁了，"大"、"中"、"小"丁是以其世次的先后为准立称的。第 (15) 辞是第四期卜辞，辞中的"父丁"当是指康丁。第 (16)、(17)、(18) 辞是第二期卜辞，辞中的"父丁"当是指武丁。

(19) 己酉卜：丁巳酒祖丁□[牛]、祖辛二牛、父己二牛。

癸丑卜：求祖丁、祖辛、父己。(《合集》22184，一期)

这是第一期卜辞，属非王卜辞。第一辞卜问用牛祭祀祖丁、祖辛、父己。第二辞卜问求祭祖丁、祖辛、父己。

  4. 单独祭祀祖丁
   A. 用人牲祭祀祖丁

    （20）乙丑卜，㞢：祖丁㞢……用二夃、卯一……（《合集》19774，一期）

该辞可能是卜问用"二夃"等祭祀祖丁的，"二夃"即两个被俘获的人。

    （21）曹祖丁十伐十宰。
     勿曹祖丁。（《合集》914正，一期）

该版的两条辞是正反两面的卜问，问是否用砍杀十个人牲和十只经过特殊饲养的羊来祭祀祖丁。

    （22）贞：勿酒伐升于祖丁。（《合集》960，一期）

该辞卜问不要用砍杀人牲来祭祀祖丁吧。

   B. 用牛祭祀祖丁

    （23）己巳卜……㞢御……甲、于祖丁十牛。（《合集》1827，一期）
    （24）丁巳卜，行贞：其又于小丁一牛。（《合集》22760，二期）
    （25）丙戌卜：小丁岁一牛。（《合集》32645，四期）
    （26）□□〔卜〕，□贞：小丁岁牡。（《合集》23055，二期）

第（23）辞卜问用十头牛祭祀祖丁。第（24）、（25）辞卜问用一头牛祭祀小丁。第（26）辞卜问割杀一头公牛祭祀小丁。"小丁"即祖丁。在单独祭祀祖丁的卜辞中未见有用牢祭祀的。

   C. 用宰、羊祭祀祖丁

(27) 乙亥卜……祖丁五十宰……。(《合集》1887，一期)

(28) 庚子卜，㱿：翌丁未酒十宰㞢三于祖丁。(《合集》1683，一期)

(29) 酒五宰于祖丁。(《合集》1862，一期)

(30) 丁酉卜，㱿贞：今日用五宰祖丁。

丁酉卜，㱿贞：勿用五宰祖丁。(《合集》1878正，一期)

(31) 乙丑卜，㱿贞：……子凡于祖丁五宰。(《合集》3216正，一期)

(32) 今日勿祥㞢祖丁宰。(《合集》190正，一期)

(33) [丙]申[卜]，□贞：翌[丁]酉其又于祖丁宰。(《合集》23028，二期)

(34) 丁未卜，行贞：小丁岁宰。(《合集》23055，二期)

(35) 丁□[卜]，贞：小丁蚩羊。(《合集》23058，二期)

(36) 其又小丁蚩羊。(《合集》27330，三期)

以上十版卜辞中前八版是卜问用宰来祭祀祖丁的，其中第（34）版记的是小丁。后两版是卜问用普通的羊来祭祀小丁的。最高用宰数是"五十宰"[第（27）辞]，其次是"十宰㞢三"即十三宰[第（28）辞]。由上述卜辞可以看到，商人多用宰来祭祀祖丁，很少用普通的羊祭祀祖丁。

D. 用豕祭祀祖丁

(37) 丙辰卜：又祖丁豕、用宰。(《合集》19863，一期)

该辞卜问用豕即猪和宰祭祀祖丁。

E. 其他祭祀

(38) 壬戌卜：王㞢升岁祖丁。(《合集》1849，一期)

(39) 丙戌卜：其又升岁于小丁。(《合集》32639，四期)

(40) 丙午卜，何贞：翌丁未其又升岁后祖丁。(《合集》27321，三期)

(41) 癸丑贞：又升岁于祖丁。兹用。(《合集》32596，四期)

(42) 其又岁于小丁。(《合集》27331正，三期)

(43) □□卜，旅贞：翌丁酉小丁岁，王其宾。(《合集》23051，二

期）

(44) 丙辰卜，旅贞：王宾祖丁岁，亡尤。十二月。（《合集》23031，二期）

以上七版卜辞是卜问又、升、岁祭祖丁的。

(45) 贞：㞢疾身御于祖丁。（《合集》13713 正，一期）
(46) 御妇嫀于祖丁。七月。（《合集》2787，一期）
(47) 癸亥卜，㱿贞：御于祖丁。（《合集》914 正，一期）
(48) 御于祖丁。（《合集》371 正，一期）
(49) 壬申贞：王又御于祖丁，叀先。（《合集》32597，四期）
(50) 于小丁御。（《合集》32675，四期）

以上六版卜辞是卜问御祭祖丁的。第（45）辞是因为身有疾病而御祭于祖丁。第（46）辞是就妇嫀的什么事而御祭祖丁。《屯南》4583 与《合集》32597［第（49）辞］同文。《屯南》963 与《合集》32675［第（50）辞］同文。

(51) 贞：王其往出省，从西告于祖丁。（《合集》5113 反，一期）
(52) □未卜，争贞：告王目于祖丁。（《合集》13626，一期）
(53) 贞：告疾于祖丁。（《合集》13853，一期）
(54) ……贞：告于祖丁。（《合集》1860，一期）
(55) 贞：王㞢言祖丁，正。（《合集》1861，一期）

以上五版卜辞是卜问告祭祖丁的。第（51）辞说商王外出省视，从西边告祭祖丁。第（52）辞说商王因为目即眼睛有病而告祭于祖丁。第（53）辞是就疾病之事告祭于祖丁。第（55）辞说"王㞢言祖丁"，当也是告祭于祖丁的意思；也可以理解成是商王的说话（语言）有了毛病而侑祭祖丁。

(56) 丙戌卜，㱿贞：翌丁亥㞢于祖丁。（《合集》849 正，一期）
(57) 贞：翌丁丑酒于祖丁。（《合集》1864，一期）

卜辞中御祭祖丁、㞢祭祖丁的辞例很多，在此不再烦录。

  （58）癸亥卜：咒于祖丁。（《屯南》3035，四期）
  （59）爵于祖丁。（《合集》22184，一期）
  （60）甲寅卜：扱彡于祖丁又畐。（《英藏》2410，四期）
  （61）己亥卜，贞：王宾祖丁廌，亡尤。（《合集》35689，五期）

  第（58）辞卜问"咒于祖丁"，"咒"为祷告之意①；第（59）辞卜问"爵于祖丁"，"爵"是酒器，此处当是指以酒祭祖丁；第（60）辞的扱祭，意义不明，该辞还卜问彡祭祖丁。第（61）辞卜问对祖丁举行"廌"祭，"廌"字像双手捧鹿头放于几案之形，当是供奉之意。
  由以上祭祀祖丁的卜辞可以看到，商人对祖丁是非常重视的，给予他频繁的祭祀，祖丁在商人心目中的地位不如祖乙，似与祖辛相当。
  商人所以要给予祖丁频繁的祭祀，是因为祖丁也经常地降祸祟于商王的缘故，如卜辞：

  （62）祖丁壱王。
    祖丁弗壱王。（《合集》775反，一期）
  （63）贞：王其㞢匄于祖丁。
    祖丁弗其孽王。（《合集》930，一期）
  （64）□□卜，□贞：祖丁隹值，若于王。（《合集》1854，一期）
  （65）贞：王听隹祖丁……（《合集》13980，一期）
  （66）祖丁祟王。
    祖丁弗祟王。（《合集》17409正，一期）
  （67）王往于田，弗以祖丁及父乙隹之。（《合集》10515，一期）
  （68）贞：其左小丁。（《合集》27148，三期）
  （69）丙……王宾小丁岁，改。（《合集》27328，三期）
  （70）廼改，小丁又正。（《合集》27332，三期）

---

① 《后汉书·谅辅传》："时夏大旱，太守自出祈祷山川，连日而无所降，辅乃自暴庭中，慷慨呪曰……"，见《汉语大字典》，上册，第601页，"呪"字条。

以上卜辞反映，在商人的眼里，祖丁会"耆王"、会"虫勺"于商王、会"孽王"、会不"若"于王、会"祟王"、会不"左"于王、会"改"王等，而且商王听力发生问题，也被认为是由于祖丁作祟［第（65）辞］，商王去田猎，也担心祖丁会作祸［第（67）辞］，等等。所以商王要给予祖丁频繁的祭祀，以祈求祖丁不要作祟于他，会保佑其诸事平安。

由单独祭祀祖丁的卜辞我们可以看到一个很重要的现象：即商人祭祀祖丁时，除疾病之事和商王的个人安危外，一般都不书其所祈求的事情。我们在祭祀祖丁的卜辞中，看不到在祭祀大乙等重要先王时所看到的那种祈求雨水、受年、受禾等与农业生产和年成有关的卜问；看不到有关于战事的卜问，就是在告祭中也只是就疾病之事告祭于祖丁，而不见通常的告祭战事。这说明祖丁在商人的心目中是个能量不大的商王，是个不重要的商王。商人对他的祭祀虽然比较频繁，但不隆重，对他的频繁的祭祀似乎也只是对直系先王的例行祭祀。

（十六）南庚

南庚是羌甲之子，祖丁崩后，按商代王位继承法，应由祖丁之子继位为王，但羌甲之子南庚却登上了王位。

1. 南庚与其他先王合祭

（1）□□卜：其求祖乙、南庚、阳甲……（《合集》27203，三期）

南庚参与其他先王合祭的卜辞，仅见属于第三期的这一条卜辞，是与直系先王祖乙和旁系先王阳甲等的合祭。

2. 单独祭祀南庚

A. 用人牲祭祀南庚

（2）贞：勿祥于南庚。
　　　勿祥用一伐于南庚，卯宰。
　　贞：屮于南庚一伐，卯宰。（《合集》965 正，一期）

（3）……御于南庚三艮。（《英藏》61，一期）

（4）丁巳卜，争贞：屮女往于南庚，来庚辰……。（《合集》680 正，一期）

以上三版卜辞都是卜问以人牲祭祀南庚的。第（2）版的第二辞、第三辞是正反两面的卜问，卜问是否用砍杀一个人牲和剖杀一只经过特殊饲养的羊来祭祀南庚。第（3）版卜辞卜问用三个俘获的人作牺牲来御祭南庚。第（4）版卜辞卜问"㞢女往于南庚"，大概是卜问用女性人牲来祭祀南庚的。

B. 用牛、羊、犬祭祀南庚

因为卜问祭祀南庚的辞例不多，所以这里对用牛、羊等牺牲祭祀南庚的辞例放在一起讨论。

（5）庚申卜，㞢贞：勿祥飲，于南庚牢，用。（《合集》14 正，一期）

（6）己巳卜：其又岁于南庚。兹用一牛。（《合集》32608，四期）

（7）㞢于南庚，宙小宰。（《合集》1998，一期）

（8）己丑卜：王……羊㞢犬……南庚。十二月。（《合集》1999，一期）

第（5）辞卜问用牢来祭祀南庚，以免除灾祸。第（6）辞卜问用一头牛岁祭南庚。第（7）辞卜问用小宰来侑祭南庚。第（8）辞残掉多字，但可知是用羊和犬来祭祀南庚的。用犬祭祀祖先的例子很少见。

C. 其他祭祀

（9）贞：其㞢酋南庚。（《英藏》38，一期）

（10）庚……其……岁于南庚。兹用。（《合集》32242，四期）

（11）庚午贞：又岁于南庚。（《合集》32411，四期）

（12）……贞：勿延岁于南庚。（《合集》23081，二期）

（13）庚寅㞢升岁南庚。（《合集》2009，一期）

以上五版卜辞是卜问杀牲以祭的，其杀牲之法有：酋、岁。

（14）御囚南庚。（《合集》721 正，一期）

（15）贞：㞢御于南庚。（《合集》2012，一期）

（16）己亥卜，宾贞：御于南庚。（《合集》2013 正，一期）

（17）丙辰卜，亘贞：御身……南庚。（《合集》6477 正，一期）

以上四版卜辞是卜问御祭南庚的。第（14）辞卜问御祸于南庚。第（17）辞有残字，大概是向南庚卜问御除身体上的疾病的。

(18) 叀登秫延于南庚。兹用。（《合集》32606，四期）

该辞是卜问向南庚举行登尝之礼。"登尝就是以新获的谷物先荐于寝庙让祖先尝新"，该辞向祖先所荐的谷物是"秫"，即"粱"字，从陈梦家先生释[①]。

(19) 登鬯至于南庚，王受又=。（《屯南》2360，三期）

这是卜问用鬯即酒举行祭祀南庚的登尝之礼。

(20) 庚戌卜，贞：王宾南庚麇，［亡］尤。（《合集》35734，五期）

该辞卜问麇祭南庚，"麇"字像双手捧鹿头放于几案之形，即举行供奉之祭。

(21) 己丑卜：妇石燎爵于南庚。（《屯南》2118，一期）
(22) 勿㞢于南庚。（《合集》1777，一期）
(23) ……酒南庚。（《英藏》64，一期）

以上三辞分别卜问燎、㞢、酒祭南庚。

(24) ……庚子㞢于祖庚。（《合集》2033，一期）
(25) 庚祖宙牛。（《合集》12980，一期）

这两条卜辞都为第一期卜辞，第（24）辞卜问"㞢"祭祖庚，第（25）辞卜问用牛祭祀"庚祖"，"庚祖"是祖庚的倒置。第一期卜辞中的祖庚应是指南庚。

卜辞反映，商人也很担心南庚会作祟于商王，如：

(26) 庚申卜，㱿贞：昔祖丁……黍，佳南庚壱。

---

① 陈梦家：《殷虚卜辞综述》，中华书局1988年版，第528、529页。

庚申卜，設贞：昔祖丁不……不隹南庚壱。(《合集》1772正，一期)

(27) 隹南庚壱王。

不隹南庚壱王。(《合集》10299正，一期)

(28) 贞：隹祖庚壱。(《合集》2037正，一期)

这三版卜辞都是第一期卜辞，卜问南庚是否会给商王带来祸害，其中第(28)辞称南庚为祖庚。

由祭祀南庚的卜辞很少，祀典又不隆重来看，商人对南庚是不太重视的。说明南庚本是没有王位继承权的。

(十七) 阳甲

羌甲之子南庚崩后，祖丁之子阳甲夺回了王位继承权，即位为王。

1. 阳甲与其他先王合祭

(1) □□卜：其求祖乙、南庚、阳甲……(《合集》27207，三期)

(2) 阳甲事其延盘庚、小辛，王受又。吉。(《屯南》738，三期)

(3) 贞：㞢于阳甲、父庚、父辛一牛。

贞：勿㞢于阳甲、父庚、父辛一牛。(《合集》6647正，一期)

第(1)版是卜问求祭祖乙、南庚和阳甲的。第(2)版是卜问合祭阳甲、盘庚、小辛三兄弟的。第(3)版的两辞是从正反两面卜问是否要用一头牛来㞢祭阳甲、父庚和父辛的，第一期卜辞中的"父庚、父辛"是指武丁之父盘庚、小辛，故第(3)版与第(2)版一样，也是卜问合祭阳甲、盘庚、小辛三兄弟的。看来，阳甲主要是与自己的兄弟合祭。

2. 单独祭祀阳甲

A. 用人牲祭祀阳甲

(4) 于阳甲伐一羌。兹[用]。(《合集》32116，四期)

(5) □□卜：畓日祖甲，舌羌……(《合集》27338，三期)

第(4)辞卜问用砍杀一个羌人来祭祀阳甲。第(5)辞是第三期卜辞，卜问畓祭祖甲，和肢解羌人祭祀祖甲，第三期卜辞中的"祖甲"应当是指阳甲。

B. 用牢、牛、羊、犬祭祀阳甲

(6) 壬□卜，扶：一牛㞢阳甲升岁。(《合集》19908)

(7) 癸巳卜：阳甲岁，叀牡。(《合集》32611，四期)

(8) 甲寅卜：阳甲岁，叀牡。(《屯南》3109，三期)

(9) 癸卯卜，王：叀勿牛用阳[甲]……(《合集》19911，一期)

(10) □□卜，大[贞]：……祖甲岁……牡。(《合集》23098，二期)

(11) □□卜：其祮祖甲，叀……彳牢又一牛。吉。(《合集》27334，三期)

第 (6) 版卜问用一头牛㞢祭阳甲。第 (7)、(8) 版卜问用割杀公牛祭祀阳甲。第 (9) 版卜问用杂色牛祭祀阳甲。第 (10)、第 (11) 版分别为第二期、第三期卜辞，分别卜问用牡和肢解牢、牛祭祀"祖甲"，第二期、第三期的"祖甲"应当是指阳甲。

(12) 癸亥卜，大贞：翌甲子其从又于阳甲宰。(《合集》23085，二期)

(13) 癸巳卜，𡧊贞：翌日祖甲岁其宰。(《合集》27336，三期)

第 (12) 辞卜问用一宰祭祀阳甲。第 (13) 辞是第三期卜辞，卜问用割杀一宰祭祀"祖甲"，第三期卜辞中的祖甲应当是指阳甲。

(14) 贞：㞢于阳甲犬。(《合集》2098，一期)

该辞卜问用一只犬㞢祭阳甲。

C. 其他祭祀

(15) 甲戌卜：其又岁于阳甲。(《屯南》3776，三、四期)

(16) □午卜，□[贞]：王宾阳甲岁，亡尤。(《合集》25152，二期)

(17) 贞：㞢于阳甲。(《合集》12442，一期)

(18) 壬午卜，扶：酒阳甲。(《合集》19907，一期)

(19) 己卯卜，王：……余御阳[甲]……(《合集》19910，一期)

这五版卜辞是卜问岁、㞢、酒、御祭阳甲的。

  （20）乙未卜：其襆虎陟于祖甲。（《合集》27339，三期）
  （21）甲戌卜，行贞：岁其延于祖甲。（《合集》23097，二期）

第（20）辞为第三期卜辞，卜问供虎陟祭祖甲。第（21）辞是第二期卜辞，卜问岁祭祖甲。第三期、第二期卜辞中的祖甲应当是指阳甲。
  商人担心阳甲作祟于商王的辞例很少，仅见于下面一条：

  （22）阳甲壱王。（《合集》903正，一期）

以上卜辞反映旁系先王阳甲在商人心目中的地位要低于南庚。
  （十八）盘庚
  阳甲崩后，其弟盘庚即位为王。卜辞中祭祀盘庚的材料很少。
  1. 盘庚与其他先王合祭

  （1）阳甲事其延盘庚、小辛，王受又。吉。（《屯南》738，三期）

该辞是卜问合祭阳甲、盘庚、小辛三兄弟的。另有一条卜辞是记录祭祀石甲至盘庚的：

  （2）癸亥卜，贞：酒午（御）石甲至盘庚，正。（《屯南》2671，一期）

《屯南》的作者在该片卜辞的考释中说："午：祭名。可能为卸之省。"今从之。又说："石甲：'午组卜辞'独有的称谓，不见于其他卜辞，当为此种卜辞问疑者的先祖。"今从之。对"盘庚"的写法（此处省略不摹，请见原片），作者说："也可能是般庚之合文。"[①] 今从之。由此条卜辞卜问祭祀"石甲至盘庚"来看，"石甲"的世系当在盘庚之前。

---

① 中国社会科学院考古研究所：《小屯南地甲骨》，下册第一分册，第2671片考释，中华书局1983年版。

2. 单独祭祀盘庚

A. 用人牲祭祀盘庚

(3) 庚戌卜，扶：夕㞢盘庚伐、卯牛。(《合集》19798，一期)
(4) ……盘庚三牢、馘……(《合集》21538甲，一期)
(5) 庚午卜，大贞：其从又于祖庚。十二月。(《合集》23109，二期)

第（3）辞卜问在夜间用砍杀人牲和剖杀一头牛来㞢祭盘庚。第（4）辞辞残多字，但知是用三牢和砍杀若干人牲；或者是只用砍杀三牢来祭祀盘庚。"馘"字，在卜辞中既可作动词，为杀牲之法，又可作名词，为牲名。在该辞中馘与牲名牢并举，因此，馘也应是牲名。第（5）辞是第二期卜辞，卜问"又"祭"祖庚"，第二期卜辞中的"祖庚"应是指盘庚。

B. 其他祭祀

(6) □□卜：㞢盘庚百窜。(《合集》19917，一期)
(7) ……其又岁于盘庚……(《合集》32598，四期)

第（6）辞卜问用一百只经过特殊饲养的羊来㞢祭盘庚。第（7）辞卜问又岁祭盘庚。

目前只见到上述几条祭祀盘庚的卜辞，没有见到卜问盘庚作祟于商王的卜辞。盘庚在殷人的心目中地位似乎要低于阳甲。按道理说，盘庚带领商人迁移到殷，应该是有功劳的，不应受此冷落，也许是如《尚书·盘庚》篇所记，当初商人是不愿意迁都的，自此迁怒于他，再加上他是旁系先王，所以使他得不到后世商王的隆重祭祀。

（十九）小辛

盘庚崩后，其弟小辛即位为王。卜辞中对小辛一般都称"小辛"，但有第三期卜辞称其为"二祖辛"[①]。卜辞中祭祀小辛的辞例更少，只见下述几条。

---

① 小辛在第三期卜辞中还被称作"二祖辛"，"因其在祖辛之次"。此为陈梦家先生考证，见《殷虚卜辞综述》，中华书局1988年版，第433页。

1. 小辛与其他先王合祭

　　（1）阳甲事其延盘庚、小辛，王受又。吉。（《屯南》738，三期）

该辞是卜问合祭阳甲、盘庚、小辛三兄弟的。
2. 单独祭祀小辛
A. 用人牲祭祀小辛

　　（2）辛巳卜，行贞：王宾小辛升伐羌二、卯二宰，亡尤。（《合集》23106，二期）
　　（3）御小辛三牢又馘二，酒萑至……（《合集》21538乙，一期）

第（2）辞卜问用砍杀两个羌人，再剖杀两只宰来祭祀小辛。第（3）辞卜问用三牢再加上砍杀两个人牲来御祭小辛，该辞与前举的祭祀盘庚的第（4）辞用牲相同，都是"三牢"和"馘"，祭祀小辛用"馘二"，祭祀盘庚的"馘"数字残掉。

B. 其他祭祀

　　（4）庚戌卜：其又岁于二祖辛，重牡。（《合集》27340，三期）

这是卜问用公牛祭祀二祖辛即小辛。另有一条残辞作：

　　（5）……娥小辛……（《合集》32612，四期）

该辞为何意，因辞残过甚，不得而知。

（二十）小乙

　　小辛崩后，由小辛之弟小乙即位为王。殷墟甲骨卜辞中祭祀小乙的卜辞较多，史书中未见小乙在商人的历史中有什么大建树，他之所以受到频繁的祭祀，估计因为他是殷人中兴之主武丁之父，以及他是直系先王的缘故。小乙在卜辞中的称呼较多，除称"小乙"外，还有"小祖乙"、"亚祖乙"、"后祖乙"、"内乙"、"祖乙"，共六个称谓，称谓的繁多也表明小乙是受到商人重视的先王。

1. 小乙与高祖王亥合祭

(1) 甲午贞：乙未酒高祖亥……大乙羌五、牛三，祖乙羌……小乙羌三、牛二，父丁羌五、牛三，亡𡆥。兹用。(《合集》32087，四期)

该版卜辞记录小乙与高祖王亥、大乙、祖乙、父丁同祭，这是第四期卜辞，第四期卜辞中的"父丁"应是指武乙之父康丁。

2. 小乙与其他先王合祭

(2) 己丑卜，大贞：于五示告：丁、祖乙、祖丁、羌甲、祖辛。(《合集》22911，二期)

这是第二期卜辞，卜问告祭丁、祖乙、祖丁、羌甲、祖辛五位先王，除羌甲外，其他四王均为直系先王，世系是由近到远排列的，其中的"丁"是指祖庚、祖甲之父武丁，"祖乙"是指武丁之父小乙。

(3) □丑贞：王令🔲尹□取祖乙，鱼伐，告于父丁、小乙、祖丁、羌甲、祖辛。(《屯南》2342，四期?)

该辞前文已做过分析，在此不再赘述。

(4) 乙丑，在八月。酒大乙牛三、祖乙牛三、小乙牛三、父丁牛三。(《屯南》777，四期)

这是第四期卜辞，卜问各用三头牛祭祀大乙、祖乙、小乙和父丁，小乙与大乙、祖乙所受祭品相同，都是用三头牛进行祭祀，说明小乙在商人心目中的地位与大乙、祖乙是相当的。

(5) 自祖乙告祖丁、小乙、父丁。(《屯南》4015，四期)
(6) 甲寅卜：其登鬯于祖乙、小乙及。大吉。(《屯南》657，三期)

第(6)辞卜问用鬯酒登祭祖乙、小乙。第二期以后的卜辞也可称小乙为祖乙，此辞祖乙与小乙合祭，可知此第三期的祖乙不是指小乙。

  (7) □□[卜]，旅[贞]：[翌]□丑其舌于祖乙，其㞢后祖乙。
    (《合集》22939，二期)

这是第二期卜辞，卜问舌祭祖乙和后祖乙，此可证明"后祖乙"不是指中丁之子祖乙，而应是指祖乙之后的小乙。

  (8) 癸酉贞：乙亥酒，多宁以鬯□于大乙鬯五、卯[牛]，[祖乙鬯]五、卯牛一，小乙鬯三、卯牛□。(《屯南》2567，四期)
  (9) 甲戌贞：乙亥酒，多宁㞢于大乙鬯五、卯牛，祖乙鬯五，小乙鬯三、卯牛□。(《英藏》2400，四期)

这两版卜辞同为第四期卜辞，是癸酉与甲戌连续两天的卜问，都是卜问在其后的乙亥日以鬯酒和牛祭祀大乙、祖乙和小乙的，两辞的残字可互足。

  (10) ……自祖乙、祖辛、后祖乙、父丁，亡尤。(《合集》22943，二期)
  (11) 庚午贞：王其㞢，告自祖乙、后祖乙、父丁。(《屯南》2366，四期)

第(10)辞卜问祭祀祖乙、祖辛、后祖乙、父丁，排在祖乙与祖辛之后、父丁之前的"后祖乙"必是指小乙无疑。由此可知，第(11)辞排在祖乙之后与父丁之前的"后祖乙"也必是指小乙[①]。以上二辞分属于二期、四期，这两期卜辞中都有将小乙称作"后祖乙"的记录。又属第二期卜辞的第(10)辞中的"父丁"应是指祖庚、祖甲之父武丁，而属第四期卜辞的第(11)辞中的"父丁"则是指武乙之父康丁。

  (12) ……于小乙舌于祖丁、舌于……宓……(《合集》30350，

---

 ① "后祖乙"是小乙前人已有论证，见郭沫若《卜辞通纂》，第40、41、42、43、44片考释，科学出版社1982年版。陈梦家：《殷虚卜辞综述》，中华书局1988年版，第418页。

三期)

这是第三期卜辞,卜问祭祀小乙与祖丁,此祖丁当是指康丁之祖父武丁。

(13) 癸酉贞:酒彡于小乙,其告舌于父丁一牛。(《合集》32335,四期)

这是第四期卜辞,卜问酒彡祭小乙与肢解一头牛告祭父丁在同一天癸酉日举行,此辞的父丁指武乙之父康丁。

(14) ……祝小乙、父丁。(《屯南》603,四期)

这是第四期卜辞,辞中的父丁是指武乙之父康丁。

(15) 于大乙、祖乙先,求年,王受[又]。(《合集》28273,三期)

该辞为第三期卜辞,卜问先祭大乙与祖乙,此祖乙或是指中丁之子祖乙,也或因其是第三期卜辞,故也有可能是指康丁的曾祖父小乙,今暂定其为小乙附之于此。

(16) 其登鬯自小乙。(《合集》27349,三期)
(17) 求其下自小乙。(《合集》32615,四期)

这两辞是卜问祭祀自小乙以后的诸王的。第(16)辞是第三期卜辞,其祭"自小乙"以下的诸王当包括小乙、武丁、祖己、祖庚、祖甲五王。第(17)辞是第四期卜辞,其"求其下自小乙"的"下"当是指自小乙以下的诸王,应包括小乙、武丁、祖己、祖庚、祖甲、廪辛[①]、康丁诸王。

---

① 廪辛的称谓在卜辞中并未出现,在第五期的周祭中也未见有廪辛受祭,其是否曾即位为王,学界有不同的意见。今因第四期卜辞中有"父辛"的称谓,故暂先将其列为受祭的对象。不过,笔者是很怀疑廪辛曾即位为王的。

(18) 甲子［卜］，［王］曰贞：翌［乙丑］咸、后祖乙 㞢 方其……（《合集》22758，二期）

该辞中有"咸"与"后祖乙"同时并列，此咸排位在后祖乙之前。卜辞中指大乙的"成"字与"咸"字写法极为相近，陈梦家先生说："卜辞戊咸之'咸'，从戌从口，与从戌从丁之'成'字极易混淆而实有分别。后者是成唐之成，乃是大乙。"又说："我尝疑咸或者是大戊的私名。"①准此，则该辞排在后祖乙即小乙之前的"咸"，似乎不应是指商的旧臣"戊咸"，而应是指大戊才较为合理；也或有可能"咸"字是"成"字的误写，即该辞排在后祖乙即小乙之前的"咸"应是"成"即成汤，也即大乙，成即大乙排在后祖乙之前才较为顺当。在上举的第(15)辞中就有大乙与小乙同时并祭的情况。

(19) 乙卯卜，即贞：王宾后祖乙、父丁岁，亡尤。（《合集》23143，二期）

此为第二期卜辞，卜问岁祭后祖乙与父丁，此"父丁"是指武丁。

(20) 癸酉卜，喜贞：其㞢小乙，眔祭于祖乙。（《合集》27223，三期）

(21) 甲午卜，兄：御于内乙至父戊牛。（《合集》22074，一期）

第(21)辞是属于第一期的午组卜辞，卜问以牛御祭"内乙至父戊"的祖先。关于"内乙"，陈梦家先生说："卜辞内乙之内作'∧'即入字。古'入''内'同用，故定为内外之内。内乙与下乙（祖乙）并卜，所以他不是祖乙。他常常和父某兄某并卜，所以他不是祖辈。卜辞云'御于内乙至父戊'当指内乙、父丙、父丁、父戊四人，午组卜辞有父丙、父丁而无父乙，所以内乙当是父乙，即小乙。在武丁时，应称小乙以宗名'父乙'而此用庙名'内乙'，此与武丁卜辞中的䊠甲同例。"②

以上二十版卜辞是卜问小乙与其他先王合祭的卜辞，由辞例可以看出，小乙与上自大乙下至父辈的祖先同祭，其所受重视的程度可见一斑。

---

① 见陈梦家《殷虚卜辞综述》，中华书局1988年版，第365页。

② 同上书，第417页。

3. 单独祭祀小乙

A. 用人牲祭祀小乙

　　(22) 甲午卜：后祖乙伐十羌又五。兹用。(《英藏》2406，四期。
　　　　 图 4—28)

这是第四期卜辞，卜问用砍杀十五个羌人来祭祀后祖乙，即小乙。

　　(23) 甲申贞：又升伐于小乙羌五、卯牢。兹用。(《屯南》595，四期)
　　(24) 王其又于小乙羌五人，王受又。(《合集》26922，三期。
　　　　 图 4—29)

图 4—28　祭祀后祖乙

（《英藏》2406）

图 4—29　祭祀小乙

（《合集》26922）

第（23）辞是第四期卜辞，第（24）辞是第三期卜辞，两辞都卜问用五个羌人侑祭小乙，第（23）辞在砍杀五个羌人的同时还要剖杀一牢来祭祀小乙。

  （25）……寑，于小乙三羌。（《合集》32160，四期）
  （26）乙酉卜，争贞：……小乙于厅……羌三人。（《合集》383，一期）

这两辞都是卜问用三个羌人祭祀小乙的。第（25）辞属第四期，第（26）辞属第一期，第（25）辞卜问祭小乙在"寑"内举行，第（26）辞卜问祭小乙在"厅"内举行，"寑"、"厅"都是属于庙室的建筑物。

  （27）……伐后祖乙……又羌。（《英藏》1946，二期）
  （28）乙卯……后祖乙……羌。（《合集》22583，二期）

这两辞都是第二期卜辞，两辞均有残字，但可知都是卜问用羌人祭祀后祖乙的。

  （29）……及后祖乙告人。（《屯南》2198，四期）

该辞有残字，可能是卜问以人牲告祭于后祖乙的。
  由上述用人牲祭祀小乙的卜辞可看到，祭祀小乙所用的人牲主要是羌人。
  B. 用牢、牛祭祀小乙

  （30）甲辰贞：又岁于小乙牢。兹用。（《屯南》1083，四期）
  （31）甲子贞：其酓小乙牢，乙丑。（《合集》32621，四期）
  （32）壬其又小乙牢。（《合集》27343，三期）
  （33）牢又𢻻于内乙。（《合集》22062正，一期）

以上四条辞是卜问用牢祭祀小乙、内乙的，多少牢都没有明说。

  （34）癸酉卜，午：内乙牢。（《合集》22063，一期）
  （35）甲子卜：翌内乙屮升岁三牢。
     甲子卜：三牢于内乙。

　　　　甲子卜：二牝内乙。
　　　　甲子卜：三牝内乙。(《合集》22065，一期)

这两版卜辞都是第一期的午组卜辞。第（34）版卜问用牢祭祀内乙，多少牢没有明说。第（35）版上的四条辞都是于甲子日卜问的，第一、二辞卜问用三牢祭祀内乙，第三辞卜问用两头母牛祭祀内乙，第四辞卜问用三头母牛祭祀内乙。总之，以上四版卜辞卜问祭祀小乙的用牲数目并不大。

　　（36）甲戌贞：……小祖乙日……二牛。(《合集》32599，四期)

这是第四期卜辞，称小乙为"小祖乙"，卜问用两头牛祭祀小乙。

　　（37）□子卜，旅［贞］：翌乙丑……后祖乙一牛。(《怀特》1015，二期)
　　（38）小乙其及一牛。(《屯南》657，三期)
　　（39）……于小乙一牛。(《合集》2170，一期)
　　（40）癸巳卜：甲午岁于内乙牛。七月。(《合集》22098，一期)

以上四条辞分别卜问用一头牛祭祀后祖乙［第（37）辞］、小乙［第（38）、（39）辞］、内乙［第（40）辞］。

　　（41）甲子卜：其又升岁于后祖乙，叀牡。(《屯南》1094，三、四期)
　　（42）后祖乙岁，叀牡。(《屯南》2364，三、四期)
　　（43）乙酉卜，□贞：后祖乙岁，牡。(《合集》23151，二期)

以上三条卜辞是卜问用割杀"牡"即公牛祭祀后祖乙即小乙的。

　　（44）□□［卜］，□贞：后祖乙舌匆牛。四月。(《合集》23163，二期)

这是卜问用肢解杂色牛来祭祀后祖乙。

(45) □□卜：小乙卯，叀幽牛，王受又。吉。(《屯南》763，三期)

这是卜问用"幽牛"即黑色牛来祭祀小乙的。

综观以上用牛祭祀小乙的卜辞可以看到，商人在用牛祭祀小乙时，其所用的数量并不多，但却对牛的性质、性别、颜色很在意：在牛的性质上，有时要特别选择那些经过特殊饲养的牛；在牛的性别上，有时特意选择公牛，有时又特意选择母牛；在牛的颜色上，有时特意选择杂色牛，有时甚至选择黑色牛。

C. 用宰、羊祭祀小乙

(46) 癸丑卜，行贞：翌甲寅后祖乙岁，二宰。(《合集》23148，二期)

(47) 乙卯卜，行贞：王宾后祖乙岁，宰，亡尤。在九月。(《合集》23144，二期)

(48) 乙亥卜，行贞：王宾小乙岁，宰，亡尤。在二月。(《合集》23115，二期)

(49) 甲戌卜，贞：屮于小乙……宰。□月。(《合集》2169，一期)

(50) 乙卯卜：又岁于内乙小宰。用。(《合集》22092，一期)

以上五条卜辞是卜问用"宰"来祭祀后祖乙、小乙、内乙的，所用的宰数也不多，其用牲之法多为岁祭。

(51) 后祖乙求一羊，王受又。(《屯南》2359，三期)

(52) 甲子卜：其羊于内乙……用。(《合集》22060，一期)

这两条辞卜问用羊祭祀后祖乙、内乙。

D. 其他祭祀

(53) 甲子卜：钦二豭二麂于内乙。(《合集》22276，一期)

这是第一期午组卜辞，卜问用"二豭"和"二麂"祭祀内乙，"豭"指牡豕，即公猪，"�"即豕，是指某一种射杀的猪[①]，"攴"为用牲之法，是击打之意。这条卜辞是卜问用击打死的两头公猪和两头射杀的猪来祭祀内乙即小乙。

(54) 其延彡小乙，叀翌日酒，王受又。（《合集》27347，三期）
(55) ……彡其延小乙。（《合集》2171，一期）

这两条卜辞卜问用"彡"即一种酒祭祀小乙。

(56) 甲申卜，何贞：翌乙酉小乙登其及。（《合集》27221，三期）

这是卜问登祭小乙的，登祭何物没有言明。《英藏》1945（二期）与该辞同文，但残掉多字。

(57) 乙亥卜，尹贞：王宾小乙岁，亡尤。（《怀特》1013，二期）
(58) 乙未卜，行贞：王宾小乙岁，亡尤。（《合集》23119，二期）
(59) 甲辰贞：岁于小乙。（《合集》32617，四期）
(60) □戌贞：……又升岁于小乙。（《合集》32442，四期）

以上四辞是卜问岁祭小乙的。

(61) 癸丑卜，行贞：翌甲寅后祖乙岁，朝酒。兹用。（《合集》23148，二期）
(62) 甲戌卜：其又岁后祖乙。（《合集》27360，三期）
(63) 甲辰卜：其又升岁于后祖乙。（《合集》32454，四期）

以上三辞是卜问岁祭后祖乙即小乙的。

(64) 乙酉卜：出岁于内乙。（《合集》22088，一期）

[①] 张亚初：《甲骨文金文零释》，《古文字研究》，第6辑，中华书局1981年版，第158—160页。

这是第一期午组卜辞，卜问岁祭内乙即小乙的。

  （65）其舌小乙，𣂞宗。（《屯南》287，三期）
  （66）其舌𣂞小乙，王受又。（《屯南》822，三期）
  （67）其舌𣂞小乙，王受［又］。（《合集》27345，三期）
  （68）癸亥贞：酒彡于小乙，其舌。（《合集》32335，四期）
  （69）乙巳贞：酒其舌小乙。兹用。日又戠，夕告于上甲九牛。（《合集》33696，四期）
  （70）甲子贞：其舌小乙牢，乙丑。（《合集》32621，四期）
  （71）弜舌小乙。（《合集》34646，四期）
  （72）叀小乙舌。（《合集》32441，四期）

以上八版卜辞全为第三期、第四期卜辞，都是卜问舌祭小乙的。"舌"又作"毛"、"䛐"，于省吾先生指出其字应读为磔，意为"割裂人牲和物牲"①，即肢解牲体。又上述属于第三期的（65）、（66）、（67）三条辞中都有一个"𣂞"字，它在三条辞中分别作"舌小乙，𣂞宗"［第（65）辞］、"舌𣂞小乙"［第（66）、（67）辞］。关于"𣂞"字，屈万里先生说："𣂞，疑与新字同，𣂞宗，即新庙也。其言'𣂞大乙'（《粹编》145及161）者，𣂞作动词用，盖新修大乙之庙也。"②郭沫若先生则认为𣂞应读为薪，即《诗·棫樸》"薪之槱之"之薪③。姚孝遂先生说："卜辞'𣂞'字与'新'有别，不得谓为新之繁文。《中山壶》有親字作𣂞，是契文𣂞当释'親'，金祖同以为寴之古文是也。"④综合上述观点，还是以《中山壶》有親字作𣂞为根据，释𣂞为親合理。准此，则上述三条第三期卜辞是卜问在小乙的親庙中举行舌祭。

  （73）癸巳卜，即贞：翌乙未其又于小祖乙。（《合集》23171，二期）

---

 ① 见于省吾《甲骨文字释林·释毛、舌、䛐》，中华书局1979年版。
 ② 屈万里：《殷虚文字甲编考释》，"中研院史语所"1961年版，第55页。
 ③ 郭沫若：《殷契粹编考释》，第145片卜辞释文，科学出版社1965年版，第26页。
 ④ 于省吾主编：《甲骨文字诂林》，第三册，中华书局1996年版，第2522页。

(74) 甲戌卜，王贞：翌乙亥又于小乙，亡［尤］。在九月。(《合集》23132，二期)

(75) 甲午卜：其又于小乙，王受又。吉。(《合集》32613，四期)

(76) 其又升小乙，宾宗。(《合集》30334，三期)

(77) 甲申卜：又十于后祖乙。(《合集》32627，四期)

以上五条卜辞都是卜问"又"祭小乙的，其中属于第二期的第(73)辞称小乙为"小祖乙"，在前举的属于第四期卜辞的第(36)辞(《合集》32599)也称小乙为"小祖乙"。第(77)辞卜问"又十"祭后祖乙，"十"后漏刻祭品名。

(78) □□［卜］，□［贞］：翌乙未……告于后祖乙，［宙］裸酒。
　　(《合集》23161，二期)

(79) 弜祀告小乙。(《屯南》656，三期)

这两条辞是卜问告祭后祖乙和小乙的。后祖乙即小乙。

(80) 甲午卜：御于内乙。
　　(《合集》22074，一期。图4—30)

(81) 于内乙御。(《合集》22061，一期)

这两条辞是卜问御祭内乙即小乙的，两条辞均属于第一期的午组卜辞。

(82) 癸卯贞：其燎小乙。
　　(《屯南》1030，四期)

这是第四期卜辞，卜问燎祭小乙。

图4—30　祭祀内乙
(《合集》22074)

(83) ……后祖乙，叀丁酒。(《合集》27358，三期)

（84）于小乙求。（《合集》27348，三期）

（85）甲申卜，贞：王宾小乙禷，亡尤。（《合集》35802，五期）

第（83）辞卜问酒祭后祖乙，笔者又怀疑此辞的"酒"字不是祭名，有作祭祀解的可能。第（84）辞为卜问求祭小乙。第（85）辞是第五期卜辞，卜问禷祭小乙。

另外，我们在第四期卜辞中发现有用周祭中的祀典祭祀小乙的辞例：

（86）甲申贞：小乙祭，亡蚩。兹用。（《合集》32625，四期）

（87）□戌贞：小乙祭，亡蚩。（《合集》32544，四期）

（88）辛酉贞：酒彡于小乙，其……（《合集》32619，四期）

以上三条辞都是第四期卜辞。第（86）辞以"祭"祀祭祀小乙在甲申日，卜祭日的天干日"甲"与先王小乙的日干名"乙"不一致。第（87）辞以"祭"祀祭祀小乙，其卜祭日的天干日残掉，但留有地支日"戌"，由于干支表中无"乙戌"日，所以可知此辞卜祭日的天干日也与先王小乙的日干名"乙"不一致。第（88）辞以彡祀祭祀小乙，卜祭日是"辛酉"日，卜祭日的天干日"辛"与先王小乙的日干名"乙"不一致。由此我们就可以知道，在第四期时虽然有以周祭中的祀典祭祀先王的例子，但是其祭祀并没有形成一个成套的祀谱，所以，第四期时没有周祭系统的祭祀。

（89）甲辰卜，贞：王宾小乙彡夕，[亡尤]。（《合集》35800，五期）

（90）[丙]□[卜]，尹[贞]：[王]宾小乙彡龠，叙，亡尤。（《合集》23112，二期）

（91）乙亥卜，尹贞：王宾小乙彡畐，亡祸。（《合集》23111，二期）

第（89）辞是"彡夕"祭小乙，"彡夕"之祭都是在先王的日干名的前一日举行的①，所以该辞彡夕祭小乙是在甲日（甲辰日）举行的。第（90）辞是

---

① 见常玉芝《商代周祭制度》，中国社会科学出版社1987年版，第46—47页。不见上甲、报乙、报丙、报丁、示壬、示癸和武乙、文丁受彡夕之祭的卜辞。先妣也不享受彡夕之祭的祭祀。

第二期卜辞，卜问"彡龠"祭小乙，"彡龠"之祭只出现在第二期卜辞中，都是在先王的日干名的后一日举行的①。第（91）辞于乙亥日卜问"彡畐"祭小乙，卜祭日与先王小乙的日干名"乙"一致，由于"彡畐"之祭的辞例不多，故这种祭祀的日期与先王的日干名之间的关系尚不清楚。卜辞中"彡日"（有时只单书彡）之祭都是在先王的日干名之日举行的。所以，"彡夕"、"彡日"、"彡龠"组成了一套时间相连续的祭祀②。

综观以上单独祭祀小乙的卜辞，可知其所用的祀典有：伐、又、屮、升、岁、舌、卯、攺、燎、告、登、求、禩、酒、彡、祭、彡夕、彡龠、彡畐；其所用牲品有羌、人、牢、牛、牝、牡、勹牛、幽牛、宰、羊、豰、麑、甾等，最多时用十五个羌人进行祭祀［第（22）辞］。再从对小乙的称呼来看，"小乙"一称见于各期卜辞中；"内乙"的称谓只见于第一期的午组卜辞；"后祖乙"的称谓只见于第二、三、四期卜辞；"小祖乙"的称谓见于第二、第四期的两版卜辞中③；"祖乙"的称谓则只在并列的数王中才会出现；此外，还有一条称谓为"亚祖乙"的卜辞：

（92）佳亚祖乙壱王。（《合集》1663，一期）

对该条卜辞，陈梦家先生说："就字体说，此辞不能晚于祖庚时代。亚有次义，小乙亚于祖乙，故曰亚祖乙。但亚祖乙也有可能是祖乙。"④陈梦家先生曾指出，在第二期卜辞中，"小乙"、"小祖乙"、"后祖乙"、"亚祖乙"、"祖乙"五名并存。值得指出的是，"祖乙"的称谓除非在第一期卜辞中，知其是指中丁之子祖乙，在其他期卜辞中，有时就不太容易区分是指中丁之子祖乙还是指祖丁之子小乙。下版卜辞中的"祖乙"是指中丁之子祖乙：

（93）父乙宾于祖乙。

---

① 见常玉芝《殷商历法研究》，吉林文史出版社1998年版，第260—265页。
② 同上。
③ 陈梦家先生说"小祖乙"的称谓只见于第二期的一条卜辞［即前举的第（73）辞，也即《合集》23171］，今我们发现属于第四期卜辞的《合集》32599［即前举的第（36）辞］也有"小祖乙"的称谓。
④ 陈梦家：《殷虚卜辞综述》，中华书局1988年版，第418页。

父乙不宾于祖乙。(《合集》1657正，一期)

该版卜辞有正反四问父乙是否宾于祖乙，这是第一期卜辞，第一期卜辞中的"父乙"是指小乙，那么"祖乙"就可以肯定是指中丁之子祖乙了。

由祭祀小乙的卜辞可以看到，商人对小乙的祭祀是非常频繁的，他是个很受重视的直系先王。

(二十一) 武丁

武丁在卜辞中的称呼有四：一是祖庚、祖甲卜辞中称其为"父丁"、"丁"，另是三、四、五期卜辞中称其为"祖丁"，到第五期卜辞时又称其为"武丁"。

1. 武丁与先公河合祭

(1) 丁丑卜，狄贞：其求禾于河，叀祖丁祝。用。(《合集》30439，三期)

这是第三期卜辞，卜问向先公河举行求禾之祭，并对祖丁即武丁举行祝祭。该辞中的"祖丁"是指祖辛之子祖丁还是指武丁，不好定夺，今因其是第三期卜辞，故暂定其为武丁。

2. 武丁与其他先王合祭

(2) 己丑卜，大贞：于五示告：丁、祖乙、祖丁、羌甲、祖辛。(《合集》22911，二期)

这是第二期卜辞，卜问告祭丁、祖乙、祖丁、羌甲、祖辛五位先王，除羌甲外，其他四王均为直系先王，世系是由近到远排列的，其中的"丁"是指祖庚、祖甲之父武丁，"祖乙"是指武丁之父小乙。

(3) 甲辰卜，贞：王宾求祖乙、祖丁、祖甲、康祖丁、武乙，衣，亡尤。(《合集》35803，五期)

这是第五期卜辞，是直系五先王的合祭，除武乙外，其他四王均称"祖"，其中祖甲之前的"祖丁"是指祖甲之父武丁，"祖丁"之前的"祖乙"是指武丁之父小乙。郭沫若先生根据这条卜辞对武乙不称"武祖乙"，断定它是文丁卜辞[①]，是十分正确的。

  （4）贞：大乙、祖丁及饗。（《合集》27147，三期）

该辞为第三期卜辞，贞问以食祭祀大乙与祖丁。此祖丁是指祖辛之子祖丁还是指武丁不好定夺，今因该辞属于第三期卜辞，故将祖丁定为康丁之祖父武丁。下面将三期以后卜辞中出现的不能定夺的祖丁皆看作是指武丁。

  （5）己未卜：祖丁大升，王其延大甲。（《屯南》2276，三期）

该辞为第三期卜辞，卜问祭祀祖丁即武丁和大甲，其祭祀的世次是逆数的。

  （6）丙午卜：祖丁血岁王各祋于父甲。（《英藏》2262，三期）
  （7）□午卜：翌日父甲䄍竟祖丁祊，王受又。大吉。兹用。（《屯南》594，三期）
  （8）甲子卜：父甲丰，叀祖丁丰。用。大吉。
    □亥卜：父甲……岁，即祖丁岁祊。（《屯南》2294，三期）
  （9）□亥卜：……羌三人，白……其用于……祖丁、父甲……（《合集》26925，三期）

以上四版皆为第三期卜辞，均是卜问祭祀父甲和祖丁的。"父甲"指康丁之父祖甲，"祖丁"指康丁之祖父武丁。
  3. 单独祭祀武丁
  A. 用人牲祭祀武丁

  （10）丁丑卜，贞：王宾武丁伐十人、卯二牢、鬯……。（《合集》35355，五期）

这是第五期卜辞，卜问商王要用砍杀十个人牲并剖杀二牢，再用多少鬯（数字残掉）即酒来祭祀武丁。

---

  ① 郭沫若：《卜辞通纂》，第57片考释，科学出版社1983年版。

(11) 丙子卜：祖丁莫栺羌五人。吉。(《屯南》1005，三期)

(12) □□卜：其舌祖丁又羌，王受[又]。(《合集》26930，三期)

(13) 祖丁舌又羌，王受[又]。(《合集》26932，三期)

(14) 其用兹……祖丁㚔羌由其及。(《屯南》2538，三期)

以上四辞皆为第三期卜辞，都是卜问用肢解羌人来祭祀祖丁即武丁的。其中第(14)辞卜问用"羌由"祭祀祖丁，《说文》谓："由，鬼头也"，即该辞是卜问用羌人的头来祭祀武丁。

B. 用牢、牛祭祀武丁

(15) 祖丁㚔五牢。(《合集》27291，三期)

(16) 祖丁㚔二牢，王受[又]。(《合集》27290，三期)

(17) □□卜：祖丁莫岁二牢，王受[又]。(《合集》27274，三期)

以上三辞均是第三期卜辞，都是卜问用牢来祭祀祖丁即武丁的。

(18) □□卜：大……既奏祖丁……求十牛。(《合集》27299，三期)

(19) 祖丁宓㞢，卯叀牛，王受又。(《合集》30348，三期)

以上二辞都是第三期卜辞，都是卜问用牛祭祀祖丁即武丁的。

C. 用宰祭祀武丁

(20) 乙卯卜，贞：其又舌祖丁五宰。(《合集》27269，三期)

这是第三期卜辞，卜问肢解五宰祭祀祖丁即武丁。卜辞中未见用普通的羊祭祀武丁的辞例。

D. 用豕祭祀武丁

(21) 又祖丁豕。(《合集》27294，三期)

只见此一条用豕即猪祭祀祖丁即武丁的辞例。

E. 其他祭祀

(22) □□卜：祖丁舌，窜宗，王［受又］。（《合集》30323，三期）

(23) 祖丁舌，重枳。（《屯南》4351，三期）

(24) 乙卯卜：翌日祖丁舌。（《合集》27297，三期）

(25) 祖丁舌又凶，王受又。（《合集》27279，三期）

以上四条辞也都是第三期卜辞，都是卜问舌祭，即肢解牲体祭祀祖丁即武丁。

(26) 其求年，重祖丁祔用，王受又。大吉。（《屯南》2406，三期）

(27) 弜即祖丁岁祔。（《屯南》173，三期）

以上两辞都是第三期卜辞，都是卜问祔祭祖丁即武丁的。又也属第三期的《屯南》2294与第（27）辞同文。"祔"祭同"酉"祭，即是砍杀之义。

(28) 于祖丁岁，又正，王受又。（《屯南》613，三期）

(29) ……祖丁其又夕岁……（《合集》27272，三期）

这两条辞是第三期卜辞，卜问岁祭祖丁即武丁。

(30) 重祖丁祝用。（《合集》27296，三期）

(31) 其禯祖丁宓，又正，王受又。（《屯南》3896，三期）

(32) 于祖丁用，又正，王受又。（《合集》27133，三期）

第（30）辞卜问祝祭祖丁即武丁。第（31）辞卜问禯、又正祭祖丁即武丁，第（32）辞卜问用、又正祭祖丁即武丁。

(33) 其求年祖丁先酒，又雨。（《合集》28275，三期）

(34) 先祖丁，重翌日。（《合集》27298，三期）

这两条辞都是第三期卜辞，卜问"先"祭祖丁即武丁。第（33）辞表明先祭祖丁的目的是为了求年。也属第三期卜辞的《屯南》2359 与该辞同文。

  （35）祖丁㲿𨸏三卣。(《合集》27301，三期)

这是第三期卜辞，卜问用三卣酒祭祀祖丁即武丁。

  （36）叀祖丁庸奏。(《合集》27310，三期)
  （37）叀祖丁秾舞用，又正。(《合集》28209，三期)

这两条卜辞也都是第三期卜辞，似是分别卜问用奏乐、舞蹈来祭祀祖丁即武丁。

  （38）甲申卜：其示于祖丁，叀王执。(《合集》27306，三期)
  （39）乙亥卜：其于祖丁其𠦪。(《合集》27306，三期)

这两条辞都属第三期，辞意不太容易理解。第（38）辞大概是就王抓扑之事要在示前祭祀祖丁即武丁。第（39）辞的"𠦪"字是祭名，是否是率字的异写？在第三期卜辞中有用周祭中的五祀典祭祀祖丁的辞例，如：

  （40）肜日于祖丁。(《合集》27277，三期)
  （41）己丑卜，彭贞：其为祖丁肜，衣仰。(《合集》30282，三期)

这两条辞是卜问肜祭祖丁即武丁的。

  （42）□亥卜：叀祖丁彡日，祷又正。(《合集》27041，三期)
  （43）……其作丰，叀祖丁彡日，祷。王受[又]。(《屯南》348，三期)

这两条辞是卜问彡祭祖丁即武丁的。另外，在第五期卜辞中有数量较多的"祊其牢"卜辞祭祀武丁的，先举一例示于下：

  （44）丙子卜，贞：武丁祊其牢。(《合集》35822，五期。图4—31)

"祊即是庙,其训庙门,又或训庙门内,或训庙门外,皆庙义之引申也。"① 则该辞是卜问在武丁的庙室里用"牢"对其进行祭祀。

综观以上祭祀武丁的卜辞可以看到两个比较特殊的情况:一个是武丁在三、四期卜辞中一般都被称作"祖丁",只有在第五期卜辞中才被称作"武丁"。二是祭祀武丁时的用牲之法多有舌和䄕。"舌"应读为磔,为祭祀时肢解牲体②。"䄕"与"䎽"同,䎽应读为"删",犹今言"砍"③。第五期的"祊其牢"之祭适用于自武丁始的直系五先王,即武丁、祖甲、康丁、武乙、文

图4—31 祭祀武丁
(《合集》35822)

丁,由此可见,武丁在后世商王的心目中是个重要的祖先,史书上称其为"高宗"。

(二十二)祖己

祖己为武丁之长子,史书上称其为"孝己",他曾被立为太子,是王位的法定继承人,但他却先其父武丁而死,未曾继位为王。因为他曾被立为太子,是王位的法定继承人,所以在周祭中他被祭祀。但在周祭以外却鲜有祭祀,除称"兄己"的祭祀外,称"祖己"的只见于下面几条:

(1) 丙辰卜:岁于祖己牛。(《合集》22055,一期)

(2) 戊寅卜:燎于祖己。(《合集》22056,一期)

(3) ……至于祖己酒……又。(《合集》32656,四期)

第(1)辞卜问用割杀牛祭祀祖己。第(2)辞卜问燎祭祖己。两辞均是董作宾甲骨分期中的第一期卜辞,祭祀祖己应是祖庚卜辞。第(3)辞是第四期

---

① 杨树达:《积微居甲文说》,上海古籍出版社1986年版,第43页。

② 见于省吾《甲骨文字释林·释乇、舌、䇂》,中华书局1979年版。

③ 于省吾:《甲骨文字释林·释䎽》,中华书局1979年版。

卜辞，卜问酒祭祖己。

（二十三）祖庚

武丁崩后，因祖己已卒，故由祖己之弟祖庚即位为王。祭祀"祖庚"的卜辞，第三期只一见，辞残不录（第二期祭"兄己"的辞例除外）。第四期的两辞也残，也不录。下面是第五期确知是祭祀武丁之子祖庚的卜辞：

  （1）庚辰卜，贞：王宾祖庚伐二……卯牢、𦏼，亡尤。（《合集》35355，五期）

  （2）己巳卜，贞：王宾祖庚彡夕，亡尤。（《合集》35878，五期）

  （3）庚申卜，贞：王宾祖庚麐，［亡尤］。（《合集》35880，五期）

第（1）辞卜问用砍杀两个人牲、剖杀一头经过特殊饲养的牛及用酒祭祀祖庚。第（2）辞于己巳日卜问"彡夕"祭祖庚。第（3）辞卜问麐祭祖庚。

  （4）弜及小庚。（《合集》31956，三期）

这是第三期卜辞，卜问不要及于小庚。商代以"庚"为庙号的祖先依次为：大庚、南庚、盘庚、祖庚，今第三期卜辞所称的"小庚"应当是指辈分最小的祖庚。

  （5）隹祖庚壱。（《屯南》1046，四期）

这是第四期卜辞，卜问祖庚是否会有害于商王。因是第四期卜辞，故此祖庚有可能是指武丁之子祖庚。

（二十四）祖甲

祖庚崩后，由其弟祖甲即位为王。武丁之子祖甲应在武乙之后，即第四期卜辞、第五期卜辞中才会被称为"祖甲"，而第一期中的祖庚卜辞，第二、三期卜辞中的"祖甲"，原则上应是指武丁之父阳甲，但不排除第三期卜辞中有的"祖甲"是指武丁之子祖甲，因不好区分，只好暂行搁置。

  1. 祖甲与其他先王合祭

(1) □辰卜：翌日其酒其祝自中宗祖丁、祖甲……于父辛。(《屯南》2281，四期)

这是第四期卜辞，卜问祝祭自中宗祖丁、祖甲至父辛的祖先，"中宗祖丁"指中丁[①]，"祖甲"当是指武丁之子祖甲，"父辛"应是指武乙之父廪辛。则该条卜辞是武乙卜辞。

(2) 甲辰卜，贞：王宾求祖乙、祖丁、祖甲、康祖丁、武乙，衣，亡尤。(《合集》35803，五期)

这是第五期卜辞，是直系五先王的合祭，除武乙外，其他四王均称"祖"，其中祖甲之前的"祖丁"是指祖甲之父武丁，"祖丁"之前的"祖乙"是指武丁之父小乙。郭沫若根据这条卜辞对武乙不称"武祖乙"，断定它是文丁卜辞[②]，这是十分正确的。

2. 单独祭祀祖甲

可以肯定是祭祀武丁之子祖甲的卜辞见于第五期，因其材料较少，故对卜辞不再进行分类。

(3) 甲午卜，贞：王宾祖甲升伐，亡尤。(《合集》35370，五期。图4—32)

(4) 甲卯卜，贞：王宾祖甲燎，亡尤。(《合集》35901，五期)

(5) 甲戌卜，贞：王宾祖甲䄗，亡尤。(《合集》35905，五期)

(6) 癸酉卜，贞：王宾祖甲䄻，亡尤。(《合集》35903，五期)

(7) 甲申卜，贞：王宾登□祖甲，亡尤。(《合集》35902，五期)

图4—32 祭祀祖甲
(《合集》35370)

---

① 中国社会科学院考古研究所《小屯南地甲骨》，下册第一分册，第2281片考释，中华书局1983年版。

② 郭沫若：《卜辞通纂》，第57片考释，科学出版社1983年版。

(8) 癸□卜，贞：王宾祖甲夕夕，亡尤。(《合集》35899，五期)

(9) 癸巳卜，贞：祖甲祊，其牢。用。(《合集》35828，五期)

第(3)条卜辞卜问伐祭，即砍杀人牲来祭祀祖甲。第(4)辞卜问燎祭祖甲，其卜祭日写作"甲卯"日，因干支表中无"甲卯"日，所以卜祭日的地支日有误。其他辞表明的祭祀有：酽、禝、登、夕夕、牢等。

另外，第三期卜辞中有祭祀"帝甲"的卜问，"帝甲"是康丁称其父祖甲，殷晚期有将直系父辈祖先称作"帝某"的习俗。陈梦家先生说"帝某"的"帝"是庙号的区别字①，即《礼记·曲礼》下的"措之庙立之主曰帝"的帝；"帝即庙主。卜辞帝丁、帝甲之帝，其义与示相似。"②此说很有道理。第三期卜辞祭祀帝甲的卜辞有：

(10) 贞：其自帝甲又延。(《合集》27437，三期)

该辞是卜问祭祀自帝甲即祖甲起的先人的，其祭祀对象当包括康丁之兄廪辛等。

(11) 贞：其先帝甲其弘。(《英藏》2347，三期)

这是卜问要否对帝甲举行弘大的先祭。

(12) 癸酉卜，贝[贞]：……帝甲祊，其牢。(《合集》27438，三期)

这是卜问在"帝甲"即祖甲的宗庙中，对其举行牢祭。

(二十五) 廪辛

康丁之兄廪辛是否曾即位为王，学术界是有不同的意见的。在商代晚期的第五期卜辞的周祭中，并没有廪辛被祭祀，连想到曾被立为太子而未及即位的大丁、祖己都在周祭中被祭祀来看，廪辛不但应没有即位为王，而且也

---

① 陈梦家：《殷虚卜辞综述》，中华书局1988年版，第562页。

② 同上书，第440页。

不曾被立为太子。

1. 廪辛与其他先王合祭

(1) □辰卜：翌日其酒其祝自中宗祖丁、祖甲……于父辛。(《屯南》2281，四期)

这是第四期卜辞，卜问祝祭自中宗祖丁、祖甲至父辛的祖先，"中宗祖丁"指中丁①，"祖甲"当是指武丁之子祖甲，"父辛"应是指武乙之父廪辛。则该条卜辞是武乙卜辞。

2. 单独祭祀廪辛

廪辛在第五期的周祭中并没有被祭祀，但下条卜辞可能是祭祀廪辛的卜问：

(2) 辛亥卜：其又岁于三祖辛。(《合集》32658，四期)

这是一条第四期卜辞，卜问"又岁"于"三祖辛"。商代王室世系以"辛"为庙号的，第一个是祖乙之子祖辛，第二个是小辛，第三个是廪辛，第四个是帝辛。但廪辛似乎没有继位为王，或者虽曾继位为王，但在后世的周祭中却因某种原因而被排除在外了。今上辞卜问祭祀"三祖辛"，当是指商代第三个辛名王廪辛。而称廪辛为"祖"的，应是文丁以后的诸王，今因它是第四期卜辞，所以应当是文丁卜辞。

(二十六) 康丁

1. 康丁与其他先王合祭

(1) 甲辰卜，贞：王宾求祖乙、祖丁、祖甲、康祖丁、武乙，衣，亡尤。(《合集》35803，五期)

该辞卜问合祭小乙、武丁、祖甲、康丁、武乙直系五先王。前文已对该辞做过多次分析，此处从略。

---

① 见中国社会科学院考古研究所《小屯南地甲骨》，下册第一分册，第2281片考释，中华书局1983年版。

2. 单独祭祀康丁

(2) □□［卜］，［贞］：王［宾］康祖丁伐□人、卯二牢、鬯一卣，亡尤。(《合集》35355，五期)

(3) 丁酉卜，贞：王宾康祖丁彡夕，［亡］尤。(《合集》35959，五期)

(4) 丙申卜，贞：王宾康……岁，亡［尤］。(《合集》35963，五期)

(5) 丙子卜，贞：康祖丁祊，其牢。兹用。(《合集》35976，五期)

(6) 丙子卜，贞：康祊，其［牢］。(《合集》35981，五期)

以上五辞全为第五期卜辞。第（2）辞卜问用砍杀若干人（人数残掉）、剖杀两头经过特殊饲养的牛、再用一卣酒来祭祀康祖丁。第（3）辞卜问"彡夕"祭康祖丁。第（4）辞卜问岁祭康祖丁。第（5）、第（6）辞卜问在康祖丁、康的庙室里用"牢"对其进行祭祀，"康"是"康丁"的省称。第五期称康丁为"康祖丁"的卜辞应是帝乙或帝辛（甚或是文丁）卜辞。

(二十七) 武乙

1. 武乙与先公上甲合祭

(1) 丁酉卜，贞：王宾执自上甲至于武乙，衣，亡尤。(《合集》35439，五期。图4—33)

这是第五期卜辞，卜问用抓到的人牲合祭自上甲至武乙的多位祖先。

(2) 乙丑卜，贞：王宾武乙岁……至于上甲，［衣］，亡尤。(《合集》35440，五期)

这是第五期卜辞，卜问岁祭武乙至于上甲的多位祖先，世系是倒着说的，即是逆祀。

图4—33 祭祀自上甲至于武乙
(《合集》35439)

2. 武乙与其他先王合祭

(3) 甲辰卜，贞：王宾求祖乙、祖丁、祖甲、康祖丁、武乙，衣，亡尤。(《合集》35803，五期)

(4) 乙未卜，贞：自武乙彡日，衣，宓祊，其即䁁五牢正，王受又=。(《英藏》2518，五期)

第（4）辞为第五期卜辞，卜问彡祭自武乙始的诸位祖先的，大约包括文丁，是否也如第（2）辞那样是逆祀也不可知。辞的中间几个字不太容易理解，大约"宓"是指庙室，"祊"、"䁁"是祭名，辞后记录用"五牢"进行祭祀。

3. 单独祭祀武乙

A. 用人牲祭祀武乙

(5) 乙未卜，贞：王宾武乙执伐，亡尤。(《合集》35375，五期)

(6) 丁未卜，贞：王宾武乙升伐，亡尤。(《合集》35383，五期。图 4—34)

第（5）辞卜问用砍杀抓到的人来祭祀武乙。第（6）辞是卜问用砍杀人牲来祭祀武乙。

B. 用五种祀典祭祀武乙

五种祀典指周祭中的翌、祭、壹、劦、彡。

(7) 乙丑卜，贞：王宾武乙翌日，亡尤。(《合集》36025，五期。图 4—35)

(8) 乙未卜，贞：王宾武乙劦日，亡尤。(《合集》36026，五期)

(9) 乙巳卜，贞：王宾武乙劦日，亡尤。(《合集》36027，五期)

(10) 乙卯卜，贞：王宾武乙祭，亡尤。(《合集》36028，五期)

以上四条辞是卜问用周祭中的五种祀典祭祀武乙的辞例，但笔者曾论证过武乙（包括文丁、帝乙）是不属于周祭系统的[①]。这几版卜辞是用五种祀典对

[①] 见常玉芝《商代周祭制度》，中国社会科学出版社 1987 年版，第 126—130 页。

图 4—34　祭祀武乙
（《合集》35383）

图 4—35　祭祀武乙
（《合集》36025）

武乙进行单独的祭祀。

C. 祊祭（或牢祭）武乙

(11) 甲戌卜，贞：武乙祊，其牢。（《合集》36032，五期）

(12) 甲辰卜，[贞]：武祖乙祊，其[牢]。（《合集》36065，五期）

(13) 甲寅卜，贞：武乙宓祊，其牢。（《合集》36002，五期）

(14) 甲子卜，贞：武祖乙宓祊，其牢。兹用。（《合集》36103，五期）

(15) 甲申卜，贞：武乙宗祊，其牢。兹用。（《合集》36081，五期）

(16) 甲寅卜，贞：武祖乙宗祊，其牢。兹用。（《合集》36094，五期）

以上五版卜辞卜问用牢祭祀武乙，其祭祀的宗庙有祊、宓祊、宗祊。"宓"，叶玉森、陈梦家释"升"，"疑当为祢，即亲庙"[1]；于省吾先生释"必"，谓"必亦作祕，金文作宓，均为祀神之室。"[2] 在祊祭卜辞中，武乙还被称作

---

[1] 陈梦家：《殷虚卜辞综述》，中华书局1988年版，第470页。

[2] 于省吾：《双剑誃殷契骈枝三编·释必》，1943年版。

"武祖乙"。

D. 其他祭祀

(17) 甲申卜，[贞]：[王]宾武乙襏，亡尤。(《合集》36030，五期)

(18) 癸酉卜，贞：翌日乙亥王其又升于武乙宓，正，王受又=。(《合集》36123，五期)

(19) 甲午卜，贞：[翌日]乙未王[其又升]于武宓，[正]，王受[又=]。(《合集》36170，五期)

(20) 翌日于祖乙，其祰于武乙宗，王受又=。弘吉。(《屯南》3564，五期)

(21) 乙酉，赏贝，王曰：……遘于武乙彡日，隹王六祀。彡日。……(《款识》2·36)

第(17)辞卜问襏祭武乙。第(18)、(19)两辞是同文例的卜辞，卜问在"武乙"、"武"的宓庙即亲庙里举行"又升"之祭。第(20)辞卜问"翌日"即第二天在武乙的宗庙里祰祭"祖乙"，称"祖乙"，所以此辞当是帝乙卜辞，"祖乙"是帝乙对武乙的称呼，称"武乙宗"是指武乙的宗庙，用的是庙号。第(21)条是铜器"丰彝"铭文，记录王六年乙酉日彡祭武乙。根据"武乙"的称谓，知此器应属文丁或帝乙时期。

以上祭祀武乙的卜辞，凡称"武乙"，即对武乙不加称"祖"的都应是文丁卜辞；凡称"武祖乙"或"祖乙"的都应是帝乙卜辞。

(二十八) 文丁

1. 单独祭祀文丁

A. 用人牲祭祀文丁

(1) 丁酉卜，贞：王宾文武丁伐十人、卯六牢、鬯六卣，亡尤。(《合集》35355，五期)

(2) 乙丑卜，贞：王其又升于文武帝宓，其以羌五人正，王受又=。(《合集》35356，五期)

第(1)辞卜问用砍杀十个人牲，剖杀六头经过特殊饲养的牛，再用六卣酒祭祀"文武丁","文武丁"即文丁。第（2）辞卜问在"文武帝"的亲庙中用五个羌人祭祀"文武帝","文武帝"即文武丁[①]，也即文丁。

B. 用五种祀典祭祀文丁

（3）丁丑卜，贞：王宾文武翌日，亡尤。（《合集》36128，五期。图4—36）

（4）丁亥卜，贞：王宾父丁䄙日，亡尤。（《合集》36129，五期）

第（3）辞卜问翌祭"文武","文武"是"文武丁"的省称，是省略了庙号"丁"，单称美称"文武"。第（4）辞卜问䄙祭父丁，第五期卜辞中的"父丁"应是帝乙对文丁的称呼。该辞是帝乙卜辞。

图4—36 祭祀文武
（《合集》36128）

C. 祊祭（或牢祭）文丁

（5）丙戌卜，贞：文武祊，其牢。兹用。（《合集》36134，五期）

（6）丙申卜，[贞]：文武丁祊，其[牢]。（《合集》36138，五期）

（7）丁未卜，贞：父丁祊，其牢。在[十]月又□。兹用。隹王九祀。（《合集》37853，五期）

（8）丙午卜，贞：文武丁宓祊，其牢。（《合集》36115，五期）

（9）丙申卜，贞：文武宓祊，其牢。兹用。（《合集》36166，五期）

（10）丙戌卜，贞：文武丁宗祊，其牢。（《合集》36154，五期）

（11）丙午卜，贞：文武丁宗，其牢。（《合集》36157，五期）

（12）丙午卜，贞：文武宗，其牢。兹用。（《合集》36158，五期）

（13）丙午卜，贞：文宗[祊]，其[牢]。（《合集》36160，五期）

以上所列祊祭文丁的卜辞有三种文例，即"祊其牢"、"宓祊其牢"、"宗祊其

[①] 见常玉芝《说文武帝——兼略述商末祭祀制度的变化》，《古文字研究》，第4辑，中华书局1980年版。

牢"（有时省略"祊"字）。"宓祊"当是指亲庙的门内外，"宗祊"当是指宗庙的门内外。在这些卜辞中，文丁被称作"文武丁"、"文武"、"文"，第（7）辞称作"父丁"，当是帝乙对其父文丁的称呼，该辞是帝乙卜辞。卜辞中对文丁从不称作"文丁"。

D. 其他祭祀

（14）丙戌卜，贞：翌日丁亥王其又升于文武帝，正，王受又=。（《合集》36168，五期。图4—37）

（15）□子卜，贞：王其又升于文武帝宓，其去夕又省，于来丁丑卣羞，王弗每。（《合集》35356，五期）

（16）乙丑卜，［贞］：［王］其又升［于文］武帝［宓］，三牢，正，［王受］又=。（《合集》36173，五期）

图4—37 祭祀文武帝
（《合集》36168）

这三条卜辞都是卜问在"文武帝"的庙室里举行"王其又升于文武帝"的祭祀的，其中第（16）辞是卜问用"三牢"进行祭祀。以上祭祀"文武帝"的卜辞都应是帝乙卜辞。

由祭祀文丁的卜辞可以看到，帝乙时期是重视对其父辈的祭祀的。

综观以上祊祭卜辞可知，这种类型的卜辞只适用于武丁、祖甲、康丁、武乙、文丁直系五先王，而"宓祊其牢"、"宗祊其牢"卜辞又只适用于武乙、文丁二王。

（二十九）帝乙

迄今有关帝乙的称谓只见于两件商末青铜器，即"四祀卲其卣"铭文和"版方鼎"铭文中①，其辞分别曰：

（1）乙巳，王曰：尊文武帝乙宜，在召大厅，遘乙翌日……己酉，

---

① 另在陕西岐山县凤雏村出土的周原甲骨（H11：1）中，也有"文武帝乙"的称谓。

王在榆，卯其赐贝。在四月，隹王四祀。翌日。(《录遗》275。图4—38)

此为"四祀卯其卣"铭文，此器为帝辛时器，铭文记载的是帝辛四年四月乙巳日祭祀"文武帝乙"一事的。辞后的"翌日"是说该年该月该日是处在举行翌祀的时间段内。

(2) 乙未，王宾文武帝乙彡日，自阑俎，王返入阑，王商版贝，用作父丁宝䲹彝。在五月，隹王二十祀又二。(《文物》2005年第9期)

图4—38 祭祀文武帝乙
(《录遗》275)

此为"版方鼎"铭文，记录王二十二年五月乙未日彡祭文武帝乙。文武帝乙即帝乙，因此该器是帝辛时器。

商朝最后一王是帝辛，也即纣，商纣王被周武王打败后，商王朝结束，中国历史进入了西周时代。

以上我们将商人对自上甲以来的先公、先王的崇拜与祭祀的情况进行了详尽的论述。由祭祀的总共二十九位先公、先王的情况来看，商人最为崇拜的先公是上甲；最为崇拜的先王是大乙、祖乙；其次是大甲、祖辛、祖丁、小乙；武丁虽然是在位时间很长的中兴之主，但由于到商代晚期的祖庚、祖甲以后，祭祀制度发生了很大的变化，即与武丁时期相比，不但祀典显得单调，祭祀次数大大减少，而且是只注重对父辈先王的祭祀，特别是在祖甲、文丁、帝乙、帝辛时期，主要是实行对上甲以来的祖先的五种祀典的祭祀，也即周祭的祭祀，所以对武丁的祭祀就显得不太多了。

由商人对上甲以来的先公、先王的崇拜与祭祀来看，商人对自己的祖先不是一视同仁的，是有区别的。他们重视直系先公先王，轻视旁系先王（先公中无旁系）；而且就是对直系先公先王也不是一律平等对待的，他们特别崇拜那些在商族历史上做出过重大贡献的先公先王，给予这些先公先王频繁的、隆重的祭祀，祈求这些先公先王的神灵，在农业生产和战争胜利等重大问题上给予护佑；而对那些在商族历史上没有什么特别重大贡献的先公先王，尤其是那些不合法即位的旁系先王，他们则只给予一般的祭祀，祀典既贫乏，又不隆重，而所祈求的事情也只限于对商王的疾病和祸福等的护佑。商人这种重直系，轻旁系，以及立嫡（见后文）立长的制度，反映出在我国的商代，已经有了区分嫡庶、亲疏的宗法制度的雏形了。而商人对祖先按世系先后进行祭祀的制度，又开辟了中华民族记祖、尊祖、敬祖制度的先河。

第三节 先妣的崇拜与祭祀

商王室的女性祖先与男性祖先一样，死后也是以十天干即甲、乙、丙、丁、戊、己、庚、辛、壬、癸为庙号的。商代虽然已经实行一夫一妻制了，即在诸妻中有一个是嫡妻[①]，但商王及王室贵族的男性毕竟是有多个配偶的，卜辞反映，在各期卜辞中都对多个配偶进行祭祀，而且很多配偶都是不带先王名号而是只记作"妣某"或"母某"的，这样我们就不知道该先妣到底是属于哪一个王的配偶，因此，在本节论述商人对先妣的崇拜与祭祀时，只选取那些加有先公、先王名号的先妣进行论述。另外，对第二期、第五期卜辞中周祭先妣的情况不在本节论述，而是放在后面第七章再做论述。

在商人的远古先公中，见于卜辞的先公配偶有河和王亥之配。

（一）河之配偶

(1) 御方于河妻。（《合集》686，一期。图4—39）

这是卜问就抵御方国入侵之事向河妻，即河的配偶举行祭祀，求其保佑。

(2) 丁酉卜，贞：于河母。（《合集》683，一期。图4—40）

该辞也是就某事祭祀"河母"即河妻的。不能将该辞释成是以女性人牲祭祀河，因为该辞文例与下举的祭祀王亥的配偶的文例和祭祀示壬之配的卜辞文例相同（见下文），而以女牲祭祀河的卜问见于下面两条卜辞：

[①] 见常玉芝《论商代王位继承制》，《中国史研究》1992年第4期。

图 4—39 祭祀河妻
（《合集》686）

图 4—40 祭祀河母
（《合集》683）

（3）酒河三十牛，以我女。（《合集》672 正，一期）

该辞卜问用三十头牛和以"我女"，即我方所献的女牲来祭祀河。"女"与"牛"并列，当是祭祀时的人牲。该辞中的"女"就不可释作"母"。

（4）丁巳卜：其燎于河牢、沈妿。（《合集》32161，四期）

该辞于丁巳日卜问用焚烧一牢和沉妿的方法祭祀河。"妿"指作为牺牲的女奴。此辞的河不知是指祖先神还是指自然神，今暂定是指商人的远古高祖河。

（5）辛丑卜：于河妾。（《合集》658，一期）

该辞的"于河妾"文例与第（2）辞的"于河母"相同，"妾"在卜辞中泛指配偶，犹后世言妻。也不能将该辞的"河妾"释成"河女"，说成是以女牲祭祀河。详见下面列举的祭祀王亥之配和示壬之配的卜辞。

以上卜辞表明，称河的配偶的词有"妻"［第（1）辞］、"母"［第（2）辞］、"妾"［第（5）辞］。

（二）王亥之配偶

（1）贞：燎于王亥母，豕。

勿燎于王亥母。
贞：勿燎于王亥母。
(《合集》685 正，一期。图 4—41)

这是一版第一期的龟腹甲刻辞，三条辞是正反两面的对贞辞，卜问是否用焚烧豕（猪）的方法祭祀"王亥母"，"母"作配偶解，即是卜问燎豕祭祀王亥的配偶。该版卜辞是卜问祭祀王亥的配偶，于省吾先生已早有所论，于先生说："如果把朿（即燎——引者按）于王亥下的女豕二字，认为是用人牲的女奴隶和物牲的豕，那就讲不通了。因为前引两段龟卜，原系先右后左的对贞辞，左段卜辞是承右段卜辞而省去豕字，这是对贞的常例。如果不释女为母，而以女为人牲，则女与豕都成为祭牲，那末，左段卜辞就断无省豕存女之理。总之，朿于王亥母，豕，是说燎豕以祭祀王亥的配偶"①，此说非常有理。这个说法也可由后面祭祀

图 4—41 祭祀王亥母
(《合集》685 正)

示壬之配的辞例加以证明②。又从该版中还有他辞曰"母癸巷王"、"母癸弗巷王"，知该版卜辞应是祖庚卜辞，因为"母癸"是祖庚对其母、武丁的配偶庙号为"癸"者的称呼。又"于王亥母"与上举第（2）辞的"于河母"、第（5）辞的"于河妾"文例相同，故知"于河母"之"母"、"于河妾"之"妾"都是指河

---

① 于省吾：《甲骨文字释林·释王亥的配偶》，中华书局1979年版。
② 近来有人撰文反对于先生对该版卜辞的"王亥母"是指王亥的配偶的论证，认为"母"应释"女"，是指女牲。"王亥母，豕"应释为"王亥女、豕"，是指用女牲和豕祭祀王亥；还另举《合集》672等版卜辞上的所谓对贞辞来证明其上的"王亥妾"（实为"王亥女"）是指女牲。经审视其所列举的卜辞后，不但发现释文有误，而且发现其所列举的辞例也多不是"对贞辞"，可见其对何为对贞辞的常识还尚未掌握。

的配偶。通过河有配偶受祭来看，河当与王亥一样是商之先公，是祖先神。

(2) 㞢于王亥母。(《合集》672 正，一期)

(3) 㞢于王亥妾。(《合集》660，《合集》40436，一期)

这两版卜辞分别是卜问侑祭"王亥母"和"王亥妾"的，"母"与"妾"在卜辞中泛指配偶，犹后世言妻。与第（1）版一样，也不能将第（2）版"王亥"之后的"母"释成"女"，解释成是用女性祭祀王亥。同样也不能将第（3）版的"妾"释成是以女奴祭祀王亥。这两版卜辞都是卜问祭祀王亥的配偶的。

以上卜辞表明，称王亥的配偶的词有"母"［第（1）辞、第（2）辞］、"妾"［第（3）辞］。

(三) 上甲之配偶

庚子卜，王：上甲妣甲保妣癸……（《合集》1249，一期。图4—42）

该辞卜问"上甲妣甲保妣癸"，"妣甲"是否指上甲的配偶，不敢肯定，暂附于此。

(四) "三报"之配偶

"三报"指报乙、报丙、报丁，卜辞中对他们合称为"三报"。

□巳贞：其又三报母，豕。（《合集》32393，四期。图4—43）

图4—42　祭祀上甲妣甲
（《合集》1249）

图4—43　祭祀三报母
（《合集》32393）

这是卜问侑祭"三报母",即侑祭报乙、报丙、报丁的配偶的,是将三位先公的配偶进行合祭。

(五)示壬之配偶

(1) 辛丑卜,王:三月㞢示壬母妣庚,豕。不用。(《合集》19806,一期。图4—44)

(2) 贞:㞢于示壬妻妣庚宰,宙勹牛七十。(《合集》938正,一期)

(3) 贞:来庚戌㞢于示壬妾妣,牝、羊、□。(《合集》2385,一期)

(4) 壬寅卜:其求禾于示壬奭,及酒。兹用。(《合集》28269,三期)

(5) □□卜……酒……示壬母。(《合集》32752,四期)

图4—44 祭祀示壬母妣庚
(《合集》19806)

这五版卜辞都是卜问祭祀示壬之配妣庚的。第(1)辞卜问用豕侑祭"示壬母妣庚","母"为配偶之意。该辞"示壬母妣庚,豕"在妣名"示壬母妣庚"之后接牲名"豕",这种文例与前举的卜问祭祀王亥之配偶的第(1)辞的"王亥母,豕"是一致的,"王亥母"是妣名,后接牲名"豕",因此,前举祭祀王亥之配偶的第(1)辞"王亥"之后的字应释成"母",而不应释成"女",不是有人所说的是以女牲祭祀王亥[①]。同时"示壬母妣庚,豕"的文例也证明前举的祭祀河的配偶的第(2)辞的"河母"的"母"字也不能释成"女",也不能解释成是用女牲祭祀河。第(5)辞的"河妾"的"妾"也不能解释成是用女奴祭祀河。第(2)辞卜问"㞢于示壬妻妣庚宰,宙勹牛七十",即用"宰"和七十头杂色牛来侑祭"示壬妻妣庚","妻"作配偶解,即示壬的配偶妣庚。第(3)辞卜问用"牝、羊"侑祭"示壬妾妣","牝"为母牛,"示壬妾妣"的"妾"指配偶,"妣"后省"庚"字。"示壬妾妣"的文例证明"河妾"、"王亥妾"也都分别是指河、

---

① 罗琨:《殷卜辞中高祖王亥史迹寻绎》,《胡厚宣先生纪念文集》,科学出版社1998年版。

王亥的配偶。第（4）辞卜问"求禾于示壬奭"，"奭"也作配偶解①，即该辞是卜问向示壬的配偶祈求好年成，"示壬奭"后省掉妣名"妣庚"。第（5）辞残掉多字，但知是卜问祭祀"示壬母"的，"示壬母"后也省掉妣名"妣庚"。

以上卜辞表明，指称示壬之配偶的词有"母"［第（1）辞、第（5）辞］、"妻"［第（2）辞］、"妾"［第（3）辞］、"奭"［第（4）辞］。以上卜辞还表明，商人对示壬的配偶是比较看重的，向她祈求保佑有好的年成［第（4）辞］。祭祀她时要特意选择牲品，如要特意选择"牝"即母牛［第（3）辞］；要特意选择"宰"，再加上七十头杂色牛［第（2）辞］，祀典可谓隆重。

（六）示癸之配偶

癸丑卜，王：宁……宰示癸妾妣甲。（《合集》2386，一期）

该辞卜问用"宰"祭祀示癸的配偶妣甲，称示癸之配偶的词是"妾"。

（七）大乙之配偶

（1）乙巳卜，扶：㞢大乙母妣丙牝。（《合集》19817，一期。图 4—45）

（2）丁丑贞：其求生于高妣丙大乙。（《屯南》1089，四期）

（3）□□卜，……妣丙大乙奭，叀今日酒。（《合集》27502，三期）

（4）其又妣丙及大乙酒，王受又。（《合集》27501，三期）

图 4—45　祭祀大乙母妣丙
（《合集》19817）

第（1）辞卜问用"牝"，即母牛侑祭大乙的配偶妣丙，称大乙之配偶的词是"母"。

---

① 张政烺：《奭字说》，《中央研究院历史语言研究所集刊》，第十三本，1948 年版。收入《张政烺文史论集》，中华书局 2004 年版。

第（2）辞是第四期卜辞，卜问为了生育的事向大乙之配妣丙进行祈求，称大乙之配妣丙为"高妣丙"，"高妣丙"置于"大乙"之前，并且二者之间没有称配偶的连接词。第（3）辞卜问酒祭"妣丙大乙奭"，祭祀对象"妣丙"前置。第（4）辞卜问"又"祭"妣丙及大乙"，"及"字作何解不敢肯定，或是卜问祭祀大乙之配妣丙，则"及"字作配偶解，或是卜问同时祭祀大乙及配偶妣丙，则"及"字作"和"解。由上述四辞可以注意到的一个现象是：大乙在卜辞中又被称作"成"、"唐"，但在祭祀其配偶时，其配偶的庙号只与"大乙"相连接，不与"成"或"唐"相连接，即其配偶的庙号只与同是庙号的"大乙"相连接。

（八）大丁之配偶

……翌日大丁奭妣戊。（《合集》27513，三期）

该辞是第三期卜辞，辞前有残字，可能是卜问以五种祀典之一的翌祀（翌祀又可作"翌日"）祭祀大丁奭妣戊的。

（九）大甲之配偶

□子卜……㞢大甲母妣辛。（《合集》21540，一期）

该辞卜问侑祭大甲之配妣辛。称大甲之配偶的词是"母"。

（十）外丙之配偶

癸酉卜，行贞：翌甲戌外丙母妣甲岁，叀牛。（《合集》22775，二期。图4—46）

该辞是卜问"岁"即割杀牛祭祀外丙之配妣甲。称外丙之配偶的词是"母"。

图4—46 祭祀外丙母妣甲
（《合集》22775）

（十一）大庚之配偶

壬子卜，□贞：王宾大庚奭妣壬叙，亡祸。（《合集》23313，二期）

该辞卜问叙即燎祭大庚之配妣壬。称大庚之配偶的词是"奭"。

（十二）小甲之配偶

卜辞中未见有旁系先王小甲的配偶被祭祀。

（十三）大戊之配偶

　　壬寅［卜］，□贞：王［宾］大戊奭妣壬岁，亡尤。（《合集》23317，二期）

这是卜问岁祭大戊之配妣壬。

（十四）雍己之配偶

卜辞中未见有旁系先王雍己的配偶被祭祀。

（十五）中丁之配偶

卜辞中未见有直系先王中丁的配偶受周祭祀典以外的祭祀。

（十六）外壬之配偶

卜辞中未见有旁系先王外壬的配偶被祭祀。

（十七）戔甲之配偶

卜辞中未见有旁系先王戔甲的配偶被祭祀。

（十八）祖乙之配偶

(1) 甲午卜：昏其至妣己祖乙奭，又正。（《合集》27503，三期）

(2) 己卯卜，贞：王宾祖乙奭妣己姬䇂二人、殳二人、卯二牢，亡尤。（《合集》35361，五期）

(3) 己未卜，□贞：王宾祖乙奭妣己岁，［亡尤］。（《合集》23320，二期）

(4) 己巳卜，王曰贞：其又于祖乙奭［妣己］。（《合集》23322，二期）

(5) 其又妣己祖乙奭。（《合集》27504，三期）

(6) 于妣己祖乙奭告。（《合集》32744，四期。图4—47）

(7) 戊戌卜：其又于妣己祖乙奭，王受又。（《屯南》

图4—47　祭祀妣己祖乙奭

（《合集》32744）

2396，三期）

(8) □□〔卜〕，□贞：王宾祖乙奭妣庚岁伐于勺牛，及兄庚岁二宰。（《合集》23331，二期）

(9) 于妣己、妣庚祖乙奭。（《合集》27505，三期）

以上九条卜辞中，第（1）至第（7）条是卜问祭祀祖乙之配妣己的，其中第（1）辞卜问舌祭祖乙之配妣己，舌之义为肢解牲体①。属于第五期卜辞的第（2）辞卜问"姬婢二人、殴二人、卯二牢"，于省吾先生说"甲骨文姬字每用为祭名"。又说："婢是婢的原始字，今则婢行而婢废。《说文》：'婢，女之卑者也，从女从卑，卑亦声。'婢是形声字，它的形符《说文》从女，甲骨文从妾，义训相仿。但从女的含义太抽象，妾与婢的身份相比次，在商代都系家内奴隶，故从妾于字义更相适应"，即婢是指女奴隶；"殴二人"的"殴"字，于省吾先生说"有击义"，他说："殴字典籍也作剀或豆。《广雅·释诂》'剀，裂也。'《吕氏春秋·贵公》的'大庖不豆'，俞樾《诸子平议》谓'豆当读为剀'。按剀即今方言切物曰剌的本字"②，因此，"殴二人"是指击杀或剌杀两个人。由此我们就可以知道，第（2）辞是卜问用两个女奴，再击杀或剌杀两个人，再剖杀两头经过特殊饲养的牛来祭祀祖乙之配妣己，其祀典是颇为隆重的。该辞为第五期卜辞，可见，即使在主要奉行周祭的第五期卜辞的时代，商人也特用比较隆重的人牲之祭来祭祀祖乙之配，也可见商人对祖乙及其配偶是极为尊崇的。第（8）辞是卜问用砍杀杂色牛来祭祀祖乙之配妣庚。第（9）辞是卜问同时祭祀祖乙之配妣己和妣庚的，但是是用何祀典没有明说。由上述祭祀祖乙之配的卜辞知，祭祀祖乙之配的方法有：舌、姬、殴、卯、岁、又、告、伐等；其所用的祭牲有：婢、人、牢、勺牛等。由祭祀祖乙之配的卜辞，我们还可以看到一个现象：即祖乙在卜辞中，除称"祖乙"外，还称"高祖乙"、"下乙"，但在祭祀祖乙之配时，其配偶的庙号却只接在"祖乙"这个庙号之上。

（十九）祖辛之配偶

(1) 甲申卜，贞：王宾祖辛奭妣甲姬婢二人、殴二人、卯二牢，亡尤。（《合集》35361，五期）

---

① 于省吾：《甲骨文字释林·释乇、舌、祜》，中华书局1979年版。
② 于省吾：《甲骨文字释林·释婢》，中华书局1979年版。

(2) 其酓妣甲祖辛奭，又正。(《合集》27503，三期。图4—48)

(3) 于妣甲祖辛奭。(《合集》27505，三期)

第(1)辞卜问祭祀祖辛之配妣甲，与前举的祭祀祖乙之配妣己的第(2)辞同版，并且祭祀祖辛之配妣甲与祭祀祖乙之配妣己的祀典完全相同，即也是用"姬䌈二人、㱿二人、卯二牢"，也即是用两个女奴，再击杀或剖杀两个人，再剖杀两头经过特殊饲养的牛来进行祭祀。第(2)辞卜问酓祭祖辛之配妣甲，该辞与上举的酓祭祖乙之配妣己的第(1)辞同版，卜辞文例也相同，祀典也相同，即都是卜问举行酓祭祖乙和祖辛的配偶。

(二十) 羌甲之配偶

(1) 庚戌卜，行贞：王宾羌甲奭妣庚岁小宰，叙，亡尤。(《合集》23327，二期)

(2) 己巳卜，行贞：翌庚午岁其延于羌甲奭妣庚。(《合集》23326，二期。图4—49)

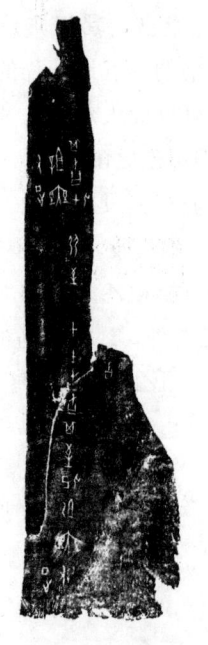

图4—48 祭祀妣甲祖辛奭
(《合集》27503)

图4—49 祭祀羌甲奭妣庚
(《合集》23326)

第四章 祖先神的崇拜与祭祀　355

(3) 于妣庚羌甲奭。(《合集》27506，三期)

(4) 妣庚羌甲奭翌日，王弗［每］。(《合集》27507，三期)

(5) 庚辰卜，□贞：王宾羌甲奭妣庚叠，亡尤。(《合集》23325，二期)

以上五条卜辞都是卜问祭祀羌甲之配妣庚的。第(1)辞卜问"岁小宰，叔"祭羌甲之配妣庚，"叔"即燎。第(2)辞卜问岁祭羌甲之配妣庚。第(5)辞是用周祭中的五祀典之一的叠祭祭祀羌甲之配妣庚，这是第二期卜辞，由于羌甲之配妣庚的祭祀在周祭祀谱中排不进去，所以她虽然受叠祭的祭祀，但她不属于周祭系统。羌甲是旁系先王，但他的配偶却受到较多的祭祀，这很可能是因为他有子南庚即位为王的缘故。

(二十一) 祖丁之配偶

(1) □辰贞：其求生于祖丁母妣己。(《合集》34083，四期。图4—50)

(2) 辛酉卜：王祝于妣己廼取祖丁。(《合集》19890，一期)

(3) 于祖丁母妣甲御，㞢散。(《合集》2392，一期)

(4) 于祖丁母御。(《合集》1857，一期)

以上四条卜辞是卜问祭祀祖丁之配的。由于卜辞中"祖丁"的称谓也可指武丁，所以我们这里根据周祭中小乙之父祖丁有妣己、妣庚两个配偶被祭祀的情况，来定祖丁的配偶。上举第(1)辞卜问向祖丁之配妣己祈求生育。第(2)辞卜问"王祝于妣己廼取祖丁"，即祝祭妣己，"廼取祖丁"为何意？今暂将"妣己廼取祖丁"连读，将妣己定为祖丁之配，即该辞是卜问祝祭祖丁之配妣己

图4—50　祭祀祖丁母妣己
(《合集》34083)

的。第(3)辞是卜问御祭祖丁之配妣甲的，小乙之父祖丁在周祭中并无称"妣甲"的配偶被祭祀，此妣甲很可能不是嫡妻。第(4)辞卜问御祭祖丁之配，省掉配偶的庙号未记。

（二十二）南庚之配偶

卜辞中未见有旁系先王南庚的配偶被祭祀。

（二十三）阳甲之配偶

> 癸亥贞：又于二母，母戊、阳甲母庚。兹用。（《合集》32753，四期）

这是一条第四期卜辞，卜问"又"祭二母，一是"母戊"，一是"阳甲母庚"。第四期卜辞是指武乙、文丁卜辞。该辞不可能是武乙卜辞，因为武乙之父康丁无庙号为"戊"的配偶。而武乙恰有庙号为"戊"的配偶（"韋簋"铭文可证），所以此第四期卜辞中的"母戊"当是指武乙之配，"母戊"是文丁对武乙之配的称呼，即该辞是文丁卜辞。而"阳甲母庚"则是指阳甲的庙号为"庚"的配偶。该辞有三个"母"字，第一个是"二母"之"母"，此"母"是作配偶解，第二个是"母戊"之"母"，此"母"是指母辈，是作辈分解，第三个是"阳甲母庚"之"母"，此"母"也是作配偶解。

（二十四）盘庚之配偶

卜辞中未见有旁系先王盘庚的配偶被祭祀。

（二十五）小辛之配偶

卜辞中未见有旁系先王小辛的配偶被祭祀。

（二十六）小乙之配偶

> （1）丁未卜，何贞：御于小乙奭妣庚，其宾饗。（《合集》27456正，三期）
>
> （2）□申卜，宁贞：王宾小乙［奭］妣庚……（《合集》27508，三期）

第（1）辞卜问御祭小乙之配妣庚。第（2）辞祭祀小乙之配妣庚，但祭名残掉。小乙在卜辞中除称"小乙"外，还称"小祖乙"、"后祖乙"、"内乙"、"亚祖乙"、"祖乙"，上举两辞表明，在祭祀小乙之配时，其配偶的庙号却只接在"小乙"这个庙号之上。

（二十七）武丁之配偶

(1) 御众于祖丁妣癸卢豕。(《合集》31993，四期)
(2) 壬寅卜，贞：王宾武丁［奭］妣癸姼辪□［人］，殷、卯□［牢］，亡［尤］。(《合集》36276，五期)

第(1)辞卜问用"卢豕"祭祀祖丁之配妣癸。"卢"字，该辞作"畀"形，于省吾先生释为"卢之象形初文"。关于"卢豕"，于先生说："卢肤同字"，"经传言肤之义有二：剥割为肤，豕胁骨肉之肥美者亦曰肤。就已发现之卜辞言之，均云畀豕，而未言他牲。畀作动字用，盖谓割豕肤肉之肥美者，当兼二义言之。""其言畀豕，谓割豕肤肉之肥美者以祭也"①。准此，则该辞是卜问用猪胁骨肉之肥美者来就众之事御祭于祖丁之配妣癸。卜辞中的"祖丁"可指中丁、小乙之父祖丁和武丁，其中小乙之父祖丁无称"妣癸"的配偶，又因为这是一条第四期卜辞，其卜问祭中丁之配的可能性不如祭武丁之配的可能性大，故这里暂将此辞的"祖丁妣癸"定为是指武丁的配偶妣癸。第(2)辞卜问祭祀武丁之配妣癸，与前举的祭祀祖乙之配的第(2)辞，祭祀祖辛之配的第(1)辞文例相同，也是卜问用女奴姼和击杀和剖杀人牲、牢牲等进行祭祀。

（二十八）祖己之配偶
卜辞中未见有旁系先王祖己（未及即位）的配偶被祭祀。

（二十九）祖庚之配偶
卜辞中未见有旁系先王祖庚的配偶被祭祀。

（三十）祖甲之配偶
卜辞中未见有直系先王祖甲的配偶受周祭祀典以外的祭祀。

（三十一）康丁之配偶
卜辞中未见有直系先王康丁的配偶受周祭祀典以外的祭祀。

（三十二）武乙之配偶

(1) 戊辰……在十月一，隹王二十祀，叠日遘于妣戊武乙奭，豕一。(《三代》6·52·2。图4—51)

---

① 于省吾：《双剑誃殷契骈枝续编·释卢》，1941年版。

图4—51 祭祀妣戊武乙甗
（《三代》6·52·2）

(2) 癸亥卜，贞：王宾妣癸彡日，亡尤。（《合集》36311，五期）

(3) [壬寅]卜，贞：翌日癸卯王其[又升于]妣癸宓，正，王受又=。（《合集》36315，五期）

(4) □□[卜]，贞：昔乙卯武宓……癸亥其至于妣癸宓……（《合集》36317，五期）

以上四条材料中，第（1）条是"韡簋"铭文，为商代晚期之铜器铭文。记录在王二十年十一月戊辰日是㝊祭武乙之配妣戊的日子。第（2）、(3)、（4）条是第五期卜辞，第（2）条卜问彡祭妣癸。笔者曾指出第五期卜辞中的"妣癸"是指武乙之配，不是历来所认为的文丁之配①。第（3）条卜问在妣癸的"宓"即庙室里举行"又、升"之祭。第（4）条残字较多，但知是在"武宓"和"妣癸宓"，即是在武乙和妣癸的庙室里举行祭祀。该辞先卜问"武宓"，再卜问"妣癸宓"，似也可间接证明第五期的"妣癸"是指武乙之配。第（1）、（2）两条材料表明武乙之配妣戊和妣癸分别受周祭中五种祀典的㝊祀和彡祀的祭祀，但她们和武乙（包括文丁、帝乙）一样，是不属于周祭系统的单独的祭祀②。

（三十三）文丁之配偶

卜辞中未见有直系先王文丁的配偶。

（三十四）帝乙之配偶

卜辞中未见有直系先王帝乙的配偶。

（三十五）帝辛之配偶

帝辛是商代最后一王，他和他的配偶当然不会见于殷墟卜辞中。

由以上就商人对先妣的崇拜与祭祀来看，商人对先公河、王亥、上甲的配偶（不能确定《合集》1249是记录的上甲的配偶，暂附之）是给予祭祀

---

① 常玉芝：《祊祭卜辞时代的再辨析》，《甲骨文与殷商史》，第2辑，上海古籍出版社1984年版。又见《商代周祭制度》附录，中国社会科学出版社1987年版。
② 见常玉芝《商代周祭制度》，中国社会科学出版社1987年版，第126—132页。

的，但先公河和王亥的配偶都是用指配偶的词如妻、母、妾来表示的，她们与其配偶河和王亥一样，都还没有用十天干来表示的庙号。用十天干表示庙号的先妣是从示壬之配妣庚开始的，为此，于省吾先生认为，示壬、示癸及其配偶的庙号是"有典可稽"的，"决非后人所追拟"，即"商代先公和先妣的庙号，自二示和二示的配偶才有典可稽"①，商人对示壬之配妣庚的祭祀是比较重视的，这可能是因为示壬及其配偶妣庚是商代第一王大乙即成汤的祖父及祖母的缘故。在对先王之配的祭祀中，商人是重视对直系先王配偶的祭祀的，对旁系先王的配偶一般不予祭祀，只对外丙、羌甲、阳甲三个旁系先王的配偶给予祭祀，外丙及其配偶受重视，可能是因为史书上记载，外丙在伊尹放大甲于桐宫期间，曾合法地代为摄政王。羌甲之配偶受重视，可能是因为羌甲有子南庚即位为王的缘故。阳甲之配偶在第四期卜辞中被祭祀，其原因不明。

---

① 于省吾：《甲骨文字释林·释自上甲六示的庙号以及我国成文历史的开始》，中华书局1979年版。

第五章

大示、小示、上示、下示、它示等的分指

殷墟甲骨卜辞中的"示"字象神主之形。卜辞中有若干示、大示、小示、上示、下示、它示等的记录。陈梦家先生说:"集合的庙主即某些先王相集合成为若干示。"① 目前学术界对这些示的所指,大多都还没有取得一致的意见。

第一节 大示、小示

卜辞中有卜问祭祀"大示"集合庙主的记录,如:

(1) 丁酉卜,㱿贞:大示五牛。九月。(《合集》10111,一期)

(2) 甲戌卜:辜以牛于大示。用。(《屯南》824,四期)

(3) 大示卯一牛。(《合集》14835,一期)

(4) 甲午卜,宾贞:大示三宰。二月。(《合集》14834,一期。图5—1)

图5—1 祭祀大示
(《合集》14834)

---

① 陈梦家:《殷虚卜辞综述》,中华书局1988年版,第460页。

(5) 壬申卜：求于大示。(《屯南》601，四期)

(6) 庚申贞：王其告于大示。(《合集》32807，四期)

(7) 贞：宙子渔登于大示。(《合集》14831，一期)

(8) 于大示蠡又伐。(《合集》32215，四期)

(9) 丁巳卜，宾贞：卢㞢大示。(《合集》14832 正，一期)

以上九条或是第一期卜辞或是第四期卜辞，均是卜问祭祀大示的祖先的，其祭祀时的牺牲多用牛，少用宰即经过特殊饲养的羊①，大概还用人牲〔第(8)辞的"蠡又伐"很可能是用人牲进行祭祀〕；其用牲之法有：卯、蠡、伐等。由祭祀所用的牲品来看，商人对大示的祖先是比较重视的。

大示是由哪些祖先组成的呢？目前学术界存在着两种意见：一种认为自上甲始的所有直系先公先王均属大示；另一种则认为大示并非包括所有直系先公先王，它只包括上甲、大乙、大丁、大甲、大庚、大戊六位直系先公先王。笔者认为这两种说法均有可商之处。

首先，卜辞表明"大示"不仅只有六大示，还有"七大示"，如：

(10) 甲辰〔卜〕：伐于七大示。不□。(《屯南》1015，四期)

这是一条第四期卜辞。卜问伐祭"七大示"，"伐"指砍头以祭，多用于人牲，也用于其他牺牲。该辞证明大示不只包含上甲、大乙、大丁、大甲、大庚、大戊六位直系先公先王。

其次，卜辞表明组成大示的祖先中不包括上甲。试看下面几版卜辞：

(11) 贞：其㞢升伐自上甲□羌，大示十宰……五宰。(《怀特》31，一期)

这是一条第一期卜辞，卜问用砍杀羌人（数目残掉）祭祀自上甲的祖先，砍杀十宰即十只经过特殊饲养的羊祭祀大示的祖先，再砍杀五宰祭祀某些祖先（根据后文所列的卜辞知此处残掉的字很可能是"小示"，即用五宰祭祀小示的祖先）。该辞表明，在同一条卜辞里，卜问祭祀"自上甲"和"大示"所

---

① 姚孝遂：《牢宰考辨》，《古文字研究》，第 9 辑，中华书局 1984 年版。

使用的祭牲是不相同的，祭自上甲是用羌人，祭大示是用宰，这就提示我们，上甲是不包括在"大示"里面的。

(12) 庚午贞：今来□□御自上甲至于大示，叀父丁㞢用。(《屯南》1104，四期)

这是一条第四期卜辞，于庚午日贞问御祭"自上甲至于大示"的祖先，"自上甲至于大示"是说祭祀自上甲始的祖先到大示的祖先为止，即该辞明白地告诉我们上甲是不包括在大示里面的。

(13) 丁未贞：阜以牛其用自上甲，蠱大示。
　　己酉贞：阜以牛其用自上甲，蠱大示叀牛。
　　己酉贞：阜以牛其[用]自上甲五牢，蠱大示五牢。(《屯南》9，四期)
(14) □□贞：阜以牛[其]用自上甲五牢，[蠱]大示五牢。(《屯南》636，四期)

这两版都是第四期卜辞。第(13)版上有三条辞，第一辞于丁未日贞问，其他两辞都是于己酉日贞问的，二者相隔一天，三条辞的命辞前半句都是问"阜以牛其用自上甲"（第三辞在"自上甲"后还加有"五牢"），"阜"为人名，"用"，陈梦家先生说是"杀之以祭"[①]，因此三条辞命辞的前半句是问阜杀牛（或用杀阜贡献来的牛）来祭祀自上甲始的祖先（自上甲始至哪一位祖先没有明说）；而各辞命辞的后半句依次为"蠱大示"、"蠱大示叀牛"、"蠱大示五牢"，"蠱"，于省吾先生说是"刏物牲或人牲，取血以祭"[②]，因此，"蠱大示叀牛"、"蠱大示五牢"是说杀牛或杀五头经过特殊饲养的牛，取它们的血来祭祀大示的祖先（第一辞的"蠱大示"只是省略了牲名牛未记）。总之，三条辞分别卜问杀牛或牢祭祀自上甲始的祖先，杀牛或牢取其血祭祀大示的祖先。上甲与大示的祖先所享用的祭品和使用的祭祀方法都是不相同的：祭品，"自上甲"始的祖先是用牛或牢，"大示"的祖先是用牛或牢的血；祭祀

---

① 陈梦家：《殷虚卜辞综述》，中华书局1988年版，第327页。
② 于省吾：《甲骨文字释林·释冘》，中华书局1979年版。

方法，"自上甲"始的祖先是"用"，"大示"的祖先是"蠱"。这些不同说明"自上甲"始的祖先与"大示"的祖先是指不同的祖先，即这些卜辞也表明上甲是不属于大示的。第（14）辞即《屯南》636与第（13）版即《屯南》9的第三条辞同文，即也是卜问"翌以牛〔其〕用自上甲五牢，〔蠱〕大示五牢"，《屯南》的作者在《屯南》9的考释中说："本片与本书636片（H17：95）为成套卜骨。该片序数是一，本片是二。"①

（15）贞：御王自上甲，酯大示。十二月。（《合集》14847，一期）
（16）贞：御王自上甲，酯大示。（《合集》14848，一期）

这两条都是第一期卜辞，都是卜问"御王自上甲，酯大示"的。其所卜问的是两件事：一是卜问御祭"自上甲"始的诸祖先，一是卜问酯祭"大示"的祖先，酯字从于省吾、张亚初两先生释，酯字在卜辞中多作祭名和地名，在这两条辞中应是作祭名，作祭名的酯祭是"设菜肴之祭"②。这两条辞表明祭祀"自上甲"始的祖先和祭祀"大示"的祖先所使用的祀典是不相同的，因此，该两辞也证明了上甲是不属于大示的。

以上用六版卜辞证明了上甲是不包括在"大示"的祖先里面的。这种情况还可用其他旁证来证明，试看下面的卜辞：

（17）庚子卜，争贞：其祝于河，以大示至于多后。（《合集》14851，一期）

这是一条第一期卜辞，卜问祝祭远古祖先先公河，同时祭祀"大示至于多后"的诸祖先。该辞表明"河"是不属于"大示"的，此可间接证明前举的卜辞中在"大示"之前的祖先上甲也是不属于大示的。第一期卜辞中的父辈祖先是武丁之父小乙，"多后"可能指包括旁系先王在内诸位祖先。该辞卜问的祭祀不包括自上甲始的六位先公（"自上甲"指上甲、报乙、报丙、报丁、示壬、示癸六位先公。详下文）。

---

① 中国社会科学院考古研究所：《小屯南地甲骨》，下册第一分册，第9片考释，中华书局1983年版。

② 张亚初：《古文字分类考释论稿》，《古文字研究》，第17辑，中华书局1989年版。

以上论证了上甲不属于大示，"自上甲"的意思是指自上甲开始的包括报乙、报丙、报丁、示壬、示癸的六位先公。这个论证或许也可由下面两条记有具体先公先王名的卜辞给予证明：

(18) 乙未：酒䄞品上甲十、报乙三、报丙三、报丁三、示壬三、示癸三、大乙十、大丁十、大甲十、大庚七、小甲三……三、祖乙〔十〕……（《合集》32384，四期）

(19) □未卜：求自上甲、大乙、大丁、大甲、大庚、大戊、中丁、祖乙、祖辛、祖丁十示，率牡。（《合集》32385，四期）

这两条都是第四期卜辞。第（18）辞有残字，卜辞于乙未日贞问祭祀上甲、报乙、报丙、报丁、示壬、示癸六位先公和大乙、大丁、大甲、大庚等直系先王，大庚后有旁系先王小甲，小甲之后有残字，接残字之后的是直系先王祖乙。第（19）辞卜日的天干日残，地支日是"未"，对比上辞，估计天干日很可能也是乙未日，该辞卜问用公羊求祭"自上甲、大乙、大丁、大甲、大庚、大戊、中丁、祖乙、祖辛、祖丁"的十示直系祖先。

对比这两条卜辞，值得注意的是：第（18）辞在上甲之后列出了报乙、报丙、报丁、示壬、示癸五位先公名，而在"上甲"之前没有加"自"字，即没有说"自上甲"。第（19）辞在"上甲"之前加有"自"字，即称"自上甲"，但在其后没有列出报乙、报丙、报丁、示壬、示癸五位先公名。商人这样做是否意味着加上"自"字称"自上甲"，就可以省略报乙、报丙、报丁、示壬、示癸五位先公名不记，是否又意味着报乙、报丙、报丁、示壬、示癸与上甲是统属于一个"示"的？我们做这样思考也是有根据的：一是因为在殷墟甲骨卜辞中出现的先公先王庙号中，只有上甲的"甲"字，报乙、报丙、报丁的"报"字，示壬、示癸的"示"字，可以解作是宗庙或神主。"上甲"，卜辞作"⊞"形，晚期卜辞又有"⊞"形和"⊞"形；"报乙"、"报丙"、"报丁"卜辞分别作"匚"、"匛"、"匚"。杨树达先生说："甲文⊞字所从之□为何字乎？曰：此即经传之祊字也。《国语·周语》云：'今将大泯其宗祊。'韦注云：'庙门谓之祊，宗祊犹宗庙也。'《诗·小雅·楚茨》云：'祝祭于祊。'毛传云：'祊，门内也。'《礼记·郊特牲》云：'索祭祝于祊。'郑注云：'庙门外曰祊。'余谓韦注'宗祊犹宗庙'之说最为得之。盖祊即是庙，其训庙门，又或训庙门内，或训庙门外，皆庙义之引申也。《国语》曰：

'上甲微，能率契者也，殷人报焉'……报为祭名，韦昭释为报德之祭，义或然也。行此报祭，必有其所，于是特为立庙焉。故田从囗从十者，谓特起一庙行报祭之甲也。匚匛匚从乙丙丁在匚中者，亦为特起一庙见祭之乙丙丁也。匚匛匚何祭？殆亦报祭也。后人释匚匛匚为报乙报丙报丁，正谓被报之乙丙丁也。盖匚匛匚字之从匚，举其祭所，释义为报，称其祭名，其义一也……上甲与报乙报丙报丁皆为特庙：囗与匚乃特庙之标符。"① 而甲骨文之"示"字，则象神主之形，所以示壬、示癸是表示立神主于宗庙祭祀壬和癸也。既然上甲、报乙、报丙、报丁、示壬、示癸六位先公的庙号的构成有宗庙、神主之意，那么把他们组合成一个"示"进行祭祀就是极有可能的。另一个可能的原因是：这六位先公都是商王朝建立之前的祖先，上甲和三报的庙号无典可稽，示壬、示癸的庙号有典可稽，他们的庙号都应是在成汤即大乙立国后所立的②，所以将商王朝立国之前的六位先公归为一个示是极有可能的。

另外，第（18）辞还给我们两个重要提示。一个是商人在合祭自上甲始的诸祖先时，有时不只是合祭上甲一个先公，也合祭报乙、报丙、报丁、示壬、示癸五位不重要的先公，合祭先王时，也不总是只合祭直系先王，有时也合祭旁系先王。不过，该辞表明直系先公报乙、报丙、报丁、示壬、示癸与旁系先王所享受的祭品（何祭品不明）数量是相同的，都是"三"，而先公上甲和直系先王所享受的祭品数量是相同的，都是"十"（直系先王大庚的祭品数目记的是"七"，疑"七"是"十"的误刻），这就表明报乙、报丙、报丁、示壬、示癸五位直系先公的地位是比较低的。这就使我们推测，该辞中"祖乙"之前因有一个"三"字，知"三"字前残掉的先王名应是旁系先王，在商王世系表中，在小甲之后祖乙之前即位为王的世次依次是：小甲—大戊—雍己③—中丁—外壬—戋甲—祖乙，因此，辞中"祖乙"之前的字应是"戋甲三"。另一个重要提示是：商人合祭直系、旁系先王时，对旁系先王是有选择的，如该辞中，对在大甲之后即位为王的外丙就没有给予合

---

① 杨树达：《积微居甲文说·释田匚匛匚》，上海古籍出版社1986年版。

② 于省吾：《甲骨文字释林·释自上甲六示的庙号以及我国成文历史的开始》，中华书局1979年版。

③ 《史记·殷本纪》记载雍己在大戊之前即位为王，今据商代周祭卜辞订正为大戊在雍己之前即位为王。见常玉芝《商代周祭制度》，中国社会科学出版社1987年版，第58—59页、第79—80页。

祭，究其原因，是否因为按着商代王位继承法是嫡长子继承制，大丁之弟外丙是不应该即位为王的，他的即位是由于"伊尹放大甲"而暂行代位的缘故①，是值得考虑的。再者，由于该辞辞后有残字，不知辞后是否有若干示的记录，这是十分遗憾的，如果有若干示的记录我们就可以知道不重要的先公报乙、报丙、报丁、示壬、示癸和旁系先王都是属于集合的庙主包括在若干示内的。

第（19）辞卜问合祭先公上甲和大乙至祖丁的九位直系先王，卜辞称作"十示"，与第（18）辞相比，该辞合祭的祖先少了报乙、报丙、报丁、示壬、示癸五位先公和诸旁系先王。该辞给我们的提示是：商人合祭直系先公、直系先王时，可称"若干示"。该辞虽然卜问祭祀的是先公上甲和直系先王，但却没有称他们为"大示"，而是只称"示"，这是否也是意味着上甲是不属于大示的？或是意味着"大示"是可以省称为"示"的？

还有一个值得注意的现象是：从这两条卜辞来看，商人对集合的庙主是分直系和旁系的，在直系先公、先王和旁系先王合祭时，一般不称作"若干示"，这是否意味着直系和旁系是属于不同的集合的庙主的，直系属"大示"，旁系属"小示"，二者合祭时只列出祖先庙号而不称若干示；而且直系和旁系所受到的祭品也不一样，直系的祭品数量多，旁系的祭品数量少，这说明商人是重视直系轻视旁系的。而特别值得注意的是，商人对报乙、报丙、报丁、示壬、示癸这五位直系先公有时是不按着直系祖先的规格来对待他们的，而是给予与旁系先王一样的待遇。

这种合祭自上甲以下的包括直系、旁系祖先的卜辞，商人有时就不一一列出诸位祖先的庙号，而是省称为"自上甲至于多后"。如在第二期和第五期的周祭卜辞中，合祭直系旁系祖先的卜辞记作：

（20）辛亥卜，汲贞：王宾翌礽自上甲衣至于后，亡尤。（《合集》22621，二期）

（21）癸卯卜，□贞：王宾礽自上甲至于多后，衣，亡尤。（《合集》22622，二期）

（22）辛巳卜，贞：王宾上甲礽至于多后，衣，亡尤。（《合集》

---

① 见常玉芝《太甲、外丙的即位纠纷与商代王位继承制》，《殷墟博物苑苑刊》，创刊号，中国社会科学出版社 1989 年版；《论商代王位继承制》，《中国史研究》1992 年第 4 期。

35436，五期）

(23) 癸卯王卜，贞：酒翌日自上甲至多后，衣，亡祄？自祸。在九月，佳王五［祀］。（《合集》37844，五期）

第(20)、(21)辞是第二期卜辞，第(22)、(23)辞是第五期卜辞，合祭自上甲始的直系、旁系祖先称作"自上甲至于多后"。这种合祭的辞例少见于第三期、第四期卜辞，多见于第一期、第二期、第五期卜辞中，其中又以第二期、第五期最为多见。下面两辞是第一期的合祭辞例：

(24) 癸巳卜，争贞：翌甲午酒彡自上甲至于多后，衣。（《怀特》32，一期）

(25) 癸亥卜，贞：甲子自上甲至于多后。（《合集》14852，一期）

这两辞合祭直系旁系祖先也称作"自上甲至于多后"，与第二期、第五期相同。

综观以上六条属于第二期、第五期、第一期的合祭卜辞，可以看出各期卜辞的文例虽稍有不同，但都是卜问合祭"自上甲至于多后"的。从第二期、第五期带有周祭祀典的卜问"自上甲至于多后"是包括直系先公、先王和旁系先王来看[①]，第一期的"自上甲至于多后"也应是包括直系先公、先王和旁系先王的。又属于第一期的第(24)辞（即《怀特》32）卜问"酒彡自上甲至于多后"，表明在第一期时就已有彡祀的祭祀了，只可惜，目前因为材料太少，我们无法复原出当时的祀谱。

由多出现在第二期、第五期的合祭"自上甲至于多后"的卜辞，可以推知它们就相当于多见于第一期、第四期的合祭若干大示、若干小示的卜辞，也即若干大示、若干小示的合祭就是合祭直系先公、直系先王和旁系先王的。

上甲既然不包括在大示里面，那么对下面几条卜辞就应该重新释读：

(26) 丁丑贞：又升伐自上甲、大示五羌三牢。（《合集》32090，四期）

---

① 见常玉芝《商代周祭制度》，第二章，中国社会科学出版社1987年版。

这是一条第四期卜辞，于丁丑日贞问"又升伐自上甲、大示五羌三牢"，过去大都释成"自上甲大示"，现在根据上文的论证上甲不属于大示，那么，该辞就应该是卜问祭祀"自上甲"的祖先和祭祀大示的祖先，即是卜问用砍杀五个羌人和三头经过特殊饲养的牛来祭祀自上甲始的祖先和大示的祖先，由于祭祀自上甲始的祖先和祭祀大示的祖先所使用的祭祀方法和牲品都相同，所以采取合并记录的方式。如果将该辞与前举的第（11）辞相比，该辞只是在"自上甲"后省略了"五羌三牢"的牲名未记而已，因为祭祀"自上甲"始的祖先与祭祀"大示"的祖先所用的祀典和牺牲都相同，所以就省略不记了，遂将二者的卜问内容合并书写。如果再将该辞与前举的第（12）辞相比，该辞只是在"自上甲"与"大示"之间省略了"至于"二字。又将该辞与前举的第（13）、（14）、（15）、（16）四版卜辞相比，该辞也只是在"大示"之前省略了祭名而已。因此，鉴于上述情况，在释读该辞时，应该在该辞的"自上甲"与"大示"之间加顿号，以示该辞是卜问祭祀"自上甲"始的祖先和大示的祖先的，而不是祭祀"自上甲大示"。这种情况还表现在下版卜辞中：

(27) 甲午贞：大御自上甲、六大示，燎六小宰、卯九牛。（《屯南》1138，四期。图5—2）

这也是一条第四期卜辞，卜问"大御自上甲、六大示"，祀典是用燎即焚烧六只经过特殊饲养的羊和卯即剖杀[①]九头牛来进行祭祀。与上辞即第（26）辞相比，该辞标明只祭祀六位属于大示的祖先，而上辞则是祭祀所有属于大示的祖先。同样，该辞因为祭祀自上甲始的祖先和祭祀六大示的祖先所使用的祀典和牲品相

图 5—2　祭祀自上甲、六大示
（《屯南》1138）

---

① 郭沫若：《卜辞通纂》，第39片考释，科学出版社1982年版。

同，所以可以在"自上甲"后省略祀典名和牲品不记。与前举的第（12）辞相比，该辞也是在"自上甲"与"六大示"之间省略了"至于"二字。鉴于这种情况，在释读该辞时，也应该在"自上甲"与"六大示"之间加顿号，以示该辞是卜问祭祀"自上甲"始的祖先和六大示的祖先的，而不是祭祀"自上甲六大示"。

对第（26）、（27）辞的释读的正确性还可由下面两版卜辞得到验证：

(28) 甲午贞：大御六大示，燎六小宰、卯三十牛。（《屯南》2361，四期）

这也是一条第四期卜辞。与上举的同是第四期的第（27）辞相比，两辞的贞问之日相同，都是甲午日；两辞所使用的祀典也相同，都是"燎六小宰"和剖杀牛〔只是杀牛的数量不同，第（27）辞是"卯九牛"，该辞是"卯三十牛"〕；但祭祀的对象却不同，第（27）辞是"大御自上甲、六大示"，而该辞是"大御六大示"，没有"自上甲"。由此也可见上甲是不属于六大示之内的。

(29) 庚戌贞：其先于六大示，告祡。（《屯南》2295，四期）

该辞也是第四期卜辞。其祭祀的对象也只有"六大示"无"自上甲"，故也证明上甲是不属于六大示的。

目前，见于卜辞的"大示"的数目除了前举属于第四期的第（10）版（即《屯南》1015）的"七大示"，第（27）版（即《屯南》1138）、第（28）版（即《屯南》2361）、第（29）版（即《屯南》2295）的"六大示"外，还有下述"大示"的数目：

(30) 贞：勿㞢于四大示。（《合集》14846，一期）
(31) ……光四大示。（《合集》14845，一期）

该两辞都是第一期卜辞，都是卜问祭祀"四大示"的。

(32) 辛未卜：龟二大示。（《屯南》935，四期）

该辞是第四期卜辞，是卜问祭祀"二大示"的。

以上卜辞表明，"大示"的数目有"七大示"、"六大示"、"四大示"、"二大示"，可见卜辞中的大示并不只包含六个直系祖先。

那么，"大示"是指哪些祖先呢？这可由以下两个方面来证明：

首先，由大示祖先的职能来看：

(33) 甲申卜：于大示告方来。（《屯南》243，四期）

(34) 壬辰：于大示告方。（《屯南》63，四期）

(35) 于大示告方。（《合集》33053，四期）

(36) 己巳卜：于大示亚㞢、㞢告。（《合集》32273，四期）

以上四条卜辞都是第四期卜辞。前三辞是就与方国的战事问题告祭于大示的诸祖先。后一辞可能是就亚㞢、㞢的事情告祭于大示的诸祖先，或是亚㞢、㞢告祭于大示的诸祖先。

(37) 丁亥卜：其求年于大示。即日此，又雨。吉。（《屯南》2359，三期）

(38) 庚午贞：于大示求禾。雨。（《合集》33320，四期）

这两条辞一为第三期卜辞，一为第四期卜辞，两辞均是就农事问题向大示求年、求禾的，即祈求有充足的雨水以保佑有好年成。第 (37) 辞是唯一一条属于第三期的关于祭祀大示的卜辞。

(39) 贞：王疾隹大示。（《合集》13697 正乙，一期）

(40) 贞：不隹大示㞢王。（《合集》14833 正，一期）

(41) 贞：酒大示于丁。（《合集》14837，一期）

(42) 壬申贞：大示隹乍我㞢。（《屯南》2785，四期）

这四条辞前三辞为第一期卜辞，后一辞为第四期卜辞。第 (39) 辞卜问商王有疾是否由于大示的祖先作祟的结果。第 (40) 辞卜问不会是大示的祖先加害于商王吧，"㱿"之意为害①。第（41）辞卜问于丁日祭祀大示的祖先。该辞的"丁"字或可释作"祊"，即宗庙②，如此，则该辞是卜问于宗庙中祭祀大示的祖先。第（42）辞是卜问大示的祖先是否会作孽于我即商王的"俞"，"俞"字不识，可能是指建筑物之类的东西。

以上卜辞反映，在商人的眼里，大示的祖先管理着战事、农业生产的丰歉、商王的疾病、商邑的建筑、商王的福祸等，即大示的祖先的职能是比较重要也是比较广泛的，这与其他卜辞所反映的直系祖先的职能是一致的。由此看来，大示应是指的直系祖先的集合的庙主。

由以上所列举的关于大示的卜辞可以看到一个很重要的现象，即有"大示"的卜辞基本上都是属于第四期或第一期的卜辞，再检视其他有"大示"的卜辞也是这种情况，除了《屯南》2359 为第三期外，其他也都是第四期或第一期卜辞。这种情况就给了我们一个很重要的启示：即"大示"这个集合的庙主的称谓主要只是属于第四期、第一期这两个特定的历史时期。

其次，"大示"的所指还可由与祭祀"小示"的卜辞进行对比来看：

卜辞中单独记录"小示"的辞例并不多，"小示"一般都是与其他"示"在一条卜辞中出现的。与记有"大示"的卜辞一般都是属于第四期或第一期的卜辞一样，记录"小示"的卜辞也大多是属于第四期或第一期的，以第四期为多见，第一期只是偶见。下面是单独记录"小示"的卜辞：

（43）癸丑卜，贞：小示㞢羌。（《合集》557，一期）

（44）小示卯宙羊。（《合集》14835，一期）

（45）……小示求宙羊。（《屯南》3822，四期）

（46）率小示求龙。（《屯南》4233，四期）

第（43）、（44）辞是第一期卜辞，第（45）、（46）辞是第四期卜辞。第（43）辞卜问用羌人侑祭小示的诸祖先。第（44）辞卜问用剖杀羊来祭祀小示的诸祖先。第（45）辞卜问用羊来求祭小示的诸祖先。第（46）辞的"率"为祭名，"龙"为灾害字，"率小示求龙"应是指率祭小示的诸祖先以求其免除灾害。由以上单独祭祀小示的卜辞可以看到，祭祀小示多用小牲畜

---

① 裘锡圭：《释㞢》，《古文字论集》，中华书局 1992 年版。

② 杨树达：《积微居甲文说·释田乙囨匚》，上海古籍出版社 1986 年版。

羊，不像前举的祭祀大示多用大牲畜牛，而且小示祖先的职能也很有限，这说明小示的祖先不如大示的祖先受尊崇，因此推测小示应是指旁系先王的集合的庙主。

（47）……伐自上甲、大示……五十羌，小示二十［羌］……（《屯南》1113，四期）

这是第四期卜辞，辞残数字，但可知是卜问祭祀自上甲始的诸祖先和大示、小示的诸祖先的。其中祭祀自上甲始的诸祖先和大示的诸祖先祀典相同，即都是用砍杀五十个羌人进行祭祀，祭祀小示的诸祖先只是用砍杀二十个羌人（"羌"字残掉）进行祭祀，由此可以看出小示的地位是低于大示的，这也说明大示应是指的直系祖先的集合的庙主，小示应该是指的旁系先王的集合的庙主。《屯南》的作者在录释该辞时在"自上甲"与"大示"之间点了逗号，这是十分正确的，这或许说明《屯南》的作者也认为上甲是不包括在大示里面的。

卜辞中的"小示"绝大多数是与"自上甲若干示"和"若干示"同见于一条卜辞中的，如：

（48）庚寅贞：酒升伐自上甲六示三羌三牛、六示二羌二牛、小示一羌一牛。（《合集》32099，四期。图5—3）

图5—3　祭祀自上甲六示、六示、小示

（《合集》32099）

这是一条第四期卜辞，卜问用羌人和牛祭祀"自上甲六示"、"六示"和"小示"，其中祭祀"自上甲六示"用三羌三牛，祭祀"六示"用二羌二牛，祭祀"小示"用一羌一牛，这表明："自上甲六示"的地位最高，"六示"的地位次之，"小示"的地位最低。这个"自上甲六示"后注有祀典，并且它不但与"六示"在一条卜辞中出现，而且在"六示"之后也注有不同于"自上甲六示"的祀典，因此，笔者认为在这种情况下，"自上甲六示"就应该连读，而后面在"小示"之前的"六示"应该是"六大示"的省称，由后面的辞例也可以看到，商人在叙述大示的示数时往往都是省略"大"字的。该辞中"自上甲六示"应是指的上甲、报乙、报丙、报丁、示壬、示癸六位先公，"六示"即"六大示"应是指的大乙、大丁、大甲、大庚、大戊、中丁六位直系先王，"小示"则应是指旁系先王。由该辞可以得到两点启示：一是由该辞的"自上甲六示"知他辞的"自上甲"应该是"自上甲六示"的省称，"自上甲"指的就是上甲、报乙、报丙、报丁、示壬、示癸六位直系先公；二是有时"示"是"大示"的省称，"大"字是可以省略掉的，这要从卜辞的具体情况进行判断。"大示"可直称作"示"就为我们解决某些卜辞中的示的所指提供了可能。如下版卜辞：

(49) 庚申贞：又󰀀自上甲，䚄六示□，小示羊。(《屯南》3594，四期)

该辞为第四期卜辞，卜问"又󰀀自上甲，䚄六示□，小示羊"，"󰀀自上甲"是说肢解割裂牲体来祭祀自上甲始的祖先[①]，"自上甲"应是"自上甲六示"的省称，指的是上甲、报乙、报丙、报丁、示壬、示癸六位先公；"䚄六示□"，是说取某种牺牲（牲名残）的血来祭祀六示的祖先，"六示"即"六大示"的省称，指的是大乙、大丁、大甲、大庚、大戊、中丁六位直系先王；"小示羊"是说取羊牲的血来祭祀小示的祖先，祭小示的祭名应与前面的六示一样是"䚄"，"小示"应是指的旁系先王，究竟是哪些旁系先王没有指明。该辞卜问祭祀"自上甲"的祭名是"󰀀"，即肢解割裂牲体，祭祀"六示"即六大示的祭名是"䚄"，即是杀牲取血，二者所用的祀典不同，这就说明"自上甲"和"六大示"的所指是不同的，"上甲"是不应该包括在大

---

① 于省吾：《甲骨文字释林·释乇、󰀀、㞢》，中华书局1979年版。

示里面的。由后面的"小示"知前面的"六示"应该是"六大示"的省称。以上与祭祀"小示"的卜辞对比，也得知"大示"是指直系先王的集合的庙主。

  （50）丁未贞：求禾自上甲、六示牛、小示䘏羊。(《合集》33296，四期)

  （51）乙卯卜，贞：求禾自上甲、六示牛、小示䘏羊。(《合集》33313，四期)

  （52）甲申卜，贞：酒求自上甲、十示又二牛、小示䘏羊。兹用。(《合集》34115，四期)

  （53）甲申卜，贞：酒求自上甲、十示又二牛、小示䘏羊。(《合集》34116，四期)

  （54）乙未贞：其求自上甲、十示又三牛、小示羊。(《合集》34117，四期)

  （55）乙未贞：其求自上甲、十示又三牛、小示羊。(《屯南》4331，四期)

以上六条都是第四期卜辞，都是卜问"求自上甲"和"若干示"及"小示"的。其中第（50）辞与第（51）辞是同文卜辞，都是卜问"求禾自上甲、六示牛、小示䘏羊"，"求禾"即祈求有好年成；第（52）辞与第（53）辞是同文卜辞，都是于甲申日卜问"酒求自上甲、十示又二牛、小示䘏羊"；第（54）辞与（55）辞是同文卜辞，都是于乙未日贞问"其求自上甲、十示又三牛、小示羊"。在这些卜辞中，"求自上甲"、六示、十示又二、十示又三是用大牲畜牛进行祭祀，小示都是用羊血进行祭祀［第（54）、(55)辞省祭祀动词"䘏"未记］。由第（50）、(51)两辞记录求祭是"求禾"来看，其他四条辞的求祭也应是求禾即祈求有好年成的。依前文的论证，这些卜辞中的"自上甲"应是指上甲、报乙、报丙、报丁、示壬、示癸六位先公；在"自上甲"之后"小示"之前的"六示"、"十示又二"、"十示又三"分别是"六大示"、"十大示又二"、"十大示又三"的省称。"六大示"应是指大乙、大丁、大甲、大庚、大戊、中丁六位直系先王，"十示又二"应是指大乙、大丁、大甲、大庚、大戊、中丁、祖乙、祖辛、祖丁、小乙、武丁、祖甲十二位直系先王，"十示又三"当是上述十二位直系先王再加上康丁，小示则是指某些旁系先王。

(56) 庚寅卜，贞：辛卯又岁自大乙十示又□牛、小示䍙羊。(《屯南》1116，四期)

这是一条第四期卜辞，卜问割杀牛祭祀自大乙始的"十示又□"的祖先，取羊血祭祀小示的祖先。自大乙始的"十示又□"的祖先是指直系先王，小示是指旁系先王。同样，该辞对自大乙始的直系先王也没有称"大示"，只简称作"示"，对小示所祭是哪些先王也都没有指明。其实，在这种"示"与"小示"对举的卜辞中，"示"是指"大示"是至为明显的。

总之，"大示"应是指自大乙始的所有直系先王；"小示"是指所有旁系先王。第一期、第四期的"自上甲、大示"是指合祭上甲、报乙、报丙、报丁、示壬、示癸六位直系先公和自大乙始的所有直系先王。这个意见与前举各家的意见都不相同，即"大示"既不是指自上甲始的所有直系先公先王，也不是指上甲、大乙、大丁、大甲、大庚、大戊六位直系先公先王。

第二节　上示、下示

(一) 上示

卜辞中"上示"的称谓仅见于下面一条卜辞：

(1) □戌卜，贞：牵献百牛䍙，用自上示。(《合集》102，一期。图5—4)

这是第一期卜辞，卜问用人物牵奉献的一百头牛，取其血来祭祀"自上示"的祖先。"上示"指哪些祖先？这由下面所列举的有"下示"的卜辞，可以推测这个"上示"应该是指较远世的直系祖先。

(二) 下示

(2) 丁未贞：其大御王，自上甲血、用白豭九，下示䍙牛。在父丁宗卜。(《合集》32330，四期。图5—5)

(3) □□贞：……其大御王，自上甲血、用白豭九，下示䍙牛。在大乙宗卜。

　　□卯贞：其大御王，自上甲血、用白豭九，下示**蠿**牛。在祖乙宗卜。(《屯南》2707，四期)

(4) 甲辰贞：其大御王，自上甲血、用白豭九，下示**蠿**[牛]。
　　(《合集》34103，四期)

图5—4　祭祀自上示
(《合集》102)

图5—5　祭祀自上甲、下示
(《合集》32330)

以上三版卜辞皆是第四期卜辞，四条辞是同文卜辞，都是卜问"自上甲血、用白豭九，下示蠿牛"，即是卜问用九头白豭（公猪）的血祭祀自上甲始祖先，再用"蠿牛"即一般的牛的血祭祀下示的祖先。参照前文例举的祭祀"自上甲"和"小示"的卜辞来看，这里的"自上甲"应是指先公上甲和自大乙始的诸位直系祖先，而"下示"就应理所当然地与小示的地位相同，即应是指旁系先王。但问题也并不那么简单，请看下版卜辞：

第五章　大示、小示、上示、下示、它示等的分指　377

(5) 己亥贞：卯于大［示］，其十牢，下示五牢，小示三牢。
庚子贞：伐卯于大示五牢，下示三牢。（《屯南》1115，四期。图 5—6）

这是新出土于小屯南地的第四期卜骨，上面共刻有九条辞，这两条辞是日期相连的卜问，第一辞于己亥日卜问"卯于大［示］，其十牢，下示五牢，小示三牢"，第二辞于第二天庚子日卜问"伐卯于大示五牢，下示三牢"。对于这两条辞，《屯南》的作者在该片的按语中说："陈梦家认为'上示'与'下示'相对，和'大示'与'小示'相对是相当的，'上示'指'大示'，'下示'指'小示'（《综述》467 页）。在此段卜辞中，'大示'、'下示'、'小示'并列，说明'下示'与'小示'不是一个概念，同样'上示'与'大示'也不是一个概念。从此段辞看，'下示'低于'大示'而高于'小示'。"① 由第一辞用十牢祭祀大示，用五牢祭祀下示，用三牢祭祀小示来看，《屯南》的作者说"'下示'低于'大示'而高于'小示'"是正确的。那么这个"下示"是指哪些祖先呢？这似乎可以参考下条卜辞：

图 5—6　祭祀大示、下示、小示
（《屯南》1115）

(6) 庚寅贞：酒升伐自上甲六示三羌三牛、六示二羌二牛、小示一羌一牛。（《合集》32099，四期）

该辞在前文讨论"小示"时曾例举过，该辞是"六示"、"六示"、"小示"在一辞中出现，笔者曾推测"自上甲六示"是指上甲、报乙、报丙、报丁、示壬、示癸六位先公；"六示"是指大乙、大丁、大甲、大庚、大戊、中丁六位直系

---

① 中国社会科学院考古研究所：《小屯南地甲骨》，下册第一分册，第 1115 片考释，中华书局 1983 年版。

先王，这个"六示"似应是"六大示"的省称，卜辞显示商人在叙述大示的示数时多数都是省略"大"字的；"小示"则是指旁系先王。以此推论上辞的"大示"、"下示"、"小示"，"大示"应是指自大乙始的直系先王，到哪一位直系先王没有指明，"下示"则是否应是指近世的或不太重要的直系先王，"小示"则仍是指旁系先王，当然，凡此都是一种推测，因为商代的祭祀是极为复杂的，如旁系先王羌甲有时就和直系先王合祭，而直系先公报乙、报丙、报丁、示壬、示癸的地位有时又等同于旁系先王（见前举的《合集》32384）。总之，卜辞中偶见于第四期的"下示"的所指是颇费斟酌的，它似乎是指比重要的直系先王差一些，又比旁系先王地位要高的那些直系先王。

第三节 它示、㠯示、黽示、元示、二示、次示

（一）它示、㠯示

卜辞中有"它示"的记录。"它"字，叶玉森谓"即蚕之初文"，并谓"蚕示，乃祀蚕神"①，后多有人从之。1965年，张政烺先生指出，根据字形，该字应释为"它"字②。1979年，张先生再次重申该字应是"它"字，并就卜辞中的"它示"以及与之相关的"㠯示"、"黽示"、"元示"、"二示"等问题做了精辟的论述③。下面是它示与其他示见于一条卜辞的记录：

(1) □□［卜］，大［示］十宰，㠯五宰，它示三宰。八月。（《合集》14353，一期。图5—7）

(2) 庚申卜：酒。自上甲一牛、至示癸一牛，自大乙九示一牢，柂示一牛。（《合集》22159，一期。图5—8）

---

① 叶玉森：《揅契枝谭》。此处转引自张政烺《释"它示"——论卜辞中没有蚕神》，《古文字研究》，第1辑，中华书局1979年版。又收入《张政烺文史论集》，中华书局2004年版。

② 张政烺：《释甲骨文"俄"、"隶"、"蕴"三字》，《中国语文》，1965年第4期。

③ 张政烺：《释"它示"——论卜辞中没有蚕神》，《古文字研究》，第1辑，中华书局1979年版。又收入《张政烺文史论集》，中华书局2004年版。下文所引张先生之论皆出自此文，不再另作注明。

图 5—7 祭祀大示、㚔、它示　　**图 5—8** 祭祀自上甲、至示癸，自大乙九示、柁示
　　（《合集》14353）　　　　　　　　　　　　（《合集》22159）

第（1）辞"大"与"十宰"之间有残字，诸家多补为"示"字；"㚔"，诸家认为是"㚔示"，其说有理，因为卜辞中确有"㚔示"的记录。如：

　　（3）乙卯卜，㱿贞：于㚔示求［年］。(《合集》14348，一期。图5—9)
　　（4）贞：于㚔示求［年］。(《合集》14349，一期)

图 5—9 祭祀㚔示

（《合集》14348）

这两条辞都是第一期卜辞，两条辞的命辞同文，即都是卜问"于羌示求[年]"的（"年"字残掉）。由这两条辞知卜辞中有"羌示"的记录，那么第（1）辞就是卜问用十宰祭祀大示，用五宰祭祀羌示，用三宰祭祀它示。张政烺先生认为"大示十宰"是大示共十个人，每人一宰，这十个人是上甲、大乙、大丁、大甲、大庚、大戊、中丁、祖乙、祖辛、祖丁十人，即上甲加大乙九示；"羌五宰"是上甲以后的五个示每示各得一宰，这五个示只可能是报乙、报丙、报丁、示壬、示癸五位；"它示三宰"是它示共三个人，每人一宰。第（1）辞的"它示"即第（2）辞的"柁示"，张先生说："'柁示一牛'当是柁示每人各得一牛，柁示的数目未列出，用牛的总数也未列出。"张先生说"柁"字从木，它声，即《说文》"杝"字，《说文》："杝，落也，从木，也声，读又若阤。"段玉裁《注》："《小雅》：'析薪杝矣。'《传》曰：'析薪者必随其理。'谓随木理之迆衺而析之也，假'杝'为'迆'也。"张先生说："卜辞的柁示和它示正是'迆'义，皆指直系先王（大示）以外的先王，即过去甲骨学家所称'旁系先王'。"笔者虽然认为"大示十宰"未必是大示共十个人，每人一宰，"羌五宰"未必是上甲以后的五个示每示各得一宰，"它示三宰"也未必是它示共三个人，每人一宰，以及"柁示一牛"也未必是柁示每人各得一牛。笔者认为"大示十宰"是祭祀大示这个集合的庙主用十宰，"羌五宰"是祭祀羌示这个集合的庙主用五宰，"它示三宰"是祭祀它示这个集合的庙主用三宰，"柁示一牛"是祭祀柁示这个集合的庙主用一牛，在这两条卜辞中，大示、羌示、它示、柁示都没有列出具体的先公先王的数目，只有第（2）辞的"自上甲一牛、至示癸一牛，自大乙九示一宰"列出了先王的数目。但笔者认为根据第（2）辞的"自上甲一牛、至示癸一牛，自大乙九示一宰，柁示一牛"的记录来看，张政烺先生说"它示"、"柁示"是指旁系先王是正确的；再由第（1）辞的"大[示]十宰，羌五宰，它示三宰"的大示、羌示、它示所受祭祀的牲品的数量来看，是大示最多（十宰），羌示次之（五宰），它示最少（三宰），也可以看出大示应是指直系先王，羌示或如张先生所说是指报乙、报丙、报丁、示壬、示癸五位先公，它示即柁示是指旁系先王。再将第（1）辞的"大[示]十宰，羌五宰，它示三宰"与第（2）辞的"自上甲一牛、至示癸一牛，自大乙九示一宰，柁示一牛"对比来看，张政烺先生将羌示认定是指报乙、报丙、报丁、示壬、示癸也或是正确的，因为第（1）辞记录祭祀大示用"十宰"，祭祀羌示用"五宰"，祭祀它示用"三宰"，说明大示的地位比羌示地位高，羌示的地位又比它示的高。还有一条卜辞如下：

(5) 辛巳卜，贞：*示，求自上甲一牛，*佳羊、*佳龛。(《合集》14358，一期)

对该辞的"*示"，陈梦家先生释作"牛示"，"牛示"何指，陈先生没有说[①]。张政烺先生则说："'*'本义是一岁牛，此处用作动词。《说文》：'告，牛触人，角著横木所以告人也。'这里的'*'可能应读为'告'。"张先生之意是该辞的"*"也是指"*示"，之"所以说'*佳羊、*佳龛'，表示或羊或龛还没有一定。"此说可取。则该辞是卜问告示，即用一头牛祭祀自上甲始的诸位祖先，用羊或龛祭祀*示，即诸位旁系祖先，由祭祀*示即诸位旁系先王来看，"求自上甲一牛"应是用牛祭祀自上甲始的诸位直系先公、先王。再由上述辞例看，"它示"、"*示"的称谓只出现在第一期卜辞中，即"它示"、"*示"是第一期卜辞对旁系先王集合庙主的称谓。如果按张政烺先生的意见，"*示"是指报乙、报丙、报丁、示壬、示癸五位先公，那么该辞就是卜问用牛祭祀自上甲始的诸位直系先王，是指祭祀上甲、大乙、大丁、大甲等直系先王，再用羊或龛祭祀报乙、报丙、报丁、示壬、示癸五位直系先公，即*示是这五位先公集合庙主的称谓。

(二) 黽示、元示、二示

(6) 乙卯贞：升伐黽示五羌、三牢。(《合集》32086，四期。图5—10)

(7) 丙寅贞：叀亻以羌及它于黽示用。(《合集》32033，四期)

(8) 丁亥贞：多宁以凵又伊尹、黽示。兹用。(《屯南》2567，四期)

(9) 贞：来丁丑又岁于伊、黽示。(《南明》497，四期)

(10) 乙酉贞：又岁于伊、黽示。(《合集》33329，四期)

图 5—10 祭祀黽示
(《合集》32086)

[①] 陈梦家：《殷虚卜辞综述》，中华书局1988年版，第467页。

以上五条卜辞都是第四期卜辞，辞中都有"鼂示"一称。第（6）辞于乙卯日贞问要杀伐五个羌人和"三牢"来祭祀鼂示的祖先，杀羌人祭祀是用人牲，"牢"即牛是大牲畜，还要经过特殊饲养，可见商人对鼂示的祖先是很尊崇的。第（7）辞于丙寅日贞问"叀亻以羌及它于鼂示"，"叀"为语气词，"亻"为人名，"及"，及于之意，"于"，在此辞中作连结词，相当于"与"，则该辞是卜问用羌人祭祀它示与鼂示的祖先。第（8）辞于丁亥日贞问"多宁以鬯又伊尹、鼂示"，"多宁"为官名，"鬯"为一种酒，则该辞是卜问用酒祭祀伊尹和鼂示的祖先。第（9）辞、第（10）辞都是贞问又岁祭"伊、鼂示"的，"伊"即"伊尹"的省称，即两辞都是卜问割杀牲品祭祀伊尹和鼂示的祖先的。那么，"鼂示"这个集合的庙主是指哪些祖先呢？张政烺先生曾根据《合集》32033即《南明》468也即上举的第（7）版中的另外两条辞来证明"鼂示"的所指，其另外两辞是：

丙寅［贞］：峨来告，以［羌］用于……
□□贞：［峨］来告，羌其用自上甲。

张政烺先生说："这片卜骨言'用自上甲'，又言'于鼂示用'［见第（7）辞——引者按］，当指一事。"张先生又列举下面两条卜辞参证：

(11) 辛巳卜，大贞：㞢自上甲元示三牛，二示二［牛］。十三月。（《前》3·22·6，即《合集》25025，二期。图5—11）
(12) 贞：元示五牛，二示三牛。（《哲庵》85）

图 5—11 祭祀自上甲元示、二示

（《合集》25025）

张先生说："元示和二示对言，犹大示和它示对言，前者指直系先王，后者指旁系先王。前一条'㞢自上甲元示'是说祭从上甲以下的大示……这里的'二示'指旁系先王，也就是我们考证的它示。第二条相同，'元示五牛，二示三牛'就是大示五牛，它示三牛。这点讲明白了再回头看，鼂

第五章 大示、小示、上示、下示、它示等的分指 383

示和元示相当，因此我疑心'鼄'当读'元'。《说文》：'鼋，大鳖也。从黽，元声。''鼄'像两手捉大鳖之形，也许就是'鼋'之异体字。"这里张先生是说"鼄示"是指"元示"，也就是"大示"；"二示"与"它示"相当（按：张先生同时也指出"卜辞亦称示壬、示癸为'二示'，应当注意区别"。关于称示壬、示癸为"二示"的卜辞见后文），前者指直系先王，后者指旁系先王。张先生还进一步用下面两版卜辞证明"二示"与"它示"相当：

(13) 贞：元示五牛，它示三牛。（《文物》1972年第11期图版叁·七，即《合集》14354，一期。图5—12）

(14) 贞：元示五牛，二示三牛。（《哲庵》85）

张先生说这两条卜辞"仅一字之异，而这一字之异却是功不可没的。"即第（13）辞的"它示"在第（14）辞中被称作"二示"，这就是说第（14）辞的"二示"相当于第（13）辞的"它示"，都是指旁系先王，这里的"二示"就不是指先公示壬和示癸。以上张先生的这些论断都是非常令人信

图5—12 祭祀元示、它示
（《合集》14354）

服的。又，张先生还曾举下列卜辞证明"二示"不是指示壬、示癸：

(15) 壬寅卜：求其伐归，叀北㲋用。二十示一牛，二示羊，以四戈毳。（《合集》34121、《合集》34122，四期）

(16) 癸卯卜，贞：酒求。乙巳自上甲二十示一牛，二示羊，土燎牢，四戈毳，四巫豭。（《合集》34120，四期）

张先生说："'自上甲廿示'是从上甲到武乙全部的商代直系先王，数目恰合，不多不少，那么'二示'绝对不会是示壬、示癸，只可能是旁系先王了。前者相当于'自上甲元示'，而后者即'它示'。"除这两版卜辞和前举的第（11）、（12）两辞外，下面两条卜辞的"二示"当也不是指示壬、示癸的：

(17) ……贞：㞢自上甲……牛，二示二牛。十三月。（《合集》1159，一期）

(18) 贞：元示三牛、二示三牛。（《合集》14822，一期）

这两条卜辞是第一期卜辞，第（17）辞残数字，但可知是卜问祭祀自上甲始的直系先王的，其"二示"当是指旁系先王而不是指示壬和示癸。第（18）辞卜问用三头牛分别祭祀"元示"和"二示"，与前举的第（12）辞文例相同，所以，这里的"二示"也不是指示壬和示癸，而是指诸旁系先王。由以上卜辞可知，"二示"指旁系先王出现在第一、第二、第四期卜辞中。

（三）次示

《小屯南地甲骨》第751片是第四期卜辞，上面有三条卜辞曰：

(19) 乙酉卜：又伐自上甲、次示。
乙酉卜：又伐自上甲、次示，叀乙未。
乙酉卜：又伐自上甲、次示，叀乙巳。

对于该版卜辞的"次示"，于省吾先生说："均应读为延示。第一条的又（侑）伐自甲延示，甲即上甲。是说伐人以为侑祭，自上甲延续以及于廿示。是延示乃延及廿示的省语。第四期的'自上甲廿示'，廿示指自上甲至武乙言之。"① 姚孝遂则认为："'次示'当即'它示'，指旁系先祖而言。"② 笔者认为姚先生的推说较贴切，应从姚先生说。

总之，由本节的论述可知，商代在祭祀集合的庙主的时候，以大示、上示、䶡示、元示来称呼直系先王集合的庙主，用小示、下示、它示、二示、次示称呼旁系先王集合的庙主。而㚔示或指旁系先王，或如张政烺先生所说，㚔示是指报乙、报丙、报丁、示壬、示癸五位先公。

---

① 于省吾：《甲骨文字释林·释次、盗》，中华书局1979年版。
② 见于省吾主编《甲骨文字诂林》，第一册，中华书局1996年版，第387页"按语"。

第五章　大示、小示、上示、下示、它示等的分指　385

第四节　"若干示"的示例

卜辞多有卜问祭祀"若干示"的，据笔者统计，计有：元示、二示、三示、四示、五示、六示、七示、九示、十示、十示又一、十示又二、十示又三、十示又四、二十示、二十示又三……本节对这些示各举示例以见一斑。

（一）元示

(1) 乙卯贞：求元示。五月。（《合集》14827，一期）
(2) 己未贞：叀元示又升岁。（《合集》34088，四期）
(3) ……于六元示。五[月]。（《合集》14830，一期）

第（1）辞卜问求祭元示。第（2）辞卜问又升岁祭元示。第（3）辞卜问祭祀"六元示"。前已证明元示是指直系先王，不知属于第一期的第（3）辞的"六元示"是指哪六位直系先王。

（二）二示

(4) 辛亥卜：舌上甲牛三、三报羊、二示牛。
　　辛亥贞：舌自上甲、三报羊、二示牛。（《合集》32349，四期）
(5) 三报、二示及上甲酒，王受又。吉。（《屯南》2265，三期）
(6) 丙申卜：又三报、二示。（《合集》32392，四期）
(7) 三报、二示卯，王祭于之若，又正。（《合集》27083，三期）

第（4）版中有两条辞，内容相同，都是于辛亥日卜问舌①，即肢解割裂三头牛（第二辞省"牛三"二字）祭祀自上甲（第一辞省"自"字）始的诸位祖先，肢解一只羊祭祀"三报"，即报乙、报丙、报丁，肢解一头牛祭祀"二示"，这里的"二示"就不会是前文所论证的是指诸旁系先王，而应是指示壬、示癸两位先公了。由该辞可以看到，上甲和"二示"是用牛进行祭祀，"三报"则是用羊进行祭祀，祭祀上甲用三头牛，祭祀"二示"

---

① 见于省吾《甲骨文字释林·释毛、舌、䛠》，中华书局1979年版。

用一头牛，这表明上甲的地位最高，二示的地位次之，三报的地位最低。又该版还告诉我们"自上甲"有时只是指上甲一人，因为第二辞在"自上甲"之后紧接的是"三报"，因此"自上甲"有时只是指从上甲开始的意思，并不是指自上甲起的诸位祖先。第（5）版是卜问酒祭"三报、二示及上甲"的，第（6）版是卜问又祭"三报、二示"的，第（7）版是卜问卯祭"三报、二示"的，这些卜辞中的"二示"都应是指示壬、示癸，而不是指旁系先王。另有一条卜辞说：

（8）□亥卜，贞：二示御大乙、大甲、祖乙五宰。（《合集》14867，一期）

该辞的"二示"似也应是指示壬、示癸，卜辞是卜问用"五宰"来对示壬、示癸、大乙、大甲、祖乙举行御祭。

（9）丁亥卜：屮岁于二示父丙、父戊。（《合集》22098，一期）

该辞于丁亥日卜问"屮岁于二示父丙、父戊"，这里的"二示"就既不是指旁系先王，也不是指示壬、示癸，而是指辞中的"父丙、父戊"，"二示"的"示"是指神主。卜辞中还有一些"二示"就不能确知其所指了，如：

（10）癸未卜：登来于二示。（《合集》34107，四期）
（11）辛亥贞：又升于二示。（《合集》34106，四期）

这两条卜辞的辞文过于简单，使我们不能断定其"二示"的确切所指。

（三）三示

（12）癸酉卜：其束三示。（《合集》30381，三期）
（13）庚戌……三示，求雨。（《合集》21082，一期）
（14）……屮三示，不隹祸。（《合集》21297，一期。图5—13）

以上三辞是卜问祭祀三示的，或辞过于简略，或字多有残，不知其各"三示"之所指。

（四）四示

(15) 甲寅卜：其求于四示。（《屯南》275，四期。图5—14）

(16) 乙酉卜：求于四示。

　　丙戌卜：求于四示。（《合集》22062正反，一期）

(17) 庚午卜：……四示牛□、五示羊□。（《合集》34108，四期）

图5—13　祭祀三示
（《合集》21297）

图5—14　祭祀四示
（《屯南》275）

第(15)、(16)两版中的三条辞都是卜问求祭四示的，其四示之所指不得而知。第(17)版卜问用牛祭祀四示，用羊祭祀五示，估计用大牲畜牛祭祀的四示应是四个直系先王，而用小牲畜羊祭祀的五示应是五个旁系先王。

（五）五示

(18) 翌乙酉屮伐于五示：上甲、成、大丁、大甲、祖乙。（《合集》248正，一期）

该辞卜问于未来的乙酉日伐祭上甲、成、大丁、大甲、祖乙五示祖先，这五位祖先均为直系先公、先王。

  (19) 己丑卜，大贞：于五示告：丁、祖乙、祖丁、羌甲、祖辛。（《合集》22911，二期。图5—15）

图5—15　祭祀五示：丁、祖乙、祖丁、羌甲、祖辛
（《合集》22911）

该辞卜问告祭丁、祖乙、祖丁、羌甲、祖辛五示祖先，这是第二期卜辞，由祖丁、羌甲、祖辛三位是世系由近而远相连来看，"祖乙"当是指祖丁之子小乙，"丁"当是指小乙之子武丁，是第二期祖甲时称其父为"丁"。该辞除羌甲为旁系先王外，其他四位为直系先王，是直系先王与旁系先王的合祭，此辞的"示"是指神主。

  (20) 己卯卜：于五示御王。（《屯南》250，四期）
  (21) 己丑贞：……王寻告土方五示。在衣，十月卜。（《屯南》2564，四期）
  (22) 丁酉卜：五示十羌又五。（《合集》32063，四期）
  (23) 己丑卜：其……五示牛。（《合集》34109，四期）

第（20）辞是卜问向五示举行御除商王灾祸之祭；第（21）辞是卜问就土方之事向五示举行告祭；第（22）辞卜问用十五个羌人祭祀五示；第（23）辞卜问用大牲畜牛祭祀五示。由用羌人和牛祭祀五示和向五示告战事与王事来看，这四条辞的五示都应是指直系先王。商人合祭多个示的情况，前已举出四示、五示合祭，下面的卜辞则表明至少是三个集合的庙主的合祭：

(24) ……六示三、五示二、十示又……（《合集》34119，四期）

该辞虽残掉多字，但可知是六示、五示和十又几示的合祭。

（六）六示

(25) 庚寅贞：酒升伐自上甲六示三羌三牛，六示二羌二牛，小示一羌一牛。（《合集》32099，四期）

该辞在前面讨论小示时曾例举过［见第（48）辞］。其辞中两个"六示"的所指笔者也有所论述，其说是：该辞卜问用羌人和牛祭祀"自上甲六示"、"六示"和"小示"，祭祀"自上甲六示"用三羌三牛，祭祀"六示"用二羌二牛，祭祀"小示"用一羌一牛，因此，"自上甲六示"的地位最高，"六示"的地位次之，"小示"的地位最低。这个"自上甲六示"在卜辞中常见，它的所指应是上甲、报乙、报丙、报丁、示壬、示癸六位先公，但由前面列举的《合集》32384［即第（18）版卜辞］来看，报乙、报丙、报丁、示壬、示癸五位先公的地位又是较其他直系先王为低的，其地位与旁系先王相同，因此，"自上甲六示"又似乎不应是指报乙、报丙、报丁、示壬、示癸五位先公，其所指不好定夺，今暂将其定为是指上甲至示癸的六先公。而"六示"就可能是指大乙、大丁、大甲、大庚、大戊、中丁六位直系先王了，这个"六示"似应是"六大示"的省称，由后面的辞例可以看到，商人在叙述大示的示数时往往都是省略"大"字的。"小示"则应是指旁系先王。由该辞可知"大示"有时是可以省称为"示"的。

(26) 丁未贞：求禾自上甲、六示牛、小示羍羊。（《合集》33296，四期）

(27) 乙卯卜，贞：求禾自上甲、六示牛、小示蠢羊。（《合集》33313，四期）

(28) 庚申贞：又告自上甲，蠢六示☐，小示羊。（《屯南》3594，四期）

这三条辞在讨论小示时也都曾论述过［见第（50）、（51）、（49）辞］，笔者认为第（26）、（27）两辞卜问"求禾自上甲、六示牛、小示蠢羊"，即为了祈求有好的年成，用牛祭祀自上甲和六示祖先，用羊祭祀小示的祖先，自上甲、六示享受的祭品是大牲畜牛，小示享受的祭品是小牲畜羊。"自上甲"应是指上甲、报乙、报丙、报丁、示壬、示癸，"六示"应是指大乙、大丁、大甲、大庚、大戊、中丁六位直系祖先，小示则是指旁系先王。第（28）辞祭小示用羊，知前面的"六示"应该是"六大示"的省称。

(29) 己卯贞：求自上甲、六示。（《合集》34111，四期）

(30) 己卯贞：求自上甲、六示。（《屯南》2129，四期）

(31) 壬辰卜：求自上甲、六示。（《合集》32031，四期）

这三条卜辞都是卜问求祭自上甲和六示的祖先的，"自上甲"是指上甲、报乙、报丙、报丁、示壬、示癸，"六示"是指大乙、大丁、大甲、大庚、大戊、中丁六位直系祖先。

(32) 甲戌贞：六示勺牛。（《合集》33604，四期）

(33) 其作壱六示。（《合集》34101，四期）

这两条辞都属于第四期。第（32）辞卜问用杂色牛祭祀六示祖先；第（33）辞卜问六示祖先是否作祟。从选用杂色牛来祭祀和六示祖先作祟来看，这六示祖先应当是指大乙、大丁、大甲、大庚、大戊、中丁六位直系先王。

由以上祭祀六示祖先来看，多有"自上甲、六示"的卜问。

(七) 七示

(34) 壬戌卜：于七示自……（《屯南》2534，四期。图5—16)

图 5—16　七示

（《屯南》2534）

"七示"的材料仅见于这一版残辞。

（八）九示

(35) 甲午卜，王：上甲禾九示……（《合集》19804，一期）

该辞"上甲"与"九示"之间的字作"🌾"形，可能是"禾"字的异体，大概是卜问向自上甲始的九示祖先祈求好年成的。

(36) 乙丑［卜］，［贞］：求自大乙至丁祖九示。（《合集》14881，一期）

(37) □酉［卜］，［贞］：［求］九示自大乙至丁祖。（《合集》20065，一期）

(38) 庚申卜：酒。自上甲一牛、至示癸一牛，自大乙九示一牢，柂示一牛。（《合集》22159，一期）

第(36)、(37)辞都是卜问求祭"自大乙至丁祖"的九示祖先的，"丁祖"是"祖丁"的倒置，由大乙至祖丁的九世直系先王是：大乙、大丁、大甲、大庚、大戊、中丁、祖乙、祖辛、祖丁，因此，"自大乙至丁祖九示"〔第(37)辞的"九示"前置〕是指直系九先王。由此两辞知第(38)辞的"大乙九示"也是指由大乙至祖丁的九位直系先王。

(39)……于大甲自九示。(《合集》14879，一期)

该条卜辞有残字，因为该辞是第一期卜辞，所以辞中的"大甲自九示"不会是指由大甲至武丁的九世直系先王[1]，而应是指由先公上甲至大甲的九位直系祖先，即应是指上甲、报乙、报丙、报丁、示壬、示癸、大乙、大丁、大甲九位直系先公先王。以上是可确知的九示的所指，下面是没有明确指明九示所指的辞例：

(40)丁巳卜：求于九示。(《合集》14873，一期)
(41)贞：勿求于九示。(《合集》6229，一期)

这两条辞都是第一期卜辞，是卜问是否举行求祭九示祖先的祭祀的。这种同类型的辞例见于第一期还有：《合集》14880、14874、14875、14876、6257。

(42)辛卯卜：求雨……九示。(《合集》34112，四期)

这是第四期卜辞，有残字，但知是向九示祖先举行求雨之祭。由此推测上举求祭九示祖先的辞例也当是举行求雨之祭的。

(43)丙戌卜，㱿贞：于九示牛。
勿于九示牛。(《合集》14883，一期)

这是正反两面的卜问，卜问是否用牛祭祀九示祖先。用大牲畜牛祭祀九示祖

---

[1] 如果该辞属第一期的祖庚卜辞，那么辞中的"大甲自九示"就可以是指由大甲至武丁的九世直系先王。

先，九示祖先应是直系祖先。

  (44) ……勿告于九示。(《合集》14882，一期)

这是卜问是否不要举行告祭于九示祖先的祭祀。告祭一般是就战事举行的祭祀。

  总之，祭祀九示祖先的辞例多见于第一期卜辞，其卜问的九示祖先多是自大乙至祖丁的九世直系先王，这九世直系先王在商人的心目中是有重要的地位的，所以多次给予合祭，就农事和战事向他们卜问。

  (九) 十示

  (45) □未卜，求自上甲、大乙、大丁、大甲、大庚、大戊、中丁、祖乙、祖辛、祖丁十示，率牲。(《合集》32385，四期)

该辞卜问求祭上甲至祖丁的十世直系先公、先王。在上面讨论九示祖先合祭时例举的第(36)、(37)辞是"求自大乙至丁祖九示"，该辞只是加上了先公上甲而已，加上上甲就变成了"十示"。前两辞属于第一期，该辞属于第四期。

  (46) □戌卜：用侯……上甲十示……(《合集》34113，四期)

该辞有残字，但知也是卜问祭祀自上甲十示的，此十示当与上辞一样，也是指先公上甲加上自大乙至祖丁的九位直系先王，共十示直系祖先的。

  (47) 于十示求一牛。(《合集》34114，四期)
  (48) 丁亥卜：求……十示二牛、十示……于来乙巳。(《合集》33104，四期)

这两条辞是卜问用牛祭祀十示的祖先的。

  (49) ……十示出酒。(《合集》14886，一期)

以上的"十示"当也是指上甲加大乙至祖丁的九示直系祖先。

(50) 己卯卜：眔三报至屮甲十示。（《合集》22421 反，一期）

此辞卜问眔祭"三报至屮甲十示"，"三报"当指报乙、报丙、报丁三位商先公，"屮甲"指谁？从他与商先公合祭来看，他也应当是指商王室的成员，而且其世次在报丁之后七世，但不知此十示是否包括直系先公、先王，如包括直系先公先王，则十示是：报乙、报丙、报丁、示壬、示癸、大乙、大丁、大甲、大庚、小甲，则"屮甲"是指旁系先王小甲。是否如此，不得而知。

（十）十示又一

(51) 癸亥贞：王其伐卢羊，告自大乙，甲子自上甲告十示又一牛。兹用。在采四隹。（《屯南》994，四期。图5—17）

该辞是第四期卜辞，卜问"告自大乙"及"自上甲告十示又一"。"上甲十示又一"应是上举的"上甲、大乙、大丁、大甲、大庚、大戊、中丁、祖乙、祖辛、祖丁十示"加上小乙，共十一示。"告自大乙"应是提示"自上甲告十示又一"是指除上甲外从大乙开始的十位直系先王。

（十一）十示又二

(52) □□［卜］，口贞：祖祝……上甲、大乙、祖乙……丁，之乙酉求……乙十示又二。（《合集》27080，三期）

该辞为第三期卜辞，辞残多字，大概是卜问自上甲始的十二示祖先的（但"大乙"之后又写的"祖乙"），如果是自上甲始的十二示祖先，则应是上甲加自大乙始到武丁为止的十二位直系先公先王。

(53) 甲申卜，贞：酒求自上甲十示又二牛、小示䲹羊。兹用。（《合集》34115，四期。图5—18）

(54) 甲申卜，贞：酒求自上甲十示又二牛、小示䲹羊。（《合集》34116，四期）

第五章　大示、小示、上示、下示、它示等的分指　　395

图 5—17　祭祀大乙、自上甲十示又一
（《屯南》994）

图 5—18　祭祀自上甲十示又二、小示
（《合集》34115）

这两辞是第四期同文卜辞，都是于甲申日卜问"酒求自上甲十示又二牛、小示羉羊"，祭祀"自上甲十示又二"用大牲畜牛，祭祀小示用小牲畜羊，因此"自上甲十示又二"是指上甲、大乙、大丁、大甲、大庚、大戊、中丁、祖乙、祖辛、祖丁、小乙、武丁十二位直系祖先，小示是指旁系先王。

(55) 于十示又二求。（《合集》32440，四期）

(56) 于十示又二又伐。兹用。（《屯南》1015，四期）

这两辞都是第四期卜辞。第（55）辞卜问求祭十示又二的祖先；第（56）辞卜问伐祭十示又二的祖先。这十示又二的祖先也应当是指由上甲加自大乙始到武丁为止的十二位直系先公先王。

（十二）十示又三

(57) 乙未贞：其求自上甲十示又三牛、小示羊。（《合集》34117，四期。图5—19）

(58) 乙未贞：其求自上甲十示又三牛、小示羊。（《屯南》4331，四期）

(59) 甲辰贞：今日求禾自上甲十示又三。（《屯南》827，四期）

这三条辞都是第四期卜辞。其中第（57）、（58）辞为同文卜辞，都是于乙未日贞问"其求自上甲十示又三牛、小示羊"，祭祀"自上甲十示又三"用大牲畜牛，祭祀小示用小牲畜羊，因此"自上甲十示又三"是指上甲、大乙、大丁、大甲、大庚、大戊、中丁、祖乙、祖辛、祖丁、小乙、武丁、祖甲十三位直系祖先，小示则是指旁系先王。第（59）辞是卜问向"自上甲十示又三"的祖先求禾的，其"十示又三"也是指由先公上甲加大乙至祖甲止的十二位直系先王的。

（十三）十示又四

(60) 弜求，其告于十示又四。（《合集》34092，四期。图5—20）

(61) 弜求，其告于十示又四。（《屯南》601，四期）

图5—19 祭祀自上甲十示又三、小示
（《合集》34117）

图5—20 祭祀十示又四
（《合集》34092）

这两辞都是第四期卜辞，是同文卜辞，都是卜问不要求告于"十示又四"的祖先吧？"十示又四"应是指由先公上甲加大乙至康丁止的十三位直系先王的。

（十四）二十示

（62）癸卯卜，贞：酒求。乙巳自
　　　上甲二十示一牛，二示羊，
　　　土燎牢，四戈彘，四巫豭。
　　　（《合集》34120，四期）

（63）壬寅卜：求其伐归，叀北㡀
　　　用。二十示一牛，二示羊，
　　　以四戈彘。（《合集》34121，
　　　四期）

（64）壬寅卜：求其伐归，叀北㡀
　　　用。二十示一牛，二示羊，
　　　以四戈彘。（《合集》34122，四期。图5—21）

图 5—21　祭祀二十示、二示、四戈
（《合集》34122）

这三条卜辞都属于第四期。第（62）辞于癸卯日卜问用一牛祭祀"自上甲二十示"，郭沫若先生曾说："廿示者，自上甲以下至武乙父子相承共二十世，此辞盖文丁时所卜。知自上甲算起者，《戬》（1·9）有一骨，其中有辞与此大同小异。其辞云：'癸卯卜贞，酒求乙巳自上甲廿示一牛，二示羊，〔土燎〕四戈彘〔牢〕四巫豕'，壬寅癸卯日辰相连，盖亦同时所卜。"① 郭先生所论极为正确，"自上甲廿示"与"二示"对贞，祭祀"自上甲廿示"用大牲畜牛，祭祀"二示"用小牲畜羊，"自上甲廿示"当为直系祖先，该辞为第四期卜辞，由上甲至武乙直系正是二十世，盖此辞应为文丁卜辞。近年，有人就卜辞的分期问题提出疑义，从而对郭沫若上述对"上甲廿示"的论述也提出疑义②，通过对"二示"等的论述，可知郭沫若先生所论坚不可移。第（63）、（64）辞为同文卜辞，是卜问用牛祭祀"二十示"，用羊祭祀"二示"，与第（62）辞的区别仅在于该两辞省略了"自上甲"三字，它们与第（62）辞一样，"二十示"也应是指自上甲至武乙的二十世直系祖先。

---

① 见郭沫若《殷契粹编·考释》，第36—37页。郭先生引《戬寿堂所藏殷虚文字》1·9，即《合集》34120，也即上引第（62）辞的文字有误。

② 李学勤：《关于自组卜辞的一些问题》，《古文字研究》，第3辑，中华书局1980年版。裘锡圭：《论"历组卜辞"的时代》，《古文字研究》，第6辑，中华书局1981年版。

由本节的论述可知，商人比较重视的"若干示"有：自上甲六示、九示、十示，这些祖先是上甲、大乙、大丁、大甲、大庚、大戊、中丁、祖乙、祖辛、祖丁，这与我们在上一章讨论商人对先公、先王的崇拜与祭祀时所得的结论是一致的；由本节的论述又可知，卜辞中的"若干示"绝大多数都是指大示，"若干示"只是"若干大示"的省称，即"若干示"绝大多数都是指称直系祖先的。

第六章

对异族神的祭祀

《左传·成公四年》曰："非我族类，其心必异。"《僖公十年》又曰："神不歆非类，民不祀非族。"这是说不是同族的人，其心必有不同；神灵是不会食用别族的祭品的，民也不会祭祀别族的神灵的。但殷墟甲骨卜辞却表明，古代的这种祭祀原则在殷商时期还尚未施行。卜辞表明，殷人对有功于商族的异族名臣是非常尊崇的，在这些名臣去世后，商人对他们进行着频繁而隆重的祭祀，并且世代不断。

殷墟甲骨卜辞表明，商人最重视的异族神有伊尹、伊奭、黄尹、黄奭、咸戊。下面就商人对他们的祭祀情况分别予以叙述。

一 对伊尹的祭祀

伊尹是商代最有名的重臣，文献和卜辞的记录表明他的地位显赫。如《尚书·君奭》说伊尹是汤时臣。《孟子·万章上》说："伊尹相汤，以王于天下，汤崩，太丁未立，外丙二年，仲壬四年，太甲颠覆汤之典刑，伊尹放之于桐。三年，太甲悔过，自怨自艾，于桐处仁迁义；三年，以听伊尹之训己也，复归于亳。"《孟子·尽心上》曰："公孙丑曰：'伊尹曰：予不狎于不顺，放太甲于桐，民大悦，太甲贤，又反之，民大悦。'"《尚书·太甲·序》曰："太甲既立，不明，伊尹放诸桐，三年，复归于亳。"《史记·殷本纪》曰："帝太甲既立，三年，不明，暴虐，不遵汤法，乱德，于是伊尹放之于桐宫。三年，伊尹摄行政当国，以朝诸侯。帝太甲居桐宫三年，悔过自责，反善，于是伊尹乃迎帝太甲而授之政。帝太甲修德，诸侯咸归殷，百姓以宁。"①《尚书·太甲上·正义》曰从太甲初立，伊尹就"每进言以戒之。"《尚书·伊训·序》说："成汤既没，太甲元年，伊尹作《伊训》、《肆命》、《徂后》。"《史记·殷本纪》也说："帝太甲元年，伊尹作《伊训》、作《肆命》、作《徂后》。"孔颖达说除上述三篇外，还有《太甲》三篇和《咸有一德》一篇，"皆是伊尹戒太甲"的诫辞（《尚书·太甲上·正义》）。以上记载说明，伊尹在商朝的历史上有两大功劳：一是辅佐成汤打天下，建立了商王朝；二是太甲即位后的行为违背了汤吸取夏朝覆亡的教训而制定的典刑、法度，严重地危害了刚建立不久的商王朝的统治基础，作为辅佐成汤打天下的一代名臣伊尹，就对太甲采取了教训的措施，从而维护和巩固了商王朝的统治，使刚刚建立的商王朝没有重蹈夏朝的覆辙。伊尹在商王朝的建立和巩固上立下了卓越的功勋，使他成为商王朝最显赫的功臣，所以在后世商人的心目中他的地位很高，对他给予频繁而隆重的祭祀，并且世代不断。

伊尹，卜辞中又单称"伊"。

（一）伊尹与商先公、先王合祭②

(1) 癸丑卜：上甲岁、伊宾。（《合集》27057，三期）

(2) □丑贞：王令：伊尹……取祖乙鱼，伐告于父丁、小乙、祖丁、羌甲、祖辛。（《屯南》2342，四期）

(3) 癸巳贞：又升伐于伊，其⩕大乙彡。（《合集》32103，四期。图6—1）

图6—1 祭祀伊、大乙
（《合集》32103）

第（1）辞是第三期卜辞，卜问岁祭上甲和宾祭伊尹。第（2）辞是第四期卜辞，有残字，卜问祭祀父丁、小乙、祖丁、羌甲、祖

---

① 太甲被伊尹放之于桐宫时，伊尹并未自立为王，而是立太丁之弟、太甲之叔外丙为王。见常玉芝《太甲、外丙的即位纠纷与商代王位继承制》，《殷墟博物苑苑刊》，创刊号，中国社会科学出版社1989年版。

② 伊尹与商先公、先王合祭还见于伊尹与若干示的记录，详见后文。

辛，并且祭祀祖乙和伊尹，其中除羌甲外都是直系先王，第四期卜辞中的"父丁"当是武乙称其父康丁。第（3）辞是第四期卜辞，卜问"又升伐"祭伊尹和义祭彡祭大乙，"又升伐"之祭当是用人牲进行祭祀。商人将伊尹与自己重要的先公高祖上甲和重要的直系先王大乙等合祭，说明在商人的心目中，有功于商族的异姓功臣伊尹与自己特别受尊崇的祖先的地位是平等的。

（二）单独祭祀伊尹

1. 用人牲祭祀伊尹

（4）辛卯卜：又于伊尹一羌、一牢。（《屯南》3612，四期。图6—2）

（5）贞：其卯羌伊宾。（《合集》26955，三期）

第（4）辞是第四期卜辞，卜问用一个羌人和"一牢"祭祀伊尹。第（5）辞是第三期卜辞，卜问"卯羌伊宾"，即剖杀一个羌人来宾祭伊尹，剖杀牲畜常见，剖杀人牲则不多见。

（6）乙卯贞：又升伊伐、卯一牛。（《合集》32229，四期）

（7）癸巳贞：其又升伐于伊，其即。（《合集》32228，四期）

图6—2 祭祀伊尹
（《屯南》3612）

（8）乙卯贞：又升伐于伊。（《合集》32896，四期）

（9）丙申贞：酒伊升伐。（《屯南》2032，四期）

以上四条辞均是第四期卜辞，均卜问伐祭伊尹，伐祭当是用砍头的人牲进行祭祀；其中第（6）辞不但对伊尹举行伐祭而且还同时"卯一牛"进行祭祀。

2. 用牢、牛祭祀伊尹

（10）丁丑卜：伊尹岁三牢。兹用。（《合集》32791，四期）

（11）丙寅贞：又升岁于伊尹二牢。（《合集》33273，四期）

（12）丙寅贞：又升岁于伊尹二牢。（《屯南》1062，四期）

以上三辞均是第四期卜辞，分别卜问岁即割杀三牢、二牢祭祀伊尹。

（13）癸巳［贞］：又于伊尹牛五。（《合集》34240，四期）

（14）癸亥贞：其又报于伊尹，叀今丁卯酒三牛。兹用。（《屯南》1122，四期）

（15）乙亥贞：其又伊尹二牛。

乙亥贞：又伊尹。（《合集》33694，四期）

（16）辛亥卜：至伊尹用一牛。（《合集》21575，一期）

（17）伊岁一牛。（《合集》32982，四期）

（18）其□于伊尹一牛。（《合集》27659，三期）

以上六条卜辞分别卜问用五头牛、三头牛、二头牛、一头牛祭祀伊尹，其所用祭名有：又、报、用、岁等。

3. 用宰、羊祭祀伊尹

（19）兮伊尹及酒十宰。（《屯南》1122，四期）

（20）伊尹岁十羊。（《合集》27655，四期）

第（19）辞卜问用"十宰"来祭祀伊尹。第（20）辞卜问用割杀十只羊来祭祀伊尹。

4. 其他祭祀

（21）丁巳卜：升岁其至于伊尹。（《合集》27654，四期）

（22）□申贞：又岁于伊［尹］。（《合集》32789，四期）

（23）丁巳卜，贞：酒岁于伊［尹］。（《合集》34163，四期）

（24）甲寅贞：伊岁，遘报丁日。

甲寅贞：伊岁，遘大丁日。（《屯南》1110，四期）

这四版卜辞都是第四期卜辞，都是卜问岁祭伊尹的。岁为割杀，是杀牲之法，多用于牛、羊牲，也有用于人牲的。第（24）版的第一辞卜问岁祭伊尹是否在适逢祭祀报丁的日子；第二辞卜问岁祭伊尹是否在适逢祭祀大丁的日子。都在丁日，是否伊尹的庙号为"丁"？该版卜辞对伊尹都简称为"伊"。

  （25）乙巳卜：舌至伊尹。（《合集》27661，三期）

这是卜问：舌祭伊尹，"舌"之义为肢解割裂牲体①。

  （26）伊䤈、三十朋。（《屯南》2196，三、四期）

这是卜问用䤈和三十朋祭祀伊尹的，"䤈"字不识，由字形看，当是指酒类之物品，"伊尹"简称之为"伊"。

  （27）丁丑贞：多宁以鬯又伊。（《屯南》2567，四期）

这是卜问多宁（官名）以某种酒祭祀伊尹。"伊尹"被单称作"伊"。

  （28）乙巳贞：其求禾于伊。（《合集》33282，四期）
  （29）乙巳贞：其求禾于伊，宜。（《屯南》93，四期）
  （30）弜求于伊尹，亡雨。（《合集》27656，三期）
  （31）癸酉贞：其求于伊。（《屯南》2567，四期）

以上四条辞是卜问求祭伊尹的，第（28）、（29）辞是卜问向伊尹"求禾"，即祈求有好年成。第（30）辞是卜问是否不要求祭于伊尹，因为不会有雨。这三版卜辞说明伊尹在商人的心目中是掌管农业生产的丰歉，雨水的充足与否。这个功能与商人的重要高祖和重要的直系先王的功能是一样的，可见伊尹在商人心目中的地位是很高的。

  （32）甲子卜：又于伊尹，丁卯。（《合集》32785，四期）

---

① 见于省吾《甲骨文字释林·释乇、舌、䄌》，中华书局1979年版。

（33）丁酉贞：又于伊祊。（《合集》32802，四期）
（34）丁酉贞：又于伊祊。（《屯南》978，四期）
（35）□未，弜又伊尹。（《合集》32784，四期）

这四条辞都是第四期卜辞，都是卜问又祭即侑祭伊尹的。其中第（33）、（34）辞是同文卜辞，卜问"又于伊祊"，"祊"字作"□"，学者都释"伊丁"为"伊祊"，即是指在伊尹的宗庙中对其进行祭祀，这种说法有一定的道理。

（36）……御伊尹五十……（《屯南》3132，三期）

这是第三期卜辞，卜问用五十个什么东西御祭伊尹。

（37）庚申卜：伊彡㞢。（《合集》25091，二期）

这是第二期卜辞，卜问用彡祀祭祀伊尹，"伊尹"被单称作"伊"。

（38）其又蔑及伊尹。（《合集》30451，三期）

这是第三期卜辞，卜问侑祭蔑及伊尹的，"蔑"，陈梦家说："他大约与伊、黄同为旧臣。"①

（39）癸丑子卜：来丁酒伊尹至。（《合集》21574，一期）

这是第一期卜辞，卜问在未来的丁日酒祭伊尹，这也是特意选在丁日祭祀伊尹的。

（40）癸卯卜：叀伊酓。（《合集》32344，四期）

这可能是卜问酓祭伊尹的，伊尹被单称作"伊"。

---

① 陈梦家：《殷虚卜辞综述》，中华书局1988年版，第366页。

殷人将伊尹与重要先公上甲和重要直系先王大乙等合祭，又给予他隆重而种类繁多的祭祀，包括用人牲和经过特殊饲养的牛、羊牲，以及用贝朋等进行祭祀，这说明伊尹在商人心目中有着重要的地位。上面我们曾用第（28）、（29）、（30）三版卜辞说明伊尹在商人的心目中是掌管农业生产的丰歉，雨水的充足与否的，下面的卜辞也进一步反映了这方面的问题：

（41）丁未卜：隹伊壱雨。（《合集》32881，四期）
（42）其宁风伊。（《合集》30259，三期）

该两辞分别卜问伊尹是否会有害于雨水和是否宁风，因为雨水的多寡和大风都会影响农业生产的丰收。两辞中伊尹都被省称作"伊"。

（43）□午卜，狄［贞］：伊其宾。（《合集》27667，三期）
（44）伊宾。（《屯南》1088，三期）
（45）伊弜宾。（《合集》32799，四期）
（46）伊弜宾。（《屯南》2838，四期）

这四条卜辞中，前两条是第三期卜辞，后两条是第四期卜辞，四条辞卜问伊尹是否宾，"宾"字前为"其"、为"弜"，"其"、"弜"后面都是接动词，所以"宾"字是动词，那么是卜问伊尹宾于谁呢？由前面列举的第（1）版卜辞卜问"上甲岁、伊宾"，是否可以推测伊尹是可以宾于先公、先王的？这也反映出伊尹在商人心目中的地位可与商先公、先王比美。这一点，还可由后面列举的卜辞得到进一步证明。

（三）伊尹与若干示

卜辞中有不少"伊尹＋若干示"的记录，这些记录是伊尹与商先公先王合祭的辞例，如：

（47）丁亥贞：多宁以鬯又伊尹、䶈示。兹用。（《屯南》2567，四期）
（48）乙酉贞：又岁，于伊、䶈示。（《合集》33329，四期。图6—3）
（49）贞：来丁丑又岁于伊、䶈示。（《南明》497，四期）

这三条都是第四期卜辞,卜问伊尹与"鼌示"的合祭。"鼌示",张政烺先生考证其是"元示",是指商直系先公先王[①],那么,这三条辞应是伊尹与商直系先公先王合祭的记录。商人重视伊尹由此可见一斑。

  (50)辛巳贞:以伊示。
    弜以伊示。(《合集》32847,四期)
  (51)辛巳贞:以伊示。
    弜以伊示。(《合集》32848,四期。图6—4)

图6—3 祭祀伊、鼌示
(《合集》33329)

图6—4 祭祀伊示
(《合集》32848)

这两版卜辞为同文卜辞,都是正反两面的卜问。先是于辛巳日贞问"以伊示",再问"弜以伊示"。"弜"字在这两版卜辞中都是副词性否定词,做副

---

① 张政烺:《释"它示"——论卜辞中没有蚕神》,《古文字研究》,第1辑,中华书局1979年版。又收入《张政烺文史论集》,中华书局2004年版。

词性否定词的"弜"字的意义是不要做什么①，其后主要是接动词②，因此，这两版卜辞中在"弜"字之后的"以"字应该是动词，即是祭名，"伊示"是指伊尹之神主，"以伊示"是说对伊尹之神主举行以祭，"弜以伊示"是说不要对伊尹之神主举行以祭。

  （52）甲申卜：又伊尹、五示。（《合集》33318，四期）
  （53）癸酉卜：又伊、五示。（《合集》32722，四期）

这两条卜辞卜问"又伊尹、五示"［第（53）辞省"尹"字，对"伊尹"单称"伊"］，是说祭祀伊尹和五个商先王。

  （54）壬戌卜：又岁于伊、二十示又三。兹用。（《合集》34123，四期）
  （55）□□卜：[又]岁[于]伊、[二十]示又三。兹用。（《合集》34124，四期）

这两条辞都是第四期卜辞，都是卜问"又岁于伊、二十示又三"的，即祭祀伊尹和二十三示的，"二十示又三"指哪些先公先王，不能确知，陈梦家先生推测其是指自大甲至康丁直系加旁系的二十三个王③，这个说法还有待于证明。

  （56）癸丑卜：又于伊尹。
    丁巳卜：又于十立，伊又九。（《合集》32786，四期）

张政烺先生对该版卜辞考证说："立即位。'又于十位'是说祭祀十个坛位。'伊又九'说明十位受祭祀者是伊尹和九示。这九示大约是'大乙九示'，即

---

 ① 裘锡圭：《说弜》，《古文字研究》，第1辑，中华书局1979年版。又收入《古文字论集》，中华书局1992年版。
 ② 常玉芝：《商代日始论辩——兼及"己未夕𢦏庚申月有食"之年代》，《考古学研究（五）》（《庆祝邹衡先生七十五寿辰暨从事考古研究五十年论文集》），上册，科学出版社2003年版。
 ③ 陈梦家：《殷虚卜辞综述》，中华书局1988年版，第465页。

前文说过的大乙至祖丁九个王。"①

由以上祭祀伊尹的卜辞可以看到，祭祀伊尹的卜辞在第一期、第二期、第三期、第四期卜辞中都有，但以第四期卜辞出现的最多，其次是第三期卜辞。

二 对伊奭的祭祀

在第四期卜辞中还有卜问祭祀"伊奭"的卜辞：

(1) 壬申：刚于伊奭。（《合集》33273，四期）

(2) 甲戌卜：其求雨于伊奭。（《合集》34214，四期。图6—5）

(3) ……[宁]风于伊奭。
……伊奭犬……（《屯南》1007，四期）

(4) ……宁风伊奭一小牢。（《合集》30259，四期？）

图6—5 祭祀伊奭
（《合集》34214）

第(1)辞卜问刚祭即断割牺牲以祭伊奭。第(2)辞卜问向伊奭举行求雨之祭。第(3)版卜问对伊奭举行宁风之祭，用犬对其进行祭祀。第(4)辞卜问用一只小牢来对伊奭举行宁风之祭。这四版卜辞反映伊奭掌管着商人的风雨之气象，也即掌管着商人的农业生产。"伊奭"指谁？陈梦家在《殷虚卜辞综述》中提出了两个意见：一说可能是指伊尹，一说也可能是指伊尹之配偶；但又说由于伊尹、伊奭并见于一版，所以又可能不是指一个人②。准此，并又根据上举第(3)版卜辞卜问祭祀伊奭用犬，第(4)版卜辞卜问祭祀伊奭用一小牢，都是小牲畜，笔者认为，"伊奭"应该是指伊尹之配偶。

---

① 张政烺：《释"它示"——论卜辞中没有蚕神》，《古文字研究》，第1辑，中华书局1979年版。又收入《张政烺文史论集》，中华书局2004年版。

② 陈梦家：《殷虚卜辞综述》，中华书局1988年版，第364页。

三 对黄尹的祭祀

古文献中没有"黄尹"一称，但陈梦家说："卜辞的黄尹、黄奭即《诗·颂》之阿衡、保衡。"①

卜辞中，不见黄尹与商先公先王合祭的辞例。

（一）用人牲祭祀黄尹

(1) 贞：㞢于黄尹二羌。（《合集》563，一期。图6—6）

(2) ……一羌于黄尹。（《合集》411，一期）

这两版卜辞都是第一期卜辞，第（1）辞卜问用两个羌人侑祭黄尹。第（2）辞卜问用一个羌人祭祀黄尹。

(3) 贞：㞢于黄尹十伐、十牛。
贞：勿㞢于黄尹。（《合集》916正，一期）

(4) 己亥卜，㱿贞：㞢伐于黄尹，亦㞢于蔑。（《合集》970，一期。图6—7）

(5) 辛酉卜：㞢黄尹伐。（《合集》971，一期）

以上三版卜辞是卜问伐祭黄尹的。"伐"是砍头以祭，在卜辞中多用于人牲，有时也用于牛、羊牲。第（3）版的两条卜辞从正反两面卜问是否砍杀十个人牲和十头牛来侑祭黄尹。第（4）版卜辞卜问用砍杀人牲来侑祭黄尹，同时也侑祭蔑。

图6—6 祭祀黄尹
（《合集》563）

（二）用牛、豕、羊祭祀黄尹

(6) ……黄尹百牛。（《合集》3489，一期）

(7) 癸未卜，㱿：燎黄尹一豕、一羊、卯三牛、曹五十牛。（《合集》6945，一期）

(8) 三十牛于黄尹。（《合集》14659，一期）

---

① 陈梦家：《殷虚卜辞综述》，中华书局1988年版，第363页。

图 6—7 祭祀黄尹、蔑

（《合集》970）

(9) 丁亥卜：求黄尹燎二豕、二羊、卯六牛。五月。

燎黄尹四豕、卯六牛。（《怀特》899，一期）

(10) 㞢于黄尹四牛。

丁巳卜：㞢于黄三牛。六月。（《合集》3461，一期）

(11) 贞：㞢于黄尹三牛。（《合集》3467正，一期）

(12) 贞：乎黄多子出牛，㞢于黄尹。（《合集》3255正，一期）

以上七版都是第一期卜辞，都有用牛祭祀黄尹的记录。最多时用牛能达到一百头[第（6）辞]。第（7）辞记录商人一次要燎即焚烧一头猪、一只羊，剖杀三头牛，再"卯五十牛"即砍断五十头牛来祭祀黄尹，其祭礼可谓隆重。第（8）辞记录用三十头牛祭祀黄尹。第（9）版上的两条辞分别卜问是用烧两头猪、两只羊和剖杀六头牛求祭黄尹；还是烧四头猪和剖杀六头牛来祭祀黄尹，祀典也很隆重。第（10）辞卜问是用四头牛还是用三头牛来侑祭黄尹。第（11）辞是卜问用三头牛来侑祭黄尹。第（12）辞是卜问"乎黄多子出牛"来㞢祭黄尹，这是说命令黄尹的诸子拿出牛来作牺牲祭祀黄尹。商人虽然用一百头牛祭祀黄尹，但不见他们用牢来祭祀黄尹。

（三）用宰祭祀黄尹

上面已列举了第（7）、(9) 两辞，反映殷人用一羊、二羊祭祀黄尹，下面的卜辞反映殷人还用宰，即经过特殊饲养的羊来祭祀黄尹：

(13) 丁巳卜，内：㞢黄尹宰。（《合集》3461，一期）

(14) 贞：㞢于黄尹宰。（《合集》3467 正，一期）

这两辞都是第一期卜辞，都是卜问用宰来侑祭黄尹的。

（四）其他祭祀

(15) 贞：于黄尹告舌方。（《合集》6146，一期）

(16) 贞：勿于黄尹告。（《合集》6147，一期）

(17) 王占曰：其于黄尹告。（《合集》3473，一期）

以上三条辞也都是第一期卜辞，都是卜问告祭于黄尹的，其中第（15）辞明确记录是就舌方之事告祭于黄尹。黄尹这种能左右战事的功能与商直系先公先王的功能是一致的。

(18) 贞：求于黄尹。

　　贞：勿求于黄尹。（《合集》6209，一期）

该版上的两条卜辞从正反两面卜问是否举行对黄尹的求祭。

(19) 贞：于黄尹卫。

　　贞：勿于黄尹卫。（《合集》3482 正，一期）

该版上的两条卜辞从正反两面卜问是否举行对黄尹的卫祭。

(20) 贞：侑㞢于黄尹。（《合集》6209，一期）

(21) 乙巳卜，亘贞：勿侑㞢于黄尹。（《合集》7260，一期）

(22) 贞：来丁酉㞢于黄尹。（《合集》563，一期）

(23) 㞢于黄尹。（《合集》3467 正，一期）

以上四条都是第一期卜辞，都是卜问是否侑祭黄尹的。

(24) 燎黄尹廌。(《合集》5658反,一期)

该辞卜问燎即焚烧廌来祭祀黄尹,廌指什么动物不能确知。

(25) 癸亥卜,王贞:勿酒。翌䜊于黄尹䜊。三月。(《合集》19771,一期)
(26) 贞:酒黄尹。
    勿衣黄尹䜊。(《合集》945正,一期)

这两版卜辞都是第一期卜辞,是卜问䜊祭黄尹的,"䜊"字,于省吾先生说"应读作臘,均就祭祀时所用的干肉为言"①,因此,该两版卜辞是卜问用干肉祭祀黄尹的。

(27) 叀丁酉酒黄尹。(《怀特》899,一期)

这也是第一期卜辞,是卜问酒祭黄尹的。

由以上祭祀黄尹的卜辞来看,黄尹在殷人的心目中地位还是比较高的,商人用人牲、牛、豕、宰、羊等对其进行祭祀,一次曾用一百头牛或五十头牛;其所使用的祭祀方法也比较繁多,如有:燎、卯、酐、告、求、侑、䜊、酒等。

在殷人的心目中,黄尹不但掌管战事〔如前举的第(15)辞就与舌方的战事问题告祭于黄尹〕,而且还有以下职能:

(28) 癸未卜,出贞:黄尹保我史(事)。
    贞:黄尹弗保我史(事)。(《合集》3481,一期)

该版上的两条卜辞是从正反两面卜问黄尹是否保佑我即商王的诸事顺利的。

(29) □午卜,殻贞:有疾止(趾),佳黄尹壱。(《合集》13682,

---

① 于省吾:《甲骨文字释林·释䜊》,中华书局1979年版。

第六章　对异族神的祭祀　413

一期）

这是卜问商王的脚趾有病，是否由于黄尹加害的。

(30) 丙子［卜］，□贞：黄尹壱王。(《合集》3483 正，一期)
(31) 己未卜，争贞：黄尹壱王。
　　　己未卜，争贞：黄尹壱王。(《合集》6946 正，一期)
(32) 贞：黄尹不祟。(《合集》595 正，一期)
(33) 贞：黄尹祟。(《合集》3479 正，一期)
(34) ……黄尹不我祟。(《合集》3484，一期)

以上五版都是第一期卜辞，卜问黄尹是否壱王、祟王，即是否会有害于商王，作祟于商王。由黄尹可以左右战事，可以保佑商王诸事是否顺利，可以使商王有疾，可以壱王、祟王的这些功能来看，黄尹在商人的心目中有着重要的地位，其功能和商直系先王的功能相近。

（五）黄示

(35) ……［王］占曰：其卫于黄示。(《合集》6324 反，一期)
(36) ……［王］占曰：其屮［于］黄示。(《合集》3505 反，一期。图6—8)

这两条辞都是卜辞的占辞。第(35)辞的占辞说"其卫于黄示"，即卫祭"黄示"，"示"指神主，卫祭黄示即是卫祭黄尹。第(36)辞的占辞说"其屮［于］黄示"，即侑祭"黄示"，同样，"示"是指神主，侑祭黄示即是侑祭黄尹。

以上卜问祭祀黄尹的卜辞均是第一期卜辞。

四　对黄奭的祭祀

第一期卜辞中还有卜问祭祀"黄奭"的卜辞：

(1) 丙寅卜，争贞：屮于黄奭二羌。(《合集》409，一期)

该辞卜问用两个羌人侑祭黄奭。

(2) 㞢犬于黄奭、卯三牛。(《合集》9774 正，一期。图 6—9)

图 6—8　祭祀黄示

(《合集》3505 反)

图 6—9　祭祀黄奭

(《合集》9774 正)

该辞卜问用一条犬和剖杀三头牛侑祭黄奭。

(3) 禘黄奭三犬。

戊戌［卜］，［贞］：禘黄奭二犬。(《合集》3506，一期。图 6—10)

该版上的两条辞分别卜问是焚烧三条犬还是焚烧两条犬祭祀黄奭。"禘"是焚烧之祭，它与燎祭的不同，仅在于架插薪的方法不同。

(4) 贞：于黄奭燎。(《合集》418 正，一期)

图 6—10　祭祀黄奭

(《合集》3506)

这是卜问燎祭黄奭。

  （5）□申卜，争：翌戊戌烖于黄奭。
    翌戊戌勿烖于黄奭。（《合集》575，一期）
  （6）翌庚申烖于黄奭。（《合集》14209正，一期）
  （7）翌庚申烖于黄奭。（《合集》14210正，一期）

以上三版卜辞是卜问烖祭黄奭的，第（5）版上的两辞从正反两方面卜问在未来戊戌日是否烖祭黄奭。第（6）辞与第（7）辞为同文卜辞，卜问在未来庚申日烖祭黄奭。"烖"为祭名，郭沫若认为它"是动词，且与柴燎诸字为近。"①

  由以上七版卜问祭祀黄奭的卜辞来看，祭祀黄奭的祀典是比较隆重的，其祭祀用人牲、牛、犬等，其采用的祭祀方法有燎、禘、烖等方法，一般都是焚烧之祭。"黄奭"是谁？陈梦家在《殷虚卜辞综述》中提出了两个意见：一说可能是指黄尹，一说也可能是指黄尹之配偶；但又说《乙编》中由于黄尹、黄奭并见于一坑，所以又可能不是指一个人②。准此，则笔者认为，黄奭很可能是指黄尹之配偶。

  由上面的讨论可以看到，甲骨文中的"伊尹"的称谓在第一期的子组卜辞和第二期卜辞中只是偶见，在第三期卜辞中有几见，它主要是出现在第四期卜辞中，"伊奭"的称谓则只出现在第四期卜辞中；而"黄尹"的称谓是只出现在第一期的武丁卜辞中。因此，长期以来，多数学者都认为"黄尹"就是"伊尹"，"黄尹"、"伊尹"只是在不同时期的卜辞中出现的不同称谓而已。也有学者如唐兰、陈梦家曾提出"伊尹"和"黄尹"应是指两个人③；近年，齐文心详细论述了伊尹、黄尹应为两个人，她的根据是古文献中有伊国和黄国，而"伊尹"和"黄尹"称谓中的"伊"、"黄"就是国名，又是氏

---

  ① 郭沫若：《卜辞通纂》，第333片考释，科学出版社1982年版。
  ② 陈梦家：《殷虚卜辞综述》，中华书局1988年版，第364页。
  ③ 唐兰：《天壤阁甲骨文存》，第36片考释；陈梦家：《殷虚卜辞综述》，中华书局1988年版，第364页。陈先生的看法与唐先生不一样，他疑"黄尹可能是伊尹之子。"

名,所以伊尹和黄尹是不同国、氏的人,因此,他们也就应是两个人[①]。齐先生这样论述有一定的道理,但是却缺乏最基本的证据,即迄今在卜辞中并未见到有称"伊"和"黄"的地名,也即没有伊国和黄国的记录,而古文献中所载的伊国和黄国在商代是否已经存在了呢? 这是没有证据可以说明的;再者,联想到伊尹对商王朝的建国和巩固所起的巨大作用,如果说伊尹和黄尹是两个人,那么,在商朝的武丁时期就对伊尹基本没有进行过祭祀,而只是到了第四期卜辞的时代,也即武乙、文丁时期,商人才想起应对伊尹进行祭祀了,这是令人费解的,也是不可能的。所以,还是将伊尹、黄尹看作是一个人既合乎情理,又不违卜辞的记录。"伊尹"、"黄尹"只是在不同的历史时期中出现的不同称谓而已。

五 对咸戊的祭祀

殷墟甲骨文的第一期卜辞中有"咸戊"一称,罗振玉、王国维均认为是指《尚书·君奭》中的"巫咸",陈梦家也从其说[②]。卜辞中的"咸戊"还单称"咸"。

祭祀咸戊的卜辞如:

(1) 贞:王其入屮升自咸。(《合集》1381,一期)

(2) 贞:屮自咸。(《合集》1382,一期)

这两条辞都是卜问侑祭"自咸"的,"咸"即咸戊,"自咸"是自咸戊起,不知是祭到谁为止。

(3) 丁未卜,扶:屮咸戊、学戊乎。

丁未[卜],扶:屮咸戊牛。(《合集》20098,一期)

该版中的两条辞都是由贞人扶于丁未日卜问的,第一辞卜问侑祭咸戊和学戊;第二辞卜问用牛侑祭咸戊。

---

① 齐文心:《伊尹、黄尹为二人辨析》,载《英国所藏甲骨集》,下编上册,中华书局1991年版。

② 见陈梦家《殷虚卜辞综述》,中华书局1988年版,第365页。

(4) 丁巳卜：业咸戊。(《合集》19946 正，一期)

(5) 贞：业咸戊。(《合集》952 正，一期)

(6) 贞：业于咸戊。(《合集》3507，一期。图 6—11)

(7) 贞：勿业于咸戊。(《合集》3509 正，一期)

以上四条卜辞都是卜问是否业祭即侑祭咸戊的。

图 6—11　祭祀咸戊
(《合集》3507)

(8) 贞：燎于咸，㳄。
　　贞：勿燎于咸，㳄。(《合集》1385 正，一期)

该版上的两条辞从正反两面卜问是否燎祭咸戊，"㳄"字，于省吾先生释作"㳄"，是"㳄"字的初文，应读作次"，该版卜辞的"㳄"是"指巫咸被祭的神主位次言之。"①

(9) 贞：翌乙未酒咸。(《合集》1384，一期)

这是卜问酒祭咸戊。

(10) ……告于咸。(《英藏》86 反，一期)

这是卜问告祭于咸戊。

以上卜辞反映殷人对咸戊主要是举行业即侑祭，间以燎祭、告祭、酒祭等。由对咸戊的祭祀来看，咸戊在殷人心目中的地位远不如伊尹（黄尹）来得重要。

---

① 于省吾：《甲骨文字释林·释㳄、㳄》，中华书局 1979 年版。

有一条卜辞似是卜问祭祀咸戊之配偶的：

(11) ……咸妻屮艮。(《合集》727 正，一期)

这是卜问用"艮"即人牲来祭祀咸戊之配偶。

卜辞反映咸戊在商人的心目中是有一定的功能的，如：

(12) 咸戊壱王。
咸戊弗壱王。(《合集》10902，一期)
(13) 贞：咸允左王。
贞：咸弗左王。(《合集》248 正，一期)
(14) 王梦不佳咸。(《合集》17372，一期)
(15) 贞：佳咸戊。
不佳咸戊。(《合集》1822 正，一期)

第(12)版中的两条辞从正反两面卜问咸戊是否有害于商王。第(13)版中的两条辞从正反两面卜问咸戊是否佐助商王。第(14)辞卜问商王做(不好的梦)不是由咸戊造成的吧。第(15)版中的两条辞从正反两面卜问某事是否咸戊造成的。

卜辞反映咸戊可以宾于帝，别的商王也可以宾于咸戊：

(16) 贞：大甲不宾于咸。(《合集》1401，一期)
(17) 贞：大甲不宾于咸。
贞：咸不宾于帝。
贞：咸宾于帝。
贞：下乙不宾于咸。(《合集》1402 正，一期)
(18) 甲午卜，争贞：王宾咸日。(《合集》1248 正，一期)

第(16)辞卜问大甲不会宾于咸吧。第(17)版上有四条辞，第一辞卜问大甲不会宾于咸吧；第二辞、第三辞从正反两面卜问咸是否宾于上帝；第四辞卜问下乙(即祖辛之父祖乙)不会宾于咸吧。第(18)版卜辞卜问"王宾咸日"，"咸日"是祭祀咸戊的日子，反映了商人祭祀咸戊是有一定的日子的。

以上这些反映咸戊功能的卜辞，说明咸戊在商人的眼里还是一个比较重要的人物。

由本章所论述的商人对伊尹、伊奭、黄尹、黄奭、咸戊的祭祀，可以看到，商人对有功于商族历史发展的非本族的重臣也是给予祭祀的，对其配偶也进行祭祀；并且功劳越大，地位就越高，所受到的祭祀就越频繁、越隆重。如伊尹不但祀典隆重，而且能与商重要先公和重要直系先王合祭。又，商人对非本族的重臣给予祭祀，说明了后世古书上所说的"神不歆非类，民不祀非族"（《左传·僖公十年》）的规则在商代尚未施行；而"非我族类，其心必异"（《左传·成公四年》）的说法也不是人人皆然的。

第七章

商人宗教祭祀的种类

我们在前面的五章中分别论述了商人对上帝及帝廷诸神，对风神、云神、雨神、日神、四方神、东母、西母、土地神和其他诸如鸟、山、川等自然神，对高祖、先公、先王、先妣诸祖先神，以及对异族神的崇拜与祭祀。殷墟甲骨卜辞表明，商人对上述诸神灵（上帝除外）几乎每天都在进行着频繁的、花样繁多的祭祀，从祭祀卜辞中，我们可以看到商人对上述诸神灵的虔诚信仰和衷心崇拜的感情，祭祀是商人最主要的宗教崇拜行为和活动。

第一节 祭名的统计与分类

我们从前文所列举的卜辞中已经看到，商人祭祀诸神灵的祭祀种类或言祭名[①]出奇的繁多。那么，商人的祭祀种类即祭名到底有多少种呢？前人和今人的一些学者曾先后做过统计和研究，本节介绍几个比较重要的研究成果。

一 祭名的统计

"祭名"一词，最早出现于《尔雅·释天》中："春祭曰祠，夏祭曰礿，秋祭曰尝，冬祭曰烝。祭天曰燔柴，祭地曰瘗薶，祭山曰庋悬，祭川曰浮沉。祭星曰布，祭风曰磔。是禷是祃，师祭也；既伯既祷，马祭也。禘，大

[①] 刘源先生最近说："'祭名'不能作为判断祭祖仪式类型的标准"，提出应该将"祭名"定名为"祭祀动词"。见《商周祭祖礼研究》，第一章第一节，商务印书馆2004年版。

祭也。绎，又祭也，周曰绎，商曰肜，夏曰复胙。祭名。"李立新先生分析说："由上述《尔雅》对各种祭祀的定义可知，所谓祭名，就是祭祀的名称，是对不同形式祭祀活动某一方面特性的概括描述。祠、礿、尝、烝，是以不同的祭祀时间为名的；燔柴、瘗薶、庋悬、浮沉、布、磔是以不同的祭祀对象为名的；襫、祃、伯、祷、禘、绎是以不同的祭祀方式为名的。"①

最早系统研究殷墟甲骨卜辞中祭名的是陈梦家先生。1936年，陈先生发表《古文字中之商周祭祀》一文，他列出甲骨文中的祭名有39个，并将其分成七类②。其后，日本学者岛邦男在1958年出版的《殷墟卜辞研究》、1977年出版的《殷墟卜辞综类》两书中也有卜辞祭名的叙述，共列有所谓"祭名"264个③，但他所列"祭名"过于宽泛，有不少非祭名在内④。1980年，孙睿彻的《从甲骨卜辞来研究殷商的祭祀》一文⑤，共列祭名61个。1988年，赵诚的《甲骨文简明词典——卜辞分类读本》共列祭名134个⑥。1989年出版的徐中舒主编的《甲骨文字典》"所列上述四家之外的祭名，往往例证有限，多为疑似祭名，反复研读卜辞，慎重取舍，又得祭名36个"⑦。2003年，李立新发表博士学位论文《甲骨文中所见祭名研究》，在前人研究的基础上，逐一细研卜辞辞例，又另外发现14种祭名或疑似祭名，最后认定祭名共211个⑧，他总结说："商代甲骨文所见祭名的实际总数与这个数字相差应该不会太大，且主要祭名应该没有遗漏。如果说商代甲骨文祭名大约有200个左右，这个结论还是有一定把握的。"⑨ 这211个祭名是：

1. 翌（翌日）。2. 彡（彡日、彡夕、彡龠）。3. 夕。4. 岁。5. 祀。6. 祭。7. 祼（裸）。8. 酻。9. 禦（襫）。10. 廌（荐）。11. 𢍰、廾（登）。12. 叙。

---

① 李立新：《甲骨文中所见祭名研究》，中国社会科学院研究生院博士学位论文，打印稿2003年版。本章所引李立新博士所论皆出自该文，后面不再另作注明，只注明该打印稿的页数。

② 陈梦家：《古文字中之商周祭祀》，《燕京学报》第19期，1936年。

③ ［日］岛邦男：《殷墟卜辞研究》，日本弘前大学出版1958年版；岛邦男：《殷墟卜辞综类》，东京，日本汲古书院1977年版。

④ 见李立新文，第32页注75。

⑤ 孙睿彻：《从甲骨卜辞来研究殷商的祭祀》，台湾大学中国文学研究所硕士论文1980年版。

⑥ 赵诚：《甲骨文简明词典——卜辞分类读本》，中华书局1988年版。

⑦ 见李立新文，第45页。以上所列各家对祭名的统计，皆引自李立新文。

⑧ 李立新认定的祭名实际上是209个，详见下文。

⑨ 见李立新文第46—47页。

13. 血。14. 尞（燎）。15. 告。16. 酉。17. 祷。18. 祝。19. 秦。20. 衣。21. 咎。22. 祊（报）（匸）。23. 帝（禘）。24. 灸。25. 又。26. 㞢。27. 御。28. 龠。29. 叟（壹）。30. 裎（升）。31. 勺。32. 尊。33. 监。34. 鼎。35. 盥。36. 执。37. 餗。38. 取。39. 品。40. 蘿。41. 俎。42. 苴。43. 伐。44. 卯。45. 劊（俎）。46. 刚。47. 攼。48. 盧。49. 祫。50. 索。51. 舞。52. 濩。53. 奏。54. 姬。55. 执。56. 示典。57. 示。58. 祐。59. 舌。60. 言。61. 匀。62. 枫。63. 凤。64. 陟。65. 降。66. 此。67. 燕。68. 熹。69. 用。70. 秅。71. 幎。72. 弹。73. 血。74. 帅。75. 酉。76. 寻。77. 延。78. 肇。79. 作。80. 羞。81. 彝。82. 蠱。83. 宄。84. 往。85. 正。86. 曾。87. 薪（新）。88. 木。89. 喜。90. 祈。91. 司。92. 系。93. 饗。94. 米。95. 智。96. 雍。97. 而。98. 祆。99. 卄。100. 次。101. 興。102. 祩。103. 鼓。104. 庸。105. 燕。106. 万。107. 目。108. 循。109. 肉。110. 競。111. 为。112. 弘。113. 凡。114. 束。115. 埋。116. 即。117. 日。118. 祉。119. ☉。120. 事。121. 幼。122. 求。123. 殁。124. 告。125. 韜（韜）。126. 通（徆）。127. 狩。128. 益。129. 楚（梵）。130. 籫。131. 勻。132. 鼎。133. 逆。134. 琮（𤣥）。135. 惄（惄）。136. 丞（巹）。137. 可（可）。138. 秦。139. 先（兄）。140. 祠（𤔲）。141. 醻（醻）。142. 䲉。143. 凿（凿）。144. 玫（玫）。145. 舟。146. 敉（𢼻）。147. 豐。148. 帚。149. 宿。150. 会。151. 戒。152. 同。153. 沉。154. 晏（𣋛）。155. 囧（囧）。156. 郯（坒）。157. 戬（戬）。158. 衛。159. 盉（呈）。160. 禋（禋）。161. 退（冎）。162. 千。163. 魚。164. 名（𠙵）。165. 玄（𠁁）。166. 鼠（鼠）。167. 彗（𢆉）。168. 吕。169. 𩇯。170. 再（冉）。171. 爰（𠃬）。172. 舁（𦥑）。173. 宁。174. 自（𠂤）。175. 爵。176. 亯（舍）。177. 宴（𡧍）。178. 困。179. 多。180. 壬（𡈼）。181. 望。182. 方。183. 兔（兔）。184. 卩（卪）。185. 糞（糞）。186. 䵊。187. 位（大）。188. 沚（𣲘）。189. 沮（沮）。190. 浴（浴）。191. 至。192. 鹵（鹵）。193. 聼（聼）。194. 乂。195. 陟（陟）。196. 抑（𩒱）。197. 酋（酋）。198. 㲋（㲋）。199. 𠁧。200. 𠀘。201. 馭（馭）。202. 公（公）。203. 散（散）。204. 截（截）。205. 剚（剚）。206. 秉（秉）。207. 甌（甌）。208. 鬲（鬲）。209. 鼎（鼎）。210. 生（生）。211. 𡿨（𡿨）。

综观以上李立新所列的祭名，发现其第 36 个与第 55 个都是"执"，第 13 个与第 73 个都是"血"，即这两个祭名重复出现，因此，李立新博士所总结的祭名应是 209 个，不是 211 个。由于以上学者中，以李立新博士所处研究时代最晚,他所见到的甲骨、金文材料比以往学者都要多,所以他对祭名的统计应该是最全的,他的统计是近年最新的研究成果。不过,这里笔者再给李立新博士补充两个祭名:即:鬻、䰜(煮),这两个祭名均出自商末铜器"四祀𢀛其卣"铭文。这样加上他统计的209个祭名,则仍然是211个祭名。商人祭祀各种神灵有两百多种祭名,真是令人惊叹!商王朝存在着灿烂的祭祀文化。

二 祭名的分类

关于祭名的分类,李立新先生说:"由于甲骨学者对于某些甲骨文字是否是祭名分歧不小,对于大部分公认的祭名的具体内涵的认识分歧更大,这使得学者对祭名的分类相当混乱而不完备。"① 下面根据李立新的总结来介绍几家对卜辞祭名的分类情况②。

(一) 陈梦家对祭名的分类

最早对甲骨文中的祭名给予分类研究的是陈梦家先生。他在1936年发表的《古文字中之商周祭祀》一文中,所列的卜辞祭名有37种,他将这37种祭名分作七类③:

第一类:祭名而为祭日之名者。共列祭名七种:

1. 翌日。2. 肜日。3. 肜夕。4. 夕。5. 岁。6. 祀。7. 丁。

第二类:以所荐祭之物为名者。共列祭名八种:

1. 祭。2. 禋。3. 酹。4. 禜。5. 麇。6. 羞。7. 畀。8. 叙。

第三类:以所祭之法为名者。共列祭名两种:

1. 血。2. 寮。

第四类:祈告之祭。共列祭名七种:

1. 告。2. 晋。3. 祷。4. 祝。5. 先。6. 兑。7. 奉。

第五类:合祭。共列祭名三种:

1. 衣。2. 鲁。3. 奉。

第六类:特殊之祭。共列祭名四种:

1. 祊。2. 帝。3. 㝸。4. 焌。

---

① 李立新文,第47—48页。

② 同上文,第48—56页。

③ 陈梦家:《古文字中之商周祭祀》,《燕京学报》第19期,1936年。

第七类：无所属。共列祭名六种：

1. 又。2. ⼭。3. 遘。4. 御。5. 侖。6. 毀。

李立新说："韩国学者孙睿彻、台湾学者张秉权均遵从这种祭名分类法。孙睿彻在他的硕士论文《从甲骨卜辞来研究殷商的祭祀》中分卜辞祭名为八类：1. 五种祭祀。2. 时祭。3. 荐物之祭。4. 以祭法为名之祭。5. 祈告之祭。6. 乐舞之祭。7. 特殊之祭。8. 其他之祭①。与陈梦家的分类相较，多出'五种祭祀'和'乐舞之祭'，少了'合祭'一项，其他类别均仍而不改。"李又说："张秉权在其所著《甲骨文与甲骨学》②一书第十四章'祭祀巫术与宗教信仰'之第二节'祭祀的种类'中，将陈梦家所列的 37 种祭名及其 7 种类别全盘照录，只是在文末认为陈氏所列祭名'皀'、'遘'、'兌'、'先'等并非祭名，陈氏所列的'有'与'又'，'燎'与'叙'，'祊'与'丁'均为一个字的不同写法，而对陈氏祭名的七种分类却袭而不改。"

（二）岛邦男对祭名的分类

日本学者岛邦男在其《殷墟卜辞研究》一书中③将商代的祭祀按祭祀的对象分成"内祀"和"外祀"。李立新说："岛邦男在讨论内祭、外祭的祭仪（大部分为我们所说的祭名）时，采取了一种相当科学的方法，即根据不同祭名往往相伴出现于同一条卜辞的特点，通过系联关系检出不同的祭名群，就像当年董作宾利用同样的方法发现不同的贞人集团一样。如岛邦男所列五祀的祭仪（即祭名），与'祭祭'有系联关系的祭仪（祭名）有 18 种：工典、勺、岁、叙、夕、祼、彡、牢、祰、衣、先、告、蓺、钦、鼐、奏、戠、冃。与'壹祭'有系联关系的祭仪（祭名）有 9 种：岁、叙、夕、祼、祰、祷、即、既、米。与'䅡祭'有系联关系的祭仪（祭名）有 24 种：勺、岁、叙、夕、祼、彡、牢、祰、衣、告、蓺、祷、既、卣、日、馘、祝、伐、羌、系、卯、𦖞、濩、𥎦。与'彡祭'有系联关系的祭仪（祭名）有 44 种：工典、勺、岁、叙、夕、祼、彡、牢、祰、衣、先、告、蓺、祷、即、既、卣、日、馘、祝、伐、羌、系、㚄、裨、事、俫、尸、鼓、侖、𥁻（酉）、鑾、御、俎、升、盧、𦻀、𪗱、𣢦、族、录、睗、取、竹。与'翌祭'有系联关系的祭仪（祭名）有 23 种：工典、勺、岁、叙、夕、祼、彡、祰、衣、祷、既、

---

① 孙睿彻：《从甲骨卜辞来研究殷商的祭祀》，台湾大学中国文学研究所硕士论文 1980 年版。
② 张秉权：《甲骨文与甲骨学》，台湾国立编译馆 1988 年版。
③ 岛邦男：《殷墟卜辞研究》，日本弘前大学 1958 年版。

卣、日、叙、系、奴、聿、事、餗、登、尊、鬯、报。除去相互之间重复出现的，可得 58 种不同的祭名。"①

（三）董作宾对祭名的分类

李立新指出，董作宾基于他的新、旧派学说将商代的祭祀分为三类②：

第一类，旧派特有的：御、匚、册、帝、炆、告、求、祝、㞢、叀、沉、埋等。

第二类，新派特有的：彡、翌、祭、壹、叠、又（㞢所改的字）、叙（叀所改的字）、日、叙、荐、濩、彡夕、彡龠、夕福。

第三类，旧派新派共有的：勺、福、岁。

（四）李立新对祭名的分类

李立新认为董作宾"对祭名的分类是最为科学和适用的"，他"基于对董作宾分派学说的理解"，"亦将甲骨文祭名按时代分为三类"：

1. 旧派祭名。"主要指祖甲以前盛行的祭名，包括盘庚、小辛、小乙、武丁、祖庚和第四期武乙、文丁七位商王时期卜辞中的祭名。"

2. 新派祭名。"主要指祖甲及其以后盛行的祭名，包括祖甲、廪辛、康丁、帝乙、帝辛五位商王时期卜辞中的祭名。"③

3. 旧派新派共有祭名。"指从旧派到新派贯穿整个商代甲骨文时代，一直行用不衰的祭名。"

李立新说："我们所分的三类祭名并非没有交叉，旧派祭名在新派之中可能仍然被使用，但已不是常用祭名，是'旧常例'在新派中的意外重现。新派祭名也并非仅用于新派之中，它往往在旧派中就早已出现，只是在新派中其使用才得以固定和制度化。"④ 李立新遵从董作宾的新旧派理论，将他认定的 211 种祭名分为三类，其中旧派祭名 148 种，新派祭名 24 种，旧派、新派共有祭名 35 种。其所分各派祭名分别是⑤：

---

① 李立新文，第 50—51 页。

② 董作宾：《为书道全集详论卜辞之区分》，《大陆杂志》第 14 卷第 9 期，1957 年 5 月。又载《中国现代学术经典·董作宾卷》，河北教育出版社 1996 年版。

③ 李立新注曰："其中第三期廪辛、康丁时期的祭名特点游移于旧派、新派之间，难以把握。董作宾将其归入新派是有疑问的。"

④ 见李立新文，第 56 页。

⑤ 见李立新文，第三、四、五章。

旧派祭名：1. 御。2. 屮。3. 燎。4. 告。5. 酻。6. 烄。7. 㠯。8. 登。9. 祝。10. 䆼。11. 舞。12. 卣。13. 万。14. 㪝。15. 刚。16. 盧。17. 陟。18. 降。19. 夙。20. 凡。21. 肇。22. 为。23. 聿。24. 循。25. 㕜。26. 而。27. 雍。28. 曶。29. 米。30. 寻。31. 木。32. 㳄。33. 燕。34. 此。35. 束。36. 興。37. 索。38. 曾。39. 次。40. 𠦝。41. 正。42. 羞。43. 往。44. 宂。45. 作。46. 帥。47. 埋。48. 弹。49. 幎。50. 舌。51. 句。52. 祏。53. 鑾。54. 𦥑。55. 取。56. 練。57. 禘。58. 求。59. 鼓。60. 豊。61. 庸。62. 韶。63. 熏。64. 讎。65. 通。66. 狩。67. 益。68. 棼。69. 箙。70. 鼎。71. 逆。72. 琮。73. 焟。74. 燕。75. 目。76. 丞。77. 可。78. 秦。79. 先。80. 祠。81. 图。82. 穌。83. 啬。84. 殳。85. 敫。86. 宿。87. 会。88. 同。89. 沉。90. 晏。91. 困。92. 羽。93. 衛。94. 戌。95. 𠭯。96. 退。97. 𡇒。98. 魚。99. 名。100. 玄。101. 䬇。102. 彗。103. 吅。104. 噐。105. 再。106. 爰。107. 畀。108. 宁。109. 皀。110. 爵。111. 言。112. 宴。113. 困。114. 多。115. 壬。116. 望。117. 方。118. 免。119. 𠙴。120. 燓。121. 𠀠。122. 位。123. 沚。124. 沺。125. 卤。126. 聽。127. 乂。128. 狽。129. 酉。130. 㲋。131. 祉。132. 𢆉。133. 㡙。134. 戒。135. 甗。136. 𡨄。137. 𢆉。138. 叙。139. 公。140. 敢。141. 截。142. 剔。143. 秉。144. 龓。145. 高。146. 鼒。147. 生。148. 巛。

新派祭名：1. 示典。2. 幼。3. 翌。4. 祭。5. 莒。6. 壹。7. 魯。8. 彡。9. 夕。10. 日。11. 龠。12. 衣。13. 裑。14. 麇。15. 叙。16. 枬。17. 杝。18. 濩。19. 示。20. 姬。21. 殷。22. 歆。23. 監。24. 隡。

旧派、新派共有祭名：1. 岁。2. 酌。3. 酉。4. 裸。5. 禩。6. 俎。7. 祜。8. 言。9. 㩻。10. 卯。11. 伐。12. 祀。13. 血。14. 饗。15. 奏。16. 系。17. 品。18. 弘。19. 祈。20. 堇。21. 竟。22. 祷。23. 彝。24. 用。25. 延。26. 𢏚（䝞？）27. 莽。28. 又。29. 勺。30. 事。31. 尊。32. 勾。33. 舟。34. 浴。35. 至。

李立新对上述 207 个祭名逐一在"祭名的数据统计、释义、祭祀对象、主祭者、祭品、相伴祭名、祭祀的时间、地点、以及目的等"[①] 进行了讨论。他认为"祖庚时期的祭名与第一期武丁时期的祭名特点基本一致，而祖甲时

---

① 李立新文，第 213 页。

期的祭名则突发巨变。""第三期廪辛、康丁时期的祭名特点不像董作宾认为的那样全与祖甲一致,大部分反而与一、四期趋向,应归入旧派,第三期卜辞应一分为二,前段属新派,后段属旧派。这样董作宾所谓武乙、文武丁复古之说就需要订正,真正复古的殷王可能是康丁。"① 李立新对卜辞祭名的研究可说是迄今为止最为详尽的,他的意见应当引起学术界的重视,希望有更多的学者投入到对卜辞祭名的研究中来。

第二节 商人系统祭祀的个案研究

由前文的论述可以看到,商人的祭祀是极其繁多而复杂的。自殷墟甲骨文发现至今的一百年间,学者们对商代的宗教祭祀进行了艰苦卓绝的研究,但到目前为止,我们所能掌握的商代有规律的、有系统的祭祀也就限于商代晚期的"周祭"和"祊祭"两种。本节拟对这两种系统祭祀做较详细地介绍。

一 周祭制度及其规律的认识
(一) 周祭研究的历程

"周祭"是商王及王室贵族用翌(日)、祭、壹、叠(日)、彡(日)五种祀典对自上甲以来的先公、先王和自示壬之配妣庚以来的先妣轮番和周而复始地进行的一种祭祀。这种祭祀是一个王世接着一个王世,连绵不断地举行下去的,因此,它是商王朝一种非常重要的祭祀制度。

最早发现商代周祭制度的是董作宾先生。1929 年,中央研究院在殷墟进行第三次发掘时,得到了四版大龟腹甲,董先生对刻在其上的卜辞做了细致的研究,发现过去一直不明的"贞"上"卜"下一字实是贞人的名字,还发现了用贞人可以推定卜辞的时代②。1933 年,董先生发表了著名的论文《甲骨文断代研究例》,系统地提出了断代的十项标准,即世系、称谓、贞人、坑位、方国、人物、事类、文法、字形、书体,并根据这十项标准将殷墟甲骨卜辞分为五期:

第一期 盘庚、小辛、小乙、武丁

---

① 李立新文,第 214 页。

② 董作宾:《大龟四版考释》,《安阳发掘报告》第 3 期,1931 年。

第二期　祖庚、祖甲

第三期　廪辛、康丁

第四期　武乙、文丁

第五期　帝乙、帝辛[①]

此后，他又进行分类研究，结果又称发现了殷代的礼制有新、旧两派的不同。他定武丁、祖庚、文丁为旧派，祖甲、廪辛、康丁、武乙、帝乙、帝辛为新派，打破了他自己原来的五期分法，另外提出了分派研究法[②]。

董先生在对新派的祀典进行研究时，发现第五期（即他所定的帝乙、帝辛时期）刻在龟背甲上的以彡、翌、祭、壹、翖五种祀典[③]祭祀先王先妣的卜辞中，先王先妣都是"依其世次日干，排入'祀典'，一一致祭"的，而且"秩序井然，有条不紊"[④]，据此他理出了五祀中先王先妣的祭祀次序；同时，他又根据刻在牛胛骨和龟腹甲上的附记甲名先王五祀的卜旬卜辞，理出了每种祀典循序祭祀先王先妣一轮所需要的时间，以及五种祀典循序祭祀先王先妣一轮（即一周期）所需要的时间，认为五祀的一周期通常是三十六旬；他定彡祀为五祀中首先举行的祀典，即五祀之祀首是彡祀，五种祀典是以彡（日）—翌（日）—祭—壹—翖（日）—彡（日）的顺序周而复始地举行的。他将这种系统举行的五种祭祀称为"五祀统"。他还根据卜辞和铜器铭文拟定了帝乙三十五年，帝辛五十二年的祀谱；继而又以第五期的五种祭祀为基准，理出了祖甲时的五祀祀谱。以上这些成果均载于1945年出版的《殷历谱》一书中。

董作宾先生的卜辞分期断代以及五种祭祀制度的发现，对甲骨学和商代史研究都有着重大的贡献。其开夫先路的精神是令人钦佩的，其首创之

[①] 董作宾：《甲骨文断代研究例》，《庆祝蔡元培先生六十五岁论文集》，上册，《国立中央研究院历史语言研究所集刊外编》第一种，1933年。董作宾后来将祖庚由第二期改划为第一期，见《甲骨学五十年》，台北，艺文印书馆1955年版，第109页。

[②] 董作宾：《殷历谱》上编卷一，第一章绪言，1945年版。

[③] 这是董作宾所定的五种祀典的举行顺序，其中彡、翌、翖，又或记作彡日、翌日、翖日。董先生认为"彡为鼓乐之祀，翌为舞羽之祀，祭则用肉，壹则用食（黍稷），而翖为合祭，盖于最后联合他种祀典而一并举行也。"（见《殷历谱》上编卷一，1945年版，第3页。）我们对五祀的举行顺序及翖祀的祀事内容持有不同看法，详见后文。

[④] 董作宾：《殷历谱》上编卷一，1945年版，第3页。

功是不可磨灭的。但是，他的研究也存在不少问题。如关于卜辞的分期断代，自20世纪50年代起，学者们就不断地对他的所谓文武丁卜辞提出辩难，并陆续证明了被他定为文武丁卜辞的𠂤组、子组、午组等组卜辞实际上都是武丁卜辞①；近年，又有证明董先生的第五期卜辞不是如他所说的只是帝乙、帝辛卜辞，而是还包含有不少的文丁卜辞②。对于董先生的五种祭祀即后来学界称之为"周祭"的研究，陈梦家、岛邦男、许进雄、常玉芝四先生也先后进行了系统研究，针对其中的一些问题，都系统地提出了各自的见解③。现在经过学者们半个多世纪的努力，商代这一重要礼制的原貌已经基本清楚了。

要明了周祭，需要弄清以下几个主要问题：一是周祭卜辞的类型和特征，以此弄清周祭的卜问次序和祭祀的程序；二是先王先妣的祭祀次序和受祭数目；三是周祭的祭祀周期与五种祀典的祀首；四是"隹王几祀"词组的意义及周祭祀谱的复原。

（二）周祭卜辞的类型和特征、周祭的卜问次序和祭祀程序

周祭卜辞以第五期卜辞④中的数量最多，内容也最完整、最系统；其次就属第二期卜辞的祖甲卜辞保存的最好了。其他组卜辞或者没有关于五种祭祀的记录，或者虽有而数量很少，又缺乏系统性。因此，研究周祭主要是根据第五期中的五种祭祀卜辞，兼及第二期祖甲的五种祭祀卜辞。笔者曾总结

---

① 陈梦家：《殷虚卜辞综述》，科学出版社1956年版，第154—165页。姚孝遂：《吉林大学所藏甲骨选释》，《吉林大学社会科学学报》1963年第3期。邹衡：《试论殷墟文化分期》，《北京大学学报（人文科学）》1964年第4、5期；又见《夏商周考古学论文集》，文物出版社1980年版。肖楠：《安阳小屯南地发现的"𠂤组卜甲"——兼论"𠂤组卜辞"的时代及其相关问题》，《考古》1976年第4期。目前学术界对𠂤组等组卜辞属于武丁时期意见基本一致，但对其究属武丁早、中、晚何期的看法还有分歧。

② 常玉芝：《祊祭卜辞时代的再辨析》，《甲骨文与殷商史》，第2辑，上海古籍出版社1986年版。

③ 陈梦家：《殷虚卜辞综述》，第十一章，科学出版社1956年版。岛邦男：《殷墟卜辞研究》，弘前大学1958年版。许进雄：《殷卜辞中五种祭祀的研究》，台湾大学文学院1968年版。常玉芝：《商代周祭制度》，中国社会科学出版社1987年版。以下所论各家意见，未注明出处者，皆出自上述各书。

④ 董作宾先生认为第五期卜辞只包含帝乙、帝辛两王的卜辞。但据多位学者研究，第五期卜辞还包含有文丁卜辞。

出了第五期、第二期中五种祭祀卜辞即周祭卜辞的类型和特征①。

关于第五期中的周祭卜辞，迄今所见到的第五期中刻有以翌、祭、壹、劦、彡五种祀典祭祀先王先妣卜辞的甲骨，有 365 版之多，这还不包括那些残掉了祀典名，但可推知是五种祀典的卜辞。第五期中以五种祀典祭祀祖先时，主要使用下面三种类型的卜辞：

第一种：祭上甲及多后的合祭卜辞。辞例如：

癸未王卜，贞：酒彡日自上甲至于多后，衣，亡𡿪。自祸。在四月，隹王二祀。（《合集》37836，五期。图 7—1）

[癸]□王卜，贞：舍巫九册，其酒彡日[自上甲]至于多后，衣，亡𡿪。在祸。在[十月]又二。王𠦪曰：大吉。隹王二祀。（《合集》37835，五期）

图 7—1 周祭自上甲至于多后
（《合集》37836）

这两条卜辞的特点是卜问之日都是在癸日，辞末往往都附记年、月（"隹王几祀"指时王几年②，详后文）。这种合祭卜辞是在一种祀典即将举行之前，于祭上甲（周祭先王始自上甲③）的前一日癸日卜问以某种祀典祭祀上甲及其以后的诸王是否顺利的④。

第二种：附记甲名先王五祀的卜旬卜辞。辞例如：

---

① 关于周祭卜辞的类型和特征见常玉芝《商代周祭制度》，第二章，中国社会科学出版社 1987 年版。

② 董作宾：《殷历谱》上编卷 3，第 2 页上 1945 年版。陈梦家：《殷虚卜辞综述》，中华书局 1988 年版，第 236—237 页。

③ 本来商代先王应当从大乙（即成汤）开始，大乙之前的上甲、报乙、报丙、报丁、示壬、示癸应称为先公，这里为了行文方便，暂一并称作先王。

④ 过去，笔者曾将该种类型卜辞中的"亡𡿪。自祸。"、"亡𡿪。在祸。"连读，定为灾祸之意。今意识到应将"亡𡿪"、"亡𡿪"与"自祸"、"在祸"断读，"自祸"、"在祸"的"祸"应该是指地名。

癸巳王卜，贞：旬亡祸。王占曰：吉。在六月。甲午彡羌甲。隹王三祀。（《合集》37838，五期。图7—2）

癸卯王卜，贞：旬亡祸。在四月。王占曰：大吉。甲辰彡大甲。（《合集》35534，五期）

以上两辞都是于上一旬的最末一天癸日卜问下一旬有无灾祸的，并在辞末附记下一旬的第一天甲日以某祀典祭祀某甲名王[①]。此种卜辞的特点是，卜问之日都是在癸日，祭日都是在甲日，祭日的天干日都是与先王的日干名保持一致的。辞中往往都记有月名，有的还记有年祀。卜旬卜辞附记甲名王祭祀的目的，是为了标明祭该甲名王的一旬还要祭哪些先王先妣（根据先王先妣的祭祀次序推知，详见后文）。

图7—2　周祭羌甲
（《合集》37838）

第三种：王宾卜辞。辞例如：

戊辰卜，贞：王宾大戊翌日，亡尤。（《合集》35601，五期）
癸丑卜，贞：王宾武丁奭妣癸壹，亡尤。（《合集》36269，五期）

《合集》35601辞于戊辰日卜问翌祭大戊，《合集》36269辞于癸丑日卜问壹祭武丁之配妣癸，即卜祭日与王、妣的日干名一致[②]。这种卜辞因有"王宾"字样，故称其为王宾卜辞。此类卜辞的特点是不记年月。是商王在当日祭祀某祖先时的占卜记录。

综观第五期中的周祭卜辞，祭祀先王的有三种类型的卜辞，祭祀先妣的只有一种类型的卜辞（王宾卜辞）。从这些卜辞可以得知周祭的卜问次序和

---

① 学术界对商代一旬的起止日有不同看法，绝大多数学者认为一旬起于甲日止于癸日，但也有极少数学者认为起于癸日止于壬日的。

② 发现两条祭日与先王日干名不一致的辞例：一条是《粹》208（《合集》35621），彡祭雍己在某午日，但干支表中无"己午"日；另一条是《前》1·13·5（《合集》35729），于丁未日彡祭南庚。由于在总共近二百三十条此类卜辞中，仅此两条例外，故不影响我们的结论。

祭祀程序是：

1. 当某一种祀典的祭祀即将开始举行之前，先在祭第一个先王上甲的前一日癸日，卜问以此种祀典祭祀自上甲始的多位祖先是否顺利，并记上举行此种祀典的年、月。其记录就是第一种类型的卜辞，即合祭卜辞。根据"周祭先王先妣次序表"（表见后文）知以一种祀典对先王先妣祭祀一轮需要十旬的时间，也即合祭卜辞问的是某种祀典整个祀季十旬的祭祀。

2. 当每一旬的祭祀即将开始举行之前，要在上一旬的末日癸日卜问该旬的祭祀是否顺利，并附记上此旬的第一日甲日所祭的甲名先王的祭祀，并附记上举行此种祀典的月份，有的还记年祀。其记录就是第二种类型的卜辞，即附记甲名先王五祀的卜旬卜辞。即卜旬卜辞卜问的是某种祀典十天内的祭祀。

3. 当某日要举行某王、某王之配即某先妣的祭祀时，还要于当日卜问这个祭祀是否顺利，其记录就是第三种类型的卜辞，即王宾卜辞。王宾卜辞卜问的是某种祀典当天对某王、某妣的祭祀。

由第五期周祭卜辞的类型和卜问次序来看，周祭的祭祀程序是井然有序的。

关于第二期祖甲时的周祭卜辞，迄今所见到的第二期中刻有翌、祭、壹、𠂤、彡五种祀典祭祀先王先妣卜辞的甲骨，比第五期要少得多，大约有140版左右。第二期以五种祀典祭祀祖先时，主要使用下面四种类型的卜辞：

第一种：祭上甲及多后的合祭卜辞。辞例如：

　　癸酉卜，洋贞：翌甲戌乞酒𠂤自上甲，衣，[至]于多后，[亡尤]。（《合集》22650，二期）
　　庚戌卜，王贞：翌辛亥乞酒彡协自上甲，衣，至于多后，亡尤。在十一月。（《合集》22646，二期）
　　辛亥卜，涿贞：王宾翌日协自上甲，衣，至于后，亡尤。（《合集》22621，二期）

这三条辞虽然都是卜问以五种祀典祭祀自上甲始的诸位祖先的，但卜辞文例却很不相同，卜问的日期也不一样。《合集》22650于癸日卜问第二天甲日举行𠂤祭上甲及其以后诸王，这与第五期卜辞较相似，稍有差异的是第五期只记卜日癸日，不记祭日甲日；同时第五期往往附记年、月，而第二期极少记月，绝无记年的（原因见后文）。《合集》22646 辞于庚日卜问第二天辛日彡祭自上甲始的诸王，《合集》22621 辞于辛日卜问当天以翌祀祭自上甲始的诸王，即两辞都是于辛日祭上甲及诸王，上甲在辛日被祭，祭日的天干日与王的日干名不一致，这是不符合五种祭祀的规律的。估计第二期时的此类卜辞可能是周祭制度尚未定型之前的卜辞①。

第二种：附记先王五祀的卜旬卜辞。辞例如：

　　癸酉卜，尹贞：旬亡祸。甲戌酒祭于上甲。（《合集》24280，二期）
　　癸亥卜，尹贞：旬亡祸。在十二月。乙丑翌日小乙，丁卯翌日父丁。（《合集》23244，二期）
　　癸巳卜，王贞：旬亡祸。在四月。遘示癸彡。乙……（《合集》22715，二期）

以上三辞均是于癸日卜问下一旬有无灾祸的，辞后附记的先王五祀并不像第五期此类卜辞那样，仅限于甲名王，而可以是任何王的祭祀；与第五期此类卜辞一样，祭日的天干日与先王的日干名保持一致。第二期卜旬卜辞附记非甲名王祭祀的现象，为我们解释第五期卜旬卜辞附记甲名王祭祀的目的（标明同一旬祭祀哪些祖先）作了最好的注脚。

第三种：卜问翌日（次日）祭祀的卜辞。辞例如：

　　甲辰卜，大贞：翌乙巳祭于小乙，亡尤。在九月。（《合集》23128，二期）
　　癸酉卜，王贞：翌甲戌王其宾大甲夏，亡尤。（《合集》22779，二期）

此两辞"贞"字后的"翌"是时间指示词，是指未来日，这里都是指卜日后的次日。辞中祭日的天干日都与所祭先王的日干名一致。

第四种：王宾卜辞。辞例如：

　　丁卯卜，尹贞：王宾大丁夏，亡尤。在九月。（《合集》22763，

---

① 具体论证见常玉芝《商代周祭制度》，中国社会科学出版社 1987 年版，第 17—19 页。

二期)

[丁]巳卜,旅贞:王宾中丁𢧜,不雨。(《合集》22866,二期)

乙丑卜,即贞:王宾唐翌日,亡尤。十三月。(《合集》22744,二期)

壬寅卜,行贞:王宾大庚奭妣壬𢧜,亡尤。(《合集》23314,二期)

前三条是卜问先王祭祀的,卜辞文例不尽相同。与第五期不同的是有的记有月名(《合集》22763、《合集》22744辞);有的辞后不是问"亡尤"、"亡祸"或"亡𡆥",而是问会不会下雨(《合集》22866辞),像这样不严谨的文例在第五期中是没有的;又有的记王名不是记的日干名而是记的美称(《合集》22744辞),这或许是周祭实用初期,一切规定尚不甚严格时的卜辞。与第五期时一样,此类卜辞的卜祭日也与王、妣的日干名一致。

综观第二期的周祭卜辞,祭祀先王的有四种类型的卜辞,比第五期的多一种;祭祀先妣的与第五期一样,也只有一种类型的卜辞(王宾卜辞)。从这些卜辞得知第二期周祭的卜问次序和祭祀程序与第五期的大致相同:

1. 当某一种祀典的祭祀即将开始举行之前,于癸日卜问以此种祀典祭祀自上甲始的多位祖先是否顺利,其记录就是第一种类型的卜辞,即合祭卜辞。与第五期不同的是第二期此类卜辞只记月名,不记年祀(原因见后文);又第二期时以一种祀典对先王先妣祭祀一轮需要九旬的时间,比第五期时少祭祀一旬(原因见后文)。

2. 当每一旬的祭祀即将开始举行之前,于上一旬的末日癸日卜问该旬的祭祀是否顺利,并附记上某些先王的祭祀,其记录就是第二种类型的卜辞,即附记先王五祀的卜旬卜辞。与第五期不同的是,第二期此类卜辞不只是附记甲名先王的五祀,而是可以附记任何王的五祀;并且此类卜辞也只记月名,不记年祀。卜旬卜辞卜问的是某种祀典十天内的祭祀。

3. 当要举行某王的祭祀时,还要在举行祭祀的前一日,即在先王日干名的前一日,卜问第二日的祭祀是否顺利,有时还附记上月名,其记录就是第三种类型的卜辞,即卜问翌日(次日)祭祀的卜辞。第五期中没有此种类型的周祭卜辞。

4. 当某日要举行某王、某妣的祭祀时,于当日卜问这个祭祀是否顺利,其记录就是第四种类型的卜辞,即王宾卜辞。王宾卜辞卜问的是某种祀典当天对某王、某妣的祭祀。与第五期不同的是,第二期此类卜辞有的附记月名，有的不记王的日干名而是记的美称，有的卜问祭祀时是否有雨，即卜辞格式不如第五期的规范。

由第二期周祭卜辞的类型和卜问次序来看，其祭祀程序与第五期大致相同，不同的是多出第三种类型的卜辞，显得比第五期还要繁杂。并且上述卜辞表明，第二期的周祭制度尚处在形成、完善的过程中。

（三）周祭中先王先妣的祭祀次序和受祭数目

周祭中先王先妣的祭祀次序，是从刻在同一版甲骨上的数条同一类型的周祭卜辞中，找出各个王、妣在受祭日期上的系联关系，按着受祭日期的先后排定出来的。

当年董作宾先生在整理第五期刻在龟背甲上的五种祭祀卜辞（即王宾卜辞）时，发现先王、先妣在受祭日期上有系联关系，由于当时所能见到的材料很有限，所以他所定的先王、先妣的祭祀次序多数都是靠推断出来的。其后，陈梦家、岛邦男、许进雄以及笔者也先后根据自己的研究提出了周祭先王、先妣的祭祀次序。其中以笔者的《商代周祭制度》所出最晚，故笔者所见到的周祭材料也最多，笔者考察了360多版刻有五种祭祀卜辞的甲骨，利用上述第二种类型的卜辞，即附记甲名先王五祀的卜旬卜辞和第三种类型的卜辞，即王宾卜辞，排出了周祭中先王先妣的祭祀次序。方法是从刻在同一版甲骨上的数条同一类型的周祭卜辞中，找出各个王、妣在受祭日期上的系联关系，按受祭日期的先后排定出来的。需要指出的是，笔者虽能够见到比前人多得多的五种祭祀卜辞，但是其中在同一版上刻有两个以上王、妣祭祀卜辞的也还不多，而要从中找出同种祀典，甚至同种类型的系联卜辞就更加困难了。因此要推定先王先妣的祭祀次序，仍然不得不同前人一样，将不同类型不同祀典的卜辞混合起来进行考察。这种混合是有根据的，因为以五祀典祭祀先王、先妣时，无论其祀典名或卜辞文例是否相同，他们的受祭次序，即祭祀日期都是不变的。这在第五期、第二期中都无一例外[①]。

周祭中先王先妣的祭祀次序，是依靠刻在同一版甲骨上的数条系联卜辞，从中找出各个王、妣在受祭日期上的系联关系，按受祭日期的先后排定出来的。笔者排定的周祭中先王、先妣的祭祀次序是[②]：

---

① 详细论证见《商代周祭制度》，第三章第一节，中国社会科学出版社1987年版。
② 详细论证见《商代周祭制度》，第三章第二、三、四节，中国社会科学出版社1987年版。

先王先妣祭祀次序表

第一旬　上甲、报乙、报丙、报丁、示壬、示癸
第二旬　大乙、大丁
　　　　示壬奭妣庚
第三旬　大甲、外丙、大庚
　　　　示癸奭妣甲、大乙奭妣丙、大丁奭妣戊、大甲奭妣辛、大庚奭妣壬
第四旬　小甲、大戊、雍己
　　　　大戊奭妣壬
第五旬　中丁、外壬
　　　　中丁奭妣己、中丁奭妣癸
第六旬　戔甲、祖乙、祖辛
　　　　祖乙奭妣己、祖乙奭妣庚
第七旬　羌甲、祖丁、南庚
　　　　祖辛奭妣甲、祖丁奭妣己、祖丁奭妣庚
第八旬　阳甲、盘庚、小辛
第九旬　小乙、武丁、祖己、祖庚
　　　　小乙奭妣庚、武丁奭妣辛、武丁奭妣癸
第十旬　祖甲、康丁
　　　　武丁奭妣戊、祖甲奭妣戊、康丁奭妣辛

这是第五期周祭卜辞所反映的先王、先妣的祭祀次序；第二期时周祭先王到祖庚止，周祭先妣到小乙之配妣庚止。第五期时祭祀的先王有31位，祭祀的先妣有20位，共51位，其祀序共是十个旬序；第二期时祭祀的先王有29位，祭祀的先妣有15位，共44位，其祀序共是九个旬序。这个祭祀祀序与董作宾、陈梦家、岛邦男、许进雄所排的祀序是有分歧的，具体分歧见常玉芝《商代周祭制度》第三章第五节，此不赘述。

在上面"先王先妣祭祀次序表"中，示壬、示癸、大乙、大丁、大甲、大庚、大戊、中丁、祖乙、祖辛、祖丁、小乙、武丁、祖甲、康丁的配偶被祭祀，外丙、小甲、雍己、外壬、戔甲、羌甲、南庚、阳甲、盘庚、小辛、

祖己、祖庚的配偶没有被祭祀。据《史记·殷本纪》记载，上述有配偶被祭祀的先王中，除中丁外，都是直系先王。由此可以看出：

1. 先妣必须是直系先王的配偶才能被祭祀。

2. 有配偶被祭祀的先王是直系先王，无配偶被祭祀的先王是旁系先王，中丁有配偶被祭祀，所以应是直系先王[①]。

3. 先王无论直系、旁系及已被立为太子而未及即位者（如大丁、祖己）都同样被祭祀。

从"先王先妣祭祀次序表"中，还可以看到一个很重要的现象，即各直系先王的配偶受祭的数目并不一样。示壬、示癸、大乙、大丁、大甲、大庚、大戊、祖辛、小乙、祖甲、康丁都各有一个配偶被祭祀；中丁、祖乙、祖丁各有两个配偶被祭祀；武丁则有三个配偶被祭祀。为什么受祭有多少不同呢？我们认为受祭的很可能都是曾立为正后者，即只有立为正后的先妣才在周祭中被祭祀。许进雄先生则认为先妣是否被祭祀，全看其是否有子即位，即按照他提出的母以子贵的原则而定的，子为王，母才能被祭祀。这个原则用以解释中丁以外各王的配偶的受祭关系也许是可以的，如大乙之配妣丙是大丁、外丙的生母，大庚之配妣壬是小甲、大戊、雍己的生母，大戊之配妣壬是中丁、外壬、戋甲的生母，祖乙之配妣己、妣庚分别是祖辛、羌甲的生母，祖丁之配妣己、妣庚分别是阳甲、盘庚、小辛、小乙的生母，武丁之配妣辛、妣癸、妣戊分别是祖己、祖庚、祖甲的生母，但也可能并非如此。即如被祭祀的同为一个先王配偶的几个先妣，其后又是一世多王的，她们也未必都各有儿子为王。至于中丁两个配偶妣己、妣癸被祭祀，却只有一子祖乙即位为王，就更解释不通了。她们之中只能有一个作为生母被祭祀而不能两个都被祭祀。许进雄先生因而又认为戋甲也是中丁之子。这虽不无可能[②]，但也可以解释为中丁曾有两个配偶先后被立为正后，其中只有一配生有一子，另一配则无子（或只生女不生男）。由此看来，直系先王的配偶能否被祭祀，不是决定于其子是否为

[①] 据《史记》等古籍记载，示壬之前的上甲、报乙、报丙、报丁都是直系先王。他们的配偶理应在周祭中被祭祀，但未见于周祭卜辞。这很可能是由于她们的庙号已无可考的缘故。于省吾先生即曾说，商代先王和先妣的庙号，"自二示和二示的配偶才有典可稽"（《甲骨文字释林·释自上甲六示的庙号以及我国成文历史的开始》，中华书局1979年版）。

[②] 《汉书·古今人表》载祖乙为河亶甲（戋甲）之弟，也即戋甲是中丁之子。

王，而是决定于是否被立为正后。而王之子能否继位为王，则由其母的地位而定，母贵则得嗣，母贱则不得嗣。《史记·殷本纪》载："帝乙长子曰微子启，启母贱，不得嗣。少子辛，辛母正后，辛为嗣。帝乙崩，子辛立，是为帝辛。"可见帝辛就是"子以母贵"而嗣位的。如果确实如此，则商代已有嫡庶贵贱的宗法制度了。

笔者所排的"先王先妣祭祀次序表"，与董作宾、陈梦家、岛邦男、许进雄各家所排的先王先妣祭祀次序表不完全相同①：董作宾先生所排的受祭先王有33位，先妣有24位，共57位，其祀序共是12个旬序。陈梦家先生所排的受祭先王有34位，先妣有22位，共56位，其祀序共是12个旬序。岛邦男先生所排的受祭先王有33位，先妣有25位，共58位，其祀序共是11个旬序。许进雄先生所排的受祭先王有33位，先妣有22位，共55位，其祀序共是11个旬序。笔者所排的受祭先王有31位，先妣有20位，共51位，其祀序共是10个旬序。笔者与董作宾先生在第六旬、第七旬、第八旬、第十旬、第十一旬、第十二旬中存在分歧；与陈梦家先生在第十旬、第十一旬、第十二旬中存在分歧；与岛邦男先生在第六旬、第七旬、第八旬、第九旬、第十一旬中存在分歧；与许进雄先生在第十一旬中存在分歧。这些分歧在祭祀先妣上是受祭对象和祀序上的问题，在祭祀先王上则是武乙、文丁、帝乙是否属于周祭系统的问题②。目前，除了对武乙之配妣戊和所谓文丁之配妣癸（笔者已论证此妣癸不是文丁之配，而应是武乙之配③）是否属于周祭系统还有分歧外，对其他先妣的祀序问题未见有与笔者不同的意见发表。对武乙、文丁、帝乙、武乙之配妣戊和所谓文丁之配妣癸是否属于周祭系统的问题，除个别学者外，也未见有其他学者的异议发表；而说武乙、文丁、武乙之配妣戊和所谓文丁之配妣癸，甚至帝乙都是属于周祭系统的个别学者，始终也拿不出证据来。

（四）周祭的祭祀周期与五种祀典的祀首

董作宾先生最早发现翌、祭、壹、劦、彡五种祀典是一套首尾相接，连绵不断地举行的祀典；并且指出在实际举行祭祀时，翌祀和彡祀是单独举行

---

① 笔者与各家的分歧见《商代周祭制度》，第三章第五节，中国社会科学出版社1987年版。
② 见常玉芝《商代周祭制度》，中国社会科学出版社1987年版，第118—133页。
③ 常玉芝：《祊祭卜辞时代的再辨析》，《甲骨文与殷商史》，第2辑，上海古籍出版社1986年版。又见《商代周祭制度》附录。

的，祭、壹、肜三祀则是相叠举行的，也就是说，五种祀典是以三祀组的形式进行祭祀的。那么，以翌、祭、壹、肜、彡五种祀典按着"先王先妣祭祀次序表"循序祭祀先王先妣，每种祀典祭祀一轮需要多少时间；五种祀典全部祭祀一轮又需要多少时间呢？

1. 各祀组的祭祀周期

在前面列举的几种类型的周祭卜辞中，只有附记甲名先王五祀的卜旬卜辞明确记载每种祀典的举行的时间。因此各家讨论五种祀典的祭祀周期，都是依靠的卜旬卜辞，并以甲名先王的祀序表示周期中的旬序。下面是系统研究过周祭的学者一致认同的各个祀组的祭祀周期[①]：

翌祀的祭祀周期

 第一旬　翌工典
 第二旬　翌上甲
 第三旬　空旬
 第四旬　翌大甲
 第五旬　翌小甲
 第六旬　空旬
 第七旬　翌戋甲
 第八旬　翌羌甲
 第九旬　翌阳甲
 第十旬　空旬
 第十一旬　翌祖甲

祭、壹、肜祀组的祭祀周期

 第一旬　祭工典
 第二旬　祭上甲、壹工典
 第三旬　壹上甲、肜工典
 第四旬　肜上甲、祭大甲
 第五旬　壹大甲、祭小甲
 第六旬　肜大甲、壹小甲
 第七旬　祭戋甲、肜小甲
 第八旬　祭羌甲、壹戋甲

[①] 详细论证见常玉芝《商代周祭制度》，中国社会科学出版社 1987 年版，第 140—175 页。

第九旬　祭阳甲、壹羌甲、叠戋甲

第十旬　壹阳甲、叠羌甲

第十一旬　祭祖甲、叠阳甲

第十二旬　壹祖甲

第十三旬　叠祖甲

彡祀的祭祀周期

第一旬　彡工典

第二旬　彡上甲

第三旬　空旬

第四旬　彡大甲

第五旬　彡小甲

第六旬　空旬

第七旬　彡戋甲

第八旬　彡羌甲

第九旬　彡阳甲

第十旬　空旬

第十一旬　彡祖甲

在三个祀组中，在翌祭上甲的前一旬有翌工典的祭祀；在"祭"上甲的前一旬有"祭"工典的祭祀；在壹上甲的前一旬有壹工典的祭祀；在叠上甲的前一旬有叠工典的祭祀；在彡上甲的前一旬有彡工典的祭祀。"工典"二字是什么意思？于省吾先生说："工字应读为贡，费即古典字，指简册言之。其言贡典，是就祭祀时献其典册。"① 证之卜辞，于先生所论极是。在五种祭祀卜辞中，于每种祀典举行之前，也即在祭上甲的前一旬，都记有举行这种贡献典册于神前的祭祀，只是典册的内容是什么，目前尚无确凿的证据。董作宾谓其可能是记载所有被祭先王（或先妣）的祭日、祀典的，即如《粹》113（即《合集》35406）版刻辞所记的那样，某日以某祀典祭祀某祖先，因此推测《粹》113版刻辞很可能就是典册或典册的抄本②。

2. 各祀组的接续关系

五种祀典虽是以翌、祭壹叠、彡三个祀组的形式独立进行祭祀的，但

---

① 于省吾：《甲骨文字释林·释工》，中华书局1979年版。
② 董作宾：《殷历谱》下编卷2《祀谱一》，第2—3页，1945年版。

它们之间又是有一定的联系的。笔者对此做了详细论证[①]，举出的例证是：

翌祀与祭壹劦祀组的接续关系

　　癸亥卜，贞：王旬亡祸。在十［二］月。甲子翌阳甲。
　　癸未卜，贞：王旬亡祸。甲申翌日祖甲。
　　癸卯卜，贞：王旬亡祸。
　　癸亥卜，贞：王旬亡祸。在二月。甲子祭大甲。
　　癸未卜，贞：王旬亡祸。在三月。(《合集》35745，五期。图7—3)

该版卜辞记有翌祀和祭壹劦祀的祭祀。五条卜辞均刻在龟腹甲的右半部，每条辞卜问一旬的祭祀。笔者根据翌祀、祭壹劦祀组的祭祀周期和龟腹甲卜旬卜辞的契刻规律（先下后上、先内后外、先右后左）[②]，分析了该版卜辞记录的这两个祀组的接续关系是：翌祭祖甲和"祭"祀的工典祭是在上下旬举行的[③]，可见翌祀与祭壹劦祀组在实际举行祭祀时是紧相连接的，即两个祀组间没有例外的一旬。

祭壹劦祀组与彡祀的接续关系

　　癸卯卜，𠂤贞：王旬亡祸。在二月。甲辰劦日祖甲。
　　癸丑卜，𠂤贞：王旬亡祸。在二月。甲寅工典其酒彡。（《合集》35891，五期。图7—4）
　　癸丑王卜，贞：旬亡祸。在二月。王占曰：大吉。甲寅壹祖甲。
　　癸亥王卜，贞：旬亡祸。在三月。王占曰：大吉。甲子劦祖甲。
　　癸酉王卜，贞：旬亡祸。在三月。王占曰：大吉。
　　癸未王卜，贞：旬亡祸。在三月。王占曰：大吉。甲申彡上甲。
（《英藏》2513，五期）

[①] 常玉芝：《商代周祭制度》，中国社会科学出版社1987年版，第175—186页。
[②] 见常玉芝《晚期龟腹甲卜旬卜辞的契刻规律及意义》，《考古》1987年第10期。
[③] 详细考证见常玉芝《商代周祭制度》，中国社会科学出版社1987年版，第176—179页。

图7—3　周祭阳甲、
　　　　祖甲、大甲
（《合集》35745）

图7—4　周祭祖甲、彡工典
（《合集》35891）

上面两版卜辞中，《合集》35891版卜辞表明㚔祭祖甲的下旬是举行彡祀工典祭之旬。《英藏》2513版的第二辞记录甲子日㚔祭祖甲，下一旬即于癸酉日卜问的一旬没有记任何祭祀，再下一旬记录甲申日彡祭上甲。因为彡祀的祭祀周期表明彡祭上甲的前旬是举行彡工典祭的一旬，所以此版于癸酉日卜问的一旬显然就是举行彡祀工典祭的一旬，这里省略"甲戌工典其酒彡"几字未记。则此版卜辞也证明㚔祭祖甲的下旬是举行彡祀工典祭的一旬。上述两版卜辞表明祭壹㚔祀组与彡祀组在实际举行祭祀时是紧相连接的，即两个祀组间没有例外的一旬。

彡祀与翌祀的接续关系

　　　[癸]亥王卜，贞：旬亡祸。王占曰：吉。在七月。甲子彡祖甲。
　　　癸[酉王卜]，贞：旬亡祸。王占曰：吉。在七月。
　　　癸未王卜，贞：旬亡祸。王占曰：吉。在八月。甲申工典其幼。
　　　癸巳王卜，贞：旬亡祸。王占曰：吉。在八月。甲午翌上甲。（《合集》35756，五期。图7—5）

该版的第一辞记录于甲子日彡祭祖甲，其下一旬即于癸酉日卜问的一旬没有记任何王的祭祀，再下一旬记录于甲申日举行"工典其幼"即翌祀的工典祭，再下一旬记录于甲午日翌祭上甲。因为彡祭祖甲的一旬是彡祀的终止旬，翌工典的一旬是翌祀的第一旬。该版卜辞在彡祀的终止旬彡祭祖甲旬与翌祀的第一旬翌工典旬之间有一个例外旬，它处在彡祀与翌祀两个祀组之间，故应是个不进行任何祭祀的地地道道的空旬。因此，彡祀与翌祀两个祀组在实际举行祭祀时不是紧相连接的，中间是间隔一旬的。

由以上辞例得知翌祀组与祭壹叠祀组、祭壹叠祀组与彡祀组之间是紧相连接的，彡祀组与翌祀组之间是相隔一旬而连接的。由这种接续关系来看，五种祀典是一套首尾相接、周而复始地、连绵不断地举行的祀典。那么，哪一种祀典是首先被举行的呢？也即五种祀典的祀首是什么呢？

3. 五种祀典的祀首

关于五种祀典的祀首，研究周祭问题的学者有

图 7—5　周祭祖甲、工典其幼、上甲

（《合集》35756）

几种不同的意见：董作宾、陈梦家以彡为祀首，岛邦男以"祭"为祀首，许进雄与笔者以翌为祀首。他们各自的根据是什么呢？

董作宾以彡祀为五种祀典的祀首，认为五种祀典是以彡—翌—祭壹叠的顺序周而复始地举行的。他说："今以彡为五种祀典之首，而以叠为之殿，亦自有说，其一……先疏后密，为其原理。否则以祭为首，而彡翌又何不联合复叠之。其二以祀事言，彡为鼓祭，翌为羽舞，乐舞所以娱祖妣者也；祭有酒肉，壹用黍稷，酒食所以享祖妣者也；终之以叠，更合他种祀典，总其大成，而祀事毕矣。此亦事理之至顺者也。"① 陈梦家从董氏之说，也认彡为祀首②。岛邦男对"先疏后密"说提出不同的看法，他说：

---

① 董作宾：《殷历谱》上编卷3，第15—16页，1945年版。

② 陈梦家：《殷虚卜辞综述》，第392页。但陈氏在该书的397页又说："我们至今不知周祭从哪里开始，因它是周而复始的。"可见他对祀首没有最后的肯定的看法。

"以彡祀为第一，可是彡祀如后所述是由前夕祀，当日祀及明日祀（彡夕、彡日、彡龠）三祀所构成为期三天的祭祀，像这样的例子为其他四祀所没有，所以实不属于'疏'的祭祀，毋宁说是五祀中最隆重的祭祀。依董氏密者为后的原理，自当放在后头举行。因此视之为疏而以之为首的说法实不妥当。"又说："彡祀的工典……是在最终旬（引者按：指祭壹翌祀组的最终旬）举行，并未与'祭'祀截然分离，所以通常是接于'祭'祀之后而不为五祀之首。"① 因此，他提出"祭"祀为五种祀典的祀首，认为五种祀典是以祭壹翌—彡—翌的顺序周而复始地举行的。理由是：因为"祭"祀的工典祭和翌祀的工典祭都在前祀终了的次旬举行，与前祀截然分离，所以其中必有一个是五祀之首。而五祀的周期是根据"祭"祀工典祭在前祀终了之旬举行，或是终了之次旬举行而决定的，故"祭"应为五祀之首……又"祭"祀之"祭"被作为祭祀的总名，也可以作为这个结论的旁证②。

　　许进雄对董作宾的"先疏后密"的说法也是不赞成的，他说："所谓先疏后密的道理，供享的次序，在金文和古籍中，都找不到佐证的。"③ 他受岛邦男的两种祀典之间是否有截然分离现象一说的启发，主张翌祀是五种祀典的祀首，认为五种祀典是以翌—祭壹翌—彡的顺序周而复始地举行的。其理由有二：一是翌祀与前一祀典彡祀不论在任何周期中都截然分离；二是三个祀组在同一条卜辞中出现时，其顺序是翌、翌、彡。其根据有下面两条卜辞：

　　　　于既酒父丁，翌日、翌日、彡日，王迺宾。（《合集》32714，三期。图7—6）
　　　　……饗……翌日、翌、彡日，王弗每。（《合集》31092，三期。图7—7）

---

① 岛邦男：《殷墟卜辞研究》，中译本，温天河、李寿林译，台北，鼎文书局1975年版，第114页。
② 同上书，第114—115页。岛邦男所说的"前祀终了之旬"都是指每种祀典祭祖甲旬的下一旬，而我们所说的前祀终了之旬都是指祭祖甲之旬，两种说法相差一旬。
③ 许进雄：《殷卜辞中五种祭祀的研究》，台湾大学文学院1968年版，第55页。

图7—6 翌祀、叠祀、彡祀
（《合集》32714）

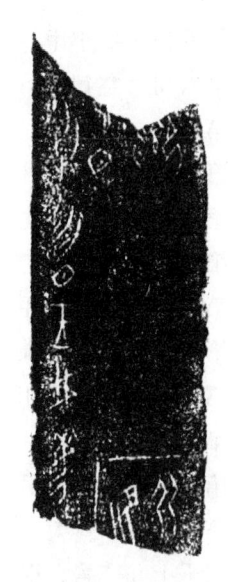

图7—7 翌祀、叠祀、彡祀
（《合集》31092）

两版卜辞中，三个祀组的排列都呈翌—叠—彡的顺序。这种一致性恐怕不是偶然的，一定是实际举行祭祀时的次序，即翌祀首先被举行，接着是祭壹叠三祀（辞中用叠祀表示祭壹叠祀组），最后才是彡祀。翌祀为五祀之首的态势是至为明显的。

笔者认为许进雄关于五祀之祀首和祀次的主张是正确的。因为五种祀典在实际举行的过程中，只有翌祀的工典祭与前一祀典彡祀的终止旬相隔一旬而截然分离，所以翌祀应为五祀之首，整个祭祀是以翌—祭壹叠—彡的顺序周而复始地举行的。目前对这种看法还未见有人提出异议，看来这个问题是基本解决了。

4. 周祭的祭祀周期

许进雄、笔者在讨论了各祀组的祭祀周期、各祀组间的接续关系、五种祀典的祀首之后，排出了下面以翌为祀首，以翌—祭壹叠—彡为祭祀顺序的五种祀典的祭祀周期：

第一旬　翌工典
第二旬　翌上甲
第三旬　空旬
第四旬　翌大甲

第五旬　翌小甲

第六旬　空旬

第七旬　翌戔甲

第八旬　翌羌甲

第九旬　翌阳甲

第十旬　空旬

第十一旬　翌祖甲

第十二旬　祭工典

第十三旬　祭上甲、壹工典

第十四旬　壹上甲、叠工典

第十五旬　叠上甲、祭大甲

第十六旬　壹大甲、祭小甲

第十七旬　叠大甲、壹小甲

第十八旬　祭戔甲、叠小甲

第十九旬　祭羌甲、壹戔甲

第二十旬　祭阳甲、壹羌甲、叠戔甲

第二十一旬　壹阳甲、叠羌甲

第二十二旬　祭祖甲、叠阳甲

第二十三旬　壹祖甲

第二十四旬　叠祖甲

第二十五旬　彡工典

第二十六旬　彡上甲

第二十七旬　空旬

第二十八旬　彡大甲

第二十九旬　彡小甲

第三十旬　空旬

第三十一旬　彡戔甲

第三十二旬　彡羌甲

第三十三旬　彡阳甲

第三十四旬　空旬

第三十五旬　彡祖甲

第三十六旬　空旬

这是以甲名王的祀序表示的周祭祭祀周期。一个周期三十六旬。其中翌祀和彡祀的三个空旬各是本祀典该旬无甲名王受祭的一旬，最后的一个即彡祖甲旬后的空旬，则是地地道道不进行任何祭祀的一旬。这后一个空旬是三个祀组接续关系中唯一间隔的，起着从这一祭祀周期过渡到另一祭祀周期作用的一旬，所以也是周祭周期的组成部分。

但是，卜辞证明周祭周期还有三十七旬型的。笔者曾举出下面四版卜辞予以证明：

癸巳卜，泳贞：王旬亡祸。在六月。甲午工典其幼。

癸丑卜，泳贞：王旬亡祸。在六月。甲寅酒翌上甲。王二十祀。

癸酉卜，泳贞：王旬亡祸。甲戌翌大甲。

癸巳卜，泳贞：王旬亡祸。在八月。

癸丑卜，泳贞：王旬亡祸。在八月。甲寅翌日羌甲。

癸酉卜，泳［贞］：王旬［亡祸］。在九［月］。(《合集》37867，五期。图7—8)

图7—8　工典其幼、周祭上甲、大甲、羌甲

(《合集》37867)

该版第一辞于癸巳日卜问，辞后附记第二天甲午日举行"工典其幼"即翌祀的工典祭，第二辞于癸丑日卜问，辞后附记第二天甲寅日举行翌祭上甲的祭祀。前面列出的翌祀的祭祀周期表明通常翌祀工典祭的下一旬即是翌祭上甲的一旬，但该版卜辞却表明翌祀工典祭的后两旬才是翌祭上甲的一旬，即翌祀的工典祭与翌祭上甲间多出了一旬，因而翌祀的祭祀除翌工典外，其他各旬的祀序均依次后推了一旬，这样终止旬即翌祖甲旬不是第十一旬而是第十二旬了，翌祀的一周期变成了十二旬，进而五种祀典的祭祀周期就增加了一旬，由三十六旬变成了三十七旬。该版卜辞表明周祭的三十七旬型周期增加的一旬是在工典祭与祭上甲旬之间。

[癸] 酉卜，贞：王旬 [亡] 祸。在十月又二。[甲] 戌工典其 [妹] 其肯。

[癸] 巳卜，贞：王旬 [亡] 祸。在十月 [又二]。[甲午] 酒肯祭上甲。(《合集》35407，五期。图7—9)

图7—9 工典其 [妹] 其肯、周祭上甲

(《合集》35407)

该版的第一辞于癸酉日卜问，辞后附记第二天甲戌日举行"祭"祀的工典祭①，第二辞于癸巳日卜问，辞后附记第二天甲午日"祭"上甲。前面所列的"祭壹叠"祀组的祭祀周期表明，通常"祭"祀的工典祭的下一旬就是

---

① "祭"祀的工典祭书"妹"字，书"肯"字，不书"祭"字。

"祭"上甲的一旬，但该版却表明"祭"祀工典祭的后两旬才是"祭"上甲的一旬，即"祭"祀的工典祭与"祭"上甲间多出了一旬，因而"祭壹夞"祀组除"祭"工典外，其他各旬的祀序均依次后推了一旬，这样终止旬即夞祖甲旬不是第十三旬而是第十四旬了，"祭壹夞"祀组的一周期变成了十四旬，进而五种祀典的祭祀周期就增加了一旬，由三十六旬变成了三十七旬。该版卜辞表明周祭的三十七旬型周期增加的一旬是在工典祭与祭上甲旬之间。

癸未王［卜］，贞：旬亡［祸］。王乩曰：大吉。在五月。
癸巳王卜，贞：旬亡祸。王乩曰：大吉。在五月。甲午工典其酒幼。
［癸卯王卜］，贞：［旬亡祸］。王乩［曰］：［大吉］。在五月。［甲辰工］典其酒［幼］。（《英藏》2605，五期）

该版第一辞于癸未日卜问，辞后只记"在五月"，没有附记任何祭祀。第二辞于下一旬的癸巳日卜问，辞后附记第二天甲午日举行翌祀的工典祭，其月份也在五月。第三辞的卜日、祭日均残，由残存的"典其酒"三字，知也是举行的工典祭。非常幸运的是，该辞留有月名，与前两辞一样也是"在五月"。据此可推断该辞应是在前一旬的下一旬卜问的，其卜日应是"癸卯"日，辞后所附工典祭的祭日应是第二天甲辰日，该工典祭当也是翌祀的工典祭，即与上辞一样是"工典其酒幼"。翌祀的工典祭举行了两旬，则翌祀的祭祀周期就由十一旬变成了十二旬，而整个周祭周期就由三十六旬变成了三十七旬。该版卜辞证明了三十七旬型周期增加的一旬放在工典祭与祭上甲旬之间时，是将工典祭的祭祀延长了一旬。

癸丑卜，贞：王［旬］亡祸。在六月。甲寅工典其［幼］。
［癸巳］卜，［贞］：［王］旬［亡］祸。［在］□月。甲午［翌］日大甲。（《合集》35522，五期）

该版第一辞于癸丑日卜问，辞后附记第二天甲寅日举行翌祀的工典祭，第二辞卜日残，但由辞后的甲午日知卜日是前一天癸巳日，该辞记录甲午日举行翌祭大甲的祭祀。在三十六旬型周期中，翌祭大甲在翌工典的后三旬举行，但该版记录翌祭大甲在翌工典的后四旬举行。笔者认为这增加的一旬，据前三版所示，也极有可能是在翌工典与翌上甲之间的，即该版卜辞也反映了周祭有三十七旬型的周期。

许进雄先生提出三十七旬型周期增加的一旬可放在任何两旬之间，不限于工典祭与祭上甲旬之间。他举出下面三版卜辞给予证明①：

第一版是《乙》468＋469＋470＋472，即《合集》36196丙、甲。该拼合版上的卜辞是：

丙申卜，贞：王宾大乙奭妣丙［翌］日，亡尤。
戊戌卜，贞：王宾大丁奭妣戊翌日，亡尤。
［辛丑卜］，［贞］：［王宾］大甲奭妣辛［翌日］，亡［尤］。②
［壬］子卜，贞：［王］宾大庚奭妣壬翌日，亡尤。

即该龟背甲的拼合片表明的先妣的祭祀次序是：

丙申翌大乙之配妣丙
戊戌翌大丁之配妣戊
辛丑翌大甲之配妣辛
壬子翌大庚之配妣壬

许进雄先生说："大丁配妣戊、大甲配妣辛与大庚配妣壬依据三十六旬的周期是应该在同一旬，即第三旬，举行的。但是此缀合后的日期，大丁配妣戊与大庚配妣壬之间相隔一旬。这就是三十七旬周期时的例外旬。"③笔者认为该拼合版不能证明三十七旬周期的例外旬（指增加的一旬），理由是由前举的四版卜辞（《合集》37867、《合集》35407、《英藏》2605、《合集》35522）证明三十七旬型周期的例外旬并不是将周祭先王先妣的祭祀旬序打乱，将原

---

① 许进雄：《读〈商代周祭制度〉·谈例外旬》，《金祥恒教授逝世周年纪念论文集》，台北，1990年版。

② 此辞干支日残，但因它与祭大丁之配妣戊的卜辞同刻于一版，根据第五期周祭卜辞龟背甲右半部卜辞先右后左的契刻规律和周祭中大甲之配妣辛是与大丁之配妣戊在同一旬受祭的次序，知大甲之配妣辛的祭日必是在大丁之配妣戊的祭日戊戌日之后的辛丑日。

③ 许进雄：《读〈商代周祭制度〉·谈例外旬》，《金祥恒教授逝世周年纪念论文集》，台北，1990年版。

本在一旬内完成的祭祀分在两旬内举行，即在每一旬内祭祀的先王先妣不能拆开在两旬内祭祀，而是在不打乱各旬的祭祀的前提下，在两旬之间加上一旬（很可能如《英藏》2605 版卜辞表明的那样，将上一旬的祭祀延长了一旬），而今上举的拼合版把本在一旬内祭祀的大乙之配妣丙、大丁之配妣戊、大甲之配妣辛、大庚之配妣壬，拆开在两旬内祭祀，即将大庚之配妣壬移到下一旬祭祀了，这是不符合周祭先王先妣的祭祀次序的，因而是不能成立的。笔者曾两次详细论证过该缀合版缀上刻有大庚之配妣壬的一片，即《乙》469，是错误的①。由于记录大庚之配妣壬祭祀的《乙》469 与记录大乙之配妣丙、大丁之配妣戊、大甲之配妣辛祭祀的《乙》470、《乙》472、《乙》468 不能密合，所以《殷虚文字缀合》（第 399 片）和张秉权先生的拼合版，缀合该片时的位置不相同②，而《甲骨文合集》则将该片与其他三片分开，进行遥接（见《合集》36196）。笔者愿指出：现在，我们所能说的是，如果该片与其他三片确是一版（龟背甲）之折，那么，祭大庚之配妣壬的卜祭日壬子日，应该是壬寅日的误刻。总之，该版不能作为三十七旬周期例外旬所在位置的证据。

第二版是《合集》36226 乙，即《安明》2858，其上的卜辞是：

壬子卜，贞：王宾大庚奭［妣壬翌日］，［亡尤］。
壬申卜，贞：［王］宾大戊奭妣壬翌日，亡尤。
癸未卜，贞：王宾中丁奭妣癸翌日，［亡尤］。

许进雄先生说："根据祭谱的次序，大庚配妣壬与大戊配妣壬只差一旬，但是此甲则壬子与壬申日相差二旬，也是表示大庚配妣壬与大戊配妣壬之间有一例外旬的现象。"③

第三版是《合集》36226 甲，即《安明》2854，其上的卜辞是：

---

① 常玉芝：《商代周祭制度》，中国社会科学出版社 1987 年版，第 89—90 页。《甲骨缀合错误例析》，《中原文物》1990 年第 3 期。

② 许进雄：《读〈商代周祭制度〉·谈例外旬》，附图一，《金祥恒教授逝世周年纪念论文集》，台北，1990 年版。

③ 许进雄：《读〈商代周祭制度〉·谈例外旬》，《金祥恒教授逝世周年纪念论文集》，台北，1990 年版。

辛亥卜，贞：王宾大甲奭妣辛叠日，亡尤。

[己]丑卜，贞：王宾祖乙奭[妣己]叠日，亡尤。

庚申卜，贞：王宾小乙奭[妣庚]叠日，[亡]尤。

戊辰卜，贞：王宾祖甲奭妣戊叠日，亡尤。

许进雄先生说："根据祭谱的次序，大甲配妣辛与祖乙配妣己之间应相距三旬，但是此版却相距四旬，也是表示其间有一例外旬。"①

以上两版是许进雄先生用七块龟背甲拼合成的，因二者不能密合，许先生将其分为两号（即《安明》2858，《安明》2854），《甲骨文合集》将其编为一号，分作甲、乙。许先生指出《安明》2858上大庚之配妣壬与大戊之配妣壬之间多出的一旬，《安明》2854上大甲之配妣辛与祖乙之配妣己之间多出的一旬，是三十七旬周期中的例外旬是正确的。笔者过去曾怀疑祭大庚之配妣壬的日期有误，今从许先生说，予以改正。不过，需要指出的是，因为这两版是一甲（背甲）之折，又由于《安明》2854上大甲之配妣辛的卜祭日是辛亥日，《安明》2858上大庚之配妣壬的卜祭日是壬子日，辛亥日与壬子日同在一旬，因此大甲之配妣辛与大庚之配妣壬是在同一旬内被祭祀的，这符合周祭"先王先妣祭祀次序表"上的祀序，因此这两版卜辞记录的实际上是一个周祭祭祀周期，也即这两版实际上是一个三十七旬周期例外旬的证据。其祭祀旬序是：

第一旬　大甲之配妣辛（辛亥日）
　　　　大庚之配妣壬（壬子日）

第二旬　（例外旬）

第三旬　大戊之配妣壬（壬申日）

第四旬　中丁之配妣癸（癸未日）

第五旬　祖乙之配妣己（己丑日）

第六旬　（缺）

第七旬　（无先妣受祭之旬）

第八旬　小乙之配妣庚（庚申日）

---

① 许进雄：《读〈商代周祭制度〉·谈例外旬》，《金祥恒教授逝世周年纪念论文集》，台北，1990年版。

第九旬　祖甲之配妣戊（戊辰日）

这一个三十七旬型周期的例外旬加在了祭大甲之配妣辛、大庚之配妣壬一旬与祭大戊之配妣壬一旬的中间，其他各位先妣祭祀旬序的安排则完全符合"先王先妣祭祀次序表"上的次序。这是迄今为止能够确知三十七旬型周期的例外旬可加在任何两旬之间的唯一证据（或许前举的《合集》35522 版卜辞的例外旬应是加在祭上甲旬与祭大甲旬之间也未可知）。将例外旬加在任何两旬之间，这个例外旬应该是将前一旬的祭祀延长了一旬（可由《英藏》2605 版卜辞得到证明）。

总而言之，周祭中三十七旬型周期所增加的例外旬的位置，不仅可以放在各祀典的工典祭与祭上甲旬之间，而且可以放在任何两旬之间。

关于第五期五种祀典的祭祀周期，系统研究过周祭的几位学者的意见是：董作宾认为五祀的一周期三十六旬和三十七旬是常例，另外还有三十五旬和三十八旬的变例①；陈梦家认为三十七旬为通例②；岛邦男、许进雄、笔者都认为只有三十六旬和三十七旬两种周期（但对一周期内祭祀次序的安排却不完全一致）。各家祭祀周期的不同之点除了前面所说的五祀祀首和三个祀组的次序不尽相同；各个祀组的接续关系和部分先妣祭祀的安排不尽相同；还有就是武乙、文丁、帝乙、武乙之配妣戊、和所谓文丁之配妣癸是否属于周祭不尽相同③。

据学者们研究，在第五期卜辞的时代，以翌、祭、壹、劦、彡五种祀典对自上甲以来的祖先（先妣是从示壬之配妣庚开始）轮番祭祀一周有三十六旬（即 360 日）的时间就足够了，那么，商人为什么"节外生枝"地增加一旬，创出三十七旬型的周期呢？它的目的和作用是什么呢？

1956 年，陈梦家先生首先指出周祭周期的设置与太阳年有关。他说："到了乙辛时代，每一祀季约占 13 旬，故一祀在 360 日—370 日之间，和一个太阳年相近。"又说："两连续之祀，若一为三十六旬一为三十七旬，则两祀等于两年，因一太阳年约为三十六旬又半。"④ 许进雄先生也说："三十六

---

① 董作宾：《殷历谱》下编卷 2《祀谱》，第 11 页下，1945 年版。又岛邦男说董氏还有三十九旬的变例。

② 陈梦家：《殷虚卜辞综述》，中华书局 1988 年版，第 395 页。

③ 各家详细分歧见常玉芝《商代周祭制度》，第三章第五节，中国社会科学出版社 1987 年版。

④ 陈梦家：《殷虚卜辞综述》，中华书局 1988 年版，第 236—237 页、第 396 页。

旬与太阳年日数仍有差距，故变通而创三十七旬周期以调整。"① 这就是说，增加三十七旬型周期的目的是为了迎合天时。这是非常正确的。因为一个太阳年365天多（如取整数为365天），而三十六旬的周期360天，不足一年，故设三十七旬型周期予以调整，使两个祭祀周期相当于两个太阳年的时间，从而保持周祭周期与太阳年的日数基本平衡。因此，商人在三十六旬型周期之外又创出三十七旬型周期是有目的的，并不是"节外生枝"和"多此一举"。

（五）"隹王几祀"之意义及周祭祀谱的复原

1."隹王几祀"之意义

在第五期卜辞特别是周祭卜辞，以及晚商的青铜器铭文中，常见有"隹王几祀"和"王几司"的词组。"隹王几祀"是什么意思？"隹"为语气词，没有什么具体意义；"王"指时王；"几"为序数。这些以往学者们没有什么异议；只是对"祀"字的意义曾产生过两种看法：一种是以罗振玉、束世澂、董作宾为代表，认为"祀"即是"年"，是借"祀"以名"年"，"隹王几祀"是指时王几年。这个观点得到绝大多数学者的赞同。另一种意见是日本学者岛邦男提出的，他基于"隹王几祀"多出现在周祭卜辞中，提出"祀"是指祭祀，"隹王几祀"是指时王的第几个周祭祭祀周期。至今未见有人从此说。对这个观点，许进雄和笔者都曾做了否定的论证。

持"隹王几祀"为时王几年的学者们，最初是根据古文献材料来说明的，如《尔雅·释天》曰："夏曰岁，商曰祀，周曰年，唐虞曰载"，而最先把"商曰祀"证之于卜辞的是罗振玉先生。他在《殷虚书契考释》中说："商称年曰祀，亦曰祠。"继而束世澂先生在《殷商制度考》中也说："殷人称岁曰祀，亦曰巳，亦曰司，与《尔雅》合。今按祀巳同字，司者祀之假借字。《尔雅》谓：殷曰祀，周曰年，诚不误也。"② 其后董作宾先生则结合商代礼制的研究，进一步阐发了商人称年为祀的原因，他说："帝乙、帝辛时所以称年为'隹王几祀'者，自有其特别之原因，其前世所以不称祀者，其原因亦在此。即帝乙帝辛时重修祖甲时之祀典，以彡、

---

① 许进雄：《殷卜辞中五种祭祀的研究》，台湾大学文学院1968年版，第77页。
② 束世澂：《殷商制度考》，中央大学《半月刊》第2卷第4期，1930年。此处转引自胡厚宣先生《殷代年岁称谓考》，《甲骨学商史论丛》初集，1944年版。

翌、祭、壹、劦五种祀典为主干，徧祭先祖妣，一周之期，恰满三十六旬，近于一年之日数，故即称一年为一祀，时王在位之年，即以'惟王几祀'纪之也。五种祭祀之制，创自祖甲，祖甲时祭祀先祖妣一周，需时仅三十旬，不足一年之日，故不称祀。此其原因也。"① 接着陈梦家先生也提出了与之相同的看法，他说："到了乙辛时代，每一祀季约占十三旬，故一祀在360—370日之间，和一个太阳年相近。因此乙辛时代的'祀'可能即是一年。"② 董、陈二先生之说与《尚书·尧典》正义引孙炎云"祀取四时祭祀一讫也"是一致的。

岛邦男先生认为"隹王几祀"系指时王的第几次祭祀，则是直接从卜辞记录解释的，他在《殷墟卜辞研究》一书中说："第五期里有'王几祀'之辞，而记著时王祭祀的次数。"③ 又说："'王何祀'乃是指由时王所行五祀的回数，并不就等于后世的'王何年'。"④ 其实早在岛邦男提出这种说法之前，董作宾先生已就此说做过否定的分析，他说："乙辛两世，因祀典之关系而称'年'为'祀'，然所谓'惟王几祀'者，实已与第几次大祭祀无干。'祀'者，仅以代表一太阴年而已，太阴年：平年十二太阴月，三百五十四、五日；闰年十三太阴月，三百八十三、四日；与五种祭祀一周之三百六十日未能齐同。故祭祀之起讫，逐年前移，则所谓'祀'者，乃脱离'祀典'之关系，而为代表一太阴年之专词矣。"⑤ 他还特别强调说："因'祀典'不与'王年'相始终，且又前后游移，故代表'王年'之'祀'，仅借'祀'以名'年'，不与三十六旬而一周之'祀典'，有直接之关系，此吾人当注意之点

---

① 董作宾：《殷历谱》上编卷3，第2页上，1945年版。但董先生说只有帝乙、帝辛时期才称王年为"祀"，则是不完全的，据笔者研究，第五期卜辞还包含有文丁卜辞，故文丁时期也称王年为"祀"。又祖甲时以五祀典对先王先妣轮番祭祀一周需时三十二旬，董先生略去了"翌工典"和"祭工典"两旬，所以成了三十旬。

② 陈梦家：《殷虚卜辞综述》，科学出版社1988年版，第236—237页。

③ 岛邦男：《殷墟卜辞研究》，中译本，1975年版，第128页。

④ 同上书，第502页。

⑤ 董作宾：《殷历谱》上编卷3，第2页上，1945年版。陈梦家虽然与董作宾在对"隹王几祀"词组的意义上看法一致，但对"祀"所指的"年"是历法上的什么年却不一致：董作宾认为是指的太阴年；陈梦家则认为是指的太阳年。太阳年一年为365日（取整数）。结合商人周祭的一周期是36旬和37旬来看，当以陈梦家的说法为妥。

也。"① 许进雄先生也不同意岛邦男先生的说法，说："三十六旬与太阳年日数仍有差距，故变通而创三十七旬周期以调整……如果祀只是指祀周而与年无关，他们何不一律以三十六旬为祀统周期"② 呢？

董作宾、许进雄二位先生的论断是很有道理的。因为如果"祀"是表示五种祭祀的周期的回数，那为什么在一些非五种祭祀卜辞，甚至非祭祀卜辞中也有"隹王几祀"的记载呢？如：

丁未卜，贞：父丁祊，其牢。在［十］月又□。兹用。隹王九祀。（《合集》37853，五期）

癸丑卜，贞：今岁受禾。弘吉。在八月，隹王八祀。（《合集》37849，五期）

其隹今九祀征戈。王乩曰：弘吉。（《合集》37854，五期）

上面三条卜辞，一条为牢祭，一条卜问"受禾"，一条卜问征伐，都不是五种祭祀卜辞，但辞后都有附记年祀：一条记"八祀"，两条记"九祀"。这说明岛邦男的"祀为五祀之回数"之说是很难成立的。

岛邦男先生之所以视"祀"为"五祀之回数"，大概又是从字面上去理解"祀"字的意义的缘故。他曾因后世以"祭祀"之"祭"作为祭祀的总名，而认为"祭"是五祀之首③，基于同一认识，可能也认为"祀"的本义是"祭祀"，所以"隹王几祀"应为五祀的第几次祭祀。我们说，"祀"确实是祭祀之义，但祭祀用语也是可用作表示时间的，这在卜辞中并不乏其例。如"翌"是五种祀典名之一，义为舞羽之祭④；但它同时又具有纪时之义，犹言"来"⑤，表示未来日（一般多指次日）。所以"隹王几祀"中的"祀"也是表示时间的。商代末期以五种祀典对先王先妣轮番祭祀一周需要三十六旬或三十七旬的时间，与一年的日数相当，因此是可以借"祀"以名"年"的。卜辞以"隹王几祀"记时王在位之年，与《尔雅·释天》所载的商称年

---

① 董作宾：《殷历谱》上编卷3，第11页下，1945年版。
② 许进雄：《殷卜辞中五种祭祀的研究》，台湾大学文学院1968年版，第77页。
③ 岛邦男：《殷墟卜辞研究》，中译本，1975年版，第115页。
④ 董作宾：《殷历谱》上编卷3，第14页下，1945年版。
⑤ 唐兰：《殷虚文字记·释羽》，1978年翻印本，第10页。

曰祀是完全符合的。至今，仍未见对岛邦男先生的"祀为五祀之回数"的说法表示赞同者。

从上述学者们讨论"隹王几祀"词组意义的情况来看，大家只是对"祀"字的意义有过不同的解释，而对"隹"、"王"和"王"与"祀"之间的字是数字是没有异议的。但近年，裘锡圭先生对"隹王几祀"这个词组中"王"与"祀"之间的字和"祀"字又提出了一种新的解释，从而也就对"隹王几祀"这个词组的意义提出了两种不同的解释①：他说当"王"与"祀"之间是二、三、四、五……十、十又一……U（二十）等数字时（卜辞中尚未发现"元祀"的记录），该词组是指王几年，即"王"与"祀"之间的字是数字，"祀"也作"年"解；而当"王"与"祀"之间的字是"廿"、"廿"时，就不是历来学者所认定的数字"二十"了，"祀"也就不作"年"解了，也即"隹王廿祀"、"隹王廿祀"不是"隹王二十祀"。裘先生的根据是商代甲、金文中"二十"都是作"U"或"U"形的，而"廿"则是"口"字（这里裘先生却疏忽抑或是回避了"廿"不是"口"字的事实），裘先生也意识到如将"廿"释为"口"字，从而读"隹王几祀"为"隹王口祀"是读不通的，于是他又一转而说由于卜辞和金文中有将"口"字当作"曰"字用的例子，所以，"隹王口祀"就应当读作"隹王曰祀"，"隹王曰祀"的意思是"王下令举行某种祭祀"，在这种情况下，"祀"也就不是指"年"了，而是指祭祀的"祀"了。这样，他就把"隹王几祀"这个词组中的四个字的两个字"几"和"祀"的意义额外又提出了一个新的说法。同时，他为了否定"廿"、"廿"是二十，还从字形上进行辩解，他说："在周代金文里，'廿'一般作U、U等形，直到战国时代才出现廿的写法，但作廿之例在周代金文中从未见过。"他这是说，"二十"作"廿"、"廿"的写法在商代是不可能出现的，以此既否定了商代甲骨文中的"廿"是二十，也否定了出土于山西的商代铜器"帚孳方鼎"铭文中的"隹王廿祀"的"廿"是二十。近年，李学勤先生为了反驳王晖先生肯定"帚孳方鼎"铭文中的"隹王廿祀"的"廿"是"二十"②，支持裘锡圭先生将"廿"释作"口"，毕竟"廿"是不能释成"口"的，就特地到山西去观察实物即此方鼎的铭文，遂得出结论说："隹王廿祀"

---

① 裘锡圭：《关于殷墟卜辞中的所谓"廿祀"和"廿司"》，《文物》1999年第12期。下文所引裘先生说，如未注明出处，皆出自此文，不再另作注明。

② 王晖：《帝乙帝辛卜辞断代研究》，《陕西师范大学学报（哲学社会科学版）》2003年第5期。

的"廿"仍应是"廿",过去将其看成是"廿",是由于将器物上的沟痕"看作字左侧的竖笔。于是,字上的横笔被以为向左突出,而拓本上横笔右端不够明晰处也就被认为是对称的突出了。"① 不过,笔者看了他附的拓本(常注:拓本选自邹衡先生主编的《天马——曲村》第二册)后,认为即使如李先生所说"廿"的左侧的竖笔是由器物上的沟痕造成的,使"字上的横笔被以为向左突出,而拓本上横笔右端不够明晰处也就被认为是对称的突出了",那么,笔者的疑问就来了,即这样改写之后,该字的左侧的竖笔哪里去了呢?照李先生的描述,该字就变成了"コ"形,左侧没有竖笔了,这就奇怪了。其实,也不用这样煞费苦心地去否定亲自发掘者所做的释读,因为无论是将其释作"廿",还是将其释作"廿",都不能证明将其读作"隹王曰祀"是能够成立的,这由下文的分析即可看出。

综观裘先生的意见,且不说他将"隹王几祀"一个词组弄出既表示"时王几年",又表示是"王下令举行某种祭祀"两个意思是否合乎情理,这里只就他否定"廿"和"廿"是"二十"的意见进行分析。

他否定"廿"和"廿"是"二十"的理由有两个:一个是"廿"、"廿"比通常的二十"U"或"凵"多了一横画,因此他认为多了一横画的就不应该是"二十",而应该是"曰"字;第二个是作为"二十"的"廿"到战国时代才出现,也就是说在战国以前当然包括商代是没有这种"二十"的。近年,李学勤先生又说"廿"形"实际为东周始有"②。

对于裘先生的说法,笔者曾从字形的演变和周祭卜辞的文例两个方面对比论证进行反驳,证明商代晚期卜辞和金文中的"廿"和"廿"仍应是"二十"③。

在字形上,笔者指出,在殷墟甲骨文和商代金文中,"十"字和"十"的倍数("四十"以内)的写法是:"十"做"丨","二十"多作"U"或"凵","三十"作"W"或"山","四十"多作"W"或"训",即每一竖画表

---

① 李学勤:《谈寝孪方鼎的所谓"惟王廿祀"》,《中国历史文物》2003年第6期。

② 同上。李先生发表此文时,笔者的《说"隹王曰(廿)祀(司)"》一文已早于2000年2、3月发表了,在该文中,笔者已列出了西周早期金文中就已有"廿"字出现的证据,但李先生视而不见,抑或是不相信,也应该亲自去查对原铭文再下结论才好。

③ 常玉芝:《说"隹王曰(廿)祀(司)"》,《中国文物报》,第15期(2000年2月23日)、第17期(2000年3月1日)。下文所引常氏说,如未注明出处,皆出自此文,不再另作注明。

示数目"十","二十"用两个竖画表示,"三十"用三个竖画表示,"四十"用四个竖画表示,每个数字的多个竖画在底部作圆尖形或平直形连接。但是也有另外的情况,即不但在数字的底部进行连接,而且在数字的中间也进行连接的,如商代晚期有一条卜辞在数字"四十"的中间加了一个横画:

壬午卜,贞:王田㭒,往来亡灾。获豕一百卌八、兔二。(《合集》37513,五期。图7—10)

这条卜辞于壬午日卜问,问商王要去㭒地进行田猎,去和回都不会有灾祸吧?验辞记录说:"获豕一百卌八、兔二",即这次田猎猎获了一百四十八头猪和二只兔子,相信谁也不会否认在百位数"一百"和个位数"八"字之间的数字"卌"应是十位数的"四十",该"四十"的写法是不但在四个竖画的底部作圆尖形连接,而且在四个竖画的中间也加了一个

图 7—10　数字:一百卌八
(《合集》37513)

横画进行连接,这加的一横画两边不出头,我们难道能认为这个中间加了一个横画的"卌"就不是数字"四十"了吗?很显然,加不加中间的一个横画并不能影响对该字的释读。因此,同样的道理,在数字"凵"中间加上一个横画成"ㄩ"或"廿"(两边出头)并不影响该字仍应读作数字"二十"。在商代甲骨文中,有不少字是加画与少画无别的,甚至加一个偏旁或少一个偏旁都不会影响它们的释读,如"协"字,有"劦"和"恊"两种写法,即有的从"口",有的不从"口",但它们仍都读作"协"。当然,卜辞中的"口"字也作"ㄩ"形,"隹王ㄩ祀"的"二十"作"ㄩ"形与口字相同只是巧合罢了。卜辞中的"ㄩ"是读作"二十"还是读作"口",应该根据卜辞的内容来判断,如将"隹王几祀"这个词组读成"隹王口祀",显然是读不通的,裘先生硬将其读作"口",因读不通,又转而将其读作"隹王曰祀",但由后面的分析可知,将其读成"隹王曰祀"仍然会使辞意不通,而且也不符合周祭卜辞的文例规律。

探讨商、西周、战国各个时期"十"、"二十"、"三十"数字（缺乏数字"四十"的演变资料）的写法与演变，也可以证明商代加横画的"廿"与"廿"仍应该读作"二十"。

前已说明，商代的"十"作"｜"。而在周代的金文里，"十"不但写作"｜"，而且也写作"￮"，即在"｜"上加圆点，如西周中期的"望簋"铭文有"隹王￮又三年"（《集成》4272），西周晚期的"走簋"铭文有"隹王￮又二年"（《集成》4244）。到战国晚期还在"｜"上加小横画，如"十八年相邦剑"的"十八"作"十八"（《集成》11710），已经有后世"十"的雏形了。以上这些加点加横画的字形仍是读作"十"。则"十"的演变轨迹是：

商代：｜
西周：｜、￮
战国：｜、十

商代的"十"作"｜"形。西周时仍继承了商代的"｜"形，但到西周中、晚期就出现了加圆点的"￮"形。而到战国时期虽然仍有"｜"形，但已盛行加小横画的"十"形了。

商代的"二十"多作"∪"或"⊔"，晚期出现的"廿"与"廿"也应是"二十"。西周时期的"二十"有三种写法：第一种是继承了商代的"∪"形，如西周早期的"庚嬴鼎"铭文有"隹∪又二年"（《集成》2748），"小盂鼎"铭文有"隹王∪又五祀"（《集成》2839），西周中期的"二十七年卫簋"铭文有"隹∪又七年"（《集成》4256·1）。第二种写法是"⊎"，加圆点，或者圆点出头作"⊍"形，这种写法的"二十"比较多见，如西周早期的"大盂鼎"铭文的"隹王⊍又三祀"（《集成》2837）、西周中期的"二十七年卫簋"铭文的"隹⊍又七年"（《集成》4256·2），西周晚期的"伊簋"铭文的"隹王⊍又七年"（《集成》4287）。特别值得注意的是同是"二十七年卫簋"，对"二十"的写法却是一个作"∪"形，一个作"⊍"形，即两种写法并存。第三种写法是"廿"形，与商代"啇孳方鼎"铭文的"隹王廿祀"写法相同，写作"廿"形的西周铜器，如西周早期的"乃孙子鼎"铭文的"廿祀"（《集成》2532），西周晚期的"微盨鼎"铭文的"隹王廿又三年"（《集成》2790），"寰鼎"铭文的"隹廿又八年"（《集成》2819）等。由此可知，裘锡圭先生说"直到战国时代才出现廿的写法",李学勤先生说"廿"的写法"实际为东周始有",都是不正确的。事实证明"廿"的写法早在西周早期时就已经存在了,并贯穿于整个西周时期,裘、李二位先生不下苦功夫去查找资料,随意下结论的做法是科学研究的大忌。由于西周早期就已经有"二十"作"廿"的写法了,所以说商代晚期有"二十"作"凵"、"廿"的写法是有道理的,因为文字的发展都是前后相接的。总之,西周时期对"二十"的写法有三种类型,即"凵"、"凵"(或"凵")、"廿",与对"十"的写法一样,仍是在原形上加圆点,加横画,但这些加圆点加横画的字仍被读作"二十"。到战国时期,"二十"一般就都写作"廿"了,将其他两种写法淘汰了。则"二十"的演变轨迹是:

商代:凵、凵、廿
西周:凵、凵(凵)、廿
战国:廿

商代"凵"形的"二十"贯穿于从早到晚的时期,"凵"形和"廿"形则只出现在商代晚期的第五期卜辞和晚商青铜器铭文中。到西周早期"凵"形、"凵"形、"廿"形并存,"凵"、'廿'形是继承商代的写法。到战国时期就只用"廿"形了,其他形都淘汰了。这就是说,出现于商代晚期的"廿"形的"二十",到战国时期就定形了。并且在此后漫长的至今已有近二千八百年的中华民族的历史上,这种写法的"二十"一直在使用(只是写法很规范了),这反映出中国的汉字是多么的源远流长!

再看"三十"的写法。前已说明,商代的"三十"作"山"、"山"形。而西周时期的"三十"的写法有下面几种:一种是继承了商代的写法作"山"形,如西周晚期的"伯寛父盨"铭文有"佳山又三年"(《集成》4439);第二种写法作"山"形,如西周晚期的"善夫山鼎"铭文有"佳山又七年"(《集成》2825);第三种写法作"Ψ"形,如西周晚期的"酅比簋盖"铭文作"佳Ψ又一年"(《集成》4278);第四种写法作"山"形,如西周晚期的"伯寛父盨"铭文作"佳山又三年"(《集成》4438)。特别值得注意的是,同是"伯寛父盨",对"三十"的写法却有二种,即"山"、"山"。总之,西周时期对"三十"的写法有四种之多,与"二十"的写法一样,无非是在原形上加圆点加横画,而且横画加的很特别,如"山"的横画只在两竖之间。无论加圆点还是随意加横画,都不影响这些字读作"三十"。再看战国时期"三十"的写法,这时商代西周时期的"Ⅲ"形不见了,主要变成下面三种形体:第一种为"卅"形,即在竖画上加小短横,如战国晚期的"三十二年郑令矛"铭文作"卅二年"(《集成》11555);第二种写法是"卌"形,如战国晚期的"三十三年郑令剑"铭文作"卌三年"(《集成》11693),这种写法是横画两边不出头,显然与商代"ᄇ"形的写法是一致的,即横画两边不出头,因此商代在"∪"上加一横画成"ᄇ"形,其字仍应读作"二十";第三种写法是"卌"形,如战国晚期的"三十四年郑令矛"作"卌三年"(《集成》11560),此种写法是将横画两边出头,它与商代"廿"形的写法一致,因此商代在"二十"原始形"∪"上加横画成"廿"形,其字仍应读作"二十"。由于西周、战国时期缺少确定无疑是"四十"材料,故暂无法进行比较。

由以上的对比论证可以看到,从商代晚期起,就开始在"十"及其倍数数字上加羡画,商代加横画,西周多加圆点,也加横画,战国只加横画。辞例表明,这些多加的或长或短的横画及圆点并不影响对这些数字的释读,由此就可证明商代晚期卜辞和青铜器铭文中出现的"隹王ᄇ祀"、"隹王廿祀"仍应读作"隹王二十祀"。"∪"形加横画(不出头)与"口"字的字形"ᄇ"相同只是巧合罢了。

以上是从字形的演变来对比论证商代晚期的"隹王ᄇ祀"、"隹王廿祀"的"ᄇ"、"廿"是"二十"。下面再看一条同时有"ᄇ"字(即"曰"字),有"隹王ᄇ祀"的卜辞:

图7—11 ᄇ、ᄇ二字同辞
(《合集》37868)

[癸]□王卜,贞:[旬亡祸]。[王]乩ᄇ:吉。在二月,甲□翌日祖甲,隹王ᄇ[祀]。(《合集》37868,五期。图7—11)

这是一条商代晚期附记甲名先王五祀的卜旬卜辞,辞中"王乩曰"的"曰"字作"ᄇ"形,辞后记有"在二月,甲□翌日祖甲,隹王ᄇ[祀]",以往学者们都将该辞释作是王二十年二月某甲日（地支日残掉）酓祭祖甲[①]，年、月、日、祀典名、王名齐全，这样释读文通字顺。该辞的"曰"字作"凵"形，"隹王二十祀"的"二十"作"凵"形，"凵"、"凵"二字不同形，"曰"字在"口"字里面有一小短横，而"二十"则没有。如果按着裘锡圭先生的释读，将"隹王凵祀"读成"隹王曰祀"，那么，商人为什么不将"隹王凵祀"直接写成"隹王凵祀"，反而费事要先将其写成"隹王凵祀"，然后再转读"凵"为"凵"，这样做不合情理嘛！在这样一条卜辞中同时出现"凵"与"凵"两个不同的字，再明显不过地证明了"凵"不是"凵"，不能将"隹王凵祀"读成"隹王曰祀"。面对这样铁的事实，裘锡圭、李学勤先生不愿意承认，裘先生只好说："如何解释这种现象，是一个棘手的问题。"即裘先生无法做出解释。其实，该版卜辞中"凵"与"凵"同见于一条卜辞，恰好证明了"凵"不是"曰"，即不能将"隹王凵祀"读作"隹王曰祀"，而将其读作"隹王二十祀"就会一切迎刃而解。

我们曾指出，第五期周祭卜辞有三种类型：一是祭上甲及多后的合祭卜辞；二是附记甲名先王五祀的卜旬卜辞；三是王宾卜辞。"隹王几祀"的语句都附记在第一种类型即祭上甲及多后的合祭卜辞和第二种类型即附记甲名先王五祀的卜旬卜辞中，还见于一些记有周祭祀典的晚商青铜器铭文中。上举卜辞（《合集》37868）就是附记甲名先王五祀的卜旬卜辞，该辞后的"隹王凵祀"应是记的王年，这由同类型的卜辞可以得到证明，如下面两条卜辞：

　　癸巳王卜，贞：旬亡祸。王乩曰：吉。在六月。甲午彡羌甲。隹王三祀。（《合集》35756＋《合集》37838，五期）
　　癸酉王卜，贞：旬亡祸。王乩曰：弘吉。在二月。甲戌祭小甲宣大甲。隹王八祀。（《甲》297＋《库》1661＋《金璋》382，五期）

这两条都是附记甲名先王五祀的卜旬卜辞，与上举卜辞一样，各辞辞后也都

[①] 李学勤在《谈寝孪方鼎的所谓"惟王廿祀"》（《中国历史文物》2003年第6期）一文中的第一句话就说："商末黄组卜辞与同时金文中的所谓'惟王廿祀'，对于研究者来说，长期以来是一个恼人的疑难问题。"这样说毫无根据。因为事实是：在1999年裘锡圭提出对"隹王廿祀"的不同意见之前，从来没有一个研究者对该词组是指时王二十年的说法表示过怀疑。不知道李先生的"长期以来是一个恼人的疑难问题"的说法是从何而来的。

是先记月名，再记祀典，再记年祀，这是附记甲名先王五祀的卜旬卜辞的契刻规律。该两辞中前一辞祀典"甲午彡羌甲"后记"隹王三祀"，后一辞祀典"甲戌祭小甲壹大甲"后记"隹王八祀"，"隹王三祀"、"隹王八祀"的词组是裘锡圭也承认的是王三年、王八年的记录。这样，依此类推，上举的同样是附记甲名先王五祀的卜旬卜辞（《合集》37868）在祀典"甲□酓日祖甲"后记的"隹王凵[祀]"也应是记的王年，即"凵"是数字不是"曰"，"隹王凵祀"是"隹王二十祀"，而不是什么"隹王曰祀"。同样下条卜辞也是如此：

　　癸丑卜，泳贞：王旬亡祸。在六月，甲寅酓翌上甲，王凵祀。（《合集》37867，五期）

该辞也是附记甲名先王五祀的卜旬卜辞，辞后先记月名，再记祀典，再记"王凵祀"，按着前面所说的此类周祭卜辞的契刻规律，在祀典名后的"王凵祀"应是记的王年，"凵"不是"曰"而是数字"二十"，"王凵祀"是"王二十祀"。卜辞记录王二十年六月甲寅日翌祭上甲。下面再来看附记年祀的另一类周祭卜辞，即祭上甲及多后的合祭卜辞，先看下辞：

　　癸未王卜，贞：酓彡日自上甲至于多后，衣，亡壱。自祸。在四月，隹王二祀。（《合集》37836，五期）

这种卜辞都是于癸日卜问祭上甲至多后的，前面的命辞即记了祀典，辞末记月名和年祀，这是此类卜辞的刻写规律。该条卜辞在月名之后记有"隹王二祀"，它可证明下条卜辞的"隹王凵祀"是"隹王二十祀"：

　　[癸]亥王卜，贞：酓彡日自上甲[至于]多后，衣，亡壱。自祸。[王乩]曰：吉。在三月，隹王凵祀。彡。（《合集》37864＋《合集》37851，五期）

该条卜辞为许进雄先生拼合。卜辞类型与上一条卜辞相同，因此该条卜辞在月名之后的"隹王凵祀"应是记的王年，即"隹王二十祀"，不是"隹王曰祀"。由以上"隹王几祀"词组附记在"祭上甲及多后的合祭卜辞"和

"附记甲名先王五祀的卜旬卜辞"中,说明商人是在某一祀季开始和某一旬的祭祀开始时附记年祀的。由以上的论证又可以看到,如果知悉第五期周祭卜辞的文例规律,是不会发出"隹王廿(或廿)祀"是"隹王曰祀"的论点的。

商代晚期青铜器上的铭文文例与上述晚期周祭卜辞的文例相似,如:

丙辰,王令㚤其祝聾□于夆田,洛宾贝五朋。在正月,遘于姙丙彡日大乙奭,隹王二祀。即쭁于上下帝。(《录遗》274)

这是商末铭器"二祀㚤其卣"铭文,铭文后也是先记月名,再记祀典,再记年祀。再看下条铭文:

甲子,王易𠷎挚,商用乍父辛障彝。在十月又二,遘祖甲翌日,隹王廿祀。①

这是商末铭器"𠷎挚方鼎"铭文,铭文末先记月名,再记祀典,再记年祀,其顺序与上条"二祀㚤其卣"铭文相同,与晚期周祭卜辞也相同,因此,该铭文的"隹王廿祀"是记的年祀,而不是什么"隹王曰祀"。

以上是根据商代晚期周祭卜辞的契刻规律和记录周祭祀典的铜器铭文的行文规律,证明了"隹王廿(廿)祀"是指年祀,即"隹王二十祀"。特别是铜器铭文是记事的文字,并不是实际举行祭祀时的占卜记录,因此说铜器铭文的"隹王廿(廿)祀"是"隹王曰祀",是王下令举行祭祀,是说不通的。

又,近年,日本学者浅原达郎提出"隹王廿祀"、"隹王廿祀"的"廿"、"廿"是"元"字,也即"隹王廿祀"、"隹王廿祀"既不是"隹王廿祀"也不是"隹王曰祀",而是"隹王元祀",也即王一年②。这个想法固然新颖,但缺乏证据。在商代甲骨文中,"元"字作"𠀂"、"𠀃"形,商代金文作"𠁼"形,为何到"隹王廿祀"、"隹王廿祀"的"元"字就变成了"廿"形、"廿"形呢,而"廿"形、"廿"形与"𠀂"、"𠀃"形、"𠁼"形相去甚远。这是需要考虑的。

---

① 该铭文采自《张颔学术文集·𠷎挚方鼎铭文考释》之摹本,中华书局,1995年版。
② 浅原达郎:《黄组卜辞的五祀周祭》,打印稿,2000年2月19日作者惠赠。

此外，笔者还就裘先生文中的一些推测做了反驳，这里不再赘述，请见原文。

总而言之，通过上述论证，商代第五期卜辞中的"隹王屮（廿）祀"仍应是与同类卜辞一样，其"王"与"祀"之间的字"屮"、"廿"仍应是数字，而不是什么"口"读"曰"，也不应是"元"。裘先生将"隹王几祀"这个词组分成两种读法，即既读王多少年，又读王下命令举行祭祀，这是既不符合卜辞的辞义，又不符合周祭卜辞的契刻规律，而且是令人费解的。指望以否定"隹王屮（廿）祀"是指王二十年，来否定商代最后三个王文丁、帝乙、帝辛的在位年数不都是在二十年以上，这个目的是没有达到的。

2. 周祭祀谱的复原

复原周祭祀谱的工作最早是由周祭的发现者董作宾先生进行的，其后岛邦男、许进雄、常玉芝也相继做成了自己的祀谱①。由于他们在先王先妣的祭祀次序上，在五种祀典的祀首上，在周祭的三十六旬型和三十七旬型周期的组成上，在对某些材料的认定上，以及对"祀"字意义的认识上等都存在着分歧，所以他们的周祭祀谱是不一致的。大体上是：因为董作宾、岛邦男、许进雄三人都认为第五期周祭卜辞属于帝乙、帝辛二王，所以他们排的祀谱都只是两个祭祀系统的祀谱②。

不过，董作宾在拟定帝乙、帝辛祀谱时，发现"宰丰雕骨"刻辞记载的祭祀人不了帝乙、帝辛的王六祀祀谱，"宰丰雕骨"刻辞是：

　　壬午，王田于麦麓，获商戠兕，王易宰丰寑小𥏫兄。在五月，隹王六祀。彡日。（《佚》518反，五期）

董作宾说："此骨器刻文，六祀五月壬午彡日，乙（指帝乙谱——引者按）六祀五月有彡日，无壬午。此（指帝辛谱——引者按）有壬午无彡日，疑祭

---

① 董作宾、岛邦男的祀谱见其著作。许进雄最新的祀谱见《第五期五种祭祀祀谱的复原——兼谈晚商的历法》，《大陆杂志》第73卷第3期，1986年。常玉芝只复原了帝乙、帝辛前十年的祀谱，见其著作。

② 董作宾、岛邦男的祀谱见其著作。许进雄最新的祀谱见《第五期五种祭祀祀谱的复原——兼谈晚商的历法》，《大陆杂志》第73卷第3期，1986年。

名或有误记"①。后来他在《殷历谱后记》一文中，又根据新的材料将帝辛祀谱做了改动，结果是帝辛六祀谱既无壬午日又无彡祀了②。在他之后的岛邦男、许进雄也都发现帝乙、帝辛祀谱中排不进"宰丰雕骨"刻辞记载的祭祀。对这种现象董、岛、许诸位先生都无法做出解释，对这条刻辞材料，董先生附之存疑，岛先生怀疑"莫非是伪作"，许先生则附之待问。不过，许进雄先生在1986年发表《第五期五种祭祀祀谱的复原——兼谈晚商的历法》一文中，已意识到第五期可能有文丁时的卜辞了。

在董作宾发表《殷历谱后记》后的1949年，高去寻先生曾试图解决"宰丰雕骨"刻辞的归属问题。他在《殷墟出土的牛距骨刻辞》一文中③，将董氏的祀谱做了修改，他首先去掉其中"六祀妙其卣"铭文记载的有关祭祀，然后再修改历谱，结果认为雕骨刻辞记载的祭祀可以排入帝辛六祀谱。实际上，高先生的修改是不能成立的，因为"六祀妙其卣"铭文不是伪作，不能去掉。不过这时高先生已开始怀疑雕骨刻辞不是帝乙、帝辛而是别的王（祖甲）的刻辞了。1975年，严一萍先生也撰文谈雕骨刻辞的归属问题，他在《文武丁祀谱》一文中④，认为雕骨刻辞应属文武丁时期。1981年，李学勤指出第五期的周祭记录可分为三组，应分属三个王世，并且指出其中有一组当属文丁时期⑤。

1986年，笔者发表《"祊祭"卜辞时代的再辨析》一文⑥，该文通过系统整理第五期中的"祊祭"卜辞，发现其中有相当数量的文丁卜辞；1987年，笔者在《商代周祭制度》一书中⑦，通过对第五期五种祭祀卜辞中对康丁称"祖"，对武乙不称"祖"的现象，论证第五期五种祭祀卜辞中也有文丁卜辞。据此，笔者在复原周祭祀谱时，认定排不进帝乙、帝辛祀谱中

---

① 董作宾：《殷历谱》下编卷2，第26页上，1945年版。
② 董作宾：《殷历谱后记》，《六同别录》中册，1945年12月。又刊《中央研究院历史语言研究所集刊》，第13本，1948年版。
③ 高去寻：《殷墟出土的牛距骨刻辞》，《中国考古学报》第4册，1949年版。
④ 严一萍：《文武丁祀谱》，《中央研究院历史语言研究所集刊》，第46本2分，1975年版。
⑤ 李学勤：《小屯南地甲骨与甲骨分期》，《文物》1981年第5期。
⑥ 常玉芝：《"祊祭"卜辞时代的再辨析》，《甲骨文与殷商史》，第2辑，上海古籍出版社1986年版。
⑦ 常玉芝：《商代周祭制度》，中国社会科学出版社1987年版。

的属于王六祀的"宰丰雕骨"刻辞应属于文丁时期；同时，又通过王二十祀的三组材料进一步证明了第五期的周祭应分属三王。即第五期的王六祀、王二十祀的两组材料证明第五期的周祭祀谱包含有文丁、帝乙、帝辛三王的祀谱。1988年，笔者在《黄组周祭分属三王的新证据与相关问题》一文中①，利用新出土的记有"王二十祀"周祭记录的"宰椃方鼎"铭文，进一步论证了王二十祀的周祭记录表明第五期包含有三个王的祀谱。1993年，笔者在《黄组周祭分属三王的又一证据》一文中②，利用自己新缀合的一版记有王二祀周祭记录的甲骨卜辞，又论证出王二祀的周祭记录也表明第五期的周祭包含有三个王的祀谱。2003年，笔者又发表《"宰椃方鼎"铭文及相关问题》一文，分析了目前所见到的所有王二十祀的甲骨文和金文材料可以容纳在三个王世之中③。至此，王二祀、王六祀、王二十祀的三组材料证明第五期周祭包含有文丁、帝乙、帝辛三个王世的祀谱，这个论证，就解决了那些人不了两个王世祀谱的材料的归属问题。现在，需要进一步做的工作是：利用包括新发现的材料来全面地复原文丁、帝乙、帝辛三王的周祭祀谱，并进而利用周祭祀谱来探讨文丁、帝乙、帝辛三王的在位年数。

二 祊祭卜辞的祭祀规则

所谓"祊祭"卜辞是指第五期中专门刻在龟甲上的一种卜辞④，笔者曾总结其文例有三种：

> 干支卜，贞：祖先名祊，其牢。
> 干支卜，贞：祖先名宓祊，其牢。

---

① 常玉芝：《黄组周祭分属三王的新证据与相关问题》，《古文字研究》，第21辑，中华书局2001年版。该文写于1988年，但发表时已是2001年了，历经了13年的时间。

② 常玉芝：《黄组周祭分属三王的又一证据》，《文博》1993年第2期。

③ 常玉芝：《"宰椃方鼎"铭文及相关问题》，《殷商文明暨纪念三星堆遗址发现七十周年国际学术研讨会论文集》，社会科学文献出版社2003年版。李学勤先生多次说"宰椃方鼎"铭文的发现使商末有了四个王的周祭祀谱（见《寝孳方鼎和肄篹》，《夏商周年代学札记》，辽宁大学出版社1999年版。《谈寝孳方鼎的所谓"惟王廿祀"》，《中国历史文物》2003年第6期），不知他是如何排定的。此观点也是导致他否认"宰椃方鼎"铭文中的"隹王廿祀"是王二十年的原因之一。

④ 因为都是第五期卜辞，所以每版卜辞著录号之后都不再注明"五期"字样了。

干支卜，贞：祖先名宗祊，其牢。

三种形式的文例基本相同，只是第二种在"祊"字前加一"宓"字，第三种在"祊"字前加一"宗"字。"祊"字字形作"□"，与"丁"字字形一致，故多数学者将上述卜辞中的"□"释成"丁"；笔者根据上述第二种、第三种形式的卜辞，在"□"字之前分别加的是"宓"字和"宗"字，而这两个字又都是表示宗庙等建筑物的，所以也将"宓"、"宗"之前的"□"字释成表示建筑物的"祊"字。

笔者曾对"祊祭"卜辞的祭祀情况做过排比研究[①]，后又对其进行过断代研究[②]。

关于三种文例的祊祭卜辞的祭祀情况，据笔者的研究是：

第一种："干支卜，贞：祖先名祊，其牢。"共有以下几种辞例：

(1) 丙戌卜，贞：武丁祊，其牢。兹用。（《合集》35829[③]。图 7—12）

(2) 丙辰卜，贞：祖丁祊，其牢。（《合集》35861）

(3) 癸巳卜，贞：祖甲祊，其牢。兹用。（《合集》35932）

(4) 丙申卜，贞：康祖丁祊，其牢。羍。兹用。（《合集》35975）

(5) 丙午卜，贞：康祖丁，其牢。羍。（《合集》35975）

(6) 丙子卜，贞：康祊，其［牢］。（《合集》35979）

(7) 甲辰卜，贞：武乙祊，其牢。兹用。（《合集》35837）

(8) 甲辰卜，［贞］：武祖乙祊，其［牢］。（《合集》36065）

(9) 甲申卜，［贞］：武祊，其［牢］。（《合集》36058）

(10) 丙戌卜，贞：文武祊，其牢。兹用。（《合集》36134）

(11) 丙申卜，［贞］：文武丁祊，其［牢］。（《合集》36138）

---

① 见常玉芝《说文武帝——兼略述商末祭祀制度的变化》，《古文字研究》，第 4 辑，中华书局 1980 年版。

② 常玉芝：《祊祭卜辞时代的再辨析》，《甲骨文与殷商史》，第 2 辑，上海古籍出版社 1986 年版。又见常玉芝《商代周祭制度》附录，中国社会科学出版社 1987 年版。

③ 该片张子祺曾将其与《续》1·25·7（《合集》35935）、《续》1·26·8、《缀合》77（《合集》35837）、《燕》264 缀合，见蔡哲茂《介绍一版鲜为人知的甲骨缀合》，打印稿。

图 7—12 祊祭武丁

（《合集》35829）

(12) 壬子［卜］，［贞］：母癸祊，其［牢］。兹用。（《合集》36325）

(13) 丁丑卜，贞：祖丁祊，其牢。兹用。（《合集》35858）

(14) 甲申卜，贞：祖甲祊，其牢。兹用。（《合集》35914）

(15) 乙丑［卜］，［贞］：武乙［祊］，［其］牢。（《合集》35858）

(16) 丁未卜，贞：父丁祊，其牢。在［十］月又□。兹用。隹王九祀。（《合集》37853）

由上述辞例可知，"祊其牢"一形式的卜辞共祭武丁、祖丁、祖甲、康祖丁、康、武乙、武祖乙、武、文武、文武丁、父丁、母癸十二个称呼。其中第(13)条至第(16)条是仅有的几条卜祭日与所祭之祖先名一致的辞例，即祭祖丁、父丁在丁日，祭祖甲在甲日，祭武乙在乙日。而大量的是第(1)条至第(12)条的形式，即祭丁名王武丁、祖丁、康祖丁、文武丁均在丙日进行；祭甲名王祖甲在癸日进行；祭乙名王武乙在甲日进行；祭母癸在壬日进行。这就是说，卜祭日均比祖先名提前一天。辞中有一省略"祊"字的例子［第(5)条］，但并不影响卜祭日与祖先名之间的关系。笔者在近230条此类卜辞中，只发现一条卜祭日不是在祖先名前一天的例子①。因此可以断定：卜祭日比祖先名提前一天是"祊其牢"卜辞的特有规律。根据这个规律可知于丙子日受祭的"康"［第（6）条］即是丁名王康丁；于甲申日受祭的"武"［第（9）条］即是乙名王武乙；于丙戌日受祭的"文武"［第（10）条］即是丁名王文武丁。"康"、"武"、"文武"三称都是省略了日干名的亲称。对于第（13）条的"祖丁"一称的所指，笔者通过利用祭祀先妣的"王宾卜辞"进行考察，得知第五期的"祖丁"是指"武丁"②。通过以上论述，我们可以知道"祊其牢"形式的卜辞所祭的对象及其称呼是：

  武丁，又称祖丁。
  祖甲。
  康丁，又称康祖丁，还单称康。又一武乙时卜辞［第（16）辞］称其为"父丁"。
  武乙，又称武祖乙，还单称武。
  文丁，称文武丁，还单称文武。
  母癸，武乙之配，文丁称其为母。③

这就是说，"祊其牢"卜辞所祭祀的祖先只有武丁、祖甲、康丁、武乙、文丁五先王和武乙之配母癸。这五王是直系相连的，而旁系先王祖甲之兄祖己、祖庚，康丁之兄廪辛则不受此种祭祀；而且除武乙之配外其他各王之配也均不受此种祭祀。这样看来，"祊其牢"卜辞是对世系较近的直系祖先的一种特祭卜辞。在这种特殊祭祀中，各祖先还被付与多种称呼。由这些称呼可知：武丁、康丁、武乙都被加称"祖"（祖甲本来就称祖），五世连起来就是祖丁（武丁）、祖甲、康祖丁、武祖乙、文武

---

  ① "丙□［卜］，［贞］：武乙［祊］，［其］牢。"（河南省历史研究所藏）。
  ② 见《说文武帝——兼略述商末祭祀制度的变化》，《古文字研究》，第4辑，中华书局1980年版。
  ③ 笔者在1980年发表的《说文武帝——兼略述商末祭祀制度的变化》一文中认为"祊其牢"卜辞中的"父丁"是帝乙对其父文丁的称呼，"母癸"是帝乙对文丁之配的称呼。但到1986年，笔者通过考察"祊祭"卜辞的时代，得出"父丁"应是武乙对其父康丁的称呼；"母癸"是文丁对武乙之配的称呼。见《"祊祭"卜辞时代的再辨析》，《甲骨文与殷商史》，第2辑，上海古籍出版社1986年版。又见常玉芝《商代周祭制度》一书"附录"，中国社会科学出版社1987年版。

丁、母癸。"祊"即《诗经·小雅·楚茨》"祝祭于祊"之祊,《毛传》云:"祊,门内也。"《说文》谓:"门内祭也。"杨树达先生说:"祊即是庙,其训庙门,又或训庙门内,或训庙门外,皆庙义之引申也。"[①] 因此,"祊其牢"卜辞是卜问于某祖先之庙举行用牢之祭是否吉利一事的。

第二种:"干支卜,贞:祖先名宓祊,其牢。"共有以下几种辞例:

(17) 甲申卜,贞:武乙宓祊,其牢。(《合集》35976)

(18) 甲戌卜,贞:武乙宓,其牢。(《合集》36104)

(19) 甲子卜,贞:武祖乙宓祊,其牢。兹用。(《合集》36103)

(20) 甲辰卜,贞:武祖乙宓,其牢。(《合集》36115。图7—13)

(21) 丙午卜,贞:文武丁宓祊,其牢。(《合集》36115)

(22) 丙申卜,贞:文武宓祊,其牢。兹用。(《合集》36166)

(23) 丙戌卜,贞:文武宓,其牢。(《合集》36164。图7—14)

图7—13 武祖乙宓
(《合集》36115)

图7—14 文武宓
(《合集》36164)

由上述辞例可知,"宓祊其牢"一形式的卜辞共祭武乙、武祖乙、文武丁、文武四个称呼,前面已说明,"文武"即"文武丁"。这就是说,此种形式的卜辞所祭之祖先只有武乙和文丁二王。第(17)至第(20)条卜辞祭乙名王武乙均在甲日(甲申、甲戌、甲子、甲辰)进行,第(21)至第(23)条卜

---

① 杨树达:《积微居甲文说》,上海古籍出版社1986年版,第43页。

辞祭丁名王文丁均在丙日（丙午、丙申、丙戌）进行。这说明：在"宓祊其牢"卜辞中，卜祭日也是比祖先名提前一天的。辞中"祊"字有时被省略掉［如第（18）辞、第（20）辞、第（23）辞］，但并不影响卜祭日与庙号之间的关系。我们在所有"宓祊其牢"卜辞中，只发现一条祭文武丁不是在丙日的特例（此条卜辞下文即进行分析），其他卜祭日均比祖先名提前一天，因此可以肯定，与"祊其牢"卜辞一样，卜祭日比祖先名提前一天也是"宓祊其牢"卜辞的特有规律。

与"祊其牢"卜辞相比，"宓祊其牢"卜辞所适用的范围就更小了，它只限于武乙和文丁二王，其他诸祖、诸妣则一概不与祭祀。因此它是对世系更近的祖先的一种特祭卜辞。在这种特殊祭祀中，武乙和文丁也被付与多称，武乙又被称为武祖乙；文丁称文武丁，又单称文武。

"宓"字，卜辞作"㲋"形，叶玉森、陈梦家释"升"，谓："疑当为禰，即亲庙。"① 于省吾先生释其为必字，说："甲骨文㲋即必字，亦作祕。甲骨文以必或祕为祀神之室，商代金文作宓。"② 今从金文写作宓。总之，"㲋"即为神宫、庙室之义。与"祊"字一样，也是指庙室之类的建筑物。"宓祊其牢"卜辞均是贞问于武乙或文丁的庙室里举行用牢之祭是否吉利一事的。

第三种："干支卜，贞：祖先名宗祊，其牢。"共有以下几种辞例：

(24) 甲申卜，贞：武乙宗祊，其牢。兹用。（《合集》36081）

(25) 甲寅卜，贞：武乙宗，其牢。（《合集》36090）

(26) 甲寅卜，贞：武祖乙宗祊，其牢。兹用。（《合集》36094）

(27) 甲辰卜，贞：武祖乙宗，其牢。（《合集》36089。图7—15）

(28) 丙戌卜，贞：文武丁宗祊，其牢。（《合集》36154）

(29) 丙午卜，贞：文武丁宗，其牢。（《合集》36157）

(30) 丙午卜，贞：文武宗，其牢。兹用③。（《合集》36159）

(31) 丙午卜，贞：文宗［祊］，其［牢］。（《合集》36160）

由上述辞例可知，"宗祊其牢"一形式的卜辞共祭武乙、武祖乙、文武丁、

---

① 陈梦家：《殷虚卜辞综述》，中华书局1988年版，第470页。
② 于省吾：《甲骨文字释林·释必》，中华书局1979年版。
③ 此辞"用"字错刻成"𦣞"字。

图7—15 武祖乙宗

（《合集》36089）

文武、文五个称呼。武祖乙即武乙，文武丁、文武即文丁。第（24）至第（27）条卜辞祭乙名王武乙均在甲日（甲申、甲寅、甲辰）进行；第（28）至第（30）条卜辞祭丁名王文丁均在丙日（丙戌、丙午）进行。这就是说，卜祭日均比祖先名提前一天。辞中"祊"字有时也被省略掉［如第（25）、（27）、（29）、（30）辞］，但也不影响卜祭日与庙号（祖先名）之间的关系。我们检查所有"宗祊其牢"卜辞，均未发现违反这个原则的，因此，卜祭日比祖先名提前一天也是"宗祊其牢"卜辞的特有规律。按着这个规律检查第（31）条卜辞，可知于丙日（丙午日）受祭的"文"的日干名必是"丁"，"文"应是丁名王。商代丁名王中只有文丁一人带有"文"字的称呼，因此"文"必是指丁名王文丁。

与"宓祊其牢"卜辞一样，"宗祊其牢"卜辞所祭的对象也只限于武乙和文丁二王①，其他诸祖、诸妣也无一受此种祭祀的，因此"宗祊其牢"卜

---

① 陈梦家在《殷虚卜辞综述》第470页云："乙辛卜辞日祭康丁至帝乙诸王，某某宗与某某升互见。"（"日"即"祊"，这里陈从董作宾之说。"升"即 🅁 ）这个结论是不确的。由上文分析得知，某某宗与某某升（🅁 ）只限于武乙和文丁二王。不见有康丁宗（祊）、康丁🅁 （祊）、帝乙宗（祊）、帝乙🅁 （祊）之例。陈误认文武帝为帝乙，把《续存·上》2295"文武帝宗"误认为是帝乙宗，又把《簠·帝》140"文武丁🅁 "误认为是帝乙升所致。

辞也是对世系更近的祖先的一种特祭卜辞。在这种特殊祭祀中，武乙和文丁也被付与多称，武乙又被称为武祖乙，文丁称作文武丁、文武，还被单称作"文"。

"宗"即宗庙，"宗祊其牢"卜辞均是贞问于武乙或文丁的宗庙里举行用牢之祭是否吉利一事的。

以上是1980年笔者对"祊祭"卜辞的祭祀情况所做的排比研究。1986年，笔者又发表了《"祊祭"卜辞时代的再辨析》一文①，该文通过对"祊祭"卜辞中的"称谓的共版关系"和"字体的特征及演变"的分析，得出了"祊祭"卜辞应分属于文丁、帝乙两王，而不是过去所认为的帝乙、帝辛两王。

1999年，葛英会先生发表《附论祊祭卜辞》一文②，采用笔者对"祊祭"卜辞的断代研究，进一步探讨了"祊祭"卜辞的祭祀规则。他说："祊祭卜辞的致祭次序依先王日名在旬中（即由甲至癸十日）的位次而定，而与先王的世次与继位顺序无关。"

他用下面几版卜辞来证明文丁时的祊祭次序：

(1) 同旬：甲辰卜贞：武乙祊，其牢。
　　　　　丙午卜贞：武丁祊，其牢。
　　　　　丙午卜贞：康祖丁祊，其牢。
　　　　　癸丑卜贞：祖甲祊，其牢。（《簠·帝》118＋《契》264，文丁）

(2) 同旬：甲申卜贞：武乙祊，其牢。
　　　　　丙戌卜贞：武丁祊，其牢。
　　　　　〔癸〕巳卜贞：祖甲祊，其牢。（《佚》981，文丁）

葛先生说："上录卜辞（1）（2），在受祭的四位先王中，武乙世次最低，

---

① 常玉芝：《"祊祭"卜辞时代的再辨析》，《甲骨文与殷商史》，第2辑，上海古籍出版社1986年版。又见常玉芝《商代周祭制度》一书"附录"，中国社会科学出版社1987年版。

② 葛英会：《附论祊祭卜辞》，《夏商周文明研究》（'97山东桓台中国殷商文明国际学术讨论会），中国文联出版社1999年版，第326—334页。以下所引葛先生之论皆出自此文，不再另做注明。

其祊祭却在旬中居先。祖甲世次先于康祖丁、武乙，其祊祭却在旬中殿后。尤为奇特的是，两位丁名先王武丁、康祖丁，虽世次间隔，其祊祭却在旬中同一丙日受祭［见上录卜辞（1）］，这在其它卜辞中是未曾见过的。"

  （3）同旬：甲申卜贞：武乙宗祊，其牢。
      丙戌卜贞：武丁宗祊，其牢。（《簠·帝》93＋《簠·帝》133，文丁）
  （4）首旬：甲寅卜贞：武乙祊，其牢。
      丙辰卜贞：康祖丁祊，其牢。
    次旬：甲子卜贞：武乙祊，其牢。（《前》1·21·1，文丁）
  （5）首旬：癸亥卜贞：祖甲祊，其牢。
    次旬：甲子卜贞：武乙祊，其牢。
      丙寅卜贞：武丁祊，其牢。（《安明》2896，文丁）

葛先生说："上录卜辞（3）旬中祊祭武乙、武丁，（4）首旬祊祭武乙、康祖丁，均为祊祭武乙用甲日，祊祭武丁或康祖丁用丙日，其位次与前录卜辞（1）、（2）相同，依旧是武乙在前，武丁、康丁次之。又据上录卜辞（5），首旬癸日祊祭祖甲，次旬甲日祊祭武乙，丙日祊祭武丁，其所在位次也完全与上录卜辞（1）、（2）相同。如此，在旬中，仍是武乙居先而祖甲殿后。由上录祊祭卜辞可知，受祊祭先王在祭祀中所处的位次是固定不变的，即以其日名在旬中的位次排定的。"

  他得出文丁时在一旬中的祊祭次序是：
  旬中 甲日 祊祭武乙
      丙日 祊祭武丁
            康祖丁
      癸日 祊祭祖甲[①]
  他又用下面几版卜辞来证明帝乙时的祊祭次序：

---

  ① 原文此处写的是"祖丁"，当是排版时将"祖甲"误排为"祖丁"，因为在祊祭卜辞中癸日应是祭甲名王。

(6) 首旬：甲申［卜贞］：武［祖乙祊］，其［牢］。

丙戌卜［贞］：武丁［祊其］牢。

癸巳卜贞：祖甲祊，其牢。

次旬：［甲午］卜贞：［武］祖乙祊，其牢。（《簠·帝》52＋《簠·帝》99＋《簠·帝》122，帝乙）

(7) 同旬：甲戌卜贞：武祖乙祊，其牢。

丙子卜贞：康祖丁祊，其牢。（《前》1·10·3，帝乙）

他说(6)、(7)辞受祊祭"先王与前述文丁祊祭卜辞所及者相同（帝乙卜辞的武祖乙即文丁卜辞的武乙），在旬中所处受祭位次也是相同的"。他得出帝乙时在一旬中的祊祭次序是：

旬中　甲日　祊祭武祖乙

　　　丙日　祊祭武丁

　　　　　　康祖丁

　　　癸日　祊祭祖甲

帝乙时的这个祊祭的祭祀次序与文丁时的祊祭的祭祀次序完全相同。

(8) 首旬：丙申卜贞：文武祊，其牢。

次旬：甲辰卜贞：武祖乙宓，其牢。

丙午卜贞：文武丁宓祊，其牢。

三旬：甲寅卜贞：武祖乙宓，其牢。（《前》1·18·1，帝乙）

葛先生说："辞中载有连续三旬中对武祖乙、文武丁的祊祭。致祭规则仍是在其日名的前一日进行卜与祭，甲日卜、祭武祖乙，丙日卜、祭文武丁。其致祭位次仍是以日名在旬中的位次而定。这也与文丁祊祭卜辞是一致的。"

(9) 首旬：丙寅［卜贞］：文武丁祊，其［牢］。

癸酉卜贞：祖甲祊，其［牢］。

次旬：丙子卜贞：武丁祊，其牢。

（《簠·帝》95＋《簠·帝》113＋《簠·帝》139＋《簠·典》77，帝乙）

葛先生说："此版所载各条祊祭卜辞，虽然卜祭规则未变，即仍在先王日名前一日举行卜祭，但致祭位次却存在着微妙，新奇的变化，这就是在同版卜辞连续两旬的相同日干上，所祭先王有所不同。这在文丁祊祭卜辞中是从未见过的。此版卜辞所载，首旬丙日祊祭文武丁，次旬丙日却祊祭武丁。在文丁祊祭卜辞中，曾有同版同旬同一丙日祭祀日名为丁的两位先王，但没有同版不同旬不同丙日祭日名为丁的两位先王的。按祊祭的祭祀规则，文武丁、武丁两位丁名先王，应当是可以在同旬的同一丙日受祭。这版卜辞的实际情况是，首旬丙日只祭文武丁而不祭武丁，次旬丙日则只祭武丁而不祭文武丁。我推测，这应是出于某种原因，在首旬丙日祊祭文武丁，而将祊祭武丁排斥于次旬的丙日。这种推想可由下录卜辞进一步得到验证。

  （10）首旬：丙子卜［贞］：文武［宗］，其牢。
    次旬：（空）
    三旬：丙申［卜贞］：文武［宗］，其牢。
    四旬：甲辰卜贞：武祖乙宗，其牢。（《佚》984，帝乙）

这是一版连续四旬的祊祭卜辞。其首旬、三旬祊祭文武丁，次旬空缺。这应是如同上录卜辞（9）所载，首旬丙日祊祭文武丁，同日名的武丁遂被排斥于次旬丙日那样，此版卜辞次旬丙日虽未载对武丁（或康祖丁）的祊祭，但其位置是空留着的，即在连续两旬中，祊祭文武丁在首旬，祊祭武丁（或康祖丁）在次旬，两丁名先王在祊祭中所处的位次是存在既定的规则的。另据上录卜辞（8）、（9），可知文武丁与祖甲、武祖乙两位非丁名先王在同旬中受祭，即甲日祭武祖乙，丙日祭文武丁，癸日祭祖甲。"

葛先生说："综上所论，归纳帝乙卜辞对文武丁以及以上四位直系先王的祭祀，其致祭的次序应当是如下列：

  首旬 甲日 祊祭武祖乙
      丙日 祊祭文武丁
      癸日 祊祭祖甲
  次旬 甲日 祊祭武祖乙
      丙日 祊祭武丁
          康祖丁
      癸日 祊祭祖甲"

葛英会先生还结合古文献记载，提出了"祊祭是正祭前的预备性仪节"的说法。详细论说请见其原文。

　　葛英会先生发现祊祭卜辞先王的致祭次序是依先王日名在旬中（即由甲至癸十日）的位次而定的，而与先王的世次与继位顺序无关，这与周祭中祭祀先王是依其即位次序而定的是不同的。这个发现很重要，它使一直情况不明的祊祭次序得以明了，使我们知道这个盛行于文丁、帝乙两世的，只对武丁、祖甲、康丁、武乙、文丁近世直系五先王举行的特殊祭祀也是很有规则的。而他提出的祊祭是正祭前的预备性仪节的新说也是很有创见性的。

第八章

祭地与祀所

第一节 内祭与外祀场所

前已论述了商人的宗教崇拜有上帝崇拜、自然神崇拜、祖先神崇拜和异族神崇拜,在对这些神灵的崇拜活动中,最主要的崇拜行为就是对除上帝之外的其他诸神灵进行频繁的,种类繁多的祭祀。由殷墟甲骨卜辞可知,商人举行对诸神灵的祭祀活动是有一定的内祭与外祀的场所的,而且这些场所又主要是用于对祖先神的祭祀。

关于商人对祖先神的内祭与外祀的场所,陈梦家先生在1956年曾经做过总结,他把商人祭祀祖先的场所分成三类:一类是"先王先妣的宗庙",二类是"集合的宗庙",三类是"宗室及其它。"① 这个分类不太全面而且有自相矛盾之处,不全面之处是没有先公的宗庙;矛盾之处是分类中有先妣的宗庙,但结论却说没有先妣的宗庙。由于陈先生的分类论述对祭祀场所多有重复,所以下面我们在讨论时,将第一类"先王先妣的宗庙"与第三类"宗室及其它"合并在一起进行讨论。

一 先公、先王、先妣的宗庙

"宗"与"示"是有分别的:宗是指祭祀祖先的宗庙,示则是指神主(或庙主),神主是放在宗庙里的。商人祭祀祖先的宗庙及场所,据陈梦家先

---

① 陈梦家:《殷虚卜辞综述》,中华书局1988年版,第468—482页。本章所引陈先生之论,凡未注明出处者,皆出自该书上述诸页间,不再另作注明。

生统计，有：宗、升、家、室、亚、宍、旦、㝅、宫、厂、门、户、宜，共十三种。笔者结合卜辞判断，认为其中的家不应是指宗庙类的建筑；另还有称寝、祊的祭祀场所，这样，商人祭祀祖先的宗庙及场所共有十四种。其中陈梦家先生所释的"升"，我们从于省吾先生释为"宓"。下面逐一分析这些内祭与外祀场所。

（一）宗

1. 河宗

（1）贞：于南方将河宗。十月。
（《合集》13532，一期。图8—1）

（2）辛巳卜，贞：王夒、上甲即宗于河。（《屯南》1116，四期）

第（1）辞是第一期卜辞，第（2）辞是第四期卜辞。两辞都有"河宗"的记录。第（1）辞卜问"于南方将河宗"，即是卜问在南方的河的宗庙里举行将祭，将，于省吾先生说："像祭祀时陈列肉类于几案之形"①，即将祭是供肉以祭；由此辞知先公河的宗庙是在南方的。第（2）辞卜问"王夒、上甲即宗于河"，即为就意，则该辞是卜问就在河的宗庙里举行祭祀王亥和上甲可以吗？前已论证卜辞中绝大多数的"河"是指商先公，王亥和上甲也是商先公，在先公河的宗庙里祭祀先公王亥、上甲是合乎情理的。这两辞证明先公河有自己的宗庙，而且河的宗庙是在（商王居所）南面。

图8—1 河宗
（《合集》13532）

2. 岳宗

（3）于岳宗酒，又雨。（《合集》30298，三期）

这是第三期卜辞。是卜问在岳的宗庙里举行祭祀（酒似是祭祀之意），以祈求有雨水；"又雨"之"又"即"有"意，"又雨"即"有雨"。前已证明卜

---

① 于省吾：《甲骨文字释林·释牀》，中华书局1979年版。

辞中的岳与河一样，是商之先公。该辞证明先公岳有自己的宗庙。

3. 夒宗

(4) 夒既宗。

河[既]宗。(《合集》28207，三期。图8—2)

(5) 于夒宗酒，又雨。(《合集》30298，三期。图8—3)

(6) 乙卯卜：不雨。夒宗燎，率……(《合集》30299，三期)

图8—2 夒宗、河宗
(《合集》28207)

图8—3 夒宗
(《合集》30298)

(7) 既又宗夒，又雨。

□牛，此又大雨。(《合集》30318，三期)

(8) 贞：王其酒于夒又宗，又大雨。

其求山门，又大雨。(《合集》30319，三期)

以上五版全为第三期卜辞，都是卜问在先公夒的宗庙里举行的祭祀的。其中第(5)、(6)辞的夒宗作"夒宗"。第(4)版卜辞有两问，分别卜问在夒的宗庙和河的宗庙中举行祭祀。第（5）辞卜问于䮶的宗庙中举行祭祀（酒似是祭祀之义），以祈求有雨水；"䮶宗"即"夒宗"，"䮶"是"夒"的别体。第（6）辞于乙卯日卜问因为不下雨，故在䮶的宗庙里举行燎祭等祭祀以祈求雨水。第（7）版卜辞有两问，先卜问"既又宗夒，又雨"，"又宗"之"又"为"右"意，"又宗"即"右宗"，即卜辞是卜问就在右边的夒的宗庙里举行祭祀，会有雨吧？第二问是"□牛，此又大雨"，即用多少头牛（数目残掉）进行祭祀，此地会有大雨吧？"此"为地名。第（8）版也有两问，第一问是"王其酒于夒又宗，又大雨"，即卜问商王在右边的夒的宗庙里举行祭祀会有大雨吧；第二问是"其求山门，又大雨"，应是卜问在右宗即夒的宗庙的山门处举行求祭，会有大雨吧。即第（5）、（6）、（7）、（8）四版卜辞都是卜问在先公夒的宗庙里举行祭祀以求有雨，有大雨，向先公夒祈求雨水，说明先公夒是个与农业生产有关的神灵。第（7）版、第（8）版卜辞还告诉我们，先公夒的宗庙是在（商王居所）右边。

4. 关于王亥、上甲、报乙、报丙、报丁之宗庙

我们在卜辞中尚未发现先公王亥、上甲、报乙、报丙、报丁有"宗"的直接记录[①]。卜辞记录王亥、上甲的某些祭祀是在其他祖先的宗庙中进行的，如：

（9）辛巳卜，贞：王亥、上甲即宗于河。（《屯南》1116，四期）

（10）辛未贞：叀上甲即宗于河。（《屯南》2272，三、四期）

第（9）辞是第四期卜辞；第（10）辞《屯南》的作者认为属三、四期，没有具体定出期别。第（9）辞于辛巳日卜问就在河的宗庙里祭祀王亥和上甲可以吗？第（10）辞卜问就在河的宗庙里祭祀上甲可以吗？这两辞反映王亥和上甲的祭祀是在先公河的宗庙里进行的。

卜辞中虽然没有直书上甲、报乙、报丙、报丁有称"宗"的宗庙，但由这几位先公的庙号的写法可以窥见其是有宗庙的："上甲"，卜辞作"田"，晚期卜辞又作"甶"、"甶"；"报乙"、"报丙"、"报丁"卜辞分别作"匚"、"匚"、"匚"。杨树达先生说："甲文田字所从之□为何字乎？曰：此即经传之祊字也。《国语·周语》云：'今将大泯其宗祊。'韦注云：'庙门谓之祊，宗祊犹宗庙

[①] 有一条第三期卜辞曰："弱宗上甲至"，不知是否卜问不要到上甲的宗庙去。如是，则上甲是有"宗"的直接的记录的。上甲有称"家"的宗庙记录，详见后文。

也。'《诗·小雅·楚茨》云：'祝祭于祊。'毛传云：'祊，门内也。'《礼记·郊特牲》云：'索祭祝于祊。'郑注云：'庙门外曰祊。'余谓韦注'宗祊犹宗庙'之说最为得之。盖祊即是庙，其训庙门，又或训庙门内，或训庙门外，皆庙义之引申也。《国语》曰：'上甲微，能率契者也，殷人报焉'……报为祭名，韦昭释为报德之祭，义或然也。行此报祭，必有其所，于是特为立庙焉。故田从囗从十者，谓特起一庙行报祭之甲也。匚匜匚从乙丙丁在匚中者，亦为特起一庙见祭之乙丙丁也。匚匜匚何祭？殆亦报祭也。后人释匚匜匚为报乙报丙报丁，正谓被报之乙丙丁也。盖匚匜匚字之从匚，举其祭所，释义为报，称其祭名，其义一也……上甲与报乙报丙报丁皆为特庙：囗与匚乃特庙之标符。"① 由杨先生之论述，可知上甲、报乙、报丙、报丁也是各有其宗庙的。

5. 示壬、示癸之宗庙

卜辞中未见有示壬、示癸之宗庙的记录。

6. 大乙宗

　　(11) □□〔贞〕：其大御王，自上甲血，用白豭九，下示䝁牛。在大乙宗卜。(《屯南》2707，四期。图8—4)

图8—4　祭祀自上甲、下示、大乙宗

(《屯南》2707)

---

① 杨树达：《积微居甲文说·释田匚匜匚》，上海古籍出版社1986年版。

(12) 癸酉贞：王从沚或伐召方，受又。在大乙宗［卜］。(《合集》33058，四期)

(13) 乙巳：其🈯翌日，大乙宗。(《怀特》1559，四期)

(14) ……其又升岁于大乙，其宗酒。(《合集》27097，三期)

以上四辞，前三辞是第四期卜辞，最后一辞是第三期卜辞。第(11)辞是在大乙的宗庙中卜问对上甲和下示的祖先的祭祀，该辞反映上甲的祭祀是在大乙的宗庙中进行的。第(12)辞是在大乙的宗庙中卜问商王要率领沚或去征伐召方，(上帝)会授与保佑吧。该辞反映在大乙的宗庙中可以卜问战事。第(13)、(14)辞均是在大乙的宗庙中卜问对他举行祭祀的，其中第(14)辞卜问对大乙举行又、升、岁之祭，是"其宗酒"，即是在大乙的宗庙中举行祭祀，"酒"字在这里作祭祀解。下条卜辞不知是否是指大乙成汤的宗庙：

(15) 癸亥卜：宗成又羌三十、岁十牢。(《合集》32052，四期)

这是第四期卜辞。不知辞中的"宗成"是否指成汤的宗庙，如是，则是卜问在成汤的宗庙中用三十个羌人和割杀十牢来对其进行祭祀。

7. 大丁宗

(16) 丁未：其🈯翌日，在大丁宗。(《怀特》1559，四期)

这是第四期卜辞。卜问在大丁的宗庙中对其举行祭祀。

8. 大甲宗

(17) ……自上甲🈯，用白豭九……在大甲宗卜。(《屯南》2707，四期)

这是第四期卜辞。是在大甲的宗庙中卜问祭祀上甲等祖先的。该辞反映上甲的祭祀是在大甲的宗庙中进行的。

9. 大庚宗

(18) 庚子，🈯翌🈯。在大庚宗卜。(《屯南》3763，四期。图8—5)

这是第四期卜辞。是在大庚的宗庙中卜问对其举行祭祀。

10. 大戊宗

（19）戊戌卜，㰜翌祀。在大戊。（《屯南》3763，四期）

这是第四期卜辞。是在大戊的宗庙中卜问对其举行祭祀。因该辞与上举第（18）辞属同版卜辞，可知该辞中"在大戊"后省掉了"宗卜"二字。

11. 中丁宗

（20）……彝。在中丁宗。在三月。（《合集》38223，五期。图8—6）

图8—5　大庚宗
（《屯南》3763）

图8—6　中丁宗
（《合集》38223）

这是第五期卜辞。辞残，知是卜问在中丁的宗庙中举行某种祭祀。

12. 祖乙宗

（21）来岁（戌）帝其降永。在祖乙宗。十月卜。（《屯南》723，四期）

(22) 庚午贞：秋于帝五丰臣。在祖乙宗卜。(《合集》34148，四期）

(23) 丁卯贞：王从沚［或］伐召方，受［又］。在祖乙宗卜。五月。兹见。（《屯南》81，四期）

(24) ……王从沚或，今秋……［王受］又。在祖乙宗。（《合集》33108，四期）

(25) □卯贞：其大御王，自上甲血，用白豭九，下示氂牛。在祖乙宗卜。（《屯南》2707，四期）

(26) 戊辰贞：其求生于妣庚、妣丙。在祖乙宗卜。（《合集》34082，四期）

(27) 甲戌卜：乙亥王其毋于祖乙宗。兹用。
王于祖乙宗，毋。不用。（《合集》32360，四期）

以上七版全属第四期卜辞。全是记录在祖乙的宗庙中卜问举行某种祭祀的。第（21）辞于十月的某一天（卜日省略未记）在祖乙的宗庙中卜问"来岁"即未来一年，上帝会"降永"吧，"永"典籍中训为长、训为久，即长久之意，即该辞是卜问在未来一年上帝会降下长久的福祉吧。该辞反映在祖乙的宗庙中可以卜问天神上帝降福祸与否的问题。第（22）辞在祖乙的宗庙中卜问向"帝五丰臣"宁秋的。该辞反映在祖乙的宗庙中可以卜问祭祀帝廷的五位臣使。第（23）、（24）辞是在祖乙的宗庙中卜问商王率领沚或去征伐召方或某方之事的。这两辞反映在祖乙的宗庙中可以卜问战事。第（25）辞是在祖乙的宗庙中卜问祭祀自上甲始的直系祖先和下示即旁系祖先一事的。第（26）辞是在祖乙的宗庙中卜问向妣庚和妣丙祈求生育之事的。该辞反映在祖乙的宗庙中可以卜问生育之事。第（27）版的两辞是从正反两面卜问商王是否于祖乙的宗庙中进行卜问祭祀的。由上述这些卜辞可以看到：商人在卜问上帝是否会降下长久的福祉，对帝五臣进行祭祀时都选在祖乙的宗庙中进行，由此也反映出商人对上帝是不进行祭祀的，同时对自然神帝五臣也是不设宗庙的，对它们的祭祀是选在祖先的宗庙中进行的；同时商人在卜问诸如战事、生育等重要问题的决断上也选在祖乙的宗庙中进行卜问和举行祭祀。这些都反映出祖乙在商人的心目中的地位是比较高的。第三期卜辞还称祖乙为"中宗祖乙"：

(28) 其至中宗祖乙祝。(《合集》27239，三期)

(29) □酉卜：中宗祖乙岁。(《合集》27240，三期)

(30) ……中宗祖乙，王受［又］。(《合集》27241，三期)

(31) ……中宗祖乙告。(《合集》27242，三期)

对"中宗"如何解释？陈梦家先生说："中宗本是宗庙之宗，犹卜辞的大宗小宗。"①

13. 祖辛宗

(32) ……在祖辛宗。(《合集》38224，五期。图8—7)

图8—7　祖辛宗
(《合集》38224)

14. 祖丁宗

(33) 丁未：其㼈翌，在祖丁宗。(《怀特》1559，四期)

(34) 丁卯卜：王令取勹羌𢆶㫃。在祖丁宗［卜］。(《屯南》3764，四期)

(35) 在祖丁宗。(《合集》34053，四期)

(36) ……在四祖丁宗。(《合集》38227，五期。图8—8)

第(33)、(34)辞是在祖丁的宗庙中卜问对其举行祭祀的。卜辞还称祖丁为"中宗祖丁"：

(37) □辰卜：翌日其酒其祝自中宗祖丁、祖甲……于父辛。(《屯南》2281，四期)

这是出土于小屯南地牛胛骨上的一条卜辞。对于"中宗"，《屯南》的作者解

---

① 陈梦家：《殷虚卜辞综述》，中华书局1988年版，第415页。

释说:"所谓中宗,是指宗庙位置而言,即在某一群宗庙之中,其庙居中。其庙之所以居中,有两种可能:一是在历史上功劳大,被后世推崇;另一是依殷先公、先王之先后次序排列宗庙,其庙居中。以后一种可能性为大。"①此说与陈梦家先生之说不同。

15. 小乙宗

(38) 其又升小乙宾宗。(《合集》30334,三期)

(39) 其舌小乙䜣宗。(《屯南》287,三期。图 8—9)

图 8—8 四祖丁宗
(《合集》38227)

图 8—9 小乙䜣宗
(《屯南》287)

这两辞都是第三期卜辞。都是卜问在小乙的宗庙中举行祭祀的。第(39)辞的"䜣宗"是指亲庙,"舌小乙䜣宗"是说在小乙的亲庙中对其举行舌祭。

16. 武丁宗

---

① 中国社会科学院考古研究所:《小屯南地甲骨》,下册第一分册,中华书局 1983 年版,第 997 页。

(40) 于祖丁宗，王受[又]。(《合集》30300，三期)

(41) □□卜：祖丁舌㝷宗。王[受又]。(《合集》30323，三期)

这两条都是第三期卜辞，第(40)辞的"祖丁宗"应是康丁称武丁的宗庙。第(41)辞的"祖丁舌㝷宗"是说在祖丁即武丁的亲庙中对其举行舌祭。

17. 祖甲宗

"祖甲宗"一称未见于卜辞，但是祖甲是立有宗庙的，这由后文所列的"祖甲祊"可证。另外下面的卜辞似也可能反映祖甲是有宗庙的：

(42) 贞：其自帝甲又延。(《合集》27437，三期)

(43) 贞：其先帝甲其弘。(《英藏》2347，三期)

这两辞都是第三期卜辞，辞中的"帝甲"是康丁对其父祖甲的称呼。陈梦家先生说："帝甲之帝是'措之庙立之主曰帝'，犹微之称主甲"①，是上述两辞表明祖甲是立有宗庙的。下面两版第三期卜辞似是指祖甲的宗庙：

(44) 叀可用于宗父甲，王受又。(《英藏》2267，三期)

(45) 叀督酒三十。在宗父甲。……(《合集》30365，三期)

这两辞中的"于宗父甲"、"在宗父甲"应是"于父甲宗"、"在父甲宗"的倒写。第三期卜辞中的"父甲"是康丁对其父祖甲的称呼。

18. 康丁宗

图8—10 康祖丁宗

(《合集》38229)

(46) ……康祖丁宗。(《合集》38229，五期。图8—10)

---

① 陈梦家：《殷虚卜辞综述》，中华书局1988年版，第422页。

19. 武乙宗

(47) 翌日于祖乙，其栝于武乙宗，王受又₌。弘吉。（《屯南》3564，五期）

(48) 甲寅卜，贞：武乙宗，其牢。（《合集》36090，五期）

20. 文丁宗

(49) 丙午卜，贞：文武丁宗，其牢。（《合集》36157，五期）
(50) 丙午卜，贞：文武宗，其牢。兹用。（《合集》36159，五期）
(51) 丙午卜，贞：文宗［祊］，其［牢］。（《合集》36160，五期）
(52) ……［文武］帝宗，正，王受又₌。（《合集》38230，五期）

以上全为第五期卜辞。卜辞中的"文武丁"、"文武"、"文"、"文武帝"皆是指文丁①，卜辞中对文丁不称"文丁"。

由以上记录先王的宗庙来看，只有直系先王才立有独自的宗庙，旁系先王一般是没有自己独自的宗庙的。在这些直系先王的宗庙中，以在祖乙的宗庙中卜问的事项最多，计有卜问上帝是否降下长久的福祉，卜问对帝五臣进行祭祀，卜问战事、生育等重要问题。这些都反映出祖乙在商人的心目中的地位是很高的。其次是在大乙的宗庙中卜问战事。而在先公的宗庙中，主要是在岳、夔的宗庙中卜雨，也就是关于农事的问题。由上述记祖先宗的卜辞可以看到，记先公宗的以第三期卜辞最多，第四期卜辞次之，第一期卜辞最少；记先王宗的以第四期卜辞最多，第三期卜辞次之，第五期再次之。殷墟甲骨卜辞中，以第一期卜辞记录祖先宗的最少。但后面的卜辞证明，第一期卜辞还是有不少单记"宗"的辞例。

21. 父某宗

在第四期卜辞中还有不少"父丁宗"的记录，如：

(53) 丁未：其♦翌日，在父丁宗。（《怀特》1559，四期）

---

① "文武帝"是指文武丁即文丁，见常玉芝《说文武帝——兼略述商末祭祀制度的变化》，《古文字研究》，第4辑，中华书局1980年版。

(54) 丁未贞：其大御王，自上甲血，用白豭九，三示䰩牛。在父丁宗卜。

丁未贞：叀今夕酒御。在父丁宗卜。(《合集》32330，四期)

其他第四期记有"父丁宗"的卜辞还有《屯南》2707、《合集》32700等。第四期卜辞中的"父丁宗"应是指武乙之父康丁的宗庙。第四期卜辞中还有"父宗"的记录：

(55) 辛酉卜：将兄丁于父宗。(《合集》32765，四期)

此"父宗"或是指武乙之父康丁的宗庙，或是指文丁之父武乙的宗庙。

在第三期卜辞中也有"父丁宗"的记录：

(56) 丁卯卜：其酒求于父丁宗。(《合集》30335，三期)

此"父丁"当是指未曾即位为王的父辈，也或许该辞应是第二期或第四期卜辞也未可知。

第三期卜辞中还有"父己宗"的记录：

(57) ……父己宗。(《合集》30302，三期)

第三期卜辞中的"父己"当是指祖甲之兄祖己，祖己未及即位而卒。前面大量的卜辞证明，商人一般只是对直系先王才设立独自的宗庙，而该辞却表明对未曾即位为王，但曾立为太子的祖己也立有独自的宗庙，这与大丁的情况相类似。只是大丁属直系，而祖己属旁系，史书记载，祖己年幼即卒，故他不可能有子为王，这与大丁的情况又不同。

22. 妣、母宗

卜辞中记录女性祖先也立有自己的宗庙，如：

(58) 庚申卜，旅贞：往妣庚宗岁，啟。在十二月。(《合集》23372，二期)

(59) 王其又妣庚新宗，王［受又］。大吉。(《合集》30324，三期)

图 8—11
(60) 甲申卜，即贞：其又于兄壬，于母辛宗。(《合集》23520，二期)
(61) 庚戌卜：将母辛宗。(《怀特》1566，四期)

第（58）辞是第二期卜辞，卜问去妣庚的宗庙里对其举行岁改之祭，不会有灾祸吧？第二期的妣庚应是指小乙之配妣庚。第（59）辞是第三期卜辞，卜问商王在"妣庚新宗"即妣庚的亲庙中举行又祭，商王是会得到保佑的吧？第三期卜辞中的妣庚也应是指小乙之配妣庚。第（60）辞是第二期卜辞，卜问在母辛的宗庙里又祭兄壬，第二期卜辞中的"母辛"应是对武丁之配妣辛的称呼。第（61）辞是第四期卜辞，卜问在母辛的宗庙里举行将祭，第四期卜辞中的"母辛"应是武乙对康丁之配妣辛的称呼。上述拥有宗庙的女性祖先都是直系先王的配偶，而且是近世直系先王的配偶，远世直系先王的配偶和所有旁系先王的配偶都是没有自己的宗庙的。

图 8—11 妣庚新宗
(《合集》30324)

总而言之，上述卜辞表明，在商代，一般只是对直系先王和近世直系先王的配偶才设立独自的宗庙，旁系先王和他们的配偶一般是没有自己独自的宗庙的。旁系先王祖己、祖庚立有宗庙"父己宗"、"父庚宓"（见下文），这是康丁（或廪辛）对其父辈的特殊待遇。陈梦家先生说："卜辞某某宗的特点如下：(1) 上甲以后，没有早于大乙的，(2) 没有旁系的，(3) 没有先妣的。"[①] 这个观点最值得修正的是第三点，即卜辞中是有先妣、母的宗庙的，不过是极少的近世直系的配偶。

23. 单记"宗"

卜辞中记有单称"某宗"的，如：

(62) 甲子卜，争贞：乍王宗。(《合集》13542，一期)

---

① 陈梦家：《殷虚卜辞综述》，中华书局 1988 年版，第 469 页。

这是第一期卜辞，卜问作王宗，即卜问建造商王的宗庙，是哪一个王的宗庙没有明说。

    （63）庚辰［卜］，□［贞］：于庚宗十羌、卯二十牛。（《合集》333，一期）

这是第一期卜辞，卜问于某庚名祖先的宗庙中，用十个羌人和剖杀二十头牛对其举行祭祀。

    （64）辛丑卜，宾贞：㝅宗。（《合集》13545正，一期）

这是第一期卜辞，卜问"㝅宗"的什么事，"㝅"字是何意，不能确知。

    （65）癸卯卜，宾贞：井方于唐宗䉛。（《合集》1339，一期）

这是第一期卜辞，卜问"井方于唐宗䉛"，"唐宗"似应是指唐地的宗庙，而不是指商王成汤的宗庙；该辞是否表明唐地的宗庙在井方，不得而知。
  卜辞中还有不少单记"宗"的，如：

    （66）丙午卜，贞：卓尊岁羌三十、卯三宰、箙一牛于宗。用。八月。（《合集》320，一期）
    （67）……于宗用羌。（《合集》32121，四期）
    （68）己丑卜：告于父丁其饗宗。（《合集》32681，四期）
    （69）贞：于宗酒，三十小宰。九月。（《合集》13549，一期）

这四条卜辞分属第一期和第四期，都是卜问在宗庙中举行某种祭祀，至于是谁的宗庙则没有明说。

  （二）宓

  "宓"字，陈梦家先生释"升"，言："疑当为祢，即亲庙"，"是祭祀所在的建筑物。"① 于省吾先生释"必"，谓："必即宓，谓神宫"，是"祀神

---

  ① 陈梦家：《殷虚卜辞综述》，中华书局1988年版，第470页。

之室"①。今採于先生说释宓，採陈先生说指亲庙。

(1) 癸未卜：祖甲宓，叀……吉。(《合集》27335，三期)

这是一条第三期卜辞，其"祖甲宓"是否系指阳甲的宗庙，但阳甲是旁系先王，康丁为前三世的旁系先王阳甲设立亲庙似乎不太可能；也或是指其父祖甲的亲庙；也许该辞应属第四期卜辞，那么"祖甲宓"就是武乙为其祖父直系先王祖甲设立的亲庙。

(2) 祖丁宓鬯，卯叀牛，王受又。(《合集》30348，三期)
(3) 至祖丁宓，王受又。(《合集》30349，三期)
(4) 己亥卜，行贞：父丁宓，岁宰牡。(《合集》23214，二期)
(5) 癸丑卜，王贞：翌甲寅王其宾父丁宓。(《合集》23248，二期)

第(2)、(3)辞是第三期卜辞，辞中的"祖丁宓"是康丁称其祖父武丁的亲庙。第(4)、(5)辞是第二期卜辞，辞中的"父丁宓"是祖庚或祖甲称其父武丁的亲庙。

(6) 癸亥卜：其又夕岁于父甲宓，王受又=。
(《合集》30359，三期。图8—12)

这是一条第三期卜辞，辞中的"父甲宓"是康丁称其父祖甲的亲庙。

(7) 翌日己酉父庚宓，叀其即宗。(《合集》30330，三期)

这是一条第三期卜辞，辞中的"父庚宓"是康丁称其叔父祖庚的亲庙。

图8—12 父甲宓
(《合集》30359)

---

① 于省吾：《双剑誃殷契骈枝三编·释宓》，1943年版。

(8) 甲子卜，行贞：其宜于庚宓。(《合集》26020，二期)

(9) □□卜：行贞：庚宓岁，王其燎。(《合集》23217，二期)

这两条是第二期卜辞，辞中的"庚宓"应是祖甲称其兄祖庚的亲庙。

(10) 上甲史其祝父丁宓。(《合集》32390，四期)

(11) □□卜：其又父丁宓，叀今日戊酒。吉。(《合集》32716，四期)

这两条是第四期卜辞，辞中的"父丁宓"应是武乙称其父康丁的亲庙。

(12) 甲戌卜，贞：武乙宓，其牢。(《合集》36104，五期)

(13) 甲寅卜，贞：武祖乙宓，其牢。(《合集》36115，五期)

(14) 癸酉卜，贞：翌日乙亥王其又升于武乙宓，正，王受又=。(《合集》36123，五期)

这三条是第五期卜辞，辞中的"武乙宓"是文丁称其父武乙的亲庙；"武祖乙宓"是帝乙称其祖父武乙的亲庙。

(15) 丙戌卜，贞：文武宓，其牢。(《合集》36164，五期)

(16) 乙丑卜，贞：王其又升于文武帝宓，其以羌五人正，王受又=。(《合集》35356，五期)

这两条是第五期卜辞，辞中的"文武宓"、"文武帝宓"都是帝乙称其父文丁的亲庙。

(17) 庚申卜，行贞：其又于妣庚宓一牛。(《合集》25056，二期)

这是第二期卜辞，辞中的"妣庚宓"陈梦家先生认为是指武丁之配，实应是指小乙之配妣庚(见下文)，故"妣庚宓"是祖庚或祖甲称其祖母小乙之配妣庚的亲庙。

(18) [壬寅]卜，贞：翌日癸卯王其[又升于]妣癸宓，正，王受

又=。(《合集》36315，五期)

这是第五期卜辞，辞中的"妣癸宓"应是帝乙称武乙之配妣癸的亲庙①。

陈梦家先生说："卜辞称某某升（即某某宓——引者）的特点如下：（1）没有早于阳甲的；（2）及于旁系，如阳甲、祖庚；（3）及于先妣，如武丁配妣庚和文丁配妣癸。"② 这个结论的第（3）点应予修正：亲庙宓所及的先妣妣庚，即属于第二期卜辞的《合集》25056［即第（17）辞］所记的"妣庚宓"，其"妣庚"应是祖庚、祖甲对小乙之配妣庚的称呼，而不是对武丁之配的称呼，一是祖庚、祖甲对武丁之配不应称"妣"而应称"母"，二是卜辞记录武丁并无名为"庚"的配偶；又，第五期卜辞中的"妣癸"应是指武乙之配而不是指文丁之配③，所以第（18）辞所记的"妣癸宓"应是指武乙之配妣癸的亲庙。第一期武丁卜辞中似乎未见有亲庙宓的称呼。设立亲庙的对象都是近世的祖先。

（三）家

陈梦家先生引《尔雅·释宫》"牖户之间谓之扆，其内谓之家"，说："家指门以内的居室。卜辞'某某家'当指先王庙中正室以内。"④

(1) 己酉贞：于上甲家。(《合集》13580，一期。图8—13)

(2) 贞：其报于上甲家。其……

图 8—13　上甲家
(《合集》13580)

---

① 第五期卜辞中的"妣癸"是指武乙之配，而不是过去所认为的文丁之配。见常玉芝《"祊祭"卜辞时代的再辨析》，《甲骨文与殷商史》，第 2 辑，上海古籍出版社 1986 年版。又见常玉芝《商代周祭制度》附录，中国社会科学出版社 1987 年版。

② 陈梦家：《殷虚卜辞综述》，中华书局 1988 年版，第 470 页。

③ 第五期卜辞中的"妣癸"是指武乙之配，而不是过去所认为的文丁之配。见常玉芝《"祊祭"卜辞时代的再辨析》，《甲骨文与殷商史》，第 2 辑，上海古籍出版社 1986 年版。又见常玉芝《商代周祭制度》附录，中国社会科学出版社 1987 年版。

④ 陈梦家：《殷虚卜辞综述》，中华书局 1988 年版，第 471 页。

（《合集》13581，一期）

这两辞都是第一期卜辞，都有"上甲家"的记录，第（2）辞卜问在"上甲家"即上甲的庙室内举行对上甲的报祭。

（3）……父乙家。（《合集》13579正，一期）

该辞为第一期卜辞，辞残，但知是卜问在"父乙家"即父乙的庙室内举行某种祭祀。

（4）□□卜：彭贞：其延登黍（？）……饗父庚、父甲家。止。（《合集》30345，三期）

这是第三期卜辞，卜问在"父庚、父甲家"即父庚、父甲的庙室内，举行对他们的登黍之礼，以饗祭他们。第三期卜辞中的父庚是指祖庚、父甲是指祖甲。

（四）旦（坛）

（1）于祖丁旦。（《合集》27309，三期）
（2）于祖丁旦，寻。
  于厅旦，寻。（《屯南》60，三期。图8—14）
（3）于后祖丁旦。（《合集》27308，三期）

这三版都是第三期卜辞。前两版卜辞中都有"于祖丁旦"，第（3）版卜辞中有"于后祖丁旦"。陈梦家先生说卜辞"'某某旦'疑假作坛"[①]，则"旦"是宗庙建筑中的一部分，当是指宗庙中的祭坛。第（2）版

图8—14 祖丁旦、厅旦
（《屯南》60）

---

① 陈梦家：《殷虚卜辞综述》，中华书局1988年版，第472页。

中的两辞,第一辞卜问"于祖丁旦,寻",是说在祖丁宗庙中的祭坛对其举行寻祭,第二辞卜问"于厅旦,寻",是说在(祖丁)宗庙大厅的祭坛对其举行寻祭。何为"寻"祭?《小屯南地甲骨》的作者说:"寻有用义,在卜辞中可能与杀之以祭的'用'用法相近。"① 上述第三期卜辞中的祖丁应是指武丁,但也有可能是指祖辛之子祖丁;"后祖丁"是指祖辛之子祖丁。

(4)己酉卜,賓贞:翌日父甲旦,其十牛。(《合集》27446,三期)

这是一条第三期卜辞,于己酉日卜问在"翌日"即第二天,在"父甲旦"即父甲宗庙中的祭坛,对其用十头牛进行祭祀。此"父甲"是指祖甲。

(5)父旦隹卩。(《合集》22204,一期)

这是第一期卜辞,其"父旦"不知是指武丁的哪一位父的庙坛。"隹卩"为何意?"隹"为语气词;"卩"同"卪",《说文·卪部》:"卪,瑞信也。"《玉篇·卪部》:"卪,瑞信也。今作节。"《汉语大字典·卪部》说:"瑞信;符节。古代用以证明身份的信物。"② 准此,则该辞的"父旦隹卩"应是卜问在父庙的祭坛付以信物。其他当宗庙祭坛讲的"旦"还有:

(6)于南门旦。(《合集》34071,四期)
(7)贞:伐人于亶旦。(《合集》1074正,一期)

第(6)辞的"南门旦"当是指宗庙南门的祭坛。第(7)辞的"亶旦"是指亶地宗庙的祭坛,该辞"伐人于亶旦"是卜问在亶地宗庙的祭坛用击杀人牲的方法进行祭祀。

由于商代先王先妣的宗庙多有不带祖先名的,所以下面将带祖先名与不带祖先名的宗庙放在一起论述。

---

① 中国社会科学院考古研究所:《小屯南地甲骨》,下册第一分册,第60片考释,中华书局1983年版,第840页。
② 《汉语大字典》,四川辞书出版社、湖北辞书出版社1995年版,第310页。

(五) 帚(寝)

(1) 辛巳贞: 其刚于祖乙寝。

弜刚于寝。(《屯南》1050, 四期。图8—15)

图 8—15　祖乙寝

(《屯南》1050)

(2) □亥贞: 其刚 [于] 祖乙寝。……(《屯南》2865, 四期)

(3) ……寝, 于小乙三羌。(《合集》32160, 四期)

(4) ……其刚……寝, 三羌。(《屯南》2869, 四期)

以上四版都是第四期卜辞。第(1)版的两辞是正反两面的卜问, 先于辛巳日卜问"其刚于祖乙寝", 再问"弜刚于寝", "刚"为祭名, 是断割牲体之意, "寝"是指寝庙, 则该版的两辞是卜问是否在祖乙的寝庙中对其举行断割牲体的祭祀。第(2)辞卜问的内容与第(1)版的第一辞相同。第(3)辞有残字, 大概是卜问在小乙的寝庙中用三个羌人对小乙进行祭祀。第(4)辞残掉多字, 但可知是卜问在某祖先的寝庙中用断割三个羌人对其进行祭祀，由第（3）辞知该辞的寝可能是指小乙的寝庙。陈梦家先生认为"寝"全是指王居住之所，与祭祀无关①，这个看法是由于受到材料的限制而片面得出的，卜辞中确有一些"寝"是指寝宫，如"乍王寝"（《合集》24952、《合集》24953）、"宅新寝"（《合集》24951）等，但上述卜辞也证明，卜辞中有一些"寝"确实是指祭祀场所的。

(5) 庚辰卜，大贞：来丁亥寑寝业枏，岁羌三十，卯十牛。十二月。（《合集》22548，二期）

这是第二期卜辞，于庚辰日卜问在未来丁亥日的枏时即天黑上灯之时②，在寑地的寝庙中举行岁即割杀三十个羌人和卯即剖杀十头牛进行侑祭。有一条第一期卜辞即《合集》319与该辞同文。

（六）门

(1) 乙亥贞：王其夕令㚔侯商于祖乙门。
于父丁门令㚔侯商。（《屯南》1059，四期）

(2) 于父甲宗门，用又正。吉。
其用在父甲宓门，又正。吉。（《屯南》2334，三期）

(3) 又祝其延宀父甲门。（《合集》30283，三期。图8—16）

(4) 贞：奏父门。
勿奏父门。（《合集》13604正，一期）

(5) 丁未卜：其工丁宗门，叀咸眔……

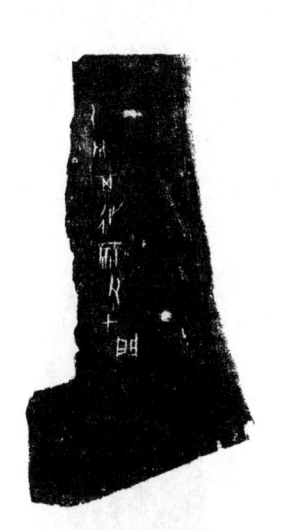

图 8—16 父甲门
（《合集》30283）

---

① 陈梦家：《殷虚卜辞综述》，中华书局1988年版，第479页。
② 唐兰：《天壤阁甲骨文存考释》，1939年版，第48页。宋镇豪：《试论殷代的记时制度》，《全国商史学术讨论会论文集》，1985年版；又刊《考古学研究（五）》上册（《庆祝邹衡先生七十五寿辰暨从事考古研究五十年论文集》），科学出版社2003年版。常玉芝：《殷商历法研究》，第三章第三节，吉林文史出版社1998年版。

(《屯南》737，三期)

第（1）版为第四期卜辞。有两辞，第一辞于乙亥日卜问商王在当日夜间命令𠂤侯在"祖乙门"进行赏赐，"祖乙门"应是指小乙的宗庙之门，但也有可能是指中丁之子祖乙的宗庙之门；第二辞卜问命令𠂤侯在"父丁门"进行赏赐，"父丁门"应是指康丁的宗庙之门。两辞是就一件事进行卜问的，即卜问是命令𠂤侯在"祖乙门"即祖乙宗庙之门进行赏赐好呢，还是在"父丁门"即父丁宗庙之门进行赏赐好呢？第（2）版也有两辞，第一辞卜问在"父甲宗门"举行"用又正"祭祀，第二辞卜问在"父甲宓门"举行"用又正"祭祀，即是为举行祭祀选择场所。该辞表明父甲的宗庙既可称"宗"也可称"宓"，称"宓"是因为是父辈祖先，故称其庙为亲庙。该版是第三期卜辞，因此"父甲门"应是指祖甲的宗庙之门。第（3）版也是第三期卜辞，卜问在"父甲门"即祖甲的宗庙之门举行祭祀。第（4）版的两辞是从正反两面卜问是否在"父门"举行奏祭。"父门"即其父的宗庙之门。该版是第一期武丁卜辞，武丁称之为父的有四位，即：阳甲、盘庚、小辛、小乙，不知该辞的"父门"是指哪一位父的宗庙之门。第（5）版是第三期卜辞，卜问在"丁宗门"举行祭祀。第三期的"丁宗门"很可能是指武丁的宗庙之门。

卜辞中有一些关于"南门"的记录，如：

(6) 王于南门逆羌。(《合集》32036，四期。图8—17)

图8—17 南门
(《合集》32036)

该辞卜问商王于宗庙的南门用羌人进行逆祀；不过"逆"还可有两种解释：一个是为地名或人名（第三期卜辞即有贞人名"逆"者），那么"逆羌"就是指逆地或人名逆者贡献的羌人，那么，卜辞就该解释为商王用逆地或名逆者贡献的羌人在宗庙的南门进行祭祀；再一个是《说文》曰："逆，迎也"，那么该辞就该解释为商王在宗庙的"南门"迎击羌人。"南门"指宗庙的南门可用下版卜辞证明：

(7) 王于宗门逆羌。(《合集》32035，四期)

该辞与上辞卜问的是同一件事，上辞说在"南门逆羌"，该辞说在"宗门逆羌"，则"南门"是指宗庙南面的门。

  (8) 庚申于南门寻。(《合集》32256，四期)
  (9) 戊申于南门寻。(《怀特》1576，四期)
  (10) 于南门旦。(《合集》34071，四期)

第 (8) 辞卜问在庚申日于宗庙的南门举行寻祭即杀牲之祭。第 (9) 辞卜问在戊申日于宗庙的南门举行寻祭即杀牲之祭。第 (10) 辞的"南门旦"应是指宗庙南门的祭坛。

  (11) 辛酉贞：王寻㞢以羌南门。(《怀特》1571，四期)

该辞于辛酉日卜问商王在宗庙的南门用杀㞢地贡献的羌人进行祭祀。值得注意的是，以上关于"南门"的卜问均是第四期卜辞。

  有时称"辟门"，如：

  (12) 己巳卜：王于征，辟门燎。(《合集》21085，一期)

该辞是第一期卜辞。卜问"王于征，辟门燎"，"辟门"，笔者认为应该是指宗庙的旁门、偏门，则该辞是卜问商王要出征，在宗庙的旁门举行燎即焚烧之祭。

  有时则单称"门"，如：

  (13) 辛丑卜，贞：眔以羌，王于门寻。(《合集》261，一期)
  (14) 禘毛燎门。
    禘毛燎门。(《合集》22246，一期)
  (15) 宾门于彡。(《合集》30282，三期)

第 (13) 辞卜问商王在宗庙的庙门处举行用杀眔贡献的羌人的祭祀。第 (14) 版的两辞都是卜问在宗庙的庙门处举行焚烧割裂的牲体的祭祀。

  下面的卜辞表明商代的宗庙至少有三个门，如卜辞：

(16) 取岳于三门㺇。(《合集》34219，四期)

(17) 岳于三门。(《合集》34220，四期)

(七) 祊

我们在上一章（第七章）第二节，已经就商代晚期（即第五期）卜辞中的祊祭卜辞做了详细分析，知"祊"是指宗庙的门内或门外①，祊祭是在宗庙的门内或门外举行的一种祭祀；它在第五期时只适用于武丁、祖甲、康丁、武乙、文丁直系五先王和武乙之配母癸②；它是一种"正祭前的预备性仪节。"③ 此处不再赘述。

(八) 庭（廳）

卜辞的"廳"字作"䆝"、"宐"④，"'宐'，实亦'䆝'之省。卜辞习见'在宐'，即'在庭'，'庭'、'廳'为古今字。"⑤ 庭即庙庭之意，是宗庙里的一部分。

(1) 乙酉卜，争贞：……小乙于庭……羌三人。(《合集》383，一期。图8—18)

(2) 甲午卜：王其又祖乙，王饗于庭。(《屯南》2470，三期)

图8—18 庭
(《合集》383)

第（1）辞可能是卜问在小乙的庙庭里用三个羌人对其进行祭祀。第（2）辞卜问商王在宗庙的庭室里对祖乙举行祭祀。

(3) 辛未王卜：在召庭，隹执，其令饗史。(《合集》

---

① 杨树达：《积微居甲文说》，上海古籍出版社1986年版，第43页。

② 常玉芝：《"祊祭"卜辞时代的再辨析》，《甲骨文与殷商史》，第2辑，上海古籍出版社1986年版。

③ 葛英会：《附论祊祭卜辞》，《夏商周文明研究》（'97山东桓台中国殷商文明国际学术讨论会），中国文联出版社1999年版。

④ 于省吾：《双剑誃殷契骈枝三编·释䆝》，1943年版。

⑤ 于省吾主编《甲骨文字诂林》第3册，第2008页，姚孝遂"按语"，中华书局1996年版。

37468，五期）

(4) 乙巳，王曰：障文武帝乙宜，在召大庭，遘乙翌日，（中略）在四月，隹王四祀。翌日。（《录遗》275，五期）

第（3）辞是第五期卜辞，第（4）条是商末"四祀卲其卣"铭文，两条材料中分别记有"在召庭"，"在召大庭"，是指在召地的庙庭。

(5) 于盂庭奏。（《合集》31014，三期）

这是卜问在盂地的庙庭里举行奏祭。
下面的卜辞是单记"庭"的：

(6) 贞：翌乙卯酒，我雍伐于庭。
贞：翌乙卯勿酒，我雍伐于庭。（《合集》721正，一期）
(7) 丁酉卜：于庭伐。
辛卯卜：于庭伐。
辛丑贞：酒，大宜于庭。
于庭伐。（《屯南》675，四期）
(8) 癸亥卜：毛于庭。（《怀特》1585，四期）

第（6）版卜辞是正反两面的卜问，卜问在未来的乙卯日，"我"即商王是否"雍伐于庭"，即是否在庙庭里举行伐祭。该两辞的"酒"字应作祭祀解。第（7）版中共四条辞，三条辞卜问"于庭伐"，一条辞卜问"酒，大宜于庭"。"于庭伐"即在庙庭里举行伐祭；"酒，大宜于庭"是大摆放牲品于庙庭举行祭祀。第（8）版是卜问"毛于庭"，即卜问在庙庭里举行肢解割裂牲体的祭祀。以上三版卜辞都是记录在宗庙的大庭里举行某种祭祀的，没有记是何祖先或何地的庙庭。

（九）户

(1) 己巳卜：其启庭西户，祝于妣辛。吉。（《合集》27555，三期）
(2) 己巳卜：其启庭西户，祝于［妣辛］。（《合集》30294，三期。
图 8—19）

这两条是第三期的同文卜辞,都是于己巳日卜问开启宗庙大庭西面的"户"来祝祭妣辛的,"户"指门户。两条辞的庭字,第(1)辞作"宧",第(2)辞作"庿",足见宧、庿为一字。

  (3) 于南户,寻王羌。(《屯南》2044,四期)
  (4) 于宗户,寻王羌。(《屯南》3185,四期)

这两条是第四期卜辞。第(3)辞卜问商王在"南户",即宗庙南面的门户举行杀羌人的祭祀。第(4)辞卜问商王在"宗户",即宗庙的门户,没有具体指是哪个方向的门户,举行杀羌人的祭祀。

(十) 室

1. 大室

  (1) 庚辰卜,大贞:来丁亥其燎丁于大室,卯丁酉既。(《合集》23340,二期。图8—20)

图8—19 西户
(《合集》30294)

图8—20 大室
(《合集》23340)

(2) 己丑卜，矣贞：其福告于大室。(《英藏》2082，二期)

(3) 司母大室。(《合集》30370，三期)

这三条卜辞中都有"大室"一称，陈梦家先生引《尔雅·释宫》"室有东西厢曰庙"，说："是室为庙中之一部分，处于两夹之中间。"① 第(1)辞于庚辰日卜问在未来丁亥日在宗庙的大室中举行燎祭丁的祭祀，这是第二期卜辞，故"丁"当是指武丁。第(2)辞卜问在大室中举行福告之祭。第(3)辞卜问"司母大室"，这里的"司"为祀意，即是卜问在宗庙的大室中祭祀母，这是第三期卜辞，所祭之母当是指祖甲之配妣戊。

2. 中室

(4) 丁巳卜：叀小臣[剌]以氾于中室。兹用。
丁巳卜：叀小臣剌以氾于中室。(《合集》27884，三期)

该版卜辞中的"中室"当是指宗庙中处于中间位置的庙室，也或是指中等大小的庙室。

3. 南室

(5) 庚子卜，贞：出报于南室。(《合集》557，一期)

(6) 贞：告执于南室三宰。(《合集》806，一期)

(7) □子卜：于南室酒报。(《合集》13557，一期)

(8) 乙酉卜，兄贞：叀今夕告于南室。(《合集》24939，二期)

以上四版卜辞都是卜问在"南室"举行的祭祀，"南室"当是指宗庙中南面的庙室。

4. 东室

(9) ……东室……(《合集》13556反，一期)

该辞残，不知其"东室"是否是指宗庙之室。

---

① 陈梦家：《殷虚卜辞综述》，中华书局1988年版，第471页。

5. 盟室

  （10）贞：翌辛未其出于盟室，三大宰。九月。（《合集》13562，一期）

  （11）贞：酒报于盟室，亡尤。（《合集》24943，二期）

  （12）丁卯卜，出贞：今日夕出雨，于盟室，牛。不用。九月。（《英藏》2083，二期）

  （13）戊辰卜，兄贞：翌辛未其出于盟室，十大宰。七月。
    戊辰卜，兄贞：翌辛未其出于盟室，五大牢。七月。
    己巳卜，兄贞：其燎于盟室，宙小宰。（《英藏》2119，二期）

以上四版卜辞都是卜问在"盟室"中举行某种祭祀的，何为"盟室"？不得而知，不过从上述三版卜辞中都是在盟室中举行杀牲之祭来看，"盟室"当是指宗庙中的杀牲之场所，故有学者将其释为"血室"。"盟室"多出现于第二期卜辞中。

6. 室

  （14）戊戌卜，出贞：其出报于保，于𦉞室酒。（《合集》24945，二期）

  （15）辛亥卜，贞：其衣翌日其延障于室。（《合集》30373，三期）

第（14）辞的"𦉞室"不知是否指𦉞地之宗庙的庙室。

（十一）宫

公宫：

  （1）辛酉卜，贞：在狱，天邑商公宫，衣，兹夕亡祸。宁。（《合集》36541，五期。图8—21）

该辞是第五期卜辞。卜辞于辛酉日在狱地卜问，问在天邑商的"公宫"举行衣祭，当天夜间不会有灾祸吧？验辞说当夜是安宁的，即没有灾祸发生。

血宫：

图 8—21 公宫

（《合集》36541）

(2) 甲午卜，贞：在狱，天邑商血宫，衣，［兹夕］亡祸。宁。

（《合集》36542，五期）

该辞也是第五期卜辞。卜辞于甲午日在狱地卜问，问在天邑商的"血宫"举行衣祭，当天夜间不会有灾祸吧？验辞说当夜是安宁的，即没有灾祸发生。

（十二）宎

(1) 癸亥卜：翌日辛帝降，其入于㽙大宎。在取。

……于㽙小乙宎。（《合集》30386，三期）

该版的两条辞中分别记有"大宎"和"小乙宎"。陈梦家先生说："宎字从大，与作宾者或是一字。'矢''戾'古与'侧'相通……疑所谓夹室、侧室在大室的两旁，大室在正中。"① 准此，则该版第一辞是于癸亥日卜问，问在未来的辛日上帝是否降入㽙地的大宎，即宗庙的大侧室，"在取"，即该辞是在取地占卜的。第二辞残，或与第一辞一样，也是卜问上帝是否降入㽙地的小乙

---

① 陈梦家：《殷虚卜辞综述》，中华书局1988年版，第472页。

宗庙的侧室。

（十三）宜

(1) 贞：王左三羌于宜，不左若。
    贞：王左三羌于宜，不左若。（《合集》376正，一期）
(2) 贞：勿于宜莫。（《合集》2137，一期）
(3) 贞：祐大甲于宜。（《英藏》21，一期）
(4) 燎于❋宜。（《英藏》1180，一期）

以上四版都是第一期卜辞，都是卜问在"宜"举行某种祭祀的。陈梦家先生引《说文》曰："宜，天子宜室也"①，卜辞的"宜"当是祭祀的宗室。第（4）辞卜问"燎于❋宜"，我们在第四章曾考证"❋"可能是祖先神，如是，则第（4）辞是卜问在❋的庙室里对其举行燎祭，该辞表明❋也有自己的庙室（也或许❋是在其他祖先的庙室里被祭的）。

（十四）亚

(1) 甲午卜：王马寻馼，其御于父甲亚。吉。（《合集》30297，三期）
(2) 癸巳卜：又于亚豕彝一羌、三牛。（《合集》32012，四期）
(3) 翌乙屮于亚。（《合集》13597，一期）

以上三条辞卜问在"亚"的祭祀。由第（1）辞的"其御于父甲亚"，知"亚"也当是庙室之类的建筑物，"父甲亚"应是指父甲的庙室，这是第三期卜辞，其"父甲"当是指康丁之父祖甲。

以上论述商人祭祀先公、先王、先妣的宗庙及祭祀场所有：宗、宓、家、且（坛）、㝱（寝）、门、祊、庭（廳）、户、室（大室、中室、南室、东室、盟室、室）、宫、宎、宜、亚，共十四种。陈梦家先生说："宗与升（即宓——引者按），特别是宗，其义为藏主之所。所以在集合的宗庙名中，只称宗"，而其他家、室、宎等都是宗庙建筑中的某一部分②。其说是也。由以上的分析可以看出，商人祭祀祖先不但祀典繁多，而且祭祀场所也是多种多

---

① 陈梦家：《殷虚卜辞综述》，中华书局1988年版，第477页。
② 同上书，第473页。

样;他们不但根据祖先的不同地位给予频繁与否、隆重与否的祀典,而且还根据祖先的不同地位设立祭祀场所,如:只有直系先王才有自己独自的宗庙;旁系先王设有宗庙的很少,而且还只限于近世的旁系先王;对近世直系祖先还设有亲庙;对近世直系祖先的配偶(上二代之妣、上一代之母)才设有独自的宗庙,而且数量很少;对远世直系先王的配偶和所有旁系先王的配偶都不设立独自的宗庙,等等。这些都已显示出商代已经有了初级的宗法制度。

二 集合的宗庙
(一)大宗、小宗

(1) □亥卜:在大宗,又升伐三羌、十小宰,自上甲。(《合集》34047,四期。图 8—22)

(2) □戌贞:辛亥酒彡……自上甲。在大宗彝。(《合集》34044 正,四期。图 8—23)

(3) ……吉。在大宗卜。(《合集》30376,三期)

图 8—22 大宗
(《合集》34047)

图 8—23 大宗
(《合集》34044 正)

以上三条卜辞分属第四期和第三期,都是卜问在"大宗"举行某种祭祀。第(1)辞卜问在大宗举行砍杀三个羌人和十只经过特殊饲养的小羊来祭祀自上甲始的诸位祖先。第(2)辞卜问在大宗举行以彡祭祭祀自上甲始的诸位祖先。第（3）辞残掉多字，但知该辞是在大宗占卜的。"大宗"似乎多出现在第四期和第三期卜辞中。

  （4）乙亥：又升岁，在小宗，自上甲。一月。
    丁丑卜：在小宗，又升岁……乙。（《合集》34046，四期）
  （5）丁亥卜：在小宗，又升岁，自大乙。（《合集》34045，四期）
  （6）己丑卜：在小宗，又升岁，自大乙。（《合集》34047，四期）

  以上三版都是第四期卜辞，都是卜问在"小宗"举行又、升、岁之祭。第（4）版上有两辞，第一辞卜问在小宗举行又升岁祭祀自上甲始的诸位祖先。第二辞有残字，辞义待见下文。第（5）、第（6）辞是同文卜辞，都是卜问在小宗举行又升岁祭祀自大乙始的诸位祖先。由此根据第（4）版中第二辞遗留下的"乙"字，可知其与第（5）、第（6）辞是同文卜辞，也是卜问在小宗举行又升岁祭祀自大乙始的诸位祖先的。"小宗"似乎多出现在第四期卜辞中。

  以上有大宗、小宗的卜辞证明，在大宗、小宗中祭祀的祖先始自上甲，在小宗中祭祀的祖先始自大乙，都是合祭。陈梦家先生说："大宗、小宗都是宗庙。其分别是：大宗的庙主自大甲（引者按：应是上甲之误）起，小宗的庙主自大乙起。"[①] 据上述卜辞，知陈先生的这个说法不确切，正确的说法应是：大宗的庙主自上甲起，小宗的庙主有自上甲起的，也有自大乙起的。目前尚未见到大宗的庙主有自大乙起的。由上述卜辞知，"大宗"、"小宗"的宗庙称呼一般是出现在第四期卜辞中，偶见于他期卜辞中。关于大宗、小宗内所祭的神主，胡厚宣先生说："大宗即大庙，合祭直系先祖之所也；小宗即小庙，合祭旁系先祖之所也。"[②] 胡先生的这个观点由于上述卜辞中在小宗中有祭上甲和大乙的卜问，所以应该修正，即小宗中也合祭直系先王。

  近年又有学者根据下条第四期卜辞：

    □未贞，又勺岁自上甲……示三牢，小示二牢，又……（《合集》34104，四期）

---

  ① 陈梦家：《殷虚卜辞综述》，中华书局1988年版，第473页。
  ② 胡厚宣：《殷代婚姻家族宗法生育制度考》，《甲骨学商史论丛》初集，河北教育出版社2002年版。

第八章　祭地与祀所　513

说："卜辞在言'自上甲'进行合祭时，是可能包括小示即旁系先王的。并以此为根据认为：在大、小宗内受祭的先王，除直系外亦会有旁系。笔者认为这条卜辞不能证明在大、小宗内受祭的先王包含有旁系先王，原因是该条卜辞中'自上甲'所指的'示'不包含后面的'小示'，该辞表明'自上甲'的'示'（或应是'大示'）的祖先是用'三牢'进行祭祀的，'小示'的祖先是用'二牢'进行祭祀的，二者所受的祭礼是有区别的，'自上甲'的'示'地位高，是指直系先王，'小示'的地位低，是指旁系先王。所以在'大宗'、'小宗'内受祭的'自上甲'的祖先，应是指直系先王，不包含有旁系先王。这个论点还可由下面的卜辞给予证明：

　　□卯贞：其大御王自上甲血，用白豭九，下示䜣牛。在祖乙宗卜。（《屯南》2707，四期）

这也是第四期卜辞，卜问御祭"自上甲"的诸祖先用"白豭九"的血，即用九头白色的公猪的血，殷人尚白，特用白色的猪又明言是公猪，显然是给予特殊待遇；而祭"下示"的诸祖先是用"䜣牛"，即是用一般的牛的血。由此就清楚，"自上甲"是指直系祖先，"下示"是指旁系祖先。这个观点还可以用明指"自上甲"是指哪些王的卜辞来证明：

　　□未卜：求自上甲、大乙、大丁、大甲、大庚、大戊、中丁、祖乙、祖辛、祖丁十示，率牡。（《合集》32385，四期）

该辞是第四期卜辞，卜问用公羊求祭"自上甲"的十示祖先，这些祖先除上甲以外，是大乙以后的九位直系先王，因此，该辞证明"自上甲"是不包含有旁系先王的。同时前列在"小宗"受祭的"自大乙"的祖先，用明指"自大乙"是指哪些王的卜辞也可以得到证明：

　　贞：疋来羌用自成、大丁、[大]甲、大庚、下乙。（《合集》231，一期）

该辞卜问用杀疋送来的羌人祭祀"自成"即自大乙的先王，这些先王除大乙外还有大丁、大甲、大庚、下乙（即祖乙），即"自大乙"所指的皆是直系先王。

  贞：御自唐、大甲、大丁、祖乙百羌百羍。(《合集》300，一期)

该辞卜问用一百个羌人和一百只经过特殊饲养的羊来祭祀"自唐"即自大乙的先王，这些先王除大乙外还有大甲、大丁、祖乙，也证明"自大乙"皆是指的直系先王。该辞中大丁与大甲的位序倒置。总之，以上两辞都证明"自大乙"是不包含有旁系先王的。下面再看一条合祭直系先王和旁系先王的卜辞：

  乙未：酒盉品上甲十、报乙三、报丙三、报丁三、示壬三、示癸三、大乙十、大丁十、大甲十、大庚七、小甲三……［戋甲］三、祖乙［十］……(《合集》32384，四期)

该辞为第四期卜辞，有残字，是于乙未日卜问祭祀上甲以下的诸位祖先，计有：上甲、报乙、报丙、报丁、示壬、示癸六位先公和大乙以下的诸先王，先王名有残缺，残留的先王名有大乙、大丁、大甲、大庚、小甲、祖乙，"小甲"和"祖乙"之后都有残字。该辞值得注意的是，合祭的先王不只有直系，还有旁系先王小甲。该辞中，不重要的先公报乙、报丙、报丁、示壬、示癸和旁系先王小甲所享受的祭品数量与重要先公上甲和直系先王所享受的祭品数量是不相同的，上甲和直系先王享受的祭品（何祭品不明）的数目是"十"（直系先王大庚的祭品数目记的是"七"，"七"当是"十"的误刻），而不重要的先公报乙、报丙、报丁、示壬、示癸和旁系先王小甲的祭品的数目却是"三"，可见对直系与旁系的祖先待遇是不相同的。又该辞中在"祖乙"之前有一个"三"字，知"三"字前残掉的先王名应该是个旁系先王，查商代世系表中，在小甲之后祖乙之前即位为王的世次依次是：小甲—大戊—雍己[①]—中丁—外壬—戋甲—祖乙，因此，辞中"祖乙"之前的字应是"戋甲三"，即该辞有两个旁系先王小甲、戋甲受祭。该辞还有一个值得注意的现象是，商人合祭直系、旁系先王时，对旁系先王是有选择的，在该辞中，对大甲之后即位的旁系先王外丙就没有给予合祭，究其原因，是否因为按着商代王位继承法，大丁之弟外丙本是不该即位为王的，他的即

---

  ①　《史记·殷本纪》记载雍己在大戊之前即位为王，今据商代周祭卜辞订正为大戊在雍己之前即位为王。见常玉芝《商代周祭制度》，中国社会科学出版社1987年版，第58—59页、第79—80页。

位是由于"伊尹放大甲"而暂行代位的缘故①，这是值得考虑的。该辞虽然是直系先王与旁系先王合祭，但对直系先王和旁系先王（包括不重要的先公报乙、报丙、报丁、示壬、示癸）的待遇是不相同的，这与上举的《屯南》2707 辞在本质上是一致的，只是该辞没有将直系先王与旁系先王分开来书写而已。由于没有将直系先王与旁系先王分开来写，也就导致了该辞在"上甲"之前没有冠上"自"字，即没有说合祭的是"自上甲"，这显然是因为该辞所卜祭的既有直系先王，又有旁系先王，而直系先王与旁系先王所受的祭礼是不一样的缘故。由以上五条卜辞来看，商人对集合的庙主是分直系和旁系的。因此，商人在集合的宗庙大宗和小宗中，祭祀的"自上甲"和"自大乙"的诸位祖先都应该是直系先王，而不包含有旁系先王。

（二）中宗、亚宗

(7) 甲戌［卜］，□贞：㞢梦秉□。在中宗。不隹祸。八月。（《合集》17445，一期）

该辞中有"中宗"，卜辞是在中宗卜问，由于做了什么梦，卜问不会有灾祸吧？辞中"在中宗"与"不隹祸"辞序倒置。中宗与大宗、小宗一样是指宗庙，"中宗"应是指大小介于"大宗"与"小宗"之间的宗庙。

(8) 其乍亚宗。（《合集》30295，三期。图 8—24）

该辞中有"亚宗"，是卜问建造亚宗之事的。陈梦家先生说："亚宗之亚当如亚妣己、亚祖乙之亚，义为第二。"② 其说正确。只是不知"亚宗"是指大小介于大宗与小宗之间，即相当于中宗一样大小的宗庙，还是指其地位处于第二位的宗庙。

（三）新宗、旧宗

(9) 贞：勿于新宗酒。八月。（《合集》13547，一期。图 8—25）

---

① 外丙即位为王是由于"伊尹放大甲"的历史事件造成的。见常玉芝《太甲、外丙的即位纠纷与商代王位继承制》，《殷墟博物苑苑刊》创刊号，中国社会科学出版社 1989 年版。

② 陈梦家：《殷虚卜辞综述》，中华书局 1988 年版，第 474 页。

(10) ……祖甲旧宗。(《合集》30328，三期)

图 8—24 亚宗
(《合集》30295)

图 8—25 新宗
(《合集》13547)

第（9）辞记有"新宗"，第（10）辞记有"旧宗"。"新宗"应是指新建立的宗庙；"旧宗"应是指旧有的宗庙。第（9）辞卜问"勿于新宗酒"，是卜问不要在新建立的宗庙里举行祭祀吧？该辞的"酒"字应作祭祀解。第（10）辞残掉多字，其所存"祖甲旧宗"应是指祖甲旧有的宗庙。

（四）又宗

(11) 贞：王其酒戠，于又宗，又大雨。(《合集》30319，三期。图 8—26)

(12) 即又宗夒，又雨。(《合集》30318，三期。图 8—27)

这两辞都有"又宗"。第（11）辞在"又宗"卜问商王祭祀先公戠，以祈求有大雨，辞中的"酒"字作祭祀解。第（12）辞卜问就在"又宗"祭祀先公夒（笔者认为夒与戠是指一个人），以祈求下雨，"即"为"就"意。"又宗"即是"右宗"，是指位置处在右边的宗庙。

图 8—26　又宗
（《合集》30319）

图 8—27　又宗
（《合集》30318）

(13) 贞：即于又宗，又雨。（《合集》28252，三期）

(14) 其即于又宗，又大雨。（《合集》30320，三期）

这两辞都是卜问就在"又宗"，即右宗举行祭祀，以求有雨、有大雨。陈梦家先生说"又宗"当指"河六示"之宗①，正确与否，不得而知。

上述有"又宗"的四条卜辞都是第三期卜辞，而且特别值得注意的是，在"又宗"即"右宗"的卜问都是与祈求雨水有关的，即与农业生产有关。

（五）西宗、北宗

(15) 甲午王卜，贞：其于西宗奏示。王占曰：弘吉。（《合集》36482，五期。图 8—28）

(16) ……饗史于燎北宗，不［遘］大雨。（《合集》38231，五期。图 8—29）

这两条辞都是第五期卜辞。第（15）辞卜问在"西宗"举行奏祭祭祀神主。第（16）辞卜问在"北宗"举行燎祭以饗史（是否指上帝的史臣，不得而知），不会遇到大雨吧。"西宗"、"北宗"当是指位于西边和北边的宗庙。

---

① 见陈梦家《殷虚卜辞综述》，中华书局 1988 年版，第 474—475 页。

图 8—28 西宗
(《合集》36482)

图 8—29 北宗
(《合集》38231)

以上论述的是商代集合的宗庙，也即集体的宗庙，有：大宗、小宗、中宗、亚宗、新宗、旧宗、又（右）宗、西宗、北宗。大宗、小宗、中宗、亚宗是就宗庙的面积来称呼的，但也有可能是就宗庙中所祭神主的地位来称呼的；新宗、旧宗是就宗庙建立的先后来称呼的；又（右）宗是就宗庙的位置来称呼的；西宗、北宗是就宗庙的方位来称呼的。

本节论述了商代宗教祭祀活动的内祭与外祀场所，它包含有先公、先王、先妣（母）的独自的宗庙和集合的宗庙；但对于商代的宗庙制度究竟是怎样的，目前的甲骨文资料和商代遗址的考古发掘资料，都不能给予明确的回答。关于这个问题，只能有待于将来材料充足时再做结论了。

第二节 考古发现的商邑祭祀遗迹

迄今考古发现的商代主要城邑有郑州商城、偃师商城、盘龙城商城、垣曲商城、东下冯商城、府城商城、小双桥商城、洹北商城、殷墟商城等。本节择取各期几座商代重要城邑的祭祀遗迹做些介绍。

一 商代早期城邑——郑州商城、偃师商城的祭祀遗迹

目前发现的商代早期城邑遗址，最重要的有两座：一座是郑州商城遗址，一座是偃师商城遗址。目前学术界对这两座商代城邑的年代、性质及其相互之间的关系，都还存在着不同意见：一种意见认为偃师商城是商代早期汤都西亳，而郑州商城是商代中期仲丁所迁的隞都[①]。另一种意见认为郑州商城才是商朝第一王成汤所始居的亳都，不是仲丁所迁的隞都；偃师商城不是汤都西亳而是太甲之桐宫，也即是早商的离宫[②]。还有一种意见则认为郑州商城与偃师商城同是商代早期的都城，只是重点使用的时间有交错而已[③]。拜读了各家之所论，笔者认为以邹衡先生为代表的"郑亳说"者提出的论证郑州商城是成汤始居之亳都，非仲丁所迁之隞都，偃师商城非汤都西亳而是太甲之桐宫，即早商之离宫的论据是令人信服的。持该学说者所提出的考古学和文献学上的论据是准确的、充分而不薄弱的，其一系列的论证是扎实的，而不是主观臆测的，因此其结论是合理的、科学的。我们赞成此说。在下文论述这两座商代城邑的祭祀遗迹时，对其年代和性质以此说

---

① 安金槐：《试论郑州商代城址——隞都》，《文物》1961年第4、5期。石加：《"郑亳"说商榷》，《考古》1980年第3期。杨育彬：《商代王都考古研究综论》，《中原文物》1991年第1期。杨育彬：《郑州商城"亳都说"商榷》，《中国文物报》2004年3月19日。

② 最早论证郑州商城是商汤所居之亳都的是邹衡先生，见其论文《郑州商城即汤都亳说（摘要）》，《文物》1978年第2期。《论汤都郑亳及其前后的迁徙》，《夏商周考古学论文集》，文物出版社1980年版。《偃师商城即太甲桐宫说（摘要）》，《北京大学学报·哲学社会科学版》1984年第4期。《西亳与桐宫考辨》，《纪念北京大学考古专业三十周年论文集》，1990年版。《桐宫再考辨——与王立新、林沄两位先生商谈》，《考古与文物》1998年第2期。这四文均收入《夏商周考古学论文集（续集）》中，科学出版社1998年版。《〈郑州商城'亳都说'商榷〉之再商榷》，《中国文物报》2004年7月16日。陈旭：《关于郑州商城汤都亳的争议》，《中原文物》1993年第3期。《商代第一都——郑州商城》，《中州纵横》1993年第8期。《关于偃师商城和郑州商城的年代问题》，《郑州大学学报》1985年第4期。《商代隞都探寻》，《郑州大学学报》1991年第5期。陈先生的上述论文均收入其《夏商文化论集》中，科学出版社2000年版。

③ 张文军、张玉石、方燕明：《关于偃师尸乡沟商城的考古学年代及相关问题》，《青果集》，知识出版社1993年版。许顺湛：《中国最早的"两京制"——郑亳与西亳》，《中原文物》1996年第2期。张国硕：《郑州商城与偃师商城并为亳都说》，《考古与文物》1996年第1期。

为准。

（一）郑州商城的祭祀遗迹

考古发现证明，郑州商城不但有商代最大最长的城垣，而且还有大面积的建筑基址。它是目前发现的一座规模最大、出土各种遗迹、遗物最为丰富的商代早期都城遗址。学者根据它的规模大于偃师商城；根据郑州商城的年代与汤居亳相符；根据文献上有郑亳的记载；根据郑州出土的东周陶文有"亳"、"亳丘"的记录，证明郑州在东周时仍称为"亳"；根据文献记载与亳相邻的葛、韦、顾、昆吾等小国，考证其地望亦与郑州相邻。从而断定郑州商城乃是商朝第一王成汤所始居的亳都。这是非常能站得住脚的论证。我们只从郑州商城在诸商代早期城址中规模最大，出土遗迹、遗物最丰富来看，它也是符合该城历经成汤、大甲、外丙、大庚、小甲、大戊、雍己七代商王经营的历史事实的[①]。

关于郑州商城的年代。据研究，"郑州商城的兴废过程，是从南关外期至白家庄期。南关外期是郑州商城的兴建时期，二里岗下层和二里岗上层期是繁荣期，白家庄期则是郑州商城的衰落期，其延续使用期比较长，大致经历 4—5 期。"[②] 在郑州商城垣内外的商代二里岗下层二期与商代二里岗上层一期的文化堆积层中，都发现有祭祀遗迹[③]。

1. 商代二里岗下层二期祭祀遗迹

据发掘报告，在郑州商城内外的商代二里岗下层二期的灰坑中，掷埋有人、兽骨架的祭祀遗迹相当普遍，有的坑内掷埋的人、兽骨架还相当多。如：

在灰坑 C5.1H171 中，发现有一个完整的人头骨和两具较为完整的人骨架。其中一具"作俯身屈肢和双手背后交叉似捆绑状，除一手指和两足趾似被斩掉无存外，其他各部骨骼都相当完整，就骨架看，好像是将近成人的青

[①] 据史书记载，成汤即大乙之子大丁"未立而卒"，这是由于成汤在位的时间很长，而大丁的寿数又较短的缘故；又，卜辞中不见有大丁之弟仲壬，大庚之弟沃丁即位为王的记录；再，根据周祭卜辞知雍己是在大戊之后即位为王的，中丁是在雍己之后即位为王的。

[②] 陈旭：《关于郑州商城汤都亳的争议》，《中原文物》1993 年第 3 期。又收入《夏商文化论集》，科学出版社 2000 年版。

[③] 下文论述的郑州商城的祭祀遗迹如未注明出处，皆根据河南省文物考古研究所编著之《郑州商城——1953 年—1985 年考古发掘报告》，上册，文物出版社 2001 年版，第 483—519 页。

少年；另一人骨架……作俯身两腿交叉捆绑状，除两手骨不见外，其它骨骸保存基本完整，就骨架看，也似为一个近于成年的青少年……其埋藏原因，可能与祭祀后的填埋有关。"

在深灰坑 C9.1H111 中，"填埋有完整或比较完整的成年人骨架 2 具、小孩骨架 6 具、大猪骨架 5 具、小猪骨架 3 具、狗骨架一具和狗头 1 个，另有一些人的零散盆骨、股骨和猪骨、狗骨等。""从这些人骨架与兽骨架的姿态看，多数都不很自然，其中有些骨架好象是作捆绑状。""有的小孩骨架躯体很小，形似婴幼儿。"发掘者认为从这个商代灰坑内，填埋有这么多的人骨架、兽骨架来看，很可能是用人与牲畜祭祀后，把这些人与牲畜掷埋到坑中的。

在商城北城墙外的商代制骨遗址东南部的文化堆积层中，也发现掷埋有五具人骨架与五具猪骨架。其中有一具无头的人骨架与五具猪骨架掷埋在一起。发掘者认为这可能与祭祀后的掷埋有关。

2. 商代二里岗上层一期祭祀遗迹

发掘者将二里岗上层一期的祭祀遗迹分成三类，分别是：殉人与殉狗祭祀遗迹；用人与牛、猪祭祀遗迹；用青铜器祭祀遗迹。

（1）殉人与殉狗祭祀遗迹

这种遗迹已发掘出两处。"分别位于郑州商城内东北部和西北部的商代夯土城墙内侧近底根处。其残存遗迹主要是发现有殉狗坑与殉人坑。"

A. 商城内东北部祭祀遗迹

在该处发现有殉狗坑 8 个，无随葬器物的单人坑 12 座，以及随葬很少陶器与其他遗物的小墓 2 座。发掘者初步估计八座殉狗坑内共殉狗约有 100 只以上。在"八座殉狗坑中，有六座坑内全是埋葬着狗，而在二座坑内除埋有许多狗外，并在狗骨架的下面还压埋有完整的人骨架"。共发现单人坑 14 座，"坑室一般都比较小，有的甚至连一个死者的躯体都放不下，而是勉强塞入短而窄的坑内的。其中除 C8M10、C8M13 二座坑内有一两件残陶器可能是随葬器物外，其它的十二座坑内均无任何随葬器物。"发掘者认为这些单人坑应该是与祭祀杀殉有关的。

B. 商城内西北部祭祀遗迹

在该处发现的祭祀遗迹是一个近方形竖穴土坑，在坑的西北角、西南角、东北角、东南角各埋狗一只，西北角与西南角的两只狗的狗头南北相对应，东北角和东南角的两只狗的狗头也是南北相对应，"说明这四只狗在坑内的放置是精心安排的。"

"另在这个埋狗坑的南部百余米处的商城西城墙中段内侧近夯土城墙底根处,还发掘出一座无任何随葬器物且仅能容下人身的奴隶单人坑。"发掘者说这是一处用人与狗祭祀的遗存。

(2) 殉牛、殉猪与堆埋人骨架祭祀遗迹

在郑州商城外的商代二里岗上层一期文化遗址比较集中的灰坑内,不断地发现有完整的人骨架、牛骨架和猪骨架共同填埋在一个坑内的情况。发掘者认为这可能也是用人与兽祭祀后掷埋在坑内的。

A. 商城西墙外殉牛坑祭祀遗迹

在商城西墙外"约25平方米范围内,较有规律而密集地排列着四个殉牛坑,而每个殉牛坑的大小都是仅能容纳下牛身,说明这些坑应是专为埋牛而挖筑的。由于各殉牛坑内的填土都呈淡绿色,说明这些牛都是宰杀后就被埋置的。"发掘者认为这与祭祀时宰杀牛有关。另外在这里的坑中还发现有一些散乱的羊骨与狗骨,笔者认为这也与祭祀时杀羊与狗有关。

B. 商城南墙外殉猪坑祭祀遗迹

在 C5.3H307 中填埋有两只躯体完整的猪骨架,其形态似捆绑状,发掘者认为"很可能与在铸铜遗址附近的祭祀杀殉有关。"

C. 商城外西南角人骨坑祭祀遗迹

C5.1H145 是个长方竖井形带脚窝的深灰坑,掷埋有一具不甚完整的成年人骨架和一具比较零乱的成年人骨架,都属于男性。发掘者认为"把两具骨架掷埋在废弃的坑内,可能与举行祭祀后的杀殉有关。"

"另在二里岗附近一些探方的商代二里岗上层一期灰层内,也发掘出一些堆填人骨架坑和殉牛坑等。这些都可能与举行祭祀后的杀殉有关。"

(3) 窖藏青铜器坑

对商代窖藏青铜器坑遗存,发掘者认为应是在举行大型祭祀之后,把祭祀中用过的青铜礼器窖藏于地下土坑内的遗存。这种商代窖藏青铜器坑,在郑州商城外附近,先后发掘出了两处。

一处在杜岭张寨南街,坑内出土了两件商代前期大铜鼎,在二号鼎内还有一件铜鬲。发掘者认为"形制这么大的铜方鼎,决不是一般的奴隶主所能占有,很可能是王室的大奴隶主所占有。"

另一处在向阳回族食品厂,坑内共发现了十三件商代青铜器,"包括饕餮纹大鼎、饕餮纹大圆鼎、羊首罍、涡纹中柱盂、素面纹盘各一、牛首尊二。除盘已残破外,其余的都很完整。"另还有饕餮纹大方鼎一件、提梁卣一件、觚二件、小圆鼎二件,共十三件青铜器。"这批青铜器经过套装,对口和并列放置,正好容纳于这座面积不大的窖藏坑内,显然是有意埋藏的。在附近灰坑H2、4内又发现不少牛骨,估计这一地点与祭祀有关。"

（4）特殊遗存

在郑州商城夯土城垣东北部的宫殿区遗址中部,在一条南北向的人工挖筑的壕沟内,出土了大量的商代二里岗上层一期的陶器、石器与骨器,还出土了百余个人的头盖骨,在绝大多数人的头盖骨的边沿处,都带有明显的锯痕。发掘者认为这里是一处以锯制人的头盖骨作为器皿使用的场地遗址。发现了百余个人的头盖骨,却未发现人的肢骨、肋骨等其他骨骼。另外在此壕沟内,还发现了一个完整的牛头骨和一个完整的猪头骨,也是很少见到牛与猪的其他部分的骨骼。笔者认为这些人头盖骨和牛头骨、猪头骨都应是祭祀后的牺牲的遗骨。

从商代早期都城——郑州商城的祭祀遗迹可以看到,商人的宗教祭祀活动在成汤建立商王朝的商代早期就已经开始实行了。从郑州商城祭祀时所用的人牲、牛牲、羊牲、猪牲、狗牲等,可知商代早期与商代后期甲骨文所反映的祭祀时所用的牺牲是一样的,而且在祭祀时有时是人牲与动物牺牲是同时并用的;从祭祀坑内的人头骨、牛头骨、猪头骨可以看到,商代早期已盛行了商代后期的伐祭即砍头之祭;从人与动物牺牲的断肢残骨,可以看到商代早期已盛行了后期甲骨文所反映的割裂、肢解牲体的岁祭、舌（舌、栝）祭等;从殉牛坑内的填土呈淡绿色,可以看到商代早期已盛行了后期甲骨文所反映的血祭、衈祭,即杀牲取血以祭的祭祀方法。不过,商代后期被普遍使用的焚烧之祭,即燎祭、禘祭等,在商代早期都城的祭祀遗迹中尚未发现;而且考古发掘的遗迹也有局限性,如:我们不能知道商代早期是否与商代后期一样,也有专门为祭祀而进行特殊饲养的牛或羊。

（二）偃师商城的祭祀遗迹

1998年以来,中国社会科学院考古研究所对河南偃师商城商代早期宫城遗址进行了大规模发掘,发现了商代早期贵族祭祀遗址群。发掘者发表《河南偃师商城商代早期王室祭祀遗址》一文作了详细的介绍①。

---

① 中国社会科学院考古研究所:《河南偃师商城商代早期王室祭祀遗址》,《考古》2002年第7期。下文所录皆出自此文,不再另作注明。

1. 祭祀遗址

偃师商城的祭祀区位于偃师商城宫城北部，东西长 200 米，由东往西大致可分成 A、B、C 三个区域。在主体区域外或宫殿建筑附近也发现有部分祭祀性质的遗存。

A 区的面积近 800 平方米，由若干"祭祀场"和祭祀坑组成。

B 区和 C 区是两个自成一体的"祭祀场"。B 区的总面积接近 1100 平方米，C 区总面积约 1200 平方米。

2. 祭祀遗迹

A 区的祭祀牺牲有人、牛、羊、猪、狗、鱼类，粮食祭品有水稻、小麦等。

B 区和 C 区都是以猪作为主要牺牲，尤以 C 区为甚。在 C 区发掘的近总面积的三分之一的范围内，出土猪的个体数超过 100 头。猪，有的头部被砍去，有的肢体剖为两半，在多数坑中仅有一头猪（全尸），也有的同一坑中埋 2 个、3 个或 4 个的。埋有多头猪的，个体一般较小。从体位特征判断，有的猪系活埋。

多种动物牺牲共存最常见的组合有猪、牛（水牛和黄牛皆有）和羊。这些动物都被肢解。个别地点的情况表明，牺牲可能原本是放置在漆案（盘）之上。除猪、牛和羊之外，还发现有比较完整的鹿的后半部。

在 A 区及 B、C 以外区域，有的"祭祀场"或祭祀坑中的堆积基本全是松软的黑灰，其中有的夹杂大量稻谷籽粒；有的利用水井作为祭祀坑，每间隔一定深度埋入一条狗；有的单独使用牛头作为牺牲，之后又埋入大量的鱼。H282 是一处长方形斗状大坑，在坑口部位发现木桩，其用途可能是用于悬挂祭祀仪仗之物，由上往下，坑内堆积可分 14 层，在若干不同的层位中分别发现有祭祀遗存，主要以人牲、动物牺牲（牛、猪等）和积石为基本组合，人牲有的被肢解，有的被腰斩，有的则为全尸。另外，在坑的下部还发现整个坑被大火焙烧的迹象。

从偃师商城的祭祀遗迹可以看到，当时祭祀时用人牲、牛牲、羊牲、猪牲（有小猪）、狗牲，有的牺牲的组合是猪、牛、羊，还有鹿骨，这些与商代晚期是一致的；但祭品用大量的鱼，在商代晚期则是没有的；用水稻、小麦作祭品在商代晚期也不多见。有猪头、牛头知其用伐祭；有的牺牲被剖为两半，知其用卯祭；有的动物被肢解、腰斩，知其用岁、毛（舌、括）祭；有的牺牲可能是放置在漆案（盘）上，是宜祭；有的悬挂祭祀之物，是系祭；有的猪被活埋。这些都是与商代晚期一致的。

从上述对郑州商城和偃师商城的祭祀遗迹的介绍可以看到，郑州商城的祭祀次数多，祀典也隆重，在祭祀中大量地使用人牲，牛、羊、猪等牺牲的数量也比较多；而偃师商城的祭祀次数要少得多，而且主要是使用猪牲，人牲数量很少，其他牺牲的数量也很有限；而由殷墟甲骨文知，商王祭祀先公、先王时，其所用的祭品最重要就是人牲。这些现象一是反映出郑州商城的重要性大于偃师商城；二是郑州商城使用的时间要大大地长于偃师商城。因此，郑州商城应是比偃师商城更具有都城的资格。再根据其时代最早来看，定它为商朝第一王成汤所始居的亳都是没有问题的。

二 商代中期城邑——郑州小双桥的祭祀遗迹

目前发现的商代中期最重要的城邑遗址是郑州的小双桥遗址。小双桥遗址是在1990年发现的，在1995至1997年、1999年冬至2000年夏分别进行了两次发掘。陈旭教授自始至终参加了小双桥遗址的发掘与资料的系统整理工作，她根据"小双桥遗址面积之大，在商代前期仅次于郑州商城和偃师商城，与商代都邑规模相称。""小双桥遗址有宫殿、宗庙建筑基址的发现，这证明它有都邑遗址的标志。该遗址有大量祭祀遗存，亦与都邑相关。……小双桥商代遗址，已具备都邑遗址的条件和性质。"她再"从两方面作具体分析：其一是小双桥商代都邑的兴建属白家庄期，这与郑州商城的废弃年代一致。因为郑州商城废弃的年代亦属白家庄期，这样，两者之间在年代上就有前后衔接的关系，依据这种关系和郑州商城性质的研究，就可以说明小双桥是隞都的故址。"故此，她提出小双桥遗址就是文献记载的商王仲（中）丁所迁的隞都[①]。陈旭教授论证的郑州小双桥商代遗址的年代和性质是非常令人信服的。

1990年，在对小双桥遗址进行试掘时，曾将遗址中心区（15万平方米）分成15个区[②]。

---

① 陈旭：《小双桥遗址的发掘与隞都问题》，《中国文物报》1996年12月8日第3版。又收入《夏商文化论集》，科学出版社2000年版。

② 河南省文物研究所：《郑州小双桥遗址的调查与试掘》，载《郑州商城考古新发现与研究》，中州古籍出版社1993年版。

1. 1995—1997 年发现的祭祀遗迹

1995 年发掘出了大量的祭祀坑，这些祭祀坑可分为人祭坑和牲祭坑两种[①]。

(1) 人祭坑

发现一处，坑内埋 4 人。分两层：上层有三个个体，其中两个个体仅存头盖骨的顶骨部分，另一个体侧身屈肢，右上肢尺骨、桡骨约二分之一处以下缺失，右下肢不见；下层一个个体，为俯身屈肢葬。对这四个个体鉴定的结果，知保存较好的两具人骨架为年轻女性，年龄在 14—20 岁之间。发掘者认为"从骨架的排列、埋葬方法和葬式分析，坑内的四个个体皆为非正常埋葬，推测这种作法可能与夯土建筑基址的奠基或某种祭祀仪式有关。"

(2) 牲祭坑

牲祭坑包括大型祭祀坑、牛头牛角坑和狗祭坑几种。

A. 大型祭祀坑

发现两个。H6，坑内出土物有牛头骨、牛角 7 个，至少包括六个个体。H29，坑内包含物十分丰富，坑内出土的动物骨骼有猪、牛、象、鹿、狗等数种。发现牛角近 40 只，可计算出个体应不少于 30 头牛。发掘者说，由于 H6、H29 两个祭祀坑内包含物摆放比较零乱，没有一定的规律，出土物种类比较繁杂，推测这两个坑应属于综合性祭祀坑，是在附近举行祭祀活动以后的废弃物堆放坑。

B. 牛头牛角坑

共发现 13 个。

V 区的一个为整牛头坑，脑腔后部有砍切痕。

IV 区发现的 12 个牛头牛角坑，可分牛头坑、牛头牛角坑和牛角坑三类。牛头坑：发现 2 个，其中 H19，出土一个缺角牛头骨，在牛头骨的中部摆放一件卜骨残片，发掘者推测此坑应为祭祀坑。牛头牛角坑：发现 3 个，H24，坑内有近 20 个个体，其中一个牛头骨个体较大，脑后有明显的砍切痕迹；H26，计有 4 个个体。牛角坑：发现 7 个，各坑出土牛角数量从 1 只

[①] 河南省文物考古研究所、郑州大学文博学院考古系、南开大学历史系博物馆学专业：《1995 年郑州小双桥遗址的发掘》，《华夏考古》1996 年第 3 期。以下关于 1995 年对小双桥遗址的发掘情况，如未注明出处，皆是引自该文，不再另作注明。

到3只不等。

C. 狗祭坑

发现1个。坑内底部摆放一只幼狗骨架，脊椎骨、肋骨缺失，仅残存半个头骨及四肢骨，发掘者推测其与祭祀有关。

2. 1999—2000年发现的祭祀遗迹

1999年冬至2000年夏，发现商代夯土墙类基础槽一段、夯土建筑基址二座、木骨泥墙房基二座、用于奠基或祭祀的人骨架一百余具、丛葬坑二座[①]。

在夯土建筑基址西部，发现三个人骨坑和一个鹿骨坑。人骨坑呈窄长条形，仅能容一人。鹿骨坑略呈椭圆形，亦仅能容一鹿。发掘者认为这些人骨、鹿骨，应与夯土建筑基址的奠基仪式有关。

此次发掘，发现了大批与奠基和祭祀有关的遗存。在商代灰层、夯土层、垫土层及部分灰坑中，发现大量的人骨架，骨架肢体多残缺不全，部分带有明显的外伤如颅骨、肢骨、下颌骨锐器击穿或断折等，部分只有头骨或只见零乱的肢骨不见头骨；灰层中的人骨架比较集中，但凌乱无序，有的互相叠压，似随意抛掷者。发掘者根据这些现象，推测这些人骨架应和建筑物的奠基或祭祀有关。

丛葬坑发现二个。其中一个位于夯土墙南部，坑内部共埋葬人骨个体31个（以头骨计算）。这些骨架埋葬凌乱，多为头骨，肢骨较少；头骨、肢骨均呈分离状，肢骨之间、甚至一根肢骨的上下端也分离。整个坑内肢骨代表的数目远少于头骨代表的数目，部分头骨无下颌。在多个头骨上发现有被锐器或钝器砍击、戳击、砸击形成的骨折性孔洞和塌陷性骨折。从埋葬情况看，这些人骨均应为被肢解后掩埋的。经初步鉴定，该坑的人骨多为青年男性，也有少量的女性和婴幼儿（只发现其肢骨）。在另一个大型的不规则形坑内，亦发现大量的人骨架，是凌乱的肢骨和比较集中的头骨，坑内的人骨架个体近六十人。头骨、肢骨的数量亦非对应关系，头骨亦多无下颌，部分发现颅骨锐器穿孔。坑内的人骨大部分经肢解，发掘者认为这些坑的形成，应和某种祭祀活动有关。

在夯土墙基槽西北部，发现有石块铺地的烧土遗存。发掘者说，结合该

---

① 宋国定、李素婷：《郑州小双桥遗址又有新发现》，《中国文物报》2000年11月1日。下文所录如不注明出处，皆出自此文。

遗迹东南部、北部的人牲遗存，初步推测该遗迹可能为当时祭祀时烧之以火的燎祭遗存。

据发掘者统计，该次发掘的人骨架超过一百六十具。

发掘者说："从地层关系结合出土物分析，该次发掘的遗存之年代仍属商代白家庄期，而发掘区内的夯土墙基、大型夯土建筑遗存、大量的人牲遗存、'燎祭遗存'等表明，该遗址绝非一般的村落遗址可比，其内涵决非一般的祭祀遗存所能涵盖。"

从郑州小双桥遗址的祭祀遗迹来看，所用人牲、动物牺牲的数量都很巨大；人牲不但有青壮年男性，还有年轻的女性和幼小的儿童；动物牺牲多为牛牲，其他有猪牲、狗牲，还有象和鹿，品种较多（少羊牲）；其用牲之法有砍头的伐祭、割杀、肢解牲体的岁祭、毛（舌、衁）祭，击打牲体的改祭，焚烧的燎祭等，都与商代后期甲骨文所反映的用牲之法相同。小双桥祭祀遗迹活脱脱地显现出了商代后期甲骨文所记录的祭祀用牲景况，真是惨烈之极。

从小双桥遗址的面积之大，有宫殿、宗庙建筑基址的发现，有大量的祭祀遗存，祭祀时用牲的数量巨大，特别是大量地使用人牲，这些都反映出该处遗址具备有都城遗址的条件，发掘者对该处遗址的定性是正确的；其根据出土层位定其为商代中期中丁所迁的隞都是令人信服的。

三 商代晚期城邑——殷墟的祭祀遗迹

商代晚期的城邑最著名的当是位于河南省安阳市西北的小屯村一带的殷墟，据文献记载，这里是盘庚迁殷至商代最后一王帝辛（纣）时的都城，历经八代12王[①]，273年的时间[②]。

在殷墟的考古发掘中，发现了数以千计的祭祀坑。杨宝成先生曾长期在中国社会科学院考古研究所安阳工作队参加殷墟的发掘与研究工作，他曾对殷墟遗址的祭祀坑做了很好的综合与总结，进行了分类，并对一些相关的问

---

① 殷墟甲骨卜辞中未见康丁之兄"廪辛"一称，他是否即位为王不得而知。如按文献记载将其计算于即位的商王之中，则从盘庚至商纣王共是有12位商王。

② 关于盘庚迁殷至纣灭亡的年数，古书中记载不一。《竹书纪年》说是773年；陈逢衡《竹书纪年集证》卷49改作273年，现绝大多数学者从此说。

题做了讨论,见其著作《殷墟文化研究》之伍"殷墟的祭祀坑"①。这里,我们就依据杨先生的总结与研究对商代晚期城邑——殷墟的祭祀遗迹进行介绍。文中所引杨先生之所论,皆出自其《殷墟文化研究》一书中②。

1. 王陵区的祭祀坑

王陵区的祭祀坑,经考古钻探发现约有2200余座,已发掘1483座(包括新中国成立前发掘的极少数的陪葬墓),这些祭祀坑都连成一片,形成一个庞大的祭祀场,总面积在10万平方米以上③。

二千余座祭祀坑纵横排列有序,有规律地集中分布在一起。坑穴大部分为长方形,少数呈方形。长方形坑大部分是南北向的,少数为东西向。祭祀坑排列多东西成排,南北成行。

各坑的规模大小及其所埋骨架状况都有所不同,依据各坑的大小、方向、深度,坑内埋葬骨架的种类、数量、姿势以及坑间距离,可以将这些密集分布在一起的坑分成若干不同的组。每一组坑可能是同一次祭祀活动留下的遗迹,22组坑就是22次祭祀活动所留下的遗迹。

杨先生依据坑内所埋的骨架种类,将王陵区的祭祀坑分为埋人的坑、埋动物的坑和埋器物的坑三类。并指出"埋动物的坑有的单独埋动物,有的则与人埋在一起,而埋器物的坑中都埋有人。"下面是杨先生所论述的王陵区的三种类型的祭祀坑。

(1) 埋人的祭祀坑

埋人的祭祀坑,可分长方形和方形两类。

埋人的坑中人骨架有身首全躯的,有身首分离的,亦有单埋躯体或人头的,其中以无头躯体葬最多。

全躯葬的坑中埋葬人数不等,少者1人,多者11人,大都头向北,俯身。有的是处死后埋入的,埋葬姿势较自然;有的是活埋的,呈捆缚状或挣扎状。

身首分离葬,每个坑埋数个人,躯体与人头分离。大部分躯体俯身,南

---

① 杨宝成:《殷墟文化研究》,武汉大学出版社2002年版,第97—118页。
② 对所引杨先生之所论,一般不加引号;对杨先生所引其他人的著作,也随文注之。
③ 杨先生注曰:高去寻先生曾指出"这片墓地的东面还有大部分地方没有经过发掘,我们所掘过的地方仅约相当它的四分之一的东北角地带。"见高去寻《刀斧葬中的铜刀》,《中央研究院历史语言研究所集刊》,第37本上册,台北,1967年版。

北向；少部分侧身或仰身，东西向。

无头躯体葬绝大多数为南北向，坑内埋 1～12 人不等，以埋 8～10 人为多。大部分躯体为俯身，只有少数为仰身或侧身。死者的头被砍去，颈椎上有明显的刀痕，有的颈椎上还残留着下颚骨或整个上、下颚骨。有的躯体被肢解，或上、下肢被砍，或腰斩，或将手指或脚趾剁去。有的手脚被捆缚，有的双手上举，做挣扎状。

埋人头的坑大多近方形，仅发现一个圆形坑和一个长方形坑。每坑埋 3～39 个人头骨，只有一层，90％的坑中埋 10 个人头。全部为南北向，头骨埋在坑中部，面部朝北。这些人头大都应是从那些无头躯体上砍下来的。

经人骨鉴定，被砍头和肢解的骨架都是男性，凡女性及儿童皆为全躯。女性年龄多在 20～35 岁之间，儿童的年龄在 6～10 岁之间，被砍头的男性都是青壮年，年龄约为 15～35 岁，无中老年。一般说，同坑中的骨架年龄较接近①。

杨先生说："依据少数葬坑的叠压关系，以及坑中出土器物的时代特征，可推知南北向的坑早于东西向的坑。南北向的坑较多，坑内埋的人也多，东西向的坑较少，坑中埋的人也较少。1976 年发掘的 191 座祭祀坑，较早的南北向的坑共 18 组，坑内共埋人骨架约 1000 具，一组人数（即一次用牲数）最多达 339 人，一般为数十人至百人不等；较晚的北部两排东西向的坑 14 座，为一组，坑内共埋人骨架不到 100 具；最晚的中部一行东西向的坑为二组，每组埋人骨架 10～20 具。这一现象说明随着社会的进步，生产力的提高，殷代社会使用人牲的数量逐渐减少，这个变化也和甲骨卜辞记载相吻合。"②

（2）埋动物的祭祀坑

埋动物的坑较埋人的坑要少，坑内所埋动物有马、牛、象、猪、狗、羊、猴、狐、河狸及鹰等，大部分为家养动物，有的坑单独埋动物，有的坑则将动物与人埋在一起。其中又以埋马最多，1978 年在殷墟王陵区发掘的 40 座祭祀坑中，大部分埋的是动物，其中埋马的有 30 座，共埋马 117 匹。

---

① 中国科学院考古研究所安阳发掘队：《安阳殷墟奴隶祭祀坑的发掘》，《考古》1977 年第 1 期。

② 杨锡璋、杨宝成：《从商代祭祀坑看商代奴隶社会的人牲》，《考古》1977 年第 1 期。

(3) 埋器物的祭祀坑

祭祀坑中的器物坑，器物一般都与人埋在一起，所埋器物包括铜礼器、乐器以及陶容器等。器物坑中所埋的器物及人都是祭祀时用的祭品和牺牲。

杨宝成先生说，王陵区的祭祀坑是商王室举行多次祭祀活动的遗迹，是商王室专门用于祭祀祖先的公共祭祀场。"被用作人牲的，既有从战争中俘获来的俘虏，亦有商王室的臣仆奴隶。祭祀坑中一些有较多装饰品和少量随葬品的人牲，生前可能是为贵族奴隶主服役的家内奴隶。那些少数随葬有青铜兵器的人牲，生前可能是奴隶身份的职业武士[①]。在被用作人祭的牺牲中，有的甚至是奴隶的家庭成员[②]。1976 年所发掘的 M7 内埋有人骨架 9 具，其中 2 具为成年男性，1 具为成年女性，4 具为未成年人（内 3 具为女性），2 具为儿童，据骨架的性别、年龄鉴定情况分析，M7 中所埋人牲可能为同一奴隶的家族成员。从数量上分析，人牲中当以异族俘虏为多，特别是在殷代早期，那些南北向长方形祭祀坑中被砍头或被肢解的男性青壮年，可能多为被俘获来的俘虏……在 30 年代所发掘的埋人牲的祭祀坑中，有 10 座坑中出土铜镞和骨镞，这些镞多紧贴人腿骨，似为人牲生前伤中所带，这些人牲当为在战争中俘获来的俘虏。"

2. 宗庙附近的祭祀坑

在小屯东北地的宫殿宗庙区的乙组基址内，在乙七和乙八基址之南，共发现 135 座葬坑，石璋如先生依据这些葬坑的分布情况，将其分为北组、中组、南组。

南组只有一座墓，墓穴较大，有椁棺，殉葬有 8 个人、4 只狗，出土有整套的青铜礼器。是一座贵族墓葬，墓主应为商王室成员，时代为殷墟一期早段。

北组有 54 座葬坑。其中有 5 座车马坑，除 1 座遗迹被破坏外，其余 4 座坑内各埋 1 辆车、2 匹或 4 匹马、3 个人，这 5 座车马坑的分布很有规律，应是一组祭祀遗迹。另外 49 座坑大部分为埋人的身首分离葬，多数坑埋 3—5 个人，少数坑埋 6—7 个人；还有一部分坑为全躯葬，一坑埋人骨架少者 1

---

① 林沄：《商代兵制管窥》，《林沄学术论文集》，中国大百科全书出版社 1998 年版。
② 中国科学院考古研究所安阳发掘队：《安阳殷墟奴隶祭祀坑的发掘》，《考古》1977 年第 1 期。

具，多者5—7具，多俯身；此外还有2座儿童墓，一座埋幼童骨架7具，一座埋幼童骨架9具；还有埋羊的坑一座，内埋羊9只①；M219埋一具跪式人骨架，据石璋如先生统计，像这类"跪葬墓"在乙组基址范围内共发现22座②，这些人牲可能是被捆缚活埋的。北组葬坑大部分应属祭祀坑，从遗迹分布情况以及叠压关系来看，它是多次祭祀活动的遗存。

中组有80座葬坑。大部分坑为身首分离葬，各坑所埋人骨架从1具到13具不等，躯体大都俯身，极少仰身，有百具左右的人骨架上着红色；有4座坑埋全躯1人；有1座坑埋有3犬、3羊。从遗迹分布情况分析，这80座葬坑也是多次祭祀活动的遗存。

据杨先生统计，北组和中组墓葬共埋576个人、马15匹、犬6只、羊12只，除少数墓葬外，大部分是商王室在宗庙前（乙七、乙八基址）多次举行祭祀活动时所屠杀的牺牲。

关于分布在宗庙前的这一百多座祭祀坑的时代，邹衡先生说："根据部分层位关系和出土物可以断定其时代约从武丁以前直到帝乙、帝辛以前，其中武丁以前的极少，武丁至祖甲的墓也不太多，最多的是属于廪辛至文丁时期的葬坑。"③

在丙组基址中也分布有一些祭祀坑，这些祭祀坑包括玉璧、人牲、兽牲、柴灰、燎牲、谷物、陶器、空坑等八种不同祭祀的遗迹，计38个单位。在10座人牲坑中，大都埋1—3人，最多的埋20个人，有成人亦有幼童，有全躯葬亦有砍头葬，有俯身亦有仰身；兽坑中所埋兽牲以羊、犬为主。

3. 其他地点的祭祀坑

在小屯宫殿宗庙区乙组建筑基址内的一些房子的夯土基址下、地基中、柱础下、门道旁、基址上及其附近，也发现一些祭祀遗迹。一座房子最多的有19座祭祀坑，如乙七基址上有7座，基址下有12座。最少的乙九基址有2座，均在基址下。祭祀坑中埋人或犬，也有埋牛或羊的④。各基址埋人多

---

① 石璋如：《殷墟墓葬之一·北组墓葬》，"中研院史语所"1970年版；《殷墟墓葬之三·南组墓葬附北组墓葬补遗》，"中研院史语所"1973年版。
② 石璋如：《小屯殷代的跪葬》，《中央研究院历史语言研究所集刊》，第36本上册，1965年版。
③ 北京大学历史系考古教研室商周组：《商周考古》，文物出版社1979年版，第68页。
④ 石璋如：《殷墟墓葬之四·乙区基址上下的墓葬》，"中研院史语所"1976年版。

者9人，少者1人。埋犬少者1—2只，多者10余只，最多的达20只。埋羊少者1—3只，较多的埋10只，最多的坑埋羊30只。埋牛的坑较少，最多的埋牛30只。坑中所埋人骨架，有的仰身，有的侧身，有的俯身，还有的跪坐在坑中[①]。石璋如先生认为这些人和动物是殷王室在修建宫殿宗庙等建筑的过程中，举行奠基、置础、安门、落成等仪式时所屠杀的牺牲。从考古现象观察，殷王室在修建一座房子过程中需用大量的牺牲。如乙七基址有奠基坑3个，每坑埋犬1只；置础坑9个，共埋人1个、牛10头、羊6只、犬20只；安门坑7个，共埋人18个、犬2只。所埋人牲皆全躯，其中埋在门内的皆俯身，并有贝、石饰、铜饰等少量随葬品；在门外的4座坑，每坑埋跪姿人骨架1具，并各持1铜戈。

20世纪80年代在小屯西北地发掘的F29是一座面积约96平方米的地上建筑，基址四周有排列整齐的柱子洞，南部有门道，未发现墙，可能是殷墟早期的一座祭祀性建筑。在该建筑之南约5米处，分布有儿童墓和祭祀坑十余座，两者的时代与F29相近，都是F29建成后埋入的。儿童墓内埋12—14岁的1个或2个未成年人，俯身，身上佩挂有装饰品。祭祀坑内埋身首分离的人骨架2具或3具，躯体多俯身，有的屈肢，有的双手反缚，人头压在躯体上[②]。F29可能是某个贵族的宗庙性建筑。

在殷墟还有一种圆形祭祀坑，这种祭祀坑有的是埋人的，有的是埋动物的，也有人和动物埋在一起的。

埋人的圆形祭祀坑。如1959年在后冈南坡发现的一座圆葬坑，坑内埋人骨架73具，分三层叠压在一起，上层25具，中层29具，下层19具。死者有身首全躯的，有头与躯体分离的。这些人骨架姿势紊乱，有俯身、仰身、侧身，有直肢和屈肢[③]。人骨鉴定表明死者多系青壮年男性，少数为青年女性和幼童。在上层与中层人骨架近处的文化层中，内含木炭、炭粒、烧过的骨头、蚌壳及烧焦的丝麻织物。发掘报告认为该祭祀坑与燎祭有关。后冈圆葬坑的年代为殷墟末年，可能已进入西周纪年。

---

① 石璋如：《小屯殷代的跪葬》，《中央研究院历史语言研究所集刊》，第36本上册，1965年版。

② 中国社会科学院考古研究所编著《殷墟的发现与研究》，科学出版社1994年版，第74、75页。

③ 中国社会科学院考古研究所：《殷墟发掘报告》，文物出版社1987年版，第265页。

1971年秋，在大司空村发现一座祭祀坑，呈椭圆形，坑中埋有人头31个，躯体26具，无固定葬式，以俯身直肢为多，有少量的俯身屈肢和仰身直肢，头颅多与躯体分离，一般是五六个头颅放在一起，17号头颅和躯体连在一起，头颅还未完全砍掉。人骨鉴定表明，死者多为青壮年男性和幼童，没有随葬品①。

　　埋动物的坑发现较多，1959年在苗圃北地铸铜遗址共发现5个埋牛或马的坑。埋牛的2座坑皆为圆形，以整头的牛捆缚着掩埋，一头呈跪卧状，一头做蜷曲状。3座埋马的坑内各埋1匹马，1匹为整马，2匹皆无头。这些祭祀坑中所掩埋的牛和马，都是与铸铜有关的祭祀用牲②。

　　在圆形祭祀坑中亦有人与动物埋在一起的。1973年在小屯南地遗址中发现一座椭圆形坑，坑底中部挖一长方形坑，内埋1匹马，在马骨架周围，埋有5具人骨架，其中3具为成人，2具为幼童。坑北部的成人骨架侧身屈肢，身前放一猪头骨。坑西南部的人骨架为俯身直肢，头颅被砍去。坑东南的一具人骨架为仰身直肢，两臂屈于胸前，左腿内上髁处有一枚铜镞，张口呈挣扎状。两幼童骨架散乱在马架旁，是被肢解后弃置的③。

　　以上是杨宝成先生对殷墟祭祀遗迹的总结和研究。

　　我们由殷墟的祭祀遗迹可以看到，与商代早期、中期都城的祭祀遗迹相比，商代晚期都城的祭祀遗迹数量是最多的，规模也是最大的，祭祀也是最频繁的。其所使用的人牲、动物牺牲的数量也是最多的。人牲一次使用的数量很庞大，不但有青壮年男性，有年轻的女性，而且幼小的儿童已成为常用的牺牲。动物牺牲一次使用的数量也很庞大，多为牛牲、猪牲、羊牲，狗牲等，特别是以大量的马作为牺牲，这在早期、中期的都城祭祀遗迹中是罕见的。商代后期的用牲之法以砍头的伐祭，割杀、肢解牲体的岁祭、舌（舌、䛆）祭为最多见，焚烧之祭也是很常见的。这些祭祀遗迹与商代后期甲骨文所记录的大都是相符的，唯独卜辞中卜问用马作牺牲的辞例不多见。另外，殷墟的祭祀遗迹比商代早期、中期的祭祀遗迹所反映的祭祀范围更加广阔，例如在修建宫殿、宗庙等建筑物的过程中，在举行奠基、置础、安门、落成等仪式时都要举行祭祀，都要大量地屠杀牺牲，这与甲骨文所记录的商人在

---

①　安阳市博物馆：《安阳大司空村殷代杀殉坑》，《考古》1978年第1期。
②　中国社会科学院考古研究所：《殷墟发掘报告》，文物出版社1987年版，第26页。
③　中国科学院考古研究所安阳工作队：《1973年小屯南地发掘简报》，《考古》1975年第1期。

宗庙（包括宗、宓、家）、宗庙内外的建筑（坛、寝、门、庭、户、室、宫、祊等）中都要举行祭祀是一致的。殷墟的祭祀遗迹是继商代中期都城小双桥祭祀遗迹之后，再次活脱脱地显现出了甲骨文所记录的祭祀用牲景况，而且表现得更为惨烈。

总而言之，由考古发现的商代城邑祭祀遗迹可以看到，商人祭祀遗迹所展现的状况，与殷墟甲骨文所记录的商人宗教祭祀的情况是相符合的。这主要表现在以下几个方面：

（1）殷墟甲骨卜辞反映，商人的祭祀是频繁的。而在考古发现的商代城邑祭祀遗迹中，祭祀坑等遗迹是非常的多的，如仅在殷墟的王陵区目前就已发现了约2200余座祭祀坑，"这些祭祀坑都连成一片，形成一个庞大的祭祀场，总面积在10万平方米以上。"① 这样规模的祭祀场只有进行频繁的祭祀才能够形成。因此，商代城邑的祭祀遗迹所展现的情况与殷墟甲骨卜辞的记录是一致的。

（2）考古发现的商代城邑祭祀遗迹反映，商人祭祀时所用的牺牲多为人牲和牛、羊、猪、犬等动物牺牲；并且，人牲与动物牺牲往往是同时并用，同坑埋葬的。这与诸多甲骨卜辞卜问同时用人牲、动物牺牲做牲品的记录也是一致的。只是殷墟还多用马牲进行祭祀，这在卜辞中却不多见。

（3）考古发现的商代城邑祭祀遗迹反映，商人的祭祀有时是相当隆重的，其用牲数量是十分惊人的。如在殷墟王陵区的一个葬坑中，就发现一次用人牲数最多达到339人，一般也是数十人至百人。同样，在殷墟甲骨卜辞中就记录有一次曾用"百羌百牛"，即100个羌人和100头牛即总共200个牺牲来御祭唐（大乙）、大甲、大丁和祖乙四王（《合集》300）；还有一次卜问"伐羌四十"，即砍杀40个羌人进行祭祀（《屯南》636）；还有一次卜问祭祀先公河、王亥、上甲各用10头普通的牛、10头经过特殊饲养的牛即共20头牛，而祭祀这三个祖先就总共要用60头牛（《屯南》1116）；还有一次卜问祭祀先公王亥一人就要用50头牛、40头牛或30头牛（《补编》100）。这些反映商代城邑祭祀遗迹所展现的情况与殷墟甲骨卜辞的记录是一致的。

（4）商代城邑祭祀遗迹反映，商人除了在例行的宗教活动中屠杀牺牲进

---

① 高去寻先生曾指出："这片墓地的东面还有大部分地方没有经过发掘，我们所掘过的地方仅约相当它的四分之一的东北角地带。"见高去寻《刀斧葬中的铜刀》，《中央研究院历史语言研究所集刊》，第37本上册，1967年版。

行祭祀外，他们还在修建宫殿、宗庙等建筑的过程中，在举行奠基、置础、安门、落成等仪式时屠杀牺牲进行祭祀。考古工作者在商人宫殿、宗庙遗迹的"基址下、地基中、柱础下、门道旁、基址上及其附近"，都发现了一些祭祀遗迹。最多时曾在一座房子中发现有19座祭祀坑，祭祀坑中埋人或犬，也有埋牛或羊的。"从考古现象观察，殷王室在修建一座房子过程中，需用大量的牺牲。"这与甲骨文记录的商人在宗、宓、寝、庭、户、室、宫、门内、门外等宗庙建筑中进行祭祀也是相符合的。

（5）商代城邑祭祀遗迹所展现的商人对人与动物牺牲所使用的用牲法，与殷墟甲骨卜辞所记录的用牲法也是相对应的。如：各个时期的商代城邑祭祀遗迹都反映，人与动物的牺牲特别是人牲，是以无头躯体为最多的，并且多身首异处；有专门为埋人头设置的坑；在许多人头骨的颈椎上都有明显的刀痕、锯痕，有的头骨上"有被锐器或钝器砍击、戳击、砸击形成的骨折性孔洞和塌陷性骨折"；有的躯体被肢解，有的上下肢被砍掉，有的被腰斩、被断手、断指、断足、断趾；有的猪牲被对剖。而殷墟甲骨卜辞中的诸多用牲法与上述现象是相吻合的，如："伐"是专指砍头，"岁"是指割杀，"刚"是指断割，"㓱"是指砍，"毛、舌、祜"是指肢解、割裂牲体，"攵"为击打，"寻"、"用"都为杀意，"卯"为对剖，等等。商代城邑祭祀遗迹所展现的用牲法与甲骨卜辞所记录的用牲法是一致的。

当然，甲骨卜辞所记录的某些用牲法，在商代祭祀遗迹中是无法显现的。如"臘"是用干肉进行祭祀，这干肉就因年代久远而无法显现；又如割杀牲体取血以祭在考古遗迹中显现的就不多；再如，我们从考古遗迹中无法辨别出牛、羊牺牲是否是经过特殊饲养的。这是考古方面的不足。但另一方面，考古发现的某些祭祀遗迹也弥补了甲骨卜辞所不能反映的用牲情况，如：考古祭祀遗迹反映有的人牲（也有少数动物牺牲）是被捆绑、并呈挣扎状被活埋的，而被杀者又多为青壮年，这些情况在甲骨卜辞中是没有反映的。因此，要想了解商代宗教祭祀的详细情况，就必需要将考古发现的祭祀遗迹与甲骨卜辞的记录相结合进行考察，这样才能全面地了解商代宗教祭祀的发展状况。

第九章

商代宗教的性质和社会作用

第一节 商代宗教的性质

至此,我们用八个章节依次讨论了商代的宗教祭祀。那么,透过商代的宗教祭祀,也即透过商人的宗教行为或活动,和由此而反映出的商人的宗教观念或思想,我们可以对商代的宗教下个什么样的定义呢?即商代的宗教是个什么性质的宗教呢?

要回答这个问题,首先要明了什么是宗教。

在本书开头的"绪论"中,笔者曾引述宗教学家吕大吉先生关于宗教的四要素来说明什么是宗教。吕大吉先生说:一个比较完整的成型的宗教,是由内外四种因素综合成的,即宗教的内在因素:1. 宗教的观念或思想,2. 宗教的感情或体验;宗教的外在因素:1. 宗教的行为或活动,2. 宗教的组织和制度[①]。由此而得出的"宗教"的定义是:"宗教是关于超人间、超自然力量的一种社会意识,以及因此而对之表示信仰和崇拜的行为,是综合这种意识和行为并使之规范化、体制化的社会文化体系。"[②]

笔者以上述吕大吉先生关于宗教的四要素和"宗教"的定义,来衡量几种主要的关于宗教起源的理论(见"绪论"),认为产生于原始氏族社会初期的氏族图腾崇拜,最具备宗教的四要素和符合"宗教"的定义,因此,笔者认为"图腾崇拜"应是人类宗教起源。

[①] 吕大吉:《宗教学通论新编》,中国社会科学出版社1998年版,第76页。

[②] 同上书,第79页。

在原始氏族社会中，"人类由于受到社会生产力水平和人类认识水平的限制，不仅不可能把与自己生存攸关的自然力量和社会力量作为支配的对象，而且反把它们当作支配自己生存和生活的神秘力量。这两种力量就在原始人的观念中表现为对超自然的自然力量和对超人间的氏族祖先的崇拜，这两种宗教观念是原始宗教的基本观念，由此观念而象征化为两种基本的崇拜对象。"① 这就是说，自然崇拜和祖先崇拜是原始宗教中两种基本的崇拜对象。而图腾崇拜正是将自然崇拜与祖先崇拜相结合的一种最古老的宗教崇拜形式。

关于远古时期的商氏族的图腾崇拜情况，在出土于商代后期都城殷墟的甲骨文和晚商的青铜器铭文中，都还留有遗迹，这是因为虽然"随着社会的发展，图腾崇拜逐渐淡薄，但其残余信仰仍然存在"② 的缘故。我们在本书第一章"宗教的起源与商人图腾崇拜的遗迹"中，列举了前辈学者利用甲骨文和金文材料，并结合后世的文献记载，证明了远古时期的商氏族是以玄鸟为图腾的氏族，也即商人的原始宗教是起源于对玄鸟的图腾崇拜。古文献记载，远古时期的商氏族崇拜玄鸟，他们认为本氏族的始祖契是由有娀氏之女简狄吞食玄鸟卵所生，这是商人把对自然物——玄鸟的崇拜和对祖先——契的崇拜相结合，从而产生了自然崇拜与祖先崇拜相结合的最古老的宗教崇拜形式——玄鸟图腾崇拜。

古文献和商代后期的甲骨文证明，商人由始祖契到商后期的中兴之主武丁，已经经历了契—昭明—相土—昌若—曹圉—冥—振（王亥）—上甲—报乙—报丙—报丁—示壬—示癸—大乙—大丁—大甲—外丙—大庚—小甲—大戊—雍己—中丁—外壬—戋甲—祖乙—祖辛—羌甲—祖丁—南庚—阳甲—盘庚—小辛—小乙—武丁，共二十三世三十三王。经过了这样漫长的历史时期，到了商后期的武丁时代，及其以后的祖庚、祖甲、康丁、武乙、文丁、帝乙，直至最后一王帝辛，其宗教的发展状况各是怎样的呢？对此，一百多年来，学者们利用武丁及其以后各王所遗留下来的甲骨文和金文资料，进行了卓有成效的研究，现在商代后期宗教的基本轮廓已经大致清楚了。但由于目前尚缺乏商代前期、中期即武丁以前的文字资料，所以我们对商前期、中

---

① 吕大吉：《宗教学通论新编》，中国社会科学出版社1998年版，第475页。引文中的着重号为引者所加。

② 吕大吉：《宗教学通论新编》，中国社会科学出版社1998年版，第167页。

期宗教的发展状况不能详知，不过通过考古发现的商前期、中期都城的祭祀遗迹看，可以揣测出商前期、中期的宗教虽然可能不如武丁时期那样发达，但其宗教的模式应该是和武丁时期大致相同的。

商代后期的甲骨文和金文所显示的商后期各王的宗教，其发展状况是不尽一致的。其中尤以武丁时期的宗教与商末几王的宗教差异较大。武丁时期的宗教可以说是还带有某些原始宗教的特性，可以说是中国古老宗教的典型代表；而商代末期的宗教则脱离了不少原始性，具有了某种成熟宗教的特性。

由本书的论述可知，武丁时期商人宗教崇拜的神灵大致可以分为天神、地神、人神三种，即仍是属于自然崇拜与祖先崇拜两大类。但武丁时期的自然崇拜、祖先崇拜与原始社会时期的自然崇拜和祖先崇拜是不相同的。原始社会时期的人们是将自然崇拜与祖先崇拜两者结合起来，产生出一种为整个氏族所崇拜的图腾，即图腾崇拜是将所崇拜的某个单一自然物与所崇拜的某位祖先相结合，产生出一种单一的崇拜对象。但武丁时期的商人却是将对自然物的崇拜与对祖先的崇拜分离开来，并且他们所崇拜的自然物和祖先的数量都是众多的，不是单一的。不过，卜辞显示，在当时商人的意识中，在祖先神与自然神之间还是存在着某种特殊的关联，这一点又显示出武丁时期的宗教还是带有某种原始性。

商代宗教的性质可以从商人所崇拜的神灵情况分析得出。

天神崇拜

由本书的分析得知，在商后期，对天神的崇拜，以武丁时期最强，其次是康丁和武乙、文丁时期，而祖甲和商末的帝乙、帝辛时期最弱。我们由武丁时期的商人对天神崇拜的情况，可以推测出，武丁以前的商前期和商中期的商人，也应该是有天神崇拜的。这就是说，天神崇拜的观念，贯穿于整个商王朝。

商人把天神的统领者称作"上帝"或简称作"帝"。但应该指出的是，在整个商王朝，商人是没有"天"的观念的，我们这里所说的"天神"是指天上的神的意思。卜辞中的"天"与"大"的意义一致，如"大邑商"又称作"天邑商"。

在商人的观念中，天神上帝是个什么样的神灵，也即天神上帝都有哪些权能呢？

卜辞表明，商人意识中的"上帝"或"帝"，是个高高地居于天上的天神,这由卜辞中卜问"上帝"或"帝"是否"降"下什么灾祸就可以得知。

在商人的心目中,天神上帝的权能是很广泛的。这主要表现在:一是主宰气象:上帝能令雨、令雷、令雹、令风,云也由上帝掌管着,即上帝主宰着风、云、雷、雨、雹等自然气象的变化。如果上帝不命令下雨或下雨太少就是要降下旱灾,甚至降下大旱灾;而上帝命令下雹子或刮大风就是要降下雹灾和风灾。但卜辞又表明,商人是不能直接向上帝祈求多下雨或少下雨,不要雷雨交加,不要下雹子,不要刮大风等的,他们只能通过占卜,战战兢兢地去揣摩上帝的意志。二是支配年成:在商人的眼里,上帝对农业生产的丰歉起着重要的支配作用。上帝是否命令降下足够的雨水,以使商人有个好年成;是否命令不下雨或少下雨,以给商人降下旱灾;其他还有水灾、雷灾、雹灾、风灾等等,以此来伤害商人农作物的收成,这些都是商人所经常担心和忧虑的。三是左右城邑的安危:商人以为上帝高高地居于天上,可以随时降落人间,左右着人间的城邑建设。商王要建造城邑,就要卜问上帝是否保佑其顺利,建成后又要卜问上帝是否伤害、灭绝、摧毁此城邑。同样,商人也只能是通过占卜来揣摩上帝是否保佑或伤害其城邑,而不能祈求上帝保佑和不要伤害其城邑。四是左右战事的胜负:商王在征伐某方国之前,往往要卜问上帝是否保佑此次征伐能取得胜利,以此来决定出战与否;商王在决定征伐某一方国之前,对自己选择某位将领作为辅佐同去征战,也要向上帝进行卜问是否可行,卜问这样做上帝是否保佑使战争取得胜利。这反映出在商人的心目中,上帝不但有着左右战争胜负的大权,而且对参战人员的安排也是有着决定权的。再者,商王决定在作战时以某位将领为前阵,要向上帝卜问自己是否在其后督战,这样做上帝是否给予保佑使战争取得胜利,这说明在商人的心目中,上帝对作战的战术也是有着决定权的。同时,商人认为方国来犯也是由于得到了上帝的指令,是上帝要给商王国带来灾祸。这些情况说明,商王无论是征伐方国,或是对方国来犯,都要进行卜问,都要去揣摩上帝的意志,问上帝是否保佑他、支持他的某些决定,以使战争取得胜利。五是左右商王的福祸:卜辞反映,在商人的眼里,上帝能够控制商王疾病的好坏;遇事上帝是否佐助商王,是否保佑商王诸事顺利;是否命令伤害商王;是否降下摧毁性的灾害给商人。所以,商王总是在战战兢兢地卜问上帝是否降害于自己,是否保佑他,是否降下永久的福祉,是否对商王宽待优容,等等。以上这些反映,在商人的心目中,"惟上帝不常,作善降之百祥，作不善降之百殃"（《尚书·伊训》），所以商人要整天通过占卜战战兢兢地去揣摩上帝的意志，唯恐得罪了上帝给自己带来灾祸。这说明，在商人的心目中，上帝是个操纵着天上、人间一切事物的无所不能的大神。综观以上上帝的权能，当以主宰气象和农业生产的年成最为重要，其次是左右战事的胜负。上帝仍然是属于自然神的范畴，是商人自然神崇拜的一部分。

值得注意的是：虽然在商人的心目中，上帝权力无上，主宰着人间的吉凶祸福，但卜辞表明，商人却从来不向上帝祈求，从来不对上帝进行祭祀[①]。这种现象，令许多学者，包括一些宗教界的学者，不得其解，甚至不可思议。那么，对这种现象应该作何解释呢？陈梦家先生说这是因为"上帝与人王并无血统关系"的缘故，这是一个很重要的原因；笔者还认为可能有另外一个原因，就是商人敬畏上帝，认为上帝太高高在上了，太虚无缥缈了，凡人对它是看不见、摸不着的，它的意志都是通过它的臣使来实现的，所以只要祭祀贿赂好它的臣使，人们所期望的和所祈求的就会由臣使来转达了。当然，这只是一种猜测，实际情况还有待于今后做进一步的研究。

商人揣摩上帝意志的卜辞，绝大多数都是属于第一期的武丁卜辞，其次是第三期、第四期卜辞，在第二期祖甲卜辞中很少见到，到了商末的帝乙、帝辛时的第五期卜辞中则几乎见不到了。这种现象说明到了商代的末期，人们对自然的认识逐渐提高了，上帝主宰人间一切的宗教观念在商人的意识中已经淡薄了。

武丁卜辞表明，商人心目中的天神上帝（或简称"帝"），与人间的统治者王一样，也有着自己的朝廷，即也有着帝廷的组织。天神上帝有臣、工、使等官员供其驱使，这些官员被称作"帝五臣"、"帝五丰臣"、"帝五丰"、"帝臣"、"帝工"、"帝史"。商人向这些上帝的臣、工、使进行祭祀，向它们祈求满足自己的各种要求。

对于天神中的"帝五臣"、"帝五丰臣"、"帝五丰"的"五"是指哪五个神灵，目前还没有一个统一的说法。笔者通过对卜辞的研究，认为商人祭祀的自然神中的风神、雨神、云神、日神、四方神这五个神灵应该是殷人心目

[①] 殷人不祭祀上帝，前人已有指出。如陈梦家《殷虚卜辞综述》，中华书局1988年版，第577页。池田末利：《商末上帝祭祀的问题》，《东洋学报》，第72卷1、2期，1992年。

中天神上帝的五个臣使。

风神司职刮风，卜辞表明，商人非常注重风刮来的方向，他们认为东、西、南、北四方的风各由不同的风神掌管着，他们将各方的风神都付与了名称。由于风或大风有时会给人们造成各种各样的灾害，特别是对农作物能造成摧毁性的灾害，所以商人要祭祀风神，祈求风神手下留情。卜辞还表明，商人祭祀云神是因为云会带来雨水，祭祀云可以保证他们的农作物有充足的雨水。卜辞中卜问希望下雨的卜辞极多，卜问不希望下雨的卜辞却很少，主要是在出行、田猎和举行祭祀时不希望下雨，也担心会发生水灾，不过，这方面的辞例很少。卜辞中有大量的求雨的卜辞，这是商人为了使农业生产能够获得好收成而举行祈求雨水的祭祀。卜辞还表明，商人非常重视风、云、雨所来的方向，他们认为东、南、西、北四方都有神灵，并付与这些神灵名称，这些神灵受上帝的驱使，统领着各方的风神、云神、雨神，从而左右着商人农业生产的丰歉。因此，商人要向四方神求雨、宁雨、宁风，对四方神进行频繁的祭祀，以祈求四方神能够使他们风调雨顺，保证他们的农业生产有个好收成。与世界上其他许多古老的民族一样，商人也崇拜日神即太阳神，这无疑是因为太阳的光芒普照着大地，哺育着万物的生长，商人希望太阳神即日神能够福佑他们，给予他们充足的阳光，以保证他们的生存和农作物的生长，这应该是商人尊太阳为神，对其进行祭祀的首要原因。卜辞又表明，商人还特别注重祭祀东方神和西方神，不太注重祭祀南方神和北方神；商人又有东母、西母的祭祀，东母、西母应该属于东方神和西方神。商人注重祭祀东方神和西方神很可能是因为日出于东方而落于西方，即东方神和西方神是司职太阳出入的神灵，商人把东方神和西方神想象为是司职太阳生死的女神，所以商人对东方神、西方神的祭祀要超出对南方神和北方神的祭祀。

由以上的分析，我们可以推测出商人心目中的天神帝廷组合的情况是：上帝指挥四方神，四方神再指挥雨神、风神、云神、日神。四方神、雨神、风神、云神、日神虽然都是上帝的使臣，但四方神的地位要高于风神、雨神、云神、日神（卜辞表明，雨神的地位又比风神、云神高，风神的地位又比云神高）。上帝通过四方神操纵着雨神、风神、云神、日神等神灵，上帝是意志的决定者，不是具体的实行者，四方神才是上帝意志的具体实行者。下面是用图表来表示的商人心目中的天神帝廷的组织情况：

```
            上　帝
             │
            四方
             神
       ┌─────┼─────┬─────┐
      雨神   风神   云神   日神
```

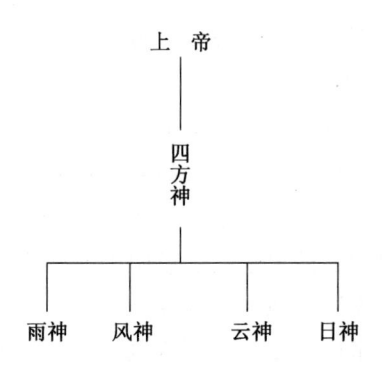

由此天神帝廷的组织情况表可以看出，在商人的心目中，四方神的权力是很大的，四方神在诸使臣中的地位相当于人间帝廷中的宰相，它掌管着雨神、风神、云神、日神等诸使臣，统领着诸使臣来完成上帝的意旨。由于其他诸多气象现象，如雷、虹、雹、雪等的出现也是和风、雨、云有关的，所以四方神也是掌管着这些神灵的，这由卜辞反映的殷人非常重视风、云、雷、雨、虹等自然现象出现的方向即可明了。

有些学者断言商人也崇拜天上的月亮和星辰，但我们遍查了殷墟甲骨卜辞后，并没有发现这方面的材料，因此这种说法在目前尚无材料可以支持。对此，我们的理解是，从商人崇拜祭祀的雨神、风神、云神、日神来看，这些神灵都与商人的生产和生活密切相关，所以商人才会对它们有所祈求，才会对它们进行祭祀，以祈求它们保佑商人有好年成和给予福佑平安。但月亮和星辰却没有这方面的功能，所以商人就不会对它们有所求，当然也就不存在对它们的崇拜与祭祀的问题了。看来商人崇拜神灵是从其有无实用价值来决定的。因此，商人的宗教在某种程度上可以说是一种务实的宗教。

由武丁、康丁、武乙、文丁时期商人对天神上帝和其诸臣使的崇拜来看，当时的宗教性质应该是农业性质的宗教；又由商人心目中的帝廷组织来看，天上的诸神灵也是有着等级的区分的，所以当时的宗教又有着宗法性宗教的性质①。但由上帝的其他权能来看，当时的宗教又有一定的杂牌宗教的原始性质。

地神崇拜

殷墟甲骨卜辞中的第一期、第三期、第四期卜辞，即武丁、康丁、武

---

① "宗法性宗教"一词是由宗教学家牟钟鉴先生提出的。见牟钟鉴、张践《中国宗教通史》上，社会科学文献出版社 2000 年版，第 78 页。

乙、文丁时期的卜辞表明，当时的商人，最崇拜的地上神灵是土地神（即社神），其他还有山神、川神等。

卜辞表明，武丁、康丁、武乙、文丁时期的商人对土地神进行着隆重的祭祀，并且他们往往将土地神与天神中的四方神同时并祭。卜辞又表明，商人在希望下雨或不希望多下雨的时候，往往都要向土地神进行祭祀，以祈求土地神给予帮助，满足他们的要求，这说明土地神也可以作用于天神。土地神与四方神同时并祭，说明土地神在地神中的地位与四方神在天神中的地位是相当的。四方神受上帝的驱使，统领着风神、雨神等神灵，而这些神灵又直接关系到农业生产的丰歉；而社神即土地神又是承载着万物生长的神灵，即它也是直接关系到农业生产的丰歉的神灵。所以，从性质上看，四方神与社神是同一种神灵，即它们都是主宰农业生产的神灵。因此，商人将它们同时并祭，以祈求它们保佑农业生产获得好收成。

卜辞表明，商人祭祀山神的目的是为了求雨、求年；商人祭祀川神即河神也有求雨、求年的目的。

以上表明地神中的诸神灵也都是属于农业生产的神灵，商人对地神的崇拜也说明当时的宗教是农业性质的宗教。

综而观之，商人祭祀自然神的卜辞主要出现在第一期的武丁卜辞中，其次第三期康丁卜辞、第四期武乙、文丁卜辞中也较多见，但在商末的第五期卜辞中则几乎见不到有对自然神的祭祀了。这种现象说明，随着时间的推移，到了商代末期，商人的思想意识已经有了很大的提高，他们或许已多多少少地意识到天神上帝及其所属的风神、雨神、云神、日神等神灵，都是有着各自的行事规律的，这些神灵的所作所为是不以人们的愿望为转移的，当时的商人或许已经变得更加务实了，所以他们几乎不再对诸自然神进行祈求和祭祀了。或者这种现象也说明，到了商代末期，人们已经淡化或不再信奉有所谓的天神上帝和它的诸臣使了[①]。《史记·殷本纪》就记载，商末时的武乙就已对天神表示怀疑了，说："武乙无道，为偶人，谓之天神。与之博，令人为行。天神不胜，乃僇辱之。为革囊，盛血，卬而射之，命曰'射天'。"这个故事不知是否真实，但它与商代末期的商人不再崇拜天神的行为

[①] 第五期卜辞中有一条卜问"帝史"的卜辞："乙巳卜，贞：王宾帝史，亡尤。"这是一条"王宾"卜辞，按第五期王宾卜辞的规律，在"王宾"之后依次是神名（或王名）、祭名，该辞中如果"帝史"是神名，那么就缺少祭名。

倒是蛮符合的。

人神崇拜

综观殷墟甲骨卜辞，可以得出这样的结论：在整个商王朝，商人崇拜的诸多神灵中，最受重视的不是天神中的诸神，也不是其他自然神，而是商人的祖先神。早期的武丁卜辞就表明，商人祭祀祖先神要比祭祀自然神频繁得多，仪式要隆重得多，祀典也非常的繁多，祭祀祖先神用牲的数量也是非常的多，并且多用人牲，多用大牲畜牛牲，如一次祭祀祖先神就要杀掉一百个羌人，再加上一百头牛；而祭祀自然神的次数则要少得多，其祀典也简单得多，用牲的数量也很少，而且又是多用羊、犬、猪等小牲畜，少见用人牲。到了商代末期，甚至对诸天神和其他自然神已不再进行祭祀了；但对祖先神的祭祀，却是随着时间的推移，越来越规范化和制度化了。

商人祭祀祖先神，最迟在商朝第一王成汤时就已经开始了。据《尚书·多士》曰："惟尔知，惟殷先人有册有典，殷革夏命。"这就是说，商汤在灭掉夏朝，建立了商王朝以后，就建立了典册的制度，这当中当然也包括建立祭祀祖先的制度。这一点由商先公上甲、报乙、报丙、报丁、示壬、示癸和示壬、示癸的配偶的庙号的建立就可以得知。上甲的庙号，卜辞作"田"，晚期卜辞又作"畕"、"畬"，"报乙"、"报丙"、"报丁"的庙号，卜辞分别作"匕"、"匫"、"匚"，这几位先公的庙号的写法反映出他们是有宗庙的，是受到祭祀的。杨树达先生说："甲文田字所从之囗为何字乎？曰：此即经传之祊字也。《国语·周语》云：'今将大泯其宗祊。'韦注云：'庙门谓之祊，宗祊犹宗庙也。'《诗·小雅·楚茨》云：'祝祭于祊。'毛传云：'祊，门内也。'《礼记·郊特牲》云：'索祭祝于祊。'郑注云：'庙门外曰祊。'余谓韦注'宗祊犹宗庙'之说最为得之。盖祊即是庙，其训庙门，又或训庙门内，或训庙门外，皆庙义之引申也。《国语》曰：'上甲微，能率契者也，殷人报焉'……报为祭名，韦昭释为报德之祭，义或然也。行此报祭，必有其所，于是特为立庙焉。故田从囗十者，谓特起一庙行报祭之甲也。匕匫匚从乙丙丁在匚中者，亦为特起一庙见祭之乙丙丁也。匕匫匚何祭？殆亦报祭也。后人释匕匫匚为报乙报丙报丁，正谓被报之乙丙丁也。盖匕匫匚字之从匚，举其祭所，释义为报，称其祭名，其义一也……上甲与报乙报丙报丁皆为特庙：囗与匚乃特庙之标符。"① 由杨先生之所论，知上甲、报乙、报丙、报丁是各

---

① 杨树达：《积微居甲文说·释田匕匫匚》，上海古籍出版社1986年版。

有其宗庙的，是享受后人的祭祀的。对他们的祭祀，应该是始于商朝第一王成汤之时，据于省吾先生研究，上甲、报乙、报丙、报丁的庙号因为年代久远是由后世追定的，而成汤的祖父和父亲示壬、示癸及其他们的配偶示壬之配妣庚、示癸之配妣甲的庙号则是有典可稽的①，是成汤立国之后建立的。在商代末期的周祭制度中，祭祀的男性祖先始于上甲，祭祀的女性祖先始于示壬之配妣庚，这也证明了在成汤立国之后，就建立了祭祀祖先的制度。

目前遗留下来的商代甲骨文，还反映不出武丁、祖庚、康丁、武乙时存在着有规律的祭祀祖先的制度②。在第一期武丁和第三、四期的康丁、武乙卜辞中，商人对远世的先公高祖神河、岳、夒、王亥、❀、土等进行祭祀，祭祀这些远世先公高祖神所祈求的事项多是与农业生产有关的，如："求禾于夒"、"求年于夒"、"夒耇禾"、"夒耇雨"、"求禾高祖河"、"求禾于河"、"求年于河"、"河耇禾"、"河耇云"、"河耇雨"、"求年于岳"、"求禾于岳"、"岳耇年"、"岳耇禾"、"岳耇雨"、"岳耇云"、"于高祖亥求禾"、"高祖亥耇云"、"王亥求年"、"王亥告秋"、"王亥耇雨"③、"求禾于❀"、"求年于❀"等。"求年"、"求禾"、"耇年"、"耇禾"的卜问反映出高祖神是掌管农业生产的神灵；而"耇雨"、"耇云"的卜问除了与农业生产有关外，还反映出高祖神是可以作用于自然神的。这一方面反映出武丁、康丁、武乙时的宗教是具有农业性质的宗教，另一方面也反映出在商人的心目中，高祖神与以上帝为首的天神是有着某种关联的。早期的武丁卜辞和第三、四期的康丁、武乙卜辞记录，商人在单独祭祀上甲以来的先公、先王和合祭诸先公、先王时，其所祈求的内容也有不少是与农业生产有关的，如："求年上甲"、"求禾上甲"、"告秋上甲"、"求雨于上甲"、"求年于示壬"、"求禾于示壬"、"求禾大乙"、"于大乙求雨"、"于大甲求年"、"求年于大示"、"于大示求禾"、"❀示求〔年〕"、"三示求雨"、"求雨……九示"、"求禾自上甲六示牛、小示䠙羊"等。这些也反映出武丁、康丁、武乙时的宗教是具有农业性质的宗教；同时

---

① 于省吾：《甲骨文字释林·释自上甲六示的庙号以及我国成文历史的开始》，中华书局1979年版。

② 按董作宾的甲骨分期，第四期卜辞包含武乙和文丁两世的卜辞，但具体哪些是武乙卜辞，哪些是文丁卜辞，大体上都很难区分。现在发现第五期卜辞中的周祭和祊祭包含有文丁的卜辞，周祭和祊祭是有规律的祭祀制度。

③ 在高祖神中，王亥的权能比较广泛，他除了主要掌管农业生产外，还掌管战事，作祟于商王。

也反映出在商人的心目中，上甲以来的先公、先王与以上帝为首的天神也是有着某种关联的。这种关联可由下版卜辞得到证明：

(1) 贞：大甲不宾于帝。

　　贞：大［甲］宾于帝。

　　贞：下乙不宾于帝。

　　贞：下乙［宾］于帝。

　　甲辰卜，𣪘贞：下乙宾于［咸］。

　　贞：下乙不宾于咸。

　　贞：咸不宾于帝。

　　贞：咸宾于帝。

　　贞：大甲宾于咸。

　　贞：大甲不宾于咸。（《合集》1402正，一期。图9—1）

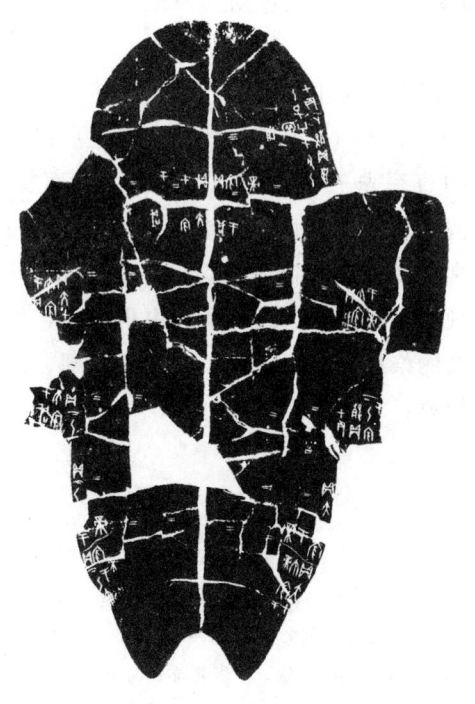

图9—1　大甲、下乙、咸宾于帝否

（《合集》1402正）

该版是第一期武丁卜辞。共有五对十条辞，其中三对六条辞是从正反两面卜问大甲、下乙、咸是否宾于帝；另外两对四条辞是从正反两面卜问下乙、大甲是否宾于咸。下乙即祖乙；咸是旧臣咸戊。大甲、下乙、咸是否宾于帝的卜问，说明商人的祖先神（咸是功臣）与上帝有着某种关联，也即祖先神与自然神有着某种关联。祖先神与自然神有关联，说明武丁、康丁、武乙时期的宗教还是带有某些原始性质的宗教。

总之，商代晚期的武丁时期，包括康丁、武乙时期，祭祀高祖、先公、先王诸祖先神所祈求的内容多与农业生产有关，因此，这个时期的商人的宗教主要表现为是农业性质的宗教。同时还卜问一些关于战事、吉凶祸福等杂事。祖先神还与自然神有着某种关联，这些又反映出这个时期的宗教还具有某种原始宗教的性质。

到了商代末期的祖甲、文丁、帝乙、帝辛时期，已几乎不再祭祀自然神和远世的先公高祖神了，这时祭祀的重点是自上甲以来的先公、先王、先妣，并且形成了如祊祭这样有一定规则的祭祀；如周祭这样有严密祭祀制度的祭祀。

周祭制度盛行于祖甲、文丁、帝乙、帝辛时期，是商王及王室贵族用翌（日）、祭、壹、劦（日）、彡（日）五种祀典对自上甲以来的先公、先王和自示壬之配妣庚以来的直系先王的法定配偶轮番和周而复始地进行的祭祀①，这种祭祀是一个王世接着一个王世，连绵不断地举行下去的②，因此，它是商王朝末期一种非常重要的祭祀制度。但周祭中的某些祀典却是早在武丁、祖庚时期就已经出现了，在康丁、武乙卜辞中也有见，但是数量都很少，也还没有形成一个成套的祭祀制度。如见于一期、三期、四期卜辞中的某些后来成为周祭祀典的祀典：

---

① 第五期卜辞中包含有文丁之世的周祭卜辞。见常玉芝《商代周祭制度》，第五章第五节，中国社会科学出版社 1987 年版。常玉芝：《黄组周祭分属三王的又一证据》，《文博》1993 年第 2 期。常玉芝：《黄组周祭分属三王的再论证》，《文史哲》2001 年第 3 期。常玉芝：《黄组周祭分属三王的新证据与相关问题》，《古文字研究》，第 21 辑，中华书局 2001 年版。常玉芝：《"寡挚方鼎"铭文及相关问题》，《殷商文明暨纪念三星堆遗址发现七十周年国际学术研讨会论文集》，社会科学文献出版社 2003 年版。

② 祖甲时的周祭制度没有被康丁、武乙之世延续。

(2) 辛卯卜，亘贞：彡酒于上甲，亡㞢。九月。(《合集》1184，一期。图9—2)

图9—2　彡上甲
(《合集》1184)

(3) 甲申贞：叀大乙，亡㞢。(《怀特》1605，四期。图9—3)
(4) 妣庚羌甲奭翌日，王弗［每］。(《合集》27507，三期。图9—4)

第(2)辞是第一期卜辞，由贞人亘于辛卯日卜问对上甲举行彡祭。第(3)辞是第四期卜辞，于甲申日卜问叀祭大乙。第(4)辞是第三期卜辞，卜问用翌祀祭祀羌甲之配妣庚。彡、叀、翌都是后来周祭中的祀典。在一、三、四期卜辞中，彡祀出现的次数较多，"祭"祀很少见，几乎不见壹祀。

周祭祭祀发展到帝乙、帝辛时期，已成为王室的重要大典，其祭祀的次序已为全国上下所铭记，这一点由当时盛行的用周祭祭祀记录日期的风气可以得见。当时商王及王室贵族每当遇有重要事情需要进行占卜或铸铭纪念时，往往都要在刻辞和铭文的的最后部分附记上当日的周祭祭祀，以此作为一种纪日的方式。由于以周祭的五种祀典对先王先妣论番祭祀一周需要的时间是三十六旬或三十七旬，与一个太阳年的日数相当，所以一般在没有闰月等的情况下，以一种祀典对一位祖先的祭祀在一年中只会出现一

图9—3　叒大乙
（《怀特》1605）

图9—4　妣庚羌甲奭翌日
（《合集》27507）

次①，因此用周祭祭祀纪日与用干支纪日同样方便。而商人往往是将此两种纪日法结合起来，在卜辞和铭文中前记干支日，后记当日的周祭祭祀。如：

(5) 甲午王卜，贞：乍余酒朕禾，酉余步从侯喜征人方，上下㲋示，受余又=。不曹戋祸。告于大邑商，亡㞢。在祸。王乩曰：吉。在九月，遘上甲壹，佳十祀。（《合集》36482，五期）

(6) 甲子，王易宰䝢，商用乍父辛䵼彝。在十月又二，遘祖甲翌日，佳王二十祀②。

第(5)条是刻于牛胛骨上的卜辞，后一条是"宰䝢方鼎"铭文，这两条材料中在王名（上甲、祖甲）和祀典名前都有一个"遘"字，即"遘上甲壹"、

---

① 见常玉芝《商代周祭制度》，第四章，中国社会科学出版社1987年版。
② 文化部文物局、故宫博物院编：《全国出土文物珍品选（1976—1984）》，文物出版社1987年版。

"遘祖甲夅日"。"遘"字的意义，《说文》谓是"遇也"，而"遇"字的意义，《说文》谓是"逢也"，故"遘"字的意义也当是"逢"也。那么，前一条卜辞是说商王于甲午日卜问他亲自率领侯喜去征伐人方一事，辞末记有"在九月，遘上甲壹，隹十祀"，意思是说此甲午日在该王十年（"祀"即年，见第七章第二节）九月，正逢是以壹祀祭祀上甲的日子。该辞是卜问征战之事的，但辞末记有用周祭祭祀说明卜问之日是什么日子的时间署辞①。这是"国之大事，在祀与戎"（《左传·成公十三年》）的最好写照。后一条"禀孳方鼎"铭文的前半部分说甲子日这一天，商王对禀官孳进行了赏赐，禀孳用王的赏赐制作了专门用以祭祀其父——父辛的祭器（即此方鼎），后半部分记着"在十月又二，遘祖甲夅日，隹王二十祀"的时间署辞，即是说甲子日处在时王二十年十二月，该日正逢是以夅祀祭祀祖甲的日子。以上两条是明记以某种周祭祀典祭祀某祖先的周祭祭祀作时间署辞的材料②，可以看到各条材料在具体内容上都可以分为前后两部分，前一部分都是卜问或叙述的事项，后一部分都是年、月和以周祭祭祀表示干支日的时间署辞③。在这种卜辞和铭文中，商人前记干支日，后记某祖先的周祭祭祀，用干支加周祭祭祀共同纪日，这就使某一天是个什么日子一目了然。还有一种用周祭祭祀纪日的方式是不明记是哪一位祖先受祭，只笼统地记上当日是处于举行何种祀典的期限之内④，如：

（7）辛酉，王田于鸡箓，隻大䑕虎。在十月，隹王三祀，夅日。（《怀特》1915。图9—5）

图9—5 隹王三祀十月辛酉夅日
（《怀特》1915）

---

① 征战卜辞记有用周祭祭祀作时间署辞的还有《合集》36511、《合集》37852。
② "二祀邲其卣"铭文也有用周祭祭祀作时间署辞的记录。
③ 有时省略年祀不记，如《合集》36511。
④ 由复原的周祭祀谱知，并不是每一日都有祖先被祭祀，因此，附记的祀典名有时是表明该日是处在举行何种祀典的期限之内的。

(8) 壬午，王易亚鱼贝，用作兄癸䵼。在六月，隹王七祀，翌日。（《考古》1986年第8期）

以上两条材料中，前一条是虎骨刻辞，记录商王于该王三年十月辛酉日在"鸡彔"之地猎获老虎一事，辞末记有"肜日"，是说王三年十月辛酉日是举行肜祭的日子。后一条是"亚鱼鼎"铭文，记录王七年六月壬午日商王赏赐亚鱼贝，亚鱼用王的赏赐制作了专门用以祭祀其兄——兄癸的祭器（即此鼎），辞末记有"翌日"，是说王七年六月壬午日是举行翌祭的日子。这两条以周祭祭祀作时间署辞的材料，辞或铭文在具体内容上也都可以分为前后两部分，也是前一部分是叙述的事项，后一部分也是年、月和用周祭祭祀表示干支日的时间署辞，只不过与上面分析的第一种纪日方式不同的是，这里的周祭祭祀只列出祀典名，没有记上是何祖先受祭。由于不记祖先名也就没有"遘"字①。商人用干支加周祭祭祀纪日说明到了商代末期，周祭的祭祀行为或活动，已是家喻户晓、人人皆知的制度化很强的宗教行为了。

商人的周祭制度摒弃了远世的先公高祖，所祭祀的男性祖先由先公上甲开始，无论直系、旁系先王，甚至未及即位但已立为太子者均被祭祀，女性祖先由示壬之配妣庚开始，只有直系先王的法定配偶才被祭祀。由此可以看到，商人对自己的祖先是重近世、轻远世，是有着亲疏之别的，当时已有了区分嫡庶的宗法等级制度了，这反映出商代末期的宗教是宗法性质的宗教。

另外，我们在上面第七章曾指出，商代末期的祊祭卜辞分属于文丁、帝乙两王，共有三种类型，其中"祊其牢"卜辞只祭祀武丁、祖甲、康丁、武乙、文丁直系五先王和武乙之配文丁之母——母癸，"宓祊其牢"、"宗祊其牢"卜辞只祭祀武乙、文丁二王，即祊祭卜辞是一种只祭祀近世直系祖先的特祭卜辞。祊祭的卜祭日期极个别是选在祖先的日干名之日，绝大多数都是选在祖先的日干名的前一日。由于祊祭卜辞反映出商人是重近世、轻远世、重直系、轻旁系的，所以这种祭祀也反映出商末的宗教是宗法性质的宗教。葛英会先生还对祊祭卜辞做了进一步的研究，他指出："祊祭卜辞的致祭次序依先王日名在旬中（即由甲至癸十日）的位次而定，而与先王的世次与继

---

① 同类的甲骨刻辞和铜器铭文还有《甲》3939、《佚》518反、《英藏》2563、《三代》13·53·6、《录遗》273、《款识》3·34、《三代》11·34·1。其具体论述见常玉芝《殷商历法研究》，吉林文史出版社1998年版，第103—115页。

位顺序无关","祊祭是正祭前的预备性仪节"。他的研究很重要,说明祊祭也是一种有一定祭祀规则的宗教祭祀制度。

由商代末期的周祭和祊祭来看,商代末期的宗教主要是宗法性质的宗教。这个时期的宗教已经脱离了原始宗教的某些特性,已经是比较成熟的宗教了。

综观商人的宗教,可以说前期多表现为是农业性质的宗教,并且还带有某些原始宗教的特性;末期则多表现为是宗法性质的宗教,并且已经是比较成熟的宗教了。

附带说一下,商人不但祭祀自己所自出的祖先,而且还对有功于商族的异姓神也进行崇拜祭祀,如对伊尹、伊奭、黄尹、黄奭、咸戊进行着频繁而隆重的祭祀,并且世代不断。这说明《左传·成公四年》的"非我族类,其心必异"和《僖公十年》的"神不歆非类,民不祀非族"的宗教信仰和祭祀原则在商代时尚未得到施行。

第二节 商代宗教的社会作用

分析商代宗教的社会作用,应该从商人宗教崇拜祭祀的神灵入手。

据本书分析,商代宗教崇拜的神灵有天神、地神、人神。天神是指天上的神,这些神灵包括上帝及其帝廷诸神,即风神、云神、雨神、日神、四方神(包括东母、西母);地神是指地上的神灵,即土地神(社神)、山、川等神;人神是指祖先神,包括远世的先公高祖、上甲以来的先公、先王、先妣,还有有功于商族的异姓神。商人崇拜的这些神灵,从实质上说,就是自然神崇拜和祖先神崇拜两大类。

商代宗教的社会作用是:

(一)利用宗教神权使王权合法化

商人的自然神崇拜中,最为崇拜的是对天神上帝的崇拜。在商人的心目中,天神上帝是个居于天上的虚无缥缈的、看不见摸不着的神通广大的神灵。天神上帝有着自己的帝廷的组织,有诸臣使供其驱使,上帝是意志的决定者,其臣使是其意志的实行者。上帝的权能极其广泛,它主宰气象,令雨、令风、令雷、令雹、令云,大凡自然界的气象变化均操纵在上帝的手中;上帝支配商人年成的好坏,它会降下足够的雨水使禾苗茁壮成长,保证年成获得丰收,它也会不下雨降下旱灾,使商人歉收,它还会发威破坏庄稼，影响年成；上帝会左右商人城邑的安危，它决定商人能否在此时此地建造城邑，它会降下灾祸给城邑，还会发威摧毁城邑；上帝还左右着商人战争的胜负，商王征伐某方国要得到上帝的批准，能否取胜也要由上帝说了算，商王作战选择将领要得到上帝认可，甚至作战时的具体战术也要由上帝决定，不然就不保佑战事能取得胜利，其他方国来犯商王朝也是由上帝指使的，是上帝要对商人进行惩罚；上帝还左右着商王的福祸平安，商王疾病的好与坏，商王办事是否顺利，是否有灾祸降临，都由上帝决定的。商人塑造的上帝有帝廷的组织，有帝臣供其驱使，有至高无上的权力，这显然就是人间朝廷、王权的翻版，有人间的样板，才会有天上的翻版。很显然，商王是利用上帝在天上的神权来反映自己在人间的王权。卜辞就记录商王在人间是个一人独大，一人独尊的权威，他称自己为"余一人"、"一人"，如卜辞：

  （1）癸丑卜，王曰贞：翌甲寅㓞酒叠自上甲，衣，至于后。余一人亡祸。兹一品祀。在九月，遘示癸奭，彝。（《英藏》1923，二期）

  （2）贞：其于一人祸。（《合集》557，一期）

  （3）壬寅贞：月又戠，王不于一人祸。（《屯南》726，四期）

  （4）乙亥王卜……及盧方罩……妥余一人……自上下示……告于……（《合集》36966，五期）

上述卜辞分属一期、二期、四期、五期。第（1）辞、第（4）辞有"余一人"，第（2）辞、第（3）辞有"于一人"，可见商后期的各位商王都是独尊自己为"一人"的。第（1）辞问"余一人亡祸"，第（2）辞问"其于一人祸"，第（3）辞问"王不于一人祸"，反映出一人独尊的商王遇事都是担心自己一个人是否有祸患。古文献中，也多记有商王自称"余一人"、"予一人"的，如《国语·周语上》说："在《汤誓》曰：'余一人有罪，无以万夫；万夫有罪，在余一人。'在《盘庚》曰：'国之臧，则惟女众。国之不臧，则惟余一人，是有逸罚。'"《尚书·汤誓》有："尔尚辅予一人"。不但如此，商王经常打着上帝的旗号发令施威，如：《尚书·汤誓》记载商汤动员民众伐夏桀时说："王曰：格尔众庶，悉听朕言：非台小子，敢行称乱。有夏多罪，天命殛之。今尔有众，汝曰：我后不恤我众，舍我穑事，而割正夏。予惟闻汝众言，夏氏有罪，予畏上帝，不敢不正。"这是商汤利用上帝

第九章 商代宗教的性质和社会作用 555

的神威来恐吓民众，让民众丢下农事跟着他去讨伐夏桀。由此就可以得知，卜辞中卜问去征伐方国时，商王很可能也是利用上帝的神威来使自己的征战合法化，如卜辞：

(5) 贞：王叀沚䁅比，伐巴方，帝受我又。
王勿隹沚䁅比，伐巴方，帝不我其受又。(《合集》6473 正，一期）
(6) 辛亥卜，㱿贞：伐舌方，帝受［又］。一
贞：帝不其［受又］。(《合集》6270 正，一期）

这两版卜辞都是第一期武丁卜辞，分别从正反两面卜问商王武丁要去征伐巴方和舌方，上帝是否对商王授予即给予保佑。我们在卜战事的卜辞的占辞中，尚未见到说上帝不准许商王去征伐某方国的，因此，看来商王征伐方国向上帝卜问保佑与否，只是为自己的征战行为寻求合法的理由而已，是商王利用宗教的神权来使自己的王权合法化。

卜辞反映，商王还利用宗教占卜来维护自己的统治，维护自己一贯正确的形象。这由下面两条卜辞可以得到绝妙的证明：

(7) 癸酉卜，亘贞：臣得。王占曰：其得，隹甲、乙。甲戌臣涉舟延乌，弗告。旬有五日丁亥执。十二月。(《合集》641 正，一期）

这是第一期的典型宾组卜辞，由贞人亘在癸酉日卜问"臣得"，"得"是得到之意；商王武丁视兆后的占辞说：在甲日或乙日可以得到；于是第二天的甲戌日臣就坐船涉河去捕了，结果是"弗告"，即没有报告抓到；后来的验辞说是在十五天之后的丁亥日（由卜日癸酉日起算）捕到的。该辞命辞、占辞用"得"，验辞用"执"，可见"得"与"执"意义相同，"执"，《说文》谓"捕罪人也"，则这里的"得"也是捕罪人之意。该条卜辞反映商王的占卜是不灵验的。结果又出现了下面的一条卜辞：

(8) 癸巳卜，宾贞：臣执。王占曰：吉，其执，隹乙、丁。七日丁亥既执。(《合集》643，一期）

该辞也是第一期的典型宾组卜辞，由贞人宾在癸巳日卜问"臣执"；商王视兆后的占辞说：吉利，在乙日或丁日可以捕捉到；验辞说："七日丁亥既执"，意思是说在由卜癸巳日逆数的前七天的丁亥日已经捕捉到了，"既"之意为已经的意思。这个验辞记在这里似乎只是为了证明商王判断在丁日能捕捉到是正确的。商王因为第一次卜问即癸酉日〔第（7）辞〕卜问的占辞说甲日或乙日可以捕到，但实际上是在丁日捕到的，说明商王的占验不灵，于是在已经捕到罪人的第七天癸巳日〔第（8）辞〕又用另一个贞人宾再卜问一次，商王再视兆，这次的占辞改为乙日和丁日可以捕到了，因为前次已证明甲日没有捕到，故删去了，而丁日捕到已是事实了，故加上，而上次言乙日也可以捕到，虽事实证明乙日没有捕到，但为了使预测的日期宽泛故也要保留。这就给人的印象是商王为了维护自己的正确形象不惜采取虚伪的手段。由此也可以看出，所谓占卜，也是商王用来维护其统治的一种手段。另外，它也反映出商人有这样一种心理状态：即如果事情的结果与占卜的结果不一致，就于心不安，总是反复占卜，直到二者一致才心安理得。

以上说明商代的统治者利用商人的宗教信仰为自己的政治目的服务，利用宗教占卜来维护自己的统治。商代的政治是神权的政治，商代的政治与宗教是合一的，是政教合一的政治。

（二）利用宗教建立和巩固宗法制

前已指出，在整个商王朝，商人崇拜的诸多神灵中，最受重视的不是天神中的诸神，也不是其他自然神，而是商人的祖先神。早期的武丁卜辞就显示，商人祭祀祖先神要比祭祀自然神频繁得多，仪式要隆重得多，祀典也非常的繁多；到了商代末期，更是几乎摒弃了对自然神的祭祀，对祖先神的祭祀也逐渐形成了或有一定的规则，或有严密的制度的祭祀了。

商朝的统治者利用对祖先神的祭祀，实行对祖先神逐渐淘汰的祭祀制度，以建立重近世、轻远世，重直系、轻旁系的宗法制。根据现有的材料可以断定，这种淘汰制贯穿于商王朝后期的始末。如在早期的武丁卜辞中，对一些远世的高祖先公进行祭祀，但到商代末期对他们都进行淘汰不与祭祀了。又比如，在商代末期盛行于文丁、帝乙两世的，较有一定祭祀规则的三种类型的"祊祭"卜辞中，"祊其牢"类型祭祀的是武丁、祖甲、康丁、武乙、文丁直系五先王和武乙之配文丁之母——母癸，这本来已是只祭祀近世的直系祖先了，但是到帝乙时的"宓祊其牢"、"宗祊其牢"类型卜辞中，又进一步地将较远世的武丁、祖甲、康丁三王和武乙之配都淘汰不进行祭祀了，而是只祭祀更近世的武乙、文丁二王，武乙是帝乙的祖父，文丁是帝乙的父亲。这种重近世、轻远世，重直系、轻旁系的制度是建立宗法制的表现。

商代的统治者在祭祀自上甲以来的先公、先王时，不但重视直系、轻视旁系，而且对直系的先公、先王也不是一视同仁的，不是平等对待的，而是有区别的。从我们在第四章第二节对先公、先王的崇拜与祭祀的讨论中可以看到，在武丁时祭祀的总共二十六位先公、先王中，商人最崇拜的先公是上甲，最崇拜的先王是大乙、祖乙，其次是大甲、祖辛、祖丁、小乙，他们都是直系先公先王，而且大多都在商族的历史发展中做出过重要贡献。如：上甲在商族的历史发展中占有重要的地位，他是商族重要的首领王亥的儿子，王亥在商族的历史发展中做出过重要贡献，他促进了商人畜牧业的进一步发展，并驯服了牛，发明了用牛驾车的技术，王亥在商人的眼里是个有大功德的祖先，所以对他的祭祀非常的隆重，商人还在其名字的"亥"字上加上鸟形，以显示他是以鸟为图腾的商氏族的领袖（见第一章、第四章第一节）。而王亥的儿子上甲微也是有大功德的，据《山海经·大荒东经》说："王亥托于有易、河伯仆牛。有易杀王亥，取仆牛。"郭璞注："《竹书》曰：殷王子亥宾于有易而淫焉，有易之君绵臣杀而放之。是故殷主甲微假师于河伯以伐有易，灭之，遂杀其君绵臣也。"《国语·鲁语上》言："上甲微，能帅契者也，商人报焉。"所以商人对上甲要进行隆重的祭祀。大乙更是商族历史上的大功臣，他率领商族打败了夏桀，推翻了夏王朝，建立了商王朝。祖乙则是商代的中兴之主。大甲在被伊尹放逐三年后，"悔过自责，反善……修德，诸侯咸归殷，百姓以宁"（《史记·殷本纪》），也算是有功之王。小乙则是武丁之父，当然在隆祭之内。商人对这些先公、先王给予频繁的、隆重的祭祀，向这些神灵祈求保佑农业生产有好收成，祈求保佑战争能够取得胜利等等，卜问的都是重大的问题。而对那些在商族历史上没有什么特殊重要贡献的直系先公先王，尤其是对那些不合法即位的旁系先王，商人只给予一般的祭祀，祀典既贫乏，也不隆重，所祈求的也主要是商王的疾病和祸福等事情。商人这种重直系、轻旁系，重有功之王，即对祖先进行区别对待的做法也是建立宗法制的表现。

商代末期的周祭制度对自上甲以来的直系先公先王和旁系先王都进行祭祀，其中大乙之子大丁和武丁之子祖己都未曾继位为王，但是因为他们都曾被立为太子,是王位的合法继承人,所以在周祭中也对他们进行祭祀。而特别是对女性祖先的祭祀,尤显出商代实行亲疏有别的宗法制。在周祭中,只对直系先公先王的配偶进行祭祀,并且是只对直系先公先王的法定配偶才进行祭祀,对直系先王的庶妻和旁系先王的配偶都是不与祭祀的。在这种宗法制度下,只有直系先王的嫡妻的嫡长子才是王位的合法继承人①。商人这种利用宗教祭祀来推进和巩固区分嫡庶、区分亲疏的宗法制度,无疑推动了中国历史的发展。而对祖先进行世代的祭祀,就开辟了中华民族记祖、尊祖、敬祖的先河,其深远的影响一直延续到三千多年后的今天。

(三) 宗教祭祀促进了手工业、科学、文化的发展

商代独特的宗教祭祀促进了当时手工业、科学和文化方面的发展,这集中体现在青铜礼器的铸造,天文历法学的进步、文字的成熟等几个方面。

商人在对诸神,特别是在对诸祖先神进行祭祀时,需要使用大量的青铜礼器。齐文心先生指出,在殷墟甲骨文中就有卜问铸造青铜器的记录②:

(9) 王其铸黄吕,奠血,叀今日乙未利。(《英藏》2567,五期)

这是一条商末第五期卜辞。齐先生说:"'黄吕'指黄铜。'奠血'意思是以牲血奠祭新铸铜器。这条卜辞是贞问:为了给殷王铸造铜器,举行奠血之祭,在今日乙未,是否吉利?说明当时铸铜是一件隆重大事,需举行祭祀而且卜择吉日。"齐先生还引下面一条卜辞:

(10) 丁亥卜,大[贞]:……其铸黄[吕]……作凡(盘)利唯……(《甲》1647,二期)

该辞残掉数字,是于丁亥日由贞人大卜问。齐先生说,卜问"其铸黄[吕]"、"作凡(盘)",也"是关于铸铜作盘择吉日的贞问。"商人铸铜要举行祭祀,这由考古发掘也可以得到证明,如 1959 年在殷墟苗圃北地的铸铜遗址就发现了 5 个埋牛或马的坑。埋牛的 2 座坑皆为圆形,以整头的牛捆缚着掩埋,一头呈跪卧状,一头做蜷曲状。3 座埋马的坑内各埋 1 匹马,1 匹

---

① 常玉芝:《论商代王位继承制》,《中国史研究》1992 年第 4 期。
② 齐文心、王贵民:《商西周文化志》,上海人民出版社 1998 年版,第 81 页。

为整马，2匹皆无头。发掘者认为这些祭祀坑中所掩埋的牛和马，都是与铸铜有关的祭祀用牲①。

商代铸造青铜器的手工业技术，继夏代以后逐渐走向了成熟的阶段。随着商代宗教祭祀的发展，到了商代晚期，青铜器手工业的铸造技术已经达到了顶峰。

考古发现表明，在商代早期、中期，青铜礼器的数量还比较少，器物的种类也比较少；但是到了商代晚期，青铜礼器的数量就非常大了，而且器物的种类也相当复杂了。如在著名的"妇好墓"中，出土的青铜礼器就有210件，还有乐器（铙）5件。青铜礼器按其用处可以分为炊器、食器、酒器、水器四类。其器物有：鼎、甗、甑、簋、偶方彝、方彝、尊、觥、壶、瓿、卣、方罍、方缶、斝、盉、觯、觚、爵、斗、盂、盘、罐，此外，还有用途不明的方形高圈足器、箕形器各一件。"妇好墓出土的铜礼器数量大、器类多、组合复杂，同一类器有两件以上者，其器形和大小都有差别，而且这种差别是成组的。"②

商代早期的青铜礼器以素面为多，有的有单层花纹；中期装饰花纹大大增加了，并出现了双层花纹，主要的纹饰有饕餮纹、云雷纹、弦纹、涡纹等；到晚期则流行三层花纹，有的有扉棱，并大量出现了以动物为原形的牺尊，有的铜器上铸有铭文③。

商代末期的不少青铜器上铸有较长的铭文。这些长铭文往往记录的是宗教祭祀的内容。如"宰椃方鼎"铭文记有王二十年十二月甲子日酱祭祖甲，"二祀㧅其卣"铭文记有王二年正月丙辰日彡祭大乙之配妣丙，"四祀㧅其卣"铭文记有王四年四月乙巳日是举行翌祀的日子，"六祀㧅其卣"铭文记有王六年六月乙亥日是举行翌祀的日子，"小臣邑斝"铭文记录王六年四月癸巳日是举行彡祀的日子，等等。

商代宗教祭祀的发展促进了青铜器手工业铸造技术的进步是至为明显的。

武丁时期的商人为了年成的好坏频繁地卜问风、雨、云、雹等自然气象

---

① 中国社会科学院考古研究所：《殷墟发掘报告》，文物出版社1987年版，第26页。
② 见杨宝成《殷墟文化研究》，武汉大学出版社2002年版，第154页。
③ 见中国社会科学院考古研究所编著《中国考古学·夏商卷》，中国社会科学出版社2003年版，第387—395页。

情况，长此以往，人们就逐渐掌握了某些自然现象的变化规律，逐渐认识到这些自然现象是不以人们的意志为转移的，所以到了商代末期，就很少见到有卜问气象的卜辞了。这说明商代的宗教祭祀促进了人们对自然规律的认识。

商代的宗教祭祀促进了历法的发展。在商代末期，人们根据周祭的一个祭祀周期是三十六旬或三十七旬的时间，与一个太阳年的日数相当的情况，创立了以"祀"名"年"的纪年法；他们还根据祖先的庙号创立了以祖先的日干名纪日的方法，如"上甲日"、"报丁日"、"示癸日"、"大乙日"、"大丁日"、"大甲日"、"祖乙日"、"小乙日"等[①]；还创立了用干支加周祭祭祀纪日的方法[②]。所有这些历法上的创新，都是与宗教祭祀有关的。

商人举行宗教祭祀，要在龟甲和牛胛骨以及其他兽骨上刻写占卜文字和纪事文字，要在青铜器上铸造文字，这无疑促进了文字的发展，使甲骨文、青铜器铭文逐渐发展成为能够记录各种事项的成熟的文字。今天的汉字与三千年前的商代甲骨文是一脉相承的。

商代的宗教祭祀虽然有上面所说的正面的积极的作用，但它也带来一些负面的作用。主要表现在两个方面：

（一）破坏生产的发展

考古发现与商代后期的甲骨文证明，在整个商王朝，商人对自己所崇拜的各种神灵，进行着频繁的，有时是很隆重的祭祀，并且几乎是每天必祭。另外在建造宫殿、宗庙和铸铜等过程中，需要举行各种仪式，在这些仪式中，也要举行名目繁多的祭祀。而考古发现与商代后期的甲骨文又证明，商人宗教祭祀的一个最大特点，就是祭品多使用牺牲。牲品除了有羊、猪、犬等小牲畜外，还包含有大量的人牲和大牲畜牛牲、马牲。

甲骨卜辞和考古发现证明，商人宗教祭祀所使用的牺牲数量是相当惊人的。如卜辞记载，在一次祭祀祖先的活动中，商人就杀掉了一百个羌人和一百头牛作为祭品。而殷墟考古发掘所披露的祭祀杀牲情况更是令人震撼：如在殷墟的王陵区，经过考古钻探所发现的祭祀坑就约有2200余座，"这些祭祀坑都连成一片，形成一个庞大的祭祀场，总面积在10万平方米

[①] 详细论证见常玉芝《殷商历法研究》，吉林文史出版社1998年版，第95—103页。

[②] 同上书，第103—115页。

以上"①。又如1976年在殷墟发掘了191座祭祀坑,其中"较早的南北向的坑共18组,坑内共埋人骨架约1000具,一组人数(即一次用牲数)最多达339人,一般为数十人至百人不等;较晚的北部两排东西向的坑14座,为一组,坑内共埋人骨架不到100具;最晚的中部一行东西向的坑为二组,每组埋人骨架10—20具。这一现象说明随着社会的进步,生产力的提高,殷代社会使用人牲的数量逐渐减少,这个变化也和甲骨卜辞记载相吻合。"②

经过医学鉴定,商人宗教祭祀所杀掉的人牲以青壮年男性为最多。这种大量地使用青壮年男性和大牲畜牛、马作牺牲的做法,无疑是对当时社会生产力的严重破坏,影响了经济的发展,阻碍了社会的进步。

(二) 引发对方国部族的战争

商人频繁地举行各种名目繁多的祭祀,就必然需要大量的牺牲。据殷墟甲骨卜辞和商代考古发掘证明,商人祭祀时所使用的牺牲最多的是人牲、牛牲、马牲、猪牲、羊牲和犬牲等,这些牺牲只靠商族本身的力量是无法满足的,于是就要发动战争,即向别的方国部族进行掠夺,通过战争抓获俘虏充当人牲,掠夺牛、马、羊、猪等作动物牺牲。

殷墟考古发掘证明:"从数量上分析,人牲中当以异族俘虏为多,特别是在殷代早期,那些南北向长方形祭祀坑中被砍头或被肢解的男性青壮年,可能多为被俘获来的俘虏。""在30年代所发掘的埋人牲的祭祀坑中,有10座坑中出土铜镞和骨镞,这些镞多紧贴人腿骨,似为人牲生前伤中所带,这些人牲当为在战争中俘获来的俘虏。"③卜辞中记录用羌族人作祭祀时的牺牲,其数量和次数最多,如一次祭祀祖先就杀了100个羌人作牺牲。而所使用的动物牺牲,卜辞记录,一次祭祀使用的牛牲100头、50头、40头的情况并不鲜见;而考古发掘证明商人还大量的使用马作牺牲,在殷墟王陵区的一次发掘的40座祭祀坑中,就有30座是埋马的坑,共埋马117匹。等等。

---

① 杨宝成先生注曰:高去寻先生曾指出"这片墓地的东面还有大部分地方没有经过发掘,我们所掘过的地方仅约相当它的四分之一的东北角地带。"见高去寻《刀斧葬中的铜刀》,《中央研究院历史语言研究所集刊》,第37本上册,1967年版。

② 杨锡璋、杨宝成:《从商代祭祀坑看商代奴隶社会的人牲》,《考古》1977年第1期。杨宝成:《殷墟文化研究》,武汉大学出版社2002年版,第100页。

③ 杨宝成:《殷墟文化研究》,武汉大学出版社2002年版,第104—105页。

这么多的动物牺牲不靠战争掠夺是远远不够的。

从殷墟甲骨文和商代考古发掘可以看到，在整个商王朝，以商代后期的武丁时祭祀的神灵种类最多，举行祭祀的次数和祭祀时所用的牺牲量也最大；其次，当属第四期的武乙、文丁时祭祀的次数和用牲的数量较多了；到了商代末期的帝乙、帝辛之世，举行祭祀的次数和用牲的数量都大大地减少了，而且用人牲的情况也很是少见①。这种情况与各王的对外战争情况是相对应的，如在第一期的武丁卜辞中，记录武丁与方国部族进行战争的次数最多，交战方国部族的数量也最多；武乙、文丁时次之；帝乙、帝辛时的数量最少。据研究者统计，武丁时征伐的方国部族有81个，其中征伐的劲敌是舌方、土方、羌方、基方、下危、甹方、苋方等。第四期武乙、文丁时征伐的方国部族有28个，其中征伐的主要劲敌是召方、刀方。第二期祖庚、祖甲时征伐的方国部族只有2个，第三期有17个，第二、三期无大战役。第五期征伐的方国部族只有8个②。这种情况反映出，祭祀的次数最多和用牲量最大的商王武丁，其所发动的征伐方国部族战争就最多，并且征战的对象也最多。第四期的武乙、文丁则次之，第五期的帝乙、帝辛时最少。这一点由上文所引1976年在殷墟发掘的191座祭祀坑的情况也可以得到证明，即越到晚期所用人牲的数量就越少，与甲骨卜辞的记录相吻合。

商人利用发动对方国部族战争的方法，去俘获战俘用作祭祀时的人牲，去掠夺牛、马、羊、猪等动物作祭祀时的牺牲，这必然会加深各部族对它的仇恨，引发商人与各方国部族的战争与冲突。

---

① 商代末期盛行的周祭中的五祀典，只有"祭"祀是用肉祭。
② 见王宇信、杨升南主编《甲骨学一百年》，社会科学文献出版社1999年版，第498—499页。

后　记

本书《商代宗教祭祀》是十一卷本《商代史》的第八卷。《商代史》是国家"十五"社会科学基金项目，是中国社会科学院的重大 A 类科研项目。主要撰写人员由中国社会科学院历史研究所先秦史研究室的科研人员组成，先秦史研究室主任宋镇豪先生担任主编。

《商代史》由立项，到组织人员撰写，到撰写提纲、撰写内容的拟定，宋镇豪先生可谓是呕心沥血，付出了巨大的精力。几年来，他多次组织撰写人员就撰写提纲、撰写内容等进行反复讨论，反复修改；对撰写出的文稿逐一进行仔细审阅，提出具体修改意见。可以说，他是我所见到的最称职、最名副其实、最当之无愧的主编。

在这里，我特别要感谢主编宋镇豪先生。在本书的撰写过程中，他向我提供了不少的研究资料；我学习利用电脑写作，缘于他提出的须交电子版稿件的要求，使我增加了一项写作技能；他悉心教给我操作电脑和利用电脑造字的技能；我写出的初稿他精心审阅，提出了很好的修改意见。

另外需要感谢的是马季凡先生，她为我精心制作了全书所附的200余版图版；帮助我复印过不少的资料；也指导过我操作电脑的技术。还要感谢王震中、刘源先生，他们向我提供过研究资料；并在电脑造字等方面给过我精心地指导；也帮助我复印过资料。王泽文先生也帮助我复印过资料。我也向徐义华、孙亚冰先生请教过使用电脑的技术。对这些先生的厚谊和奉献，在这里一并表示衷心地感谢。

还需要感谢的是本书的责任编辑、中国社会科学出版社的黄燕生先生，她仔细审阅了本书的初稿，提出了一些很好的修改意见。

常玉芝

2006 年 6 月 11 日